广东华侨史文库

民国粤人赴澳大利亚留学
档案全述

（台山卷·上）

粟明鲜　编著

南方出版传媒　广东人民出版社

·广州·

图书在版编目（CIP）数据

民国粤人赴澳大利亚留学档案全述. 台山卷 / 粟明鲜编著. —广州：广东人民出版社，2021.3

（广东华侨史文库）

ISBN 978-7-218-14736-9

Ⅰ. ①民… Ⅱ. ①粟… Ⅲ. ①留学教育—教育史—档案资料—汇编—台山—民国 Ⅳ. ① G649.296.5

中国版本图书馆 CIP 数据核字（2020）第 245985 号

MINGUO YUEREN FU AODALIYA LIUXUE DANG'AN QUANSHU · TAISHAN JUAN

民国粤人赴澳大利亚留学档案全述 · 台山卷

粟明鲜 编著

出 版 人：肖风华

策划编辑：王俊辉
责任编辑：胡扬文
装帧设计：奔流文化
责任技编：吴彦斌

出版发行：广东人民出版社
地　　址：广东省广州市海珠区新港西路204号2号楼（邮政编码：510300）
电　　话：（020）85716809（总编室）
传　　真：（020）85716872
网　　址：http：//www.gdpph.com
印　　刷：广州市人杰彩印厂
开　　本：787毫米×1092毫米　1/16
印　　张：48.75　字　数：920千
版　　次：2021年3月第1版
印　　次：2021年3月第1次印刷
定　　价：180.00元（上下册）

如发现印装质量问题，影响阅读，请与出版社（020-85716808）联系调换。

本研究得到五邑大学广东侨乡文化研究院资助

《广东华侨史文库》总序

广东是我国第一大侨乡，广东人移民海外历史久远、人数众多、分布广泛，目前海外粤籍华侨华人有3000多万，约占全国的2/3，遍及五大洲160多个国家和地区。

长期以来，粤籍华侨华人紧密追随世界发展潮流，积极融入住在国的建设发展。他们吃苦耐劳、勇于开拓，无论是东南亚地区的产业发展，还是横跨北美大陆的铁路修建，抑或古巴民族独立解放战争以及世界反法西斯战争，都凝聚着粤籍侨胞的辛勤努力、智慧汗水甚至流血牺牲。时至今日，越来越多的粤籍华侨华人政治上有地位、社会上有影响、经济上有实力、学术上有成就，成为住在国发展进步的重要力量。

长期以来，粤籍华侨华人无论身处何方，都始终情系祖国兴衰、民族复兴、家乡建设。他们献计献策、出资出力，无论是辛亥革命之时，还是革命战争年代，特别是改革开放时期，都不遗余力地支持、投身于中国革命和家乡的建设与发展。全省实际利用外资中近七成是侨、港、澳资金，外资企业中六成是侨资企业，华侨华人在广东兴办慈善公益项目超过3.3万宗、捐赠资金总额超过470亿元，为家乡的建设发挥了独特而巨大的作用。

长期以来，粤籍华侨华人充分发挥桥梁纽带作用，致力于促进中外友好交流。他们在自身的奋斗发展中，既将优秀的中华文化、岭南文化传播到五大洲，又将海外的先进经验、文化艺术带回家乡，促进广东成为中外交流最频繁、多元文化融合发展的先行地，推动中外友好交流不断深入、互利合作不断拓展，成为世界和平与发展的友好使者。

可以说，粤籍华侨华人的移民和发展史，既是中国历史的重要组成部分，更是世界历史不可缺少的亮丽篇章。

站在中华民族更深入地融入世界、加快实现伟大复兴中国梦的历史关口，面对广东全面深化改革开放、奋力实现"三个定位、两个率先"总目标的使命要求，中共广东省委、广东省人民政府决定编修《广东华侨史》，向全世界广东侨胞和光荣伟大的华侨历史致敬，向世界真实展示中国和平崛起的历史元素，也希望通过修史，全面、系统地总结梳理广东人走向世界、融入世界、贡献世界的历史过程和规律，更好地以史为鉴、古为今用，为广东在新形势下深化改革开放、加快转型升级、进一步当好排头兵提供宝贵的历史经验，形成强大的现实助力和合力。

编修一部高质量的《广东华侨史》，使之成为"资料翔实、观点全面、定性准确、结论权威"的世界侨史学界权威的、标志性的成果，是一项艰巨的使命，任重而道远。这既需要有世界视野的客观立场，有正确把握历史规律的态度和方法，有把握全方位全过程的顶层设计，更需要抓紧抢救、深入发掘整理各种资料，对涉及广东华侨史的各方面重大课题进行研究，并加强与海内外侨史学界的交流，虚心吸收国内外的研究成果。作为《广东华侨史》编修工程的重要组成部分，编辑出版《广东华侨史文库》无疑十分必要。我希望并相信，《广东华侨史文库》的出版，能够为广东华侨华人研究队伍的培育壮大，为广东华侨华人研究的可持续发展，为《广东华侨史》撰著提供坚实的学术理论和基础资料支撑，为推进中国和世界的华侨华人研究做出独特贡献，并成为中国华侨华人研究的重要品牌。

是为序。

广东省省长 朱小丹

2014年8月

前　言

　　中国向西方学习的留学潮，始于近代洋务运动时期。而自那时起，广东，尤其是珠江三角洲各市县，就一直是这一留学潮的领先者。

　　档案资料表明，中国近代大规模留学潮，发端于十九世纪七十年代，亦即始于清朝官派的赴美留学计划。根据这项计划，从一八七二年到一八七五年，清政府每年向美国派送了三十名小留学生，前后达一百二十人，史称"留美幼童"。而检视这一百二十名留美幼童的籍贯，可以发现他们中来自广东一省者，竟有八十四人之多，即占了其全部留学人数的百分之七十，而又以香山（中山）县为最。另外有二十二名籍贯为江苏的孩童，占百分之十八。其余的孩童，则分别零星地来自以下四省：浙江八人，安徽三人，福建二人，山东一人。①

　　然而，清朝的上述留学计划进行不到十年，因种种阻碍与非难，竟半途夭折。但是前往西方的道路已经打通，"师夷长技以制夷"的理念已在中国生根发芽。向外国学习，已成为中国社会变革的一项动力。由是，自晚清起，中国人出洋留学渐成浪潮，如清末的留学日本热、民国初年的赴法勤工俭学、北伐时期的苏联留学热、民国不同政府时期的官派赴欧美留学等，一波接一波，连绵不绝。不过，上述所列种种留学热潮多为官派性质，大多须先通过官方的考试，且以青少年为主，通常都是去读中学和大学。事实上，

---

① 钱刚、胡劲草著：《大清留美幼童记》，当代中国出版社，2010年。

在上述过程中，还有大批的赴外留学，是属于自费性质的。

民国时期，这种自费性质的赴外留学行为已遍及全国，但仍以广东省为最。盖因自近代开始，前往北美大陆和大洋洲讨生活并最终定居当地之粤省民众日盛，引得众多具有条件之家庭纷纷顺应留学潮遣送子女前往这些国家尤其是英语国家留学；同时也继承了晚清官派留美幼童的传统，许多家庭送去国外留学者也都是幼童——亦即我们现在所说的"小留学生"。

目前国内关于民国时期赴外留学的研究，所涉及的中国人自费前往留学之目的地，多集中在东洋和欧美，鲜少涉及大洋洲地区（主要是澳大利亚）。[①]即便是已经由广东省侨务部门组织出版的该省侨乡地区之华侨史志，有关民国时期前往大洋洲地区的自费留学史实，亦多付之阙如。[②]即或坊间有某个家族中人赴澳大利亚留学之传闻，也难以载入史书，主要原因在于，中国当地与此相关之档案十分难觅。然在民国初期（二十世纪一十年代至三十年代），广东赴澳留学实有数百人之众，俨然生成中国赴澳留学潮流的第一波。

在过去数年间，笔者对澳大利亚国家档案馆所藏的相关档案资料进行了检索查阅，结果表明，民国时期，主要是北洋政府（包括广州军政府时期）以及南京国民政府时期，有相当一大批的广东学子（主要是少年儿童），曾在二十多年的时间里，相继赴澳留学。此种留学以就读小学和中学为主，其后，一些人也在澳就读商校（商学院）、技校（工学院）或大学。这些到澳大利亚留学的年轻人，大多来自珠江三角洲，尤集中在当时的香山（后改称中山，现中山市和珠海市）、四邑（台山、新会、开平、恩平）、惠阳、高要、东莞、增城等县。从澳大利亚现有档案所显示出之留学生籍贯来看，他们以来自香山县、新宁（台山）县、新会县和开平县者最多。澳大利亚当地

---

① 有关研究近代以来中国人留学东西洋的课题及其成果，可以参阅实藤惠秀：《中国人留学日本史》，生活·读书·新知三联书店，1983年；陈学恂、田正平编：《中国近代教育史汇编——留学教育》，上海教育出版社，1991年；舒新城：《近代中国留学史》，上海中华书局，1933年；李喜所、刘集林等：《近代中国的留美教育》，天津古籍出版社，2000年；刘晓琴：《中国近代留英教育史》，南开大学出版社，2005年；林子勋：《中国留学教育史（1847-1975）》，（台湾）华冈出版有限公司，1976年；魏善玲："民国前期出国留学生的结构分析（1912-1927）"，《华南农业大学学报（社会科学版）》，2012年第1期。

② 比如，1996年广东人民出版社出版之《广东省志·华侨志》，恰恰就是缺少侨乡的出国教育方面之记述。

学者迄今尚未有利用这些档案，对这段历史予以整理和开展研究，因而，将这些档案资料收集整理，就有助于我们了解二十世纪上半叶的澳大利亚华人生存状况及他们的子女在澳读书学习的情况。

实际上，这些来澳留学的珠江三角洲少年儿童，其父辈（包括父亲、叔伯、舅舅、兄长等）大多是第一代移居澳大利亚之华人，基本上都是自十九世纪中叶淘金热始至二十世纪初先后奔赴澳大利亚淘金和做工，于澳大利亚联邦成立前后定居于这块土地上的广东人。[1]有鉴于第二次世界大战之前在澳大利亚谋生和定居的华人籍贯这一特点，从而造成了民国时期赴澳留学生来源地亦主要是上述地区这一现象。这些来自于珠江三角洲的小留学生，之所以于此时前来澳大利亚留学并形成一股潮流，皆肇因于一九〇一年澳大利亚联邦成立后正式推行的歧视和排斥亚裔尤其是华人移民的"白澳政策"（White Australia Policy）。[2]由于"白澳政策"的实施，中国人要想进入澳大利亚，就有许多障碍。而正是这些障碍，导致二十世纪初年后在澳华人数量急剧下降。根据澳大利亚人口统计资料，随着澳大利亚联邦的建立，在澳之华人逐渐减少，如一九〇一年，在澳华人总计有二万九千二百六十七人，此外还有中国人与欧裔婚配而生之混血者（被称为"半生番"）三千零九十人；一九一一年，华人有二万二千七百五十三人，加上混血者三千零十九人；十年之后的一九二一年，华人减至一万七千一百五十七人，加上混血者三千六百六十九人，总计也就只剩下二万人左右；到一九三三年，华人总数更降至一万零八百四十六，再加上混血人口三千五百零三，共剩不到一万五千人。[3]这些能留澳继续打拼的华人，大都是取得长期或永久居留权者，包括少数已入澳籍之华人，比如，来自香山县的欧阳南（D. Y.

① 关于早期粤人赴澳谋生及定居的著述，可参阅亨利·简斯顿著、杨于军译：《四邑淘金工在澳洲》，中国华侨出版社，2010年；梅伟强、关泽峰：《广东台山华侨史》，中国华侨出版社，2010年。
② 关于澳大利亚自一九〇一年成立联邦之后便开始实施的"白澳政策"及其对在澳华人之影响，可参阅John Fitzgerald, *Big White Lie: Chinese Australians in White Australia*, Sydney: University of New South Wales, 2007。
③ Population of Chinese in Australia, NAA: A433, 1949/2/8505（此处的"NAA"是指澳大利亚国家档案馆宗卷，其后为其宗卷号，下同）。

Narme）①和来自新宁县的刘光福（William Joseph Liu）②。这些留在澳大利亚的华人，在二十世纪初年之后生活普遍地稳定下来，收入有了一定的保障，他们陆续回国结亲，生育后代。但囿于"白澳政策"，绝大部分澳大利亚华人只能将妻小留在中国。③同样是由于"白澳政策"的限制，那些得以长期居留在澳、甚或在澳大利亚联邦成立之前已入澳籍之华人，其在中国婚配的妻室及他们在中国出生的后代皆非澳籍，也不能自由前往澳大利亚团聚，子女教育也就成为他们（包括在澳之华人以及他们在中国的亲属）十分关注的一大问题。拼搏奋斗多年后，若稍有积蓄，申请将其子女以及子侄辈接来澳大利亚留学读书，便是解决此项问题的一个途径。经由此径，一方面使其子女及子侄辈能有机会在澳大利亚接受正式的西方教育，学得英语及一技之长，回国后无论是经商创业还是从军入仕都可占据相当优势；另一方面，于子女来澳留学期间，他们也正好一尽家长监护之责，增进父子或父女之情；

随着其子女和子侄辈之年龄增长，英文能力及知识技艺提高，以及社会阅历

---

① 欧阳南，生于一八九〇年，但未及十岁就在十九世纪末年来到澳大利亚发展，一九二十年代便在雪梨华社中极为活跃，是当地著名华商。澳大利亚国家档案馆中有关欧阳南的宗卷，见：David O'Young Narme [Chinese - arrived Sydney per SS EASTERN, 1899. Box 36], NAA: SP11/2, CHINESE/NARME D O。但另一篇文章显示，欧阳南是香山县南朗麻子村人，十八岁随叔父赴澳谋生，后创设安益利行（On Yik Lee & Co.），批发中国药材，是最早在雪梨开金山庄的香山人，此后又兼营机器洗衣店（见陈迪秋："澳洲香山华侨对孙中山领导的革命运动的贡献（二）"，载《中山侨刊》第93期[2011年4月1日]，第32页）。根据澳洲档案，安益利公司由来自广东省香山县的华商李益徽（William Robert George Lee）等于十九世纪末在雪梨开创，后由其子李元信（William Yuison Lee）继承并成为大股东，于一九一三年二月十八日在鸟修威省工商局正式注册。详见鸟修威省档案馆保存的十九世纪末二十世纪初在该省工商局登记的工商企业注册记录：https://search.records.nsw.gov.au/permalink/f/1ebnd1l/INDEX1817337；但到一九二二年，该公司重组，李元信退出，由欧阳南、林祥等人接管成为股东，并在当年七月十日在鸟修威省工商局正式注册，显示其董事会的变更，详见同上：https://search.records.nsw.gov.au/permalink/f/1ebnd1l/INDEX1817338。据此，所谓欧阳南创设安益利公司的说法并不正确，只能说在一九二十年代初重组该公司时，他成为主要股东。

② 黄昆章："澳大利亚华人领袖刘光福"，《华侨华人历史研究》1989年第3期；另见Barry McGowan："Liu, William Joseph（1893–1983）", in *Australian Dictionary of Biography*，Vol. 18，（MUP），2012。

③ 二十世纪初澳大利亚限制居澳华人携带妻子入境的最著名一例，是来自广东省开平县的潘巍（Poon Gooey）偕妻入澳案。潘妻经其夫力争，于一九一〇年获入澳半年签证，后因在澳生育二女而延签，于一九一三年被澳洲政府遣返。该案成为澳洲限制华人尤其是中国妇女入境之最佳证据。详见Kate Bagnall："*A legacy of White Australia：Records about Chinese Australians in the National Archives*"，in http://www.naa.gov.au/collection/publications/papers–and–podcasts/immigration/white–australia.aspx#section14，visited on 17:25，30/1/2016。

增长，他们也可为自己在澳之生意与事业拓展增添帮手，如为具备留澳条件之子女申请长期居留澳大利亚，以继承生意和事业。根据已经检索到的澳大利亚档案资料显示，这些粤省小留学生来澳大利亚入学的年龄，大多在十至十七岁之间，还有年龄在七至八岁甚或更小者；他们在澳留学的时间跨度，少仅数月，多则长达十年以上，甚至还有因太平洋战争爆发滞留时间更长者。

当然，中国学子要成功地赴澳留学，其先决条件须有政策的制订与颁行，方可办得入澳签证。澳大利亚此前是英国殖民地，虽然于一九〇一年建立了澳大利亚联邦，成为英国的自治领，但其外交事务仍由宗主国负责，因此，大清国直到光绪三十四年（一九〇八年）方才于澳大利亚设立总领事馆。首任总领事梁澜勋抵达澳大利亚后，就已经听到了华社的强烈呼声，要求协助办理居澳华人在中国之子女及亲属来澳留学事宜，为此，梁总领事便开始准备就此与澳大利亚当局商讨，以解决中国学生来澳留学之签证问题。但他未及着手进行，就于宣统二年（一九一〇年）离任。接替他职位的是唐恩桐总领事，到任不到半年，即因水土不服于次年五月奉调回国，也来不及处理此事。随后，黄良荣接任大清国最后一任驻澳大利亚总领事，他从一九一一年下半年开始行动，就此问题与澳大利亚当局反复磋商。此后，中华民国驻澳大利亚的头两任总领事曾宗鉴和魏子京持续不断地与澳大利亚政府相关部门进行了几近十年的马拉松式的谈判（期间因第一次世界大战而导致谈判工作停顿），最终于一九二〇年达成了中国学生入境留学的备忘录，亦即《中国留学生章程》。

根据这个章程，中国学生入境澳大利亚留学的条件如下：

一、中国男女学生持中国外交机构所发给之具中英二种文字的护照，并由在华相关出境地之英国领事签证，或由在澳大利亚境内中国总领事馆发给之护照并由内务部核发签证者，准允入境。护照上应贴具持有人之近照，并详列其性别、年龄、财政担保来源、拟在澳留学之年限与欲读课程，以及留学地点及住所。

二、学生抵澳后，按规定无须"免试纸"。[①]其签证有效期为十二个月，如需展签，在签证期满前，须通过中国总领事馆向内务部长提出申请。

三、学生抵澳后，应立即在中国驻澳总领事馆登记，如住址和学习计划变更，应及时知照之；而中国总领事馆对此亦应及时知照内务部，以随时保持其对这些学生信息之知情。

四、学生在抵澳后，应立即提供给内务部两位担保其在澳留学之澳大利亚居民或商号之姓名（或名称）与地址，他们应为该生在澳留学提供财政资助，并保证其在学成后如期返回中国。

五、学生入境后，须就读政府认可之正规学校，修读正式课程，并可由内务部长特批进行实习、替工或接受技术或其它特别的培训，但不能打工挣钱以支撑其在澳之生活。

六、学生在签证期满之后，应按规定返回中国。

七、内务部长保留对上述章程之解释权，并可根据情况对违规者取消其签证。[②]

该章程于一九二一年正式实施，主要由中国驻澳大利亚总领事馆主导学生护照和入澳签证的申请和办理。当年，仅该馆就发出一百多份学生护照，可见赴澳留学之踊跃，形成了中国人赴澳留学的首波浪潮。[③]但随着中国留学

---

① Certificate of Exemption from Dictation Test（英文简写成CEDT，亦译为"听写测试豁免证明"或"免试纸"，当时的华人也称之为"回头纸"）。听写测试（Dictation Test）是澳大利亚联邦成立后实施排斥亚裔移民之"白澳政策"（White Australia Policy）最重要的组成部分，于一九〇一年开始实施，一九五八年终止。根据一九〇一年澳大利亚第一次联邦议会通过的《移民限制法案》（The Immigration Restriction Act）的核心内容语言测试法案规定，移民官员可使用任何一门欧洲语言，对有意申请移民入境者进行一项五十个单词的听写测试；如未能达标，则有权拒绝其入境。其主要针对者，即为华人。而听写测试豁免证明则是发给那些非欧裔之澳大利亚居民（长期居民或永久居民）短期出境澳大利亚时使用，作为返回证明。该项证明也给予那些非欧裔获准入境澳大利亚经商、留学及探亲之人士，与签证类似。

② Chinese merchants and students：Conditions governing entry into Australia，NAA：A2998，1951/2130.

③ 根据档案记载，在上述章程实施之前，即二十世纪二十年代之前的清末民初时期，澳大利亚已经接受了部分中国留学生入读各类学校，但人数不多，申请亦不规范，不似二十年代之后形成一波浪潮。而且此前这些中国留学生中，有些人其实是澳大利亚本地出生的第二代华人，也被列入外侨学生（中国留学生）之类别。详见Chinese students at Australian Universities，NAA：A1，1910/1811；Photographs of Chinese Children admitted for education purposes，NAA：A1，1920/7136；Yu Wing Educn Ex/cert Education Exemption Certificate，NAA：A1，1917/13767；Application for permission for Gock Bow to enter the Commonwealth for 3 years for Educational purposes，NAA：A1，1911/11687.

生陆续抵澳，在他们留学澳大利亚的过程中逐渐暴露出一些问题，包括学生来澳之年龄以及学籍的管理，学生的出勤率及学费，还有英语学识能力等，而后者直接关系到这些来澳留学的中国学生与本地学生一同上课时，能否听得懂授课内容以及是否能跟得上课程学习进度等问题。事实上，有的中国小学生抵达澳大利亚时，年仅五岁。另一方面，上述章程没有规定中国留学生来澳就读学校的性质，故大部分入读之当地学校皆为公立，这就意味着他们可与当地学生一样享受免费教育，但这是致力于推行"白澳政策"之澳大利亚当局及主流社会所不愿意提供给亚裔人士的福利。此外，来澳留学生与其担保人或监护人之间的关系也受到明确限制，亦即要限于在澳华人之子女或其子侄辈，方才符合入境之条件。为此，澳中两国通过联邦政府内务部与中国驻澳大利亚总领事馆商讨修改章程中的年龄限制，于一九二四年达成初步意见后，修订了《中国留学生章程》并于一九二六年中正式实施。其主要的变化在于：（一）对来澳学生年龄设限，即最低为十岁，最高为二十四岁。对在澳留学最高年龄设限，旨在强调，中国学生于年满二十四岁之后，必须结束学业返回中国，不得滞留。对十岁至十三岁之学子，申请时不要求有英文基础，惟须有家长陪同来澳；但对十四岁至十七岁之学子，申请时须具备基本的英文学识能力；十九岁以上者则不能再读中学，须进入技校、商学院或工学院等专门学校或大专学院入读。（二）来澳留学生只能入读政府认可之私立学校，同时要提供拟入读私校接纳该生之录取函，以作凭据。①由是时始，中国学生皆循此《中国留学生章程》修订新规，申请来澳留学。

上述《中国留学生章程》的修订，实际上也是澳大利亚政府在推行其"白澳政策"的过程中，于入境细节上进一步强化对来澳中国留学生的限制和管理。至一九三〇年底一九三一年初，由中国驻澳大利亚总领事馆发出的学生护照已超过六百份，尽管其中或有部分护照发出后被澳大利亚内务部拒签，但中国政府驻相关省份如广东和江苏省之外交部特派交涉员公署以及北洋政府外交部等机构同期也签发了一定数量的护照并获得当地英国使领馆的

---

① Chinese students–Conditions of admission to Australia，NAA：B13，1926/26683。在该章程修订前，来澳之中国留学生既可以入读政府所办之公立学校，也可以进入私立学校或教会学校。事实上，大部分来澳留学生是注册入读公立学校，如此在学费上便可节省一大笔开销。

签证（澳大利亚当时仍由英国代为负责对外事务，由英驻各国之使领馆代办所有赴澳签证），因而这十年间，最终来澳留学的人数实不低于六百。自一九三〇年起，有鉴于现行在澳实施的中国学生留学章程仍有若干值得争取改进之处，中国学子来澳留学的利益尚待更周全之维护，中国驻澳大利亚总领事馆再次与澳大利亚政府协商，对其中的一些条款做出了调整，主要是将无须英文基础的年龄限制提高到十四岁，[1]甚至酌情提高到十五岁，从而使更多的中国学生可以规避英语要求成功来澳留学。调整后的中国学生一九三零年版留学章程共十一条，其内容如下：

一、中国学生自十岁至十九岁者可以来澳留学；

二、学生在澳年龄以至二十四岁为限；

三、学生在澳之时须专事读书，按时到校授课不得兼营他业或帮助工作；

四、学生到澳后须入经澳内务部认可之私立学校不得入汽车学校；

五、学生一切费用均由其父母或保护人完全担任；

六、学生自十四岁至十九岁者须识初等英文方能来澳因到澳时须经税关考试；

七、学生自十岁至十五岁来澳依从其父母者可向本馆领取护照此项学生无需英文知识惟学生之生期年龄须准确因华人曾于某年回国澳大利亚税关有案可稽不可稍事含糊；

八、凡有请发留学护照者应将下列各项寄交本馆：

（甲）学生相片四张三寸四寸皆可

（乙）填单两张由请照人填写签押

（丙）声明书汉文英文各一张由请照人及担保人填写签押

（丁）私立学校声明承允收容该生之函件；

九、凡有学生年满十四岁来澳留学而非依从其父母者除第八条所述各项以外另需下列两项：

（甲）该生曾在中国何校读书英文程度如何应由该校校长来函证明

（乙）该生亲笔抄写英文一张；

十、学生若迁移住所或拟转入他校时担保人应立即报告总领事馆；

---

① Chin Loon Hee-Student passport [1cm], NAA: A433, 1949/2/8534。

十一、学生来澳留学每届十二个月为一时期若拟继续留学时应在该期届满以前函达总领事馆并须附来该生在学校之成绩表。[①]

自此之后，中国总领事馆在处理中国学生来澳留学之护照与签证申请时，就一直按此章程办理。到了一九四二年，澳大利亚与中国成为共同抗击日本军国主义侵略之盟国，上述章程因战事而自动停止实施。战后，尽管还有一些来自中国的赴澳留学申请，但其数量已不多，其方式也有了很大的变化，同时中国的国内形势也发生了翻天覆地的变化，可以说，中国学子赴澳留学进入了一个新的时期。

因此，将澳大利亚现存涉及民国时期广东珠江三角洲各县来澳留学人士之档案收集整理，实具有重大的历史与现实意义：一方面，可填补这些地方学子赴澳留学史亦即民国时期华侨史的空白；另一方面，也可追溯这些早期粤人学子之踪迹，如有可能的话甚或循迹查访他们学成回国之后在家乡的成就，充实广东侨乡对外教育交流的历史，丰富当地的人文内涵。

要言之，这些涉及广东珠江三角洲各县赴澳小留学生的档案，主要文字为英文（仅护照申请表附有中文），涵盖了申请中国护照、入境签证、离境日期以及在澳期间之学习包括转校情况等方面的文件，涉及澳大利亚内务部、海关、公立及私立（包括教会）学校、中国总领事馆，及中国学生护照的请照者、担保人和澳大利亚境外之学校，后者主要是为请照者提供英语学识能力证明。形式上基本上是一位学生一份宗卷，时间跨度从二十世纪初到三十年代，小部分延拓到四十年代。由于这些小留学生居澳时间的长短不同，其档案的内容亦简繁不一。这些档案显示，绝大部分人在获得签证后皆来澳留学，他们无论是否完成在澳学业最终都回国或他往，但只有很少人得以不同方式留居下来。其中也有小部分的档案，其内容是被拒签的申请材料，以及虽然获得入境签证，但申请者最终因各种原因并未入境者。

上述档案资料，大多保存在位于首都堪培拉（Canberra）的澳大利亚国家档案馆（National Archives of Australia）。但鉴于早期珠江三角洲的中国移民

---

① 见Wong Choy-1. Inquiry to movements 2. Exemption of the Commonwealth for son, NAA：A1, 1930/9357。注：此项章程译件系中国驻澳大利亚总领事馆抄件原文。

分散定居于澳大利亚的各个州，依次是新南威尔士州（New South Wales）、维多利亚州（Victoria）、昆士兰州（Queensland）、南澳大利亚州（South Australia）、西澳大利亚州（Western Australia）、塔斯马尼亚州（Tasmania）以及北领地（Northern Territory），因此，在澳大利亚国家档案馆设于上述各州及领地之分馆里，也藏有部分相关档案。比如，来自香山（中山）县的小留学生的档案，除了堪培拉的澳大利亚国家档案馆收藏最多之外，在悉尼（Sydney）、布里斯本（Brisbane）和墨尔本（Melbourne）的分馆里也有相当多的收藏，因为当年香山籍的华人主要就集中在新南威尔士州、昆士兰州和维多利亚州。根据笔者数年来陆续收集和访寻之结果，初步估算这些档案中所涉及的上述时期广东赴澳小留学生人数，如前所述，已知者达六百多，或会更多，因为目前澳大利亚国家档案馆尚有许多早期的宗卷未整理上架（上线），无从查阅。

如果以民国时的县一级单位来计，这些档案以涉及香山（中山）县和新宁（台山）县者为最，各超过一百多个宗卷；其次则为新会县、开平县及珠江三角洲其他县市。

为此，笔者根据历年从上述档案馆中蒐集的中国留学生档案，将其分门别类予以整理后，以每个宗卷所涉及留学生个体的资料，考证真伪，撰写成篇，始成这套《民国粤人赴澳大利亚留学档案全述》。

蒐集、整理、考证、编著和出版这套书之目的，旨在利用澳大利亚现已公开的档案宗卷资料，将中国人第一波赴澳留学潮如实地反映出来，为读者了解一百年前中国侨乡各界人士之教育观，以及当时留学之形态，提供依据；同时，也为研究中国侨乡教育和文化交流的学者，提供第一手的资料，以供作进一步研究参考之用。

粟明鲜

二〇一六年七月十八日

二〇一九年十一月十一日修订

澳大利亚昆士兰州布里斯本

目 录

1

下册

凡　例

一、本书是利用澳大利亚国家档案馆（包括其主馆及各州分馆）典藏的有关民国时期中国赴澳大利亚留学生（基本上以广东人尤其是来自珠江三角洲各县广府人为主）的档案宗卷，经整理、研究、考证与甄别，据实编写而成。

二、本书所涉及的时期主要是二十世纪二十年代和三十年代，而在四十年代因太平洋战争爆发，自中国赴澳留学之人数就极少了，但仍有部分档案涉及战时和战后年份。

三、书中涉及之澳大利亚地名之中译名，以当时赴澳留学生护照申请表上所填之中译名及当时澳大利亚华人的通译为准，以切实反映那个时代中国人之澳大利亚印象，但会在其后附上英文原名。比如，Sydney，现在译为悉尼，但当时在澳华人咸称之为雪梨，护照申请表上亦如此填写，故行文中亦使用此称呼。本书后附有译名对照表，以备检索查对。

四、书中之中国留学生人名，以护照申请表及护照为准；对于其中部分使用英文名字者，如果无法还原中文，则照录，以使其保持原有形态。

五、新宁县于一九一四年正式改名为台山县。但书中对此县名之表述，不以这个年份为准，而以每名留学生申办中国留学生护照时所填申请表中之称呼为准。因此，即使是在一九二一年之后，尚有学生或家长在申办护照时，仍然将籍贯或出生地填为新宁者，书中照此直录。这是因为当时大多数的中国留学生护照申请是在澳大利亚境内向中国总领事馆提出，许多人仍然对故乡保持旧称，因而在时间上有此误差。

六、书中涉及之每个中国留学生的籍贯或出生地，皆以其中国护照申请表上所填写者为准。其中或有错漏者，除非常明显者，已经在行文中通过注释或其他形式指出外，余皆请识者指正为荷。

七、本书所涉及之民国时期台山（新宁）学生之赴澳留学，因时间先后不一，年龄跨度也大，申请赴澳留学的时间与实际抵达时间亦相差甚大，有的达六年之久。在每篇文章的排序上，无论是按申请赴澳或抵达澳大利亚日期排序，还是按姓氏笔画排序，要反映这一时期的留学情况，皆有不甚完备之处。为此，本书以这些留学生的出生日期为据，将每篇文章依次排列，一方面便于检索，另一方面亦希望借此展示台山学子赴澳留学之秘辛。

八、民国时期中国留学生入读的那些学校，许多当时都有相应的中文译名，有的还有几个不同的译名，本书在行文中根据护照申请者所填照录，以保持原生态。

九、本书有关年代和金额，基本上使用汉字数字，以便统一。

十、中国学生赴澳之交通工具，基本上都是蒸汽轮船，分属不同国家和公司。有些轮船原来就有中文船名，日本轮船名也有汉字，澳大利亚船只有的也有固定中文译名，故书中行文涉及这些船只时，尽可能记录或还原其中文名或中文译名。

十一、尽管是以还原历史为原则，因资料线索所限，仍或有疏漏错讹之处，此皆编著者之责任，尚祈赐教更正。

说　明

　　本书主要根据澳大利亚国家档案馆所藏之档案资料，将民国时期，主要是北洋政府包括广州军政府时期及南京国民政府时期，广东省台山（新宁）县青少年儿童赴澳留学的档案宗卷资料作一整理，并对其中的一些问题加以甄别和考证，编写成篇，以供参考。

　　本书所涉及的留学年份，主要集中于二十世纪二十年代到三十年代。但亦有少数留学生因在澳留学时间长，后来又改变身份，即从学生身份改为工作签证，得以继续留在澳大利亚发展，其档案所涉及之年份直到四十年代末五十年代初。

　　因档案中的每一个个体宗卷基本上涉及一名留学生，个别的则是兄弟（妹）俩，故本书基本上按照这一分类编写，并在起止年份上也基本与档案宗卷所涉及者同步，即从其递交护照申请表到其最终回国，或档案终止。

　　从这些档案中可以发现，民国时期赴澳留学的台山（新宁）籍青少年儿童，其留学地点最主要集中于维多利亚（Victoria）和新南威尔士（New South Wales）二州。前者大部分都集中于墨尔本城区及该州之西部和北部农业区，后者则大部分集中于悉尼城区，少数位于维多利亚州与新南威尔士州交界地区。除此之外，台山籍留学生有部分去到西澳大利亚（Western Australia）、南澳大利亚（South Australia）和塔斯马尼亚（Tasmania）各州，极少数人去到北领地（Northern Territory）和昆士兰州（Queensland）。这种现象所反映出来的现实是，自十九世纪中叶澳大利亚淘金热兴起至民国初年以前，台山人陆续前往这块土地寻梦的，实际上也主要集中于上述维多利亚和新南威尔士二州。

从这些档案文件中，我们也发现了另外一个特点，即大部分的台山籍小留学生赴澳留学后，在当地学校入读少则半年、多则十几年之后，又都返回中国；而只有少数留学生因父辈及其所属商行的安排及机缘，先是以工作签证的形式留居，最终留在了澳大利亚这块土地上。

　　这些来澳留学的台山籍小留学生，大多都是就读中小学校，最终升读大专院校者不多，拿到大专院校学位文凭者更少。

　　此外，这些档案宗卷还揭示了一个特点，即台山籍青少年以家族或宗族为特征的抱团式留学，其所折射出来的一个现象便是其父辈以姓氏宗亲为特征的在澳散居分布。比如，邝姓宗族以去西澳最多，除了经营传统果栏杂货，亦涉及珍珠养殖与销售；甄姓宗族则主要前往塔斯马尼亚，而雷姓和刘姓则主要以墨尔本及维多利亚与新南威尔士两州交界地区为基地，且大多从事果栏贸易与果菜园种植。

　　所有赴澳留学的青少年儿童，除了极少数是由其他亲属资助担保外，皆为父亲出面担保，并在来澳后多与父亲住在一起。这些留学生的父辈在澳大利亚从事的营生，仍然是集中于杂货店兼营与中国的进出口贸易（土货进出口与销售）、果蔬店与自营农场、木工家具业以及餐饮业。这与同时期居澳的中山籍人士所从事的职业相类。

　　需要说明的是，目前的澳大利亚国家档案馆中有关民国时期中国留学生的档案资料库目录并不完备，一些档案还没有做好索引备查，故许多已知的赴澳留学生之人名尚无法在数据库目录中检索得到。也许随着时间的推移，数据库的进一步充实完善，在今后会陆续可以查找和检索到更多的文件资料，而本书只是迄今可以从澳大利亚档案馆里搜集和检索到的有关早期台山籍留学生的一个汇集。今后如果还能发现更多的与此相关的档案资料，则可以考虑再编续集，供研究早期侨乡出国留学和教育文化交流的人士参考。

二〇一七年六月六日

余　铺

台山田心村

　　一九二〇年，中国驻澳大利亚总领事魏子京与澳大利亚内务部签署了《中国留学生章程》，从次年开始，有条件地准允中国人前往澳大利亚游学游历与经商，而青少年儿童赴澳留学的年龄上限至二十四岁。根据此章程，在澳华人可担保其子侄辈等亲戚孩童来澳留学，其主要处理程序是，通过中国驻澳大利亚总领事馆申请办理学生护照，由澳大利亚联邦政府内务部具体负责核发签证事宜。

　　一八九七年十二月二十八日出生于台山县田心村的余铺（Yee Young），到一九二一年，就将年满二十四岁。余铺的一个哥哥叫余炳（Yee Ben），出生于一八八六年，约年长他十二岁，大约是在一九〇五年三月，未及弱冠就跟随乡人赴澳打拼，先去到美利滨（Melbourne）登陆入境，[①]最终定居于雪梨（Sydney），[②]在获得定居权并有了一些积蓄后，投股加入城里一间名为"新广兴"号（Sun Kwong Hing & Co.）的杂货铺，成为小股东。该店位于城里的矜布炉街（Campbell Street）六十八号，早在十九世纪末便已成立，有一

---

① Yee BEN - Nationality: Chinese - Arrived Melbourne on 14 Mar 1905 [Box 14], NAA: SP11/5, BEN, YEE。

② 余炳约在一九一〇年前后去到雪梨发展。见：Yee Ben [includes 14 photographs showing front and side views; left hand print and left and right thumb prints] [Issue of CEDT in favour of subject] [box 259], NAA: SP42/1, C1930/9732；Sam King, Ah Yen, Kum Chong, Yee Ben, Hong Ho Wing, Yarm Deen Shah, Fatt Chong, Saheeli, Buttana and Amah Singh Jividar [Certificate Exempting from Dictation Test - includes left hand impression and photographs] [box 76], NAA: ST84/1, 1914/154/71-80。

定的规模。余炳加入后积极参与经营，略有小成。[①]

在得知开放中国学生来澳留学的消息后，余炳认为弟弟余镛可以赶上末班车办理来澳留学，而自己作为其亲属，也符合担保人条件，便于一九二一年三月三十一日填具申请表，备齐相关材料，递交到位于美利滨的中国驻澳大利亚总领事馆，为余镛申办赴澳留学的护照和签证。他以自己参与经营的"新广兴"号商铺作保，允诺每年供给膏火二十镑作为弟弟在澳留学期间之费用，想将他申请来到雪梨，入读颇负盛名的学校——雪梨文法学校（Sydney Grammar School）念中学。

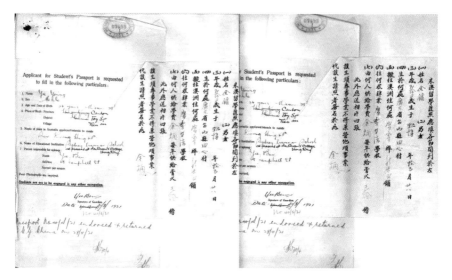

一九二一年三月三十一日，余炳填具申请表，向中国驻澳大利亚总领事馆申办弟弟余镛来澳留学的护照和签证。

收到余镛的申请后，中国总领事馆立即核对材料，按规定予以处理。

---

① 新广兴号早在一八九十年代便已开设于雪梨唐人街，主要股东是来自新宁县的余明礼（Men Lie）。该商号于一九〇三年六月二十六日在鸟修威省（New South Wales）工商局重新注册，有十一位股东，余明礼是最大的股东。见鸟修威省档案馆（NSW State Archives & Records）保存的二十世纪初在该省工商局注册的工商企业记录：https://search.records.nsw.gov.au/permalink/f/1ebnd1l/INDEX1824659。余明礼生于一八六七年，大约在一八八十年代就来到雪梨发展。有关他的档案，见：Maroon Joseph, Rosa O'Brien, Ah Gee, Hop Lee, Men Lie, Yoke Wing, Ah Lim, Ah Chune and Chun Dooy [Certificate Exempting from Dictation Test - includes left hand impression and photographs] [box 11], NAA: ST84/1, 1906/251-260。因余明礼是余炳的本家长辈，故余炳到雪梨后便投奔于他，在其提携下发展。

四月二十七日，中国总领事魏子京为余镛签发了中国学生护照，号码是48/S/21。因当时美利滨是澳大利亚联邦政府的临时首都，中国总领事馆与其同城办公，联络方便，故当天便从澳大利亚联邦政府内务部那里为余镛拿到了入境签证。按照申请处理程序以及请照人余炳的要求，中国总领事馆便将护照寄往中国余镛的家乡，以便他收拾行装，摒当一切，赴澳留学。

四个多月之后，余镛在香港搭乘"太原"（Taiyuan）号轮船，于九月二十二日抵达雪梨港口入境澳大利亚。原先余炳为弟弟联络入读雪梨文法学校，是想让他来这里念中学课程，但鉴于余镛此时已届二十四岁，读中学显然太不合适，因此，便让他选择就读斯托特与霍尔斯商学院（Stott & Hoare's Business College），于十一月一日正式注册入读。根据三个月后校长提交的报告显示，余镛在校选修簿记、打字机打字和通用商科等课程，各项学业和在校操行都非常好，尤其是英语和数学进步很大，独立学习和完成作业的能力强。这一信息表明，在赴澳留学之前，余镛已经在家乡甚至是在省港接受过良好的教育，英语也有一定的基础，不然也难以直接入读商学院课程。在此期间，他除了请假四天未到校上课之外，出满全勤。而他请假也是事出有因，是因其在当地的一位兄长去世，他不得不守灵及协助办理出殡等事宜。档案文件里没有说明他的这位兄长的名字，显然这位兄长并非担保他来澳留学的余炳，而是另外一位，这表明他还有另外一位兄长在澳大利亚发展。中国人崇尚大家庭，多子多福，余镛有多位兄长甚至姐妹都是很正常的事。

照理说，余镛入读商学院不久就已年满二十四岁，达到了在澳中国留学生的最高年龄上限，即便是他于下半年抵达，签证有效期到次年才失效，到期他离开澳大利亚返回中国，也算说得过去。但是，当一九二二年九月余镛的签证到期后，未等到中国总领事馆为余镛申请展签，内务部秘书于十月三日就主动致函中国总领事魏子京，告知已经给予这位中国学生展签十二个月。之所以会有这样的结果，很可能是因为《中国留学生章程》刚刚实施一年，内务部执行规则还没有那么严格之故。

然而，自一九二二年九月份开始，余镛就请了病假，没有去商学院上课，原因是他牙床发炎溃烂，不得不病休在家，要看医生治疗。后来，他不

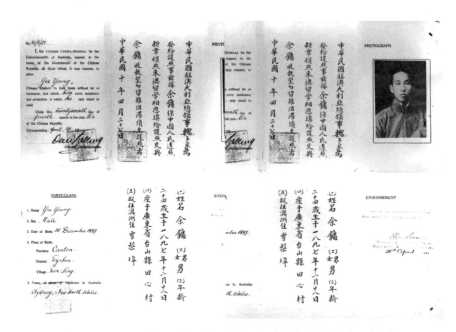

一九二一年四月二十七日，中国驻澳大利亚总领事魏子京为余镛签发的中国学生护照。

得不进了雪梨协和牙科医院（United Dental Hospital），共住院两个月，最终拔掉了两颗牙齿。原本他希望于一九二三年新学年开学后可以去上学，但因手术后还要遵医嘱在家休养一段时间，故直到上学期过了一半，他才得以于四月三十日重返学校恢复上课。即便这样，余镛也显示出其在学业上的优势，并没有被拉下课程进度。根据校长报告，他的写作课及课程作业和论文都非常棒，显示出其英文写作能力和应用能力大大提高。而到这一年八月份，中国总领事魏子京以其在校表现佳学业优秀为由继续为余镛申请展签时，内务部似乎根本就没有关注他早已超过留学年限两年这个事实，毫不犹豫地再给他一年的展签。

　　拿到展签两个月之后，余镛结束了在斯托特与霍尔斯商学院的课程，于十月十九日正式离开这间学院。离开前他曾告诉院长，说要准备前往美国。可是，内务部在年底就接到商学院的通知，但时间过去了三个月，也没有得到海关通报余镛离境的日期，遂于一九二四年三月二十一日指示海关，让其派人调查一下，看看他到底在做什么。四月十六日，海关报告说，余镛自结束商学院的课程后，就去了位于雪梨到堪培拉（Canberra）之间的农业重镇高宝镇（Goulburn），跟他哥哥余炳住在一起。他的哥哥此前在该镇开了一间蔬果商铺，地点是奥本街（Auburn Street）九十四号。余铺除了平时帮忙哥哥照看一下商铺的经营，并未从事其他工作。余铺告诉来调查其行踪的海关人员及警察，这段时间里，他实际上是在选择船期和预订船票，要按计划前往美国。

一九二四年五月七日，二十七岁的余铺终于在雪梨登上一艘名为"范杜拉"（Ventura）号的轮船，按照预想，前往美国。然其到美后之行踪，因澳大利亚档案不涉及，不得而知。

余铺在澳大利亚留学总共两年半左右的时间，但真正在商学院念书的时间才不到两年，期间还因牙病住院手术近半年，不过，他还是完成了课程，算得上是学有所成。

档案出处（澳大利亚国家档案馆档案宗卷号）：

Young, Yee - Students passport, NAA: A1, 1924/13324

陈锡安、陈锡康兄弟

台山古隆村

　　陈锡安（Chun Sik On）和陈锡康（Chun Sik Hoong）二人，在一九二一年《中国留学生章程》实施之前，就已申请赴澳留学。前者一九〇二年八月二十日生，后者一九〇五年生（确切生日不详），他们是堂兄弟。陈锡康是陈连（Chun S. H. Linn）的儿子，陈锡安则是陈连的侄儿。

　　陈连大约于一八八一年出生在台山县古隆村。当他还是个十六岁少年的时候，就于一八九七年随着大流，跟着同邑乡人到澳大利亚寻找新生活，在域多利省（Victoria）闯荡。[①]或许是祖上有悬壶济世行医的传统，他也自小受此熏陶，略通中草药。有此一技傍身，他最终在美利伴（Melbourne）城里的士湾慎街（Swanston Street）三百九十五至三百九十七号开设了一间以自己的名字命名的草医药材行，并在当地行医，生意兴隆，日子比较富足。其药材行年营业额超过一千镑，这在当时算得上是经营比较成功的生意；与此同时，他还在城里的"南京酒楼"（Nanking Café）占股价值达八百镑；此外，他也在伦敦银行有存款一百镑。由此可见，作为草药商，陈连在财务上还是比较自由宽裕的。而且，他除了在家乡按习俗娶亲并将其安置在乡间外，还在澳大利亚当地结了婚，妻子是澳大利亚土生华女。

　　陈连的药材行销售中草药、熬制药丸等货品，进口数额比较大。仅在一九一八年三月进口的一批药丸等货物，被海关截获，因数量巨大，却报价

---

① Chun Linn - Applied for Certificate for Exemption from Dictation Test, NAA: B13, 1929/21356。

较低，海关严重怀疑其低进高卖，最终查实其真实价值，由其补缴五百四十镑巨额关税，才让他将货物运走。也许是他生意做得较大，令人眼红，从而被人举报违禁经营鸦片销售。但海关稽查队先后两次前往其店铺搜查，皆未找到任何鸦片踪迹。在美利伴海关眼里，陈连是个很有涵养、有责任担当的人。与此同时，他与中国城小博街（Little Bourke Street）上的中国同胞也有所接触，但关系并不是很密切。

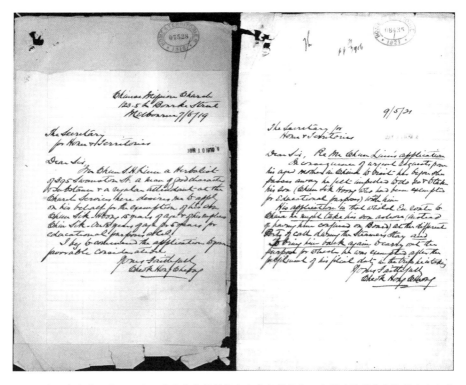

一九一九年和一九二一年，张卓雄牧师写给内务部秘书的信，分别为陈锡康和陈锡安来澳留学及陈锡康的再入境签证提出申请。

陈连是否在美利伴信奉了基督教，目前没有他受洗的确凿证据，但他与在中国城里的华人教会（Chinese Mission Church）主事的张卓雄牧师（Rev. Chock Hong Cheong）深交，[①]关系不错，且是张牧师讲经会上的常客。

① 关于张卓雄牧师的生平，详见：Ching Fatt Yong, 'Cheong Cheok Hong（1853–1928）', *Australian Dictionary of Biography*, National Centre of Biography, Australian National University, http://adb.anu. edu.au/biography/cheong-cheok-hong-3198/text4803, published first in hardcopy 1969, accessed online 30 March 2020。

一九一九年六月七日，张牧师即以陈连是其教会之教民及奉公守法的草医商为由，代其向澳大利亚政府内务部提出申请，申办其时年十五岁的儿子陈锡康及十八岁的侄儿陈锡安来澳留学。由于档案中没有任何说明，我们不知道陈连之子陈锡康是否由其澳大利亚土生华妻所生，以及是否是其在澳出生后再被送返中国抚养，或者是陈连结婚后就与妻返回中国，在那里生下儿子陈锡康并由此将其母子安置在台山乡间。也有可能陈锡康是陈连在中国的夫人所生，而他在美利滨所娶者，则是其二房。就当时在澳华人而言，在家乡娶有正室并配有偏房，都很正常；而有能力者，在澳大利亚当地再娶有土生华女甚至西妇为妻，澳中两边都有家，亦较常见。总之，有关陈锡康母亲的情况因无档案资料，无从得知。

涉及开放中国留学生来澳读书及其管理等相关事宜，当时中国驻澳大利亚总领事馆正与澳大利亚联邦政府外务部及内务部在紧锣密鼓的商讨之中，尚未最后确定其章程管理条例的实施，因此，张牧师直接与内务部联络，显然是循惯例像申请"听写测试豁免纸"（亦称"回头纸"）一样，向该部门直接申请。考虑到当时陈连在美利伴中国城的商业地位，以及当时基督教正在华人中稳步推进的情况，尤其是考虑到澳中两国有关留学生章程即将实施，展望两国间的贸易将会有一个较大的发展，内务部于七月十一日批准了上述申请，即准许陈锡安和陈锡康兄弟俩一起前来读书。

一九二〇年六月二十日，十六岁的陈锡康经香港搭乘"衣市顿"（Eastern）号轮船抵达美利伴，入境澳大利亚。[1]但不知何故，他的堂兄陈锡安却没有一道同来。在一九二一年澳大利亚正式实施《中国留学生章程》之前，所有中国人来澳的签证皆由其所在地之中国外交机构比如外交部特派广东交涉员公署发放，再交由英国在当地之领事机构代为签证。自上一年得到澳大利亚内务部批复准允陈家兄弟二人来澳留学之后，至陈锡康入境澳大利亚，将近有一年的日子，这期间也许就是其申办上述护照和签证所花费的时

---

① HOONG Chun Sik: Nationality - Chinese: Date of Birth - 1903: Arrived per SS EASTERN: First registered at Thursday Island, NAA: MT269/1, VIC/CHINA/HOONG CHUN。此处载明陈锡康出生于一九〇三年，比上一年张卓雄牧师代为申请其入境签证时提供的年龄要大了两岁。

间。按照澳大利亚内务部了解到的情况，当时中国人在国内当地办理护照极不容易，官府多方设置障碍，许多中国官员在申请人私下进奉银子后方才予以办理；据悉有些护照竟然要花费价值约四十镑的巨额，方可得手。如果是这样的话，陈锡安最终未能与堂弟陈锡康一道赴澳，除了他自身的原因比如说正在就读某个课程而一时间脱不开身，是否因为这个原因没有拿到护照也有可能。

七月一日，陈锡康正式注册入读位于靠近美利滨内城区的卡顿（Carlton）埠薏近街（Lygon Street）的卡顿专馆学校（Carlton Advanced School）。据校长金德（C. W. Kinder）向内务部提供的报告，该中国学生学习刻苦，各项成绩都很好，进步很快，而且遵守校规，举止言行极具风度，是他所见到的最佳学生之一。

但仅仅在这间学校读了十个月的书，陈锡康便于一九二一年五月十日搭乘"衣市顿"号轮船，跟着父亲陈连一起返回了台山家乡。他中途退学的主要原因，是因为其父陈连感觉到自己的母亲年事已高，身体日益衰弱，秉着中国人尽孝的传统，他要赶在母亲尚健在时回去探望，而且也要将儿子一并带上，让老人家也见见孙子。因该决定来得突然，走得也匆忙，原定是四月二十九日登船起航，但因该轮一路延误，比原定日期晚了十天之后才驶离美利伴。陈连在登船的前一天，再次通过张卓雄牧师向内务部说明陈锡康突然中断学业的情况，为他在探亲结束之后返澳读书申请再入境签证。内务部在去年陈锡康入境时便一次性地给予他三年的签证（《中国留学生章程》实施后改成每次给予一年签证，期满再申请展签），但期间如

一九二三年底，陈连替侄儿陈锡安填写的中国护照和入澳签证申请表。

果离境，仍须申请再入境签证。内务部于接到张牧师代陈锡康申请后，仅过了两周，便核发其再入境签证，即从陈锡康离境时算起，十二个月内入境有效。换言之，在此十二个月内，陈锡康任何时候从任何澳大利亚港口入境，皆无障碍。

然而，到第二年，当陈连结束在家乡的探亲返回澳大利亚时，[1] 儿子陈锡康并没有随同一起返澳；又过了一年，到了一九二三年，他还是没有出现在澳大利亚的任何港口。就是说，自离境后，陈锡康再也没有重返澳大利亚念书，原因不得而知。

不过，到了一九二三年的年底，已经过了二十一岁，早在四年前就获准来澳留学签证的陈锡安乘坐"获多利"（Victoria）号轮船突然抵达美利伴港口。尽管他手持内务部的签证批件，但那是四年前的，早已失效。而且，此时《中国留学生章程》已经实施多年，所有来澳的中国留学生显然都应该照其规定办理相关手续，即由中国驻澳大利亚总领事馆负责审理申请，签发中国学生护照，并经由总领事馆的渠道，将其送往澳大利亚内务部申请签证。鉴于陈锡安事实上已经抵澳，又拿着内务部的签证批复件，如果通过程序按上述手续申请，他是应该拿得到护照及签证的，为此，美利伴海关决定给予放行，准其入境，然后由其财政担保及监护人陈连代为重新申办以上证件，并联系入读学校。

好在中国驻澳大利亚总领事馆就设在美利伴，陈连在侄儿入境的当天就去见了中国总领事魏子京，请求为陈锡安办理相关手续。他按照要求为侄儿填写了护照申请表，并以自己的药材行作保，表示每年提供六十镑膏火给陈锡安作为其在澳留学之各项开销，办理其入读位于中国城小博街上的长老会学校（P. W. M. U. School，Little Bourke Street）。既然其人已经入境，魏子京总领事遂先与内务部沟通，获得首肯后，再慢慢处理该申请，最终于一九二四年四月二十七日才为陈锡安重新签发了一份中国学生护照，号码400/S/24；再过了五天，于五月二日从内务部那里也为他拿到了签证。当然，

---

[1] Chun Linn-Issue of Certificate for Exemption from Dictation Test-Passenger S.S. "Victoria" from China，NAA：B13，1922/8991。

按照条例，陈锡安签证的有效期是从其入境之日算起，一年内有效。

陈锡安入境的日期，正好是该国学校的暑假期间，无学可上，他只好等待下一年即一九二四年二月一日新学年的第一学期正式开学后，才进入长老会学校念书，就读中学课程。根据校长谢爱琳（Ellen Sears）女士提供的报告，陈锡安在校学习认真，总想展现出其最佳之一面，课业完成得很好，进步也显著，是个勤学上进、聪颖善思的好学生。为了

一九二四年四月二十七日，中国驻澳大利亚总领事魏子京给陈锡安签发的中国学生护照。

入乡随俗，也为了跟当地学生更好地沟通交流，在学校里，陈锡安给自己取了个英文名，叫"杰克"，亦即陈杰克（Jack Chin）。

虽然陈锡安得以顺利入境和上学，但问题在于，就读书而言，他已经年纪很大了，因为《中国留学生章程》的规定，中国学生留学澳大利亚的年龄上限是二十四岁。有鉴于此，在一九二五年底中国总领事馆为其申请下一年度的展签时，内务部就注意到了其年龄问题，即到一九二六年八月二十日，他就年满二十四周岁。按规定，他一过这个年龄，就应该安排船票回国去。但考虑到其学校课程到九月底才结束，故内务部决定将其签证展期到次年九月三十日。在回复中国总领事馆的公函里，内务部强调说，此为最后决定，不得更改。

然而，到了签证有效期截止日之后，陈锡安并没有离开澳大利亚。过了一个多月，一九二六年十一月十八日，中国总领事魏子京致函内务部秘书，表示过去近三年时间里，陈锡安都在努力学习，各项表现都非常令人满意，

而且他的叔叔陈连也表示在财务上对他所有的留学开销予以全力支持，希望内务部将此视为一个特例，再给其展签一年，以便他完成在澳学业，尤其是其英语的进一步提高。事实上，到这个时候，已经超过签证有效期两个月了，陈锡安也没有离开澳大利亚，内务部对此本来就已经很不满意，此时中国总领事馆再提出这样的请求，立即就被拒绝了，因为内务部此前就已经声明过，给予陈锡安展签到九月底，就是最后的决定。

可是，魏子京总领事并没有放弃。他为此在十二月上旬亲自前往内务部与相关的官员接触陈情，并且告知这些官员说，陈锡安的父亲也就是陈连的哥哥已在两年多前因久病不治去世，这也是他此前虽然获得签证但未能前来留学读书的主要原因。目前，他全靠叔叔支持，而且也只剩下几个月的时间就可以完成其学业，这样他才可以上对得起死去的父亲，下对得起全力支持他的叔叔。经过魏子京总领事的一番游说努力，事情有了转机。十二月二十日，内务部秘书复函中国总领事馆，同意将陈锡安的签证再展期九个月，即从十月一日算起，到一九二七年六月三十日止。为了此项格外开恩给予陈锡安的特别展签，陈连须向海关缴交一百镑的保证金。

在余下的半年时间里，陈锡安按部就班地完成了所有的中学课程，并在一九二七年的年中学期结束时，就先行订妥了回国船期。[①]一九二七年七月十四日，二十五岁的陈锡安在完成了学业之后，告别了叔父陈连一家，登上了"彰德"（Changte）号轮船，离澳回国。[②]他前后在澳留学三年半的时间。虽然他与堂弟陈锡康一同申请赴澳留学，但来澳时间不一样，成了接替式留学，即堂弟陈锡康先来，读了不到一年回国后，堂哥陈锡安过了数年后再来澳大利亚留学。

档案出处（澳大利亚国家档案馆档案宗卷号）：

Chun S. H. Linn Ex/c Son & Nephew Chun Sik On, NAA: A1, 1926/3777

---

① Chun Sik On - Re Departure per "Changte", NAA: B13, 1927/628。

② Ming Cheong, Tsoi Wai Leong, Tsoi Kwong Fat, Chin Ting, Chin Ah Jon, Chun Sik On and Chin Ah Jang - Departure from Commonwealth per "Changte" Julyuy 1927 [8 pages], NAA: B13, 1927/17401。

邝光堂、邝宝琮兄妹

新宁龙观村

　　邝光堂（Quong Tong，后又写成Arthur Fong）和邝宝琮（Poo Chung，后又写成Irene Fong）是兄妹俩，前者大约出生于一九○三年，后者则是一九○六年出生，[①]是新宁县（一九一四年改为台山县）龙观村人。他们的父亲是Sydney Fong（雪梨邝，或者邝雪梨，真实的中文名应该是"邝修坚"）。[②]他生于一八八二年十一月二十四日，于一八九八年左右来到澳大利亚发展，从西澳（Western Australia）登陆入境，先在澳大利亚西海岸著名港口非库文度（Fremantle）埠盘桓了一年，之后移往西澳首府普扶（Perth，珀斯）埠住了一年，以适应当地环境；随后，再沿印度洋海岸北上二千四百公里，去到西澳的珍珠养殖基地布冧（Broome）埠寻找发财致富机会，约有一年半左右的时间；此后，他便沿印度洋海岸再南下一千八百公里左右，迁移到北距普扶埠约四百公里的者利顿（Geraldton）埠，由此在这个濒海城市常住下来，[③]并开设了一

---

① 该宗卷整个档案中皆没有提供两人的具体出生年份和日期。此处的出生年份是根据其父在一九一四年八月份给澳大利亚外务部的申请信所推断：他在信中表示，他的两个孩子此时分别为十一岁和八岁。与此相对应的年份，显然应该是一九○三年和一九○六年。此处"光堂"和"宝琮"两个中文名字，皆是根据译音还原。

② 按照邝修坚本人最早申请归化入籍时所填的出生年份是一八八○年，那么，他应该是十八岁时来到澳大利亚。见Sydney Fong Naturalization，NAA：A1，1919/160。但按照澳大利亚历史学家Anne Atkinson的研究和介绍，他可能是出生于一八七八年，又比上述出生日期提前了两年。见：Anne Atkinson，'Fong，Sydney（1878-1955）'，*Australian Dictionary of Biography*，National Centre of Biography，Australian National University，http://adb.anu.edu.au/biography/fong-sydney-10214/text18053，published first in hardcopy 1996，accessed online 15 May 2019。

③ Sydney Fong Naturalization，NAA：A1，1919/160。

间商铺，就以他的英文名字命名，叫做"雪梨邝号"（Sydney Fong & Co.），销售杂货与蔬果产品，兼营进出口贸易。而当年与他一同而来澳大利亚发展并寻求发展机会的，还有其同宗或者嫡亲兄弟邝修给（William Fong），后者亦在前者所开设的"雪梨邝号"中占有股份，并同样是定居在者利顿埠。①

一九一四年五月，邝修坚以自己是在香港出生者为由，通过者利顿埠的一间移民代理会计师和律师行，向澳大利亚外务部申请加入澳籍，表示其近期就要返回中国探亲，希望能尽快获得当局的批复，可以申领澳大利亚护照，以便回国。六月六日，外务部复函给邝修坚的移民代理，表示既然这位华人是在香港出生，就具备大英帝国臣民身份，按例无须归化澳籍，可以在澳大利亚长期居留。按照当时澳大利亚法律，所有在大英帝国殖民地出生者，皆被视为大不列颠王国的臣民，亦应该可以申请成为澳籍公民。香港当时处于英国殖民统治之下，自然在此名单中。在与邝修坚提出申请入籍同时期的那几年间，有一位他的台山县同乡（潮溪村）兼同宗、当时在布冧埠经商的邝甫宸（Fong Frank Fulson），也同样以自己是在香港出生为由，申请加入澳籍，但历经八年，其申请皆被外务部拒绝，原因是他无法拿出在香港出生的证明。②但令人不解的是，外务部在处理上述邝修坚的入籍申请时，不知为何，并没有让他提交香港出生证明就认可了他的陈述，而他的入籍宗卷里也确实没有这样一份香港的出生证。也许外务部在处理这类申请时，只凭主观印象判断申请者的陈述是否符合规定，并且因人而异，这样一来，结果也就不一样。事实上，此后澳大利亚联邦政府主管境内外侨事务的内务部在承接此类申请时，总是步步设防，尽可

---

① Fong Ate Fan-Student Passport，NAA：A1，1936/9295。在一九二三年申请其子邝迪藩（Fong Ate Fan）赴澳留学时，邝修给（William Fong）在申请材料上用中文提供了自己的名字，并写明籍贯是台山县龙观村。根据粤人当年赴海外打拼以求发展时，总是兄弟、族人和同乡结伴前往的特点，故本文判断Sydney Fong的籍贯与邝修给相同；鉴于他们同村同姓，则显然是同宗兄弟，甚至就是嫡亲的兄弟关系。因所有与Sydney Fong相关的档案都没有提供其中文名，只是使用这个英文名加上中国姓的名字，通常只能按照该名顺序，循惯例将其译成中文。根据上述邝迪藩的档案，邝修给在当地所使用的名字也一直是英文William Fong，此做法与Sydney Fong相类。按照前述澳大利亚历史学家Anne Atkinson一文中提供的Sydney Fong中文姓名拼音是Kong Shan（Sou）Kin，将其比对邝修给中文名的发音，显然可以将其还原为"邝修坚"，因其中间的"Shan"或"Sou"字，用广府话或四邑话读，显系"修"字。如果这样的比对成立的话，显见他们应是同辈分的同宗甚或嫡亲兄弟。故本文涉及Sydney Fong的中文名字时，皆为"邝修坚"。

② Fong Frank Fulson-Naturalization，NAA：A1，1918/6308。

能地杜绝中国人申请永久居住和入籍。

　　既然无法进一步申请入籍，邝修坚遂决定申请"回头纸"，准备回国，因为接到国内来信，他在广东家乡的妻子年初便已去世，他需要尽快回国处理后事。同年八月初，他从者利顿埠去到澳大利亚临时首都美利滨（Melbourne），住在唐人街附近的广东酒楼里。八月五日，他向外务部提出申请其在国内的一对儿女入境澳大利亚的签证，希望将两个孩子带来他所居住的地方接受教育。三个月前，他在申请入籍时，只是在申请表上填报了在中国有一个女儿，现在则郑重其事地说明在国内还有一个儿子，前者八岁，后者十一岁。他在申请信中表示，因两个孩子的母亲去世，在家乡无人照看，为此，他想在得到外务部准允后才动身回国，以便在其回国处理亡妻后事之后，就将他们一起带来澳大利亚。跟上述申请入籍一样，外务部在接到申请后，并没有在他到底有多少孩子这个问题上提出任何疑问，就于九月中旬约他到部里面谈。而在接获秘书将其与邝修坚会谈的结果及他的两个孩子的详细情况报告后，外务部长经一番考虑，于十月二日批准了上述请求，同意给予他的两个孩子三年在澳留学签证。待接到上述批复，邝修坚便立即在美利滨订好票，由此搭乘船只返回中国。[1]

　　回在家乡，邝修坚用了约半年左右的时间处理完亡妻的后事，然后便带着邝光堂和邝宝琼兄妹从家乡去到香港，先搭船去到新加坡，再从这里搭乘"巴鲁"（Paroo）号轮船，沿印度洋靠澳大利亚的西海岸南下，于一九一五年六月二十九日抵达西澳的非库文度埠，入境澳大利亚。

　　从七月份开始，邝修坚便将两个孩子都送入由天主教的一个女修会——"圣母献堂会"（Sisters of Presentation）创办主持的者利顿圣母献堂会书院（Presentation Convent School，Geraldton）读书。作为女孩子，邝宝琼在这间由修女们施教的书院倒是很适应，她给自己取名为Irene Fong，各方面表现都不错；但作为男孩子来说，尽管邝光堂在学校里英语提高很快，也很快就适应了当地的学习节奏，可是父亲邝修坚还是嫌修女们管理太过于阴柔，对男

---

[1]　Sydney Fong [Chinese], NAA: K1145, 1914/133。

孩子成长不利，在一九一七年新学年开学后，便将儿子邝光堂转学到者利顿中学（Geraldton High School）；可能是邝光堂一时间还无法适应中学课程，邝修坚再将其转学进入者利顿公立学校（Geraldton State School）的高小部念书，让他先巩固英语，然后再升入中学。

转眼三年就过去了，此前由外务部长批准给予邝光堂和邝宝琼兄妹的三年留学签证也即将过期。为了让他们能继续留在当地读书，邝修坚于一九一八年三月十一日致函内务部长(一年多前，有关外侨管理及留学签证事务已经转由内务部负责)，表示两个孩子已经完全适应了在澳大利亚的学习环境，目前女儿仍在者利顿圣母献堂会书院念书，儿子则已于一九一七年新学年开始便升学进入者利顿地区中学（Geraldton District High School）就读，他也给自己取名为Arthur Fong，且在校表现良好，正常出勤，鉴于他们正处于求学之龄，恳请内务部再给予他们三年签证。为了加强上述申请，他还通过与其关系较好的一位当地省议员和澳大利亚联邦建立之前的西澳殖民部长给自己写了推荐信，送交内务部长。他们在信中对邝修坚的为人和经商能力大为称赞，认为他是者利顿埠的守法公民，极力推荐部长给两位正在求学的孩子再核发三年签证。在审核了该案件的前后细节后，内务部长认为符合相关规定，遂于四月五日批复了上述请求，但这次只是给予两年的展签。①

由是，邝家两兄妹继续留在学校读书，各方面表现皆令人满意，邝光堂还于一九一九年九月十八日去到西澳首府普扶埠，进入基督兄弟会书院（Christian Brothers' College）继续念中学。只是两年的展签时间太短，很快便到了一九二〇年，他们两人的签证又届期满之时。为此，在两个孩子的签证到期之前，邝修坚再次通过与他关系较好的当地省议员写推荐信，提交给内务部部长，再次申请两年的展签。这一次，内务部长认为申请合情合理，并没有耽搁多久，就于七月六日予以批复。

一九二一年开始，澳大利亚实施《中国留学生章程》，开放中国学生赴澳留学，准允那些居澳华人申办其在华子女前来入读当地学校，且主持护照

---

① Sydney Fong [Chinese], NAA: K1145, 1918/81。

及签证包括展签申请的事宜，皆由中国驻澳大利亚总领事馆一体承办；而此时的留学签证也改为一年一签，到期再由中国总领事馆向澳政府内务部提出申请展签，内务部则根据这些留学生就读的学校所提供的例行报告，证实他们是正常读书及在校表现满意之后批复。因此，到一九二二年五月四日，即在邝光堂和邝宝琮留学签证到期之前，中国驻澳大利亚总领事魏子京便履行职责，致函内务部秘书，按例为邝氏兄妹提出展签。由于上述政策的改变及实施，内务部自然就遵循章程规定，第二天便批复了上述展签申请。随后的两年，中国总领事馆的申请都同样顺利通过。

可是，对于邝修坚来说，每年这样申请展签不是彻底解决问题的办法，也不是他所希望得到的结果，他心里所想的是，要将两个孩子永久地留在澳大利亚。早在一九一五年，他就续了弦，从美利滨再娶了一位在塔斯马尼亚（Tasmania）出生的第二代华女为妻，[①] 在者利顿埠组建了新的家庭，其新夫人与他前妻所生的这两个孩子关系相处得很好，也支持丈夫想办法将他们留下来。于是，一九二三年十月五日，邝修坚给内务部长写信，陈述自己是澳大利亚永久居民，现在组建的新家庭里，太太也是在澳大利亚出生，与前妻所生的两个孩子自八年前来到澳大利亚之后，已经完全本地化，即便按照澳大利亚现在的规定让其学成之后返回中国，因为他们甚至都已经忘了中文，加上在那里也没有什么亲人，实际上他们已无法在中国生活。他在信中表示，考虑到两个孩子的现状以及他本人作为一个成功的商人，在者利顿埠也为社区的经济发展和社会进步作出了应有的贡献，故恳请内务部长能体谅他家目前的状况，特别批准让邝光堂和邝宝琮兄妹永久留在澳大利亚，让他们日后能为澳大利亚的社会服务，贡献他们自己的才智。为了使上述申请有更充足的理由，他仍然是动员与他关系良好的省议员为其写推荐信，上述者利顿圣母献堂会书院和基督兄弟会书院的院长也同时致函内务部长，表示邝氏兄妹在校表现良好，也呼吁准允他们留下。而上述

---

① 其妻名Ellen Louisa，娘家姓梅（Moy），其父也是新宁（台山）人，十九世纪后半叶去到澳大利亚的塔斯马尼亚当矿工。详见：Sydney Fong and Ellen L Fong [arrived ex TAIPING in Fremantle on 9 August 1933] [Issue of CEDT's in favour of subjects] [box 289], NAA：SP42/1, C1933/5652；Sydney Fong and Ellen Louisa Fong [issue of CEDT's in favour of subject] [box 326], NAA：SP42/1, C1936/4913；Moy, William（Bor Nam）（c. 1893-1987），http://www.chia.chinesemuseum.com.au/biogs/CH00084b.htm。

省议员甚至致函给时任澳大利亚国家党副领袖的联邦国会众议员果戈里（Henry Gregory），将邝修坚家的上述情况以及他的请求告知，获得了这位来自西澳选区的众议员的支持，后者还联络了参众两院的其他几位议员一起，致函内务部长，支持邝修坚的请求，希望将此作为特例处理，批准这两个年轻人留在澳大利亚。然而，尽管邝修坚精心策划，也搞得声势浩大，但内务部长对此并不买账，谨守着一九〇五年澳大利亚国会通过的不让中国人入籍的这一条体现"白澳政策"的法律，尤其是不允许其在华子女申请入籍的规定，于十月二十九日直接函复邝修坚，回绝了他的请求。与此同时，内务部长也以同样的理由回复上述几位参、众议员，但表示可以根据需要，准允他们一年一年地申请留学签证展延；不过，他强调说，一旦这两位中国学生结束学习，或者达到规定的年龄（按照《中国留学生章程》规定，中国学生在澳留学的最高年限是二十四岁），他们就必须返回中国。尽管其后几位参、众议员仍然坚持前议，要求内务部长充分考虑此事，甚至建议专门为此对这两位年轻的中国人设置一场考试，以便让他们能永久居留下来，但最终都被内务部长严词拒绝。

就在邝修坚与内务部公牍往返申请两个孩子永久留居澳大利亚的过程中，二十岁的邝光堂却在普扶埠基督兄弟会书院玩起了失踪，有一两个月时间没有去学校上课，书院以为他就此退学他往，便在一九二三年十二月初将此事报告了内务部。这一时期，内务部最担心的就是中国学生利用留学签证打工，一接到上述报告，第一反应就是怀疑该生是否出外打工挣钱去了。为此，十二月二十一日，内务部秘书致函西澳海关，请其尽快核查真相，以便内务部对此采取行动。

基督兄弟会书院在报告内务部后，也将此事告诉了邝光堂在普扶的代理监护人雷潮三（亦叫雷亨利，Henry Louey）。[1]后者是邝修坚多年的朋友和同乡，都是在十九世纪末从家乡新宁县出来到澳大利亚发展，开辟自己的家园。他在普扶埠沽士街（James Street）一百二十四号开设有一间商铺，名为

---

[1]　在澳大利亚档案馆里找不到与Henry Louey相关的宗卷。雷潮三这个名字是从雪梨（Sydney）华文报纸报导一九〇八年普扶埠永兴公司经手募款名单中得来，因永兴公司就是Henry Louey所创办，在其捐款人名单中，只有一位雷姓，显然这位雷超三便是其本人。见："水灾捐款"，载《东华报》（Tung Wah Times）一九〇八年八月十五日，第八版。

"合兴号"（Hop Hing & Co.），①售卖杂货果蔬产品，邝光堂就住在这间商铺里；此外，他还在沾士街和卫廉街（William Street）的拐角处开设有另外一间商行，叫做"永兴公司"（Wing Hing & Co.），②同样是售卖华洋杂货和果蔬产品，兼营进出口生意。他接到书院的信后，对其中所言邝光堂两个多月的旷课情况很震惊。他知道十月中旬时这小伙子确实是受流感影响而生病了，在家里休养了几天，但当其病愈之后，他曾与其谈过，告诫其要继续去上学，这小伙子当时也是正面应承，表示一定会去上学；此后，也是看起来每天都像是去上学，因为他都是在上学时间就离开了住处，到放学时间才回来，以致雷潮三对其所说的去上学信以为真，并没有看出什么蹊跷来。但书院的报告却明白地显示，这一段时间邝光堂都在对他撒谎。为此，雷潮三于一九二四年一月十日给在者利顿的老友邝修坚发去电报，告知此事；同时也知会他，西澳海关也在了解此事，建议老友立即跟基督兄弟会书院院长联络，务必督促其子重新上学，不然后果堪虞。邝修坚接到电报后，十分难过，也恨儿子不争气，并且此前海关就已经找到他询问过此事，现在意识到问题很严重，他不得不采取行动了。次日，他跟儿子联络上，严词告诫他必须立即返回学校念书，不然就只能等着被遣返回去中国；之后，他立即跟基督兄弟会书院院长取得联系，表示他希望院长准允其子重返书院读书，并且提出请求，此后如有任何与邝光堂相关的事情，不要先跟他儿子谈，而是应该直接先与作为家长的他本人联络，由他出面解决。他表示，如果邝光堂旷课的事一经发生就直接告诉他，那么，事情就会被控制在较小的范围里，不至于让其发展到现在的样子。当天，邝修坚也给海关发去了一份电报，先对儿子的旷课行为表示了道歉，也表示此前他对儿子的违规旷课并不知情，只是在海关直接就此事询问到他时，方才意识到儿子闯下了大祸。但他在电文中表示，已经妥善处理好了此事，相信其子将会回到基督兄弟会书院继续读书，希望海关能给邝光堂一个改过的机会。

　　海关随后便将了解到的上述情况向内务部作了报告，并且也强调在那段旷

---

① Hop Hing and Co, Perth, NAA: PP177/1, 1960/11527。

② Wing Hing and Company [6 pages], NAA: A1379, EPJ292。

课时间里，邝光堂并没有在雷潮三的店铺或任何地方打工挣钱，事实上是倾向于给予这个中国青年一个改正的机会。内务部见到这个中国青年并没有出外打工挣钱，只是因种种缘故而旷课，此时其家长和在普扶的代理监护人也都表示会加强对他的管理，并且基督兄弟会书院也愿意接受其重返课堂，也就顺水推舟做个人情，不再施压，于一九二四年一月二十五日致函西澳海关，请其在新学年开学后再去上述书院核查，如果邝光堂没有按照上述安排重返课堂念书，就立即取消其留学签证，将其遣返中国。换言之，内务部事实上是同意了西澳海关的建议。可能邝光堂确实意识到了他旷课所造成的严重后果，也不想被遣返中国，遂抓住这个机会，于新学年开学后便重返书院，一切表现又恢复到以前一样，因而从院长到老师都觉得他更加努力刻苦了，是值得称赞的，遂向内务部报告上述结果，并在报告中说明他将在年中准备参加大学的入学考试。与此同时，妹妹邝宝琼也转学进入了天主教会在者利顿埠创办管理的海星女校（Stalla Marist College）继续读书，并且即将结束中学课程，已经开始选修簿记、速记等专科学校的课程。由是，当中国总领事馆在这一年六月为邝氏兄妹申请展签时，因他们的在校良好表现，再一次顺利获得通过。到了年底，邝光堂便从基督兄弟会书院顺利地毕业。一九二五年新学年开始，他在普扶埠升读司铎茨商学院（Stott's Business College）。

虽然在两年前为一对儿女申请永居澳大利亚未能成功，但邝修坚并没有放弃这个想法，而是一旦有机会，他就再次尝试。邝修坚在者利顿埠有一位朋友乔治·巴士腾（George Baston），是时任澳大利亚总理斯坦利·布鲁斯（Stanley Bruce）当年参加第一次世界大战时一个连队的老战友，得知他的心愿之后，主动表示要为他说情。一九二五年三月二十五日，他致函布鲁斯总理，将邝家的情况作了一番说明后，直接请他利用自己的权力帮助这位在者利顿经商颇有成就的中国人和他的儿女。总理接到信后，将其转交内务部长处理。但内务部长仍然坚持原则，绝不松口，于四月二十三日以前述同样的理由回绝了总理交办之事。也就在同一时间，邝修坚还通过他所在地区议会的成员、者利顿埠市长、澳大利亚长老会西澳主教、代表西澳选区的国会议员等人，再次写推荐信和向内务部长陈情，希望达成目标。但结果还是一样，五月一日，内务部长通过秘书，拒绝了上述所有陈情。

此时又到了中国总领事馆出面为邝氏兄妹申请展签之时。因总领事魏子京是按规办事，邝氏兄妹各自就读的学院所提供的报告也都很正面，所有的一切都符合规定，故内务部也照章办理，于六月二十二日批复了他们一年期的留学签证展延。看来，他们只得继续按照这种形式申请展签，待两年后邝光堂年满二十四岁，届时只能收拾行装返回中国了。

邝修坚自然不愿意看到这样的结果，决定再次向内务部长陈情。一九二五年十月二十三日，他给内务部长写了一封情真意切的申请信。他在信中首先感谢澳大利亚给了他儿女入境的机会，使他们能到这里生活并幸福成长，这是澳大利亚的功劳，也是他本人的愿望，因为他就是想让失去母亲的儿女能够在一个平和的环境里接受教育，成长为对社会有用之人。他在信中表达了一个父亲对子女无限的爱，也说明了此时在中国家乡，包括香港，他已无亲人，他的一对在澳大利亚接受教育长达十年的儿女已经完全无法适应回国后的环境和语言，即便他本人意欲将此间颇有规模的生意卖掉，陪着儿女回到中国，也会因为那里早就物是人非而难以生存，陷于困境。此时此刻，眼见其子光堂已经二十二岁，女儿宝琮也已十九岁，他们完成学业的时间指日可待，他们已经没有了退路；而他本人在澳大利亚又有了新的家庭，妻子已为他在者利顿埠生了五个孩子，而这些孩子根本就不知道其祖居国是个什么模样。换言之，事实上整个家庭已经在澳大利亚扎下了根，早已无法回返中国。虽然他本人明白澳大利亚移民法非常严格，申请入籍十分不易，但即便如此，看在父母与儿女团聚在一起而不是分离的份上，也希望能为此开启一扇窗户，让这样一个家庭看得到一线阳光。为此，他呼吁内务部长从其身为父亲的角度，特别考虑到他家庭目前的状况，批准两个孩子长期居留此间。

接到上述陈情信后，此前对邝修坚的申请一直抱着拒绝态度的内务部长大为感动，通过对司铎茨商学院和海星女中进一步核查，了解到邝光堂和邝宝琮的在校表现和学业情况都令人满意之后，再经过在内阁会议上提交此事与同僚进行讨论并达成共识，他于一九二五年十一月三十日批准了这两位中国青年在澳大利亚的永久居留权。不过，他让秘书给西澳海关指示核发给邝氏兄妹永居签证的电文中强调，此决定仅仅是出于对邝修坚个人境遇的同情，只是一个十分特别的案例，不能将此作为处理其他中国留学生同类申请的范本。换言之，严防亚洲人特别是中国人入境澳大利亚并最终入籍的"白澳政策"，仍然是澳大利亚当局指导处理此类申请的最高原则。

经十年的不懈努力和不断申请，邝修坚终于达成了目标，最终将一对儿女办成了澳大利亚永久居民。而邝氏兄妹的留学档案也到此中止。

邝光堂此后的情况如何不得而知。种种迹象显示，他此后一直待在西澳，极有可能是协助父亲经营其"雪梨邝"号商行，因为邝修坚此后到一九三九年间申请豁听写测试证明（"免试纸"）时，都显示其子邝光堂的名字亦出现在证书中。[①]而另一份尚未核查开放的档案显示，直到一九六三年，邝光堂仍然在西澳。当然，这个时候由于澳大利亚政府对"白澳政策"的松动，已经允许在澳永居的中国人申请入籍，他显然也就顺理成章地成为了澳大利亚公民。[②]

至于邝宝琼，在获得永居之后不久，可能就由父亲做主，回到中国出嫁成家。直到一九四〇年，她通过父亲的申请，又与丈夫带着几个孩子一起回到西澳，协助"雪梨邝"号商行的经营。但因她嫁出澳大利亚，按照澳大利亚法律，她原先所获得的永居资格自动取消，此时她是以工作签证和丈夫一起前来，其签证自然需要一年一年地申请展延。幸运的是，次年底因太平洋战争爆发，所有在澳的中国公民、包括留学生、商人、务工人员以及探亲家属，皆获三年临时居留签证，到期如战争仍在继续，则上述签证自动展延两年。因此，她和自己的家庭就这样一直留了下来，直到六十年代，像她哥哥一样，加入澳籍。[③]

而为两个子女最终留居澳大利亚历尽操劳的邝修坚，则在一九五五年十二月九日逝世于者利顿寓所，终年七十三岁。[④]

---

① Sydney & Arthur FONG [Chinese] [Application for certificate of exemption from dictation test]，NAA：PP4/2，1939/148；Arthur Fong [Chinese]，NAA：K1145，1939/1。

② FONG Arthur [Chinese]，NAA：PP256/1，W1961/12014。

③ Fong, Irene, NAA：J25，1965/8319；WAN TONG CHU，NAA：PP239/1，W1960/14238；Capatain Wan Tong Chu, Perth，NAA：PP177/1，1952/12718。Wan Tong Chu是邝宝琼丈夫的名字。

④ FONG Sydney-Nationality：Chinese-Arrived Sydney per Changta 2 September 1947，NAA：K1331，1955/FONG S。

二十世纪六十年代初在西澳者利顿埠的"雪梨邝"号商铺外景。

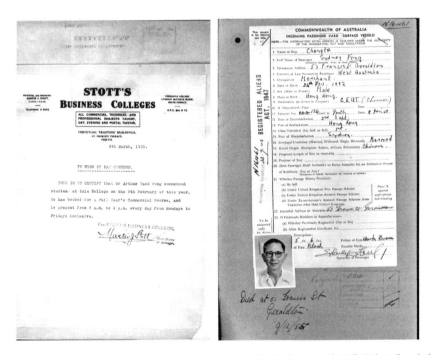

左为一九二五年三月四日普扶埠司铎茨商学院有关邝光堂注册入读该学院的证明。右为一九四八年九月二十二日邝修坚结束海外探亲返回澳大利亚的海关入境记录卡。

档案出处（澳大利亚国家档案馆档案宗卷号）：

Quong Tong and Poo Chung - Education exemption certificate - Permanent residence, NAA: A1, 1925/16213

刘文炎、刘文添兄弟

台山锦隆村

　　刘文炎（Lew Mum Yin）和刘文添（Lew Mun Tim，也写成Lew Mon Ham）是兄弟俩，台山县锦隆村人，前者生于农历一九〇三年十月十一日，后者是农历一九〇五年八月初五日生。他们的父亲刘孔芳（King Fong）约在十九世纪九十年代来到澳大利亚发展，定居于南澳洲（South Australia）的首府克列埠（Adelaide），①经营一间名为"广安号"（Kwong On & Co.）的杂货铺，②生意不错，生活稳定。

一九二一年五月四日，刘孔芳填表向中国驻澳大利亚总领事馆申请办理儿子刘文炎来澳留学。

　　当一九二一年澳大利亚开放中国学生赴澳留学时，刘文炎和刘文添兄弟俩都正在家乡上学读书，他们的父

---

①　澳大利亚国家档案馆里很难找到刘孔芳的宗卷。目前可以确认与其相关者是一份一九〇五年的宗卷，涉及刘孔芳持有南澳核发的回头纸在雪梨（Sydney）离境回国探亲。由此可见，他应该是一八九十年代便来到南澳发展，并在澳大利亚联邦成立之前便已获得南澳省的永久居留权。见：King Fong and Ah Jong, NAA: SP42/1, B1905/1635.

②　至少在一九〇六年时，广安号就成为克列埠的主要华商企业，显示出刘孔芳白手起家后，经若干年的奋斗才有如此起色。见："救济同胞"，载雪梨《东华报》（Tung Wah Times）一九〇六年十月二十日，第五版。

亲刘孔芳抓住这个机会，于五月四日向位于美利滨（Melbourne）的中国驻澳大利亚总领事馆提出申请，办理两个儿子来澳留学。他以自己的店铺"广安号"作保，允诺每年分别提供膏火各五十二镑给两个儿子充作留学费用，希望将他们办到自己所定居之克列埠的一间公立学校——骆坞公学（Norwood Public School）念书。中国总领事馆接到申请后，处理及时，五月二十一日便由总领事魏子京签发了护照给两位中国年轻人，刘文炎的护照号码是47/S/21，刘文添的护照号码是48/S/21。又过了五天，中国总领事馆也顺利地从内务部为他们两兄弟拿到了入境签证。当天，中国总领事馆就按照流程，将这两份护照寄往中国，以便刘家兄弟接到后，安排行程，尽快来澳读书。

申请来澳读书时，哥哥刘文炎十八岁，弟弟刘文添十六岁，而澳大利亚接受中国留学生的最高年龄上限是二十四岁。他们在接到护照后，便收拾行装，安排船期，从家乡台山直趋香港，搭乘中澳船行经营的"获多利"（Victoria）号轮船，于九月二十三日抵达美利滨，入境澳大利亚。刘孔芳先期从克列赶到美利滨，将儿子接出海关，再转乘其他交通工具返回南澳他所居住的地方。

一九二一年五月二十一日，中国驻澳大利亚总领事魏子京给刘文炎来澳留学签发的中国学生护照。

刘孔芳原先是想安排两个儿子进入骆坞公学读书，但当他们到达克列后，却没有前往该校注册入读，而是选择了另外一家公立学校，即巧利街公学［Currie Street Public School，该校随后更名为巧利街实验学校（Currie Street Practising School）］，兄弟俩于十一月一日正式入读该校。兄弟俩虽然留学之前于国内就已受过多年教育，但并没有学过英语，不具备基础的英语学识，因此，在进入学校后，必须先过语言关。然而，他们很快就适应了当地的学习环境，对各科课目的学习都很用功，尤其是英语能力提高很快，所表现出来的求知欲及取得的成绩很受老师和校长的赞扬。校长在提供的例行报告中甚至说，教这样的学生，事实上是一种享受。

就这样，哥哥刘文炎在巧利街实验学校读了三年多的书，英语能力有了很大的提高，以优异的成绩完成了中学课程。一九二五年新学年开学后，二十二岁的刘文炎进入开设在克列城里的艾尔弗雷德王子学院（Prince Alfred College）读大专课程。他在这里念了不到一年半的课程，成绩良好。但在次年开学后，因考虑到自己的年龄难以继续留在澳大利亚升读更高层次的课程，便在读了两个月之后，赶赴美利滨，于一九二六年四月二十二日在此登上驶往香港的"太平"（Taiping）号轮船，返回中国。跟他一起上船同行的，还有他的母亲。她此前来克列探亲与夫君团聚，现在签证期到，只好结束探亲，便与儿子一道回国。刘文炎总计在澳留学不到五年。

而弟弟刘文添在巧利街实验学校里的表现也是可圈可点。进入学校后，他从不会一句英语，到很快就能听懂，其英语的听读写能力提高得很快。刚刚开始时，他只能从最低年级读起，但随着英语能力的不断提高，他也不断地跳级，二年后就升入七年级；到一九二四年底，他已完成了八年级的所有科目，结束了在该校的高小课程。

一九二五年初，当哥哥刘文炎离开巧利街实验学校，升入艾尔弗雷德王子学院读大专时，刘文添也一起离开了巧利街实验学校，升入设在克列城里的克列技术中学（Adelaide Technical High School）念书，这是类似于技校的中学。根据记录，他是以总分第十七名的成绩，在二百名考生中脱颖而出，考入该校，为此，还获得了学校提供的一份奖学金。在这间学校里，他在木工中心的课程及实习中，皆表现优秀，对各道工序的操作得心应手。在其他的科目里，刘文添的成绩也非常出色。校长认为，这除了学生本人聪颖勤奋之外，还在于他遇到了一位好老师。这位老师特别有耐心，对学生倾注了很大的关怀与帮助，总是想方设法地激发他们的潜能，让他们做到最好。刘文添在学校的成绩总是名列前茅，其优异表现甚至受到了内务部秘书的关注，写信给予赞赏。在哥哥刘文炎离开澳大利亚回国后，刘文添继续留在这间中学读书，直到第二年底学期结束。他总共在这里读了三年，一直都是品学兼优。

进入一九二八年，刘文添也要满二十三岁了。年初时，他考入了南澳矿冶专科学校（South Australia School of Mines and Industries），主修机械与电气工程课程，也兼修建筑课程。到这一年九月份中国总领事馆代其向内务部申请展签时，内务部秘书已经意识到其年龄问题，即到明年的

一九二一年五月二十一日，中国驻澳大利亚总领事魏子京给刘文添来澳留学签发的中国学生护照。

八月，他就达到《中国留学生章程》中规定的最高留学年龄上限，这就意味着他须结束学习，返回中国。故在继续核发这一年的展签有效期至明年七月三十一日时，内务部秘书特别嘱咐中国总领事馆，告知这是给予刘文添的最后一次展签，到期务必协助敦促这位到龄的中国留学生离境，返回中国。同时，内务部也通知南澳海关，请其与刘孔芳直接联络，到明年签证有效期截止时，刘孔芳须安排好其子刘文添的回国船票。

但刘孔芳对此提出了异议，并采取了行动。就在拿到展签后不久，他委托克列埠的博因堂与克来克斯顿公司（Messrs Boynton & Claxton）作为他的中介代理，向南澳海关提出申请，请在刘文添明年的签证有效期到期之后，再续两年。因为他现在所学的大学课程为四年，明年签证到期时，距其结束其课程拿到学位尚有两年的时间。鉴于此前刘文添一直勤奋学习，屡受好评，而且他也表示一定会在学成之后返回中国，故恳请当局考虑其实际情况，再给他展签两年，以便其顺利地拿到学位，然后回国。接到南澳海关转来的上述申诉信后，内务部给予了高度重视，于十月十九日致函南澳海关，请其核查一下刘文添在克列技术中学的考试成绩，以确认其跟以往的校长报

告中总是正面评价是否一致。南澳海关很快便于十月二十七日回复说，刘文添在中学里一直成绩优秀，最终毕业考试全部顺利通过。而他现在入读的专科学校，其学位的课程是四年，要到一九三一年十一月才能结束。海关认为，鉴于该生一直以来都勤奋学习，是一位十分聪颖的学生，南澳矿冶专科学校也非常希望这样资质的学生能顺利毕业，故建议内务部对此予以充分考虑。既然所有的反馈都是正面的，内务部觉得有必要给予其特别的展签。十一月六日，内政部长特批了该项展签，有效期至一九三一年十一月底。展签的条件是：在此期间，该生的所有学校报告及考试成绩必须令人满意。①

一九二一年九月二十三日刘文炎在美利滨的入境记录

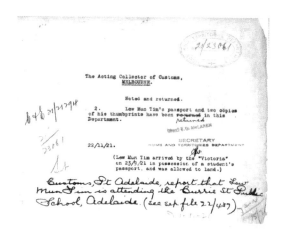

一九二一年九月二十三日，刘文添在美利滨的入境记录。

在此后的三年里，虽然刘文添的在校表现和学习成绩一直受到好评，但因课程繁重及其他方面的原因，每年年终的考试，他总有几门课难以顺利通过，这其中包括机器制图、机械工程第二和第三级、电气工程第三级及应用机械第一级等五门课。这也就意味着，他需要重修这些课程，考试通过才能顺利毕业。这样一来，在一九三一年学期结束亦即他的签证到期后，他还须

---

① Lew Mun TIN - Lew Mon HAM - Certificate of exemption from the Immigration Act, NAA: D596, 1929/11269。

重读一年的课程。为此，一九三二年元旦刚过，中国驻澳大利亚总领事陈维屏便于一月五日致函内务部秘书，说明了这种情况，为刘文添申请再展签一年。内务部秘书通过南澳海关了解到上述实情，并且南澳矿冶专科学校也提供了考试成绩单，特别说明他需要重读一年才能毕业。综合上述情况后，内务部长觉得既然已经特别照顾这位中国学生了，那就继续给他一个机会，于一月二十九日批复，再给刘文添一年展签。

在随后的一年时间里，南澳矿冶专科学校提供的报告都显示刘文添在校学习用功，但没有涉及其考试情况，最终也没有看到其考试成绩。估计他应该是成功地通过了一九三二年的期末考试，最终拿到了工程学位。

但在考试结束后及签证到期之前，刘文添并没有像内务部所期望的那样，离开澳大利亚及时回国。直到一九三三年一月九日，刘文添致函南澳海关，告之自己已经完成了学业，将在未来的三个月内返回中国。鉴于其签证已经失效，希望海关协助再展签三个月的时间，以便其处理与毕业相关的事务。海关一方面责成他须通过其父亲及中国驻澳大利亚总领事馆提出上述申请，另一方面也通告内务部这个情况。一月十六日，刘孔芳经与中国

一九三二年一月十四日，南澳矿冶专科学校出具的刘文添有五门课考试没有通过的证明信。

总领事陈维屏沟通后，后者便致函内务部秘书，告知刘孔芳已经订妥三月份从美利滨搭乘"利罗"（Nellore）号轮船回返中国的船票，希望给予刘文添三个月展签，以便其届时与其父亲和其他家庭成员一起回国。了解到了刘文添的最新行程安排，知道一切都还在可控范围内，内务部长遂于一月二十三

日批准，再给予刘文添三个月的展签。

　　事实上，刘文添在一九三三年二月二十五日就离开了克列，前往美利滨。他在那里停留了几天，于三月四日如期登上"利罗"号轮船，驶往香港，返回中国。这一年，刘文添就将届满二十八岁，在澳留学近十二年。

　　在此前给内务部秘书的信中，中国总领事陈维屏曾说明刘孔芳要和其家人一起回国，这也是刘文添之所以滞留并申请展签的一个主要理由，但海关提交的有关刘文添离境的报告中，并没有提及他父亲是否与其同行。因刘文添档案到此中止，无法得知刘孔芳的行程。而目前澳大利亚国家档案馆里尚无法查找到刘孔芳的线索，这个问题只能付诸阙如了。

　　档案出处（澳大利亚国家档案馆档案宗卷号）：

　　Yin, Lew Mum - Student passport, NAA: A1 1926/6556

　　Lew Mun Tim（aka Lew Mon Ham）- students passport, NAA: A1 1932/590

雷元益

台山水潮北村

雷元益（Louey Goon Yak）是台山县水潮北村人，生于一九〇五年四月十六日。他的父亲是一八八〇年出生的雷荣学（George Louey Gooey），一八九八年十八岁时便跟着乡人的步伐来到澳大利亚寻梦，于这一年五月份在尾利畔（Melbourne）上岸，此后一直都在此间发展，[①]先做果农，后跟人合股开设一间家具铺，位于唐人街，名为"雷遇"号（G/ Louey Gooey），从事家具和其他木器的制作与销售。[②]

一九二五年时的雷荣学。

一九二一年是澳大利亚正式开放中国学生留学的第一年，使大批父辈在澳发展而其在中国出生的下一代得以申请赴澳学习。雷荣学也看到了这个机会，尽管此时其子雷元益已将十七岁，他仍决定立即申请办理其赴澳留学。九月八日，他备妥材料，填具申请表格，向中国驻澳大利亚总领事馆申办儿子的留学护照和入境签证。他以自己经营的"雷遇"号家具铺作保，但在承诺每年提供多少膏火给儿子一栏上留下空白，没有提供任何数字。至于儿子

---

① GOOEY George Louey: Nationality - Chinese: First registered at Fitzroy, NAA: MT269/1, VIC/CHINA/ GOOEY GEORGE L。

② 雷荣学大约是在一九一〇年左右开设的家具店，十五年后，规模较大，雇佣有三十五名员工，年营业额达一万一千镑。见：Louey Chung ex "Tanda" December 1925 - Departure from Commonwealth per "Tanda" January 1931 [Includes George Louey Gooey and photographs], NAA: B13, 1931/573。

入读的学校，他选择的是卡顿专馆学校（Carlton Advanced School）。

当时的中国驻澳大利亚总领事馆也是位于尾利畔，如果代理申办学生护照的监护人或者担保人也在同城的话，非常易于联络沟通。也许在接到上述申请后，总领事馆须与雷荣学沟通其承诺的膏火费用，前后耗费了三个月时间。待审核相关材料一切无误之后，中国总领事魏子京便于十二月十二日给雷元益签发了中国学生护照，号码是129/S/21。正常情况下，中

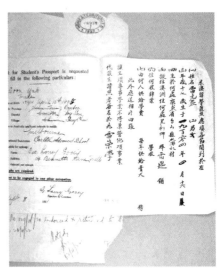

一九二一年九月八日，雷荣学提出申请，办理儿子雷元益来澳留学的护照和签证。

国总领事馆随后便将护照送交位于同城的澳大利亚政府内务部核发签证，通常都是几天时间便签了出来，有的甚至当天就可以签发，但雷元益的签证则等了近半年之久，直到一九二二年四月二十一日才获签。第二天，内务部将护照寄回给中国总领事馆，然后由其转交或者直接寄去中国雷元益的家乡。早就在中国等待护照和签证的雷元益，接到上述文件后立即赶往香港，搭乘中澳船行经营的"获多利"（Victoria）号轮船，于六月二十六日抵达尾利畔入境。

雷元益具体是什么日期入学进入卡顿专馆学校就读的，因档案里没有提及，不得而知；但该校校长的一封手写信函表明，至少在九月份的时候，雷元益便已注册入学，并为自己取了一个英文名字，叫Stanley Gooey。此后的校长报告也显示，他在学校里的学习和其他表现都令人满意。不过，他在这间学校待的时间不长，只到年底结束时为止。等到一九二三年新学年开学时，他就转学去到城里唐人街上的长老会学校（P. W. M. U. School）念书。校长对他的学业和在校表现的评价跟前面的学校一样，只是强调他总是穿戴整洁，在校行为得体。到了一九二四年，雷元益再次转学，进入尾利畔东部离城几公里之遥的苏格兰书院（Scotch College）就读。虽然在这里他的表现仍然不错，但英语是其学习的最大障碍，所有的课程都因为他的英语进步太慢

而受拖累。校长认为，他虽然已经是十九岁的青年了，但显得发育不良，看上去就像十四五岁的样子，这不仅仅指其身体发育程度，甚至是说其思想意识似乎也与年龄极不相称。只是进入一九二五年以后，其英语学习才慢慢有了一点儿起色。

一九二五年年中，当中国总领事馆刚刚为雷元益拿到下一年度的展签，雷荣学就去苏格兰书院找到院长说，他想近期回中国探亲，顺便也将儿子一并带回，大约是两个月左右的

中国总领事魏子京于一九二一年十二月十二日给雷元益签发的中国学生护照。

时间，希望书院同意其子请假，并向内务部申请再入境签证。书院对此没有异议，中国总领事馆遂按照要求代雷元益申请再入境签证。七月十七日，内务部秘书分别回复魏子京总领事和雷荣学，批准了上述申请，该签证自其离境之日起生效，有效期为十二个月，并要求其告知离境的具体日期。到这一年学期结束后，十二月十四日，二十岁的雷元益便和父亲一起在尾利畔港口登上日本邮轮"三岛丸"（Mishima Maru），离开澳大利亚回国探亲去了。①

雷荣学回国探亲只是几个月时间，他在一九二六年七月就离开台山前往香港，在此搭乘"吞打"（Tanda）号轮船，于九月十九日返回澳大利亚雪梨（Sydney）入境，再转回尾利畔。②然而，儿子雷元益并没有跟他一起返回，而是在七月十日于广州致函澳大利亚内务部秘书，告知自己正在广州读书，补习中文，希望能再给他展签几个月，待结束此间的学习，方能重返澳大利亚读书。接到上述来信后，内务部秘书认为理由充足，九月二十日便复函同意展签六个月，有效期至一九二七年七月十四日，条件是雷元益须返回苏格

① Louey Chung ex "Tanda" December 1925 - Departure from Commonwealth per "Tanda" January 1931 [Includes George Louey Gooey and photographs]，NAA: B13, 1931/573。

② Lew Toon and George Louey Gooey-Arrival per "Tanda" NSW 19.9.1926，NAA：B13，1926/20754。

兰书院继续念书。

雷元益没有食言。在签证到期之前，他乘坐从香港开航的"丫剌夫剌"（Arafura）号轮船，于一九二七年五月二十一日抵达雪梨入境，然后再穿州过府，一路旅行，回到尾利畔。此次回澳，他是和原籍中山县也是返回澳大利亚读书的胡天锡（Tim Seck Ah Lay）同行。①

回到尾利畔之后，雷元益并没有践诺重返苏格兰书院念书。因为此时他已经二十二岁，要重新回去读中学实在是太难为情，也不合适，遂挑选商学院或者工学院就读。但无论读

一九二六年七月十日，雷元益于广州致函澳大利亚内务部秘书，申请展签六个月。

哪种类型的学院，理论上是要经过内务部核准的。因此，他先看好了位于城里的杜雷商工学院（Durleigh Business and Technical College），主要是想选修无线电工程方面的课程，然后通过中国总领事馆于七月十五日向内务部申请

一九二七年，二十二岁的雷元益重返澳大利亚留学时提交的照片。

批准其入读上述学院和课程。八月十日，内务部秘书复函说，如果不是澳大利亚永久居民，联邦政府国防部并不主张其入读无线电工程，因为届时不会被允许参加工程师考试；但如果就读于该学院其他课程，则内务部并不反对。既然如此，雷元益便放弃了原先读工程的想法，而重新选择了同样是位于城里的泽口商学院（Zercho's Business College），选修商科课程。事实上，他于八月一日便正式注册入读该商学院，因为此前迟迟得不到内务部的回复，他已经意识到了无法选择自己喜欢的课程。在

---

① 胡天锡的留学档案，见：TIM SECK AH LAY - Chinese student, NAA: A1, 1934/6524。

这间商学院里，他的学习成绩被认可，表现亦算令人满意。

在雷元益入读商学院刚刚半年之后，一九二八年二月十日，雷荣学便致函内务部秘书说，儿子的伯父很想让他回国去帮其经营生意，故决定安排他三月份回国。同时，雷荣学还向内务部提出申请，希望能准允雷元益日后回澳时，可在澳大利亚任何港口上岸入境，这才是他写信给内务部秘书的主要目的。二月十六日，内务部秘书复函雷荣学，直接拒绝了上述请求，因为只有澳大利亚永久居民方可享受上述签证。

一九二八年四月五日，二十三岁的雷元益乘坐"吞打"（Tanda）号轮船离开尾利畔，返回中国。从其入境澳大利亚到结束留学返回中国，前后近六年时间，但他中途回国长达一年半之久，实际上在澳留学时间只有四年半左右。

尽管雷荣学没有成功地为儿子获得再入境签证，但他并没有放弃，还在想方设法地把儿子办来澳大利亚。一九三〇年十二月十五日，他再次致函内务部秘书，表示自己的生意现在要扩大规模，需要雇佣儿子，因为他在中国接受了较好的中文教育，又曾在澳大利亚念了好几年书，可谓中英文俱佳，是最好的雇员和帮手，希望能核发其入境签证。内务部接到申请后，自然认真对待，于一九三一年一月十四日指示尾利畔海关核查雷荣学商铺的财务状况及营业额，以便做最后的定夺。九天后，海关将其调查所得报告给内务部。根据报告，"雷遇"号木铺有两名西人雇员专事操作机械，两名华人做其他的木工活，此外还不定时地雇佣一些华人做散工，年营业额约为二千镑。在上一个财政年度，雷荣学缴纳税款共二十六镑十四先令五便士，其中个人所得税是十五镑九先令十便士，其余则为物业税。去年八月份时他曾经从中国进口过价值九十五镑的茶叶，但业已出手。雷荣学表示其雇请儿子的理由主要是想做进出口贸易，但直到目前，他从未出口过任何商品。海关的意见是，在目前经济不景气的情况下，很多人都想转行，或者开拓新的生意，这个虽然可以理解，因为此前雷遇号在高峰时曾经做得很好，现在因大萧条而致生意急剧萎缩，需要转型应对也是实情，但太机会主义、太过于现实也不行。而且，根据记录，其子此前从未做过任何贸易。尽管海关没有明确表明其态度，但其报告已经表达出不以为然的强烈信息。二月二日，内务部秘书复函雷荣学，委婉地告之，如果他将此申请通过中国驻澳大利亚总领事馆循正规渠道递交上来，则其本人可将此申请送交内务部长做决定。其拒绝的言外之意已经很明显，故雷荣学只得作罢，未就此事采取进一步的行动。[1]

但雷荣学仍然关心着儿子。到一九五〇年初，雷荣学因其亲戚去世，于上一年返回乡里奔丧，正好在国内。他想让儿子离开中国前往澳大利亚，便决定通过法律途径，以达成这一目的。为此，他找到了尾利畔城里博克街（Bourke Street）上的贺兰佐治律师行

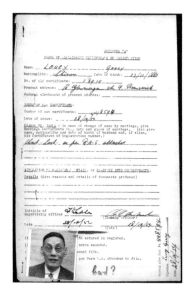

雷荣学的海关入境记录。

（George Hannan Barrister & Solicitor），协办此事。三月八日，由大律师贺兰佐治出面致函移民部，以雷荣学的"雷遇"号商店雇请店员为名，申请雷元益应聘该职。同时表明，此时人在中国的雷荣学，希望移民部能批准此一申请，待他回澳时将儿子一并带上。此时的"雷遇"号商铺已经不再制造和经营家具，成了售卖糖果、冰淇淋和各种饮料饮品的小店，并且也从城里搬到了佛珠来（Fitzroy）区经营，上一年的营业额为一千六百镑。作为雇佣店员，雷元益的周薪将会是七镑。移民部经过两个月的处理，咨询过海关及税收部门的意见，认为上述商铺规模太小，且售卖之商品简单，无法支撑从海外雇员，遂于五月十六日作出决定，拒绝了上述申请。

雷荣学在上述申请失败后，便独自返回澳大利亚。

档案出处（澳大利亚国家档案馆档案宗卷号）：

Louey Gooey admission, NAA: A433 1950/2/3364

---

[1]　G Louey Gooey - Application for permission for his son, Louey Goon Yick （or Goon Yak） to enter Commonwealth for business purposes, NAA: B13, 1931/738。

刘兆镛

台山坑口村

　　刘兆镛（Lew Shou Young）是台山县坑口村人，生于一九〇四年七月十四日。他的父亲是刘希缵（Lew Hee Darn），生于一八六九年，二十四岁那年（一八九三年）赴澳发展，于美利滨埠（Melbourne）登陆入境，随后不久移往鸟修威省（New South Wales）的首府雪梨（Sydney）发展。[①]一九一八年底，他在雪梨必街（Pitt Street）二百零六号与人合股开有一间"北京酒楼"（Pekin Café），并担任襄理。[②]

---

① HEYDARN Lew: Nationality - Chinese: Date of Birth - 10 February 1869: Arrived 11 June 1893: First registered at Russell Street, NAA: MT269/1, VIC/CHINA/HEYDARN LEW。

② "PEKIN CAFÉ", Item No: [2/8548]/File No: 31911/Nature of Business: Chinese & English Restaurant/Place of Business: 208 Pitt Street Sydney, NSW State Archives & Records。根据鸟修威省档案馆（NSW State Archives & Records）保存的工商局二十世纪初年该省工商企业注册记录，北京楼餐馆于一九一九年一月九日正式注册登记，刘希缵（Lew Hey Darn）与同为台山籍的商人黄来旺（Samuel Wong）及开平籍的黄凤池（Wong Fong Chee）三人为注册股东。见：https://search.records.nsw.gov.au/permalink/f/1ebnd1l/INDEX1818399。黄来旺生于一八七四年一月二日，年方十四岁时，便跟着父兄，追随乡人赴澳淘金的步伐，离开家乡奔赴澳大利亚寻找发展机会。一八八八年，他乘船抵达域多利省（Victoria）的美利滨埠，由此登陆入境。一八九〇年，来自香山（中山）县的郭标（George Kwok Bew）等人在鸟修威的雪梨埠创办"泰生果栏"（Tiy Sang & Co.），股东中有台山人余荣（Yee Wing），黄来旺遂追随乡人余荣，随后也加入这间果栏成为股东之一，从事香蕉蔬果生意，先在美利滨发展，很快便经商成功，成为当地著名华商，此后他也移往雪梨发展，但在美利滨仍有生意。详见：Samuel Wong［Chinese - arrived Melbourne, 1888. Box 45］, NAA: SP11/2, CHINESE/WONG SAMUEL。黄凤池是开平县南安村人，于一九〇一年与其两个兄弟黄树建（Wong Shekin）和黄树梧（Wong She-Ng）联袂抵达澳洲，也是在美利滨埠入境，随后才去往雪梨发展。后来，他的这两位兄弟也一起加入北京楼餐馆，成为股东。详见：Kai, Wong Ming - Exemption certificate［0.3cm］, NAA: A1, 1924/24351及SHEKIN Wong: Nationality - Chinese: Date of Birth - 1880: Date of Arrival - 1901: First Registered at Russell Street Melbourne, NAA: MT269/1, VIC/CHINA/SHEKIN WONG。

　　当澳大利亚宣布于一九二一年一月一日开始实施《中国留学生章程》，开放中国学生来澳留学之后，刘希缵就立即行动起来。一月十二日，他就准备好了材料，填妥申请表格，向中国驻澳大利亚总领事馆申请办理儿子来澳留学事宜。他以自己经营并担任襄理的"北京酒楼"作保，承诺每年提供足镑膏火，以支付儿子刘兆镛来澳读书所需之各项费用，要将儿子办来位于雪梨北部连飞炉（Lindfield）埠的连飞炉青年学校（Lindfield Boys College）念书。

　　中国驻澳大利亚总领事馆在接到刘兆镛申请材料的同时，也接到了另外的六份申请。这些申请人都和刘兆镛一样，经由其在澳父辈或亲戚递交申请材料时，其人已经去到香港，准备在一个月内便登船前来澳大利亚。但在这些申请材料中，有多人却并没有提供照片，以致总领事馆无法签发护照给他们。为了能让他们及时登船来澳而又不被海关移民局所阻，中国总领事魏子京便于二月九日致函内务部秘书，将此实情告知，希望他能预先知照海关移民局包括刘兆镛在内的这七人的姓名及年龄，一旦其提前抵达雪梨港口，请准其入境，中国总领事馆将在其入境后之一个月内为其准备好护照。第二天，内务部便函复魏总领事，准其所请。果不其然，二月底刘兆镛与上述其他的几位赴澳留学生就从香港搭乘中澳船行经营的"获多利"（Victoria）号轮船，于三月十七日抵达雪梨，顺利入境。而魏子京总领事则是到四月十二日才为他签发了号码为37/S/21的中国学生护照，内务部的签证章则是过了十天才铃盖到这本护照上，但签证有效期仍然从刘兆镛入境之日起算。

　　在父亲的"北京酒楼"休整了两个星期后，十七岁的刘兆镛便于四月初正式注册入读连飞炉青年学校，并且成为住校生，寄宿在学校里。四个月后，校长的报告显示，这是一位学习勤奋，聪颖上进，品行端正的好学生，各门功课成绩优异。可能他在来澳之前便已学过英语，具备了一定的英语学识能力，因此他在该校读的是中学课程，而在与当地学生交往及课程学习中，其英语学习的进步更大。他在这里一直读到年底。

　　一九二二年新学年开始后，刘兆镛转学进入设在城里的斯托特与霍尔斯商学院（Stott & Hoare's Business College）。在此他为自己改了一个英文名字，叫做Young Darn，即把他自己和父亲的名字中的最后一个字的英译合起来。他在这间学校的学习成绩也一直保持在前列，备受老师的称赞。但他可能是觉得这里的课程不太适合自己，只在这间学校读了九个月，便在这一年的十月份，再次转学，进入雪梨西区史丹陌（Stanmore）埠的纽因顿学院（Newington College）读书，主修商科和英语课程。在这里，他门门功课都应付自如，考试成绩名列前茅，备受老师喜爱，尤其是英语课程，非常出色。由是，他在这间纽因顿学院一直读到一九二四年底，到学期结束顺利毕业，总计两年多一点的时间。

结束了纽因顿学院的课程后，二十一岁的刘兆镛选择回国。一九二五年一月十四日，他在雪梨登上驶往香港的"吞打"（Tanda）号轮船，返回家乡。和他同船一起走的，还有其父刘希缵，因其此时正好有急事要赶回国处理，遂与儿子同行。[1]刘兆镛总计在澳留学不到四年的时间，但完成了预定的课程，属于学成回国。

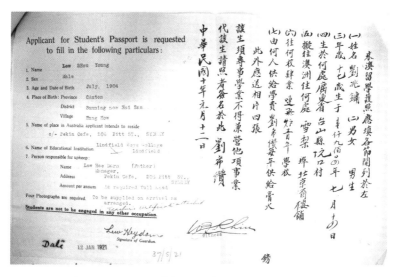

一九二一年一月十二日，刘希缵填表向中国驻澳大利亚总领事馆申请办理儿子刘兆镛来澳留学的护照与签证。

---

① Ah Young, Lew Hey Darn, Ah Hing, Yuen Sang, Ah Chee, Nathoo, Shah Mohamed, Mahomed Bux, Alf Deen and Ah Kee or Wing Look [Certificate Exempting from Dictation Test - includes left hand impression and photographs] [box 174], NAA: ST84/1, 1925/381/61-70。

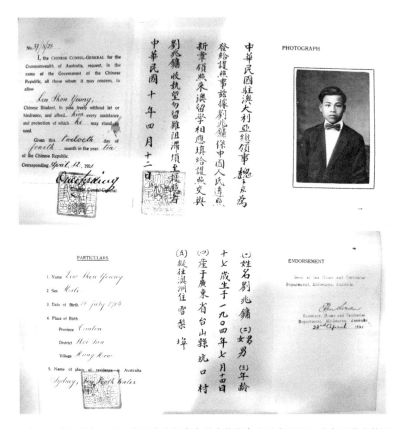

一九二一年四月十二日，魏子京总领事为刘兆镛签发号码为37/S/21的中国学生护照。

档案出处（澳大利亚国家档案馆档案宗卷号）：

Young, Lew Shou or Warn, Young - Chinese student on passport, NAA: A1 1925/2225

袁进兆

台山大塘堡村常德里

袁进兆（Chun Sue）是台山县大塘堡村常德里人，出生于一九〇五年正月十三日（公历二月十六日）。从其英文名字看，只有名，没有姓。事实上，他的父亲袁叶杨的英文名字拼写也是一样有名无姓，写成Ip Yung。事实上，叶杨是大名，他还有一个小名，叫做亚枝（Ah Gee）。在澳大利亚，他更多的是以其小名行于世。袁叶杨生于一八六〇年，在一八八〇年来到澳大利亚发展，[①]最终定居于北距雪梨（Sydney）一百七十公里的鸟修威省（New South Wales）最大的煤矿产品集散地和港口鸟加时（Newcastle）埠，在那里开设一家以自己小名命名的"亚枝"（Ah Gee）号洗衣馆，生活稳定。

一九二一年，是澳大利亚按照澳中两国签订的《中国留学生章程》开放中国人赴澳留学的第一年，而此时袁进兆也满十六岁了。一直就关注着儿子教育的袁叶杨，早早地就获知了上述开放留学的信息，遂于一月十五日便将所需材料准备好，填好护照与签证申请表格，递交给中国驻澳大利亚总领事馆，申办袁进兆赴澳留学事宜。他以上述自己经营的"亚枝号"洗衣馆作保，承诺每年为儿子在澳留学期间提供膏火完全责任镑，即需要多少费用便提供多少财政资助，申请儿子来澳入读鸟加时当地的天主教会学校（Catholic School）。

---

① Ah Gee（also known as Ah Chee）[includes 4 photographs showing front and side views, Hawker Trading License and left hand print] [box 101], NAA: SP42/1, C1918/4514。

位于域多利省（Victoria）首府美利滨（Melbourne）的中国驻澳大利亚总领事馆在接到上述申请后，立即进行了认真处理。可能是在年初，申请的人不多，处理进程很快。两个星期后，中国总领事魏子京便在二月一日给袁进兆签发了一份中国学生护照，号码是4/S/21，亦即中国驻澳大利亚总领事馆根据《中国留学生章程》所签发的第四份护照。第二天，中国总领事馆也为他从澳大利亚政府内务部顺利地拿到了入境签证。随后，这本护照就于二月四日按照流程寄送给袁叶杨，再由他寄回中国家乡，以便儿子持照来澳留学。

早已准备就绪的袁进兆在家乡拿到护照和入境签证之后，便立即赶往香港，在那里乘坐"获多利"（Victoria）号轮船，于四月八日抵达雪梨（Sydney）港口入关。袁叶杨从鸟加时埠前来，接上儿子，回到他经营洗衣馆的住处。待其熟悉周边环境之后，袁叶杨便于五月一日安排儿子正式入读鸟加时圣母兄弟会学校（Marist Brothers School）。

圣母兄弟会学校是一间中学。刚刚开始入读该校时，袁进兆很不适应，主要原因是英文不过关。但学校的老师对这位中国学生的教导很耐心，除了让他每天跟班念书之外，还利用课余时间为他补课，最主要是补习英语。而袁进兆也没有令这些老师失望，一年之后，他已经可以跟上授课的进度。校长向内务部提供的例行报告表明，他的各项学业都很优秀，操行亦符合校规，是品学兼优的好学生。就这样，他在这间教会学校平平稳稳地读了约四年半左右，拿到中学毕业文凭。

一九二五年九月十九日，二十岁的袁进兆结束了其在

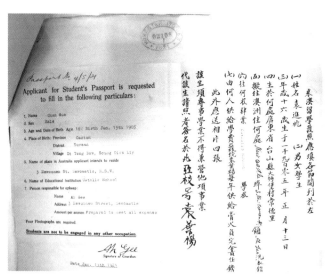

一九二一年一月十五日，袁叶杨为儿子袁进兆来澳留学填写的中国护照和签证申请表。

澳大利亚四年多的留学生涯，告别父亲，离开鸟加时，前往雪梨，在此搭乘
"长沙"（Changsha）号轮船驶往香港，返回中国。此后，他再未进入过澳
大利亚。

一九二一年二月一日，中国驻澳大利亚总领事魏子京为袁进兆签发的中国学生护照。

档案出处（澳大利亚国家档案馆档案宗卷号）：

Sue, Chun - Student passport, NAA: A1 1925/7153

李 许

新宁新昌村

新宁是旧地名，就是现在广东省的台山。新宁县最早建置于明朝弘治十二年（一四九九年），民国三年（一九一四年）改名为台山县，因境内有三台山而得名。

虽然民国初年新宁县已经改名为台山县，但对于当时许多来自新宁旅居海外的华人来说，可能习惯上仍然是将籍贯以旧名称之，也许只有这样，才能认同；抑或他们有十几年未曾回乡，对于原籍祖居地改名之事不甚了了。如果在当时的外交官员也是常年在外而对一个县的改名也不是很清楚的情况下，尽管台山县已经改名数年，但海外华人们仍然照常称之为新宁，也就不奇怪了。何况新宁当时就是著名的侨乡，清末时期更是因美国华侨陈宜禧集资回去兴办新宁铁路，而使新宁蜚声中外。

李许（Lee Hoie）是新宁县新昌村（现已划归开平市）人，一九〇五年一月二十五日生。一九二一年八月，由在澳大利亚塔斯马尼亚（Tasmania）可拔（Hobart，亦即霍巴特）埠的甄纲遐（G. C. Henry）作为担保人以及监护人，以其在当地所开设之"显利"（G. C. Henry）号商铺作保，承诺每年供给膏火七十五镑，作为年已十六岁的李许前往澳大利亚留学之生活费用，向中国驻澳大利亚总领事馆提出申请其学生护照和入境签证，拟让其入读可拔埠公立学校（State School，Hobart）。

因查不到甄纲遐入境澳大利亚时所使用的名字，我们无法知道他是何时来到澳大利亚的。目前甄氏所使用的名字写成英文是 G. C. Henry，这显然是其商号店铺之名，应该是进入澳大利亚之后才使用者。[①]但可以确认的是，他应该是在十九世纪末年二十世纪初跟随大批乡人赴澳发展，最终选择在塔斯马尼亚的可拔埠居住，于该埠之以利沙伯街（Elizabeth Street）一百五十二号上经营其"显利"号商铺。甄氏乃新昌村大姓，是李许的同村人，但李许与甄纲遐之间是何关系，其申请档案未见说明。推测起来，应该是沾亲带故的。在一个人口众多姓氏有好几个的大村子里，两姓联姻也是常见的事。最有可能的，也许他是李许母亲家族中人，这样的话，甄纲遐或有可能为李许之舅父。[②]

一九二一年八月九日，中国驻澳大利亚总领事魏子京为李许签发了中国学生护照，号码为82/S/21。四天之后的八月十三日，中国总领事馆也为其从内务部申请到了签证，于当天就将此护照寄送中国，交给李许查收。李许在国内接到护照之后，经过一番准备，便从台山前往香港，在此乘坐"获多利"（Victoria）号班轮，于同年十一月十七日抵达雪梨（Sydney）。[③]为此，甄纲遐特别从可拔埠赶到那里接他出关，然后他们再从这里或经美利滨（Melbourne）辗转前往塔斯马尼亚，或者于雪梨再次搭乘短途海轮前往这个海岛。

从雪梨再辗转前往可拔，路途遥远，无论是陆路经墨尔本再渡海，抑或是在雪梨直接再乘船前往，都需要一定的时间。一旦进入十二月份，就基本上是进入了当地学校的暑假期间。因此，直到次年，即一九二二年的一月二十三日，亦即新学年开学了，李许才正式注册入读可拔埠的中央公立学校

---

① 根据塔斯马尼亚省当地报纸的报导，甄纲遐死于一九四一年初，时年五十六岁，那就意味着他是一八八四年出生。报导再称，甄纲遐十六岁便已来澳，换算起来，时在澳大利亚联邦成立之前一年，即一九〇〇年。而由此报得知，甄纲遐在当地行世之名则为Gen Chung Henry，简化之后便是G. C. Henry。见："Mr. G. C. Henry, Funeral at Cornelian Bay Cemetery", in *The Mercury*（Hobart），Thursday 6 February 1941, page 6。

② 甄纲遐的夫人姓林（Lum），因而李许不是甄氏夫人那边的亲戚。见：Henry Gen Chung, Mary Lum（also known as Mary Gui Lun, Mary Gui Lem）and infant child [includes 6 photographs of Mary showing front and side views and 4 photographs of the child showing front and side views] [box 105], NAA: SP42/1, C1918/9581。

③ HOIE, Lee - Nationality: Chinese - Form of Application for Registration as an alien and Notice of Change of Abode, NAA: A396, HOIE L。

（Central State School）。总体而言，李许在这间学校进步很快。从学校提供的报告来看，对其学习和表现均很满意。但李许只是在这间学校读了一个半学期，就于一九二二年十月五日告别了中央公立学校，转入仍然是位于可拔埠的圣委助学校（St. Virgil College，圣弗吉尔书院）就读。去到该校之后，他的最初表现仍然令人满意。

然而，自一九二三年以后，尽管李许的学习成绩依旧良好，但因病假缺课很多。为此，联邦政府内务部于一九二四年四月份开始，派人对其病假原因展开调查。其监护人甄纲遐在接受调查时，给出的理由是因天气影响，李许经常发冷，闹肚子，故只好在家歇着。但甄氏对当局表示，他一定会督促李许尽可能地上学，以符合考勤要求。既然是确实因身体原因无法正常上课，内务部只是给予警告，以免误事。但李许并没有坚持多久，到六月二十日之后，就再也没有去学校上学了。

因身体健康原因，难以坚持继续上学，李许决定回国。到该年的八月六日，他在可拔埠乘坐"丫拿夫拉"（Arafura）号班轮，离开澳大利亚，返回中国。[1]李许在澳留学时间，前后计算也不足三年。

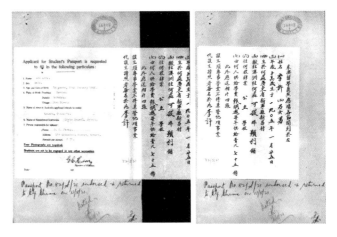

一九二一年，甄纲遐向中国驻澳大利亚总领事馆申请李许赴澳护照时提供的基本情况。

---

①　Lee Hoie, Chinese student - Left Commonwealth per "Arafura" 22.8.1924, NAA: B13, 1924/23408。

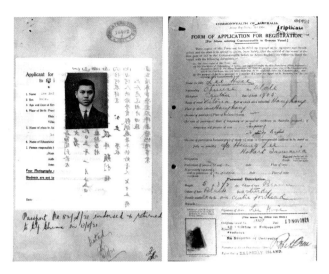

　　左为一九二一年李许申请护照时提供之个人照片。右为一九二一年十一月十日李许在进入澳大利亚的第一个海关检疫站珍珠埠（Thursday Island）时，所填写发放给他这位入境旅客的外侨卡。

档案出处（澳大利亚国家档案馆档案宗卷号）：

Lee Hoie - Student passport, NAA: A1 1923/30029

伍时信

新宁巷里村

伍时信（Ng See Sun），出生于一九〇五年六月十五日，是新宁县巷里村人，其赴澳留学是一九二一年五月份的事。当时的情况是，他跟从澳大利亚回国探亲的亲友都就要上路了，即已决定要搭船来澳留学前，家人才匆匆地致电中国驻澳大利亚总领事馆，提出申请，希望领事馆能先跟澳大利亚移民局沟通，准允其上岸入境再补办留学护照。换言之，就是要先拿到特别入境签证，再申请护照的补发。秉承着为侨民服务的中国在澳大利亚的派出机构接到上述电报后，配合照办。

一九二一年五月十四日，中国驻澳大利亚总领事魏子京正式备文澳大利亚联邦政府内务部，希望其为即将启程前来澳大利亚留学之伍时信发放特别入境签证，并给予其在入境之后一个月的时间，由该馆办理其护照的补发事宜。在接到魏子京的这封信函之后，内务部马上进行处理，并立即予以批准，日期是五月十七日，并于两天之后即五月十九日正式行文知照中国总领事魏子京。看起来，在实施《中国留学生章程》的最初时期，中澳双方主管机构处理留学申请和签证都相当迅捷，而且还很配合。

随后，中国驻澳大利亚总领事馆也第一时间将上述结果转告在中国等待消息的伍时信，就等他前来留学了。于是，伍时信购好船票赶到香港，从那里乘坐"获多利"（Victoria）号班轮，于一九二一年九月十四日抵达域多利省（Victoria）首府美利滨（Melbourne）入境。过关时，一切手续办理都很顺利。

又过了一个月，十月二十一日，在美利滨经商的伍于信（Ng Yee Sun，从名字的排列来看，此人应为伍时信之兄长）①备齐所需之文件和照片，向中国驻澳大利亚总领事馆申请补发伍时信的学生护照。伍于信以自己在美利滨唐人街参与经营的餐馆"南京饭店"（Nankin Café）作保，承诺给伍时信提供膏火完全担任镑，即为时年已十六岁的伍时信负担全部在澳留学之学费及生活费，并已为其注册入读当地卡顿埠（Carlton）的一间学校——卡顿专馆学校（Carlton Advanced School）。由于此事已经备案，所有的程序都已经走完，只是需要核查提交的申请材料即可，因此，四天之后即十月二十五日，中国驻澳大利亚总领事魏子京就为伍时信签发了中国学生护照，号码是111/S/21，并在当天就将这份护照送交内务部存档备查。而内务部则于三天之后，在其护照上钤盖了签证印章。当然，按照惯例，其签证有效期从伍时信入境澳大利亚之日起算。

档案材料中没有伍时信何时入读卡顿专馆学校的记录，但从内务部当年十一月初涉及他的一封信函来看，他应该在十月份的某个日期便已经注册入读。从该校校长在一九二二年二月开学初的报告来看，伍时信在校循规蹈矩，行为操守都令人满意，但学习进步缓慢。也许是刚来不久，尚需时间才能跟上学习进度吧。

但很突然的是，仅仅在卡顿专馆学校的报告递交到内务部刚过一个月，一九二二年三月九日，伍时信就乘坐"圣阿炉滨士"（St. Albans）号班轮，离开美利滨回中国去了。至于什么原因导致这位尚未满十七岁的年轻人突然离开，档案资料里没有任何说明，也没有他重返澳大利亚的记录。无论如何，我们看到的事实是：伍时信的在澳留学经历，前后仅仅半年，可谓来也匆匆，去也匆匆。

---

① 在澳大利亚国家档案馆里找不到与伍于信英文名字相关的宗卷，故难以获知他是何时来到澳大利亚发展的。蒐寻美利滨华文报纸，可以找到一九〇八年伍于信参与当地赈灾捐款的名字，显示他此时已经在当地经商，那就意味着他应该在二十世纪初年甚至之前便已来到这块土地发展。见："获见耶梓友捐款芳名"，载《警东新报》（The Chinese Times）一九〇八年十一月十四日，第十版。

一九二一年十月二十一日，伍于信为伍时信申请护照时提供的后者基本情况及个人照片。

一九二一年十月二十五日，中国驻澳大利亚总领事魏子京为伍时信签发的中国学生护照。

档案出处（澳大利亚国家档案馆档案宗卷号）：

Tim, Chi; Lee, Leong Chew; Sun, Ng See - Student passports, NAA: A1, 1925/22377

雷迎福

台山仁安村

　　雷迎福（Louey Ning Fook）生于清光绪三十一年（一九〇五年）八月二十一日，是台山县仁安村人。他的父亲名叫雷社（Louey Share），同治十三年（一八七四年）十月十五日生。光绪二十年（一八九四年），于二十岁弱冠之年，便跟随乡人去到香港，搭乘日本邮轮"日光丸"（Nikko Maru）抵达澳大利亚的域多利（Victoria）殖民地，最终在美利滨（Melbourne）埠的佛珠来（Fitzroy）区定居下来，开了一间洗衣馆，名叫"胜利衣馆"（Sing Lee Laundry）。①

　　一九二一年澳大利亚开放教育给中国学生，许多在澳华人遂利用这个机会申请子女及亲戚前来留学。这一年，雷迎福十六岁。雷社觉得不能错过这个给儿子接受西方教育的机会，遂在儿子生日过后，于九月二十七日填妥表格，向中国驻澳大利亚总领事馆申办雷迎福来澳留学的护照和签证。他以自己经营的"胜利衣馆"作保，应允每年供给儿子足镑膏火，作为其读书和生活的费用，计划将儿子办来他居住和经商所在区附近的卡顿专馆学校（Carlton Advanced School）念书。因当年接受的留学申请较多，中国总领事馆应接不暇，处理起来也就比较费时。雷社所递交上来的申请，也被拖延两个多月才得以处理。直到这一年的十二月十二日，中国总领事魏子京才给雷

---

① SHARE Louey：Nationality-Chinese；Date of Birth-15 october 1874；Date of Arrival-1894；First Registered at Fitzroy Victoria，NAA：MT269/1，VIC/CHINA/SHARE LOUEY/1。

迎福签发了中国学生护照，号码是128/S/21。但护照被送到澳大利亚联邦政府内务部去核发签证时，不知何故，却等待的时间更长，拖了有四个多月之久，才于一九二二年四月二十七日获批。

接到中国驻澳大利亚总领事馆寄来的护照后，经过一番安排，半年后雷迎福便前往香港，登上中澳船行经营的"获多利"（Victoria）号轮船，于一九二二年十月二十一日抵达雪梨（Sydney）入境。[①]雷社和他在美利滨唐人街（小博街十五号，15 Little Bourke Street）做家具生意的朋友Wong Kee（黄记，译音）一起前往雪梨，[②]将雷迎福接出海关，再由该埠搭乘火车，前往美利滨，住进他在佛珠来经营的洗衣馆里。

但雷迎福并没有进入父亲雷社原先为他安排好的卡顿专馆学校就读，而是于一九二三年一月三十日新学年开始时，转到美利滨城里的唐人街，进入开设于这里的长老会学校（P.W.M.U. School）读书。对于他的在校表现与学业，刚刚开始时，校长的报告很简单，只是"尚可"二字。到了第二年，校长才报告说，他已经尽其所能地去学习，成绩令人满意。这样的状态维持了两年半左右的时间。

到一九二五年上学期即将结束时，二十岁的雷迎福突然跟中国总领事馆说需要中途休学，有急事要赶回中国，因为接到家乡来信告知其母亲病重，希望他能回去探望。他计划回国最多一年，之后仍然想要返回澳大利亚继续念书，完成学业；而他本人此时则积极联络船期，以便搭乘最近的一班轮船返回中国。为此，雷迎福希望中国总领事馆能为他申请再入境签证。中国总领事馆于六月二十九日致函内务部秘书，为他的再入境提出申请；七月九日，内务部给予批复，有效期是一年，即准允雷迎福在其离境之后的十二个月内返回。原本雷迎福订妥了七月初从美利滨港口出发的"吞打"（Tanda）号轮船，但因故推迟到八月十一日，才在美利滨

---

① Louey Ning Fook [includes left and right thumb prints] [box 144], NAA: SP42/1, C1922/10008。
② 黄记生于一八七八年，比雷社晚两年（一八九六年）从广东家乡来到澳大利亚发展，也是定居于美利滨。见：KEE Wong: Nationality - Chinese: Date of Birth - 1878: Date of Arrival - 1896: First Registered at Little Bourke Street Melbourne, NAA: MT269/1, VIC/CHINA/KEE WONG/2。

改乘"丫拿夫拉"（Arafura）号轮船离港，回去中国探亲。和他一起乘船离境的，还有父亲雷社。[①]他原定的回国探亲就是一年，计划于次年赶回澳大利亚，于下学期开学时继续读书，于是，一九二六年六月二十八日，雷迎福便搭乘"吞打"号轮船返抵美利滨，继续其在澳之留学生涯。他的父亲雷社则没有与其同行，而是继续留在国内探亲。

回到美利滨后，雷迎福仍然回到长老会学校念书。此时学校对他的学习成绩仍然表示认可，但却特别说明他请病假休学的时间较多，原因是他在中国探亲期间染上了疟疾，久治不愈，对其出勤率影响甚大。这种状况延续了大半年，经过不断治疗，最终痊愈，使之在校的学习恢复正常。

然而，毕竟年龄比较大了，雷迎福平时也在放学后偷偷到餐馆打工，挣点儿零花钱。可是，按照《中国留学生章程》的规定，所有学生签证都不允许打工，一旦被发现，就有可能被终止在澳学习，遣返回国。一九二七年七月底，雷迎福在唐人街的"东方酒楼"厨房里做帮工时，就被海关稽查人员在现场逮住。为此，内务部向中国总领事馆通报，并警告下不为例。到一九二八年六月中国总领事馆按例为雷迎福申请展签时，内务部意识到次年这位中国学生就将届满二十四周岁，达到中国学生在澳留学的最高年限，在按规定给予其十二个月的展签时，也特别提醒中国总领事馆，要求其知照该留学生本人及他的监护人，届时必须按照规定，结束学习，安排回国。而雷迎福在这最后的一年里，也仍然就读于长老会学校，直到一九二九年五月底上学期结束。

此时，一方面是雷迎福的签证到期，另一方面则是他即将达到二十四周岁，按照规定，应该是他打道回府的时候了。可是，就在这个时候，发生了两件事。一是五月底，也就是上学期课程完毕后，雷迎福突然注册入读开设在美利滨城里的司铎茨商学院（Stott's Business College）；二是在七月初的一天，雷迎福再次因在唐人街的"香港酒楼"打工，被海关稽查人员抓了现行，他承认在此打工是为了挣点钱，因已从商学院退学，原因

---

① Louey Share - Application for Certificate for Exemption from Dictation Test, NAA: B13, 1925/27525。

是年纪太大而不能再读书了，并很快就要搭乘"彰德"（Changte）号轮船回国。就在这个时候，中国驻澳大利亚新任总领事宋发祥却于七月四日突然致函内务部秘书，谓雷迎福刚刚接到从中国发来的电报，告知其父现在中国病重，希望他尽快赶回去。但因雷迎福本人刚刚注册入读司铎茨商学院，他还想继续返回来读书，故恳请中国总领事馆协助向内务部申请再入境签证，以便一年后再回该商学院完成学业。宋总领事认为此举应该予以鼓励，吁请当局予以批复为荷。但内务部核查的结果则是，雷迎福在司铎茨商学院只是注册入读了二十二天，便在六月二十日退学了，因此，上述海关稽查人员的报告才是真实情况；而宋总领事的代其申请再入境签证之事，显然是其在未曾退学之前的想法，甚至其回国理由都有可能是编造出来的，待宋总领事将此请求付诸实施时，情况已经发生了根本性的变化。内务部谨守二十四岁留学上限，于七月十二日复函宋总领事，告知对其所代为申请之事不予考虑，并且督促中国总领事馆协助监督雷迎福尽快定好船期，离开澳大利亚，返回中国。

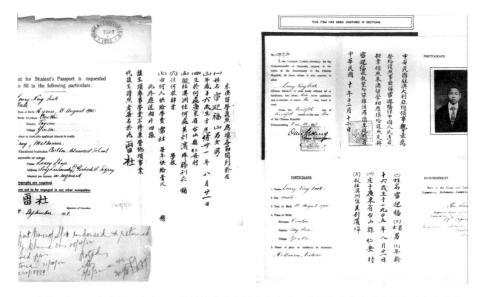

左为一九二一年九月二十七日，雷社填表向中国驻澳大利亚总领事馆申办雷迎福来澳留学的护照和签证。右为一九二一年十二月十二日，中国总领事魏子京给雷迎福签发的中国学生护照。

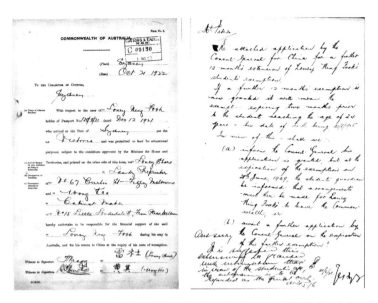

左为一九二二年十月二十一日雷迎福抵达雪梨（Sydney）入境时的入境登记卡。右为一九二八年六月内务部在审理雷迎福展签时，因其次年就达到中国学生在澳留学年龄上限而由审理官员给出的意见。

　　一九二九年七月十六日，雷迎福终于如期登上"彰德"号轮船，驶离澳大利亚，返回中国，[1]结束了其不到八年的留学生涯，而在此期间，他还中途返国探亲十个月。计算起来，他真正在澳留学的时间也就只有六年半左右。

档案出处（澳大利亚国家档案馆档案宗卷号）：

Louey Ning Fook - student passport, NAA: A1, 1929/6288

---

[1]　Louey Ning Fook - Departure from Commonwealth per "Changte" August 1929, NAA: B13, 1929/13229。

李奕煌

台山迎禄村

　　台山县迎禄村的李奕煌（Li Yick Wong，或者Li Yuk Wong），出生于清光绪三十一年（一九〇五年）九月廿八日。及至学龄，他被家人送到台山县海晏镇读书，后又被送到香港就学，住在香港上环文咸街。因档案资料里没有提及，我们无法知道他在上述两地就读的学校名字，但可以想象，他去香港读书的学校，应该是一间兼具中英双语教学的学校。由此看来，他具备了一定的英文基础知识。

　　李奕煌的父亲名叫李寿田（Li Shau Tin，在澳大利亚的档案记录中也写成是Lee Shohen），是一名中草医。他早年来澳发展，具体什么时候抵达的，因没有发现足够的资料，难以确定，大体上应该是十九世纪末二十世纪初年；我们可以查到他以上述Lee Shohen的名字在移民局登记外侨卡的记录是在一九一一年，地点是在西澳洲（Western Australia）。[①]但他后来从西澳洲转向

---

① Lee Shohen [Chinese]，NAA：K1145，1911/187。从当地传媒上所搜寻到的信息来看，李寿田最早是在一九〇五年于西澳的报纸上刊登广告，面向当地西裔民众，以中草医的身份给人治病。由此可见，他至少在这一年之前便已在西澳洲立足；同时也显示出他的英语操说能力较好，至少是可以跟当地人以英语自由沟通。与当地人的交流和沟通能达到如此程度，并且还能将西裔社区作为自己的主要服务对象，显然需要一定的时间才能达成。由是，他在十九世纪九十年代就来到澳大利亚发展的可能性极大；同时，也有可能此前他曾在华洋杂处的香港行医，积累了与西人沟通的技巧。见："Advertising: Chinese Herbalist", in *The West Australian*（Perth），Friday 23 June 1905, Page 7。

鸟修威省（New South Wales）的雪梨（Sydney）发展，①最终在这个城市的库郎街（Crowns Street）五百八十八号开设中草医诊所，可能也兼营售卖药材等物品，收入不错。也可能正因其具有一定的财务能力，才能将儿子送到香港去读书，为儿子将来的发展打下良好的基础。

一九二一年，澳大利亚开始实施《中国留学生章程》，允许在澳华人申请其子女前往他们所居住的城镇留学。此时，李寿田正在中国探亲，打算返回澳大利亚，就想将儿子办来雪梨读书，他正好也可以与儿子一道同来。于是，二月二十五日，李寿田前往外交部特派广东交涉员公署，申请儿子李奕煌前往澳大利亚留学；他承诺每年供给儿子学费一千元大洋，计划让儿子到那里读五年的书。交涉员李锦纶当天便给李奕煌发出了一份中国留学护照，号码是第壹千壹拾号。次日，李锦纶也从英国驻广州总领事馆那里，为李奕煌拿到了一份入澳签证。

拿到护照之后，李寿田就去到香港，跟在那里读书的儿子李奕煌会合，登上驶往澳大利亚的"圣阿炉滨士"（St. Albans）号轮船，于三月三十一日抵达雪梨，入境澳大利亚，住在他开设于库郎街的诊所铺头里。第二天，李奕煌就注册入读位于同一条街上的库郎街公学（Crowns Street Public School）。因为在香港就学过英语，并且语言能力也不错，加上学习用功，他的在校表现极佳，各项学科成绩良好，校长在例行报告中对他称赞有加，被视为该校之优秀学生。尽管如此，他只是在这间公立学校读了半年书。

---

① LEE Shohen-Nationality：Chinese-[Application Form for Registration as Alien]，NAA：PP14/3，CHINESE/LEE S。该档案宗卷显示的是在一九二〇年之前，李寿田仍然在西澳海关的登记名册之中。但检索鸟修威省的英文传媒报道，最早出现李寿田的中草医广告是在一九二〇年四月初，并表示此时他刚刚从中国探亲归来。见："Mr. Lee Shohen", in *Mudgee Guardian and North-Western Representative*（NSW），Thursday 7 April 1921, Page 9。由此可见，他极有可能是在一九一九年从西澳启程回国探亲，次年返回澳洲，定居雪梨。见：Sue King Sam, Chun Leong, Lee Hing Lang, Choy Doon, Chong Lee or Jong Lee, Ching Fong or Tim Wah, Gong Get, Lee Shohen, Lim Foo and Sam Day［Certificate Exempting from Dictation Test - includes left hand impression and photographs］[box 132]，NAA: ST84/1, 1920/280/41-50及Lee Shohen［includes 2 photographs showing front and side views］［box 119］，NAA: SP42/1, C1920/8215。

一九二一年十月二十四日，十六岁的李奕煌转学到位于雪梨杜里奇希（Dulwich Hill）区的三一文法学校（Trinity Grammar School），并在这里为自己取了一个英文名，叫做若伯煌（Robert Wong）。三一文法学校是一间著名的私校，学风好，学生素质高，可能这也正是他所向往的，因而很能适应该校的学习氛围，课业和其他表现都受好评，处于中上水平。他在这里一直读到下一年的整个学年结束。

一九二三年一月二十九日，新学年开始，李奕煌再次转学到位于雪梨跑马场附近的兰域公立学校（Randwick Public School）。在这里，他似乎又找回了前年就读库郎街公学时的那种状态和感觉，因为在该校校长的报告里，对他在校的表现评价几乎跟库郎街公学校长之评语如出一辙。不过，他在这里就读的时间也不长，到九月二十一日之后，就再也没有去上学了。因为此时年满十八岁的李奕煌已决定回国，便休学在家，一是跟父亲多待几天，再则利用一点儿时间跟朋友道别，然后于十月二十日搭乘"获多利"（Victoria）号轮船，驶返香港回国。

实际上，在抵达澳大利亚开始留学生涯之后，李奕煌曾经按照章程规定，向中国驻澳大利亚总领事馆报告，登记在册，以便日后中国总领事馆代其申请签证延期时，有据可查。但在此次离开澳大利亚之前，他并没有按规定知照中国总领事馆，显然是不打算再回澳继续读书了。事实上，按照《中国留学生章程》的规定，中国学生来澳留学的最高年龄上限是二十四岁；此时的李奕煌刚刚十八岁，距此上限尚有好几年的空间，如果他只是返回中国探亲度假，之后还想回来继续念书的话，比如说就读商学院或工学院之类的大专学校，是完全可以的，内务部会根据其以往的良好表现，核发再入境签证。很显然，在澳大利亚留学了两年半的他选择此时回国，想必是对自己今后的前程发展早已有了规划。

也许李奕煌本身是不愿意再返澳了，但事实上他在三年后还是回来了，并非自愿前来，而是不得不来。原因是他的父亲李寿田病故，[①]他需

---

① "PROBATE JURISDICTION", in *Government Gazette of the State of New South Wales*（Sydney, NSW）, Friday 2 July 1926 [Issue No.90], Page 2888。

要前来善后。

一九二六年五月二十五日，雪梨的霍德伟（David R. Hall）律师致函内务部秘书，代李奕煌申请三个月的入境签证，其理由是李寿田因病在雪梨滨海医院（Coast Hospital）殁亡。这家滨海医院位于布达尼湾（Botany Bay）的出海口处的偏僻小区小湾（Little Bay），是在十九世纪末专门为救治天花流行传染病而设立的隔离医院，现在已经改名成为亨利太子医院（Prince Henry Hospital）的一部分。由此可见，李寿田极有可能是不幸染上天花或者是其他的急性传染病，被送往这间医院救治。查阅当时的新闻报道，一九二六年雪梨并没有流行病爆发；由此看来，李寿田染病或许是个案。也可能正因为是个案，未有及时送医，才导致其在这一年二月十四日殁于医院。问题是他身后留下了一大笔遗产，包括不动产和其他比较容易处理的财产，达五千镑之巨。这笔钱的数额不算小，就当时而言，它等于二万四千三百美元，如果换算成中国钱币的话，则等于四万八千六百大洋。因此，遂由伦敦银行商会（London Bank Chamber）组成公信信托，将其遗产交付其法定的受益者，而霍德伟即为该公信信托之代理人。在李寿田的遗物中，霍律师找到了一份文件，是他申请其子李奕煌再来澳大利亚就读三一文法学校的签证申请表，填写日期为一九二三年十月十七日。这表明他在儿子当时即将离境时，曾经想过让其继续回来读书。因此，霍律师向内务部申请允准李奕煌前来处理其父之善后。按照他的经验，觉得有三个月的签证，应该可以让他在此期限内处理完这些遗产事宜。上述申请理由充足，加上此前李奕煌又曾在澳大利亚读了两年多的书，表现优秀，故在两天之后即五月二十七日，内务部就批准了这一签证申请。

此时的李奕煌是在香港永安公司工作，这就可以解释何以他在三年前自澳大利亚读完中学后不再返回继续读书，极有可能是已经找到了进入这家公司工作的机会。对于当时珠江三角洲的年轻人来说，有在国内和澳大利亚接受过中英文教育的背景，又愿意在商业领域里求职发展的话，那么，同样是以澳大利亚华人背景发展起来、此时事业正如日中天的永安公司，确实是其投身职场之首选。而就永安公司本身而言，也确实乐意招徕兼具中英文学识的广东家乡子弟来拓展自己的事业。因永安公司在香港名气大，李奕煌等待赴澳处理父亲善后之事也惊动了当时的香港总督金文泰（Sir Cecil Clementi）。也许是澳大利亚内务部及霍德伟律师尚未及知照他有关李奕煌已经获准三个月签证之事，六月十一日，香港总督金文泰致函澳大利亚总督，希望其协助让李奕煌尽快成行赴澳。此函辗转交到澳大利亚总理办公室，再由总理于七月十三日转请内务部长予以处理。内务部在接获上述公函之后，确认此时李奕煌早已拿获签证，并且也已从香港搭乘"太平"（Taiping）号轮船，于八月十一日抵达了雪梨。待上述诸事明了，内务部再将此结果于九月份分别报告总理府及香港总督。虽然针对此事的公牍往返前后耗时达三个月之久，总算是有头有尾，有了一个交代。

到十一月一日，眼见李奕煌的三个月签证即将到期，但其在澳处理父亲遗产的事情可能无法按原计划结束，霍德伟律师于当天再次致函内务部秘书，为李奕煌申请两个月的延签。其理由是，当李奕煌到达澳大利亚后，他所携带来的其父遗产受益人的名单里，有一名李寿田的养子，自然也是李奕煌的兄弟，名叫李奕烺（Li Yick Laan），此时居住于加拿大。当霍律师将李寿田遗产分割完毕，将此名单寄送到香港之代理处，请其协助让各受益人签名时，李奕烺却无法签名，因他此时去了中国探亲。为此，霍律师只能发电报给他，请他前往香港签字，再将其已签文件寄回澳大利亚。为此，他估计在接下来的两个月时间内应该可以收到此文件，从而完成所有的李寿田遗产处理程序。上述理由无懈可击，且件事情已经到了最后的阶段，内务部遂如其所请，于十一月十二日批复。事实上，李奕煌并没有等多久。可能就在内务部批复延签之后的几天里，霍德伟律师就接到了李奕烺的签字文件，很快将李寿田遗产处理结案。

一九二六年十一月二十日，李奕煌登上"彰德"（Changte）号轮船，告别澳大利亚，返回香港。毕竟，他刚刚过二十一岁，在香港永安公司有一份正职，以后的路子还很长。至于李奕煌此后的人生道路如何，因无法找到资料，不得而知。也许，台山迎禄村李氏宗族里可以找到他的资料。

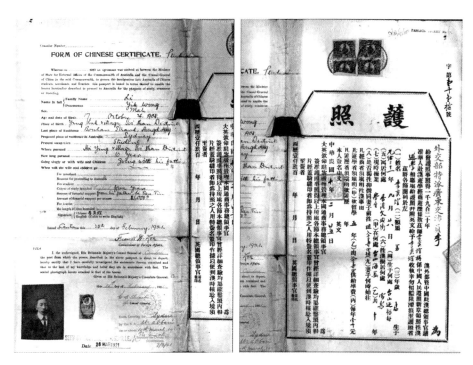

一九二一年二月二十五日，外交部特派广东交涉员李锦纶签发给李奕煌的中国学生护照及英国驻广州总领事馆核发的入境澳大利亚签证。

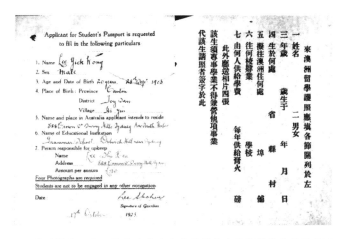

李寿田在一九二三年十月十七日填写的李奕煌留学护照的申请表。当时，距李奕煌结束在澳留学准备乘船离境回国仅三天。李寿田显然是想让儿子重返澳大利亚继续学业的，但最终可能因李奕煌不愿意回来而在香港永安公司任职作罢。

民国粤人赴澳大利亚留学档案全述　台山卷

　　左为一九二一年三月三十一日李奕煌入境时提供给雪梨海关的正面和侧面照片。右为一九二六年五月霍德伟律师代李奕煌申请入境签证以处理其父李寿田遗产事宜时，提供给澳大利亚内务部的李奕煌当时之正面和侧面照片。

档案出处（澳大利亚国家档案馆档案宗卷号）：

Wong, Li Yuk - Student passport, NAA: A1, 1926/14385

伍亚禧

新宁东安村

伍亚禧（Ng Ah Hee），新宁县东安村人，一九〇五年九月十六日生。

伍亚禧的父亲名叫伍时达（Ng She Dart），当时在澳大利亚鸟修威省（New South Wales）中西部小镇喇弾（Junee，亦即週弾）经商，合作参股经营以同宗兄弟伍年（Tommy Ah Nam）的名字命名的商铺"伍年菜园"，既当菜农也自产自销。由此可见，伍时达极有可能也跟伍年一样，是在十九世纪九十年代来到澳大利亚闯荡讨生活的。[①]

一九二一年十一月，大约是在伍年为其子亚德（Ng Ah Ack）和亚棍（Ng Ah Goon）兄弟递交留学申请的同时，[②]伍时达也同样填好表格，备齐所需材料，向位于美利滨（Melbourne）的中国驻澳大利亚总领事馆提出办理儿子伍亚禧的护照申请，并请协助签证事宜。他以上述"伍年菜园"作保，承诺为其子伍亚禧每年供给膏火七十镑，供时年已满十六岁的伍亚禧前来喇弾留学之读书与生活费用。按照伍时达的想法，其子伍亚禧来澳后，应当进入他所在小镇的公立学校即喇弾学校（Junee Public School）读书。

---

① 伍年生于一八七〇年，二十二岁时从家乡赴澳发展。见：NAN Ah: Nationality - Chinese: Date of Birth - 25 November 1870: Arrived 4 March 1892: First registered at Wagga Wagga, NAA: MT269/1, VIC/CHINA/NAN AH/2。在澳大利亚国家档案馆里找不到与伍时达相关的宗卷，难以获知其赴澳的具体年份。鉴于他与伍年同宗，也许就是当年一起结伴前来澳大利亚发展，或者他是在若干年后前来投奔于这位宗亲。

② 这两兄弟的档案见：Ng Ah Ack - Student passport, NAA: A433, 1942/2/1795及Ng Ah Goon Student's Passport, NAA: A1, 1931/3840。

在接到伍时达递交上来的申请材料后，中国驻澳大利亚总领事馆便将其与同时递交上来的伍亚德伍亚焜兄弟的申请一并处理。一九二一年十一月二十八日，中国总领事魏子京为伍亚禧签发了护照（号码120/S/21），并于三天之后即十二月一日为其申请到了入境签证。随后中国总领事馆就将此护照寄送中国伍亚禧的家乡，交给其本人，以便其早做准备，前来澳大利亚留学。

但拿到签证过了快半年，伍亚禧也没有什么动静。直到一九二二年六月十七日，他才从家乡赶到香港，在那里乘坐"获多利"（Victoria）号班轮，抵达雪梨（Sydney）港入境，开始父亲为其安排的在澳留学生涯。

有鉴于啁弨距雪梨路途遥远，加上在自己做工的菜园每天都需要去打理，伍时达无法抽身前来雪梨迎接儿子伍亚禧，遂委托在雪梨城里经商的两位朋友黄柱（James Chuey）和伍尚渠（William Hing Oong），[①]代为照料和招待。但在入关检查时，海关检疫官员查出伍亚禧在此次航行期间染上一身疥癣，需要隔离治疗。于是，从进入澳大利亚的第一天起，伍亚禧就被澳大利亚海关检疫局送到位于现在的雪梨机场附近靠近海湾的小湾（Little Bay）区之滨海医院隔离治疗，并要求他将所有随身携带的衣物等送去消毒方可使用。

到了一九二二年的十月初，伍亚禧已经入境四个月了，但身上的疥癣还未完全痊愈，此时他不想再住院，就获准搬出医院，住在雪梨的朋友家，接受医生的定期治疗。在此期间，他曾对定期来探访的检疫局官员表示，不想再住进医院，那样太闷了。但实际情况是，因父亲并不在身边，雪梨的亲戚朋友也无人能管得了他这个已经十七岁的青年，于是，他整天就徘徊于城里一间叫做

---

① 黄柱是台山人，为澳洲洪门致公总堂第二代盟主，在华社极具影响力。其档案见：Foreigners: J.A. Chuey, Percy Lee, Gee Wing Chinese Merchants visiting New Guinea, NAA: A5, NG1924/1801。伍尚渠也是台山人，一九〇〇年来到澳大利亚发展，此时是雪梨"新遂和"（Sun Suey Wah & Co.）号商铺的主要股东之一。有关伍尚渠的档案见：William Hing Oong [Chinese - arrived Melbourne per CHINGTU, c. June 1900. Box 37], NAA: SP11/2, CHINESE/OONG W H。

"新遂和"号的店铺及一家中餐馆之间，[1]无所事事。为此，内务部于十月下旬左右再次将其强制送回上述医院作深度治疗，直到其彻底痊愈为止，目的是促其能够尽快注册上学，不然就会将其遣送回国。

到了该年的十一月底，伍亚禧终于痊愈出院。伍时达在雪梨的亲戚或朋友代他为伍亚禧付清了在医院的全部医疗及住院费用，伍亚禧就先在雪梨中国城金宝街（Campbell Street）的"天津酒楼"（Tientsin Café）住了下来，等待父亲从鸟修威省的内陆地区住地前来，带他去喎弾，准备在那里上学。

就在等待父亲的这一段时间里，伍亚禧找到了设在雪梨城里必街（Pitt Street）上的基督教会学校（Christ Church School），便于十一月二十八日在该校报名注册，成为这间教会学校的在册学生。就是说，这意味着他不用去喎弾那个只有千把人的小镇了，就在雪梨这个大都市读书。但很快就到了澳大利亚学校的暑假时间，而他才刚进入该校上了两周左右的课。尽管如此，看来这位十七岁的青年还是想不失时机地上学念书的。

澳大利亚的新学年是每年的一月下旬开始。一九二三年一月二十二日，基督教会学校开学，伍亚禧才算正式开始了他的在澳留学生活。可是，根据这一年三月初该校校长的报告，尽管伍亚禧在校还算守规矩，但对学习则显得毫无兴趣可言。仅举一例，他根本对老师布置的任何作业不屑一顾，从未有完成过作业。一句话，校长对这样的学生很感失望。报告送到联邦政府内务部，有关部门主管也对此很不满意，责成该校及相关方面与伍亚禧之家长和他本人沟通，叮嘱他必须要认真读书，否则来此何干？并警告他说，再不改正，就只能将其遣送回国。

---

[1] 新遂和号商铺由台山人伍时华（Shee Wah）等人于十九世纪末开办，一九〇三年一月二十八日正式在鸟修威省工商局注册，伍时华等八人为股东。见：鸟修威省档案馆（NSW State Archives & Records）保存的二十世纪初该省工商企业在工商局的注册记录：https://search.records.nsw.gov.au/permalink/f/1ebnd1l/INDEX1824697。伍时华生于一八五六年，于一八九一年赴澳发展，经商颇为成功。其档案见：Shee Wah [includes 6 photographs showing front and side views] [box 108], NAA: SP42/1, C1919/2318。一九二〇年，新遂和号商行由伍尚渠（William Hing Oong）接盘主持经营，并因二位新股东更换而于当年十月十一日重新注册登记。见：https://search.records.nsw.gov.au/permalink/f/1ebnd1l/INDEX1824699。因无法找到更多资料，难以确认伍尚渠与伍时华是否父子关系。由此可见，伍时达与伍时华应该是同宗同辈关系，而伍尚渠又是伍亚禧入境时前往迎接及担保他入境之人，对其在雪梨的衣食住行负有监护之责，伍亚禧流连忘返于该商铺也就是情理之中。

　　既然有了前科，内务部就对此学生的情况很关注。到了五月底，再次行文基督教会学校，询问伍亚禧近况。基督教会学校校长报告说，实际上，自三月份起，伍亚禧就只上了一天学，然后就再也找不到其人了。据海关人员的报告说，学校方面对伍亚禧的评价是，这个年轻人实在是太懒惰了，根本就无心向学。在这种情况下，内务部遂在六月份决定通知伍时达，请他尽早地安排其子离开澳大利亚，这块土地不欢迎这样懒惰的人。有鉴于此，伍时达对儿子伍亚禧的行为极为失望，但也无可奈何，于是，他只得按照规定，尽快为儿子离境安排船票。

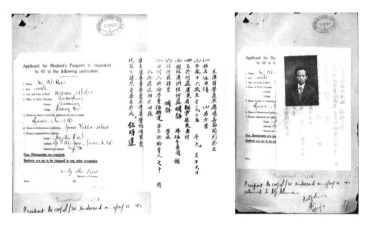

　　左为一九二一年伍时达为儿子伍亚禧申请护照时提供的基本情况（中英文）。右为申请表背面所贴之伍亚禧照片。

　　一九二一年十一月二十八日，中国驻澳大利亚总领事魏子京为伍亚禧签发的中国学生护照。

一九二三年七月三日，伍亚禧在雪梨乘坐"太原"（Taiyuan）号班轮，离开澳大利亚，返回中国。从出入境的日期来看，他在澳留学的时间，前后刚满一年；而他实际上在雪梨学校的上课时间，则不足一个半月。

档案出处（澳大利亚国家档案馆档案宗卷号）：

Ng Ah Hee - Student passport, NAA: A1, 1923/16279

邝国桢

台山冲云堡潮溪村

　　邝国桢（Quock Ching，或写成 Fong Quock Ching），一九〇五年十月五日出生于台山县冲云堡潮溪村。他的父亲是邝森瑞（Sam Sue，又写成 Fong Sam Sue 或 Kwong Sen Sui），生于一八八一年三月十二日。十九岁时，邝森瑞刚刚在家乡读完书，就于一九〇〇年跟着乡人乘船到澳大利亚闯荡发展。他登陆入境的地方是西澳大利亚（Western Australia）的者利顿（Geraldton），此处位于西澳首府普扶（Perth）以北约四百公里处，濒临印度洋。两年后，他再沿着海岸北上，到距此二千公里之遥的珍珠养殖基地布祃（Broome）发展。在那里，他成为清理珍珠的手艺人，并与族人合股开有一间杂货铺，兼做珍珠收购与销售，名叫"占邝公司"或者"占邝号"商铺（James Fong & Co.）。[①]一九〇四年他曾回中国家乡探亲，娶妻生子，次年才返澳，邝国桢的出生自然就是他这次探亲的结果。[②]

　　一九二一年，澳大利亚开放中国留学生赴澳留学。邝森瑞眼看儿子已近十六岁，希望利用这个机会让他接受西方教育。二月二十二日，他填好申请表格，将资料备妥，递交到位于当时澳大利亚临时首都美利滨（Melbourne）的中国驻澳大利亚总领事馆，申办儿子邝国桢来澳留学所需之护照和签证。

---

① Sam Sue [Chinese], NAA: K1145, 1904/76。

② SUE Sam [Sen Sue KUANG, Sam Sue FONG] [Chinese, arrived Broome 1900], NAA：PP239/1, W1960/9844。

他以自己参与经营的占邝公司作保，承诺每年提供儿子膏火九十五镑以充各项开销，让他来到布冧埠的皇家书馆（Broome State School）念书。可能是刚刚开年不久，递交上来的这类申请还不多，因此，中国总领事馆在收到邝森瑞递交的申请后，很快就进行了处理。三月十八日，中国总领事魏子京便为邝国桢签发了中国学生护照，号码是29/S/21。由此可见，邝国桢是在这一年实施《中国留学生章程》之后，第二十九位获得留学护照的中国学生。而中国总领事馆的后续动作也很快，同一天就从澳大利亚内务部为邝国桢拿到了入境签证。这主要也是与内务部和中国总领事馆同城有关，加上《中国留学生章程》实施初期申请人员不多，故处理起来比较快捷高效。

在上述办理护照和签证的过程中，邝国桢实际上已经和母亲一道经香港乘船到了新加坡等待赴澳。因布冧距离美利滨路途遥远，相距有五千公里，联络通信费时，到这一年三月底，邝森瑞尚未收到由中国总领事馆邮寄来的护照，十分着急。为此，他通过当地的代理人泰勒（Taylor）先生，于三月三十一日打电报给内务部询问签证进展；并在电报中进一步表示，如果可能的话，请将护照和签证直接寄到新加坡指定地址，这样邝国桢就可以事先确定好船票，尽快前来布冧读书。此举还真有效，内务部次日便回复，请邝国桢在新加坡等待护照，再行乘船前来。这样一来，就为他省去了大量的时间。五月二十一日，邝国桢和母亲搭乘从新加坡启程的"明德鲁"（Minderoo）号轮船抵达布冧，入境澳大利亚。

可是邝国桢到布冧，正好是上半学期即将结束之时，他只好在父亲的店里先熟悉周围环境，再抓紧时间学习英语。七月一日，新学期开学，他便正式注册入读布冧皇家书馆。根据年底校长提供的报告，他各方面表现都非常抢眼，英语进步神速，其学习之勤奋是当地白人学生之榜样。

从一九二二年开始，邝国桢转学进入天主教会创办的布冧苏姑庵堂学校（Convent School），主要是学英语，希望尽快提高自己的英语能力。事实上，他白天在教会学校念书，晚上又回到公立学校去读夜校。因在教会学校里是将他安排在四年级读书，可他的英语程度至少可以读六年级或七年级。因此，在这段时间里，他晚上回皇家书馆读书就主要是加强英语，再加上算术等课程，可以说学习非常刻苦。但在一九二三年下半年，根据皇家书馆教师的建议，邝国桢最终从苏姑庵堂学校退学，专心回到皇家书馆读书。就这样，他以双倍的努力读书，直到一九二四年底。

一九二五年一月二十九日，十九岁的邝国桢结束了他在布冧的三年半留学生涯，搭乘此前载他来澳的同一艘轮船"明德鲁"号，驶往新加坡，转道回国去了。临走之前，他没有通知中国总领事馆，也没有知会澳大利亚政府内务部，更没有提出再入境签证申请。这就意味着，他此去便不再回头。此后，澳大利亚档案中再也没有任何有关他入境的信息。

回到国内后，邝国桢从事何种职业或营生不得而知，但很可能随后便去了香港发展并在那里成家立业，定居下来。因为到二十世纪五十年代，他的儿子邝镒仁写信给仍住在布冧、已经退休并孤身一人的祖父邝森瑞，要把他接往香港养老。而据邝森瑞所填表格，他在一九一七年时，与一年约十八岁的女性在家乡结婚，到五十年代时，这位妻子已经去世，只留下他独自一人在澳。这一情况表明，他早年先回乡跟邝国桢的母亲结婚，十余年后又回乡娶了二房或者填房。只是有关他的档案资料也仅此一份，无法知道他是否还有其他的子女。也许，这需要找到潮溪村邝氏家谱，才有会答案了。

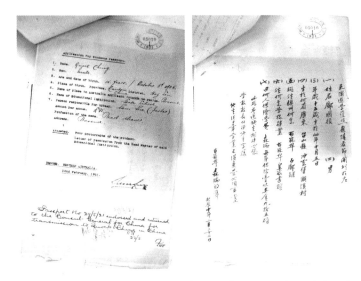

一九二一年二月二十二日，邝森瑞填表向位于美利滨的中国驻澳大利亚总领事馆申办儿子邝国桢来澳留学所需之护照和签证。从上面申请表中文栏目的行书来看，邝森瑞的毛笔字写得很有功底，跟他自述赴澳前是在家乡接受教育的学生之声明相符。

左为一九二一年三月十八日中国总领事魏子京为邝国桢签发的中国学生护照。右为护照封面。

左为一九一七年邝森瑞"回头纸"上的照片。中为一九二六年西澳海关给邝森瑞证明信上的照片。右为一九三九年外侨登记卡上的邝森瑞照片。

左为一九四九年外侨登记卡上的邝森瑞照片。中为一九五九年外侨登记卡上的邝森瑞照片。右为一九二六年邝森瑞入境办理海关手续时所盖手印。

档案出处（澳大利亚国家档案馆档案宗卷号）：

Ching, Quock - Students passport, NAA: A1, 1925/3196

雷亚连

台山仁安村

雷亚连（Louey Ah Lin），台山县仁安村人，生于清光绪二十九年十月十二日（光绪二十九年是一九〇三年，但护照上和英文抄件上都写的是一九〇五年，极有可能是当时填表人员计算错误，一九〇五年实应为光绪三十一年）。他的父亲名雷维逊（Louey Way Sun）。因无法在澳大利亚档案数据库中查阅到与其相关的档案宗卷，故不知道雷维逊于何时来到澳大利亚发展，只是知道，他当时在尾利伴（Melbourne）的卡顿（Carlton）埠蘐近街（Lygon Street）一百四十号经营衣馆（原文如此，似应为洗衣馆，当时有很多台山人在此经营洗衣馆生意，可能就是以他的英文名字作为衣馆之名）。有鉴于当时在尾利伴的台山人大多是在十九世纪末二十世纪初便来到这块土地上谋生并扎下根来，可推测雷维逊亦大致是这个时期来澳的。[①]再者，其子雷亚连出生于一九〇五年，按照大多数来澳华人都是来澳五到十年左右、有了一定的积蓄方才回国结亲生子这种惯例，也在某种程度上表明雷维逊来澳当在十九世纪末年。

一九二一年是澳大利亚实施《中国留学生章程》的第一年，开放给中国学生赴澳留学。确切地说，是允许那些在澳长期居住的华人，申办和担保

---

① 从澳大利亚早期华文报纸在一九〇四年涉及四邑会馆有关庙宇建设的捐款报导来看，雷维逊的名字排在前面，亦即捐款数额在最高一档之列，可见他当时手头上较为宽裕，显见因来澳若干年立下了脚跟定居之后有了稳定的收入，方得可以有能力做此类善事。这可以作为其在十九世纪末年来到这块土地发展的一个旁证。见："四邑会馆告白"，载雪梨《广益华报》（The Chinese Australian Herald）一九〇四年二月二十日，第十版。

其在华之子女也包括其亲戚前来澳大利亚留学。雷维逊显然比较关注这个问题，因为此时其子就将届满十六岁，正是求学之最佳年龄。因此，他便早早地准备好申请表，备妥材料，于一月十八日递交给中国驻澳大利亚总领事馆，申请办理儿子雷亚连的中国护照和入境签证。他以自己经营的洗衣馆作保，承诺提供膏火随时供奉镑，亦即足镑，意即需要多少便提供多少。至于儿子来此就读的学校，他心仪的是啯珠典崙山呸叮学校（St. Peter's School, Eastern Hills）。

作为实施《中国留学生章程》的一个重要程序，中国驻澳大利亚总领事馆负责审核申请材料并签发中国护照，然后推荐给澳大利亚内务部核发签证。换言之，内务部根据中国总领事馆的推荐，再核发签证。由于是刚刚推行这项政策，申请者还不多，中国总领事馆只是用了两个星期的时间处理该项申请，随后于二月二日，由总领事魏子京为雷亚连签发了该章程实施以来的第五份中国学生护照，号码是5/S/21。也就在当天，当中国总领事馆将护照送给内务部核发签证时，当场就给签了出来。两天之后，中国总领事馆便将护照寄送到雷亚连的家乡。雷亚连接到护照后，很快便收拾好行装，前往香港，搭乘"华丙"（Hwah Ping）号轮船，于六月二十三日抵达尾利伴，入境澳大利亚，开始其留学生涯。[①]

雷亚连抵达澳大利亚之际，适逢当地学校放寒假之时。于是，他只得等待时间，等到这一年下半学期开学之后，才于八月七日正式入读卡顿专馆学校（Carlton Advanced School）。他没有进入父亲雷维逊属意的啯珠典崙山呸叮学校，因该校位于尾利伴城里，而卡顿专馆学校则就在其父亲经营的衣馆附近，同在卡顿埠，比较方便。也许转校办理手续就花掉了一些时间，导致他在下半学期开学后几个星期才正式入读。他在卡顿专馆学校读了一年半，直到一九二二年底学期结束。校长很喜欢这个学生，认为他学习有目标，聪颖肯干，是属于校内各项成绩优秀的拔尖学生之一。

一九二三年二月新学年开学后，雷亚连转学进入城里设在唐人街的长老

---

① LIN Louey Ah: Nationality - Chinese: Date of Birth - 1905: Arrived per HWAH PING: First registered at Thursday Island, NAA: MT269/1, VIC/CHINA/LIN LOUEY A。

会书馆（P. W. M. U. School）读书。刚入学的头半年，校长对他的评价跟他此前在卡顿专馆学校的没有多少差别，但到了下半学期，虽然对他的学业仍然表示满意，认为他领悟力强，只要他愿意学的，会很快上手，但却特别说明他不是很听话了。校长没有对此评语给予具体说明，但考虑到此时雷亚连已经十八岁，这个年纪仍然还是处于青春反叛期，出现逆反心理，导致在行动上就会有所表现出来。事实上，这属于成长过程中的正常现象。尽管如此，根据他的在校表现及学习成绩，校长还是认为雷亚连是他喜欢的几个优秀学生之一，因为他对许多新知识显示出了超强的领悟力和敏锐的观察力，让授课老师非常欣赏。

在长老会书馆读了两年之后，十九岁的雷亚连从该校退学。一九二四年十一月五日，雷亚连结束了在澳三年多的留学生涯，于尾利伴港口登上驶往香港的"丫拿夫拉"（Arafura）号轮船，辞别父亲，返回中国去了。[1]走之前，他没有知会中国总领事馆，也没有告诉内务部，这就意味着他不打算申请再入境签证。尽管按照《中国留学生章程》的规定，在澳中国学生的年龄上限是二十四岁，事实上他尚有好几年的读书空间。上述动向表明，在澳留学三年半的雷亚连对回国继续升学或者进入社会职场，早已有了自己的打算。

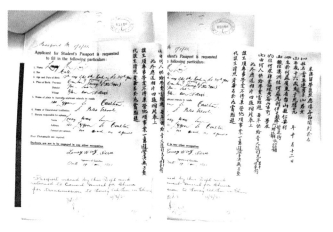

一九二一年一月十八日，雷维逊填表递交给中国驻澳大利亚总领事馆，申请办理儿子雷亚连来澳留学的中国护照和入境签证。

---

① Louey Ah Lin, Chinese student arrived "Hwah Ping" 23.6.1921 - Left Commonwealth per S.S."Arafura" 24.11.1924, NAA: B13, 1924/12168。

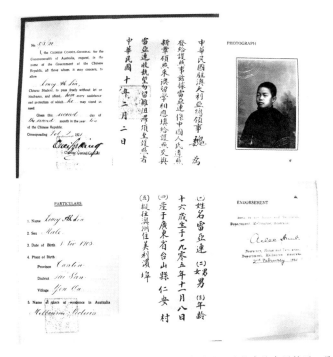

一九二一年二月二日，中国驻澳大利亚总领事魏子京给雷亚连签发的中国护照，号码5/S/21。

档案出处（澳大利亚国家档案馆档案宗卷号）：

Louey, Ah Lin - Chinese student's passport, NAA: A1, 1924/28727

甄荣照

台山五十圩

甄城永（Sing Wing）生于一八六五年，是新宁（台山）县五十圩人。澳大利亚联邦成立的那年即一九〇一年，已经三十六岁的甄城永从家乡来到澳大利亚发展，辗转到他省（Tasmania），最后在该岛的西北海岸的一个乡村小镇薤崖（Wynyard）定居下来[①]。从档案记录中提到的一条线索看，他的英语表达能力很强，口语熟练，极有可能是在赴澳前便在英语环境中有过历练，比如去到香港发展。他在薤崖镇经营有一间商铺，名为"阿元"（Ah Gooey）号，属于杂货铺性质，销售蔬果、自制糕点和其他的土洋小杂货。看起来其生意规模做得挺大的，但实际上也就他自己在忙活，并没有任何雇员，只是生活较为稳定而已。

在赴澳发展前，甄城永便已成婚，像绝大多数当年赴澳谋生的粤人一样，他把妻小都安置在乡下，档案中未说明他有多少个孩子。因他在澳的档案所记录的履历有限，亦不清楚此后他有多少次回国探亲，只是提及他的一个儿子是在一九〇六年出生，名叫Wing Jew（荣照，译音）。这表明他至少应该在一九〇五年前后曾返乡探亲，荣照的出生便是这次探亲的成果之一。

一九一九年初，因妻子在乡下去世，甄城永便开始对年仅十三岁的儿子甄荣照之未来有所规划。也许是他本人英文比较流利，在镇子上有许多

---

①　WING, Sing [born 1865] - Nationality: Chinese - Form of Application for Registration as an alien, NAA: A396, WING S 1865。

西人朋友，遂通过他们设法找到当时的联邦众议员斯班塞（William Guthrie Spence），请其帮忙向联邦政府申请儿子甄荣照前来澳大利亚。斯班塞是澳大利亚最大的工会——澳大利亚工人工会（Australian Workers' Union）的创始人之一，也是澳大利亚工党（Australian Labor Party）最主要右翼团体的创始人，于澳大利亚联邦建立后当选为众议员，在政坛上极具影响力①。斯班塞并没有完全理解甄诚永想要求助什么，以为他是像许多当时在澳华人那样，想将儿子申请前来作为替工，替他经营和管理上述"阿元"号商铺，而他本人则趁此机会回国处理亡妻的后事。于是，当年三月底，斯班塞将此事跟内务部长说了，嘱其务必帮助这位中国商人，提供方便。内务部长自然不能推脱，遂将此事交由秘书办理。后者接到指示后，便通过海关和当地派出所对甄诚永相关问题进行核查。

当地派出所对社区的人员比较熟悉，给内务部的反馈还不错：甄诚永的生意规模虽然不像描述中那么大，但他经商公道，做事勤力，邻里关系好，众人皆视其为守法良民。海关人员经过与他本人交谈沟通，方才得知因其子年方十三岁，尚不能应付经商环境，是上述众议员把他的意思搞错了。而他实际上要申请的是，想将儿子办理来到他所在的镇子接受西式教育，而他本人此时并不打算回国探亲，处理家事也不是现在要做的事。他希望待儿子接受三年教育之后才回国探亲，届时再申请儿子作为替工，代其管理经营店铺，或者直接一起回国，这样才能让儿子有一个好的前程。澄清了甄城永的意图之后，内务部秘书上报内务部长来决定。鉴于甄城永目前的生意平顺，他作为监护人和财政担保人都符合规定，内务部长遂决定给斯班塞一个面子，于五月十九日批准了甄荣照的赴澳留学签证，准其在澳留学三年，自其入境之日起算，但每次签证有效期只能是一年，到期可申请展签，直至期满。为保证其子来澳期间是全日制上学，甄城永需要去到海关缴纳一百镑，作为该签证的保证金。

为儿子申请到入境留学签证后，甄城永自然十分高兴，一边以最快的

① "Spence, William Guthrie （1846–1926）". Australian Trade Union Archives. Retrieved 8 January 2020。

方式通知家人为其办理赴澳手续，一边应海关要求去缴纳保证金；同时，他还应内务部要求，与当地公立学校取得联系，从薤崖公立学校（Wynyard State School）校长那里拿到了给儿子的录取信，并将其寄往内务部备案。而甄家也没有耽搁太多的时间，用了半年左右的时间，通过台山与香港的金山庄联号合作，将相关的出国文件办妥，并为甄荣照的长途航海旅程找好了监护人，随后也订好了船票。一切就绪后，家人便将这位十三岁的少年送到香港，在此搭乘劫时布穰轮船公司（Gibbs, Bright & Co.）经营的"圣阿炉滨"（St.Albans）号轮船，于同年十二月二十九日抵达美利滨（Melbourne）入境。当地海关早已接到内务部相关入境签证批文备件，毫无阻碍地安排他通关。然后，当地海关再为其安排渡海轮船，由美利滨港口直驶他省北部港口；登陆后由父亲甄城永接应，将其带到薤崖镇的店铺里住下。

当儿子在美利滨入境后，甄城永便收到了当地海关的通知，为此，他当天便去到薤崖公立学校给儿子正式报名注册。而待甄荣照在其店铺安顿下来，熟悉完周边环境后不久，就到了一九二〇年一月二十七日新学年开学的日子。当天，甄城永就将儿子送进了学校就读。

从学校提供给内务部有关甄荣照在校表现的报告来看，学校判定他在中国家乡时所受过的教育有限，亦即没有接触过英语，因而他在学习时遇到很多障碍；但他又是一个聪颖刻苦的学生，总是想方设法克服困难去掌握这门新的语言，并且也颇有进步。总体而言，他的在校表现优异，但因身体素质差些，一年中有十几天生病，不得不请假在家休息。因学校的报告比较正面，到一九二一年初，他顺利地获得了下一年度的展签。这一年，他在英语的听和说方面有了很大提高，也正常升入二年级，可说是按部就班地和当地小学生一同成长。只是这一年他有三十天左右的缺勤，一方面仍然是因为他身体素质差而不时会请病假，另一方面则是他父亲的店铺因租约到期而搬迁到新的地点，他被叫去帮忙搬家，以及当父亲因事不在时要顶替上去代理经营。尽管如此，学校对他的评语还是非常令人满意，因而在一九二二年初，内务部再次核发给他新的一年展签。

可是，新学年开学后，甄荣照只是去学校读了一个半月的书，就于三月十三日退学了，学校为失去一个知书识礼诚实可爱的学生深感惋惜。他之所以此时退学，是因为他父亲在搬到新的营业地点之后，生意清淡，宣告破产，决定回返中国，自然要将他也一并带走。在收拾好行装后，甄城永和甄荣照父子便渡海去到美利滨。一九二二年四月十八日，他们父子搭乘中澳轮船公司经营的"获多利"（Victoria）号轮船，由此起碇驶往香港，回返家乡去了。[1]

回到台山后不久，甄城永突然发现，因离开澳大利亚时心情极为沮丧，竟然忘记了去海关要回那一百镑的保证金。按规定，这笔钱在儿子完成学业离开时是可以取回来的；而且就当时而言，这笔钱无论如何不是一笔小的数目。因此，十一月一日，他从家乡致信澳大利亚联邦政府内务部秘书，要讨回这笔款项。内务部将此信转到他省海关，让其按例退还。但实际上，该项保证金当年由海关收到后，便立即转给澳大利亚商业银行（Commercial Bank of Australia），由其代为保管。内务部弄清楚了上述情况后，马上责成银行将此款退还给甄诚永，并于十二月二十一日函告处理结果。

甄荣照的留学档案到此中止。虽然他只是在澳大利亚读了两年多一点的书，但已经掌握了初步的英语知识，回到国内时，他也就是十六岁，仍然处于学龄。他也可能继续上学，也可能就此走上社会，开始其此后之人生。

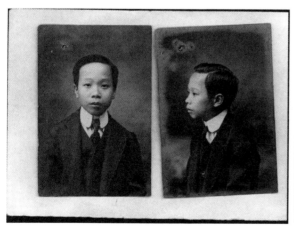 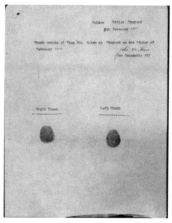

　　左为一九一九年，甄城永提供的儿子甄荣照照片，为其申请入澳留学三年的签证。右为一九二〇年二月四日，甄荣照在警察局补揿的指印（一九一九年底入关时未及揿指印留底备查）。

---

① Wing Jew - departure from Commonwealth per "Victoria", NAA: B13, 1922/2148。

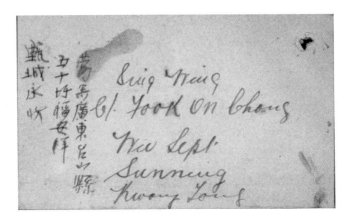

　　一九二二年十一月一日，甄城永致函澳大利亚联邦内务部秘书要求退还一百镑保证金时，随函附上地址，让内务部把钱汇往广东省台山县五十圩福安祥号商行代为转交。也就是从这里，才得知其父子的籍贯为台山。

档案出处（澳大利亚国家档案馆档案宗卷号）：

Wing Jew Ex/c Exemption Certificate, NAA: A1, 1922/21814

陈启平

台山山背村

　　陈安（Chin On，又叫陈灼宗 Shuck Doong），生于一八六〇年，是台山县广海镇所属山背村人。山背村陈氏人口众多，自清代中叶以来，出洋谋生已成潮流。而根据最近发现的山背村陈氏族谱，其中记载去美国的陈氏族人中有"光宗"、"松宗"、"巨宗"、"相宗"等别号。既然陈安同样也是山背村陈氏族人，且与上述记载的去美陈氏族人皆为同时代之人，估计"灼宗"即为其别号。[①]从陈安的年龄来判断，他极有可能是十九世纪八十年代到九十年代，在其二十到三十岁左右的这个年纪，跟随乡人一道赴澳闯荡讨生活的，因为他当时在澳上岸的地点是昆士兰（Queensland）最北端的珍珠埠（Thursday Island）。[②]之所以那时候许多人涌至昆士兰省北部登陆澳大利亚，是由于在十九世纪七十年代末至九十年代，昆士兰北部因发现和开采金矿，吸引了大批珠江三角洲的华工前往寻梦，期望借此发家致富。未几，昆士兰北部淘金潮消退，陈安也随乡人从昆士兰南下，最终在域多利（Victoria）省的美利滨（Melbourne）定居下来，于距美利滨城东部约十公里之遥的坎特伯雷（Canterbury）埠开有一间小铺，名为"陈记"（Chin Kee），生活算是安定

[①] 见黄安年："台山山背村陈氏族谱发现的重要价值"，刊黄安年的博客，2014年10月4日发布。http://www.annian.net/show.aspx？id=32551&cid=37.（访问日期：2016-04-04）

[②] 见：DOONG Shuck：Nationality-Chinese：Date of Birth-1860：Arrived per KANOWNA：First Registered at Thursday Island，NAA：MT269/1，VIC/CHINA/DOONG SHUCK。

下来。①由是，陈安也像其他来澳的华人一样，在定居下来手上有了一点积蓄之后，便返回家乡，娶妻生子，开枝散叶。他的儿子陈启平（Kay Ping），就于丙午年（一九〇六年）五月五日出生于家乡山背村。

一九二一年七月一日，考虑到儿子即将进入十六岁的年纪，又加上这一年开始由中国驻澳大利亚总领事馆主导审办在澳中国侨民之子女来澳留学事宜，陈安遂具表向中国总领事馆申请儿子的中国学生护照及签证，以自己所经营的"陈记"商铺作保，申办陈启平到当地皇家学校（Canterbury State School）读书。尽管他在申请表上没有写明每年提供之膏火数额，但根据要求，他是应该对此有所声明的。当时中国总领事馆就位于美利滨，沟通较易，或许在接到申请后再予以核对时，陈安给予特别说明也是有可能的。

中国总领事馆处理陈启平的申请非常迅捷。七天之后，即七月七日，中国总领事魏子京就为他签发了一份中国学生护照，号码是62/S/21。第二天，澳大利亚政府内务部也核发了他的入境签证，并由中国总领事馆在当天将护照和签证钤章一并寄往中国陈启平的家乡。而陈启平在收到上述护照五个月后从家乡赶往香港，在此搭乘"圣阿炉滨士"（St. Albans）号班轮，于同一年的十二月十二日抵达美利滨，入境澳大利亚。②

陈启平在这个时候进入澳大利亚，正好碰上学校的暑假，他只能在次年新学年开学后注册入学。一九二二年一月三十一日，即将年满十七岁的陈启平正式入读坎特伯雷皇家学校。根据校长的报告，刚刚入校时，陈启平一句英语也不会说，但很快就适应了这里的学习环境，加上他是个聪明肯学的青年，到这一年的下半年已经取得了很大的进步，各方面表现都很令人满意。

---

① 检索澳大利亚早期华文报纸的报导，陈灼宗的名字（显而易见，他在华界以陈灼宗行世，而在英界，则以陈安或者陈记安身立命）是在一九一二年才开始出现于美利滨的各项活动之中，表明由此开始，他已在这个大埠安顿下来，经济也较为稳定，可以参与捐款（见："美利滨国民捐总机构总领事署收到第十次捐款实收数目布告"，载雪梨《广益华报》[The Chinese Australian Herald]一九一二年十二月十四日，第二版）、认股（见："中澳邮船公司附股之踊跃"，载雪梨《东华报》[Tung Wah Times]一九一七年十二月二十二日，第六版），也参与当地华人社区的政治活动，比如在一九二十年代初成为国民党的党员（见："美利滨分部党员"，载美利滨《民报》[Chinese Times]一九二一年十二月二十四日，第七版）。

② PING Kay: Nationality - Chinese: Date of Birth - 1905: Arrived per ST ALBANS: First registered at Thursday Island, NAA: MT269/1, VIC/CHINA/PING KAY。

就这样，他在这间学校读了整整两年。

从一九二四年开始，陈启平转学进入苏格兰书院（Scotch College）念书。这是一家由长老会主办的私校，位于美利滨城区的东部霍淞（Hawthorn）区。也许这是家名校，要求更高，管理更严。陈启平刚刚进去时，成绩并不理想，但凭着一股韧劲，努力克服语言上的困难，到第二年时，各科成绩就慢慢跟了上去。校长在历次报告中，都对他的在校表现很满意，评价他是勤学上进的好学生。他在这里读了三年。

一九二七年，陈启平二十一岁了。新学年开始，他就不再去苏格兰书院上学，而是转学到美利滨城里卡仑街（Collins Street）一百八十七号的乔治泰勒辅导学院（George Taylor Coaching College）。因该校尚未向内务部报告，海关便根据指示专门去到这间学校，了解到陈启平在校表现还算令人满意。但他并没有在该校待多久，仅仅在入学两个半月之后，就于四月十三日搭乘"太平"（Taiping）号班轮前往香港，转道回乡了。陈启平在走之前，曾知照了中国总领事馆，但并未就自己是否还要返回澳大利亚继续留学有任何说法，也没有申请再入境签证。他总计在澳留学五年半时间。

可是，回国一年之后，即到了一九二八年八月，陈启平又想重返澳大利亚继续念书。他先是通过在美利滨长老会的陈牧师（Rev. Paul Chin）去找苏格兰书院的院长，于八月二十日从他那里拿到了准允其重返该校读书的录取信；然后，他再与中国总领事馆联络，由代理总领事吴勤训在八月三十日致函内务部秘书，为他申请重返澳大利亚留学的签证，表示在其去年离境回国时，不知道届时如要重返还需要申请再入境签证。九月十二日，内务部批准了陈启平的签证，但特别强调说，鉴于还有一年多一点的时间，这位中国青年学生就

一九二一年七月一日，陈安为儿子陈启平赴澳留学填写的护照申请表。

要达到留学年龄二十四岁的上限，到时就必须要返回中国；并且他来澳留学时，只能去苏格兰书院，不能去其他学校，尤其是不能进入公立学校。[①]

　　陈启平到快要二十三岁这个年龄，还要来澳留学，只能待一年左右时间，就得要返回中国，显然是极不明智的选择。看来他最后也明白了这一点，此后有关他在澳的档案就此中止，很有可能就是他虽然拿到了再入境签证，但最终还是放弃了来澳，而选择留在中国，或者最终去了香港或其他地方。

中国驻澳大利亚总领事魏子京于一九二一年七月七日给陈启平签发的中国学生签证。

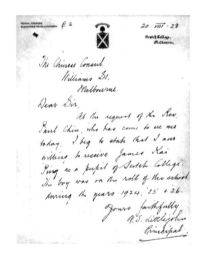

一九二八年八月二十日，苏格兰书院院长接受陈启平重返该校念书的录取信。

档案出处（澳大利亚国家档案馆档案宗卷号）：

Ping, Kay - Student passport, NAA: A1, 1928/8910

---

① Permission granted for Kay Ping to return to Australia for educational purposes, NAA: B13, 1928/11787。

民国粤人赴澳大利亚留学档案全述　台山卷

甄　德

新宁新昌村

甄德（Gin Ack），生于一九〇七年二月二十日，新宁县新昌村人。他的父亲是甄纲遐（G. C. Henry），当时在澳大利亚塔斯马尼亚（Tasmania）的首府可拔（Hobart）埠开设一间杂货铺，名为"显利"（G. C. Henry）号，地点是在伊丽莎白街（Elizabeth Street）一百五十三号，是当时在可拔埠最具盛名的华人商铺。因甄纲遐在澳大利亚用的名字是洋文名，而非中文拼音，并且还是简写，故无法在档案中查找到他是于何时来澳发展的线索。从其族人同宗兄弟甄长（Low Tou）是在十九世纪八十年代末来到澳大利亚、进入塔斯马尼亚发展，到后期仍然接受甄纲遐接济的情况来看，[①] 其资产在当地华人中显然是排前列的。因此，他来到塔斯马尼亚的年代显然不会太晚，即便不是与甄长同一时代抵澳，亦相距不远，极有可能是在十九世纪九十年代末到二十世纪初年。[②]

一九二一年，澳大利亚实施《中国留学生章程》，开放中国学生赴澳留

---

① Fong Yhue-Education exemption [1cm]，NAA：A433，1947/2/2594；Tam，Fong Yhue，NAA：P3，T1980/2244；TOU，Low-Nationality：Chinese-Form of Application for Registration as an alien and Notice of Change of Abode，NAA：A396，TOU L。

② 查阅可拔埠当地英文报纸的报导显示，甄纲遐死于一九四一年初，时年五十六岁，推算起来他是一八八四年出生。根据报导，甄纲遐十六岁便已来澳，换算起来，时在澳大利亚联邦成立之前一年，即一九〇〇年。而由此报导得知，甄纲遐在当地行世之名则为Gen Chung Henry，简化之后便是G. C. Henry。见："Mr. G. C. Henry, Funeral at Cornelian Bay Cemetery"，in *The Mercury*（Hobart），Thursday 6 February 1941, page 6。

学。有鉴于此时儿子甄德已届十四岁，甄纲遐便决定将其申办来澳留学。大约是在这一年的年中，他填具申请表，递交给位于美利滨（Melbourne）的中国驻澳大利亚总领事馆，要为儿子办理来澳留学的护照和签证。他以自己经营的"显利"号商铺作保，应允每年提供给儿子膏火七十五镑，将儿子办来可拔埠的公立学校念书。他没有具体说明是哪一间，显然是想等儿子抵达之后，再在可拔埠城里选择一间可意的学校入读。

中国驻澳大利亚总领事馆在核实了上述申请提供的资料，作了必要的处理之后，于八月九日由总领事魏子京给甄德签发了中国学生护照，号码为84/S/21。四天之后，澳大利亚政府内务部也给他核发了入境签证。随后，中国总领事馆便按照流程，将钤盖签证印章的上述护照寄到中国甄德的家乡，以便他安排行程，尽早赴澳留学。

由于知道父亲在澳大利亚为其申请护照和签证都很顺利，甄德在家乡早就做好了赴澳准备。收到寄来的护照之后，他便赶赴香港，搭乘由中澳船行经营的"获多利"（Victoria）号轮船，于十一月十七日抵达雪梨（Sydney）入境。他的堂伯甄长特地从可拔埠赶到雪梨，接他出关，然后再带着他搭乘不同的交通工具，在陆上辗转一千多公里，抵达美利滨；再由此处乘船，跨过塔斯曼海，到达可拔埠，与父亲住在一起。

一九二二年一月二十三日新学年开始，甄德正式注册入读可拔埠的伊丽莎白街公立学校（Elizabeth Street State School）。在这间学校，他读了一个学期。校长的报告显示，他的各项学业都令人满意，平时总是穿戴得体整洁，性情温和，遵守规矩。报告中没有像当时对待许多中国学生那样提及其英语能力，有可能是他在赴澳留学前便在家乡受过一些英语教育，因而在这里很快就适应了新的学习环境，可以自由应对新的文化和语言的挑战。但从这一年的下学期开始，他转学去了当地著名的教会学校——圣委助学校（St. Virgil's College），这是由天主教会主办的完全学校，包括小学和中学。他在这里一直读到一九二八年中，即从小学读到中学。校长的例行报告显示，他的各项学业及在校操行一如此前在公立学校，是令人满意的学生。唯一值得注意的是，在整个留学期间，他的身体健康状况不是很好，每个学期总会有几天到十天不等的病假，显示出其体质孱弱。

根据海关的报告，一九二八年十月九日，二十一岁的甄德结束了在澳近七年的留学生涯，显然是完成了在此间的中学课程，从可拔埠港口搭乘"吞打"（Tanda）号轮船，离开澳大利亚，返回中国去了。

离境之前，甄德没有通过中国总领事馆向内务部申请再入境签证，显示他并没有重返澳大利亚的打算。但根据记录，两年后，他以其父"显利"号商铺店员的身份再次入境澳大利亚，此后逐渐取代其父，[1]经营该商铺的生意，并获得永久居留，但直到二十世纪六十年代才归化入籍。[2]

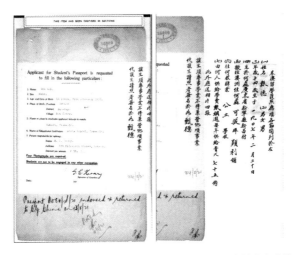

一九二一年，甄纲遐填表向中国驻澳大利亚总领事馆申办儿子甄德赴澳留学护照和签证。

---

[1] 甄纲遐病逝于一九四一年二月三日。见："Family Notices", in *The Mercury*（Hobart），Tuesday 4 February 1941, page 6。甄德的父亲去世时，其母亲林氏（Mary Lum）亦在可拔埠。林氏早在一九一十年代便已来澳，一九一八年曾与丈夫甄纲遐一起回国探亲，但何时再返回可拔埠，因无法查找到相关档案宗卷，不得而知。见：Henry Gen Chung, Mary Lum（also known as Mary Gui Lun, Mary Gui Lem）and infant child [includes 6 photographs of Mary showing front and side views and 4 photographs of the child showing front and side views] [box 105], NAA: SP42/1, C1918/9581。

[2] Gin Ack [includes 1 photograph showing front view；Certificate of Exemption and left and right thumb prints] [arrived ex TANDA in Sydney on 24 December 1930] [box 274]，NAA：SP42/1，C1932/1053；Henry，Gin Ack，NAA：P3，T1959/1347；GIN，Ack born 1909-nationality Chinese，NAA：P1183，10/311 GIN；Henry，Gin Ack-business file，NAA：P3，T1962/2741；Henry，Gin Ack，NAA：P3，T1960/1773。

一九二一年八月九日，中国驻澳大利亚总领事魏子京给甄德签发的中国学生护照。

档案出处（澳大利亚国家档案馆档案宗卷号）：

Gin Ack - Student passport [1cm], NAA: A1, 1927/21107

甄 煜

台山龙村

甄煜（Gin Yook），出生于清光绪三十四年戊申（一九〇八年）三月十四日，籍贯是台山县龙村。[①]他的父亲名叫甄永昌（W. Y. Chong），跟甄纲遐（G. C. Henry）一样，目前还没有找到档案资料说明他们是何时进入澳大利亚发展的。如果以甄纲遐为例，推测是在十九世纪九十年代末二十世纪初年来澳的话，甄永昌亦大致是在此前后来到这里打拼的。[②]他也和甄纲遐一样，最终在塔斯马尼亚的好拔（即可拔，Hobart）埠定居下来，开设一间名为"永昌"（W. Y. Chong）号的商铺。

看到上一年甄纲遐很轻松就把儿子甄德办来澳大利亚留学，进入当地的学校念书，甄永昌也不甘落后，要把自己已年届十五岁的儿子甄煜办来好拔埠留学，毕竟其子与甄德年龄相若，来此读书也有伴儿。一九二二年六月十一日，甄永昌准备好材料，填具申请表，向中国驻澳大利亚总领事馆提出办理其子来澳留学的护照和签证。他以自己开设在好拔埠海云屯街（Harrington Street）七十一号的"永昌"号商铺作保，承诺为儿子来澳留学每年提供膏火足用镑，用英文表述就是Full amount of upkeep will be paid,

---

① 据甄仲生所撰《台山市甄舜河祖裔众里居分布及人口状况》一文中之说法，龙村属四九镇。详见：http://hk.crntt.com/crn-webapp/cbspub/secDetail.jsp？bookid=34603&secid=34700（查阅：8:25PM，19/12/2016）。

② 根据当地英文报纸在一九三三年的报道显示，甄永昌时年五十八岁。换算起来，他应该是一八七五年出生，年长甄纲遐约九岁。见："General New Items: Brutal Assault", in *The Mercury*（Hobart），Tuesday 18 July 1933, page 5。

可见其财力尚充裕。至于儿子来澳入读的学校，他为之选择的是皇家市即学校（State School of Tasmania），亦即当地公立学校。

中国总领事馆接到上述申请后，经过两个月左右的核对与评估处理，于八月二十二日，由总领事魏子京为甄煜签发了中国学生护照，号码是177/S/22；二天之后，澳大利亚政府内务部也为他核发了入境签证，在护照上钤盖签证章，并在当天便寄回给中国总领事馆，由其按照流程，再转寄给甄煜的家人。

甄煜也像甄德一样，早就做好了赴澳留学的准备。在接到寄来的护照之后，其家人便着手为他预订年尾的赴澳船票。一九二二年十二月二十九日，他搭乘从香港出发的"太原"（Taiyuan）号轮船抵达雪梨（Sydney）港口。[①]但该船在进入澳大利亚水域第一站、位于澳大利亚东北部昆士兰省（Queensland）的珍珠埠（Thursday Island）接受卫生检疫时，澳大利亚检疫人员发现甄煜于航海途中罹患了疥癣，身体受到感染，便待他于雪梨入境后将他送往雪梨布达尼湾（Botany Bay）外的传染病隔离医院治疗，其随身携带的所有衣物都被进行了消毒处理。在这间医院治疗了两个星期之后，他才于一九二三年一月十一日痊愈出院，完成入境手续。[②]当儿子抵达雪梨时，甄永昌因早已接到当地海关的通知，得悉儿子在航海途中罹患疥癣，需要先行隔离治疗，便没有从好拔埠赶来雪梨，而是委托两位在雪梨经商的同乡朋友代为照看儿子，并在其出院之后代为联络和安排交通工具，让其经美利滨（Melbourne）南下，再转海路前往好拔埠，抵埠后直到住进父亲甄永昌的店铺里。

不过，甄煜没有进入父亲原来为其联络好的皇家市即学校，而是从一九二三年二月六日开始，正式注册入读好拔埠的中央公立学校（Central State School），在此读了一年，直到这一年的年底结束。根据学校校长的

---

① Wong Guey, Gin Yook, Wing Hee - Arrival Melbourne S.S."Taiyuan" 29.12.1922, NAA: B13, 1923/452。

② Gin Yook - Chinese Student, NAA: P437, 1923/2433; Gin Yook and Wing Hee [includes left and right thumb print of each person] [box 149], NAA: SP42/1, C1923/1655。

报告，他在校的表现令人满意，各项学业也保持良好，是个很有上进心的学生。一九二四年新学年开学后，甄煜也转学到圣委助学校（St. Virgil's College），跟甄德结伴读书。校长的报告表明，他在这间学校的表现同样良好。

但在一九二四年九月二十九日，十七岁的甄煜登上从好拔埠驶出的"依市顿"（Eastern）号轮船，前往雪梨，最终跟随该船于十月十九日驶离珍珠埠，返回中国。此时，距其来澳留学，尚不足两年。离开好拔埠时，他除了将自己的去向告诉了学校，并没有知会内务部，也不通知中国驻澳大利亚总领事馆，显然并不打算重返澳大利亚读书。自此之后，澳大利亚档案中再未见到与其相关的信息。

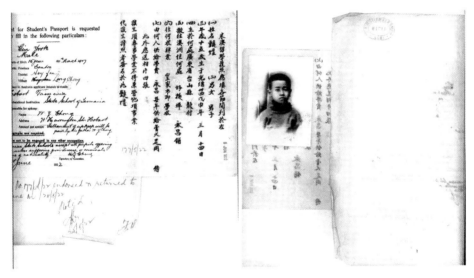

左为一九二二年六月十一日，甄永昌填具申请表申办儿子甄煜的来澳留学护照和签证。右为一九二二年六月十一日，甄永昌填表时在背面所贴儿子甄煜的照片。

档案出处（澳大利亚国家档案馆档案宗卷号）：

Gin Yook - Chinese student's passport, NAA: A1, 1924/27291

谭　锦

新宁新昌村

　　谭锦（Ham Kim）是新宁县新昌村人，生于一九〇七年四月十日。当澳大利亚于一九二一年实施《中国留学生章程》，对中国学生打开赴澳留学大门之后，他的家人也考虑将其送往这个地方接受西方教育。因当时台山县刚刚从新宁县改名没过几年，故许多人在表格中填写籍贯时，仍然习惯性地写成"新宁"。虽然澳大利亚的档案文件中没有其父亲的姓名等资料，但当时能够前往澳大利亚留学的中国青少年及儿童，基本上都是因父辈在澳大利亚谋生定居，作为他们来此读书的监护人并提供担保，才能前往这个国家；即便监护人不是来澳留学生之父亲，也必然与其沾亲带故。因此，甄纲遐（G. C. Henry）就成了谭锦申请来澳留学的代办人及监护人。甄纲遐也是新昌村人，可能是在十九世纪末二十世纪初年，跟随大批乡人南渡赴澳寻找发展机会，最终在塔斯马尼亚（Tasmania）的可拔（Hobart）埠定居下来，开有一家商铺，名为"显利"（G. C. Henry & Co.），亦即以他在澳所用之英文名字命名，位于以利沙伯街（Elizabeth Street）一百五十二号。当然，档案文件里也没有说明甄纲遐与谭锦之间的关系。鉴于他们是同村人，也许谭家与甄家有通婚之好或者联姻，这样的姻亲关系自然可以使得甄纲遐愿意为谭锦来澳留学提供方便。

　　因甄纲遐代谭锦递交的中国护照申请表上未具日期，因而无法知道其提出申请的具体日子。大致的判断是，他是在一九二一年的年中为自己的儿子甄德（Gin Ack）申请来澳留学时，也一并为谭锦提出申请，以便他们一起来留学，有个伴儿。甄纲遐同样以其所经营的"显利"号商铺作保，承诺每年提供给谭锦膏火七十五镑，作为其在澳留学期间的各项花销费用；甄纲遐也决定将谭锦办到可拔埠的公立学校读书，只是因其尚未定好到底是选择哪间学校让他入读，故没有将具体学校的名称报上。中国总领事馆接受和处理了上述申请之后，就于这一年的八月九日，由总领事魏子京在为甄德签发了中国学生护照的同时，也为谭锦签发了一份中国学生护照，号码是85/S/21；过了四天，澳大利亚联邦政府内务部也将其入境签证批复下来。随后，中国总领事馆便将护照寄往谭锦的家乡，让这位十四岁的新宁少年准备启程来澳念书。

谭锦既然是要与甄德一同来留学，其赴澳的准备工作自然与后者同步。在接到护照之后不到三个月，他就从家乡赶赴香港，在那里搭乘"获多利"（Victoria）号轮船，与甄德一道前往澳大利亚。该轮为在澳四邑及其他珠江三角洲的粤人同乡所创办和经营的中澳轮船公司拥有，专营中国至澳大利亚航线。经二至三周时间的海上航行，谭锦于一九二一年十一月十七日抵达雪梨（Sydney），入境澳大利亚。正常情况下，谭锦的最终目的地是可拔，他应该是乘船到美利滨（Melbourne）入境，再由此过海进入塔斯马尼亚。但此次他在雪梨入境，就需要由此再转换其他交通工具，由陆路和海路两条路前往塔斯马尼亚海岛。他或许是换乘火车前往美利滨，再经此地搭渡轮过海前往塔斯马尼亚；或者就在雪梨换乘近海轮船，由海路前往可拔埠。好在甄德的堂伯甄长前来雪梨迎接他们两人，然后选择其中一条路前往可拔埠。

种种迹象表明，当谭锦抵达可拔埠时，时间已经进入是年之十二月份。这也就意味着这个学年的学期即将结束，此时即使办理入学，没过几天就到了圣诞节，进入澳大利亚学校的暑假期间，仍无学可上。或许在抵达可拔之后，甄纲遐便与塔斯马尼亚海关部门取得了联系，由后者转告内务部，他将在次年新学期开学后方送谭锦入学就读。一九二二年一月二十三日，当新学期开学时，谭锦便正式注册入读可拔埠中央公学（Central State School, Hobart），而一同来的甄德则去了另外一间公立学校上学。根据校长的例行报告，显示出谭锦虽然在校总体表现还令人满意，但因为此前他并没有接受过英语训练，故这一年里，他因英语不好，很多时候未能明白老师所教的内容，在学习上显得比较吃力。但从一九二三年开始，校长的例行报告中对其评语是在校表现令人满意，可能是他已经慢慢地适应了这里的语言环境，英语有所长进，尽管还是进步较慢，但总体而言，表明其学习已经步入正轨；而且他在学校里也给自己取了一个英文名字，叫道格拉斯（Douglas），这样可以比较容易地与当地学生交流沟通。

从一九二三年下半学期即七月一日开始，十六岁的谭锦转学进入位于同城的圣委助学校（St. Virgil's College）念书。而与谭锦同来可拔埠读书的甄德，早在一年前便从伊丽莎白街公立学校（Elizabeth Street State School）转学，进入该校念书，因此，谭锦在此实现了与甄德一起上学的愿望。但谭锦在这里待的时间并不长，读完了这个学期，在转入一九二四年新学年开学后一个多月，他便于三月七日，又重返中央公学读书，毕竟公立学校免费，而私立学校是收费的，名校收费更贵。此时，他的英语能力有了较大的提高，可以积极参与课堂讨论了，校长对他的评价也很高，称他学习刻苦。然而，这次重返中央公学，他待的时间也不长。仅仅三个月之后，他又于六月底返回圣委助学校读书。该校校长对他的这位中国学生印象特别好，认为他知书识礼，按期完成各项作业，在校表现令人满意。由此，他在这间学校一直读到一九二五年底。

一九二六年一月十三日，在澳留学四年、已经年届十九岁的谭锦到了雪梨，在此搭乘"吞打"（Tanda）号轮船，驶往香港，转道回国去了。走之前，他没有告诉中国驻澳大利亚总领事馆，也不通知澳大利亚内务部，当然也没有申请再入境签证的任何举动，甚至也可能没有跟曾经读了两年多书的圣委助学校打个招呼。由是之故，以致到这一年的六月份，内务部因很久没有收到圣委助学校的例行报告，发文询问，才得知他自新学年开始便没有继续上学，学校是通过自己的途径进行了解，才得知他可能返回中国去了。最后，内务部通过海关调档查阅才得知，谭锦早在年初，就已离开澳大利亚，打道回府了。

谭锦的档案到此终止，以后未见其有返回澳大利亚的任何踪迹。至于他回到中国之后，是继续升学，还是由此走向社会，成家立业，就只能找台山本地的档案，看看有否记载了。

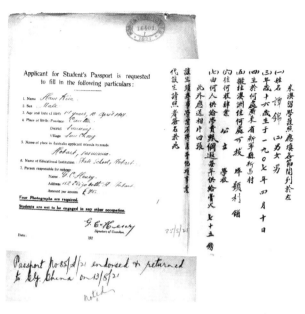

一九二一年，甄纲退为申办谭锦来澳留学，代其填写的申领中国学生护照和签证的申请表。

一九二一年八月九日，中国驻澳大利亚总领事魏子京给谭锦签发的中国学生护照。

档案出处（澳大利亚国家档案馆档案宗卷号）：

Kim, Ham - Student's passports, NAA: A1, 1925/24465

陈　涛

台山古隆村

古隆村位于广海镇北面，两地相距约四公里左右，陈涛（Chun How）就是古隆村人。按护照上所载，他生于一九○八年八月十四日；但在最初的申请表上，无论是中文栏目还是英文栏目部分，则是写明生于一九○七年，只是后来给改成晚一年出生。从申请表上提供的照片看，其人则显得较为成熟，是在一九○七年出生的可能性更大些。是否出于对在澳留学的最高年龄限制为二十四岁的考虑，如果改成晚一年出生的话，则可以为其在澳留学增加一年的时间。事实上，自有出国留学生以来，类似的情况花样翻新，层出不穷，不足为奇。

陈涛的叔叔叫陈佳（Chun Guy），一八八一年五月十九日生于古隆村，二十岁时就跟乡人一起赴澳发展，[①]在美利伴（Melbourne）城里的小卡仑街（Little Collins Street）开设一间洗衣店铺，店名就以自己的名字命名。一九一七年，陈佳与一位一八九五年出生的混血华人第二代女士薇娜（Vera）结婚，生活稳定，财务平顺。[②]从档案材料中没有提及陈涛父亲的情况来看，很有可能他的父亲当年没有来澳发展，而是留在乡间务农，或

---

① GUY Chun：Nationality-Chinese：Date of Birth-19 May 1882：Arrived April 1901：First registered at Maryborough，NAA：MT269/1，VIC/CHINA/GUY CHUN；GUY Chun-Nationality：Chinese-Arrived Melbourne per Changsha April 1901，NAA：B78，GUY/C。

② CHUN-GUY Vera - Nationality: Chinese [half-caste] - Born in Australia, NAA, B78, 1948/CHUN-GUY V; Chun Guy, Mrs V - Retention of British nationality, NAA: A659, 1940/1/856。

者经商；也有可能是他的父亲当年也曾经和同乡及兄弟一起来到澳大利亚寻找机会，但不久后返回中国，便再未出来闯荡。总之，到一九二三年陈涛十六岁时，他的父母家人要安排他来澳留学，由他叔叔陈佳充当其财政担保与监护人，并代为申办相关的手续。为此，陈佳特向中国驻澳大利亚总领事馆申请侄儿陈涛的中国学生护照和来澳签证。申请表上未具申请日期，但标明陈涛为十六岁，且原始填写的陈涛出生日期是一九〇七年，因此可以初步判定申请表是在一九二三年提交的，而且有可能是在下半年、甚至是在一九二四年初提交的。作为监护人，陈佳提出以其自己经营的"陈佳"号洗衣店作保，每年提供膏火八十镑作为其侄儿在澳留学所需之学费、生活费、医疗费等相关开销，要将其办理来美利伴入读开设在唐人街上的小博街长老会学校（P.W.M.U. School，Little Bourke Street）。

经过一番审核，一九二四年二月十三日，中国总领事魏子京为陈涛签发了中国学生护照，号码382/S/24；随后于次日也为他从内务部拿到了入境签证。陈涛接到由中国总领事馆寄来的护照大概三个多月后，便预订好船票，然后前往香港，乘坐中澳轮船公司经营的"获多利"（Victoria）号轮船，于六月二十七日抵达美利伴，入境澳大利亚，住在叔叔陈佳的家里，开始其在澳留学之旅。

在从香港到澳大利亚的航海旅途中，陈涛罹患了疥癣。但病情不是很严重，入关时海关给予放行，没有隔离治疗，但对此做了记录，要求其入关后尽快治疗，并定期派遣检疫稽查人员观察其康复状况。陈涛在入关三个多星期、基本上治愈了疥癣之后，才正式入读唐人街上的长老会学校。根据校长谢爱琳（Ellen Sears）女士的报告，陈涛的在校表现还好，惟进步缓慢，除了算术课还可以说得过去，其余科目乏善可陈。与其他的学生尤其是中国来的留学生相比，他在学习方面的反应比较迟钝些，尽管他总是想进入状态，学习也算是刻苦，也很用功，但结果还是不理想。他在这间长老会学校读了三年半的书，这样的状况维持了同样长的时间。

一九二八年二月下旬，即新学年刚刚开学不久，陈涛向学校表示要回国探亲，原因是其祖父想念孙子。他的父亲来信让他现在就回去，因为其祖父年已八十四岁。这把年纪在那个时代算得上是非常高寿了，但他深感来日无多，极想见见孙子，故陈涛决定遵父嘱尽快回国返家看望祖父。尽管此时陈涛已经年满二十岁了，但并没有读完书，他还想在探亲结束后重返此地继续学业，遂将此意告知长老会学校校长谢爱琳女士。后者自然对此大力支持，当即修书中国总领事馆，表示届时会接受陈涛返回学校继续读书。魏子京总领事在接到上述信函后，跟陈涛联络确认此事，也于二月二十二日致函内务部秘书，代他申请再入境签证。

内务部审查了过去几年长老会学校有关陈涛的在校表现报告，觉得他一向规规矩矩，表现一直都还算令人满意，除了学习上尤其是英语阅读等方面进步不大之外，其他方面没有什么可挑剔之处，完全符合申请签证的要求，便于三月十九日下文，同意为陈涛再入境核发签证，规定在其离境后之一年内返回有效。但陈涛并没有等到上述批复下来就离开了澳大利亚，于三月十日在美利伴搭乘"彰德"（Changte）号班轮回国。或许他已经知道中国总领事馆正在为他申请这个签证，何时准允，只是时间问题；而他走了之后，中国总领事馆自然也会通过相关途径将结果告诉他。为此，他便搭乘最近到港的一艘班轮离境，回国探亲去了。

但陈涛并没有如期赶回澳大利亚继续留学。在其入境签证过期了近三周的时间之际，一九二九年三月二十八日，中国总领事馆致函内务部秘书，告知陈涛在回国探亲之后，就在当地的商学院注册入读，目的是要借此巩固并提高中文学识水平。因课程需要，他无法在今年年初其签证有效期内赶回澳大利亚。现在其课程尚有半年就可结束，一俟完成这些课程，就可以启程来澳继续原有学业。鉴于其签证已经失效，特为他再申请入境签证展延，有效期为五个月左右。中国总领事馆之所以提出五个月的延签有效期，主要依据是，按照中国的学校安排，暑假是在七月份，他的课程诚如上述所言只有一个学期，到放暑假时也就结束了。由是，他就可以收拾行囊，前来澳大利亚留学。既然上述理由看起来成立，内务部也没有迟疑，于四月十日批准了上述申请，并且还多给了一个月，即签证有效期到九月三十日止。

陈涛实际上已经订好了"吞打"（Tanda）号轮船的船票，准备在九月初启程来澳，这样就可以在月底签证失效前入境。然事与愿违，就在这个时间段，"吞打"（Taiping）号轮船因避香港的台风而提前走了，陈涛则为台风所阻，于九月十三日才得以从台山去到香港，误了船期。他只能转乘九月十七日开航的"太平"（Taiping）号轮船，这样就势必于其签证失效后的日期才能抵达美利伴。因此，在香港等待"太平"轮期间，陈涛立即将此变故函告中国驻澳大利亚总领事馆，由其与内务部及海关商洽此事，以保障其在抵澳之后仍然能顺利过关。由此看来，毕竟陈涛此时已经成人，考虑问题比较成熟，办事较有条理，知道要按规办事。因事先已经做了铺垫，加上中国总领事馆在接到他的信函之后也与美利伴海关有所接洽，故在陈涛于十月十一日抵岸时，他得以顺利入境。

重返澳大利亚后，陈涛虽然还是入读长老会学校，但表现平平，也仅仅读完了一九二九年这个学年余下的两个来月，而且还旷课七天。到一九三〇年新学年刚刚开学不久，即开学两个月之后，他就和在长老会读书的另外四位中国留学生，在没有事先知照校长及校监的情况下，一起结伴转学去了位于美利伴东城的圣伯多禄书院（St. Peter's School）。长老会学校校监对此很不高兴，致函内务部告知此事，投诉其不懂规矩。内务部秘书对此转学倒还不觉得是件大事，因为这在当时的中国留学生中也属常见，但他最关心的则是陈涛的旷课，如果他转学后还是这样旷课，那就是一件很严重的事。为此，他责成美利伴海关去圣伯多禄书院核查一下。五月中旬，海关反馈回来的信息是，自三月三十一日注册入读圣伯多禄书院以来的一个多月时间里，陈涛在校表现良好，从未有过缺勤。既然这样，内务部对其在长老会学校时的旷课行为也就没有深究。

但好景不长。八月十八日，圣伯多禄书院院长霍强（John Hall）先生报告内务部说，自四月份以来的四个月时间里，虽然陈涛在校总的表现尚可，但进步很慢，显然还是英语阅读等能力仍有待于提高；但最主要的是，迄今为止他已经旷课达二十九天，其中只有一天是请了病假。内务部对此报告深感震惊，立即要求海关前往调查，想知道到底是什么原因导致这位中国留学生旷课那么多天，这是严重的违规行为。海关旋即派遣稽查官员葛礼生（J.

Gleeson）负责此事的核查。九月三日，完成任务的葛礼生提交了他的核查报告。他在报告中说，八月二十八日，他在学校里找到了这位经常旷课的中国留学生。询问的结果是，陈涛一会儿说是因为某天不慎脚指甲盖给碰掉了，他不得不待在家里休息；一会儿又说某天因其堂弟病了，他不得不留下来照顾；一会儿又说某天因其朋友要回中国，他就与之聚会道别；种种理由，不一而足。葛礼生认为，整个交谈给他的印象是，这位中国学生视旷课比上学更潇洒、自由。换言之，这是个无心向学的学生。五天之后，葛礼生再次前往学校检查，发现陈涛这几天里表现还好，没有缺过一天的课。因为他已经警告过陈涛，也跟他叔叔陈佳严肃地谈过其侄儿的旷课行为，如果再犯此类错误，就会被立即遣返回中国。看来葛礼生的警告起了作用，陈涛此后没有再旷课，内务部也就没有深究下去。

也许是圣伯多禄书院的校规太严的缘故，或者是其他的原因，陈涛只在此呆了七个多月，便于当年十一月十七日再次转学回到小博街长老会学校读书。当然，长老会学校对其重返该校念书还是很欢迎的，但问题是这位中国学生的在校表现仍与过去一样，总体而言，貌似想学习，但进步仍然甚微。

陈佳为侄儿陈涛申领中国学生护照和签证的申请表，未具日期，递交日期可能是在一九二三年底，但根据内务部的文件接收日期印戳，最大的可能是在一九二四年初。

一九二四年二月十三日，中国驻澳大利亚总领事魏子京给陈涛签发的中国学生护照。

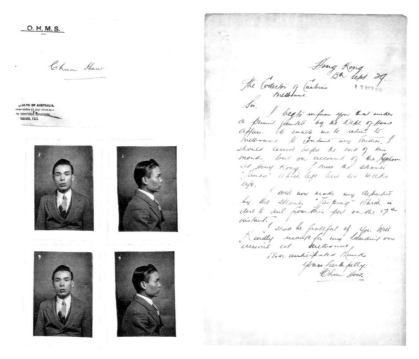

左为一九二九年十月，陈涛重返澳大利亚时提交给海关的照片。右为陈涛于
一九二九年九月十三日在香港因误了"吞打"号船期，改搭另一艘船"太平"号赴澳，
而写给中国驻澳总领事馆要求其为之延签的信函。

在这样的情况下，到一九三一年十月份的展签申请之前，陈涛向学校的代理校长格里菲思（R. W. Griffiths）先生提出，他现在要先回中国探亲，看望父亲，之后还想再回该校读书，希望代理校长能支持他的这一请求。但当中国驻澳大利亚总领事陈维屏在接到格里菲思先生的支持信函和录取信，正式向内务部提出陈涛的再入境申请时，内务部明确指出，鉴于这位中国学生已经年过二十三岁，到一九三二年就到达二十四岁的留学年龄上限，即便他在此时申请回国探亲，哪怕是短期的，按规定已经不能核发再入境签证给他。为此，直接就在复函中拒绝了上述请求。

于是，一九三一年十月十二日，陈涛在美利伴登上"太平"轮，驶往香港，回返家乡。[①]此后，他再也没有进入澳大利亚一步。

档案出处（澳大利亚国家档案馆档案宗卷号）：

Chun HOW - Students passport, NAA: A1, 1930/5118

---

① Chun How（Chinese Student）ex "Victoria" June 1924 - Departure per "Taiping" October 1931, NAA: B13, 1931/15620。

林梓常

新宁田心村

十九世纪末从新宁县北坑村出来到澳大利亚雪梨（Sydney）发展的黄柱（James A Chuey），[1]日后成为该埠著名华商，他在一九二七年为申请孙子黄新政（Wong Ching）来澳留学，首先想到的是通过其在政界的澳大利亚朋友出面帮忙申请签证，但最终还是被内务部告知，须循正常渠道经中国驻澳大利亚总领事馆办理。[2]事实上，比黄柱早四年，他的新宁同乡、一八八〇年九月十日出生、十八岁从田心村出来到澳大利亚闯荡并最终在南澳省（South Australia）满打（Moonta）埠发展的林清（Ah Tin），[3]在一九二三年想让儿子来澳留学时，也采取此策。

一九二三年五月一日，位于南澳省首府克列（Adelaide）的博利通与克拉克斯通洋行（Ponyton & Claxton）致函联邦政府内务部秘书，作为满打埠商家林清的代理人，代其申请生于清光绪丁未年（一九〇七年）八月二十八日的儿子林梓常（Till Sun）前来澳大利亚留学的入境签证。过了二十天，内务部秘书回复说，按照流程，必须经由中国总领事馆之正式渠道递交申请，方可

---

[1] 一八七九年，黄柱就从家乡来到澳洲发展，是雪梨中华总商会的主要成员，澳洲洪门大佬，也是在华洋两界都很著名的棉花与羊毛商人。有关其档案，见：Foreigners: J.A. Chuey, Percy Lee, Gee Wing Chinese Merchants visiting New Guinea, NAA: A5, NG1924/1801。

[2] 有关黄新政的留学档案，见：Wong Ching - Student's Passport, NAA: A1, 1933/137。

[3] TIN Ah-Nationality: Chinese-Arrived Adelaide per Uknown 1898 Departed Commonwealth on 23 July 1949, NAA: D4881, TIN AH。

准允签证。信中也详细地告诉该公司，应将现有的资料，包括已经获得的满打埠公立学校（Moonta Public School）校长给林梓常所发之录取信等，一并交由中国总领事馆处理；一旦该馆给林梓常签发护照，送到内务部，他那里就会给该护照钤盖签证章，有效期为十二个月，期满后还可根据需要申请展签。于是，博利通与克拉克斯通公司便将此信息转告林清，由他自己向中国总领事馆提出申请。

林清绕了一圈，也花了一笔不菲的代理费，探明了留学签证申请路径之后，于八月九日正式填表向中国驻澳大利亚总领事馆提出申请，以财政担保人与监护人的名义，代办十六岁的儿子林梓常来澳留学之护照与签证。他承诺每年给予儿子膏火一百镑，充作所有留学费用。中国总领事馆接到申请后，进行了详细的审核。因为林清没有在申请表上标明以什么作保，亦即没有表明其财务能力，故此总领事馆要多次向其询问落实。到十月十二日，总领事魏子京为林梓常签发了一份学生护照，号码为385/S/23。过了一天，内务部也核准了这位中国留学生的入境签证。

在中国等待多时的林梓常接到护照后，稍事准备，便于一九二四年年初赶到香港，在那里乘坐中澳轮船公司经营的"获多利"（Victoria）号轮船，于二月八日抵达美利滨（Melbourne）入境。[①]从这里，他再转乘其他交通工具，前往南澳洲的满打埠，与父亲会合。

二月十一日，甫抵满地埠，放下行囊，十七岁的林梓常便立即注册入读满打埠公立学校。入学一个多月后，他给校长留下的印象是：学习态度端正，求知欲强，但不懂英语，不能明白老师在课堂上之授课。看得出来，林梓常此前在中国受到过良好的教育，虽然年龄偏大了些，但还是很有必要为他延请一名家教，专门补习英语，尽快掌握这门语言。校长是这样建议的，林清也是这样做的。半年之后，林梓常已从刚来时不会说一句英语，到已经基本可以与人交谈沟通了。他的作业也很好，算术上表现更为突出，可以做很复杂的计算。总之，各方面进步显著，表现都很优秀。对此，校长更为高

---

① Till Sun - Chinese student - Arrived Melbourne per "Victoria" 8.2.1925, NAA: B13, 1925/15972。

兴，因为这也是在他努力督促下所取得的成果。一年之后，校长对他的评语
是：林梓常的英语听说读写能力已经使他能够自如地应付现在的课程，甚至
更高级的课程，其进步是惊人的。因而，对他的在校各项表现都非常满意。
林梓常就是以这样的学习态度和超常的能力，很快地适应了语言环境，在这
间学校读了两年，直到一九二六年年底。

一九二六年十二月十四日，林清再一次通过博利通与克拉克斯通公司致
函内务部秘书，申请将儿子林梓常的学生签证改为工作签证，时间为两年，
在此期间接替他照看其在满打埠的软商品流动售货车及固定商铺的生意，以
便其在这个时间段里返回中国，处理必要的事情。

林清要在此时回中国，也是源于家庭成员的不幸，他必须出面处理。这
一年的十二月四日，居住在克列之林清的妹夫King Tong（敬棠，译音）不
幸在托伦斯河（River Torrens）溺水而亡。在其广东台山老家，敬棠之妻亦
即林清的妹妹拉扯着小儿子过活，他们的另外两个儿子（分别为十五岁和九
岁）此时都在克列读书。因敬棠死于意外，并无遗嘱留下，为此，克列市政
厅特组成公信信托，处理其名下之遗产。一旦从该信托委托人那里拿到有关
文件，林清本人就应该责无旁贷地带上两个外甥回返中国，当面向敬棠妻亦
即他的妹妹解释其亡夫的遗产将如何分割和处理。因其老家地处偏僻，交通
不便，此次回中国处理妹夫遗产之事本身就费时费力，需要时间，加上他本
人也很久没有回中国探亲，也期望借此顺便办理一些私事及生意上的相关事
务，因此，来回需要两年左右的时间。与此同时，林清亦将此事通报中国驻
澳大利亚总领事馆，由魏子京总领事于十二月十六日致函内务部，代其陈述
理由，申请林梓常的转签。

内务部接到上述申请后，花了一些时间调查。根据了解，敬棠留下了总
共二千零二十六镑的财产，数额不小，这笔钱根据公信信托的规定，必须予
以处理。而林清的主要生意是其流动软商品售货车，其价值为一千镑，年营
业额为八百镑，净利润为一百二十镑。根据了解到的情况，内务部认为，通
常情况下，经营流动软商品售货车的生意是不能申请替工的，但考虑到这个
案子的性质，即人死了，其子年幼，妻子和小儿子又远在中国，是件很令人

悲哀的事情，确实需要有人出面处理，因而可以考虑通融。于是，一九二七年二月十七日，内务部知会中国总领事馆，同意给予林梓常六个月的转签，由二月七日开始算起。

魏子京总领事为林梓常申请的工作签证是两年，结果却只给半年，他觉得内务部对这个特殊申请的批复有点不近情理，遂于三月七日再次致函内务部秘书，希望其重新考虑此决定。他并且也把博利通与克拉克斯通公司给中国总领事馆的信作为依据，因为该公司抱怨说六个月的时间无论怎么说都是不够的，林清此次回国仅仅来回的航程和路程就要花费近两个月的时间。但魏总领事的努力没有奏效，内务部秘书于十天后回复说，这个决定无法改变；即便这六个月的签证都还是基于敬棠意外死亡其后事需要处理的特殊情况，才给予签发的。

既然如此，林清只有接受现实，走一步看一步了。四月十三日，林清携带这两个外甥，去到美利滨，搭上"太平"（Taiping）号轮船，离开澳大利亚前往中国探亲，处理妹夫的后事。他留下的生意也就由儿子林梓常正式接管，代为经营。

六个月的时间很快就过去。八月三十日，中国总领事魏子京致函内务部秘书，告知林清虽然回到了广东台山老家，但目前事情尚未处理完毕，无法赶回，况且还有很多私事也需要利用这个探亲机会一并处理，故恳请内务部再多给予林梓常六个月的展签，由他继续代父管理和经营其生意，直到父亲返回时为止。事实上，内务部也明白，华人一旦回到中国探亲，半年时间肯定是不够的，早就预料到林梓常定会申请展签。因此，九月十九日，内务部秘书函复魏子京总领事，批准是项申请，但特别强调说，可将此准允视为最后的决定。换言之，此后将不会再给予展签。

到了一九二八年二月七日之前，眼见着林梓常的签证就要到期了，南澳海关当局急忙派人去满打埠找到他，获知林清的归期尚未最后确定下来，据估计可能要到四月份了。有鉴于这种情况，海关当局询问内务部，是否考虑让当地海关对此采取什么行动。此前曾强硬表示不再考虑给林梓常展签的内务部，真正碰到这样的情况，却又犹豫了。在考虑了一段时间之后，三月十二日，内务部秘书回复南澳海关，让其询问一下林梓常，如果真的需要展签，还是应该通过中国总领事馆提出申请为宜。中国总领事馆因去年九月份获得的信息是内务部不再考虑给林梓常展签，因而也就一直没有与内务部联系。直到南澳海关及林梓常本人提出要求了，才于四月二日致函内务部秘书，告知林清已经到达香港准备登船返澳，大约还需要四个多星期的时间才能返回满打埠，故要求内务部继续批准林梓常的工作签证。与此同时，博利通与克拉克斯通公司也在中国总领事馆向内务部秘书提出申请之前三天，直接致函内务部长，希望他再次给予林梓常展签到至少本年四月底。在这种情况下，内务部长宽容地于四月十九日作出决定，不是按照内务部秘书建议的只给予林梓常展签三个月，即有效期到五月初，而是同意再次展签六个月，也就意味着其签证有效期到八月七日为止。随后，内务部秘书于四月二十三日分别通知了中国总领事馆和博利通与克拉克斯通公司。

内务部长批准多签几个月是有其考虑的，因为林清在香港搭乘"吞打"（Tanda）号轮船，到七月十三日才抵达美利滨口岸，当时准允的给林梓常六个月展签正好在林清赶回澳大利亚之后的有效期内。在这种情形下，无论是中国总领事馆还是博利通与克拉克斯通公司，都没有了再为林梓常申请展签的任何理由。由是，一个月之后的八月十三日，二十一岁的林梓常从南澳赶到美利滨，搭乘"彰德"（Changte）号轮船，离开澳大利亚，返回中国。①

林梓常来澳留学时间总计不到四年，期间他在公立学校念书只有两年，另外一年半多的时间是替代父亲经营管理其生意。此后，澳大利亚再无其入境的信息。

---

① Till Sun - Departure per "Changte"（Thursday Island）September 1928, NAA: B13, 1928/23694。

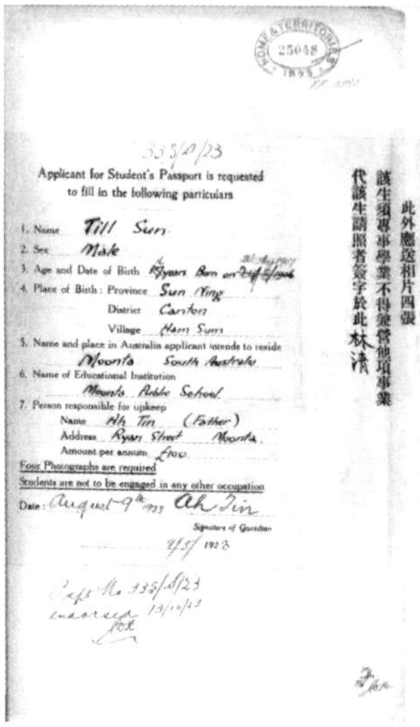

333/S/23

Applicant for Student's Passport is requested to fill in the following particulars

1. Name Till Sun
2. Sex Male
3. Age and Date of Birth 16 years Born on 24th Aug 1907
4. Place of Birth: Province Sun Ning
   District Canton
   Village Ham Sum
5. Name and place in Australia applicant intends to reside Moonta South Australia
6. Name of Educational Institution Moonta Public School
7. Person responsible for upkeep
   Name Ah Tin (Father)
   Address Ryan Street Moonta
   Amount per annum £100

Four Photographs are required

Students are not to be engaged in any other occupation

Date: August 9th 1923 Ah Tin

Signature of Guardian

來澳洲留學護照應填各節開列於左

一 姓名林梓常 二 男女 子

三 年歲 十七歲生于 八月廿四日

四 生於何處 廣東省 新寧縣 田心村

五 擬往澳洲住何處 南澳省滿打埠

六 往何校肄業 滿打公眾學校

七 由何人供給學費林清 每年供給費火壹佰磅

此外應送相片四張

該生須專事學業不得兼營他項事業

代該生請照者簽字於此 林清

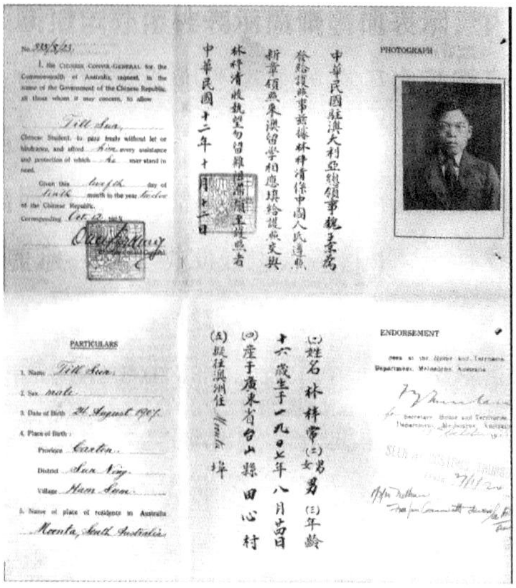

No. 333/S/23

I, the Chinese Consul-General for the Commonwealth of Australia, request, in the name of the Government of the Chinese Republic, all those whom it may concern, to allow Till Sun, Chinese Student, to pass freely without let or hindrance, and afford him every assistance and protection of which he may stand in need.

Given this twelfth day of tenth month in the year twelve of the Chinese Republic.

Corresponding Oct. 12 1923

中華民國駐澳大利亞總領事魏 為

發給護照事茲據林梓常係中國人民遵照

新章領照來澳留學相應填給護照交與

林梓常收執望勿留難並予保護照料者

中華民國十二年十月十二日

PHOTOGRAPH

PARTICULARS

1. Name Till Sun
2. Sex male
3. Date of Birth 24 August 1907
4. Place of Birth:
   Province Canton
   District Sun Ning
   Village Ham Sum
5. Name of place of residence in Australia Moonta, South Australia

(一)姓名 林梓常 (二)男女 男 (三)年齡

十六歲生于一九〇七年八月廿四日

(四)產于廣東省台山縣田心村

(五)擬往澳洲住 滿打 埠

ENDORSEMENT

左为一九二三年八月九日，林清为儿子林梓常来澳留学填写的护照与签证申请表。右为一九二三年十月十二日，中国总领事魏子京给林梓常签发的中国学生护照。

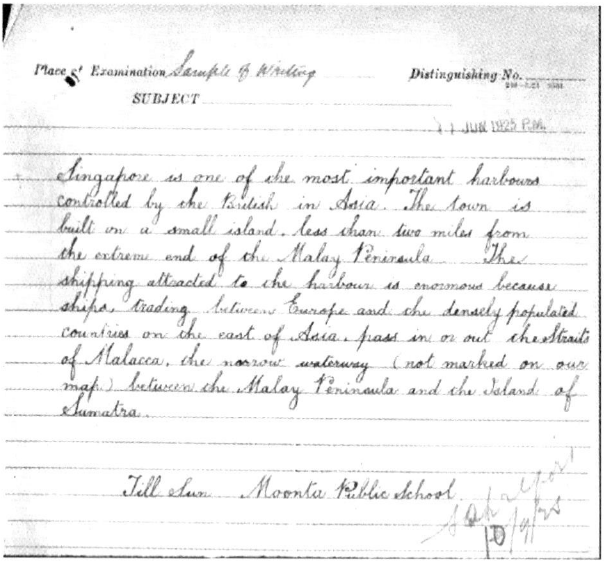

Place of Examination Sample of Writing

SUBJECT

Distinguishing No.

11 JUN 1925 P.M.

Singapore is one of the most important harbours controlled by the British in Asia. The town is built on a small island, less than two miles from the extreme end of the Malay Peninsula. The shipping attracted to the harbour is enormous because ships, trading between Europe and the densely populated countries on the east of Asia, pass in or out the Straits of Malacca, the narrow waterway (not marked on our map) between the Malay Peninsula and the Island of Sumatra.

Till Sun Moonta Public School

一九二五年六月，学了一年半英语的林梓常所做的作业。

档案出处（澳大利亚国家档案馆档案宗卷号）：

Till SUN - Student passport, NAA: A1, 1927/16807

伍亚德

新宁上坪村

 伍亚德（Ng Ah Ack），清光绪三十三年（一九〇七年）八月二十四日出生于新宁县上坪村。他的父亲是出生于一八七〇年的伍年（亦称伍亚年、Tommy Ah Nam，或者Thomas Ah Nam、Ah Nan），大约是在一八九二年左右，跟随乡人一道赴澳大利亚闯荡，最终定居于乌修威省（State of New South Wales）内陆的农业种植区週弭（Junee）小镇，成为菜农，种植果蔬并经营生果蔬菜铺。[①] 按照惯例，他以自己的名字伍年（Tommy Ah Nan）作为铺名和果菜园名字（伍年菜园），生活稳定。

 一九二一年，澳大利亚实施《中国留学生章程》，正式准予中国青少年儿童赴澳留学。此时，伍亚德年满十四岁了，已在家乡读了几年书，在澳的父亲伍年遂决定为其子提出申请，办理伍亚德来澳留学事宜。这一年的十月二十六日，伍年便备齐护照和签证申请材料，填妥表格，提交给位于美利滨（Melbourne）的中国驻澳大利亚总领事馆，办理其子伍亚德前来澳大利亚留学。他以自己经营的"伍年菜园"亦即"伍年"号果蔬店铺作保，承诺每年供给儿子膏火费七十镑，亦即包括其学费和生活费等开销，准备将其子办理来到他目前打拼的小镇週弭学校（Public School of Junee）念书。

 这一年下半年开始，因办理中国学生护照的申请较多，中国驻澳大利亚

---

 ① NAN Ah：Nationality-Chinese：Date of Birth-25 November 1870：Arrived 4 March 1892：First registered at Wagga Wagga，NAA：MT269/1，VIC/CHINA/NAN AH/2。

总领事馆就显得较忙，但还是尽可能快地处理这些申请材料。为此，三个多星期后，到十一月二十八日，中国总领事魏子京就为伍亚德签发了中国学生护照，号码为119/S/21，并在三天之后从澳大利亚联邦政府内务部那里为其拿到了入境签证。随后，中国总领事馆便将伍亚德的护照和签证寄往他的家乡，以便其尽快安排搭船前来，开始其留学生涯。

但伍亚德并没有立即启程前来澳大利亚，而是等了两年半的时间，才于一九二四年六月二十二日搭乘"域多利"（Victoria）号轮船，与比他小一岁的堂弟伍亚称（Ng Ah Chan）结伴同行，从香港抵达雪梨（Sydney），进入澳大利亚，开始其留学生涯。[①]此时，还差两个月他就要满十七岁了。之所以要等两年多的时间才前来澳大利亚念书，也许此前正是伍亚德在国内读书不能放弃之时。有可能是在这两年多的时间里，他完成了在国内的高小或者初中的课程学习，然后才来留学。

但抵达澳大利亚之后有三个多月的时间，伍亚德都待在雪梨，并没有立即进入父亲伍年为他安排好的週㘰学校念书。原因是其堂弟伍亚称在赴澳途中的航海期间罹患了疥癣，需要在雪梨住院治疗，他也就一直在雪梨陪伴着堂弟，等待其康复。故当内务部于九月初致函週㘰学校询问检查伍亚德在校表现的例行报告时，学校的回复是该生根本就没有注册入读。直到十月七日，伍亚德才得以入读週㘰学校，正式开始其在澳大利亚的课程学习。学校的例行报告显示，伍亚德勤学好问，学习成绩令人满意，在校表现良好。

但伍亚德的上述良好形象只是维持了约两年的时间。到一九二六年十一月底的学校例行报告送交上来后，内务部发现，自九月份开始，这位已经十九岁的中国学生，突然拒绝去学校上学，哪怕是其监护人如何劝说，亦无法改变其决然之态度。至于是什么原因导致他如此厌学，却并没有任何只言片语提及。伍亚德对在澳读书的态度，也许是他在学校里受到太大的歧视，也许是此时他的青少年反叛期刚刚开始，也许还有其他的原因。但无论如

---

① Ah Ack [also known as Ng Ah Ack] [includes left and right thumb prints] and Ng Ah Chan [includes left and right thumb prints] [both arrived ex VICTORIA in Sydney on 22 June 1924] [issue of Certificate's of Exemption in favour of subjects] [box 447], NAA: SP42/1, C1941/3930 PART 2 OF 2。

何，他的这一做法已经完全违反了《中国留学生章程》的条例规定，而且在劝说之后仍然不愿去上学，那么，内务部觉得应对之法就只有遣返一途了。为此，十二月一日，内务部函告中国驻澳大利亚总领事馆，说明理由，请其安排遣返伍亚德回国一事。三个星期后，中国总领事馆回复说，在处理此事时发现，伍亚德的父亲伍年此时因回国探亲，人尚在中国，预计要到明年一月下旬左右才返回澳大利亚。为此，建议等伍年返回之后，便立即将伍亚德遣返回国。因此时已是年底，学校也处于放假期间，内务部亦觉得此建议并不过分，也就予以默认。

为此事，内务部也曾指示雪梨海关密切关注伍年是否已经按期返回澳大利亚，及时向上汇报，以便与中国驻澳大利亚总领事馆沟通，安排伍亚德遣返回国事宜。但直到一九二七年二月下旬，雪梨海关报告说，伍年并没有如期而归，预计还要三个月左右的时间才能返回澳大利亚。据此，内务部只得指示鸟修威省警察局时刻关注伍亚德行踪，与其保持接触，以免要遣返他时失去了联络。据警察局驻週弲派出所于三月底提供的报告，此时伍亚德是住在他叔叔伍炳（Timmy Ah Ben）的菜园里。虽然平时言行举止并无不妥，就是不愿意去上学。根据伍炳的说法，伍年还有一个月左右的时间就会返回澳大利亚，待他回来后，其子伍亚德的事情就会作一个了结。为此，内务部于四月中旬致函中国总领事馆，敦促其立即安排，待伍年一返回澳大利亚，就将伍亚德遣返回中国。①

一九二七年四月三十日，伍年终于抵达雪梨，回到澳大利亚。②中国总领事馆遂立即进入程序，与伍年商讨，最终为伍亚德订好五月二十八日从雪梨起航的日本轮船"安艺丸"（Aki Maru）的船票，让他离开澳大利亚，返回中国。伍亚德在澳留学将近三年的时间，但真正在校学习的时间只有两年。

---

① Ah Ack [also known as Ng Ah Ack] [includes left and right thumb prints] and Ng Ah Chan [includes left and right thumb prints] [both arrived ex VICTORIA in Sydney on 22 June 1924] [issue of Certificate's of Exemption in favour of subjects] [box 447]，NAA：SP42/1，C1941/3930 PART 2 OF 2。

② Chun Hore or George Chin Hall, Tommy Ah Nan, Ah Chong, Ted Sing, Ah Yong, Hung Yee, Choy Mow, Ah Quoy, Ah Ling and Mew Get [Certificate Exempting from Dictation Test - includes left hand impression and photographs] [box 196], NAA: ST84/1, 1927/424/11-20。

其余的近一年时间里，不是旷课，就是等待遣返回国。待回到中国，伍亚德已经届满二十岁。

可是，七年之后，伍亚德又准备来澳了。这位二十七岁的台山青年此次并非要来澳留学，因为他早已超过中国留学生二十四岁的年龄上限，他是前来接替父亲伍年，待其返乡探亲期间作为替工，代其经营在週弴的果菜园铺子。一九三四年八月二十三日，中国驻澳大利亚总领事陈维屏致函内务部秘书，谓伍年近期打算回中国探亲，时间为一年，希望在其离开澳大利亚的这段时间，其果菜园生意由其子伍亚德代为经营。因其子曾在澳留学三年之久，熟悉澳大利亚情况，也是伍年可以信赖之人，故恳请内务部能准其所请，为伍亚德来澳工作颁发签证。

内务部接到陈维屏总领事的上述申请后，便着手进行处理。对于几年前伍亚德曾因违规不上学而被遣返一事，内务部并没有纠缠不放，而是把重点放在伍年商铺生意的经营状况上。八月二十八日，内务部函请雪梨海关税务部门，就伍年商铺租赁情况及营业状况提出报告，以便定夺。税务部门行动也很快，通过警察局週弴派出所调查，于九月三日便提供了伍年商铺的租赁报告。派出所的报告显示，伍年在週弴居住已经多年，其经营的果菜园及其铺子的土地皆从当地的柯若礼地产行（Crawley Estate）租赁而来。作为这块土地托管人的律师，柯若礼（A. H. Crawley）表示，该土地承诺租赁给伍年及其家人五十年，但没有签订一个正式长期租赁合同，而是承诺每年续签下去；目前来说，托管人并无意中断这个租约。换言之，伍年可以继续年复一年地承租下去。而为经营这片果菜园，伍年有四个雇工，当然全部都是华人。此前伍年曾有三次回中国探亲，期间其果菜园生意皆由其兄弟伍炳代为照顾，但此时伍炳亦已返回中国探亲。由此看来，伍年的果菜园生意状况正常。内务部遂于九月二十八日致函中国总领事陈维屏，同意给予伍亚德入境工作签证，有效期为一年。条件是伍年须在伍亚德入境后三个月内离开澳大利亚回国探亲，其生意由伍亚德代管照看；而伍亚德须在伍年返回澳大利亚后之一个月内，安排船票离境，返回中国。

但伍亚德在接到澳大利亚工作签证后，并没有立即启程前来，而是像他首次获得学生入境签证一样，又是一番长长的等待。直到两年之后，到一九三六年九月六日，他才乘坐"彰德"（Changte）号班轮，从香港驶抵雪梨入境。按照原先的安排，伍年应该在十二月十九日乘船离开澳大利亚回国，但因生意交接以及其他因素耽搁，拖到一九三七年一月十三日，他方才在雪梨登上驶往香港的"吞打"（Tanda）号轮船，①返回中国探亲，留下週弸的果菜园生意由儿子伍亚德打理。而伍亚德的十二个月工作签证有效期则从其入境之日起算，至其父亲离境，已经过去将近半年的时间。此次重返澳大利亚顶替父亲工作，伍亚德也给自己取了个英文名字，叫做汤米（Tommy），这样便于与当地人沟通、做生意。

一九三七年是非常不平凡的一年。这一年八月中旬，眼看就要到了伍亚德签证有效期的最后期限，可伍年却无法按期回到澳大利亚。此时，在华日军挑起了卢沟桥事变，开始全面侵华战争，战事弥漫大江南北，长城内外，全中国进入战争状态，水陆交通受阻，伍年已无法顺利返回澳大利亚。于是，八月十六日，中国驻澳大利亚总领事保君建致函内务部秘书，为伍亚德申请十二个月的展签。经过对週弸的伍年果菜园的一番调查，确认伍亚德继续履行着该店铺经理的职责，同时也对中日战事作出了长期胶着状态而影响伍年归期的评估，内务部遂于九月二十一日函复保君建总领事，为伍亚德办理了一年展签。②

一年之后，同样的程序再走一遍，内务部于一九三八年九月十九日再次给予伍亚德十二个月展签。但到一九三九年，当保君建总领事以同样理由为伍亚德申请展签时，内务部只给予伍亚德展签到这一年的年底。在回复中国总领事的公函里，内务部强调，这是最后的决定，无论届时伍年是否回来，伍亚德都得在签证到期后离开回国。事实上，澳大利亚国家档案馆里再未能

---

① Ah Chung or Chong, Ah Hing, Ah Lem or Lim, Lee Hip or Quong Yip, Lee Loy, Ah Nin or Ah Nan, Darlet Khan, Darlet Khan, Mungal Singh and Wong Shee Hoy [Certificate Exempting from Dictation Test - includes left hand impression and photographs] [box 245], NAA: ST84/1, 1936/529/91-100.

② Ah Ack [also known as Ng Ah Ack and Tommy Ah Ack] [includes Certificate of Exemption] [issue of Certificate's of Exemption in favour of subject] [issue of CEDT in favour of subject] [box 447]，NAA: SP42/1，C1941/3930 PART 1 OF 2。

找到与此时七十岁的伍年有任何相关的记录，他或许就此终老家乡。也许是经过与伍亚德以及他的家族在澳的律师多方商讨，到一九三九年十二月一日，保君建总领事致函内务部，再为伍亚德申请展签半年。申请展签的理由是，伍年的哥哥亚金（Ah Gen）几年前在澳大利亚去世，[①]其遗嘱执行人是伍年。现在其遗嘱律师唐利（F. J. Tanney）正在处理亚金的遗产，可是遗嘱执行人伍年目前人在中国，唯有伍年的儿子伍亚德目前可以代替处理此事。据律师估计，此项遗产处理尚需时半年，故希望内务部能为此通融批准。内务部商议之后，觉得无法拒绝，便于十二月十五日批准再给予伍亚德六个月展签，有效期到一九四〇年六月三十日。

到了一九四〇年六月十九日，因伍年还是不能从战乱的中国回来，保君建总领事再次为伍亚德申请一年的展签。这一次，通过海关税务部门及警察局核查了伍亚德经营所得及课税情况之后，内务部觉得他还是在正常经营，便直接批复其所请。内务部更于八月一日直接通知伍亚德，谓其签证有效期从六月三十日起算。到一九四一年，因中国抗日战争进入了最艰苦阶段，伍亚德已经失去了与父亲的联络，保君建总领事只得在六月十一日再次为他向内务部申请一年的展签。经过两个多月的商讨及核查，也考虑到中国的现状，内务部于九月十日函复，批准展签，有效期到一九四二年六月三十日止。

伍亚德的留学档案到此没有了下文。考虑到一九四一年底形势发生了巨大变化，因日本突袭珍珠港，太平洋战争爆发，澳大利亚联邦加入对日作战，与中国成了共同抗击日本侵略的盟国，所有当时在澳留学和工作的中国人此时皆一次性地得到三年临时签证，如果届时战争没有结束的话，还可自

---

① 亚金一八八五年前来到澳洲，这一年便入籍。见：Ah Gen [includes letters of Naturalization under the provisions of an Act of the Parliament of Victoria 1885], NAA: SP42/1, C1905/6826。

动续签。由是，可以想象或者推测，伍亚德因此而滞留下来。[1]至于此后他是否最终加入澳籍，则有待于进一步的档案发掘。到目前为止，尚无法找到他此后在澳大利亚活动和生活的记录。

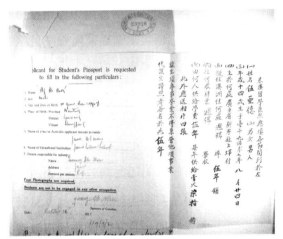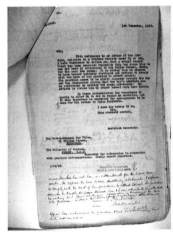

左为一九二一年十月二十六日，伍年为申请儿子伍亚德来澳留学填写的护照和签证申请表。右为一九二六年十一月二十六日，週弲学校有关伍亚德旷课给中国总领事馆的报告。

一九二一年十一月二十八日，中国驻澳大利亚总领事魏子京给伍亚德签发的中国学生护照。

档案出处（澳大利亚国家档案馆档案宗卷号）：

Ng Ah Ack - Student passport, NAA: A433, 1942/2/1795

---

[1] CHANGTE arrived Melbourne via Brisbane 26 October 1950. Crew list Chung Kwok Shun，Ng Ah Ack，Wong Wei，Xee Tack，Shui King，Sue Yan Lin，Sue Won，Sue To Lau，Wong Wah Hung，Ho Ah Noun and Wong Shui Ming [Box 114]，NAA：SP244/2，N1950/2/12211。该入境登记卡表明，一九五〇年十月二十六日，伍亚德乘坐"彰德"号轮船抵达雪梨入境，表明这是在战后于一九四七年获得了五年的工作签证后，他得以回国探亲，此时返回澳洲。据显示此后他便一直留在澳大利亚，直到六十年代移民法松动后，得以加入澳籍。但与其相关的档案仍然有待于进一步的查找。

甄 海

新宁新昌村

　　甄海（Gin Hoi），出生于一九〇八年三月十五日，新宁县新昌村（埠）人，比甄德（Gin Ack）小一岁。一九二一年，当甄德的父亲甄纲遐（G. C. Henry）为儿子申办赴澳留学护照和签证时，也同时为甄海提出申请。虽然甄纲遐是甄海此次赴澳留学的担保人和监护人，但从档案资料中，看不出他们之间的真实关系。就当时赴澳留学的担保人都是学生的家长或者具有较亲的亲戚关系（如兄长、叔伯、祖父、舅舅等）的情况来看，甄纲遐极有可能是甄海的叔叔或者伯伯。从甄海与甄德皆为新昌村人来看，他们不仅仅是同宗，而且极有可能是堂兄弟，因为甄姓在新昌埠属于大姓。这或者可以解释甄纲遐为何同时申请甄德和甄海前来澳大利亚留学，包括前面提到的谭锦（Ham Kim）。无论如何，甄纲遐同样以自己经营的"显利"（G. C. Henry）号商铺作保，应允每年提供给甄海膏火七十五镑，将他办来可拔埠（Hobart）的公立学校念书。

　　既然两份申请一同递交到中国驻澳大利亚总领事馆，且担保人为同一人，因而也就一并给予处理。八月九日，中国总领事魏子京给甄海签发了中国学生护照，号码为83/S/21。这就是说，魏子京总领事是先签发甄海的护照，再签发甄德的护照，接着就是号码为85/S/21的谭锦护照。四天之后，澳大利亚政府内务部也同样给甄海核发了入境签证。

　　在家乡等待护照的甄海与堂兄甄德一样，早就做好了赴澳留学的准备。

收到寄来的护照之后，他便和堂兄甄德联袂赶赴香港，加上同村的谭锦，一起搭乘由中澳船行经营的"获多利"（Victoria）号轮船，于十一月十七日抵达雪梨入境。他们的堂伯甄长（Low Tou）特地从可拔埠赶到雪梨接他们三人出关，然后领着他们搭乘不同的交通工具，辗转一千多公里，再到美利滨乘船，跨过塔斯曼海，到达可拔埠，住进了甄纲遐的"显利"号店铺。

甄纲遐在为甄海申办护照和签证时，就说明要让他注册入读公立学校，因此，当一九二二年新学年开学时，甄海便与甄德一道，于一月二十三日正式注册入读可拔埠的伊丽莎白街公立学校（Elizabeth Street State School）。校长的报告显示，他和堂兄甄德一样，各项学业都令人满意，而且平时总是穿戴得体整洁，性情温和，遵守规矩。与甄德在这间学校只读了一个学期不同，他读了一年。从第二年的上学期开始，他转学去到另一家公立学校——中央公学（Central State School），与谭锦同学。他在此总共读了两年，期间之成绩和表现，一仍其旧。到一九二五年新学年开始，他再次转学，这次是进入圣委助学校（St. Virgil's College），他的堂兄甄德早在两年半前就转学入读这间由天主教会主办的私校。他在这里读了不到一年半，各项表现突出，仍然是令人满意的学生。

一九二六年四月十四日，十八岁的甄海急匆匆地从可拔埠赶到雪梨，搭乘"吞打"（Tanda）号轮船，返回中国去了。他走得很突然，都没有来得及说明原因，自然也没有申请再入境签证。这个谜底要到一年半后才解开。

一九二八年一月十日，圣委助学校校长致函内务部秘书，谓甄海与学校联络，仍想重返学校念书，鉴于他此前就是该校学生，且一向表现不错，学校自然乐于接收，且"显利"号商铺也仍然是其财政担保，请求内务部核发其入境签证。二月二日，内务部秘书复函，表示此类申请向须由驻美利滨的中国总领事馆循正规渠道申请即可；于是，圣委助学校将此事交由中国总领事馆处理。魏子京总领事显然还记得这位中国留学生，遂经过与当事人及担保人的联络了解情况后，于三月三十日致函内务部秘书，表示此前甄海突然离澳回国，主要原因是接到母亲病重的消息，便立即启程回去，以尽孝道，只是因为走得太匆忙，未及申请再入境签证。他原计划短期内便回来继续念书，无奈母亲之病康复缓慢，直到最近才得以痊愈。为此，魏子京总领事希望内务部考虑这一实情，为其继续求学开绿灯，核发其入境签证。内务部早已得知这一信息，只是等着中国总领事馆的正式申请，故一俟接到魏总领事的公函，便于四月五日复函，告知同意给甄海核发再入境签证，有效期至这一年的年底。①

甄海搭乘从香港出发的"彰德"（Changte）号轮船，于七月九日抵达美利滨入境；两天之后，由此过海到可拔埠上岸。尽管他按照原先的计划得以重返圣委助学校读书，但塔斯马尼亚海关则因坚持要两位当地有名望的华商甄纲遐和甄永昌（W. Y. Chong）②具结担保人声明并缴纳一笔高达一百镑的保证金而不果，威胁要撤销甄海的签证，将其遣返回国。这样的事情以前很少发生，这一次是因为海关一方面要厘清上述两人的财产价值，另一方面也要其交钱，导致两人并不愿意配合行事。最后，内务部于八月十五日将这事儿提交给中国总领事馆来处理。魏子京总领事认为这是塔斯马尼亚海关误解了《中国留学生章程》之缘故，实际上，缴纳保证金是在此章程正式实施前的要求。他为此致函内务部秘书，表示根据章程条例，在获得签证之中国留学生抵达澳大利亚之后，并不要求担保人缴纳保证金。因此，海关这一要求是没有必要的。有鉴于此，内务部于九月七日告诉海关不必在保证金问题上再较劲，只需要获得担保人声明即可。最终，塔斯马尼亚海关于十一月十三日向内务部报告说，已经收到了甄纲遐和甄永昌两人具结的担保人声明，纷扰了四个月之久的这事儿才算告一段落。

重返可拔埠后，甄海如期在圣委助学校又读了两年。校长提供给内务部的例行报告显示，他在校表现良好，各项学业皆达到满意的要求。到一九三〇年七月五日，二十二岁的甄海完成了在澳大利亚的中学教育，离开可拔埠，前往雪梨。两个星期后，他在雪梨登上驶往香港的"吞打"号轮船，返回中国。临离开可拔埠回国之前，他把自己的行程知会了当地海关，也告诉

---

① Gin Hoi - Re Return to Australia, NAA: B13, 1928/10738。
② 甄永昌出生于一八七五年，是前面提到的此前来可拔埠留学之甄煜（Gin Yook）的父亲。见："General New Items: Brutal Assault", in *The Mercury*（Hobart），Tuesday 18 July 1933, page 5。甄煜的留学档案，见：Gin Yook - Chinese student's passport, NAA: A1, 1924/27291。

了中国驻澳大利亚总领事馆。这也就是说，他不会再返回澳大利亚求学。

甄海在澳留学前后有九年半时间。如果扣除他中间因母亲患病而回国探亲的两年多一点的时间，他实际在澳留学总计七年。

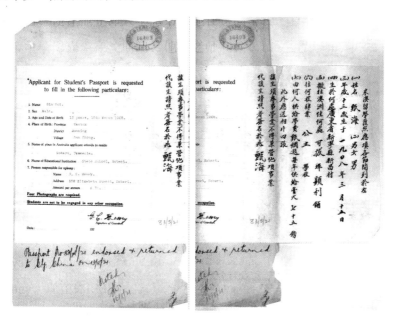

一九二一年，甄纲遐以担保人身份，填表向中国驻澳大利亚总领事馆申请甄海赴澳留学。

一九二一年八月九日，中国驻澳大利亚总领事魏子京为甄海签发的中国学生护照。

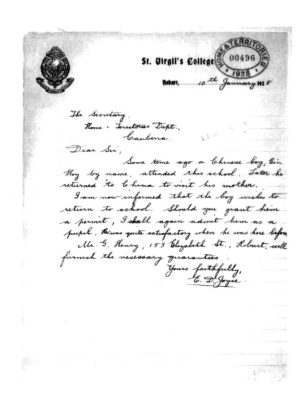

一九二八年一月十日，可拔埠圣委助学校校长致函内务部秘书，申请让甄海重返该校读书。

档案出处（澳大利亚国家档案馆档案宗卷号）：

Gin Hoi - student passport, NAA: A1, 1929/7178

陈 隆

台山广海镇

广海是台山县著名的滨海小镇，靠山面海，物产丰饶。自清代以来，该地民众赴海外打拼讨生活者如过江之鲫，其后人负笈海外留学者亦络绎不绝。一九〇九年四月八日在广海出生的陈隆（Chun Loong），就是民国初年该地众多赴外留学的青少年中之一员。

陈普（Chun Poo，有时也写为Chin Poo）是陈隆的父亲，[①]在十九世纪末二十世纪初年，跟随乡人的脚印，踏足澳大利亚，最后在域多利省（Victoria）首府美利滨（Melbourne）定居下来，[②]于城里唐人街贴奋巷（Heffernan Lane）十一号与人合股开设一家饭馆，名叫"中华酒店"（Chung Wah Café）。[③]该饭馆主营唐餐面食与饼食，并设有酒席，有一定规模。由是，陈普虽工作繁忙，但也生活稳定。

一九二二年十一月十六日，为了十三岁的儿子陈隆能接受良好的西方教育，陈普向中国驻澳大利亚总领事馆递交了中国学生护照和签证申请表，为陈隆申办来澳留学事宜。他以自己参股经营的"中华酒店"作保，承诺每年供给膏火五十镑，作为儿子来澳留学的各项费用。至于留学的学校，陈普为儿子选

---

① 陈普生于一八七二年十月一日。POO Chin: Nationality - Chinese: Date of Birth - 1 October 1872: First registered at Little Bourke Street, NAA: MT269/1, VIC/CHINA/POO CHIN/1.

② Chin Poo [issue of 'Certificate Exempting from Dictation Test' in favour of subject] [box 286], NAA: SP42/1, C1933/2838。

③ 中华酒店最早是从一九二〇年初开始在美利滨当地华文报纸上做广告。见："中华酒店告白"，载《民报》（Chinese Times）一九二〇年一月三十日，第五版。

择了靠近城区的卡顿专馆学校（Carlton Advanced School），并为他先行注册。

接到上述申请后，中国总领事馆一直到次年即一九二三年一月二十二日，才由总领事魏子京为陈隆签发了号码为218/S/23的中国学生护照。中国总领事馆虽然在处理陈隆的护照申请上有所拖延，但在签证的申请上则异常顺利快捷，于护照发出的当天，就为他拿到了内务部核发的入境签证。然后当日就将护照寄往陈隆的家乡。

可能陈隆在家乡早就做好了启程赴澳的准备。在接到护照后，他便收拾好行装，在香港订好中澳轮船公司的船票，然后赶往那里，搭乘"获多利"（Victoria）号轮船，于五月十七日抵达雪梨（Sydney），入境澳大利亚。实际上，陈隆的目的地是美利滨，之所以在雪梨入境，是因为"获多利"号早于五月十四日便抵达雪梨，要在此停留两周时间再前往美利滨。海关在查验了陈隆的护照和签证都有效之后，鉴于他作为旅客待在船上时间太长，太过无聊沉闷，因而先让他在此入境，放放风，待到该船重新起航时再回船，前往下一个目的地。

到了美利滨与父亲会合之后，陈隆并没有按照父亲原先的安排入读卡顿专馆学校，而是选择进入就设在唐人街与其父亲的"中华酒店"同一条街上的小博街（Little Bourke Street）长老会学校（P. W. M. U. School）[1]念书，并于六月三日正式入学就读。换言之，也就是在其抵达美利滨，放下行李之后，马上就去上学念书了，也由此显示出其对知识与学习的迫切期望。而因为该校就在其住宿的"中华酒店"旁边，无论是生活还是学习都比较方便。校长的报告也表明，他是一个遵守校规、学业令人满意的学生，并特别强调他对读书的热忱。

但陈隆并没有在这间学校读多久。到了一九二四年的四月份，也就是新学年刚刚开始两个来月的时间，他就从长老会学校退学，转学进入设在美利滨埠东城的名校——圣伯多禄书院（St. Peter's School）。在这间学校，他的

---

① PWMU是Presbyterian Women's Missionary Union（长老会女公会）的缩写。该差会在唐人街开设的这间学校，其对象主要是华人，表明该差会着力在华人圈中拓展势力，扩大影响。该校此时的校址设在贴奋巷，不久后迁往小博街（或叫"小卜街"），故又称小博街长老会学校。

学业和操行表现一仍其旧，校长的报告亦谓其为品学兼优之学生。由是，他在此一直读到一九二六年底，差不多近三年的时间。

从一九二七年一月起，陈隆转学进入卫斯理书院（Wesley College）就学，并在这里为自己取了一个英文名字，叫爱德华·陈（Edward Chun），可能是希望能更好地与当地同学沟通吧。院长在第一个学期的报告中，对陈隆的学业很满意，在全班二十九名同学中，他期末考试的成绩排在第九位，所有的课业成绩都是优良。由此，他跟前几年一样，很顺利地于六月份拿到了下一个年度的展签。

就在刚刚拿到上述展签不久，这位已在美利滨留学四年之久的十八岁中国青年想要回国探亲，并订好了八月十一日的船票。在此之前，他通过中国总领事馆，在七月二十一日向内务部提出申请再入境签证，准备在探亲结束之后重返澳大利亚读书，还是想继续入读卫斯理书院。为此，卫斯理书院的院长也于同日向内务部出具公函，表示在陈隆结束探亲重返美利滨时，该书院将仍然接受其入读。这充分表明，学业优秀的学生，总是很受这些学校欢迎的。八月二日，内务部批准了上述申请，给予陈隆十二个月内重返澳大利亚的入境签证。待这些事项办妥之后，陈隆便在订好的日期，按计划搭乘"太平"（Taiping）号轮船，离开美利滨前往香港，回国去探亲。

到了第二年，距其上一年离境还差二天就满一年时，即一九二八年八月九日，陈隆乘坐与去年离境时所搭的同一艘"太平"号轮船，再次返回澳大利亚，抵达美利滨入境。虽然此前与卫斯理书院有约在先，但在返回美利滨后，陈隆却食言了，并没有重新注册入读该学校，而是很顺利地进入原先所就读的圣伯多禄书院。到这一年年底院长提交的报告显示，他的在校学业与操行，一仍其旧。这样的情形一直维持到一九二九年十月底。

一九三〇年二月初，圣伯多禄书院院长向内务部报告，陈隆已经三个月未有到校上课，据说是已经回中国去了。内务部接获报告后，感到有必要查核陈隆的去向。如果他是回国的话，海关会有出入境记录，但内务部至今也没有收到这方面的报告，显然陈隆回国的说法不可信。那么，唯一的解释就是，他本人仍在澳大利亚。或许他是在没有知照校方和内务部及中国总领事馆的情况下，转学到了另外的学校；如果这种可能性被否定的话，那就有可能是去什么地方打工了。无论是哪一种情况，内务部都想要知道结果。于是，二月十二日，内务部指示海关，就陈隆的去向展开调查。

一个星期后，美利滨海关稽查官葛礼生（J.Gleeson）在位于霍淞区（Hawthorn）教堂街（Church Street）四十三号的一位名叫陈福（Chan Foo）的华人所经营的洗衣房找到了陈隆。他向稽查官表示，自己之所以没有去上学，是因准备于四月二日返回中国，已经订好了"吞打"（Tanda）号轮船的船票。内务部接到报告后，虽然知道了陈隆已经定下时间要回国，但对他这种长达几个月的任性旷课行为很不满意，因为按照《中国留学生章程》规定，这是违规行为，没有一个机构可以批准这种任性旷课。为此，内务部于二月二十八日致函中国总领事馆，告知内务部可以允许陈隆在澳大利亚停留到四月初，即他预订好的离境日期，但中国总领事馆应督促和检查他是否如期离开。

在与葛礼生的接触中，陈隆已经意识到，内务部相信圣博多禄书院院长的报告，说自去年十月底开始他便已离开学校，旷课长达三个月，这显然是导致内务部决定让他立即离境回国的主要原因。为维护自己的清誉，陈隆于三月十日致函内务部，声明自己在上一个学年即一九二九年里，是一直到参加完期末考试才离开学校的。也就是说，他不去上学是今年的事，与去年无关。他为此还向任课老师要了一份证明其参加考试的信函，以澄清自己的行为并无不妥。尽管内务部接受了这个解释，但要求陈隆离境回国的决定却没有改变。

在此期间，海关稽查官葛礼生曾于三月初找到陈隆，向他施加压力，说"吞打"号的船期常常延迟，希望他尽快安排搭乘别的班船回国。为此。陈隆曾一度表示，也许他可以考虑改乘三月十七日离港的"彰德"（Changte）号轮船回国。但在中国总领事馆也介入其回国船期之安排后，陈隆又于三月十日跟葛礼生说，他还是想等"吞打"号到港之后，再搭乘这艘班轮离境，因为他叔叔届时会与其一同回国，同时还有已经约好的其他几位从中国来留学的朋友也一道搭乘该船离境回国。根据中国总领事馆的估计，"吞打"号班轮有可能延迟到四月十九日方可启碇离港。由此，在等待该船到来的这段时间内，他可遵循其父陈普以及中国总领事馆的意见，重返学校去读几天书。

实际上，这位海关稽查官在跟陈隆几次接触后，也发现他是个讲道理的人，也认真听取了陈隆对自己并没有旷课的解释，觉得他的打算并无什么不妥，遂鼓励他向内务部写信说明真相；同时也陪他去学校查看了去年的出勤记录，确认他确实是在放假后离开学校，真正的旷课实际上就是从今年新学年开始，总共只有二十天而已。他也跟院长谈过陈隆的旷课问题。院长表示，可能是其报告中表述上有问题，以致内务部理解错了。为此，葛礼生也将其所了解的情况，向内务部作了报告，并证实陈隆自三月十一日起，又重返圣伯多禄书院上课了。

不过，陈隆仅仅在此上了一个星期的课，就于三月十七日转学到城里一间名叫奥斯丁的汽车工程学校（Austin Motor Engineering School），选修一个七周的汽车维修培训课程，学费是五镑五先令。为了将该课程时间缩短，他还特地多付一笔学费，也上夜间课程，亦即白天和夜间的课他都选修。稽查官葛礼生经常来检查他的课程，该学校经理亦即课程主任告诉他说，陈隆对此课程很上心，理解力很强，很快就上手了。陈隆也向葛礼生表示，他将尽快学完这个课程，就返回中国。由是，葛礼生将上述情况报告给了内务部。

但是，内务部又不满意了。因为陈隆突然转学，并没有经过内务部的同意，换言之，他的转学到上述学校是非法的。更主要的原因是，上述所谓汽车工程学校，实际上就是修车行，其课程也主要是教授学徒如何辨别汽车的毛病及维修，完全是商业行为，不是真正意义上的技校。如果事先上报内务部要转学到这样的学校，那是绝对不会被批准的。只是考虑到陈隆很快就要搭乘"吞打"号班轮离境，内务部就表示对此不采取行动，只是让他再回去圣伯多禄书院读书，同时致函中国总领事宋发祥，请他与其同僚督促陈隆务必搭乘已经延期到四月十九日才离境的"吞打"号回国。

实际上，"吞打"号班轮并没有等到四月十九日离港，而是在比中国总领事馆估计的日期之前四天即四月十五日就启碇离开了。随后海关向内务部报告说，陈隆并没有按期登船回国，他仍然呆在美利滨。海关也派人再次找到仍然在奥斯丁车行做学徒实习的陈隆，得知他还有一两个星期才完成培训课程；并且他还告诉海关说，中国总领事馆的人员给他传达的原话是，让他准备好了之后就可以离境回国，换言之，不是强制他必须在规定的时间内离境。为此，他将赶乘六月十六日离港的下一班轮船"太平"号回国。

得知陈隆没有如期离境，并且还捎带上了其滞留的原因是因为中国总领事馆的指示，内务部不仅仅是不满意，简直就是被激怒了。内务部秘书于五月二十六日致函中国总领事宋发祥，除了对陈隆滞留表示强烈不满、要求其尽快采取行动让这位屡屡违规的中国留学生离境之外，还要求他解释何以会跟陈隆说让他准备好了就离境，这实际上就是姑息他的违规，让他可以理直气壮地继续滞留。接到上述公函后，宋发祥总领事也没有怠慢，立即指示美利滨中国领事采取行动。

陈隆事实上并没有等到六月十六日的"太平"号，而是在六月四日就与他父亲陈普一起搭乘"利罗"（Nellore）号轮船离开美利滨，返回中国。[1]事后看起来，他在年初的旷课固然和他预期于四月份离境回国有关，如果没有内务部的强势介入，他可能就如期登船回国了；但因中国总领事馆介入并让其在等待船期的空隙里重返学校念书，因课程原因以及所学技术尚未完成，导致他无法在四月中旬离境，而编造一个说得过去的理由，尤其是将中国总领事馆也牵入的话，就有可能争取一些时间，于中国总领事馆和内务部的公牍往返之间，就可让他从容地将此课程完成。就是说，他采取的是一种拖延战术而已。

但他上述牵涉中国总领事馆的话，就让宋发祥总领事被动了。面对澳大利亚政府内务部的诘问，宋总领事不得不全力以赴地应对，以澄清自己以及中国领事在这一问题上并非不配合，根本就没有对陈隆作过上述表示。他把自己与中国驻美利滨领事之间自三月份以来涉及陈隆离境问题的所有来往电函抄件附上，向内务部秘书表明他们是如何与陈隆以及他的父亲陈普沟通，督促他及时按规定离境；而且在这些往来公文中显示，正是因为中国领事的努力，陈隆才得以在六月四日搭乘"利罗"号轮船而不是他原来预订的六月十六日的"太平"号轮船离境。最终，内务部接受了宋总领事的解释。

---

[1] Chun Loong（Chinese student）ex "Victoria" May 1923 - Departure from Commonwealth per "Nellore" June 1930, NAA: B13, 1930/2946。

　　陈隆回国时，已年满二十一周岁。此后，再未有他返回澳大利亚的任何信息。

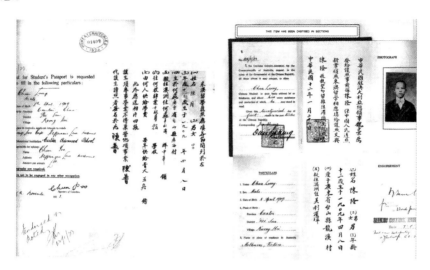

　　左为一九二二年十一月十六日，陈普提交给中国驻澳大利亚总领事馆请领陈隆护照和签证的申请表。右为中国总领事魏子京于一九二三年一月二十二日给陈隆签发的中国学生护照。

WESLEY COLLEGE,
MELBOURNE.

21st July, 1927.

With regard to Edward Chinn, who has been
a pupil of Wesley College since the
beginning of this year, I understand he
is returning to Canton shortly, but may
come back to Melbourne.
He has shown himself an excellent pupil
in every way and we shall be very glad
to receive him back at the College if he
returns to Australia.

Headmaster.

　　左为一九二七年陈隆回国探亲前，卫斯理书院院长签发的同意他返澳后再入该书院就读的录取信。右为陈隆一九二八年重返澳大利亚入境时提交的照片，但该照片是他一九二五年十六岁时拍摄的。

档案出处（澳大利亚国家档案馆档案宗卷号）：

Chun Loong - student passport, NAA: A1, 1929/6675

陈 享

台山南泮村

陈享（Ching Heng，也写成Chin Heng或Chin Hiang）是台山县南泮村人，一九〇八年六月六日出生。他的父亲名叫陈盛（Chin Sing），生于一八六五年四月十日，一八九二年跟随乡人一同到澳大利亚闯荡，最后定居于美利滨（Melbourne），[①]在该市的南部圣科达（St. Kilda）区系街（High Street）二十七号开设一间洗衣店（未注明中英文店名，按照当时大部分人的做法，店名可能就是自己的名字），生活稳定。

一九二二年八月一日，鉴于陈享已经十四岁了，当时正好是由中国驻澳大利亚总领事馆审办中国学生来澳留学事宜，加上已经有许多在澳华人把孩子申请来澳大利亚念书了，陈盛也想把儿子办来美利滨读书。于是，他填好表格，送交给中国总领事馆，为陈享申请中国学生护照和入澳签证。他以自己经营的洗衣店作保，承诺每年提供足镑膏火，要把儿子办到托士滨公立学校（Hawkesbury State School）读书。

中国总领事馆处理上述申请并没有耽搁多久时间。一个多月后，总领事魏子京便于十月十六日给陈享签发了号码为194/S/22的中国学生护照。两天之后，再为他申请到了澳大利亚政府内务部的入境签证。然后，中国总领事馆将护照寄往陈享的家乡，以便他尽快前来留学。

---

① SING Chin：Nationality-Chinese；Date of Birth-10 April 1865；Date of Arrival-April 1892；First Registered at Russell Street Melbourne，NAA：MT269/1，VIC/CHINA/SING CHIN/2。

在接到护照之后，对于一个十四岁未出过远门的孩子来说，要远渡重洋，即便是比较独立，也还是要在四乡找人结伴同行；更稳妥的办法，是找返乡探亲后重回澳大利亚的乡亲携带前往。所有这些，都需要时间。直到五个月之后，待诸事办妥，陈享才从台山乡下赶到香港，搭乘中澳轮船公司的"获多利"（Victoria）号班轮，于一九二三年三月二十二日抵达美利滨，入境澳大利亚。

但陈享并没有入读父亲事先给他安排好的托士滨公立学校，而是选择进入位于唐人街的长老会学校（P.W.M.U. School）念书。此时的长老会学校尚设在唐人街里的贴奋巷（Heffernan Lane），此后不久才搬到小博街（Little Bourke Street）。对于其在校之表现，校长谢爱琳（Ellen Sears）女士的评语比较简单，说他是一个求知欲强的学生，刻苦用功，各科成绩及进步皆令人满意。这样的情况一直持续到一九二五年底，没有什么变化。

一九二六年初，过了年就要满十八岁的陈享想要回中国探亲，计划在其来澳留学届满三年之后，于四月二十二日搭乘"太平"（Taiping）号轮船离境。他将此计划告诉了中国总领事馆，并表示在探亲结束后还要返回美利滨继续读书。为此，中国总领事魏子京于一月二十九日致函内务部秘书，为其申请再入境签证。对于这样的例行申请，且有关学生在校表现的学校报告也都比较正面，内务部也便如其所请，于二月五日复函批准。当然，按照惯例，再入境签证的期限都是十二个月，即自其离境之日算起，在十二个月内的这段时间里返回都是有效的。

可能是没有想到再入境签证批复下来得那么快，同时也正好赶上二月九日有劫扒东方轮船有限公司［The East and Australian Steamship Co. Ltd（Gibbs，Bright and Co. & Agents）］前往香港的班轮"丫拉夫拿"（Arafura）号启碇离港，陈享便改乘这艘轮船回国探亲去了。还好，他按规办事，探亲时间没有超过一年，到了这一年的年底，他便从台山再赶赴香港，搭乘日本人经营的轮船"三岛丸"（Mishima Maru），于十二月十九日赶在圣诞节之前，返回了美利滨。

到了一九二七年新学年开学，陈享重返小博街长老会学校念书。其在校表现，一仍其旧，就这样，他在这里又读了一年半的书。

一九二八年七月七日，二十岁的陈享结束了在美利滨的留学，乘坐"吞打"（Tanda）号轮船回国了。走之前，他知会了中国总领事馆，但并没有申请再入境签证，表明他此次回去是不会再回来了。此后，他再未入境澳大利亚。

一九二二年八月一日，陈盛为儿子陈享办理中国学生护照和入澳签证所填之申请表。

一九二二年十月十六日，中国驻澳大利亚总领事魏子京给陈享签发的中国学生护照。

档案出处（澳大利亚国家档案馆档案宗卷号）：

Ching Heng - Student passport, NAA: A1, 1927/1565

伍亚称

新宁上坪村

伍亚称（Ng Ah Chan）是新宁县上坪村人，出生于一九〇八年六月十七日。他的父亲名叫伍炳（Ng Ban 或 Ah Ben, Ah Bin, Ah Bang and Ah Been），应该是伍年（Tommy Ah Nam，或 Thomas Ah Nam，Ah Nan）的兄弟或者宗亲，因而也很有可能是与伍年差不多同一时期即十九世纪九十年代甚至更早几年来到澳大利亚闯荡的。[①]他也和伍年一起，定居于鸟修威省（New South Wales）中西部地区的週弹埠（Junee），并且也跟伍年一样，开了一间果菜园铺子，以自己的名字命名，叫做"伍炳"菜园铺。他也在一九〇七年回国探亲，伍亚称便是他此次探亲的结果之一。[②]

一九二一年澳大利亚开放中国学生留学。这一年的十月底和十一月初，伍年为两个儿子伍亚德（Ng Ah Ack）和伍亚焜（Ng Ah Goon）前来留学相继递交了中国护照等相关申请之后，伍炳也想让儿子到澳大利亚留学。于是，十一月十日，伍炳备齐材料，向中国驻澳大利亚总领事馆申请时年已经十三岁的儿子伍亚称来澳留学。他以自己经营的"伍炳"果菜园铺子作保，允诺

---

① 根据一份名字与伍炳名字相同的档案宗卷显示，伍炳生于一八七〇年，于一八八六年来到澳大利亚发展，一直在鸟修威省当菜农，一九〇三年归化澳籍。见：AH BEN [correspondence of the Collector of Customs relating to immigration restrictions] [7 pages] [box 3], NAA: SP42/1, C1903/2668.

② Ah Bing [also known as Ah Ben, Ah Bin, Ah Bang and Ah Been] [includes 6 photographs showing front and side views and left and right thumb prints] [issue of CEDT's in favour of subject] [box 365], NAA: SP42/1, C1938/2700。

每年供给膏火七十镑，作为其子在澳留学之费用，希望将其子办来自己居住的週弼埠所属的週弼学校（Junee Public School）念书。

中国总领事馆处理上述申请的速度还不算太慢，中国总领事魏子京于十二月十二日为伍亚称签发了中国学生护照，号码为130/S/21。然而，中国总领事馆在为伍亚称申请入境签证时却并不是很顺利。不知何故，澳大利亚联邦政府内务部在处理此项签证申请时，拖延了五个月之久，直到一九二二年四月二十一日，才为他核发了入境签证，并在当天将此护照退回给中国总领事馆，由后者寄送到中国伍亚称的家乡。

不仅仅是澳大利亚内务部拖延了伍亚称签证的核发，这位中国留学生本人在接到护照后也并没有立即收拾行装启程，而是一拖再拖，长达两年之久。直到一九二四年六月二十二日，已经年满十六周岁的伍亚称才乘坐"获多利"（Victoria）号轮船，从香港抵达雪梨（Sydney）港口，入境澳大利亚，由在雪梨经商的台山同乡伍尚渠（Willie Hing Oong）接船并协助办理入关手续[①]。然而，在入境时，伍亚称因在航海期间罹患了疥癣，被海关检疫局查出，需要在雪梨住院隔离医治达三个月之久。直到九月中旬，伍亚称的疥癣方才得以治愈，准予出院，正式办理入境手续后再辗转前往週弼，与父亲住在一起。

从十月七日开始，伍亚称正式注册入读父亲给他安排好的週弼学校。虽然此时的伍亚称已经十六岁，但首先要过语言关，因此，他在该校是从小学读起。从学校的报告可以看到，伍亚称学习刻苦，各方面表现亦令人满意，一年半之后便跳读到小学五年级，并且可以用英语作文了，是个了不起的进步。

三年之后，到一九二七年十月，伍亚称即将完成其小学六年级的课程，可以升读中学了，于是，他向位于週弼西南部约四十公里的获架埠（Wagga Wagga，也称获架获架埠）的基督兄弟会书院中学部（Christian Brothers High School）申请注册，准备于次年入读，获得了该校录取。为此，他想先回中

---

① 伍尚渠一九〇〇年来到澳大利亚发展，此时是雪梨"新遂和"（Sun Suey Wah & Co.）号商铺的大股东。该商行早在十九世纪末便由台山籍伍氏宗亲为主而创设，是雪梨中国城主要商铺之一。有关伍尚渠的档案见：William Hing Oong [Chinese - arrived Melbourne per CHINGTU, c. June 1900. Box 37], NAA: SP11/2, CHINESE/OONG W H。

国短期度假，然后再返回来继续读中学，遂通过中国驻澳大利亚总领事馆，于十月十八日向内务部提出再入境签证申请。十一月二日，内务部函复中国总领事，准允核发伍亚称再入境签证，即从其离境澳大利亚之日起算，他可在十二个月内返回澳大利亚，就读私立中学课程。

一九二七年十一月二十六日，十九岁的伍亚称从週弸赶到雪梨，登上日轮"安艺丸"（Aki Maru），离开澳大利亚，返回中国探亲。虽然在走之前做了详细安排，希望再返澳大利亚继续完成中学课程，但此后再也未见有伍亚称重返澳大利亚的任何信息。也许，回到中国之后，因各种各样的缘故，伍亚称无法继续返回澳大利亚念书，而是由此选择在中国升学，或者走向社会，开始了自己的职业或经商生涯。

一九二一年十一月十日，伍炳为儿子伍亚称申办中国护照赴澳留学而填写的申请表。

一九二一年十二月十二日，中国驻澳大利亚总领事魏子京为伍亚称签发的中国学生护照。

档案出处（澳大利亚国家档案馆档案宗卷号）：

Ng Ah CHAN - Student passport, NAA: A1, 1927/11362

伍华炳

台山崩巷村

出生于光绪三十四年（一九〇八年）十一月十一日的伍华炳（Ng Wah Ping），是台山县崩巷村人。他的父亲名叫伍郁明（Ng Yuck Ming），大约是在十九世纪最后的几年间，从家乡前赴澳大利亚谋生，最后在美利伴（Melbourne）扎下根来，但具体职业不明，可能是在该市的佛珠来（Fitzroy）区经营小店。因澳大利亚国家档案馆查不到与其名字相关的宗卷，无法得知他抵澳后的进一步发展情况。

到一九二二年底，伍华炳已经满十四岁了，伍郁明要将其办来澳大利亚读书，遂准备好材料，请朋友陈华文（Chin Wah Moon）帮忙，[①]代为向中国驻澳大利亚总领事馆申领其子伍华炳来澳留学护照和签证。虽然在申请表上，伍郁明应允每年供给学费，但没有写明要给多少；对于其子来美利伴之后要进入哪间学校读书，也没有具体说明，只是表示要将其送入公立学校入读而已。尽管上述材料尚有许多不明了之处，但中国总领事馆接到后仍然给予了处理。也许是当时中国总领事馆就设在美利伴的缘故，对于当地侨胞的申请材料如有不明白之处，比较容易就近沟通了解，因此，极有可能是总领事馆就上述问题与伍郁明进行了联络，伍郁明最终可能也对上述不明了的事

---

① 陈华文十九世纪末年来到澳大利亚发展，在美利伴立足，后与伍学琳合股在美利伴经营"广东酒楼"。见："广东酒楼及旅馆公司广告"，载美利伴《警东新报》（Chinese Times）一九一〇年十月二岁九日，第二版。MOON Chin Wah: Nationality - Chinese: First registered at Melbourne, NAA: MT269/1, VIC/CHINA/MOON CHIN W。

项进行了解释和补充。到一九二三年一月三十日，中国驻澳大利亚总领事魏子京给伍华炳签发了中国学生护照，号码是223/S/23；第二天，澳大利亚联邦政府内务部也为他核发了入境签证。待这些手续办完，中国总领事馆就将护照寄往中国伍华炳的家乡，让他尽快安排船票，前来留学。

三个多月之后，伍华炳就从家乡赴香港，在那里乘坐由华资中澳轮船公司经营的"获多利"（Victoria）号轮船，与一道赴澳留学的同乡刘兆利（Low Shew Lee）、①陈隆（Ching Loong）及一位姓李的少年结伴而行，于五月十七日抵达雪梨（Sydney）港口，入境澳大利亚。雪梨并非伍华炳的目的地，只是因为陪同他们来澳而在途中充当他们监护人的返程成人同乡的目的地就是雪梨，因此他只得在此下船入境，再由此地亲戚朋友代为购买火车票，继续前往美利伴。好在他此行还有人陪同，因为陈隆也跟他一样，亦是要前往美利伴读书。

抵达美利伴之后，他并没有进入公立学校读书，而是最终进入设在唐人街的长老会学校（P.W.M.U. School）念书。对于这个学生，长老会学校校长谢爱琳女士认为，他在校表现尚可，就是学习进步缓慢。事实上，他在学校中碰到的最主要问题是语言障碍，从而导致他一时间难以适应学习的进度。以这样的状态，伍华炳在这间学校读了大半年的时间，直到次年的三月份。

从一九二四年四月初开始，伍华炳转学到位于美利伴东区的圣伯多禄书院（St. Peter's School），跟他一起转学入读该校的，还有他的台山同乡伍晓严（Ung Hue Yen）。②他在这间学校的学习和操行，亦同样令人满意。更重要的是，一路读下来，他终于克服了语言障碍。两年后的校长报告显示，他在英语表达上已经有了长足进步，这也是他的老师最感欣慰的一件事。

就在其英语能力有了很大提高之际，一九二六年三月二十六日，十八岁的伍华炳突然在美利伴登上日本轮船"三岛丸"（Mishima Maru），前往香港，转道回乡了。跟他一起走的，是与他一同转校到圣伯多禄书院读书的同乡——十五岁的伍晓严以及前来美利伴读书已达四年之久的新会籍学生凌月

① 刘兆利的留学档案见Low Shew Lee - Student passport, NAA: A1, 1928/4769。
② 伍晓严的留学档案见Ung Hue Yen（Willie Kim）Students passport, NAA: A1, 1931/7430。

超（Ling Giet Chow）。[1]伍华炳和伍晓严两人走之前既没有知照内务部，也没有通知中国驻澳大利亚总领事馆，后者还是在接到前者的函告之后，方才得知这两个学生离境的消息。两位年龄在十五岁到十八岁之间的少年，赴澳已近三年，想家了也是很自然的事。如果他们家庭条件允许，读书期间回国度假一年半载，在当时是司空见惯的事，不足为奇。

可能是在国内待够了，或者是受到了家长的严厉督促，还需要继续完成学业，才能走向社会，做工谋生。于是，一年之后，伍华炳和伍晓严二人便先行跟圣伯多禄书院院长郝力强（Leonard John Howard）先生联络，表示愿意重返学校念书，希望圣伯多禄书院能够接受他们返校。一九二七年五月三日，郝力强院长致函中国总领事，表示愿意接收这俩学生回读。与此同时，伍华炳和伍晓严也联络上了中国驻澳大利亚总领事馆，恳请其协助申请再入境签证，以便其重返澳大利亚留学。在接到郝院长的上述录取函之后，中国驻澳大利亚总领事魏子京便于五月九日备函，向内务部提出上述两位中国学生的入境签证申请。内务部接到上述申请之后，核查了两位学生此前的在校学习报告，未发现有任何违规之处，遂于五月二十日函告中国总领事魏子京，批复上述申请，条件是他们必须在该年年底之前入境。

过了四个月，伍华炳再次与伍晓严结伴同行，从香港搭乘"吞打"（Tanda）号轮船，于十月二日驶抵美利伴，重返澳大利亚。一周之后，他重返圣伯多禄书院注册入学，在此念了两个月的书，就到了暑假。但到下一学年开始，他就又和伍晓严一道，转校返回原先读过大半年的唐人街上的长老会学校就读。在这里，他将自己名字的英文拼音改成了Ng Wah Bing。内务部最终还是通过美利伴海关稽查官葛礼生（J. Gleeson）的调查，才最终确认上述拼音与伍华炳护照上的拼音Ng Wah Ping实为同一人。根据长老会学校校长的报告，伍华炳的在校表现和学业都十分令人满意。

尽管如此，伍华炳在这里也只是念了半年书。此时，伍华炳已经年满十九岁，即将进入二十岁。按照一九二六年实施的《中国留学生章程》修订

---

① 凌月超的留学档案见：Ling Giet CHOW - Students passport, NAA: A1, 1927/8131。

版新规，十九岁之后的中国留学生，必须离开中学，进入私立商学院或其他大专院校读书。因此，一九二八年八月初，经长老会学校校长推荐，司铎茨商学院（Stott's Business College）院长霍梅思（C. H. Holmes）接受了伍华炳的入学申请；随后，中国总领事馆便致函内务部，再次为他申请再入境签证，因为伍华炳想在正式入读商学院之前，再返中国探亲。因长老会学校提供的学生报告令人满意，司铎茨商学院也给他预留了学位，加上此时伍华炳距中国学生在澳留学最高年龄上限尚有好几年的时间，回旋余地很大，一切都符合规定。既然如此，内务部很快就批准了这一申请，于九月五日复函中国总领事馆。该签证在其离境后的十二个月内有效，即他在这十二个月内任何时候返回念书皆可，条件是他再次返回澳大利亚后，必须入读司铎茨商学院。

待上述事情安排妥当，一九二八年九月十三日，伍华炳就在美利伴港口搭乘"彰德"（Changte）号轮船，回中国去了。但根据长老会学校校长给内务部提供的报告称，事实上，伍华炳此次回去中国并不是完全为探亲，而是因为家里已经帮他找好了媳妇，因此，他回去中国的主要目的是结婚。

跟两年前回国探亲一样，伍华炳这次回中国又是待了一年，有可能是在其妻子生下了孩子之后，才前往香港，乘坐"太平"（Taiping）号轮船，于一九二九年十月十一日抵达美利伴，重返澳大利亚念书。[1]可是，他并没有践约去司铎茨商学院注册入读，而是像上次回到美利伴一样，再次返回在唐人街的长老会学校入读了四个月，到一九三〇年三月初，才又转校回到以前入读过的圣伯多禄书院念书。虽然他在这里的表现一如既往的令人满意，但半年之后，他又于十一月初转回到长老会学校就读。其后的一年里，他没有再转校，认认真真地在此读满了一年的时间。

一九三二年初，新学年开学后，伍华炳注册入读位于美利伴城里的工人学院（Workingmen's College），主修商业艺术。当时这门课一年需要读四十五周，在一年的时间内分为三个学期读完，每学期学费为三镑十五先

---

[1] 根据长老会学校校长的报告，一九二九年返回澳大利亚重新入学的伍华炳，此前已在中国结婚，并且育有一子。详见：Ng Wah Ping-Chinese student, NAA：B13, 1930/17628。

令。可是，这时候问题来了：到十一月十一日，伍华炳就年满二十四周岁，按照《中国留学生章程》规定，这是中国在澳读书的学子最高年龄上限，到时就须终止在澳之留学，返回中国。因此，当这一年的十月十三日，中国驻澳大利亚总领事陈维屏致函内务部为伍华炳再申请展签时，内务部已经意识到了其年龄到限问题，遂于十月二十四日复函陈总领事，拒绝为这位年龄到点的中国留学生展签。但考虑到伍华炳所选的课程要到年底才能结束，内务部格外开恩，同意将其签证有效期延至年底，即到十二月三十一日之前有效。对于内务部来说，这样做已经充分显示出其比较通融地对待留学生的学习，算得上是照顾其留学利益。

但此时的伍华炳还不想离开澳大利亚，因为这门课即使到年底该学年结束也还没有读完，还需要读一年才算完成学业，因此，他便求助于美利伴基督教长老会。因伍华炳在唐人街的长老会学校读书多年，属于长老会照顾的对象，该教会自然乐于为其向内务部求情，于是，由华人传教使团的主管牧师出面，致函内务部秘书，希望内务部格外开恩，再给他一年展签，以便他能最终完成在澳学业。但内务部不为所动，于伍华炳二十四岁生日当天，回绝了长老会的请求。既然长老会分量不够，无法达成目的，伍华炳用上了最后一招。五天之后，工人学院院长艾黎思（Frank Ellis）亲自写信给中国总领事，特别说明现在伍华炳的学业甚好，尚须一年方可全部完成此课程，希望能特别协助批准其展签十二个月，由其将此诉求转交给内务部秘书。与此同时，艾黎思先生也致函海关总监，同样以上述理由陈情，请其协助这位中国学生获得展签一年。在这种情况下，内务部经过研究，于十二月八日特别批复，准允伍华炳再展签一年，即签证有效期从十二月三十一日起算，到一九三三年十二月三十一日止。

就这样，伍华炳得以继续留在工人学院念书。接下来的学校报告显示，他的在校表现一如既往，甚得好评。可是，尽管有足够的签证有效期，但他并没有充分利用这得之不易的签证有效期，把余下的一年课程读完，而是在一九三三年六月中旬便结束了在这间学院的课程学习，就于当月十四日在美利伴港口乘坐"太平"号轮船，前往香港转道回国了，从而结束了十年的在澳留学历程。

　　伍华炳是否按计划完成了学业，不得而知，档案材料没有说明，但考虑此前学院所说他需要一年方能完成课程，以他当时的英语能力显然无法在半年内读完。而在离境之前，他也没有知会中国总领事馆，因而他提前回国的具体原因也不明了。考虑到这一年他就要二十五岁，在家乡还有娇妻和一位刚刚生下来他就不得不离开的孩子，在这重返澳大利亚读书的三年半时间里，家乡有太多的事情在等待着他回去解决，何况还有对家人的思念，这些也许是导致他提前返回国内的主要原因。

　　将他在澳留学十年期间曾回国探亲长达两年半的时间剔除之后，伍华炳实际上在澳留学的时间约为七年半左右。

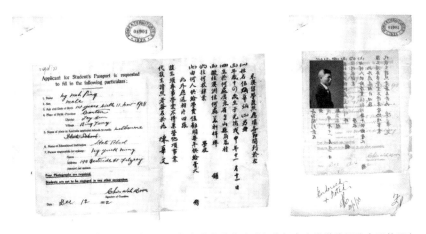

左为一九二二年十二月十二日，伍郁明为申办儿子伍华炳来澳留学填写的中国护照和入境签证申请表。右为申请表上所贴伍华炳的侧面照片。

一九二三年一月三十日，中国驻澳大利亚总领事魏子京给伍华炳签发的中国学生护照。

民
国
粤
人
赴
澳
大
利
亚
留
学
档
案
全
述

台
山
卷

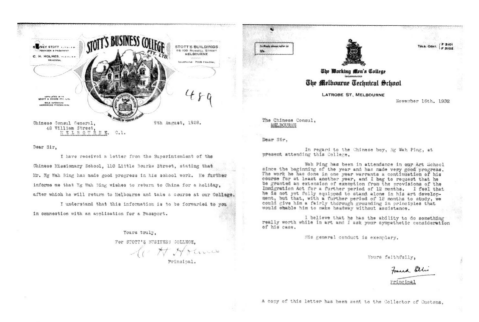

左为一九二八年八月九日司铎茨商学院院长霍梅思同意接受伍华炳重返该院入读的录取信。右为一九三二年十一月十六日工人学院院长艾黎思为伍华炳申请特别展签一年致中国总领事函。

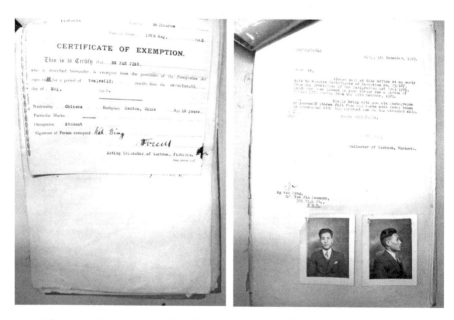

左为一九二四至一九二五年域多利省（Victoria）海关发给伍华炳的豁免签证。右为一九二九年二十一岁的伍华炳重返澳大利亚读书时提交的新近照片。

档案出处（澳大利亚国家档案馆档案宗卷号）：

Ng Wah Ping - students passport, NAA: A1, 1932/649

140

左珠雷元、沾士雷元兄弟

台山荷木村

    台山县荷木村的左珠雷元（George Louey Goon）和沾士雷元（James Louey Goon）是兄弟俩，前者出生于一九〇八年十一月二十日，后者则是一九〇九年十月三日出生。从他们的出生日期相距不足十一个月来判断，他们极有可能不是同母所生，只是同父异母之兄弟。二十世纪初年的中国农村，男人在家娶有正室后，再纳偏房，并无不妥，也算得上是很正常的事。在这里，左珠和沾士分别是其英文名George和James的中文译名，雷元（Louey Goon）则是其父亲之名。这种姓名的写法，事实上也反映了当时在澳华人给第二代取名的惯常做法，即把父亲的名字或者全名做姓，前面加上一个常用英文名，便成为华人第二代的名字了。

    雷元（他的英文名字，有时候也写成Harry Louey Goon）大约生于一八七七年，至少是在澳大利亚联邦成立的那年即一九〇一年从家乡南渡，来澳发展。[①]但在另一份档案中，则表明其抵达澳大利亚的年份约在一八九二年前后。[②]显然，前面所提到的一九〇一年入境应该是其首次回国探亲返澳后的年份，可能是因为时隔几十年填表申报最早的入境年份，他无法清楚记忆所致。无论如何，从现有的档案记载得知，他先从域多利（Victoria）的首

---

① LOUEY Goon-Nationality：Chinese-Arrived Melbourne 1901，NAA：B78，LOUEY/G。

② James Louey Goon，NAA：A2998，1952/2769；GOON Louey：Nationality-Chinese：Date of Birth-1877：Arrived May 1892：First registered at Wodonga，Victoria，NAA：MT269/1，VIC/CHINA/GOON LOUEY/1。

府美利滨（Melbourne）登陆，最终到鸟修威（New South Wales）与域多利（Victoria）两省交界的重镇朵备利（Albury）埠当菜农，租地种植蔬果，开设有一间与其姓名相同的"雷元"（Louey Goon & Co.）号菜园铺。此外，这份档案中所写之雷元的籍贯是荷木村，但在另一份档案中，则写成是河木村。[1]查现在的台山地名，有河木村而无荷木村。估计是在准备申请材料时，代为填表的人因"荷"与"河"同音，将其错写成荷木村了。

一九二二年，左珠雷元就要届满十四岁了，沾士雷元也将年满十三岁，父亲雷元决定将他们兄弟俩都办来澳大利亚留学。因他所填申请表未具日期，难以知道是何时填写递交的申请材料，但在申请表上写明左珠雷元和沾士雷元当年分别为十四岁和十三岁，并且文件的收档印章也是一九二二年，应该是在这一年的上半年或者年中提交申办。雷元以自己开设的"雷元"号菜园铺作保，承诺每年可以提供给两子膏火费各七十五镑，将他们接来入读自己居住地之朵备利公益学校（Albury Public School）。中国驻澳大利亚总领事馆接到上述申请后，于这一年的八月十日，由总领事魏子京分别给左珠雷元和沾士雷元签发了号码为173/S/22和174/S/22的中国护照。但在中国总领事馆按例送交护照到澳大利亚联邦政府内务部请发签证后，就等了四个月的时间，直到十二月十九日，才为他们拿到了入境签证。

在家乡等待上述证件的哥哥左珠雷元，又过了半年时间，才由家人安排妥当，前往香港，在那里与另外四位也是来自珠江三角洲不同县份的赴澳留学生结伴同行，搭乘中澳船行经营的"获多利"（Victoria）号轮船，于一九二三年七月二十六日抵达雪梨（Sydney），入境澳大利亚。但令人不解的是，弟弟沾士雷元却没有与哥哥一道赴澳，而是留在了国内，有可能是其母亲不舍得他远赴重洋，希望其在国内完成学业再作打算。雷元事先便从朵备利来到雪梨，将儿子接出海关后，在这里稍事歇息，便换乘其他交通工具，辗转六百多公里，回到"雷元"号铺里。

抵达朵备利后，十五岁的左珠雷元便在七月三十日正式入读该埠的朵备

---

[1] Joe Goon-Student's passport，NAA：A1，1931/6178。

利公益学校。根据校长的报告，左珠雷元的在校表现良好，各项作业也很认真，按时上课，出勤率很高，尤其是穿戴得体，总是保持整洁；重要的是，两年之后，他的英语能力有了很大提高。总体而言，算得上是令人满意的好学生。

在左珠雷元于朵备利公益学校读了两年半之后，父亲雷元于一九二六年三月十七日致函朵备利公益学校校长，告知其子即将结束在该校的学习，要离开澳大利亚回国去，希望校长跟内务部秘书联络，请他给予其子左珠雷元几周时间的特别签证，让他借此机会到澳大利亚的几大都市走走看看，主要是了解和考察一下制造业的贸易情况，以便他回国后好进入这个领域有所发展。鉴于儿子过去两年多的时间里都在该校念书，期间表现一直令人满意，他希望校长能代为申请。校长认为雷元的请求也算合情合理，自然照办，且极力推荐。尽管如此，内务部长觉得不能破例，十天后便回绝了上述请求。既然上述计划无法实现，左珠雷元只好继续留在学校里念书，直到这一年的年底学期结束。在这段时间里，他的各项学业依然保持良好，且更加勤奋，总想把事情做得更好，深受老师喜爱。

可是，自从一九二七年新学年开学后，十八岁的左珠雷元便不再前往学校念书了，准备回国。当然，他也有可能利用自上一年底开始的暑假，去澳大利亚的几大都市周游探访，完成去年就想实施的商务考察计划。二月中旬，公益学校校长将其退学之事报告给内务部秘书。可能是去年这个时候就收到过雷元的信函表明其子即将学成回国，故内务部秘书在接到学校的报告后并没有采取行动，只是静观结果。果然，到三月十九日，左珠雷元便从朵备利赶到了雪梨，在此登上开往香港的"彰德"（Changte）号轮船，告别澳大利亚，结束了近四年的留学生活，返回中国去了。跟他一起走的，还有他的堂弟雷超元（Joe Goon）、雷超昌（Joe Chong）以及同村同宗兄弟雷嫌（Louey Lim）。[①]但跟他一起走的三人并非是辞别澳大利亚，而是返回中国探亲，他们计划一年之后回澳念书。

---

① 这三人的留学档案，见：Joe CHONG - Students passport, NAA: A1, 1930/4778; Joe Goon - Student's passport, NAA: A1, 1931/6178; Louey Lim - students passport, NAA: A1, 1932/1085。

而也就在这个时候，四年前拿到签证后没有跟哥哥左珠雷元一起赴澳留学的弟弟沾士雷元出现了。

就在左珠退学之事为内务部获悉之时，一九二七年二月二十四日，位于昆士兰省（Queensland）北部珍珠埠（Thursday Island）的澳大利亚东北部水域第一道海关的工作人员致电内务部，告知自香港启程前来的"彰德"号轮船上有一位年已十七岁的中国学生沾士雷元，手持过期护照和签证，希望进入澳大利亚留学，要入读朵备利埠的公立学校。内务部接到上述报告后，马上翻查记录，确认此前确实发出了签证给上述学生。但自一九二六年中开始实施修订过的《中国留学生章程》新规之后，作为缓冲，内务部曾表示此前所颁发的签证有效期可以延期到该年年底。对于这些早前获得签证尚未入澳的留学生，内务部曾经跟中国驻澳大利亚总领事馆有过沟通，希望由后者通知这些签证持有者，一旦过了一九二六年仍然未能入境的话，则护照和签证统统都会失效作废。鉴于有过上述交代，内务部就此事紧急联络中国总领事馆。中国总领事馆的回复是，已经在去年底发函通知了护照和签证持有人，但可能是通知函尚未抵达之时，其人已经在前来澳大利亚的旅途之中。为今之计，中国总领事馆的意见是希望内务部给予沾士雷元暂时入境一个月的签证，并由其监护人在海关缴纳一百镑的保证金，而中国总领事馆按照《中国留学生章程》新规，重新为他申请入读当地的私立学校，待一切就绪，再由内务部正式核发给其一年有效期的学生签证。

就在内务部与中国总领事馆交涉此事的过程中，上船检查的澳大利亚海关检疫人员发现沾士雷元在航海中染上疥癣，需要医治。此时，内务部已经对解决此案有了主张，即接受中国总领事馆的建议，准允沾士雷元登陆，因此，便指示海关在船上对这位中国青年进行治疗，同时，不让其在预定的雪梨口岸登陆，而是指示让他随船直接到美利滨埠再登陆，并且是在此经卫生检查合格后方才允许入关。由是，三月十日，沾士雷元随"彰德"号轮船抵达美利滨。当天，经医生全面检查后，发现其身上的疥癣经过去一个多星期的治疗，已经基本痊愈，海关遂按照内务部的指示，准允沾士雷元入境澳大利亚。"彰德"号轮船再由此启程返航，路经雪梨时，搭上在此等候上船的左珠雷元等人，驶往香港。换言之，虽然沾士雷元所乘之船返程时搭上了他的哥哥，但这对分别了四年之久的兄弟在澳大利亚却未能碰面。

按照内务部与中国总领事馆的协商指引，还在儿子从珍珠埠奔赴美利滨的途中，雷元便开始紧锣密鼓地为沾士雷元寻找一家可以入读的私立学校。经过一番比较和联络，他最终选定了朵备利文法学校（Albury Grammar School），该校也在三月七日便致函中国总领事馆，向其确认接受这位中国学生。根据《中国留学生章程》新规的要求，凡年满十四岁来澳入读学校之中国学生，须具备初步的英语学识能力，可是年满十七岁的沾士雷元却不谙英语。为此，中国总领事魏子京于三月二十五日致函内务部秘书，表示为给这位中国青年学生提供一个良好的学习和熟悉英语的环境，已经将其先安置在美利滨唐人街上长老会学校（P.W.M.U. School）念书，因为这里还有一些中文环境，可以帮助他尽快熟悉环境和提高英语，这比他直接去到朵备利那样完全陌生的环境学英语要好得多。他希望内务部特别批准沾士雷元在此先学习英语，给他三个月适应期，待其有了一定的英语能力之后，便再转去朵备利文法学校念书。内务部秘书觉得魏总领事的上述请求合情合理，便不在沾士雷元不够英语能力这个问题上再为难他，遂于三月三十一日予以批复，正式核发给他一年期的学生签证，有效期自三月十日起算，并将一百镑的保证金退还给雷元。

三个月后，朵备利文法学校校长致函内务部秘书，告知该校尚未接收到沾士雷元入读，原因是他仍然在美利滨的长老会学校学习英语。也就在这个时候，魏子京总领事亦同时致函内务部秘书，特别说明沾士雷元目前在长老会学校一切表现都很好，希望内务部考虑到他在这里读书有同是来自中国的同学帮助，可以使他更好地完成课业；而如果此时去到朵备利文法学校入读，以其现在的英语能力，根本就无法应付那些课程作业，为此，他吁请当局同意让这位中国学生就在美利滨这间学校继续读下去，而不用再转去朵备利念书。内务部秘书权衡再三，也认为这样的处置对学生更好，遂于六月二十四日复函，同意按照这样的安排让他一直读到年底；届时，视情对其去留再予定夺。就这样，沾士雷元得以继续在美利滨上学。次年，内务部继续同意他在这间学校念书，他也就一直在这里潜心读书，直到一九三〇年初。

一九三〇年新学年开学后，二十岁的沾士雷元没有再去学校上学，而是在二月四日通过中国总领事宋发祥向内务部秘书申请再入境签证，原因是他想下个月回国探亲。因其在过去的近三年中在校表现良好，内务部秘书遂按例予以批复，于二月十一日核发了再入境签证给他，准予他在十二个月内返回澳大利亚继续念书。当然，他计划重返美利滨后，就进入苏格兰书院（Scotch College）就读，并已经为此预作了安排，获得该书院首肯。待一切安排妥当，他便于三月十七日登上驶往香港的"彰德"号轮船离澳回国。[①]

到了一九三一年，可能因在国内就学或工作情况的变化，在其再入境签证即将到期之时，沾士雷元没有如期返回美利滨。事实上，他跟父亲商量后，已经决定不再回澳继续留学。为此，他将此决定告知了新任中国驻澳大利亚总领事桂植，并由后者于三月七日致函内务部秘书予以通告，并请其代为注销在苏格兰书院的注册。

可是，两年后，二十四岁的沾士雷元又想回来美利滨了，但不是以学生身份进来，而是申请以替工的身份，即申请商务签证进来，代替父亲管理其店铺。

一九三三年，雷元和他的弟弟查理雷元（Charlie Louy Goon）打算回国探亲，顺便休养一段时间，以便医治因过去四十年来在澳大利亚打拼所落下的疾病。哥俩希望在离开澳大利亚的这段时间里，其"雷元"号菜园铺能由他们各自的儿子沾士雷元和雷超元（Joe Goon）从中国前来代为管理。他们先于九月二十二日通过在朵备利埠的律师行向内务部申请，待一周之后接获复函告知必须经中国总领事馆提出申请方才受理的信息，十月七日，他们兄弟俩才通过新任中国总领事陈维屏向内务部提出申请。

接到上述申请后，内务部按照流程，先请海关提供"雷元"号菜园铺的财务状况与经营规模，以便定夺。根据海关的调查，"雷元"号还包括有一块三十公顷的菜地，是租来的，租金是每年每公顷二镑，目前雇佣有七名本地西裔工人种植蔬果并负责外发，高峰期曾雇佣工人达二十几人，一年净利

---

① 　James Louey Goon（Chinese student）ex "Changte" March 1927 - Departure per "Changte"（Thursday Island）March 1930, NAA: B13, 1930/8181。

146

润超过一百镑。按照以往批准的案例，从中国来的替工大多附属于各种不同的杂货商铺或进出口商行，很少有菜农申请替工者。但鉴于"雷元"号菜园铺有一定的规模，尤其是雇佣有七名本地工人，故内务部秘书特别将此报告给内务部长，由其将此作为特殊情况，作了折中处理批复。十一月九日，内务部秘书致函陈维屏总领事，告知内务部长批准了雷元兄弟俩中的一个儿子前来作为替工，条件是在其入境后三个月内，雷元兄弟俩须离境回国；待其返回澳大利亚后，其子则应在一个月内乘船回国。经兄弟俩商量的结果，陈总领事于十一月二十二日告知内务部秘书，决定由查理雷元的儿子雷超元作为替工，前来代为经营生意。①

但实际上，雷元还在想方设法为儿子前来澳大利亚作为替工寻找机会。雷超元于一九三四年二月一日搭乘"太平"（Taiping）号抵达雪梨后，其父查理雷元拖延到五月十四日方才从雪梨搭乘"彰德"号轮船回国。但是雷元则以种种借口拖延不走，理由是其侄子雷超元一人无法管理生意，希望内务部再考虑让其子沾士雷元也一并作为替工前来，才能管理好这项生意。他不仅通过中国总领事馆向内务部陈情，而且还通过联邦议员说情，希望内务部能考虑其具体情况批准其子来澳。在上述申诉的过程中，雷元来回折腾了好几个月。对此，内务部忍无可忍。就内务部本身而言，原本是将此事作为特殊案例处理的，同意雷超元前来澳大利亚，已经属于破例，但雷元的做法一是不体察当局对其生意的支持，另一方面也是藐视当局的决定。于是，内务部秘书于八月二十三日正式致函中国总领事陈维屏，提醒他雷元上述违规之事，希望他要么催促雷元尽快离境，要么就将雷超元遣返回国。②对此，雷元仍然坚持不离开澳大利亚。在经过多方疏导解释，实在无法再拖延下去之后，雷超元最终不得不提前结束其在"雷元"号菜园铺的替工，于十二月二十七日赶到雪梨，在此搭乘"太平"号轮船，驶往香港回国。而沾士雷元重返澳大利亚，代父经营生意的计划最终也没有达成。

---

① Joe Goon - Re Admission to Australia - Arrival per "Taiping"（Melbourne）February 1934, NAA: B13, 1933/19829。

② James Louey Goon, NAA: A2998, 1952/2769。

左为一九二二年，雷元填表提交给中国驻澳大利亚总领事馆，为儿子左珠雷元申办赴澳留学护照和签证。右为一九二二年八月十日，中国驻澳大利亚总领事魏子京给左珠雷元签发的中国学生护照。

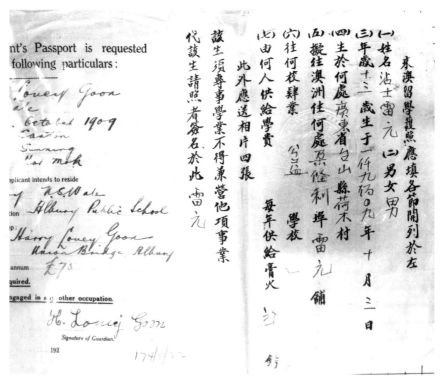

一九二二年，雷元填表向中国驻澳大利亚总领事馆申办儿子沾士雷元的赴澳留学护照和签证。

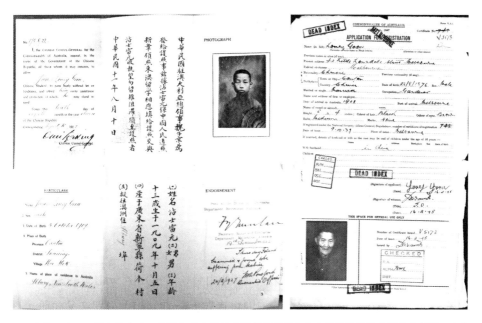

左为一九二二年八月十日，中国驻澳大利亚总领事魏子京给沾士雷元签发的中国学生护照。右为一九四八年外侨证上的雷元信息。

档案出处（澳大利亚国家档案馆档案宗卷号）：

Goon, George Louey - Students passport, NAA: A1, 1926/5981

James Louey Goon [Passport], NAA: A2998, 1952/2769

刘荣春

台山横水龙塘村

　　刘荣春（Wing Chun，或Lew Wing Chun），台山县横水龙塘村人，生于一九〇八年十一月二十八日。他的父亲名叫刘师东（Lew Shi Tung），至少在一九〇〇年便已从家乡来到澳大利亚谋生，最终定居在美利滨（Melbourne），于该城市北部的文珥攀（Moonee Ponds）埠亚历山打路（Alexander Road）五百四十四号开设有一间衣馆，名为"三兴"（Sam Hing）号。[①]

　　就在儿子即将年满十四岁的时候，刘师东决定将其办理来澳大利亚留学，便于一九二二年十一月十三日递表给中国驻澳大利亚总领事馆，申请办理儿子刘荣春赴澳留学所需之护照和签证。他以自己经营的"三兴"号衣馆作保，允诺每年给予膏火四十镑作为儿子的留学费用，要将他送到位于文珥攀埠的参亚市学校〔Church of England（Girls'）Grammar School，或也称为 St. Thomas Grammar School（圣多马文法学校），因为在一九二四年前者被后者合并〕念书。中国总领事馆接获上述申请后，审理还算顺利；过了两个多月，总领事魏子京便在一九二三年一月三十日给刘荣春签发了中国学生护照，号码是222/S/23。当天，中国总领事馆便将护照送交内务部请领签证；第二天，内务部就在护照上钤盖了签证章。

---

① 在澳大利亚国家档案馆里查找不到与刘师东英文名字相关的宗卷，但有一份以Sam Hing（三兴）为名的宗卷显示，三兴出生于一八七六年七月三日，澳大利亚联邦建立前来到美利滨立足。见：HING Sam: Nationality - Chinese: Date of Birth - 3 July 1876: First registered at Ascot Vale, NAA: MT269/1, VIC/CHINA/HING SAM。

过了半年，刘荣春便从香港搭乘"依士顿"（Eastern）号轮船，于一九二三年七月三日抵达美利滨，入境澳大利亚。早在确认刘荣春赶赴香港准备启程之后，他的父亲刘师东便于六月五日为其在参亚市学校正式注册，待他入境后，便让他立即入学念书。他在这间学校一直读了五年半的书，完成了整个中学课程。在校期间，他给老师和校长留下了深刻的印象：学习刻苦，作业认真，求知欲强，品学兼优。

从一九二九年新学年开始，二十岁的刘荣春进入美利滨工人学院（Working Men's College）读大学［该学院同年改名为美利滨工学院（Melbourne Technical College），是皇家墨尔本工学院（Royal Melbourne Institute of Technology，现在称RMIT大学）的前身］，并取了一个英文名，叫佐治·春（George Churn）。当时该学院是三学期制，每学期学费三镑十五先令，刘荣春主修电气工程和视觉艺术，每周上五个白天和两个晚上的课，可以说是全天候地学习，而且还利用不上课的晚上在无线电与音响实验

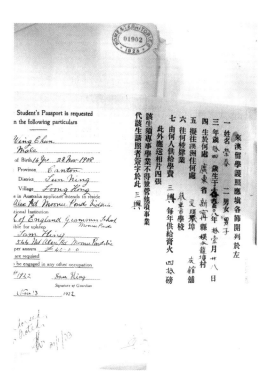

一九二二年十一月十三日，刘师东递表给中国驻澳大利亚总领事馆申办儿子刘荣春留学护照。

室里当助手，义务服务，不支薪水。基本上，他的在校表现优异，学业应付自如。虽然老师也指出他的英语熟练能力还不是太到位，有时候对理解课程有一定障碍，但他最终还是刻苦勤奋而得以克服。

到一九三二年七月初，中国总领事馆为他申请展签时，遇到了一个困难：刘荣春到十一月便满二十四周岁，按规定这是中国留学生在澳留学的最高年限，他应该在此时结束学习，返回中国。经中国总领事陈维屏特别致函

说明他在校表现优异，而且还另外选修了电影放映与录音以及其他的电气课程，尚需要一段时间才能毕业，希望能再给他展签一年，最终内务部长特批给他展签到这一年的年底学期结束。

这一年的十一月十八日，中国总领事陈维屏再次致函内务部秘书，告知刘荣春所学的电气工程A级及无线电工程B级证书考试将会延至下一年的八月份进行全国联考，希望内务部长考虑到这一因素，再次为其展签一年，以便其能顺利通过考试，拿到文凭。内务部长对此给予了积极的回应，特批展签九个月，有效期至一九三三年九月三十日，即在上述两项证书全国联考结束一个月之后。

一九三三年九月二十八日，就在刘荣春的签证到期前两天，美利滨工学院致函中国总领事馆，特别说明因刘荣春的无线电工程A级证书考试要延迟到下一年的二月才能进行，而为了准备该项考试，他还需要修读几个月的广播电台和相关布线课程及实验室操作，因此希望中国总领事馆协助他再申请半年的展签，使他能够完成上述课程及考试。对此，陈维屏总领事自然乐意再次为其争取。十月十二日，内务部长函复，再次给予刘荣春展签六个月，有效期至一九三四年三月三十一日。

转眼之间，半年签证就要到期了，刘荣春的考试也已经结束。就在一九三四年三月一日，美利滨工学院院长艾黎思（Frank Ellis）致函贸易与海关部长怀特（T. W. White），谓刘荣春此前来到他的办公室见他，希望协助他申请留在澳大利亚成为永久居民；而作为院长，他本人也很喜欢这位中国青年，也乐意代为申请，冀望内务部长能考虑到刘荣春的特殊之处，让他留下来。他列举了下列理由以支持这一申请：首先，刘荣春的父亲刘师东已经是澳大利亚的永久居民，一直辛勤工作供儿子读书，现在他的母亲黄氏亦在澳大利亚与父亲在一起，因此，让其一家人生活在一起，从人道上考虑亦是应该的；其次，自刘荣春在工学院读大学以来，一直勤奋好学，成绩优异，更重要的是，他长期以来在工学院的实验室充当助手，义务做了大量的工作，没有收取过一分钱，许多设备的维护和保养事实上也是他在负责，因此，一旦他能留下来，工学院愿意雇佣他，让他成为支薪的实验室维修员；最后，也是最重要的，自十一年前来到澳大利亚之后，刘荣春的举止言行已经完全澳大利亚化，他也将自己视为这个国家的一员，如果考虑到他的父母双亲都在这里的话，他将完全可以融入这个社会。三月二十日，内务部长在接到怀特的咨询函后回复说，澳大利亚联邦政府已经充分展现出了善意，特别为这位超龄的中国学生展签两年，已经为他做得足够之多，事实上他现在完成学业了，就应该立即安排回国的船期才是正道。接到怀特先生转来的内务部长的意见后，艾黎思院长也意识到没有能力改变这一决定，但还是在四月六日致函怀特部长，请其代为向内务部申请再给刘荣春展签到这一学年的年底，因为此时这位中国青年又在工学院注册入读了一年的研究生课程，主修电台通讯专业。内务部与海关部门之间公牍往来，对此问题讨论达一个月之久，倾向于同意。于是，内务部长于五月八日最终批复了上述申请。

一九二三年一月三十日，中国总领事魏子京给刘荣春签发的中国学生护照。

到了一九三四年的年底，刘荣春完成了上述研究课程。他知道不能再逗留下去，回国是其唯一的选择。但在过去的十几年留学时间里，他基本上都在读书，非常希望在回国前有一两个月的时间放松一下。然而，他的签证有效期是到十二月三十一日止，如果超过那个日期，还需要特别申请展签。他向来循规蹈矩，照章办事，于是在十二月一日便给海关部门写信，表示自己即将回国，希望再给三个月的展签，以便整理行装，并在各地走走度假，放松一下。两周之后，海关回复说，经与内务部协商，此项要求可以考虑，但他需要经由中国驻澳大利亚总领事馆循正常渠道向内务部提出申请，方才受理。但一直到一九三五年一月下旬，中国总领事馆也没有代其提出展签申请。时间就这样过去了两个月。

一九三五年二月中旬，刘荣春直接知照内务部，告知自己的离境日期将在三月初。三月二日，他在美利滨登上"利罗"（Nellore）号轮船，驶离澳大利亚，经香港返回家乡。[1]他总计在澳留学十一年半，完成了大学学位，并且还有一年的研究生文凭，学成而归。

档案出处（澳大利亚国家档案馆档案宗卷号）：

Wing Chun - Students passport 222, NAA: A1, 1935/88

---

① George Churn （or Wing Chu Liue）（Chinese student）- Departure per "Nellore" March 1935, NAA: B13, 1930/12838。

陈池安

台山田美村

　　陈池安（Chin Chee On），生于一九〇八年二月十三日（此处显然是农历，公历应该是三月十五日），[①]是台山县田美村人。可能当时台山刚刚从新宁县改名不久（一九一四年改名），其海外乡人在填写籍贯时便不免新旧县名互用。因此，在陈池安的申请表中文栏目上，我们看到他填的籍贯是台山县，但在护照上则仍然显示为新宁县。

　　他的父亲是陈文大（Chin Moon Tai），时在澳大利亚鸟修威省（New South Wales）的朵备利（Albury）埠经商，开有一间果蔬杂货店，名"源盛"。鉴于申请表上及其他文件中皆无涉及他的进一步信息，澳大利亚国家档案馆里也检索不到与其名字相关的宗卷，我们无法知道他是何时来到澳大利亚的。根据当时大部分在此定居或长期生活的来自珠江三角洲的华人赴澳情况来看，大体上都是在二十世纪初年前后进入这块土地拼生活的，陈文大应该属于这个群体之一员，几经周折，最后选择在鸟修威省和域多利省（State of Victoria）交界的重镇朵备利定居下来。[②]

[①] 护照申请表上中文栏目部分填的是陈池安生于清宣统元年，但在英文部分则显示为一九〇八本文以其申请表中文栏目上的年龄为准。年，护照上也是一九〇八年。按一九〇八年是光绪三十四年，当年光绪皇帝驾崩，宣统皇帝即位，但其纪年即宣统元年则从次年一九〇九年起算，而非从光绪皇帝驾崩之年算起。本文以其申请表中文栏目上的年龄为准。

[②] 从当时雪梨华文报纸上刊登的信息看，上述源盛号商行也可能是叫"源盛园"，亦即陈文大同时也是菜农，有一块菜园，其商铺也自产自销，加上兼售其它杂货。见："蒙惠报金"，载雪梨《东华报》（Tung Wah Times）一九一六年四月一日，第七版。

在陈池安年满十四岁之后，陈文大要为儿子的教育作进一步的规划了，遂于一九二二年五月一日，具表向位于美利滨（Melbourne）的中国驻澳大利亚总领事馆申请儿子陈池安的中国学生护照和入境签证，申办其来澳留学，到他所居住的朵备利地区公立学校（Albury District School）就读。为此，他以自己所经营的"源盛"号商铺作保，承诺每年提供膏火七十五镑，作为儿子在澳留学期间的所有费用。

接到上述申请后，中国驻澳大利亚总领事馆的处理还算是比较及时。不到两个星期，中国总领事魏子京便于五月十三日为陈池安签发了号码为147/S/22的中国留学生护照。又过了两天，也为他从澳大利亚联邦政府内务部拿到了入境签证。按照流程，中国总领事馆次日便将此铃盖签证的护照寄往中国陈池安的家乡，以便其家人为他准备行装，尽早启程，前来澳大利亚入学就读，接受西式教育。接到护照后，陈池安基本上也没有多少耽搁，很快便从台山赶往香港，搭乘中澳轮船公司的班轮"获多利"（Victoria）号，于一九二二年八月二十六日抵达美利滨，入境澳大利亚。随后他从这里乘车再北上东行，抵达距美利滨东北部三百多公里的朵备利埠，与父亲陈文大住在一起。

九月一日，陈池安正式注册入读朵备利地区公立学校。据校长在该年年底的报告，陈池安在校各项表现俱佳，遵守校规，英语进步很大。就这样，陈池安在该校读了整整两年的书，除了期间有两天时间请病假之外，从未旷过课，属于令学校满意的好学生。

在这期间有个小插曲。一九二四年四月二十三日，内务部的一位稽查员向上峰提交了一份报告。他在报告中表示，不久前曾奉命前往朵备利，对该地仅有的两间华人经营的洗衣房进行检查。在祺瓦街（Kiewa Street）的一间名叫Den Lee（净利，译音）的洗衣房里，他发现一位十六岁的中国广东来的男孩，正在那里熨烫衣服。该男孩告诉这位稽查员，他叫James Mun Tie，从美利滨入境到此读书，每天放学后及节假日在此间洗衣房做工。该洗衣房由其叔叔陈近华（Chin Dan Wah）经营，他就跟叔叔住在这里，食宿衣物等由

叔叔提供。①随后这位稽查员找到该男孩的父亲Mun Tie（译音：文铁），②
他经营着一家小杂货店，很坦承地向稽查员承认其子会时不时地在洗衣房做
工。当稽查员指出学生签证不能打工，如有违反将被取消签证，遣返回国
时，该学生父亲对此并不以为然，轻蔑地回复说：你去找我们的中国领事说
吧，这样的事情他们都知道。为此，该稽查员自然很不爽，遂吁请上峰关注
此事，建议在必要时不给其展签，让其回国。③内务部接到这封报告后，并没
有采取行动，只是在这一年的八月底批复陈池安的展签时，致函中国总领事
馆，提醒其转告该留学生的家长，让他明白其子来澳是留学而不是做工的；
并强调说，请其记住《中国留学生章程》中有关学生不能打工的规定，不然
其子将有被中断在澳读书、遣返回国的后果。

从上述稽查员的报告上看，虽然他碰到的那位中国学生的年龄和在美利
滨入境的情况，似乎与陈池安对得上号；但从其给予的姓名及其父的名字来
看，似乎又有所不同，因为与陈池安护照和签证申请材料中所提供的相距太
远。或许是由于上述原因吧，内务部也不能确定稽查员所说的那位中国留学
生就是陈池安，因而也就只能旁敲侧击，提醒一下而已。

就在陈池安刚刚拿到第二年的展签两个月，中国总领事馆就于一九二四
年十月二十七日致函内务部，谓陈文大近期要回中国家乡探亲，须把儿子一
并带返中国去，但会在一年时间内返回澳大利亚，希望能为陈池安申请再入

---

① 在澳大利亚国家档案馆里无法查找到与James Mun Tie和李近华名字相关的宗卷。但在五年后，该
Den Lee号洗衣馆由一八九三年便从广东省新会县京背村来到澳大利亚发展的黄华（Wong Wah）
收购。海关提供的信息显示，黄华是从一位名叫黄恩（Wong Yen）的华商手上将该洗衣店承接过
去的。由此可以推测，陈近华在一九二四年后将店典给了黄恩，或者当时就是他们二人一同经营
该店，其后陈近华退出经营，将股份全部转让给黄恩。见：WAH Wong: Nationality - China: Date
of Birth - 26 May 1864: First registered at Russell Street, Melbourne, NAA: MT269/1, VIC/CHINA/
WAH WONG; Charlie Wah - student passport, NAA: A1, 1929/7205。

② Tie, Mun - Nationality: Chinese - Alien Registration Certificate No 1903 issued at Thursday Island, NAA:
BP4/3, CHINESE TIE MUN。上述档案宗卷显示，十九世纪末二十世纪初年，文铁就抵达澳大利
亚的昆士兰省（Queensland），在那里定居十余年后再南下到鸟修威省，最终定居于朵备利埠。
见：Mun Tie, Lock Yew On, Pon Wah, Mew Sun, Tong Lon, Ah Wing, Gum Eng, Young Hew and Lin
Hing [Certificate Exempting from Dictation Test - includes left hand impression and photographs] [box
172], NAA: ST84/1, 1924/379/91-99; Mun Tie [includes photograph showing front and side views and
left and right thumb prints] [box 166], NAA: SP42/1, C1924/9149。

③ Chin Chee On [includes left and right thumb prints] [box 165], NAA: SP42/1, C1924/7949。

境签证，以便其重返澳大利亚继续学业。根据《中国留学生章程》以及陈池安在学校中的良好表现，内务部觉得没有拒绝的理由，遂于十一月十一日复函批准，条件是在其离境后之十二个月内，任何时间返澳皆可。最后，还不忘提醒中国总领事馆转告陈池安，在澳留学时不能打工，不然将有被遣返回国之后果。待返澳签证确认之后，十一月十二日，陈池安就与父亲一起去到雪梨（Sydney），在此搭乘"丫拿夫拉"（Arafura）号班轮，经布里斯本（Brisbane）驶往香港回国了。

然而，陈池安并没有在一年内如期返回澳大利亚，而是回国后就按照父亲的安排，进入香港一间名叫Hor Yee College的中英双语教学书院读书，而且一读就是两年半的时间。陈文大是想让儿子的中文基础更为扎实，同时也不要丢了英语，才把他送到香港读书的。

到一九二七年八月底，中国总领事馆致函内务部，告知陈池安的这种情况，并表示陈池安此时之中文学习即将结束，希望重返澳大利亚继续以前的学业，并想在此完成中学课程之后，通过大学入学考试，最终进入美利滨大学读医科。为此，陈池安事先也跟位于美利滨矮山顿（Essendon）区的圣多马文法学校（St. Thomas Grammar School）咨询过他进入该校念书的事。该校对他的请求表现积极，校长也于八月二十六日特别致函中国驻澳总领事，表示愿意录取陈池安入读。既然如此，内务部觉得理由充足，遂给他开放绿灯，于九月七日函复中国总领事，批准陈池安的入境申请。条件是如果他在一九二八年三月三十一日之前入境就学，其原有之签证有效。[1]

看来，陈池安很幸运。但过了一九二八年三月底，他并没有入境。直到五月十四日，中国总领事才致函内务部，告之延误的实情。因陈池安于启程之前大病一场，直到最近方才康复，但原有签证已经过期，故再次申请给予三个月的延期入境，以便他重新购票，乘船前来澳大利亚入学。鉴于这是突发变故，个人无法控制，内务部表示理解，并再次给予陈池安三个月的延签，亦即有效期延至六月三十日。

---

[1] Chin Chee On - Re Return to Australia for educational purposes, NAA: B13, 1927/20674。

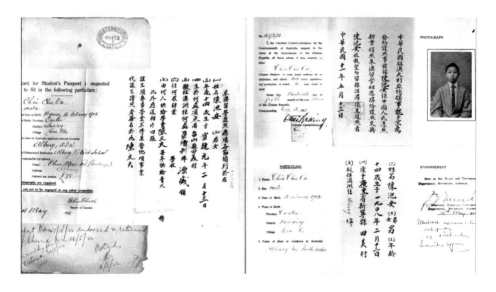

左为一九二二年五月一日，陈文大向中国驻澳大利亚总领事馆提交的陈池安护照申请表。右为一九二二年五月十三日，中国总领事魏子京给陈池安签发的中国学生护照。

尽管澳大利亚内务部对陈池安重返澳大利亚就学给予了各种方便，但他的档案就此终止，此后再也没有他的进一步信息。换言之，二十岁的陈池安在获得了再入境签证之后，并没有前来。是什么原因影响了他的决定，不得而知。

从其入境到离境，陈池安总计在澳留学未及两年半。但他在朵备利乡镇学校的学习，为其英语学识打下了良好的基础。

档案出处（澳大利亚国家档案馆档案宗卷号）：

Chin Chee ON - Student passport, NAA: A1, 1927/16802

陈亚庄、陈亚臻兄弟

台山天平村

　　这是一对双胞胎兄弟。陈亚庄（Chin Ah Jon）和陈亚臻（Chin Ah Jang）是台山县天平村人，出生于清宣统元年三月初二日，公历是一九〇九年四月二十一日。

　　他们的父亲名叫陈孔裕（Chin Hong Yee）。档案中没有提供更多的有关陈孔裕的信息，但根据当时在澳大利亚的台山籍华人的来澳情况，他大体上也是在十九世纪末到二十世纪初年，追随乡人，买棹南下到澳大利亚谋生的。陈孔裕最终在美利伴（Melbourne）埠定居下来，并开设一个名叫"左治孔"号的小商铺，位于美利伴卡利弗顿山区（Clifton Hill）的皇后大道（Queen's Parade）四百四十一号。[①]因档案中只有该商铺的中文名，没有英文名，故其对应的英文名可能是George Hong。另外，档案中也没有说明其商铺属何性质。因该区在美利伴城区外围，且当时许多台山来的华人移民在这一区域多经营洗衣房或生果杂货铺，陈孔裕的"左治孔"号也有可能是洗衣

---

①　无论是陈孔裕还是左治孔的英文名字都无法在澳大利亚国家档案馆里搜索到。在美利伴华文传媒中，陈孔裕的名字最早出现于一九一一年初的捐款芳名之中。可见，此时他已经在美利伴站稳了脚跟，并且也有余力参与捐款等公益活动。见："宁阳改良监狱捐款名列"，载《警东新报》（Chinese Times）一九一一年一月二十八日，第七版。如果以他只用名字孔裕（Hong Yee）行世来查找档案宗卷的话，则有两个可能与其相关：Hong, Yee - Nationality: Chinese [Occupation - Merchant] [Born 23 September 1874] - Alien Registration Certificate No 5111 issued 7 July 1919 at Thursday Island, NAA: BP4/3, CHINESE HONG YEE; Hong Yee [Chinese - arrived Melbourne, July 1898. Box 46], NAA: SP11/2, CHINESE/YEE HONG。由此可见，陈孔裕生于一八七四年，于一八九八年抵达美利滨寻求发展。

房。但无论是经营洗衣房还是杂货铺，陈孔裕透示出来的信息是经营有道，财务良好，生活稳定。

一九二三年十二月十二日，陈孔裕填好表格，正式向中国驻澳大利亚总领事馆申请两个儿子前来留学，要求办理他们的中国学生护照和入境签证。他为双胞胎儿子选择入读的学校，是位于美利伴埠唐人街里的小博街长老会学校（P. W. M. U. School，Little Bourke Street）。事实上，当时的澳大利亚人也把这间学校称之为华人教会学校（Chinese Mission School），因为尽管这是当地基督教长老会所办，但主要由该会所属的女教士传教会管理，其教徒或教友也以唐人街周围的华人为主。这也是陈孔裕中意这间学校的缘故。至于两个儿子留学期间的各项开销，陈孔裕表示为其每年各提供膏火六十镑，并以自己经营的"左治孔"商铺作保。

虽然中国总领事馆在一九二三年至一九二四年的这一段时期收到的申请，因要与澳大利亚联邦政府内务部就《中国留学生章程》的修订事宜多方商讨，审理得都很慢，但相对来说，对陈氏兄弟的护照申请则处理得比较快些，前后不到四个月的时间。一九二四年四月七日，中国总领事魏子京为上述哥俩签发了中国学生护照，陈亚庄的护照号码是395/S/24，陈亚臻的是396/S/24。两天之后，澳大利亚内务部也核准了他们兄弟二人的入境签证。

十五岁的陈氏兄弟在中国家乡接到中国驻澳大利亚总领事馆寄来的护照之后，很快就收拾好行囊，赶往香港，搭乘中澳轮船公司经营的"获多利"（Victoria）号轮船，于这一年的八月二十五日抵达美利伴入境。当时许多中国小留学生在接到护照后要超过半年以上的时间才能启程，是因为还要寻找同行的伴侣或者是请成年人携带，而陈亚庄和陈亚臻因是双胞胎，二人即可结伴同行，无须等待。

九月九日，兄弟俩正式注册入读小博街长老会学校。校长谢爱琳（Ellen Sears）女士显然特别喜欢这对双胞胎兄弟，认为二人都是该校中拔尖的学生，好学上进，各方表现不错，进步极快。她评价说，这两兄弟学习勤奋，学业操行都备受称赞。他们以这样的学习态度和成绩在长老会学校读了近三年的书，期间他们潜心向学，波澜不惊。

一九二七年七月十四日，陈氏兄弟俩于美利伴登上"彰德"（Changte）号班轮，离开澳大利亚回国了，[①]此时，他们已年满十八岁。走之前，他们知会了中国总领事馆，但并没有申请再入境签证，预示着他们已经结束此间的留学生涯，因为此后在澳大利亚档案中再未能找到他们入境的线索。

一九二三年十二月十二日，陈孔裕向中国驻澳大利亚总领事馆递交陈亚庄中国学生护照申请表。

一九二四年四月七日，中国总领事魏子京签发给陈亚庄的中国学生护照。

---

① Ming Cheong, Tsoi Wai Leong, Tsoi Kwong Fat, Chin Ting, Chin Ah Jon, Chun Sik On and Chin Ah Jang - Departure from Commonwealth per "Changte" Julyu 1927 [8 pages], NAA: B13, 1927/17401.

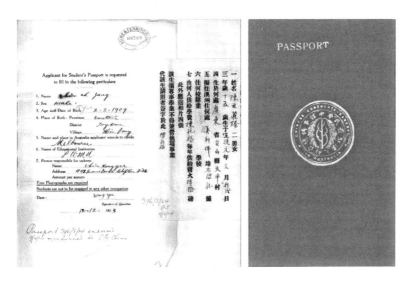

一九二三年十二月十二日，陈孔裕向中国驻澳大利亚总领事馆递交的陈亚臻中国护照申请表，及中国学生护照封面。

一九二四年四月七日，中国总领事魏子京签发给陈亚臻的中国学生护照。

档案出处（澳大利亚国家档案馆档案宗卷号）：

Jang, Chin Ah - Student passport, NAA: A1, 1926/18345

Jon, Chin Ah - Student passport, NAA: A1, 1926/18343

雷荣庚

台山侨临村

雷荣庚（Wing Keung，或者写成Louey Wing Keung或Louey Wing Kang），是台山县侨临村人，生于一九〇九年五月十三日。其父名叫雷庚（Louey Keung，或写成Louey Kang），在二十世纪二十年代初，已经在澳大利亚鸟修威（New South Wales）省与域多利（Victoria）省交界的重镇朵备利（Albury）居住了多年。可是根据上述英文名字，我们无法查找到雷庚是何时从中国赴澳谋生的。从当时在朵备利的台山同乡暨同宗的雷昌（Louey Chong）①和雷元（Louey Goon）②等人都是在澳大利亚联邦成立之前即一九〇一年以前便已来到该地的情况，以及当时同乡或同宗大多皆结伴而来的特点来看，雷庚极有可能也是这个时期来到澳大利亚的，或许也是跟他们结伴而行者。雷庚在朵备利立足下来之后，所从事的营生是种植蔬果并设店售卖。③这也与前述的雷昌和雷元等人一样，属于同行。只是档案中没有提供其店铺的中英文名字，因而无法将其列出来。如果参照雷昌和雷元的店铺都是

---

① 雷昌一八九六年从广东台山来到澳大利亚发展。见：LOUEY Chong - Nationality: Chinese - Arrived Melbourne April 1896, NAA: B78, LOUEY/C。

② 雷元一八九二年便来到澳大利亚。见：GOON Louey: Nationality - Chinese: Date of Birth - 1877: Arrived May 1892: First registered at Wodonga, Victoria, NAA: MT269/1, VIC/CHINA/GOON LOUEY/1。

③ 虽然在澳大利亚国家档案馆里找不到雷庚的记录，但可在朵备利埠当地英文报刊上见到他的名列于菜农广告之中。见："Advertising", *The Albury Banner and Wodonga Express* （NSW）, Friday 2 August 1923, Page 31。

以他们自己的名字命名，则雷庚的店铺大体上也应该如此。

一九二二年，是澳大利亚实施《中国留学生章程》开放中国学生赴澳留学的第二年，而在此时，雷荣庚也要满十三岁了。鉴于此时许多乡人都趁机将处于学龄阶段的孩子办理来澳留学，仅在去年一年，来澳留学的中国学子就高达一百多人，故雷庚亦决定将儿子办来读书。五月九日，他向位于美利滨（Melbourne）的中国驻澳大利亚总领事馆提出申请，办理儿子雷荣庚来澳留学的护照和签证事宜。他应允每年提供给儿子足镑膏火，即需要多少便供应多少，作为雷荣庚在澳读书期间的学费和生活等费用，拟将其办来朵备利公学（Albury Public School）就读。

中国总领事馆于七月七日由总领事魏子京给雷荣庚签发了中国学生护照，号码是166/S/22。但签证等待的时间则相对长了些，直到二十天之后，澳政府内务部才于七月二十七日核发了雷荣庚的入境签证。中国总领事馆在收到钤盖了签证章的雷荣庚护照之后，将其寄往台山，让这位中国留学生收拾好行囊，尽快前来留学。

但在家乡接到护照之后的雷荣庚并未能及时前来，而是在等待一年之后，经家人的联络和安排，才最终去到香港，从这里搭乘"丫拿夫拉"（Arafura）号轮船，于一九二三年七月二十八日抵达雪梨（Sydney）入境。他的父亲因在朵备利无法前来雪梨接关，遂委托其在雪梨经商的两位同邑朋友将雷荣庚接出海关，再安排他当天转乘长途巴士或者火车，前往距此六百公里之外的朵备利，与他父亲会合。

到达父亲的店铺之后，十四岁的雷荣庚便立即前往朵备利公学注册，入学的日期为七月三十日，距其抵达澳大利亚仅仅两天，显示出其对读书的迫切愿望。从学校提供的例行报告来看，也确实如此。学校认为，这位中国学生品行学业俱佳，十分聪颖，入学仅仅半年，英语进步很大。可见其确实是用心念书，成绩显著，颇受任课老师的喜爱。

然而，雷荣庚只是在朵备利公学读了一年的书。到一九二四年六月二十七日学期结束后，他便离开此校，跟随父亲去了域多利省的柱加据打（Wangaratta）镇。该镇位于朵备利南面不到一百公里，是域多利省北部的农业区。离开朵备利前，雷荣庚在向校长和老师辞行时曾说要入读柱加据打学校（Wangaratta State School），但可能其父雷庚在此跟当地人的租地合同没有谈妥，遂跟随父亲再往南移，去到距柱加据打不到一百公里的纽炉（Enroa）镇，并于七月十六日在此注册入读纽炉公学（Euroa State School）。在这里，他给学校老师的印象是十分好学，各项学业都非常优秀。就这样，他在这间乡村学校总共读了两年书。

一九二六年六月，纽炉公学的上学期就要结束了，雷庚跟校长表示，他打算回中国探亲，需要带儿子荣庚一起回去，主要原因是其祖母非常挂念他，出国读书三年了，极想见到已经长大的孙子。他计划让儿子请假六个月左右的时间，待其结束探亲，再重返学校念书。校长对这个中国学生印象很好，自然满口答应，并致函内务部秘书，表示愿意接受雷荣庚明年之后仍回来读书。而雷庚也按照程序，致信中国驻澳大利亚总领事馆，请求代雷荣庚申请再入境签证。随后他便和儿子赶赴美利滨，于六月三十日登上开往香港的"吞打"（Tanda）号轮船，返回家乡探亲去了。

七月二十六日，魏子京总领事循例向内务部提出雷荣庚的再入境签证申请。正常情况下，内务部都会很快批复下来，但此次处理雷荣庚申请的时间则显得很长。直到十一月十五日，内务部才函复中国总领事魏子京，称雷荣庚已经年满十七岁，此前也在澳大利亚免费读了三年公立学校，但如果他要重返澳大利亚读书的话，应该进入中学或者商校商学院之类的学校就读，而且还必须是私立性质的学校方可。之所以有这种要求，是因为从这一年中开始，经澳中两国商议修订的《中国留学生章程》新规开始实施，凡年过十七岁者须进入中学或商学院就读，且中国学生一律须就读缴费较多的私立学校，再也不能入读公立学校。为此，内务部秘书表示，如果雷荣庚的父亲亦即他在澳念书的监护人为此作出安排，联系好学校，那么，内务部将会按规予以处理上述申请，核发其再入境签证。魏子京总领事接到上述信息后，便与人已在中国的雷庚联络。经一番沟通，他才得以于一九二七年三月二十一日回复内务部秘书，告知经雷庚多方联络，但纽炉镇太小，在此没有私立学校提供中学教育，更没有商学院类型的私校可上。该镇只有一间公学可以提供中学课程。鉴于雷荣庚返回澳大利亚后尚须与父亲住在一起，故雷庚向政府申请是否可以为其破例，准允雷荣庚进入该公学读中学课程，先给予六个月的签证，到期后再让他转学到其他有私立中学或商学院的地方去读书。内务部接到信函后，对纽炉镇的教育设施进行了一番调查，觉得也没有什么可以替代的选择，遂于四月二十三日复函魏子京总领事，同意其申请，给予雷荣庚入境签证的有效期至本年十二月三十一日止，即在此日期前他必须入境，否则签证失效作废。但内务部特别强调，这个签证只是特例，到期后雷荣庚必须转校，进入私校读书。待上述一切手续办妥之后，一九二七年九月八日，雷荣庚乘坐从香港启程的"彰德"（Changte）号轮船，和父亲一起抵达美利滨港口入境。[①]

按照前面内务部核发签证时所附之条件，雷荣庚的签证条件是允许其入读纽炉公立学校到一九二七年底结束，他如果还想继续在澳求学，就必须按照指示预先找好一间私立学校入读，并通过中国总领事馆向内务部申请报备。可是，距上述规定的期限已经超过一个多月了，内务部并未接获任何有关雷荣庚在校表现如何的报告，也没有收到中国总领事馆为其申请转学的信函。换言之，雷荣庚此时是在什么地方读书，念的是什么学校，内务部皆一无所知。于是，内务部秘书只好于一九二八年二月十一日致函中国总领事馆，提出上述询问。过了十二天，中国总领事魏子京回复说，将就此事核查，待事情清楚便详告之。可是，又是两个多月过去了，中国总领事馆那边一点儿声息也没有。无奈，内务部秘书只得于四月二十七日再次致函中国中国总领事馆，询问事情的进展。可是这一次的公牍送过去之后，变成了泥牛入海，一个多月过去了，毫无反应，中国总领事馆压根儿就不回复。内务部秘书忍无可忍，遂于六月二日致函美利滨海关，请其就此事核查，尽快汇报。海关遂通过税务部门直接找到纽炉镇警察局，由其提供有关雷荣庚的现状报告。六月十三日，纽炉镇警察局局长戈尔（J. Gahill）提交了一份调查

---

① Ah Chow, Nam How, Louey Kang, Ah Cheong, Ah Wing, Wong Hee, Ah Chew, Lee Gum, Ah Chew and Charlie Gee Sing [Certificate Exempting from Dictation Test - includes left hand impression and photographs] [box 197], NAA: ST84/1, 1927/425/61-70。

报告给海关。该报告表明，自上一年十月三日开始，雷荣庚便进入纽炉中学（Euroa High School）念书；今年新学年开学后，他继续在那里上学，各方面的表现都非常令人满意。

在终于得知雷荣庚的消息之后，内务部秘书感到很愤怒。六月二十七日，他致函中国总领事，指出目前雷荣庚仍在就读纽炉中学的事实，违反了当初中国总领事馆代其申请签证时的承诺，即并没有尽责督促其转学到私立学校，而让其仍然就读免费的公立学校；同时，由于这位中国学生的签证早已失效，没有申请展签，他已经非法留澳达半年之久。为此，内务部希望中国总领事馆立即与这位中国青年学子的监护人联络，让他必须尽快安排其子进入一间合适的付费私立学校入读，否则，内务部即刻取消雷荣庚的在澳留学资格，将其遣返中国。

但对于内务部的上述要求，过了一个多月之后，中国总领事馆仍然没有任何回应。内务部在无计可施之际，遂于八月九日函询海关，让其提供雷荣庚是否已经有所行动的信息。两个星期后，海关复函说，根据戈尔警官的核实，这位中国青年学子一仍其旧，继续在纽炉中学念书，且各方面表现都很好。对于这样的状况，内务部觉得不能再这样僵持下去，必须找到解决的办法。于是，九月十一日，内务部秘书致函域多利省教育厅，将上述情况原原本本告之，请其提供解决之道：即如何使这位中国学生付费就读私立学校，并能使之符合展签的条件，不然的话，就只能采取强制遣返措施了。域多利省教育厅接函后，表示要对此事进行核查，然后再看如何予以解决。

纽炉中学校长高德伟（Jas Caldwell）在接到省教育厅对雷荣庚一事之咨询后，于九月十九日将此事的来龙去脉作了一个汇报。报告表明，几年前，雷荣庚便在该镇读书，各方面表现都非常令人满意，是不可多得的好学生。因此，在上一年他从中国探亲回来后，仍然回到同一个地方读书，学校自然是非常欢迎他入读。还有一个很重要的原因，是他的父亲也住在镇上，种植蔬果并经营售卖，他当然也希望儿子能留在镇上读书，这样他可以在生活和经济上都能为儿子的读书提供便利条件。高校长表示，内务部要求将其送往一间私立学校读书，实际上就是为了付费问题。坦率地说，该学生的父亲是很愿意支付这一笔学费的。如果当局愿意的话，这笔钱也一样可以交给本校。事实上，本校也向上面表达过这样的要求，但一直没有得到确切的答复。如果当局能确切告知可以允许他继续留在纽炉镇念书，那本校将会十分感谢。根据我们跟该学生家长沟通的结果，他非常愿意支付政府所规定的任何学费及相关规费。只要能让这位年轻人继续留在澳大利亚读书，无论怎么样都会有益于这对父子。教育厅接到这份报告后，觉得有道理，就将其转交给内务部，请其考虑校长的建议。

接到上述建议后，内务部相关的官员们就是否允许公立学校破例接受像私立学校那样的收费进行了讨论。最后，内务部秘书于十月六日复函域多利省教育厅说，尽管内务部很不愿意破例，但考虑到雷荣庚个案的特殊性，即当地没有私立学校可供其入读，只要域多利省教育厅同意他在当地公立学校读书，内务部将对此开放绿灯。当然，条件是这位中国学生必须付费读书，请域多利省教育厅列明他应该支付何等数额的学费，才能与当局的规定相符合。十天后，域多利省教育厅复函说，该省所有中学的学费每年都是六镑。十月二十六日，内务部作出了最后决定：内务部准允这位中国青年在纽炉中学读书，可以一直读到年底；其父则须在年底前安排好，到明年开学时保证将其子转学到一间政府认可的私立学校入读。该生的监护人必须为其缴纳六镑的学费，以示公平，这笔费用由域多利省教育厅负责收取。十一月一日，内务部秘书致函中国总领事馆，将上述决定告知；同时表示，鉴于雷荣庚的签证有效期应该是一年，即到九月七日止，因此前雷荣庚违反相关规定，此次内务部只给予他展签四个月，即与上述准允其入读公立学校到年底的时间相同，有效期至一九二八年十二月三十一日止。一旦雷庚在此期间为其子找到了一间私立学校之后，可通过正规渠道申请，内务部再为其核发展签，即正常的一年签证。

也许是受到了政府处理此事的良好态度及结果之鼓舞，在此之前对此事一直没有什么作为的中国总领事馆，这时候站出来为雷荣庚说情了。十二月十九日，距雷荣庚签证截止日尚有十二天的时间，代理中国总领事吴勤训致函内务部秘书，表示鉴于纽炉既然没有私立学校可去，而雷荣庚本人的在校表现又非常优秀，校长老师都非常喜欢这个学生，且其父雷庚也已经按照要求缴纳一年六镑的学费，故特向其提出请求，是否可以允许这位中国学生循此特例，继续留在纽炉中学念书，照例缴费。一个月之后，内务部秘书复函说，内务部长特批，同意雷荣庚留在该校继续念书，有效期一年，即签证到一九二九年十二月三十一日止。显然，内务部意识到这样做可以满足各方面的要求，就把好人做到底，未再节外生枝。而在这一年里，雷荣庚的学业及在校表现则一如既往，深受好评。

转眼就到了一九三〇年。自新学年开学后，因一直也没有收到中国驻澳大利亚总领事馆为雷荣庚展签提出申请的信函，内务部深感奇怪，遂于四月四日致函美利滨海关，希望该部门与该学生的家长接触，一方面看其是否已经为儿子办理了转学，到私校去念书，并告知此新学校之名称以备查；另一方面也可督促雷庚通过中国总领事馆申办此事。不久之后，海关就有了结果。一是四月二十二日纽炉镇警察局的报告，表明雷荣庚仍然在纽炉中学上学，但承认尚未获得内务部的批复，希望能得到与去年一样的结果；二是纽炉镇律师科比（P. A. Kirby）于四月十九日给海关税务部门的律师信，代理雷庚申请其子雷荣庚代为经营果蔬店一事。雷庚因长期受神经炎和内风湿病困扰，拟近期返回中国探亲，寻医问药，时间预计半年。在其离开澳大利亚期间，他希望自己的果蔬店能继续营业，由其子代为管理，因而要为雷荣庚申请半年的工作签证。科比律师认为，雷庚在澳多年，而在纽炉居住期间，买卖公平，童叟无欺，是颇受当地居民尊重之人，上述请求也合情合理，希望当局能准其所请。

接到上述两份报告后，内务部显得对科比的律师信毫不理会，只是于五月二十八日致函中国总领事馆，通报雷荣庚目前的状况是已经超过上次内务部批准就读公立学校的期限半年，而且他也已经年满二十一岁，再也不能读公立学校了；如果他希望继续读书，则必须进入私立学校。因此，内务部的决定是，其家长必须立即对此作出安排，并通过中国总领事馆将其签证续上，不然的话，就只能将其遣返回国。过了一个月，因没有收到中国总领事馆对此要求的任何答复，内务部在六月二十七日电函美利滨海关，请其知照雷庚，尽快照此办理。美利滨海关接电之后，感到不满，因为两个月前就已经将科比律师的申请递交了上去，可是内务部一直不回复，到头来给予的指示却是要海关去督促雷庚为儿子办理转学！于是，当天海关就电复内务部，直截了当地询问，对于科比律师代为申请之事，内务部希望海关采取什么样的进一步行动，需要给予一个确切的答复，以便其行动有所指引。

七月三日，中国总领事宋发祥终于函复内务部秘书，代表雷庚感谢此前内务部对其子在澳留学的特殊照顾，并代雷荣庚再申请九个月的展签，即除掉从今年一月至六月的半年之外，再给他三个月的时间，至九月三十日止。原因在于，雷庚目前经济拮据，无力支付儿子到外地私校念书，因为寄宿和学费开销太大，故只能叫儿子回国。但因其子在澳留学多年，都是在乡间，尚未有机会游历该国各埠，拜访朋友，所以希望能给他三个月左右的时间遂此心愿，便返回中国。既然如此，内务部觉得没有什么理由拒绝，便于当月十八日批复，只是强调，到期雷荣庚必须离境回国。

看来，这件留学特例的处理到此一切都已经很顺利，内务部也期待着雷荣庚届时如期起航。可是，就在九月份时，事情又起波折。九月八日，纽炉镇的科比律师，突然又给海关一信，为雷荣庚再申请展签三个月。科比表示，雷荣庚经过此前两个月的游历，长了不少见识，现在回到纽炉镇，进入韦乐（H. H. Wheeler）所经营的车行，跟班学习汽车的保养与维修。韦乐先生认为这个中国年轻人很有天赋，学习认真，只要给予他一点时间，就可以很快上手。以他的经验看，三个月的时间就可以将这位年轻人训练出来。现在的情况是，他在车行里上班，但不领取薪水；反过来，韦乐在指导他时，也不收取学费。只要他在此学到这门手艺，回国创业或就业就有很好的前景。为此，科比律师特代雷庚为儿子申请展签，从九月三十日现有签证有效期截止日算起，到十二月三十一日止。他真诚希望当局能接受这项申请，以遂雷荣庚掌握一门手艺之愿。

但这次雷荣庚就再也没有以前的好运气。九月二十二日，内务部秘书复函海关，请其转告科比，内务部对此请求不予考虑。同一天，内务部秘书也致函中国总领事，对雷荣庚得寸进尺不断地节外生枝表示愤慨。他表示，内务部长已经一而再、再而三地给予这位中国年轻人额外的通融，但这种通融是有限度的。对此，内务部所希望中国总领事积极配合者，便是知照雷庚，请其不要再节外生枝，要按期为其子离境返回中国做好安排。对此，中国总领事宋发祥也表示认同，于三天后复函表示，一定协助处理好这件事。

可能雷荣庚本人也已经意识到了他的上述要求比较过分，内务部批复的可能性极小。在科比律师将申请递交上去后十天仍没有获得任何消息的情况下，他已经预感到没有希望了，遂从纽炉镇赶到美利滨，于一九三〇年九月十九日登上"彰德"号轮船，离开澳大利亚，驶往香港，再转回家乡。①

从一九二三年七月入境读书，到一九三〇年九月离境回国，雷荣庚在澳留学前后达七年之久。如果扣除中途他回国探亲的一年时间，他在澳大利亚的读书时间总共为六年。而在此期间，他的留学地点一直都是在乡镇，基本上完成了中学课程。

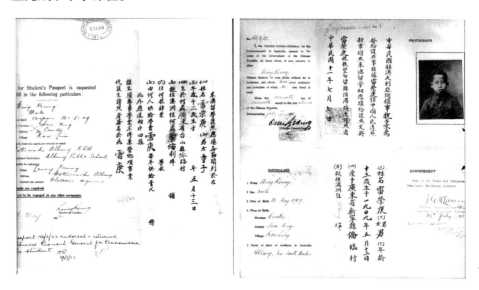

左为一九二二年五月九日，雷庚向中国驻澳大利亚总领事馆申办儿子雷荣庚来澳留学护照和签证。右为一九二二年七月七日中国驻澳大利亚总领事魏子京给雷荣庚签发的中国学生护照。

---

① Louey Wing Keung - Departure per "Changte" October 1930, NAA: B13, 1930/13711。

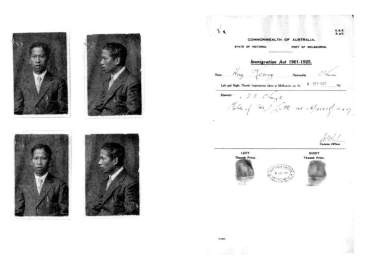

左为一九二七年九月八日雷荣庚返澳抵后提交的照片。右为入境美利滨海关时所盖手印。

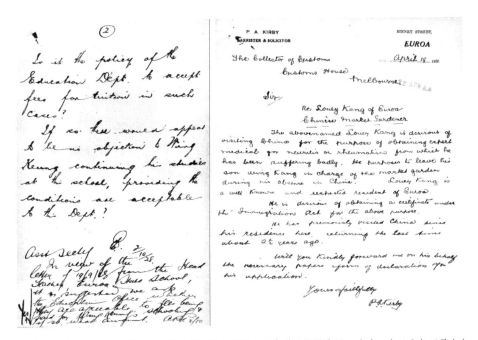

左为一九二八年内务部官员评估准允雷荣庚就读纽炉中学的批签意见。右为一九三〇年四月十九日科比律师向美利滨海关申请雷荣庚代理其父经营果蔬店的工作签证之信函。

档案出处（澳大利亚国家档案馆档案宗卷号）：

Wing KEUNG - Student passport, NAA: A1, 1930/4575

刘明旺

新宁横水村

　　刘明旺（Lew Mun Wong）是新宁县横水村人，生于一九〇九年五月十五日。他的祖父名叫刘奕（B. Ah Yet），至少是在十九世纪七十年代便来到澳大利亚新金山寻找机会，在一八八〇年便加入澳大利亚国籍，[①]成为当时的英国殖民地域多利（Victoria）亦即一九〇一年澳大利亚联邦成立后之域多利省的公民，定居于该省西北部地区的一个以法兰西第二帝国元帅Jacques Leroy de Saint Arnaud的名字命名的乡村小镇圣阿尔诺（St. Arnaud）。该镇距美利滨（Melbourne）有二百四十多公里，以农业种植为主。刘奕便在该镇当菜农，并于该镇集市里有售卖果菜的摊位。寒去暑来，他就这样在此生活了近半个世纪。尽管他早早加入澳籍，但仍然与当时绝大多数的在澳华人一样，无法将家眷带来，而是像其他华人一样，利用几年一次的回祖籍地探亲的机会，结婚生子，将妻子儿女留在故乡，然后再单身返回做工挣钱养家，及至儿女长大成人，也在家乡结婚生子，开枝散叶。他的孙子刘明旺就是这样在家乡出生、成长。他也可能在十九世纪末二十世纪初，利用早已获得的身份将个别儿子带进澳洲发展。只是因为没有特别的记录，无法确认这样的推测是否属实。

　　到刘明旺长到十三岁，在家乡也早已进入新式学堂念书，接受教育。此时，澳大利亚实施《中国留学生章程》，开放中国学生赴澳读书已经一年多，有大批中国学生通过在澳父辈亲友的资助和担保，从珠江三角洲陆续

---

① Ah Yet – naturalisation, NAA: A712, 1880/R7322。

前来，进入不同的学校留学。刘奕见此，也动了将孙子办来留学的念头。一九二二年六月六日，他填好表格，向位于美利滨的中国驻澳大利亚总领事馆申请办理孙子刘明旺来澳留学事宜。在申请表中，他没有写明以什么名义担保，因而我们无法知道他的果菜商铺之中英文名称，但他承诺每年提供足镑膏火，作为给孙子来澳念书时之学费及各项开销。鉴于孙子来澳留学需要他照顾，他自然就担负起监护人的责任，便在自己居住的圣阿尔诺镇为孙子报名入读当地的公立学校（State School）。

中国总领事馆接到上述申请后，处理得比较慢。主要原因是在过去一年多的《中国留学生章程》实施过程中，暴露出了一些问题，澳大利亚联邦政府内务部会同中国驻澳大利亚总领事馆进行协商，修订章程。实际上，这也是澳大利亚政府为了对中国学生的入境条件加以更多的限制，以配合限制亚裔人种进入澳大利亚的"白澳政策"之实施。而中国总领事馆因参与修订章程，自然会拖慢申请留学护照的审理。由是，直到将近一年之后，中国总领事魏子京才于一九二三年五月二十一日为刘明旺签发了一份中国留学生护照，号码是262/S/23。而此时，刘明旺已经年满十四岁了。好在内务部也非常配合，三天后便核发给这位中国少年入境签证。随后，内务部立即将此护照交还给中国总领事馆，由其通过与刘奕商定的方式，将此护照寄往中国。

得知终于能前往澳大利亚留学，刘明旺接到护照后，立即前往香港，搭乘"山亚班士"（St. Albans）号轮船，于八月三十一日抵达美利滨入境。刘奕则提前来到美利滨，从海关将孙子接出来后，就直接转车前往他所居住的圣阿尔诺镇，将其安顿在自己的住处。

三天之后，刘奕就带着孙子前往圣阿尔诺公立学校（St. Arnaud State School）报到，于九月三日正式入读。因刘明旺在此之前并没有学过英语，校长只好将他放到低年级去，与比他小很多的孩子一起学英语，以便他在这样的环境里能和这些孩子一起厮混，在英语的氛围里尽快适应学习，期望用半年的时间使其英语能力有很大进步。经过半年的实践，校长认为效果虽然还行，但无奈这位中国学生的进步还是很缓慢。就这样，两年多的时间过去了，尽管他正常去上课，但英语能力始终是其取得进步的最大障碍。

到一九二六年五月中旬，刘明旺遇到了他在澳的第一次危机。当时一位政府官员碰巧到乡下出差，路过圣阿尔诺镇时，在田边菜地看到一位看上去年约十九岁左右的中国青年人正在干活，就趋前攀谈，得知他已经来澳两年多了。通过简短的交谈，他认为这个年轻的中国人英语能力很差，一句话都说不完整，怀疑他要么是弃船逃跑的水手，要么就是偷渡入境的、受雇于当地经营果菜园的华人。因此，他致函内务部秘书，请其核查。内务部接信后，认为此人应系刘明旺，遂让相关部门将刘的照片交这位官员辨认，确认就是他所遇之年轻中国人。该官员表示，虽然他偶遇的当天是星期天，但他也通过侧面了解到，这位年轻的中国人在正常的上课时间并没有到学校上课，而是由校长另找时间给他私教，甚至有时候就安排在田间地头上课。实际上刘明旺白天都在做工，而不是上学。为此，五月二十四日，内务部致函圣阿尔诺公立学校校长，询问刘明旺的出勤率。六月一日，校长马克飞（W. D. McPhil）函复说，此前两年多的时间里，刘明旺一直都是正常到校上课，亦即白天上课；现在也是正常上课，只是改到晚上七点到十点，每周三次。接到回函后，内务部意识到圣阿尔诺镇位处偏僻，公立学校校长可能并未完全了解到中国学生来澳留学的相关规定，即必须全职上课，不能打工，更不能自行调整上课时间，从而导致上述情况的出现。校长的回函事实上也证实了此前政府官员对刘明旺白天打工的指控。因此，内务部秘书于六月十一日致函马克飞校长，特别向其阐明澳大利亚留学签证给中国学生的条件以及在澳留学期间的相关规定，责成他务必要求刘明旺正常上课，不然就要将其遣返中国。同时，内务部秘书也将此内容函告中国总领事馆，发出警告。

看来，内务部的警告起了作用。自七月份开始，刘明旺又像以前那样，在白天的上课期间按时到校念书，但成绩平平，进步依然甚微。尽管如此，到八月份中国总领事馆循例为其申请展签时，内务部鉴于他此前只上夜校是校长没有很好理解中国学生签证的相关条件和规定的结果，并非全是他的错，就没有对此予以留难，仍然如期核发签证，使其得以继续留在学校里读书。由是，他在这个乡村小镇公立学校一直上学到一九二七年底的学期结束，读了四年半的书。

自一九二八年新学年开始，刘明旺就再也没有去上学。一直对这位中国学生照顾有加的圣阿尔诺公立学校校长马克飞忍无可忍，于三月二十一日报告内务部，告知这位中国青年现在已经去了域多利省与鸟修威省（（New South Wales）交界的一个名叫昆竹（Koondrook）的小镇，住在一位名叫罗伯特·亚诒（Robert Ah Yette）的伯伯那里。该镇在域多利省更加偏僻的西北部地区，位于澳大利亚最长的河流墨累河（Murray River）之畔，距美利滨有三百公里之遥。内务部接到报告后，于四月中旬致函美利滨海关，请其协同警察部门前往调查，看刘明旺是在那里上学还是受雇于他人做工。到五月十二日，位于品地高埠（Bendigo）和孖辣（Ballarat，亦即巴拉瑞特）埠之间的玛丽伯勒（Maryborough）镇的警察终于报告说，在这里找到了刘明旺。据后者向警察陈述，他先是去到昆竹镇看望亚诒伯，住了几个星期后，便又来到玛丽伯勒，探望另一位伯伯——华伯（Charlie Wah，查理·华）。[①]他同时也告诉警察，事实上他当晚就要返回圣阿尔诺，回去后一定会重新返校上学。十天后，圣阿尔诺公立学校校长马克飞报告说，刘明旺确实已经如期返校上学，据老师反映，他的出勤及在校表现都算令人满意。

但这一次内务部觉得事态严重，认为不能再姑息此种行为，决意对其采取遣返行动，便于六月十一日致函中国总领事馆，请其尽快与刘明旺的监护人刘奕联络，让其安排最近的一班船票，将屡屡犯规的这位中国留学生遣返中国。信中表示，三年前刘明旺便已经犯规，只是当时内务部予以原谅而未有处罚；但这一次旷课时间之长，已达三个月之久，严重违反了留学生章程的规定；更重要的是，三年前他被人看到在果菜园里做工，此次旷课，也被人看到他在华人经营的洗衣店及果菜园里打工，他自己对人声称是想挣够钱买票回国，因此，内务部不得不照章办理，决定让他离境。与此同时，内务部也知会海关及警察部门，由其监督这位中国学生回国。警察部门随后寄送了几次通知给刘明旺，但都没有得到回复。

就在澳大利亚当局与中国总领事馆公牍往来商讨如何尽早实施遣返程

---

① WAH Charlie: Nationality - Chinese: First registered at Ballarat East, NAA: MT269/1, VIC/CHINA/WAH CHARLIE/1。

序之时，前述在昆竹镇的亚诒伯以监护人的名义挺身而出，要为刘明旺化解立即遣返的危机。亚诒伯的英文名字拼写与刘奕的名字极为相像，只是后者是B. Ah Yet，或者直接写成Ah Yet；而前者则是Robert Ah Yette，略有不同。事实上，Robert亦可简写为B，即Bob，如是，二者几乎可以视为同一个人，因为Yet和Yette读起来也是一样的。由此看来，Yet和Yette二人也有可能是父子关系，因为当时部分来澳华人的第二代将其父亲的名字作为姓，前面只是加上一个不同的英文名以示区别。典型的例子，就是二十世纪二十年代到三十年代从广东省中山县石岐镇前来昆士兰省（Queensland）的汤士威埠（Townsville）留学的托马斯林茂（Thomas Lum Mow）和轩厘林茂（Henry Lum Mow）两兄弟，他们的父亲名字就是叫做林茂（Lum Mow）。[1]无论如何，后者在为刘明旺申请来澳护照和签证时的填表上，特别注明是其祖父，而前者Yette此次挺身而出时，则是以其伯伯的身份亦即其监护人的身份说话，并且这一身份也在此前警察的报告中得以证实。自刘明旺抵达澳大利亚后，刘奕的名字便在档案中再也没有出现。推测起来，有可能刘奕此时已经返回中国探亲，将监护人的责任转给了亚诒伯。

亚诒伯于七月二日致函海关当局并转内务部，希望协助其侄儿刘明旺获得额外的六个月展签，以便其最终能顺利离开澳大利亚，返回中国。他表示，申请展签六个月的最主要理由是他目前的财政状况十分糟糕，无力负担刘明旺回国的船资。他相信在六个月之后，自己的财务状况将有所改观，届时定可支付船资，送侄儿回国。他还告知内务部，目前已将刘明旺转学去了昆竹镇公立学校（Koondrook State School）念书。有关其在校表现，当局尽可直接询问该校校长以获其详情。至于此前传闻说刘明旺在玛丽伯勒镇打工挣钱一事，与事实不符。实际情况是，年初时他本人从圣阿尔诺镇移居到昆竹镇，考虑到侄儿来澳已有年头，想让他去那里度个有意义的假期而已，因此他在那几个地方都是停留数日，纯属探访亲戚朋友。

接到亚诒伯的申请之后，内务部经过一番讨论，觉得情有可原，但也不

---

① 详见粟明鲜："白澳政策"下一个华商企业的转型与传承——澳档汤士威炉"林茂"号商行的个案分析，载张秋生主编：《华侨华人研究》（2019），北京：中国华侨出版社，2020年，页45-74。

能一味迁就，遂作了一个折中处理。内务部秘书于七月十日回复说，可以将刘明旺的签证延期到九月三十日，事实上只是给他展签一个月左右而已。信中特别强调，到期后刘明旺无论如何都要立即遣返回国。随后，内务部也将此决定抄送中国总领事馆备案并送交海关部门监督执行。

可是在其签证到期后，一九二八年十月十二日，中国总领事馆代理总领事吴勤训致函内务部秘书，再为刘明旺申请展签三个月。申请的主要理由是：此时学期尚未结束，刘明旺需要在余下的时间里将本学期的课程读完。学校的老师和校长皆认为，刘明旺的在校表现良好，成绩也还算令人满意，亦希望他能完成课程才走。内务部起先并不同意，但后来在海关的建议下，于十月二十三日函复中国总领事馆，同意核发三个月展签，有效期至十二月三十一日止。但强调说，这是内务部的最后决定，期满后刘明旺必须离开澳大利亚返回中国。

经过一番折腾，最终尘埃落定。结束了在昆竹镇公立学校的课程之后，一九二九年一月十日，二十岁的刘明旺便在美利滨港口登上驶往香港的"彰德"（Changte）号轮船，[①]告别在此留学五年半左右的澳大利亚，返回家乡。此后，澳大利亚档案馆再未见到与他相关的档案信息。

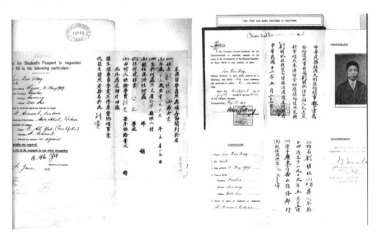

左为一九二二年六月六日，刘奕填表向中国驻澳大利亚总领事馆申办孙子刘明旺来澳留学事宜。右为一九二三年五月二十一日，中国总领事魏子京为刘明旺签发的中国留学生护照。

---

① Lew Mun Wong -（Chinese student）ex "St Albans" August 1923 - Departure per "Changte" January 1929, NAA: B13, 1929/1135。

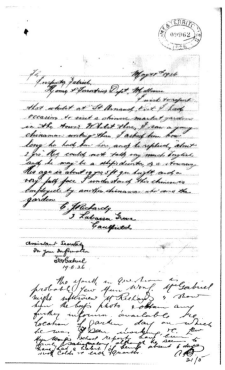
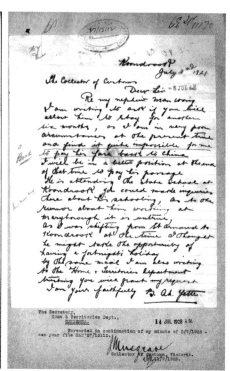

左为一九二六年五月十九日，一位政府官员怀疑刘明旺旷课打黑工而写给内务部秘书的信。右为亚诒伯于一九二八年七月二日致函海关当局并转内务部，希望协助其侄儿刘明旺获得额外的六个月展签。

档案出处（澳大利亚国家档案馆档案宗卷号）：

Lew Mun Wong - student passport, NAA: A1, 1929/8054

罗亚安

台山塘口村

罗亚安（Law Ah On），台山县塘口村人，生于一九〇九年五月二十六日。他的父亲罗松（Law Tung，或者也叫Harry Law Tung），早年随着珠三角乡人到海外打工的大流，来到澳大利亚，最终落脚在鸟修威省（State of New South Wales）西北部距雪梨（Sydney）约二百三十公里的一个乡村小镇保罗维（Boorowa）。这个镇子周围都是农业区，因此，罗松也在此做菜园生意，即通常华人经营的形式，一方面有一幅地种植菜果，另一方面则在住所前面开设一间小店兼售这些产品以及一些杂货。由此，有了一些积蓄，生活小康。①

一九二三年，罗亚安十四岁，罗松想让他来澳大利亚留学读书。就在这一年上半年的时候，罗松填好申请表格，递交给中国驻澳大利亚总领事馆，为儿子申办赴澳留学护照和签证。他以自己是做菜园生意的身份作保，承诺每年给予儿子膏火的费用，是按其所需，办理他来保罗维埠公立学校（Boorowa Public School）念书。因罗松填表时没有注明日期，无法知道该表何时递交给中国总领事馆，也就难以知道处理该项申请所花费的时间。总之，到这一年六月七日，中国总领事魏子京为罗亚安签发了一份号码为282/S/23的中国学生护照，并且也在两天之后就从内务部为他拿到了入境签证。随后，中国总领事馆按照流程，将此护照寄送中国罗亚安的家乡，以便其准备行装，随时赴澳留学。

---

① 在澳大利亚国家档案馆里，无法检索到与Law Tung或者Harry Law Tung相关宗卷，故此处与罗松相关的点滴信息，皆来自本文所据宗卷提供。

不过，罗亚安并没有及时成行，而是在家乡等了一年半的时间才启程。究其原因，可能一方面是要约齐台山或者周边县份的几位赴澳留学的小伙伴同行，另一方面也可能是要利用一点儿时间，将在中国所读的课程学完。一九二四年十二月十六日，罗亚安与四位年龄相若的留学生结伴（二位来自台山的雷氏，一位来自开平的胡氏及一位来自佛山的梁氏），从香港乘坐"依市顿"（Eastern）号轮船，抵达雪梨口岸入境。他由父亲在雪梨经营生意的两位朋友从海关那里接出来，再帮他转乘其他交通工具，前往保罗维埠，与父亲罗松会合。

从一九二五年二月份新学年开始，十六岁的罗亚安如期入读保罗维埠公立学校。进入学校后，他为自己取了一个英文名字，叫Archie（亚祺），也许这样可以更好地与当地学生沟通交流，更好地融入到他们中间去。在校期间，他的表现出色，尤其是穿戴整洁，精神面貌极佳，颇受老师和校长好评。具体地说，可用三年后即一九二八年七月三十日该校校长芮德曼（G. Redmond）先生所写之推荐信上的评语来概括：罗亚安在校表现良好，做事认真，总想做到最好，尤以算术最为出色。

三年后，因罗松要回中国探亲，需要将已经在此留学三年半的儿子也一并带上，父子俩遂于一九二八年八月十八日在雪梨搭乘"太平"（Taiping）号轮船返回中国了。

在决定回国并与儿子一起离境的两个星期前，罗松分别致函中国总领事馆和内务部，希望能为儿子罗亚安于一年之后重返澳大利亚读书申请再入境签证。按照正常情况，如果留学生在澳期间学业成绩不错，在校表现也令人满意，这类申请是可以得到准允的。但遗憾的是，没有看到内务部对此申请有何回复，罗亚安的档案也到此中止。也许，此时的罗亚安已满十九岁，按照《中国留学生章程》新规，他已经不能在此再入读小学（保罗维埠公立学校即为小学），更不能继续在公立学校念书，以他现在的年纪，他只能进入私立的商学院或工学院等中等或大专学校读书。而要获得再入境签证的批复，首先必须获得这些相关学校的录取信，内务部方才可以处理签证申请事宜。在离澳回国探亲之前，罗松并没有按照章程新规去操作此事，这恐怕就是造成此事被搁置无人问津的一个原因吧。再者，十九岁的罗亚安回到中国后，选择可能也有很多，在台山当地或去省城广州读中学或者大专院校，都是不错的选择；或者，他由此奉父母之命，成家立业，出来社会找到一份工作，也是很自然的事。

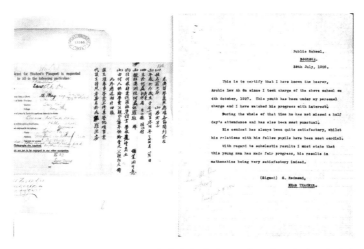

左为一九二三年罗松为儿子罗亚安来澳留学填写的中国护照和签证申请表。右为一九二八年七月三十日保罗维公立学校校长芮德曼先生给罗亚安的推荐信。

一九二三年六月七日，中国总领事魏子京签发给罗亚安的中国学生护照。

档案出处（澳大利亚国家档案馆档案宗卷号）：

Law Ah ON - Student passport, NAA: A1, 1927/21149

伍发优

台山福长村

出生于一九〇九年六月二日的伍发优（Fatt You），是台山县福长村人。他的父亲伍长安（Chung On），大约是在一八九六年时，与乡人一道来到澳大利亚闯荡。[①]他先到直面南太平洋的域多利（Victoria）做工，后由此辗转到紧靠大西洋的西澳洲（Western Australia）的首府普扶（Perth），然后再逐渐沿海岸北上，到西澳北部的布冧（Broome）埠定居下来。[②]此地距离普扶有二千二百公里，自十九世纪末开始以珍珠养殖而著称。当时该埠大约有四千人口，其中四分之三为亚洲人，主要是日本人、中国人、马来人和菲律宾人，围绕着珍珠养殖形成了一条生意链。伍长安可能是在乡时曾经跟人学有裁缝手艺，遂以此为生，与同乡一道在这个镇子开设了一间裁缝铺，名"新昌盛"（Sun Chang Shang）。在澳打拼十余年后，他曾于一九〇八年回乡探亲，故其子伍发优次年出生，与其此前在家乡逗留时间相吻合。

转眼之间，儿子就要十四岁了。而此时澳大利亚因开放中国学生留学，大批在澳华人子女遂接踵而至，来到这片南方大陆读书，伍长安觉得自己也有这个能力，也要办理儿子前来念书。于是，一九二三年五月十二日，他就取来表格填妥，寄送给中国驻澳大利亚总领事馆，办理儿子来澳留学事宜。

---

① Chung On [Chinese - arrived Melbourne per CHANGSHAR, 16 Jul 1896. Box 37], NAA: SP11/2, CHINESE/ON CHUNG。

② Chung On [Chinese], NAA: K1145, 1913/93。

他以自己经营的"新昌盛"号裁缝铺作保，允诺负担儿子的来澳留学费用，但没有写明每年供应膏火的数额是多少。至于儿子来此要去念书的学校，他中意当地的布冧埠皇家学校（State School，Broome）。

布冧距中国驻澳大利亚总领事馆所在地美利滨（Melbourne）甚远，联络费时，因此，处理伍长安提交的申请也就需要较长的时间。直到三个月之后，即这一年的八月三十日，中国总领事魏子京才签发了伍发优的中国学生护照，号码是324/S/23，并在次日也为他从澳大利亚政府内务部那里拿到了入境签证。随后，中国总领事馆便将护照直接寄往伍发优的家乡，以使他尽快来到澳大利亚留学。

伍发优在家乡接到护照后，由家人安排船票，并与一起要到布冧留学的同乡伍均耀（Kwan You）及开平籍的邝林（Fong Lim）约好同行。[①]鉴于布冧位于澳大利亚西部海岸，从香港没有班轮直达，他们从香港乘船先到新加坡，再从那里搭乘西澳轮船公司（Western Australia Steam Navigation Co. Ltd）所属的"卡戎"（Charon）号轮船，于十一月二十一日抵达布冧港口入境。

目前看到的布冧埠皇家学校在一九二四年三月三日提交的例行报告显示，伍发优注册入学的日期，是新学年开学后的二月十日；但从其入学的天数已有七十天来看，显然他在入境布冧之后没有几天便进入学校读书，但等到次年新学年开学后才正式予以注册。从学校按例提供的报告看，伍发优在校之操行和学习都还令人满意；报告还特别强调，伍发优每天上学都服装整洁，总是循规蹈矩，表现良好。此后的三年多时间里，学校对他的评语几乎相同，没有什么变化。换言之，伍发优是按部就班地在这间学校读了三年的书。

一九二七年四月十八日，伍发优登上西澳轮船公司经营的"加斯科涅"（Gascoyne）号轮船，离开布冧，前往新加坡，再转道回返中国。走之前，他既没有告诉澳大利亚内务部，也没有知会中国总领事馆，直到海关将其离境的消息上报之后，内务部才得知他已离境回国，遂将此信息也告知中国总领事馆备案。就是说，他临走时并没有申请再入境签证，此后在澳大利亚也

---

① 伍均耀和邝林的留学档案见：Kwan YOU - Student passport, NAA: A1, 1927/21147; Lim, Fong - Chinese student's passport, NAA: A1, 1925/1186。

再找不到他的档案信息。由此可以相信，留学三年半之后，他显然已经完成了父亲为他设定的计划，遂打定主意一去不复返。

而此时返回中国的伍发优，也即将年满十八岁。他返回中国后，可以继续升学读中学或者其他专门学校，或者按照习俗，成家立业，所有这些都可能是选项。只是他的档案就此中止，他此后的人生路径如何，只能从台山当地的记录去查找了。

一九二三年五月十二日，伍长安为儿子伍发优来澳留学递交的中国护照和入境签证申请表。

一九二三年八月三十日，中国驻澳大利亚总领事魏子京给伍发优签发的中国学生护照。

档案出处（澳大利亚国家档案馆档案宗卷号）：

You, Fatt - Students passport, NAA: A1, 1926/20454

邝锡康、邝锡槐兄弟

台山潮溪村

邝锡康（Fong Sik Hong）、邝锡槐（Fong Sik Wai）是兄弟，台山县潮溪村人，前者出生于一九〇九年八月九日，后者则是一九一〇年十二月二日出生。他们的父亲是邝华利（Fong Warley）。目前尚未能找到邝华利何时来到澳大利亚发展的档案，但可以确定的是，他是先到西澳大利亚（Western Australia）发展，最终是在西澳西北部距首府普扶（Perth）约二千二百公里的重镇布冧（Broome）埠落脚。该地区是西澳珍珠养殖业的重要基地，自一八八十年代开埠以来，便吸引众多亚洲人前来，而邝华利则在此与同乡祝山（Chuk Shan，后以店铺名Jock Sign行于世）合股经营一土洋杂货店，名为"祝山"号（Jock Sign & Co.）商铺。鉴于该店铺至少在一九〇三年之前便已经在此经营，[①]可以推测，他至少应该是在此之前便已抵达该地，甚至极有可能是在澳大利亚联邦建立（一九〇一）之前便已来到这里立足发展。[②]

在得知居住在西澳另一个珍珠养殖业基地佬畔埠经商的同村亦即同宗邝甫宸在一九二一年下半年申办儿子来澳读书的消息之后，邝华利认为，自

① Jock Sign [Chinese]，NAA：K1145，1903/33。
② 目前可见的邝华利在布冧埠的最早登记的记录是一九〇九年，表明他在此之前便已来到这里。见：Fong Warley [Chinese], NAA: K1145, 1909/188。而其同村宗亲邝甫宸（Fong Frank Fulson）是在一八九三年抵达西澳，随即在该省的珍珠养殖发源地佬畔埠（Roebourne）开设"泗盛"（See Sing & Co.）号商铺，生意很好。见：Fong Frank Fulson – Naturalization, NAA: A1, 1918/6308。祝山和邝华利也有股份在上述泗盛号商铺里。由此可见，祝山和邝华利即便不是与邝甫宸同来该地发展，也是在此后不久便前来投奔于他，一起投资发展。

己的两个儿子此时一个十二岁，一个十一岁，正是来澳读书的最佳年龄，于是，他便在一九二二年一月二十四日也填妥申请表，向中国驻澳大利亚总领事馆申办二个儿子邝锡康和康锡槐来澳大利亚留学所需的护照和签证。他以自己参与经营的"祝山"号商铺作保，①允诺每年给两个儿子分别提供膏火各约八十镑，以作留学的费用，要求将他们办到其所在地的布猕皇家学校（Broome State School）读书。中国总领事馆在接到上述申请后，因处理修订《中国留学生章程》新规而耽搁未予及时审理。直到大半年之后，一九二二年九月七日，中国总领事魏子京才得以为邝锡康和邝锡槐分别签发了中国护照，前者护照号码是183/S/22，后者的是184/S/22。在上述护照递交给内务部申请签证后不到四天，也顺利地拿到了签证批复。

邝华利在家乡台山的家人，收到由中国驻澳大利亚总领事馆寄来的护照之后，便找人帮忙携带邝锡康和邝锡槐哥俩前往澳大利亚。过了三个月，待诸事办妥之后，便送其到香港，然后乘船前往新加坡，再由该处转搭"卡戎"（Charon）号轮船，沿着濒临印度洋的澳大利亚西海岸南下，于一九二三年一月十五日抵达布猕埠，入境澳大利亚，开始其留学生涯。

邝锡康和邝锡槐兄弟俩入境的时间比较合适，一月下旬正好到了澳大利亚学校新学年开学之时，兄弟俩便按时入读布猕皇家学校。校长提供的例行报告显示，这兄弟俩在校无论是操行还是学业，都属于令人满意的那类学生，每次评语都很简单，没有具体说明在什么科目上比较突出，还有哪些不足，但基本上每次都会特别说明，他们在学校总是循规蹈矩，衣着得体，干净整洁。就这样，两兄弟在这间学校里波澜不惊地读了两年书。

到一九二五年初新学年开学后，十六岁的哥哥邝锡康没有继续回学校读书，而是在布猕埠登上开往新加坡的"明德鲁"（Minderoo）号轮船，转道回国去了。是什么原因导致他如此急匆匆地回国，档案没有提供任何信息。他在走之前没有告诉中国总领事馆，也没有通知学校，此后也没有他重返澳大利亚

---

① 祝山此前因年老及健康原因回国探亲，于一九一九年底在台山家乡去世。在处理完其股份后，祝山号便由邝华利完全控股经营。见："Jock Sign's Will", in *Nor-West Echo*（Broome, WA），Saturday 30 June 1923, page 1.

的信息，说明他此次回国就不打算再来了。他在澳的留学时间刚刚好是两年。

弟弟邝锡槐没有跟哥哥一起回国，而是选择留在学校里继续念书。不过，他也是只多待了一年半时间而已。到一九二六年上学期刚刚结束，六月二十六日，十六岁的邝锡槐就在布冧埠乘坐"加斯科涅"（Gascoyne）号轮船，步其兄长后尘，回国去了。他也和哥哥的做法一样，谁都不告诉，悄没声地离开。此后再也没有他重新入境的信息。他总计在澳留学三年半的时间。

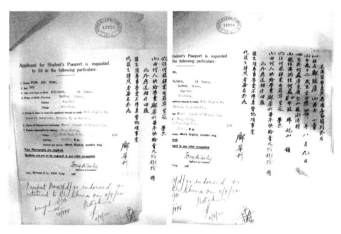

一九二二年一月二十四日，邝华利填表向中国驻澳大利亚总领事馆申办儿子邝锡康的留学护照和签证。

一九二二年九月七日，中国总领事魏子京为邝锡康签发的中国学生护照。

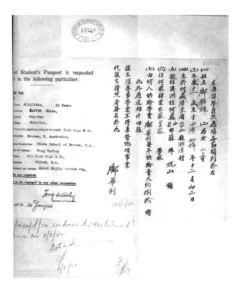

一九二二年一月二十四日，邝华利填表向中国驻澳大利亚总领事馆申办儿子邝锡槐的留学护照和签证。

一九二二年九月七日，中国总领事魏子京为邝锡槐签发的中国学生护照。

档案出处（澳大利亚国家档案馆档案宗卷号）：

Hong, Fong Sik - Chinese students passport, NAA: A1, 1925/3194

Wai, Fong Sik - Chinese student passport, NAA: A1, 1926/988

雷逢安

台山福林村

雷广（Louey Gong），台山县福林村人，同治十年（一八七一）出生。他于一八九六年买棹南渡，抵达澳大利亚，随后定居于尾喇伴（Melbourne）埠，在唐人街开有一间商铺，以自己名字命名，是为"雷广"（Louey Gong）号。①

其子雷逢安（Louey Fung On），生于宣统二年（一九一〇年）八月二十日。一九二三年七月二十二日，雷广认为儿子很快就满十三岁，即将进入十四岁的年纪，就向中国驻澳大利亚总领事馆提出申请，办理雷逢安前来澳大利亚留学，要求为其请领护照和签证。他以自己经营的"雷广"号商铺作保，应允每年提供足镑膏火，给儿子作为在澳留学期间的学费和生活费等各项开销，要把儿子安排进入设在唐人街上的长老会书馆（P. W. M. U. School）念书。中国总领事馆对此申请处理得较为迅捷。过了一个月之后，即在八月二十一日，中国总领事魏子京给雷逢安签发了号码为318/S/23的中国学生护照；第二天，澳大利亚政府内务部也顺顺当当地给他核发了入境签证。随后，中国总领事馆便按照流程，负责转寄此护照去中国，交由雷逢安的家

---

① 雷广从香港搭乘日轮"日光丸"（Nikko Maru）先抵达昆士兰省（Queensland）首府庇厘时彬（Brisbane）入境，随后才去到域多利省（Victoria），定居尾喇伴。见：GONG Louey: Nationality - Chinese: Date of Birth - 1871: Arrived per NIKKO MARU: First registered at Brisbane, NAA: MT269/1, VIC/CHINA/GONG LOUEY/2及GONG Louey：Nationality-Chinese：Date of Birth-1871：Arrived 1896：First registered at Little Bourke Street，Melbourne，NAA：MT269/1，VIC/CHINA/GONG LOUEY/1。

人，以备其安排这位学子的赴澳之旅。

接到上述护照，雷逢安的家人便紧锣密鼓地为其收拾行装，联络与安排其行程。待一切均安排妥当之后，雷逢安便由家乡去到香港，搭乘中澳船行经营的"获多利"（Victoria）号轮船，于同年的十二月十七日抵达尾唎伴港口入境。雷广去到海关将儿子接出来，住进他的店中。

雷逢安抵达的日子，正好碰上当地中小学暑假开始，随后便是圣诞节和新年，因而他无法注册上学，只能等到一九二四年新学年开学后，他才可以去学校上学。到三月份时，内务部以为他会按照乃父之安排入读长老会书馆，遂致函该书馆询问其在校表现。但该书馆的回复是，学生中倒也有若干个雷姓学生，但未见有名为雷逢安者。内务部找不到这位中国留学生，遂指示海关部门协助核查。四月二日，海关报告说，雷逢安最终是在圣佐治学校（St. George's Day School）就读。根据该校的报告，他是三月二十九日才在这间学校正式注册入读，而新学期是从一月二十九日就已开学，显然在开学后的两个月时间里，雷逢安仍处于家居状态。也许赴澳前，雷逢安未曾读过英语，故在他抵达这里之后的三个月时间里，雷广延请家教，让儿子恶补英语，等到稍微能够跟外界接触，才去上学。这也是当时许多中国留学生初到澳大利亚时的惯常做法。

根据学校提供的例行报告，雷逢安是个循规蹈矩的学生，在校表现令人满意。一九二四年下半学期开始后，该校曾将他转送到艾温侯文法学校（Ivanhoe Grammar School）借读。因为这是一间寄宿学校，目的是想给他提供一个更好的学习环境，更快地提高其英语能力。但他去了几天之后，就又跑了回来圣佐治学校，表示不习惯那里的学习与生活。圣佐治学校劝说过他几次未果之后，也就不再将他送往艾温侯文法学校，让他继续留在这里读书。由此，他在这里一直读到次年五月，也就是上半学期即将结束之时。

一九二五年五月二十七日，十五岁的雷逢安在尾唎伴登上驶往香港的"圣柯炉滨"（St. Albans）号轮船，径直返回中国。[①]走之前，他既没有知会内务

---

① Louey Fung On - Extension of Certificate for Exemption from Dictation Test - Left Melbourne per "St Albans" 27.5.1925, NAA: B13, 1925/6057。

部，也没有向中国总领事馆报告，更没有提出申请再入境签证，显然，他已经决定不再返回这块曾经载有他留学梦想的土地；当然，档案中也没有透露他此时为何突然离境的原因。此后，澳大利亚的档案中再未有他的任何信息。

雷逢安在澳大利亚的留学时间，满打满算也只有一年半。

　　左为一九二三年七月二十二日，雷广向中国驻澳大利亚总领事馆提交申请表，办理儿子雷逢安来澳留学的护照和签证。右为一九二三年八月二十一日，中国总领事魏子京给雷逢安签发的中国学生护照。

档案出处（澳大利亚国家档案馆档案宗卷号）：

Louey Fung On - Student's passport, NAA: A1, 1925/14754

刘荣立

台山里凹村

　　刘荣立（Lew Wing Lipp），台山县里凹村人，[①]生于一九〇九年九月十一日。他的祖父刘儒创（Lew Yee Tong）生于一八六一年，早在十九世纪末的光绪年间便来到澳大利亚谋生发展，在美利畔（Melbourne）唐人街立下脚跟，[②]开了一间杂货蔬果商行，就以自己的名字作为商号名，称为"刘儒创"号（Yee Tong & Co.）商行，位于辣师骆街（Russell Street）二百一十五号，生意稳定。[③]此外，他也是美利畔华人社区的活跃分子，是中国国民党美利畔分部的中坚，参与组织诸多社团的活动。[④]

　　在澳大利亚联邦政府于一九二一年正式开放中国学生赴澳留学之后，刘儒创看到许多乡人将其子女办来当地学校念书，便在孙子刘荣立年满十二

---

① 查台山县所属自然村名，未见有"里凹"者。但台山县有里坳村，向为刘姓之主要聚居地。因"里凹"与"里坳"读音相同，显系误写之故。

② 他在一八八三年便申请归化澳籍。见：Yee Tong – naturalisation, NAA: A712, 1883/Z9588。

③ 在此之前，亦即十九世纪末二十世纪初年，他还与刘希爵、刘希长、张宗泽等人合股在中国城小博街（Little Bourke Street）二百一十二号上开办"永利源"（Wing Lee Goon & Co.）号商铺，规模较大，颇有声势。见："永利源告白"，载美利畔《警东新报》（Chinese Times）一九〇七年十二月七日，第八版。而在他自己的商行开办后，他也从事进出口贸易。见：Yee Tong & Co - Re Shipment of Flour - Export Licence 10662, NAA: B13, 1940/52228。

④ 例如，他是一九一五年美利滨埠认购公债劝募委员（见："本洲新闻：美利滨埠认购公债之踊跃"，载雪梨《东华报》[Tung Wah Times]一九一五年五月一日，第七版）、一九一七年美利滨中华总商会第六届董事（见："美利滨中华总商会第六届选举董事职员表"，载《东华报》一九一七年三月二十四日，第七版）、一九一八年美利滨华侨维持禁例会职员（见："美利滨华侨维持禁例会职员一览表"，载雪梨《广益华报》[The Chinese Australian Herald]一九一八年十一月九日，第二版）等等。

岁之后，于当年十一月二十五日具表向位于同城的中国驻澳大利亚总领事馆提出申请，办理刘荣立前来美利畔位于大学附近的加顿埠末士准士学校（Rathdown Street State School，Carlton）读书。刘儒创之所以选择该校，是因为这间公立学校具有一定声望，许多中国留学生都在此入读，而且从他的店铺所在街步行前往，也就大约一刻钟左右的时间，比较方便。为此，他以自己创办并经营的"刘儒创"号商行作保，允诺每年供给膏火八十英金（亦即"镑"），作为孙子在澳留学期间所需费用，希望能尽快为其获得护照和入境签证。接到上述申请后，中国总领事馆的审理还算及时。十二月十二日，中国总领事魏子京便签发了一份号码为132/S/21的学生护照给刘荣立。可能是因为接下来就到了年底，在澳大利亚联邦政府内务部等待签证的申请太多，需要排队轮候，故直到次年一月十一日，刘荣立的签证才得以批复。

在中国的刘荣立家人接到从澳大利亚寄来的护照和签证后，便着手安排其赴澳行程。待一切就绪，刘荣立就被家人送到香港，搭乘由邑人在澳创办的中澳船行所经营的"获多利"（Victoria）号轮船，于一九二二年六月二十二日抵达美利畔港口。[①]因此前许多中国小留学生抵达口岸时，被发现在来澳途中的船上染上疥癣等皮肤病，故刘荣立在抵达美利畔港口时，首先就须进行卫生检查，待确认身体状况良好，方准允放行出关。内务部特地就刘荣立的卫生检查一事致函海关，希望由此开始，定下规矩，此后所有来澳留学的中国学生在入关时，须先行体检，确认无病方才放行。

刘荣立抵澳之际，正好是澳大利亚学校进入寒假之时，因此，他便利用这段时间从航海的疲劳中调整恢复，同时也熟悉祖父所在商铺周围的环境。直到八月一日新的学期开学，他便如期注册，入读加顿埠末士准士学校。他很快便适应了当地的学习环境，努力学习新的语言，按时出勤，遵守校规，颇受好评；他也在此给自己取了一个英文名字，叫Ronald Wing，显示出他欲融入当地文化的意愿，与同学关系融洽，进步很大。一年半之后的一九二四年新学年开学时，他升入五年级读书；随后，他用一年的时间，将该校的小

---

① WING Ronald - Nationality: Chinese - Arrived Melbourne per Victoria 15 August 1922, NAA: B78, 1957/WING R。

学课程全部完成。

从一九二五年新学年开始，十六岁的刘荣立升入位于美利畔城里的布雷潇商学院（Bradshaw's Business College）念中学课程。在这里，除了英语能力尚不能达到本地人的熟练程度，仍需进一步努力之外，他在其他方面的表现都比较出色。老师给的评语是：聪颖勤奋，品学兼优。在此后的三年里，他一直都属于潜心向学的好学生。

可是从一九二七年底开始，一贯按时出勤的刘荣立开始旷课，到次年二月，旷课累计达三十八天之多。内务部从各方面的信息了解到，重要的原因是年已十八岁的刘荣立在这段时间里时不时地应其兄长刘兆荣（Stanley Wing）的要求去到"刘儒创"号商行中帮忙经营。刘兆荣早刘荣立三年从广州来到澳大利亚，代替父亲协助祖父经商，后因接替祖父刘儒创的工作，得以在美利畔留下来，代祖父管理经营上述商行。[①]为此，内务部秘书于一九二八年三月二十三日致函总领事魏子京，希望他与该留学生的监护人刘儒创沟通，督促其孙改正旷课行为，正常到校上学，否则，内务部将对其采取强制遣返措施。

但刘荣立并没有等到内务部对他采取措施，就于当年五月十日在美利畔港口搭上驶往香港的"彰德"（Changte）号轮船，返回家乡去了。临走之前，他还请布雷潇商学院的院长给他自己写了一封很好的推荐信，为其重返美利畔就学预做准备。该院长在推荐信中表示，在过去的三年半时间里，刘荣立在校表现甚佳，学业和操行等各方面都令人满意；目前他虽然要返回中国，但只要他想重返澳大利亚继续念书，该学院将非常乐意地接收他返校学习。

果然，过了不久，刘荣立便按照其预先之计划申请回澳。一九二八年七月三日，中国总领事魏子京致函内务部秘书，表示刘荣立此次回国只是探

---

① 刘兆荣原来的英文名字是Sheu Wen或者Shew Wing，生于一八九九年，是刘荣立的大哥。早在一九一九年底，应祖父之召，来到美利畔，代替原定是由父亲来此协助祖父经营生意的工作。但入境后，刘儒创意识到这个孙子英文不好，难以有效管理生意，遂将其送入当地学校念书，总计四年半的时间，直到一九二四年五月离境回国。到一九二六年一月，因祖父刘儒创的申请，他再次回到美利畔，进入刘儒创号商行，作为祖父的替工代其管理生意，以便让祖父得以抽身回国探亲。由是，他在这里协助经商，直到一九三五年回国。详见：Hen Wong（Stanley Wing）Ex/c, NAA: A1, 1936/848。

亲，仍然想在结束探亲之后回来，还是回到布雷潇商学院继续读书，而且该商学院也表示愿意接收，并附上了上述推荐信作为证据，为其申请再入境签证。二十天之后，魏子京总领事收到了内务部秘书的复函。内务部秘书在函中列举了刘荣立违规旷课的事实，认为他的表现已经不符合留学规定，拒绝了其入境签证之申请。

但刘荣立并没有放弃重返澳大利亚的想法。一九二九年四月九日，"刘儒创"号商行经理亦即其兄长刘兆荣致函内务部秘书，望能批准其弟刘荣立六个月的签证，让他来澳探亲及与同学相聚。如果此举需要缴纳一定数额之保证金的话，商行将会依规缴纳，恳请其批复该项申请。十天后，内务部秘书以此项申请不合规为由，再次拒发签证。

三个月之后，刘兆荣向内务部提出了另一项让刘荣立来澳的入境签证申请。他以其在粤经商的父亲嘱其携带一些面粉、罐装水果及冻肉样品回国，以便其能扩大与澳大利亚的进出口贸易为由，表示需要其弟刘荣立来澳替代其经营祖父所创办的该"刘儒创"号商行，希望能批复刘荣立来澳签证，同时也申请他自己的再入境签证。扩大澳大利亚产品的出口自然是一件有益于这个国家的事情，内务部接函后对此予以了认真考虑。鉴于刘兆荣早在一九二七年之前便因祖父要回国探亲而获签代为经营其商行，其商务签证至翌年一月底到期，此次回国，若真的如其所言有实质性的出入口贸易活动，自然是可以继续为其签发再入境签证；而为使其离开澳大利亚的时间内商行得以继续正常经营，当局也同意刘荣立来澳，作为替工，接替哥哥的职位。为此，七月二十五日，内务部秘书将上述决定通知刘兆荣，嘱其务必在明年一月底之前安排其弟抵澳接替其工作，然后他便须立即安排回国。

接到上述批复后，刘荣立立即做好了赴澳行程安排。一九二九年十月十一日，他从香港搭乘"太平"（Taiping）号轮船抵达美利畔，到已经搬迁到小博街（Little Burke Street）一百二十号经营的"刘儒创"号商行接替其兄管理生意。而刘兆荣则按照事先的安排，于当年十一月十二日便离境回国。后者确实没有食言，很快就在接下来的三个月时间里，安排价值二百二十六镑的澳大利亚面粉运往香港，另外的二十吨面粉也正在待运之中。一年后，刘兆荣返回美利滨，继续担任商行经理。在此期间，一些澳大利亚商品陆续由其商行安排经香港出口到广东，因此，刘荣立作为商行经理助理，其商务签证就以每半年延期一次的形式不断地得到展签，总共有两年半的时间。一九三二年三月二十三日，刘荣立结束了在商行的工作，于美利畔港口登上驶往香港的"彰德"号轮船回国。

到一九三三年一月三日，刘兆荣再次致函内务部秘书，告知其商行仍然继续出口澳大利亚面粉到中国，希望再次申请其弟刘荣立来澳替代其工作，而他则需要回国探亲及联络进一步扩大出口事宜。内务部检视其过往一年里出口了价值达一千零八十九镑的面粉，年营业额达到八千六百六十四镑，显示该商行经营得法，出口贸易顺畅，遂于二月七日批复了上述申请。于是，当年十二月六日，刘荣立搭乘"太平"号轮船从香港抵达雪梨（Sydney），再由此乘坐火车来到美利畔，再次进入"刘儒创"号商行替代其兄的工作。①与上次商务签证只有半年时间不同的是，他这次获得的是一年有效期签证。此后，因商行生意继续扩大，出口贸易额不断增长，刘兆荣又于不久后返国探亲，由他的另一位兄弟刘荣广（Liu Charles Wing Kwong）从广州前来顶替其空缺，②刘荣立便继续留在澳大利亚经商。

到一九三六年八月三十一日，内务部秘书在知照中国驻澳大利亚总领事陈维屏再次给予刘荣立一年的商务签证展延之后，有关刘荣立的档案到此中止。此后，他是继续留在澳大利亚经商，还是最终返回家乡，抑或是去到香港发展，尚待找到进一步的档案资料方可确定。

---

① Lee Wing Lip （Ronald Wing）[issue of 'Certificate of Exemption from Dictation Test' in favour of subject; includes left and right thumb prints] [box 292], NAA: SP42/1, C1933/8380。

② LIU Charles Wing Kwong - Nationality: Chinese - Arrived Melbourne per Changte 13 September 1934, NAA: B78, 1957/LIU C W K。

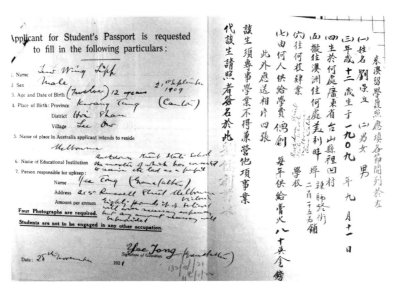

一九二一年十一月二十五日，刘儒创具表向中国驻澳大利亚总领事馆申请办理孙子刘荣立前来澳大利亚留学所需之护照和签证。

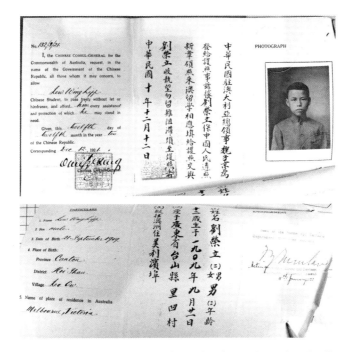

一九二一年十二月十二日，中国总领事魏子京签发给刘荣立的中国学生护照。

一九二九年十月十一日，刘荣立从香港搭乘"太平"号轮船抵达美利滨过海关时提交的个人照片。

档案出处（澳大利亚国家档案馆档案宗卷号）：

Lew Wing Lipp （or Ronald Wing）- Certificate of exemption [1cm], NAA: A1, 1936/109

雷　文

台山南溪村

　　一九〇九年十月一日出生的雷文（Louie Moon），台山县南溪村人。他的祖父名雷买（Louie Moy，或者Louie Ah Moy）。虽然在澳大利亚档案馆中有关他的记录难以确定，但根据一项同名记录显示，早在一八八五年，雷买便在澳大利亚的昆士兰（Queensland）入籍，[①]表明他至少是在十九世纪七十年代末到八十年代初便已从台山家乡来澳发展，定居于昆士兰中部的芒摩见埠（Mount Morgan）。芒摩见是个矿镇，位于昆士兰省中部重镇洛今屯（Rockhampton）南部不到四十公里处，距离南部的昆士兰首府布里斯本（Brisbane）约七百公里，于一八八二年发现金矿，吸引了大批淘金客蜂拥而来，自然也包括大批来自珠江三角洲的华人。雷买极有可能就是这个时期前后来到昆士兰，最后定居在这里。

　　在雷文年满十二岁后，祖父就想将他办理来澳大利亚读书。一九二二年二月九日，雷买便填妥申请表，向中国驻澳大利亚总领事馆申办孙子雷文来澳留学的护照和签证。他以在芒摩见埠经营的"新三记客栈"（Sam Guesthouse）作保，应允每年供给孙子来澳留学的费用为五十二镑，[②]要将他

---

① Louie Moy-naturalisation，NAA：A712，1885/C9276.
② 在申请表中文栏目"由何人供给学费"一项里，雷买填的不是他自己，而是"孙玉柱"。因对应的英文栏目里留空，无法判断孙玉柱的英文名字，但该名字或许有两种解读：其一，便是孙玉柱其人，是其客栈合伙人，但与雷买和雷文有何关系不得而知；其二，他或许也是雷买的另一个孙子，名"玉柱"，时下正与他在芒摩见埠经营新三记客栈。如是后者，则他何时来澳亦不可考，因无英文名字，无法查询。

办来芒摩见埠皇家公学堂（Mount Morgan Boys State School）念书。

申请递交上去中国总领事馆之后，很长时间没有回音。主要原因在于，自澳大利亚上一年实施《中国留学生章程》之后，很快便吸引了一百多名中国学生来澳留学，但他们来澳后也暴露了一些管理上的问题，引起了当地社会的很大意见，澳大利亚内务部便与中国总领事馆花费了很多时间反复磋商以修订章程中的相应条款，从而耽搁了学生护照申请的处理。直到这一年的十一月二十八日，中国总领事魏子京方才给雷文签发了中国学生护照，号码为205/S/22；第二天，内务部也核发给了他入境签证。此时，雷文已经年满十三岁了。

护照寄到雷文手中之后，又过了半年，经过家人的安排，雷文才得以去到香港，搭乘中澳轮船公司经营的"获多利"（Victoria）号轮船，于一九二三年七月二十三日抵达昆士兰省首府布里斯本，入境澳大利亚。正常情况下，他应该由此转搭其他交通工具，直接前往芒摩见埠。但当地海关却报告说，他将前往该省的另一个矿镇葵邛埠（Quilpie），其在该地之联络人亦即监护人是莫雅文（Mo Yap Man）。由于这一误导，到十一月中旬时，内务部还特别发文给葵邛埠公立学校（Quilpie State School）校长，欲询问雷文在该校的表现。在接到该校校长反馈说查无此人之后，内务部方才于十二月十五日指示昆士兰海关，核查雷文到底是去了什么地方，并在何处上学。直到一九二四年一月十九日，内务部才接到报告，是昆士兰省警察局芒摩见埠派出所在接到昆士兰海关的协查要求后找到了雷文，他目前住在该埠东街（East Street），并在皇家公学堂就读。

事实上，雷文在抵达布里斯本后就直接去了芒摩见埠，并于八月十四日正式入读皇家公学堂。从校长的评语看，雷文总是衣冠整洁，与同学相处融洽，循规蹈矩，学习也不错，作业认真，尤其是算术拔尖，英语从零开始，在一年之后就有了很大的进步，是个勤学上进的好学生。由是，他以这样的精神面貌和学习态度，在这里读了四年书。

到一九二七年上半学期的后半段，事情起了变化。校长在八月初提交给内务部的例行报告中表示，平时一贯学习认真、在校与同学相处无碍的雷文，在学校放完复活节假期重新开学后，只来学校上了一天课，便突然不来上学了，迄今已达三十五天之久，且没有告知是什么原因。内务部接到上述报告后，觉得这与《中国留学生章程》条例相违，是一件大事，应该弄清楚原因，便于八月十二日函示昆士兰海关部门协助调查，看该学生是否因受雇做工而逃学旷课，因为内务部当时对中国留学生防范最严者，就是其是否利用留学机会出外打工，一旦发现这种行为，内务部便不予宽容，轻者警告，重者遣返；而如果他系转学到另外一间学校继续念书的话，也要搞清楚是去到哪里，何时去的，并责成该校对其在校表现提交报告。

昆士兰海关行动迅速。八月二十三日，昆士兰省警察局芒摩见埠派出所报告说，他们见到了十八岁的雷文，也跟他进行了交谈，了解到其旷课的情况。在此，雷文也当面向他们解释了其不再返校念书的原因：在他去上学的路上，总有人骂他是黄杂种，令他身心备受刺激，难以忍受这样的种族歧视。警察问他是否知道具体是什么人在骂他，雷文表示不知道他们的名字。而当警察询问是否知道何以现在这些人要骂他，是什么原因导致这种情况出现时，雷文也表现得很困惑。但根据他自己的猜想，是否因为他身材高大且又比这间提供初级到高小教育的学校里的其他同学的年纪大好多，从而导致总是有人在人前人后嘲笑并羞辱他。他特别表示，正因为如此，他才非常愤怒，故不想再去上学以示抗议。随后，警察也跟雷买核实了雷文的情况，因为后者现在仍然跟他祖父住在一起，地址是芒摩见埠的马溪（Horse Creek）。雷买表示，他曾经督促过孙子要去上学，但他的话并不起什么作用；有时候雷文像是听从他的劝告，说是去上学，但实际上仅仅是从家里的果菜园穿过其他人家的田地，只是出去走了一圈，又回到自己家的地方。有时候他也在家里的果菜园里帮忙挖挖地，刨削一些木材木料，打发时间。尽管如此，他向警察保证，下周一定要孙子去上学，因为本周雷文的校服正在缝制中，相信下周会做好，便可以穿着去上学了。从上述的交谈和侧面了解中，警察坚信，雷文实际上目前是在跟祖父一起做工，被人辱骂等种族歧视行为其实只是编造出来的借口而已。

接到上述报告后，内务部相信警察派出所的判断是正确的，认为雷文事实上已经违反了《中国留学生章程》的规定，正好此时他的新的一年展签申请尚在审理之中，遂决定不再批准此项展签。九月二日，内务部秘书致函中国总领事魏子京，给予雷文一个月的时间安排船票，回返中国，意即将其遣返。①

为了督促和检查雷文是否真正安排回国船票，芒摩见埠派出所再次奉命于九月二十六日去到雷买位于马溪的家里，见到这位即将回国的中国留学生。根据雷买的说法，九月九日，他们就接到了中国总领事馆的遣返通知，对于让雷文回国，他们并无异议，事实上雷文也早就有意要回中国。为此，他们查询了近期的过路班轮情况，得知"吞打"（Tanda）号轮船会在十月十七日停靠布里斯本，然后北上，将于三天后即二十日停靠昆士兰北部大埠汤士威炉（Townsville）港口，届时，雷文就会在那里登船回国。从雷买那里，警察还得知雷文的具体行程安排如下：他将在十月十四日动身离开芒摩见埠，前往洛今屯（Rockhampton）住上一晚；次日，由此搭乘火车前往汤士威炉；当天抵达后，便在该埠的"福和盛"（Foo Wah Sing）号果栏借住，直到"吞打"号轮船抵达后他便可直接登船。根据警察在交谈中的观察，雷文对于离澳并没有显示出任何抵触情绪，反而对回国显得很期待。随后，警察将上述情况原原本本地向内务部作了汇报。

看来，一切都在按计划进行。一九二七年十月十九日，年满十八岁的雷文便在汤士威炉登上"吞打"号轮船，告别了在此居住了四年零两个多月的澳大利亚，结束了四年留学生涯，返回中国。②此后，他再也没有重返澳大利亚。

① Name: Louie Moon （of Mt Morgan）- Nationality: Chinese - Birthplace: Canton, NAA: BP343/15, 12/784。

② Louie Moon, Andrew Sue, Sam Ah Fong, Lee Sum, Wong Hook, Ah Tim, Yun Yee, Say Yee, Jack Coo, Ah Loy, Eng Dow, Spencer Long [Spencer James Way Dick], Sue Loong On, Yee Chong, Ah Sam, Louie Kee, Jimmy Ah Chong, Wong Choy [Joy], Tim Kee, Yee Doon [Tong], George Lum Hook, Pick Sing, Yuen Ming, NAA: J2773, 1294/1927。

　　左为一九二二年二月九日，雷买填表向中国驻澳大利亚总领事馆申办孙子雷文来澳留学护照和签证。右为一九二二年十一月二十八日，中国总领事魏子京给雷文签发的中国学生护照。

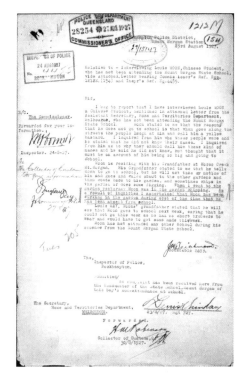

　　一九二七年八月二十三日，芒摩见埠派出所向内务部报告，解释雷文旷课的原因。

档案出处（澳大利亚国家档案馆档案宗卷号）：

Louie MOON - Student passport, NAA: A1, 1927/15147

陈兆南

台山田美村

　　在二十世纪五十年代初刚刚实行农业合作化时，广东省台山县田美村曾经以"入山开荒"作为生产的主要出路，很是风光了一阵。[①]本文的主人公陈兆南（Chin Chui Nam），就是这个村的陈氏家族里的一员。根据档案的记载，陈兆南报称是出生于宣统元年十月二十一日，但在英文表格及护照上都写明是出生于一九〇八年。宣统元年是一九〇九年，一九〇八年应该是光绪三十四年。也许是填表时在换算年份上出了错，也许就是手误，将一九〇九年误写成一九〇八年了。还是以英文的记录为准吧。另外一点可以指出的是，尽管早在民国初年即一九一四年新宁县已改名台山，但在此后的约十年间，海外的邑人包括外交人员仍然将新宁与台山混用。陈兆南的情况也是这样。他在护照申请表中写家乡是台山，但护照上的籍贯则仍然是新宁。

　　亚享（Ah Heng）是陈兆南的父亲。Ah Heng是他在澳大利亚所用的英文全名，把姓给省略掉了。大概当年他入境时，只报给海关人员自己的名字，没有把姓也一起告诉，海关或移民局人员就将其名字作为全名了。这种情况在当时从珠江三角洲来澳的华人中比较普遍。实际上，他的全名应该是陈亚享。根据档案，亚享定居于美利畔（Melbourne）埠，开设有一间杂货铺，名叫"昌利"（Chong Lee），位于美利畔北部的艾斯科特溪谷区（Ascot Vale）。由此看来，他显然来到澳大利亚的日子不短，估计也是在十九世纪

---

① 高王凌：《从清代农业政策看当代农业变革》，载《炎黄春秋》，2011年第5期。

末便已踏足这里，甚至也可能在十九世纪八十年代就已经获得了澳籍，[①]随后经过一番努力周折，筚路蓝缕，方有此家当。

到一九二二年，儿子陈兆南十四岁了。眼见得同乡好友纷纷将在国内的儿子申请来澳读书，亚享自然也不甘人后。五月十日，他向中国驻澳大利亚总领事馆递交了一份留学申请表格，要求办理其子陈兆南的中国学生护照和入澳签证，计划安排儿子入读艾斯科特公立学校（Ascot Vale State school）。为此，他以自己经营的"昌利"号商铺作保，并表示作为监护人，每年提供足镑膏火，供其留学期间的开销。

也许亚享在递交申请前就已经跟中国总领事馆人员充分咨询过申请程序及需要提供什么材料，或者他此前也已经通过了总领事馆的预评估，就在其申请材料递交上去的次日，中国总领事魏子京就为陈兆南签发了一份中国学生护照，号码为146/S/22。又过了一天，魏子京总领事也为他从澳大利亚内务部拿到了入境签证。随后，护照就被寄往中国台山陈兆南的家乡，以便其持此护照尽快安排行程，来澳留学。

早已束装待发的陈兆南动身赴澳还算是顺利。接到护照后不到三个月，他便从香港搭乘"获多利"（Victoria）号轮船，于八月二十六日抵达美利畔。入境的当天，他就注册入读父亲为他联络好的艾斯科特公立学校。虽然他在校的表现还好，但在接下来的四个月上学的日子里，他却有四十七天的时间是请病假，即只有近一半的时间上学。尽管老师也认为他学习刻苦，也很用功，但因身体差，脱课太多，因而进步甚微。

或许是陈兆南也意识到了自己的问题，他需要改变自己。于是，进入一九二三年新学年后，他离开了上述艾斯科特公立学校，转学进入邻区的圣多马文法学校（St. Thomas Grammar School）。这是一家著名私校，学风好，校规也严。在这里，他进步明显，校长罗便臣（G. Robinson）提供的例行报

---

① 澳大利亚国家档案馆里有好几份档案的名字都是Ah Heng，表明其人是在一八八四年到一八八五年间申请获准加入澳籍，但是否这些档案上的Ah Heng就是本文所说的陈亚享，尚无法确认。见：Letters of Naturalization-Ah Heng，NAA：A801，3147；Letters of Naturalization-Ah Heng，NAA：A801，2679；Letters of Naturalization-Ah Heng，NAA：A801，4271；Ah Heng-naturalisation，NAA：A712，1882/W6343；Ah Heng-naturalisation，NAA：A712，1882/X8556。

告显示，他学习能力强，在同龄人中尤为突出，是其中之佼佼者。更重要的是，进入该校后，他在三年的时间里就再也没有请过一天病假，一直保持全勤。不知是他已经适应了澳大利亚的生活和学习节奏呢，还是进入该校后注意身体锻炼的结果。

到一九二五年底，学校就要放假了，陈兆南接到台山家里的来信，谓其母亲病重，希望他能尽快回去中国看望母亲。于是，他把自己这个情况和回国探亲的愿望告诉了圣多马文法学校的校长罗便臣先生，请他代为向内务部申请其再入境签证，希望探亲结束回到澳大利亚后仍然返回该校读书。因过去三年里陈兆南在该校表现优秀，罗便臣校长本来就很喜欢这个中国留学生，现在他母亲病重，也确实需要回去看望，为人之子，此乃孝道，是不能阻拦的；既然他表示在结束探亲后还想再回来这里念书，那是非常欢迎的。于是，他便写信给内务部秘书，为陈兆南提出申请。与此同时，陈兆南亦求助于中国总领事馆，冀由正式渠道向内务部提出上述申请，以期双管齐下，达成目标。接到上述来自不同机构的公函，且理由也很正当，内务部很快便批复，于十二月十六日函复上述机构，给予陈兆南十二个月内重返澳大利亚读书的签证。

按照惯例，陈兆南应该在年底或者次年的年初，赶上从美利畔开往香港的班轮，回中国看望母亲。可是，一九二六年新学年刚刚开学两周，陈亚享就于二月十三日给内务部长写了一封信，告诉他陈兆南母亲的病并不是太严重，由是之故，他自己觉得儿子还是应该把心放在学习上，因而没有同意他回中国探亲。换言之，陈兆南尽管拿到了内务部批复的再入境签证，也还是以留在当地读书为要。由此，陈兆南自新学年开始，仍然留在圣多马文法学校继续念书。此事的整个过程罗便臣校长都很清楚，因此，如果内务部长对此有任何疑问，陈亚享建议他直接询问罗校长便是。既然这样，内务部自然不会反对，遂顺其自然。于是，陈兆南继续在这间学校里读了两年，依旧是秉持同样的学习态度，获得同样的好评语。而且，为了能与当地同学有更好的沟通，他还给自己取了一个英文名，叫做Charlie Heng（查理享），后面的享字显然是借用父亲的名字。他如此做之目的，很有可能是想跟父亲保持一致，也有可能是想在以后有机会再来澳大利亚时，可以进入父亲商铺工作，直至继承父亲的生意，正如同时期从中山县来到昆士兰省留学的缪国秉（Mow Kock Ping）一样。①

一九二八年二月二日，二十岁的陈兆南在美利畔港口搭乘"圣阿炉滨士"（St. Albans）号轮船，离开澳大利亚回国了。这次回国，他事先并没有说明理由，也没有申请再入境签证。对于这种情况，无论是中国驻澳大利亚总领事馆，还是澳大利亚内务部及海关，起初都视此为该留学生结束在澳之留学生涯，回国找工作或继续升学。从一九二二年八月入境澳大利亚到离境，陈兆南在澳留学五年半，期间未曾回国探亲过。

但回国一年多之后，不知何故，陈兆南又想重返澳大利亚读书了。也许，他回国本来就是想放松一下，顺便看望母亲和其他家族成员；也许，是在回国后升学的过程中有诸多不顺；也许，他回国就是想找到一份好的职业，但是却在工作问题上很不理想；也许，还有其他的原因，不一而足。于是，他跟以前一样，先写信跟圣多马文法学校校长罗便臣先生谈自己的情况，意思就是还想回到这间学校继续读书。罗校长本来就喜欢这个中国学生，了解情况后便立即于一九二九年五月二十三日致函内务部秘书，表示这个学生过去各方面表现都很好，英语也相当流利，希望准允其入境继续念书。而与之同时进行的，是陈兆南也跟中国驻澳大利亚新任总领事宋发祥联络沟通，通过正式的途径向内务部提出申请。五月二十九日，宋总领事便致函内务部秘书，内容同上。内务部处理过同类性质的不少申请，经验丰富，据此，考虑到此时的陈兆南实际上尚未满二十一周岁，按照中国留学生在澳留学上限二十四岁的标准，他还有三年的留学时间，相对来说还是比较宽裕的。而过去陈兆南的在校表现如何也是处理此事的一个考量。鉴于他此前在澳留学的五年多时间里一直表现优秀，且回来继续读书的学校还是原来的那一间，校长亦极力赞同，没有理由阻拦他重返澳大利亚念书。于是，六月十日，内务部批准了上述请求。据此，陈兆南可以回来澳大利亚继续念书了。

---

① Mow Kock PING-Students passport，NAA：A1，1927/12462。

　　遗憾的是，陈兆南的赴澳留学档案到此为止，在内务部批准其入境之后，就再也没有他的进一步信息。可能在接到内务部的批复之后，陈兆南就遇到了许多此前无法预料的事情，使得他最终无法动身，无法前来念书。

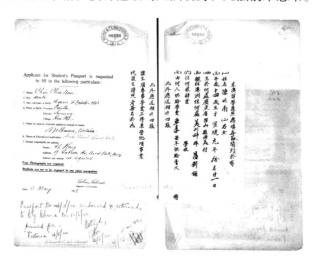

一九二二年五月十日，亚享向中国驻澳大利亚总领事馆申办儿子陈兆南来澳留学手续所填之申请表。

一九二二年五月十一日，中国总领事魏子京给陈兆南签发的中国学生护照。

陈
兆
南

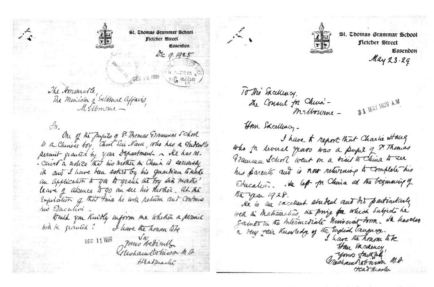

左为一九二五年十二月九日圣多马文法学校校长罗便臣先生为陈兆南申请再入境签证给内务部秘书的公函。右为罗便臣校长于一九二九年五月二十三日为在中国的陈兆南申请再入境签证写给内务部秘书的公函。

左为一九二五年十二月十六日中国驻澳大利亚总领事魏子京为陈兆南申请再入境签证给内务部秘书的公函。右为中国驻澳大利亚总领事宋多祥于一九二九年五月二十九日为在中国的陈兆南申请再入境签证写给内务部秘书的公函。

档案出处（澳大利亚国家档案馆档案宗卷号）：

Chin Chui Nam - student passport, NAA: A1, 1929/5182

211

邝猛、邝光兄弟

台山潮溪村

邝猛（Fong Mount）生于一九〇九年十月二十三日，邝光（Fong Kwong）出生于一九一〇年八月二十四日，都是台山县潮溪村人，但他们不是亲兄弟，而是堂兄弟。邝甫宸（Fong Frank Fulson）是邝猛的父亲，邝光的伯父。

邝甫宸出生于一八七三年十二月。他虽然是潮溪村人，但却自称当年是在香港出生的。一八九三年一月二日，刚满十九岁的他便跟随乡人的步伐，来到澳大利亚寻求发展。当时，他从香港出发，到新加坡后换乘"苏尔坦"（Sulton）号轮船，南下印度洋，进入西澳大利亚（Western Australia）海岸，于非库文度埠（Freemantle）登陆澳大利亚。在西澳首府普扶（Perth）待了三个月之后，就前往西澳之西北部距离普扶一千四百多公里的哈定河（Harding River）口的卡赛克（Cossack）港口，随后便在该港口后面的镇子佬畔[1]（Roebourne）落脚，逐步发展起来。[2]因该埠是西澳珍珠养殖业之发源地，当时生意前景良好。两年后，他在镇子里开了一间杂货铺，名为"泗盛"号（See Sing & Co.）商铺，生意不错。鉴于他自称是在香港出生，从一九一〇年开始，邝甫宸便向澳大利亚联邦政府外务部申请加入澳籍，因为当时所有

---

① 在这份档案文件中，邝甫宸将此"佬"字写成左为"田"字旁，加上"佬"字。但因字典和字库里均无此字，此处只能用"佬"字替代。

② Fong Fulson [Chinese], NAA: K1145, 1905/125。

在大英帝国属地出生者皆被视为大不列颠王国的臣民，亦可以申请成为澳籍公民。可是，历经八年申请，皆被外（内）务部拒绝，原因是他无法拿出在香港出生的证明。尽管邝甫宸声称，当时在香港的中国人根本就没有前往人口登记署登记和索要出生证的习惯，以致其在港之家人和亲戚为此事多方奔跑亦无济于事，即便他找了许多佬畔埠的知名人士和律师为自己说情，亦未能达致目的。在其一九一八年为此事申诉的一份表格上，他写明自己有四个子女，皆在广东家乡出生，其中之次子名为May Fulson，显然就是邝猛。[1]

一九二一年十月二十五日，邝甫宸填好申请表，向中国驻澳大利亚总领事馆申办十三岁的儿子邝猛及十二岁的侄儿邝光前来澳大利亚留学。鉴于他所在的镇子不大，只有一间公立学校，他只能将他们办来佬畔埠公立学校（Roebourne State School，也称之为"佬畔本省学校"）。他以自己经营的"泗盛"号商铺作保，承诺每年分别给予儿子和侄儿膏火费各一百镑，充作留学等开销。该地距离中国总领事馆的驻地美利滨（Melbourne）相当遥远，邮寄通讯费时，因而留学申请的处理相对也就有所耽搁；加上中国总领事馆应澳大利亚内务部之要求，自一九二一年底开始就《中国留学生章程》实施一年后出现的问题予以协商调整，亦影响了中国总领事馆对相关申请留学的材料进行审理批复的进度。直到大半年之后，一九二二年七月七日，中国总领事魏子京才给邝猛和邝光签发了中国学生护照，号码分别是164/S/22和165/S/22。过了三天，中国总领事馆也顺利地从内务部为他们拿到了入境签证。

邝甫宸拿到上述护照后，就直接寄到他在香港的亲戚处。邝猛和邝光兄弟俩则在家乡立即收拾好行装，赶到香港，从那里拿到他们的护照，然后搭船前往新加坡，再由此转搭"蛇发女妖"（Gorgon）号轮船，于一九二二年八月三十日抵达佬畔埠，入境澳大利亚。邝甫宸从海关将这兄弟俩接出来，住进了他的"泗盛"号商铺里。

从九月四日开始，兄弟俩正式注册入读佬畔本省学校。根据校长的例行报告，这两个中国学生在校表现都很好，举止得体，遵守校规，最重要的是

[1] Fong Frank Fulson-Naturalization，NAA：A1，1918/6308。

213

对学习都很有兴趣，也很勤奋。从进入学校开始，邝甫宸便为他们延请了家教，即学校的老师每周还有四个晚上来给他们补习英语，这样的安排持续了一年的时间。两年之后，他们的英语有了很大的进步，在其他的科目尤其是算术等方面，他们的成绩总是在班上名列前茅。

到一九二五年的年中，邝猛和邝光兄弟俩已经在佬畔留学近三年，英语进步明显，对澳大利亚的情况也有了较多的了解。邝甫宸便在这个时候想让十六岁的儿子邝猛增加一些经商的知识和实践，以便其学成返回中国后能在经商方面大展拳脚，遂于七月十一日致函内务部秘书，希望能批准其子转换商业签证一年，在他的"泗盛"号商铺里跟班实习。他声称，泗盛号商铺开设已逾三十载，现在年营业额已达一万五千镑，与普扶和非库文度埠的商行交易频繁，他个人在行业中商誉甚佳，希望当局能给他儿子一个机会，这也有利于日后他在商业方面的发展。为支持上述申请，邝甫宸还动用了西澳商会及他的一些上下游商家也是他的主顾出具推荐信，再通过中国驻澳大利亚总领事馆出面代为申请。如此双管齐下，内务部终于通过了审核，于八月二十八日批复，邝猛由此进入其父之"泗盛"号商铺实习，有效期一年。而邝光则继续留在学校念书。一年之后，邝甫宸继续为儿子邝猛申请展签，又获批准。而在此期间留在学校念书的邝光也没有虚度光阴，老师对他的各科作业都给予好评，认为他勤学好问，十分聪颖，是个很有前途的好学生，尤其是英语，已经说得跟当地人一样流利了。

可是，邝猛的第二年商业实习只是坚持了半年。到一九二七年二月四日，十八岁的邝猛就提前结束实习，在佬畔埠港口搭乘上"加斯科涅"（Gascoyne）号轮船，离开澳大利亚前往新加坡，转道回中国去了。比他小一岁的堂弟邝光，也和堂哥同船回国。临离开佬畔之前，他们既没有通知学校和内务部，也没有知会中国总领事馆，当然也没有申请再入境签证。至于如此急着回国的原因是什么，档案文件中也没有披露任何信息。直到海关将两人的出境情况报告上去，内务部才知晓他们已经不辞而别，内务部将此情况通报中国总领事馆。邝猛和邝光在澳大利亚的留学时间是四年半。

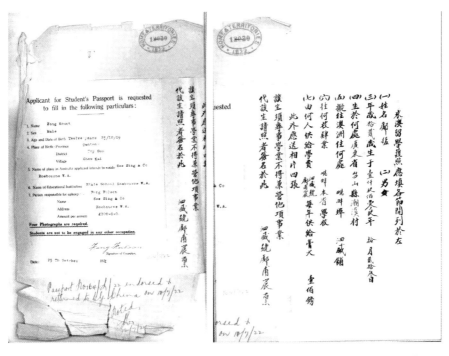

一九二一年十月二十五日，邝甫宸填表向中国驻澳大利亚总领事馆申办儿子邝猛来澳留学。

一九二二年七月七日，中国总领事魏子京给邝猛签发的中国学生护照。

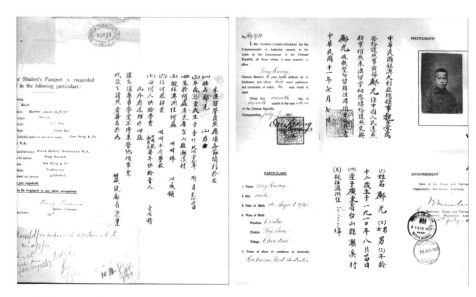

　　左为一九二一年十月二十五日，邝甫宸填表向中国驻澳大利亚总领事馆申办侄儿邝光来澳留学。右为一九二二年七月七日，中国总领事魏子京给邝光签发的中国学生护照。

档案出处（澳大利亚国家档案馆档案宗卷号）：

Mount, Fong - Student passport, NAA: A1, 1926/14369

Kwong, Fong - Student passport, NAA: A1, 1926/15558

刘荣炽

台山公益埠

    刘荣炽（Lau Wing Chee）是台山县公益埠人，^①出生于一九〇九年十二月十日。他的祖父是一八六一年出生的刘儒创（Lew Yee Tong），早在十九世纪八十年代便赴澳谋生，定居于美利畔（Melbourne），在唐人街上的小博街（Little Bourke Street）一百二十号开设一间果栏兼杂货商铺，售卖蔬果及土洋杂货，兼做进出口贸易，就以他的名字作为店名，称"刘儒创"号（Tong & Co.），是一家颇有利润的华商企业。^②可能得力于家有"南风窗"（海外关系）之故，刘荣炽的父亲遂在家乡和省城经商，家境较好。刘荣炽在这样的家庭里成长，自小就接受良好的教育。及至十四岁，当他的哥哥刘荣立被送到澳大利亚留学时，他就被送入广州培英中学（Union Middle School，Canton）念初中，接受中英双语教育。该校先由美国长老会传教士创办，最终由美国长老公会（American Presbyterian Mission）、美国公理

---

① 刘荣炽是前述刘荣立（Lew Wing Lipp）的弟弟，但前者籍贯填写的是里凹（坳）村。查台山公益埠是清光绪三十四年方才建设而成的商业大埠，原名宁海埠，后称公益埠，意在"公共得益"，也引得县内诸多商家纷纷迁入。或许刘氏兄弟的父亲便是此后迁入该地，利用其父刘儒创在澳经商所积累而寄回的资金在此经商，随后将生意做到省城广州。由此推测，刘荣炽应该是在公益埠出生。

② 刘儒创在一八八三年便申请归化澳籍。见：Yee Tong – naturalisation, NAA: A712, 1883/Z9588。早在创办自己的"刘儒创号"之前，亦即十九世纪末二十世纪初年，他就与刘希爵、刘希长、张宗泽等人合股在中国城小博街（Little Bourke Street）二百一十二号上开办"永利源"（Wing Lee Goon & Co.）号商铺，规模较大，颇有声势。见："永利源告白"，载美利畔《警东新报》（Chinese Times）一九〇七年十二月七日，第八版。Yee Tong & Co - Re Shipment of Flour - Export Licence 10662, NAA: B13, 1940/52228。

公会（American Board Mission，亦叫美国西差会）、美国同寅公会（Union Brethren Mission）及中华基督教会（Church of Christ in China）合办，教学和生源质量高，为当时省城名校。

一九二六年五月二十五日，刘荣炽决定步其兄长刘荣立后尘，赴澳留学，由刘兆荣（Stanley Wing）代为办理申请事宜。刘兆荣是其大哥，此时在美利畔担任"刘儒创"号商铺经理。事实上，出生于一八九九年的刘兆荣也是在一九一九年从广州来澳大利亚协助祖父工作，待其祖父因返乡探亲而商铺无人管理之时，作为祖父的替工而留在美利畔负责照看"刘儒创"号商铺生意。[1]他填表向中国驻澳大利亚总领事馆申办刘荣炽来澳留学事宜，便也代替祖父充当兄弟来澳留学的监护人和财政担保人。他以"刘儒创"号作保，承诺每年提供给刘荣炽足镑膏火，负担他在澳留学期间的全部费用。原本他是想给兄弟联络入读位于城外卡顿区（Carlton）的若丝砀街公学（Rathdown Street State School），但因《中国留学生章程》修订案将于这一年七月一日生效，按照新规，所有来澳留学的中国学生此后皆须入读私立学校而不是免费的公立学校，因此，刘兆荣转而联络位于美利畔城里东区的圣伯多禄书院（St. Peter's School）让弟弟入读。同时，他还根据要求，让弟弟提供一份手抄英文作业作为其具备基础英语学识的证据，以及培英中学英语教师邝隐善所出具的刘荣炽英语能力的证明。

经过上述几番反复补充材料，四个月后，中国驻澳大利亚总领事馆才完成对上述申请之审理。十月八日，总领事魏子京给刘荣炽签发了中国学生护照，号码是434/S/26；三天之后，澳大利亚内务部也在护照上签证盖章，退回给中国总领事馆。后者便将其寄往中国，以便刘荣炽尽快来澳留学。尽管其兄长刘兆荣积极为兄弟办理护照和签证，希望他早点过来，但刘荣炽是在拿到护照大半年之后，才乘坐"彰德"（Changte）号轮船于一九二七年七月十一日入境的。此时，他已经过了十七岁，即将进入十八岁的年纪。从他入境澳大利亚的这个时间点来看，显然是在中国的学校放暑假之时；而考虑到他的年龄，极有

---

[1]　Hen Wong（Stanley Wing）Ex/c，NAA：A1，1936/848。

可能的是他在接到护照时，正好还差最后一个学期就要初中毕业，他需要读完培英中学的课程再来澳大利亚继续读书。

一九二七年八月八日，刘荣炽正式注册入读圣伯多禄书院，继续再念中学。可能是在广州读了多年英语，他的英语底子不错，学习上似乎没有什么困难，因为学校的例行报告显示其学业令人满意。他在学校里也取了一个英文名字，叫做Archie Wing。但到一九二九年底学校放假后，他就不去上学了，在"刘儒创"号里给哥哥当下手，经营生意，因为此时他的另一个哥哥刘荣立已经返回中国，此前刘荣立也曾在商铺里给大哥当下手，协助经商。当内务部发现刘荣炽没有去上学，于次年二月份找到在店铺里打工的他，警告如果不去念书就将遣送其回国之后，他才不得不重返学校念书。然而，他没有回到圣伯多禄书院，而是选择去另一间学校即苏格兰书院（Scotch College）读书。但他只是在这里读了三个月，可能不习惯，也可能该校要求更严，他无法适应，便于五月份再返回圣伯多禄书院，继续在此念书，直到一九三一年三月。此后，他再次转学，进入唐人街上的长老会学校（P. W. M. U. School）继续读中学课程。

就在长老会学校读了两个月之后，刘荣炽突然提出要回中国探亲。他先后通过学校和中国总领事馆向内务部申请再入境签证，希望探亲结束之后继续返回念书。内务部认为此举符合《中国留学生章程》的规定，同意其申请，但只是给予六个月内有效的展签，即从其离境之日起算，六个月内返回有效。于是，刘荣炽于六月十三日乘坐"利罗"（Nellore）号轮船，离开美利畔，返回中国探亲。到十二月十二日，中国总领事馆再次致函内务部秘书，告知刘荣炽因故在中国不能及时返回澳大利亚念书，希望再展签六个月，最终获得同意。一九三二年四月十日，刘荣炽搭乘"太平"（Taiping）号轮船返回澳大利亚。此时，他已经二十二岁半了。他如约于四月二十日重返长老会学校，一直读完这一年的课程。

一九三二年十二月十六日，刘荣炽结束了在长老会学校的中学课程，给澳大利亚联邦政府内务部长写信，希望转换身份，留在澳大利亚工作。他表示，其兄刘兆荣准备将其公司业务扩大，主要想将澳大利亚的面粉和水果罐头及果干等制成品出口到东亚。鉴于他本人中英文俱佳，其兄属意于他负责这一块业务。为此他希望能获得在澳的工作签证。由此可以推测，他在近二十三岁时仍然返回澳大利亚读书，而且还是进入最多只提供中学课程的长老会学校，其目的显然是为了进入"刘儒创"号商行工作。通过海关，内务部了解到"刘儒创"号商行上一个财政年度的营业额达到八千六百六十四镑，出口面粉价值达一千零八十九镑，表现不俗，因此，于一九三三年二月二日同意将刘荣炽的学生签证转为工作签证，有效期还是到其再次入境澳大利亚的那一天，即四月十日。至于此后是否续签，则要视其商行的经营情况而定。事实上，该签证的有效期与其原先拥有的学生签证有效期是一样的，唯一的区别是签证性质改变而已。由于自去年年底以来三个月时间里，"刘儒创"号商行出口面粉价值就达七百九十镑，业绩良好，因而到了一九三三年四月份，刘荣炽的工作签证得以顺利展签十二个月。

又过了一年，到了一九三四年四月，最初时刘兆荣还致函内务部秘书，为兄弟刘荣炽申请展签。种种迹象表明，内务部是倾向于再次核发签证，因为刘兆荣接到复函，让他通过中国驻澳大利亚总领事馆循正式渠道申请。可是就在这个时候，刘氏兄弟的父亲从广州跟中国总领事馆联络，让刘荣炽即刻返回广州去接管家族的生意，而他在澳大利亚所负责的这一摊面粉出口业务，则由其父亲指派另一个儿子，也是刘兆荣和刘荣炽哥俩的另一位兄弟刘荣立前来替换接班（荣立已在一九三三年底进入澳大利亚接手工作）。于是，刘氏兄弟遂中止了上述展签的申请。

一九三四年五月十四日，刘荣炽在美利畔港口登上"彰德"号轮船，告别澳大利亚，驶往香港，[①]返回家乡去接管家族的生意。余后几年间，因生意需要，他仍然往返与中澳之间，也可能逐渐将生意重心迁往香港。自一九三九年之后，在澳大利亚再未见到与他相关的入境信息。[②]

---

① Lau Wing Chee（Chinese student）ex "Changte" July 1927 - Departure per "Changte" May 1934, NAA: B13, 1932/6190。

② Wing Yee [also known as Archie Wing] [departed ex NANKIN from Melbourne on 8 November 1939] [issue of Certificate of Exemption in favour of subject] [box 410], NAA: SP42/1, C1939/7742。

刘荣炽来澳前后约七年，中间回国探亲近一年，经商约一年半时间，真正在中学里读书的时间是四年多。

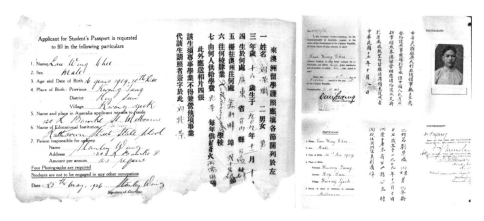

左为一九二六年五月二十五日，刘兆荣代兄弟刘荣炽向中国驻澳大利亚总领事馆申请办理赴澳留学事宜。右为一九二六年十月八日，中国总领事魏子京给刘荣炽签发的中国学生护照及三天后澳大利亚内务部在护照上钤盖的签证章。

一九三二年四月十日，刘荣炽搭乘"太平"号轮船返回澳大利亚时提交给海关的照片。

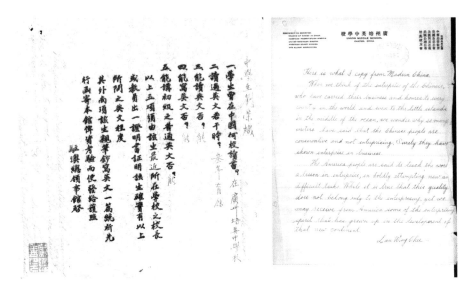

左为一九二六年，广州培英中学英语教师邝隐善所出具的刘荣炽英语能力证明。右为刘荣炽以广州培英中学信笺为底手抄的一份英文作业，作为其具备基础英语学识的证据。

档案出处（澳大利亚国家档案馆档案宗卷号）：

Lan Wing Chee - Students passport, NAA: A1, 1933/1211

雷钟锡

台山河木村

　　雷钟锡（Chung Set），一九〇九年十二月二十九日生于台山县河木村。
雷保（Louey Bow）是雷钟锡的父亲，当时在澳大利亚美利滨（Melbourne）
卡顿（Carlton）埠多街（Orr Street）二十四号开有一间商铺，是专做果菜代
理。澳大利亚档案资料数据库里查不到与他相关的信息，可能他在澳还使用
别的英文名字。但根据同样也是从河木村出来到澳大利亚朵备利（Albury）
埠发展的同宗兄弟雷元（Louey Goon）、雷昌（Louey Chong）及雷维炜
（Whay Way，也写成Louey Whey Wey）等人都是在十九世纪九十年代至二十
世纪初年便来到这片土地发展，而且也都是当菜农、经营果菜园并开设果菜
商铺的情况来看，[①]雷保既是他们的同村人亦是同宗，而且在澳大利亚还是同
行，那么，他抵澳的年份应该与他们大致相同。
　　到一九二三年底，眼见着正在家乡学堂里念书的雷钟锡就要满十四岁
了，父亲雷保决定将其办来美利滨继续读书。十月十八日，他填具申请表，
提交给中国驻澳大利亚总领事馆，申领其子雷钟锡的留学护照和签证。他以
自己的果菜代理商铺作保，允诺每年提供膏火八十镑给儿子作为留学费用，

① 有关他们的档案，见：GOON Louey: Nationality - Chinese: Date of Birth - 1877: Arrived May 1892: First registered at Wodonga, Victoria, NAA: MT269/1, VIC/CHINA/GOON LOUEY/1; LOUEY Chong - Nationality: Chinese - Arrived Melbourne April 1896, NAA: B78, LOUEY/C; WEY Louey Whey: Nationality - Chinese: Date of Birth - 12 October 1864: Date of Arrival - 16 May 1886: First Registered at Wangaratta, NAA: MT269/1, VIC/CHINA/WEY LOUEY WHEY。

要将他安排到位于唐人街的长老书馆（P. W. M. U. School）念书。

中国总领事馆在接受了上述申请材料之后，并没有及时处理，而是耽搁了四个月左右的时间，原因不明。直到一九二四年二月二十二日，待上述申请处理完毕，中国总领事魏子京便给雷钟锡签发了中国护照，号码387/S/24。四天之后，中国总领事馆也从内务部领到了他的签证。随后，护照便寄到中国。

半年之后，雷钟锡终于从香港乘坐"获多利"（Victoria）号轮船，于一九二四年八月二十五日抵达美利滨入境，住进了父亲位于卡顿埠的商铺里。在休整了十天左右，熟悉了周围环境之后，雷钟锡于九月八日正式注册入读位于唐人街的长老书馆。从学校提供的报告来看，他在校表现可圈可点，各项作业完成得很认真，言行举止都受到赞扬，尤其是他的那股要么不做、要做就要做得最好的劲头，最受老师喜爱，在每次报告中都予以特别强调。就这样，他在此处读了一年半左右的书。

但在一九二六年四月八日，十六岁的雷钟锡突然辞别学校，在美利滨港口登上驶往香港的"吞打"（Tanda）号轮船，返回中国去了。①他临走时都没有知会中国总领事馆和内务部，直到海关根据登船离境记录提出报告，内务部才得知其离境的信息，再将此结果知会中国总领事馆。由此，他也没有申请再入境签证，表明他此次回国便再未有重返澳大利亚念书的打算。

---

① Chung Set（Chinese student）ex "Victoria" 22.21924 - Departure from Commonwealth per "Tanda" 8.4.1926, NAA: B13, 1926/8094。

　　左为一九二三年十月十八日雷保填表向中国驻澳大利亚总领事馆申领其子雷钟锡的护照和签证。右为一九二四年二月二十二日，中国总领事魏子京给雷钟锡签发的中国护照。

档案出处（澳大利亚国家档案馆档案宗卷号）：

Set, Chung - Student's passport, NAA: A1, 1925/19469

伍亚焜

新宁上坪村

出生于一九一〇年二月十四日的伍亚焜（Ng Ah Goon），新宁县上坪村人，是伍亚德（Ng Ah Ack）的弟弟。

他的父亲伍年（Tommy Ah Nam，或者Thomas Ah Nam，Ah Nan）在向中国驻澳大利亚总领事馆提出申办儿子伍亚德来澳留学申请之后不到一个星期，觉得次子伍亚焜此时也已经年满十一岁，也应该为他提出申请来澳留学，让他与哥哥一道办理留学护照和签证。为此，一九二一年十一月二日，伍年便再次备齐次子伍亚焜的护照和签证申请材料，填妥表格，将其提交给位于美利滨（Melbourne）的中国驻澳大利亚总领事馆办理。他同样是以自己经营的"伍年"果蔬菜园铺作保，承诺每年供给儿子七十镑膏火费，亦即包括其学费和生活费等开销，准备将其与长子伍亚德一起办理来到他目前打拼的小镇週弭学校（Public School of Junee）念书。

三个多星期后，到十一月二十八日，即在哥哥伍亚德获得学生护照的同一天，中国总领事魏子京也为伍亚焜签发了中国学生护照，号码为118/S/21，并也在三天之后从澳大利亚联邦政府内务部那里为其拿到了入境签证。随后，中国总领事馆便将伍亚焜和他哥哥伍亚德的护照和签证一并寄往他们的家乡。如果一切顺利的话，这位中国小留学生就会在此后的时间里由家人代为安排好船期，与哥哥伍亚德一道，漂洋过海前来，开始其留学生涯。

但是，拿到护照和签证后，时年十一岁的少年伍亚焜并没有立即启程与哥哥一同前来，并且比起那些拿到签证后一拖再拖、延宕一两年再赴澳的中国小留学生更甚，足足等了六年多之后，才终于拿着这本早已过期的中国护照和澳大利亚入境签证，在结束回国探亲返回澳大利亚的父亲伍年携同下，①搭乘日本邮船公司经营的途经香港的班轮"丹后丸"（Tango Maru），于一九二七年四月十一日抵达雪梨（Sydney）港。在该轮自香港经菲律宾南下、于四月四日抵达位于澳大利亚东北部的第一个海关达士埃仑（Thursday Island，亦即珍珠埠）时，海关官员检查入境人员情况才发现伍亚焜所持护照和签证早已过期，遂紧急致电内务部报告此事，请求指示。内务部认为，该签证早已过期，而且该留学生也早已超过十四岁，根据修订之《中国留学生章程》新规，对其入境应予以严格限制，即他在入境之后须就读私立学校，方可准予重新发放入境签证。因此，当从雪梨入关的伍年，联络当地同乡也是商界名人的黄柱（James A Chuey），②于"丹后丸"抵达雪梨后在海关为其子办理入境手续时，就由后者作保，按例向海关缴纳一百镑保证金，才得以将儿子伍亚焜保出，获得临时入境一个月，随即将其带往週弭。他必须在此之后的这个月里，满足相关条件，方可为其子获得正式的学生入境签证。当然，此时的伍年，也同时为其在澳留学三年之久的长子伍亚德被遣返回国一事奔忙，后者于五月二十八日乘船离开澳大利亚回国。

此时的中国驻澳大利亚总领事仍然是魏子京，他自然还记得六年前为其签发护照的这位中国小留学生伍亚焜。在经多方了解后，他于五月六日致函内务部，告知这位中国学生现今已经注册入读週弭的一间由布朗（H. Browne）先生创办的布朗海私校（Brownhill's Private School），为伍亚焜申请正式签证。该校位于週弭的圣恩祖堂（St. Andrews Hall），看起来像是一间教会办的私立学校。内务部此前并不掌握该校情况，便指示由鸟修威省

---

① Chun Hore or George Chin Hall, Tommy Ah Nan, Ah Chong, Ted Sing, Ah Yong, Hung Yee, Choy Mow, Ah Quoy, Ah Ling and Mew Get [Certificate Exempting from Dictation Test - includes left hand impression and photographs] [box 196], NAA: ST84/1, 1927/424/11-20。

② 黄柱也是台山人，十九世纪末来澳发展，是澳洲当地著名洪门大佬和富商。有关他的档案见：J A Chuey and Wong Dart Bun [Admission to Australia under exemption of Chinese national, Wong Dart Bun, grandson of Mrs J A Chuey, for 3 years] [Box 495], NAA: SP42/1, C1944/7662。

警察局负责呈报该校的性质与规模。五月十八日，警察局报告说，该校并没有在教育局注册，属于个人教授的私塾性质。同时，警察局也附上该校校长布朗先生为此特地所写的一份亲笔信，证明伍亚焜入读该校，每天上下午授课。布朗表示，他设立该校的目的就是为了给伍亚焜授课，每周收取十先令六便士的学费；而该生之所以跟他念书，源于其父想让他通过个别教授课程，使之尽快适应当地的学习环境；通过一个多星期的观察，布朗认为伍亚焜在来澳之前已经接受过较好的教育，基础较好。六月六日，内务部致函中国总领事馆，表示按照《中国留学生章程》新规，伍亚焜必须入读在政府注册的正规私校，方可获得签证，并督促其尽快落实。换言之，内务部不认可布朗的私塾属于私立学校，因其没有资质。

中国总领事馆显然也为此着急。接到内务部信函后，魏子京总领事通知伍年，要他尽快为儿子找到一间正规学校注册入读。可是，週弪埠派出所于六月二十四日向鸟修威省警察局报告说，伍亚焜目前已经转学了，但入读的是週弪地区学校（Junee District School），这是公立性质的乡村学校，无须付费。看来这是伍年想投机取巧，节省学费。该报告交到内务部后，当局于七月十一日函告中国总领事馆，明确指出此举违法。内务部表示，为今之计，要么伍亚焜转学进入正规私校念书，要么就只得安排其离境回国。这样一来，中国总领事馆和伍年再也不敢怠慢，遂紧急行动起来。两个星期后，省警察局向内务部报告说，从七月十八日开始，伍亚焜业已转学进入获架获架埠（Wagga Wagga）的基督兄弟会书院（Christian Brothers' College）念书，并在此为自己取了一个英文名字，叫做威廉（William，也简称为威利Willie）。而中国总领事馆也于八月五日将此结果正式函告内务部，为其申请留学签证。八月二十九日，内务部在完成审查之后，正式准允伍亚焜留学签证，有效期一年，当然，起始日期还是从他入境的那一天开始计算。由此，原先在伍亚焜入境时缴纳的一百镑保证金，亦随着他获得正式学生签证后得以归还给雪梨的黄柱。

获架埠是鸟修威省内陆最大的镇子，位于雪梨到域多利省（Victoria）首府美利滨（Melbourne）的中间，亦位于週弪镇之西南，相距约四十公里，有

雪梨至美利滨铁路贯穿其间。伍亚焜虽然选择了去获架埠念书，但仍然住在
週弭父亲的铺头里，每天乘坐火车前往获架的基督兄弟会书院上学。因为这
趟铁路邮车属定点行驶，从週弭抵达获架的时间是早上九点五十分，由是，
他上学时就总是比其他学生迟到，到下午近四点钟放学，天天如此。尽管有
不得已的迟到，但他的学习还算是令人满意，在校表现也是循规蹈矩，只是
比较沉默寡言，跟同学间交流不多，也很少参与同学间的课余游戏与运动。
他以这样的状态，在这间教会学校读了三年。

一九三〇年六月，伍亚焜的表亲病重，住进了位于鸟修威省和域多利
省交界的朵备利（Albury）医院，他为此请假前往医院陪护，前后达一个月
的时间。与此同时，基督兄弟会书院鉴于他每天从週弭乘坐火车前往获架上
学，车费的开销不小，故也于六月底向内务部报告，欲为他申请一张免费车
票，以减轻其负担。但一个星期后内务部便回复说，既然是来澳留学，并且
是全付费在澳读书和生活，无论是何种方式，留学生都应该予以承担，否决
了书院的上述申请。

也就是从这个时候开始，内务部对已年满二十岁的伍亚焜之出勤率给
予了高度重视。尽管此前他也间或因病或其他原因缺勤几天，但问题都不
大，而且学校的报告对他也都是比较正面，内务部也将此视为正常现象。但
到九月份学校的报告递交上来，显示出自上次伍亚焜连续一个多月时间缺勤
后，他再次连续缺勤两个多月，但报告中对其在校学习和操行表现，仍然是
评价较佳，这就让内务部起了疑心。接到报告后，内务部立即于九月二十四
日致函获架基督兄弟会书院院长，请他对此予以解释；与此同时，内务部也
于十月十日指示警察局对其缺勤原因予以调查。最终週弭派出所警察找到了
伍年，才了解到了伍亚焜的实际情况。据伍年的表述，除了上述因陪护病人
缺勤之外，伍年每天都将儿子送到火车站，让他乘车前往获架上学。至于他
到了获架，却并没有去到基督兄弟会书院念书，这就是伍年无法掌握的事情
了。但根据报告，伍亚焜缺勤是无可抵赖的事实，因为虽然他是到了获加，
但并没有返校上课，只在街上闲逛。为此，伍年表示一定保证要让儿子前往
学校上课。内务部遂于十一月十八日致函中国总领事馆，对伍亚焜的违规行

为予以指责，希望由中国驻澳大利亚总领事馆出面督促他返回学校正常读书，不然就会按照章程规定，将其遣送回中国。

看起来一切将恢复正常，伍亚焜应该返校读书，以规避被遣返回国，但事实上，伍亚焜一仍其旧。一九三一年四月初，从获架基督兄弟会书院提供的有关伍亚焜的例行报告看，其所作所为与上一年九月份之报告所言并无多少区别，在过去的几个月时间里，他只是回校上课十天而已。学校对此的解释是，该学生显然对上学读书毫无兴趣。这个时间，也正好是到了每年中国总领事馆要为其向内务部申请延签的节点。为此，新任中国总领事桂植可能是受伍年之托，于四月二十日致函内务部秘书，对于伍亚焜缺课之事实表示了遗憾，但鉴于其上学期间仍能遵守校规，保持操行，恳请能再为其展签一年，而中国总领事馆定当与其家长一道，督促其返校如常念书。对此申请，内务部还是给予了考虑，责成警察局将伍亚焜的真实情况上报，以便定夺。週弴派出所于四月底提供的报告显示，最近一段时间里伍亚焜都是如常每天乘坐火车前往获架，看起来应该是正常上学去了。有鉴于此，内务部遂于五月十三日函复桂植总领事，鉴于伍亚焜的情况，内务部长无法给予他一年的展签，但可以给予该生展签到这一年的年底，以便他完成本年度课程学习后返回中国。看起来，相对于其他中国留学生因旷课违规经警告后再犯而导致遣返的结果，内务部对于伍亚焜已经显示了足够的耐心；而且，根据《中国留学生章程》，二十一岁也是中国学生可以在澳大利亚念中学的最高年限。

但此后伍亚焜的表现让中国总领事馆和内务部彻底失望。六月底，基督兄弟会书院的例行报告送到了内务部。报告显示，从四月初到六月下旬的七十四个上学日里，伍亚焜旷课达四十二天之多。从週弴派出所反馈的信息来看，伍亚焜还是一如既往，每天乘坐火车前往获架，看起来很正常；但对于获架埠的警察来说，他们就太熟悉这位中国学生了，因为常常可在上课期间见到他流连于该镇的一家华人开设的洗衣房里，游手好闲，无所事事。在确认了上述事实之后，内务部觉得不能再姑息，于七月二十二日致函中国总领事馆，要求将伍亚焜立即遣返回中国。因未得到及时回复，内务部在一个月之后再次函询中国总领事馆，督促其尽快采取行动，安排这位中国学生返回中国。可能是经过与伍年多次沟通后才得出结果，中国总领事馆于九月七日函复内务部，谓伍年已安排船期，将于十一月亲自将儿子送回国。

根据雪梨海关的报告，伍亚焜于一九三一年十一月二十日在此港口乘坐"彰德"（Changte）号班轮，驶往香港回国。此时，距其二十二岁生日，不到三个月的时间。

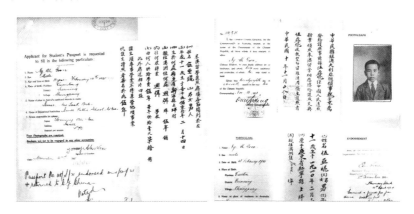

左为一九二一年十一月二日，伍年为申请儿子伍亚焜赴澳留学填写的中国学生护照和澳大利亚签证申请表。右为一九二一年十一月二十八日，中国驻澳大利亚总领事魏子京给伍亚焜签发的中国学生护照。

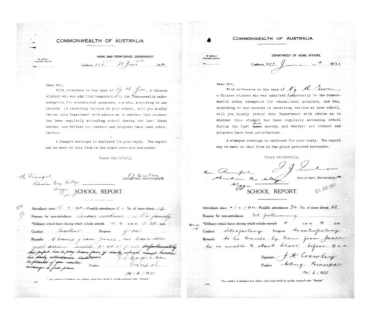

获架埠基督兄弟会书院的两份报告：左为一九三〇年六月二十九日报告，在过去三个月的六十四个上学日里，伍亚焜旷课二十九天。右为一九三一年六月二十四日报告，在过去的七十四个上学日里，他旷课四十二天。

从伍亚焜的档案来看，他的父亲对儿子的教育还是很重视的。在澳大利亚刚刚开放中国学生留学的那一年，就及时地递交申请，办理当时十一岁的伍亚焜和哥哥一起来澳留学，也很快就为他拿到了入澳签证。只是由于各种各样的原因，也可能是伍亚焜需要在中国接受中国文化的教育，一直拖了六年才得以成行赴澳。根据学校的报告来看，伍亚焜的性格内向，在基督兄弟会书院的念书期间并没有交到什么朋友，也很少参与课外活动，这对于青春期的学生成长是很不利的，极有可能也是其后来厌学的一个主要原因。就是说，伍亚焜来澳留学四年半时间，只有一半左右的时间如常上学，其余时间显然都是在虚耗光阴了。也许，回返家乡后的国内环境，可以让他有所改变吧。

档案出处（澳大利亚国家档案馆档案宗卷号）：

Ng Ah Goon Student's Passport, NAA: A1, 1931/3840

雷超昌、雷超元兄弟

台山塘面河木村

　　雷超昌（Joe Chong），生于一九一〇年二月十九日；雷超元（Joe Goon），一九一〇年三月十九日出生，都是台山县塘面圩河木村人。从上面的生日看，他们二人不是亲兄弟，但同村同宗，当属堂兄弟。雷超昌的父亲叫雷昌（Louey Chong），大约在二十岁时，于一八九四年南渡太平洋，抵达美利滨（Melbourne）发展，从事菜农和果农等工作，最后到鸟修威（New South Wales）省与域多利（Victoria）省交界的重镇朵备利（Albury）埠定居下来，还是做老本行，开设"雷昌"号（Louey Chong & Co.）菜园铺。[①]雷超元的父亲则叫查理雷元（Charlie Louey Goon），年龄与雷昌相若，是一九〇一年来到澳大利亚发展，也是从美利滨登陆，最终投奔在一八九二年便来澳在朵备利埠发展的胞兄雷元（Harry Louey Goon），充当菜农，并与之合股开设有一"雷元"号（Louey Goon & Co.）菜园铺。[②]从进入澳大利亚的时间顺序判断，雷元当年是在雷昌来到澳大利亚发展后，与之会合并一起在朵备利定居下来。而从这个轨迹看，查理是跟随前者的足迹来到朵备利发展的。从雷超昌和雷超元的名字看，也多多少少反映出他们的父辈对下一代的期望。

　　一九二四年初，雷超昌和雷超元都满十四岁了，他们的父亲便想将他们

---

① LOUEY Chong-Nationality：Chinese-Arrived Melbourne April 1896，NAA：B78，LOUEY/C。

② LOUEY Goon-Nationality：Chinese-Arrived Melbourne 1901，NAA：B78，LOUEY/G；GOON Louey: Nationality - Chinese: Date of Birth - 1877: Arrived May 1892: First registered at Wodonga, Victoria, NAA: MT269/1, VIC/CHINA/GOON LOUEY/1。

办来留学，便向中国驻澳大利亚总领事馆提出申请，办理他们的来澳护照和签证。雷昌和查理雷元各以自己开设的"雷昌"号菜园铺和"雷元"号菜园铺作保，要把两人的儿子接来他们居住地的公立乡村学校即朵备利皇家学校（Rural School，Albury）读书，但不知何故，都没有写明每年可以提供给他们各自儿子的膏火费数额。作为监护人或者担保人，虽然他们两位父亲都在申请表上的责任人和护照请领人一栏分别签名，但有一个细节是，无论是雷超昌还是雷超元，在其申请表的英文栏目里，都将其来澳后的居住地点和责任人写为"雷元"号菜园铺。这显然意味着，上述两位堂兄弟来到朵备利之后，会住在一起，他们的吃、住等日常费用由伯父雷元负担；或者说，雷元实际上负起监护人之责。

由于雷昌和查理雷元所递交申请表上没有填具日期，难以确定中国总领事馆在接到上述申请材料后的具体处理时间，但审理期间，会在核对信息及确认空白栏目里所需的具体材料比如提供膏火的具体数额等等问题上，花费掉一些时间。直到这一年四月三十日，中国总领事魏子京给雷超元和雷超昌签发了中国学生护照，号码分别是403/S/24和404/S/24。两天之后，也顺利地从澳大利亚政府内务部那里为他们拿到了入境签证。

接到由中国总领事馆转来的护照之后，雷超昌和雷超元的家人便开始为其赴澳行程作出安排。经过半年左右的准备，一切就绪，他们的家人便在一九二四年年底前把兄弟俩送到香港，让他们搭乘"衣士顿"（Eastern）号轮船，于一九二四年十二月十九日抵达雪梨（Sydney）港口，入境澳大利亚。雷昌则事先从朵备利来到雪梨，由在雪梨开设铺头的同乡查理余（Charlie Yee）陪同协助，[①]前往海关将这两兄弟接了出来；然后再转乘其他的交通工具，返回朵备利埠，在这里度过圣诞节和迎接新年。

从一九二五年二月二日开始，雷超昌和雷超元哥俩就正式入读朵备利皇

---

① 这个查理余（Charlie Yee）可能就是台山籍的余炳耀，此时在雪梨做经纪行。见：Man Yee [also known as Jack Puie and Charlie Yee] [includes 17 photographs showing front and side views; left hand and finger prints and left and right thumb prints] [issue of CEDT in favour of subject] [box 321], NAA: SP42/1, C1936/2935。

家学校，但此时该校已经更名为公立学校（Public School），不再是以前所称的公立乡村学校。在接下来的两年时间里，两人的学习都算刻苦，老师对他们的学业和表现也都很满意。虽然英语方面的进步不是很大，但他们的数学和需要手工操作的家政课程都做得很好；在校时，他们通常也穿戴得体，遵守学校的各项规矩。而与其同时进入该校读书的，还有他们的同村同宗兄弟雷㷉（Louey Lim）和雷梅（Louey Moy）哥俩，后者是自域多利（Victoria）省的枉加据打（Wangaratta）埠读了半年书后再转学到朵备利，正好与前者同一天进入这间学校念书。①

　　一九二七年初，在刚刚拿到新的一年展签，并在新学年开学后仅仅入读了两个星期，十七岁的雷超昌和雷超元哥俩就在二月中旬退学了。他们告诉校长说，是要回中国探亲度假。为此，校长还觉得挺可惜的，表示说，如果二人再回澳上学，他会接受他们注册继续入读。随后，这哥俩收拾好行装，去往雪梨，于三月十九日搭乘"彰德"（Changte）号轮船北上回国去了。与哥俩同行的，除了结束在澳留学而回国发展的堂哥左珠雷元（George Louey Goon）之外，②还有他们的同宗兄弟也同样是在朵备利公立学校读书的雷㷉。只是后者并没有像他哥俩那样将自己的打算事先告诉校长，但他们在临走之前，都知会了中国驻澳大利亚总领事馆，只是没有向总领事馆申请代办再入境签证。

　　可是，哥俩回国探亲，似乎有点儿乐不思蜀，一转眼就过了一年。直到一九二八年中，他们才又想重返澳大利亚读书，与他们哥俩一起回国探亲的雷㷉，此时也表示要再次结伴返回澳大利亚继续留学。考虑到他们现在的年龄在国内早就应该是读中学甚至读大学了，因此，雷超昌和雷㷉决定先跟天主教会主办的朵备利埠基督兄弟会书院（Christian Brothers' College）联络，以入读该校，因为此时已实施修订过的《中国留学生章程》新规，所有中国学生须就读于私立学校，而该校提供中小学完全教育。朵备利基督兄弟会书院的院长接到他们二人的申请后，觉得他们的年龄进入该校中学部就读当无

① 雷镰和雷梅的留学档案见：Louey Lim - students passport, NAA: A1, 1932/1085和Louey MOY - Students passport, NAA: A1, 1927/8135。

② 左珠雷元的留学档案见：Goon, George Louey - Students passport, NAA: A1, 1926/5981。

问题，遂于一九二八年九月二十八日致函中国驻澳大利亚总领事馆，同意录取他们。于是，一九二八年十月二日，代理中国总领事吴勤训修书内务部秘书，为上述两位学生的再入境读书申请签证。内务部接到申请后，虽然觉得他们离境超过一年半的时间，担心他们原先才有了一定基础的英语能力会大打折扣，影响其继续留学，但考虑到他们原来在学校的评语不错，而且他们仍然年轻，远未达到中国留学生来此读书的最高年限，因而也就最终通过申请。十月十日，内务部秘书函告中国总领事馆，表示同意核发再入境签证，有效期一年。条件是他们必须在一九二九年二月之前入境，且必须入读朵备利基督兄弟会书院。

而雷超元虽然也想回来读中学，但他不想再返回朵备利埠，觉得这个乡镇地方无法跟都市相比，他希望前往美利滨读书，遂选择联络同样是天主教会主办的圣伯多禄书院（St. Peter's School）入读。结果，该书院院长早在七月三日就致函中国总领事馆表示同意录取他入学。内务部在接到中国总领事馆代雷超元提出的再入境签证申请后，很快便处理完毕，于七月二十四日批复了上述申请，条件是须在一九二九年二月底之前入境，且只能就读圣伯多禄书院。

尽管雷超元比雷超昌和雷㷭早两个多月拿到入境签证，但他还是等后二人也确认了入境许可之后，再次与之一起动身。三人于这一年的年底赶往香港，在那里乘坐"山亚班士"（St. Albans）号轮船，于一九二九年一月二十三日抵达雪梨入境，再从这里转车，前往朵备利。雷超元在"山亚班士"号轮船进入澳大利亚水域的第一个检查站珍珠埠（Thursday Island）时，被澳大利亚海关卫生检疫人员发现在航行中患有疥癣，需要治疗，但一个星期后到雪梨入关复检时，发现经船上的治疗，病情已得到控制并且基本上痊愈了，故而无须隔离治疗，可直接出关入境。另一方面，他原本是要前往美利滨进入圣伯多禄书院念书，也许是在等待雷超昌和雷㷭的过程中，接受了后者的合力劝说，还是跟他们同进退，因此，他决定跟他们一起回朵备利，进入基督兄弟会书院就读。为此，他事先便知照中国总领事馆，为这一改变预作安排。于是，二月十七日，雷超元与雷超昌和雷㷭一道，正式注册入读朵备利基督兄弟会书院。

雷超昌入学后一直学业良好，成绩优秀，且在校表现也令人满意，由是一直读了两年。一九三一年二月十六日，内务部像往常一样，正式函复中国总领事馆，核发了他下一年度的展签。可是，三天之后，中国总领事桂植致函内务部秘书，告知这位学生的父亲雷昌刚刚通知中国总领事馆，他决定近期要返回中国探亲，需要将儿子雷超昌一起带回去，请中国总领事代为申请他儿子的再入境签证，因为他希望儿子在结束一年的探亲之后能再次跟他一起回澳，继续返回学校念书。因这两年里，内务部接到的学校报告，对雷超昌都是好评，而且考虑到他此时刚届二十一岁，即使一年之后返回时也只有二十二岁，距《中国留学生章程》规定的中国学生年龄上限尚有两年，因此，内务部秘书于两月二十四日函复桂植总领事，给予雷超昌十二个月内有效的再入境签证。

但事实上，雷超昌在二月二十一日便赶到雪梨，和父亲一起搭上当天启航的"太平"（Taiping）号轮船，返回中国。[①]内务部的入境签证批复，则只能由中国总领事馆转寄回到中国家乡的雷超昌。但一九三二年九月十一日，当雷昌乘坐"彰德"号轮船返回雪梨港口时，原本计划回来继续念书的雷超昌并未同行，此后也再未见到他入境澳大利亚的信息。也许留学澳大利亚四年的雷超昌回国之后，已经找到了工作，或者成家立业了。

雷超元的情况又有所不同。根据朵备利基督兄弟会书院院长在其入学后三个月的报告，他算得上是聪颖好学遵守校规的优秀学生。可是在上半学期尚未结束时，他就通过中国总领事宋发祥，于一九二九年六月二日向内务部提出申请，希望核发一份再入境签证，因为其家族有财产等方面的问题需要他尽快赶回去处理，但他还是希望在处理完这些家务事情之后再返澳大利亚读书。内务部经几番文牍往返，确认此事非他回去处理不可，并且也确认基督兄弟会书院也仍然愿意接受他在处理完家事之后重返该校念书，遂于八月十三日正式批准上述申请，给予他十二个月内有效的再入境签证。待上述手续完毕，他便赶往雪梨，于九月十八日登上"彰德"号轮船，回国去了。

① Young Kee, Chu Len, Ga Chuck, Ah Quan, Louey Chong, Lue Lim, Ah Young, Loong Sing and Hing Gong Sew [Certificate Exempting from Dictation Test - includes left hand impression and photographs] [box 226], NAA: ST84/1, 1931/487/31-40。

十个月之后，雷超元还是从香港乘坐同一艘"彰德"号轮船，于一九三〇年七月九日再次返回雪梨入境。随后他转道回到朵备利，重新注册入学基督兄弟会书院，继续读书。他的在校表现和学习一仍其旧，一直读到一九三一年底学年结束。

　　自一九三二年新学年开学后，二十二岁的雷超元就再也没有注册入学。内务部也是接到书院的报告后方才得知此事，遂通过当地派出所派员探访他到底在做什么。三月一日，警察报告说找到了雷超元，此时他正与父亲查理雷元住在一起，并且利用这个时间帮父亲干活。根据查理雷元的说法，其子已经结束在澳留学，近期就要返回中国，现在只是利用闲暇时间帮他干点活。尽管他的签证有效期是到十月，尚有半年的时间，但按照《中国留学生章程》规定，一俟从学校退学，便意味着结束留学生涯，中国学生就应该立即安排船期购买船票回国，因此，内务部遂于三月九日致函中国总领事馆，要求其协助尽早安排雷超元回国。事实上，当中国总领事陈维屏接到上述信函时，已经获知雷超元业已订妥四月二十日的船票，乘坐"太平"号轮船驶往香港，返回家乡。

　　实际上，与雷超元同行的，还有比他小一岁的雷嬚。后者也跟他一样，结束了在澳大利亚的留学，回国发展。还是跟上次他们一同回国探亲然后又一起重返澳大利亚读书一样，似乎是早已商量好的，无论是在澳读书还是回国发展，他们都共同进退。计算起来，雷超元在澳留学的时间大约也是四年多。

　　但两年后，雷超元又返回了澳大利亚。事情的起源在于，雷元兄弟俩计划回国，遂申请其子前来，作为他们的替工，以便在澳已逾四十年、身患不同疾病的他们兄弟俩可以利用回国探亲的机会，趁机休养身体，医治宿疾。

　　一九三三年九月二十三日，雷元兄弟俩通过朵备利埠的律师致函内务部秘书，表示他们打算回国探亲，同时医治长年累月劳作带来的疾病。因其所经营的"雷元"号菜园铺有一大块的菜地，种植不同的蔬果，也雇佣了几位当地西裔工人协助种植工作，故当他们离开该地回国探亲时，需要有人代为经营管理，因而申请他们的儿子雷超元和沾士雷元（James Louey Goon）一起前来作为替工。但内务部秘书接信后觉得这样的申请与程序不符，马上回信律师行告知，所有此类申请皆须通过中国驻澳大利亚总领事馆递交才会受理。由是，中国总领事馆便接手此事，十月七日，陈维屏总领事正式代雷元兄弟提出上述申请。通过海关的调查核实，内务部了解到，雷元兄弟在朵备利以每年两镑一公顷的租金租有三十公顷的土地，用于蔬果种植，目前雇有七名当地工人代为种植和外发产品，高峰期所雇工人曾达到二十几人，净利润超过一百镑，显示出其菜园有一定的规模。虽然内务部很少有批准菜农替工前来澳大利亚的前例，但考虑到上述申请的个案较为特殊，内务部经认真考虑，对此申请作了折中处理。十一月九日，经内务部长特批，准允雷元兄弟中一人的儿子前来澳大利亚替工，条件是一旦他们的儿子或侄子抵达澳大利亚后，他们二人就必须在三个月内离境回国探亲；而在他们返回澳大利亚后的一个月内，这位替工就必须离澳回国。十一月二十二日，陈维屏总领事复函内务部秘书，正式通告雷超元将前来充当替工，并在函中特别强调，这是经与雷元兄弟商量的结果。

一九三四年二月一日，雷超元从香港搭乘"太平"号轮船抵达美利滨，然后直趋朵备利，开始其替工生涯。[1]几经美利滨海关敦促之后，他的父亲查理雷元终于在五月十四日从雪梨乘坐"彰德"号轮船，回国探亲。可是按照内务部长特批雷超元前来替工的条件是要雷元兄弟一起离开，现在只有一人离开，雷元则仍然留在澳大利亚不走，显然与核发给雷超元的签证条件不符。于是，内务部经过一番调查之后，于八月二十三日正式致函中国总领事陈维屏，提醒他上述违规之事，希望他要么催促雷元尽快离境，要么就将雷超元遣返回国。因雷元以种种借口不愿意离境，已经严重违规，内务部在九月份决定采取行动，要求雷超元结束替工，回返中国。在经过几番说情，并且也通过国会议员疏通也没有结果的情况下，眼看实在无法再拖延下去，雷超元最终不得不结束其在"雷元"号菜园铺的替工，于十二月二十七日赶到雪梨，在此搭乘"太平"号轮船，驶往香港回国。[2]

---

[1] Joe Goon-Re Admission to Australia-Arrival per "Taiping"（Melbourne）February 1934，NAA：B13，1933/19829。

[2] James Louey Goon，NAA：A2998，1952/2769。

雷超元重返澳大利亚的替工生涯，前后合计不足十一个月。此后，澳大利亚档案中再也找不到他的任何入境信息。

左为一九二八年七月雷超元重返澳大利亚念书时的照片。中为一九三〇年七月雷超元重返澳大利亚时提交的照片。右为一九二八年七月雷超昌重返澳大利亚念书时的照片。

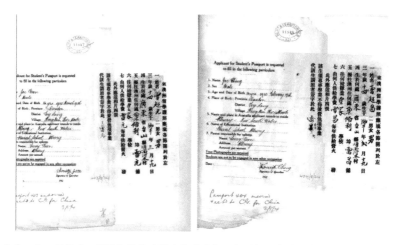

大约一九二四年春，雷元和雷昌分别为儿子雷超元和雷超昌来澳留学办理护照和签证所填写的申请表。

一九二四年四月三十日，中国总领事魏子京给雷超元和雷超昌签发的中国学生护照。

一九三四年二月一日，为充当父亲"雷元"号菜园铺替工，雷超元从香港搭乘"太平"号轮船抵达美利滨过海关时提交的照片。

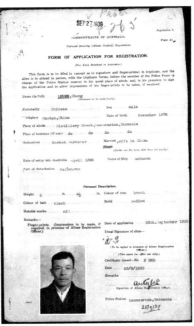

左为一九三一年初，为雷超昌申请再入境签证事，中国驻澳大利亚总领事桂植写给内务部秘书的公函。右为一九三九年外侨证上的雷昌信息。

档案出处（澳大利亚国家档案馆档案宗卷号）：

Joe CHONG - Students passport, NAA: A1, 1930/4778

Joe Goon - Student's passport, NAA: A1, 1931/6178

241

雷鸿奕

台山会龙村

宣统二年（一九一〇年）三月十五日出生的雷鸿奕（Louey Hong Yet，或者写成Louey Hang Yick），是台山县会龙村人。他的父亲名叫雷宜沛（Yee Poy）。从澳大利亚档案中，目前无法找到与之相关的资料，无法得知他是何时前往澳大利亚谋生并定居下来。根据他十九世纪二十年代初便在美利滨（Melbourne）埠的小兰市地街（Little Lonsdale Street）七十号物业上开设有店铺的情况来看，他显然是跟那些在唐人街周围开设店铺的乡人大多是在一九〇一年澳大利亚联邦成立之前便已来到这里打拼一样，基本上也应该是这个时期从家乡来到这里发展的。[①]他在这里开设的店铺名叫"燃记"，但没有写出其英文名。

到儿子雷鸿奕十三岁时，雷宜沛决定将其办理来澳留学，学习西方的文化技术。一九二三年五月二十二日，他填写好申请表格，向中国驻澳大利亚总领事馆申办雷鸿奕的赴澳留学护照与签证。他以自己经营的"燃记"商铺作保，允诺每年提供足镑膏火给儿子作为留学费用，要将其办理来美利滨唐

---

① 检索二十世纪初年澳大利亚华文报纸，雷宜沛的名字只在一九〇八年的一次捐款活动的名单中出现，但标明他是在昆士兰省（见："粤省水灾捐款"，载雪梨《东华报》[Tung Wah Times]一九〇八年八月二十二日，第八版）。据此，可以在昆士兰找到Yee Poy的一份记录，Poy, Yee - Nationality: Chinese [Occupation - Gardener] [DOB - 1871] - Alien Registration Certificate No 2544 issued 28 May 1918 at Thursday Island, NAA: BP4/3, CHINESE POY YEE。根据这份宗卷，雷宜沛出生于一八七一年。如果这份档案就是雷宜沛的话，那他应该是在一九一八年或者一九一九年之后才去到美利滨的。

人街上的长老会学校（P. W. M. U. School）读书。中国总领事馆收到申请后，便按部就班地予以审理，历时一个多月时间。到七月五日，中国总领事魏子京便为雷鸿奕签发了号码为300/S/23的学生护照；随后便递交给澳大利亚政府内务部申请入境签证，于两天后获得批复。

在中国等待的雷鸿奕拿到中国总领事馆寄来的护照后，立即收拾行囊，赶赴香港，在那里搭乘中澳船行经营的"获多利"（Victoria）号轮船，与比他早些时候拿到留学护照的另外六位同乡少年结伴同行，于九月二十二日抵达雪梨（Sydney），入境澳大利亚。父亲雷宜沛前往雪梨接他出关，然后一同乘坐火车，回到美利滨，住进了"燃记"号店铺。

从十月一日开始，雷鸿奕正式进入父亲事先安排好的长老会学校读书。根据校长的报告，这名中国学生很勤奋，也很守规矩，各方面表现及学业都不错，唯一的不足是有时迟到，因为其住处距学校有一定距离，他需要步行上学，但后者在校长几次督促下也逐渐得到改正。由是，他在此间学校读了一年半左右的时间，直到一九二四年年底。在此他也为自己取了一个英文名字，叫做James Yee。一九二五年新学年开学后，雷鸿奕转学进入位于美利滨埠城东的圣伯多禄书院（St. Peter's School）。在这间学校，他读了两年的中学课程，学业与表现一仍其旧，颇受好评。

进入一九二七年，雷鸿奕要满十七岁了，他决定尽早改变自己，遂提前结束中学课程，于年初新学年开始时，转学进入设在城里的司铎茨商学院（Stott's Business College）念书。在校半年，其成绩与表现也同样受到老师的好评。但在读了半年之后，他想要回国探亲，遂商之于商学院院长，希望一年之后从中国探亲回来仍然能重返该学院学习。校长认为他是一个勤奋好学的青年，自然乐于接受，便于七月二十一日致函中国总领事馆，表示届时欢迎雷鸿奕回来读书。中国总领事馆遂按照程序代其向内务部申请再入境签证，于八月一日便获得批复。待这一切手续办妥，雷鸿奕便于八月十一日从美利滨港口乘坐"太平"（Taiping）号轮船，直驶香港，返回家乡探亲。

雷鸿奕在中国的探亲，待了半年多一点的时间。到一九二八年四月一日，十八岁的雷鸿奕从香港搭乘"吞打"（Tanda）号轮船，重返美利滨，如约回司铎茨商学院继续念书。然而，他仅仅在此读了一个多月，待上半学期结束，便又返回原先就读的圣伯多禄书院继续完成高中课程。在这里，他继续保持以前的学习态度，成绩优异，受到好评，这样的状况一直保持到一九三〇年二月份。

一九三〇年三月底，内务部接到圣伯多禄书院院长报告，得知新学年开学后，雷鸿奕便不见了踪影，此后也没有接到中国总领事馆的例行展签申请，便于四月四日指示海关核查这位中国留学生的去向。三天之后，海关便报告说，雷鸿奕已于三月十七日正式注册入读奥斯丁汽车工程学校（Austin Moter Engineering School），选修“汽车工程”课程，实际上就是汽车的保养与维修。该课程为七周，日夜上课，学费是五镑五先令。该校实际上就是一间汽车维修店，以培训汽车维修技工为辅。据该维修店经理的说法，雷鸿奕已经获得了汽车驾照，并且学习认真，已经基本掌握了汽车维修技术。当海关稽核人员询问雷鸿奕结束该项课程后有何打算时，他说还有很多东西要学，而且中国总领事馆并没有通知他签证已经过期以及督促他重返圣伯多禄书院完成中学课程。根据上述报告，内务部认为中国总领事馆失职，置雷鸿奕违规而不顾，于五月十七日致函中国总领事宋发祥，希望他采取行动，遣返这位中国留学生。

中国总领事宋发祥于五月二十二日函复说，他接到内务部公函后，也意识到事态比较严重，立即就致函雷鸿奕的监护人雷宜沛，但信给退了回来。很显然，他已经不住在原先的那个地址了。但无论如何，目前雷鸿奕仍在奥斯丁汽车工程学校学习，中国总领事馆将会派人前往与他接触，了解情况，再作决定。但内务部等了大半个月，仍没有接获任何与雷鸿奕相关的信息，遂于六月十八日再次致函中国总领事宋发祥催问结果。六月二十七日，宋发祥总领事终于回复说，雷鸿奕计划于七月十七日搭乘“彰德”（Changte）号轮船离境回国。中国总领事馆的态度是，鉴于他的签证早已失效，他唯有立即重返圣伯多禄书院注册入读，方才可能考虑为他重新申请再入境签证。这样的措辞，实际上是想为他在未来几年时间内重返澳大利亚继续读书留下伏笔。

既然如此，内务部决定给宋总领事一点面子，同意让雷鸿奕重返圣伯多禄书院读书，以观后效。但这位中国留学生的行为却令内务部失望。他确实按照中国总领事馆的要求于七月初重返圣伯多禄书院，但每天只去露个面，点个卯，人就不见了踪影。当海关稽核人员跟他说不能这样下去，不然就必须按照他所说搭乘"彰德"号轮船离境时，他还表示要多待些日子才能走。后来的事态发展表明，雷鸿奕确实没有如期在七月十七日搭乘"彰德"号轮船离境，而是改为八月中旬乘坐"太平"号轮船回国。为此，内务部于七月二十三日致函宋发祥总领事，责成他务必保证让雷鸿奕于八月十八日之前离境，因为他已经严重违规，且屡教不改。

就在内务部与中国总领事馆就其离境事宜公牍往返反复交涉之时，一九三〇年八月十八日，在澳留学六年、已经年满二十岁的雷鸿奕在美利滨港口登上了驶往香港的"太平"号轮船，返回中国。[①]临走前，他没有知会任何人，也没有申请再入境签证，表明他此次离开澳大利亚后，将一去不返。

左为一九二三年五月二十二日雷宜沛向中国驻澳大利亚总领事馆申办儿子雷鸿奕的赴澳留学护照与签证。右为同年七月五日中国总领事魏子京为雷鸿奕签发的中国学生护照。

---

① Louey Hong Yet - Departure per "Taiping"（Thursday Island September 1930, NAA: B13, 1930/12681。

　　左为一九二七年七月二十一日司铎茨商学院致函中国总领事馆，表示欢迎雷鸿奕探亲后回该学院读书。右为一九二八年四月一日雷鸿奕重返澳大利亚入境时提交的照片。

档案出处（澳大利亚国家档案馆档案宗卷号）：

Louey Hong Yet-students passport, NAA: A1, 1930/4775

黄彩新

新宁湾头村

　　早年来澳发展之中山县黄姓人士，如果来自同村且是同族的话，大都集中在一个地方，比如斗门黄氏，多集中在雪梨（Sydney）。但我们看到的台山县湾头村黄姓族人的在澳档案，则表明他们各自"单飞"，分别居于不同地方。来自新宁县湾头村的黄彩新（Toy Sun Wong Lip，宣统二年五月九日出生），[①]赴澳留学的地点就有所不同，位于偏僻的乡间小镇。

　　黄彩新的父亲名叫黄立（Wong Lip），出生于一八七六年四月十九日。一九〇四年五月三日从家乡赴香港，由此乘坐"长沙"（Changsha）号轮船到澳大利亚发展，于美利滨（Melbourne）登陆入境，最终来到鸟修威省（New South Wales）西南部与域多利省（Victoria）接壤的农业区瑞福利那地区（Riverina），定居于该区东北部的小镇都妈镐（Temora）。[②]该镇位于雪梨之西南部，相距约四百二十公里。黄立在此成为一名果农，经营有果菜园，可能也开有一间店铺，兼售自产果菜和一些杂货商品。

　　一九二三年，黄新彩已满十三岁，应该是到了将他办来留学读书之时。于是，十月十五日，黄立具表向中国驻澳大利亚总领事馆提出申请，办理其

---

① 申请表中英文栏目上显示之出生月份相差一个月。中文栏目填的是五月出生，而对应的英文栏目则是一九一〇年四月出生；护照上也是四月出生。

② Lip Wong [Chinese-arrived Melbourne per CHUNG SHAR，3 May 1904. Box 44]，NAA：SP11/2，CHINESE/WONG LIP；WONG Lip-Nationality：Chinese-Arrived Melbourne per Changsha 3 May 1904，NAA：B78，WONG/L。

子黄彩新赴澳留学手续，申领中国学生护照和入境签证。作为来澳留学生的父亲也是其在澳期间的监护人，他要把儿子申请到雪梨都妈镐埠地区公立学校（Temora District School）念书，已为他在该校预留了学位。按照申请流程，通常监护人都要声明其作保的商铺或公司，并且说明每年提供之膏火数额，但所有这些在黄立填写的申请表上都付诸阙如。

尽管如此，中国总领事馆还是给予了认真的审核处理，也许在此审理过程中就上述问题与黄立做了必要的沟通，只是在档案中无法看到这些过程而已。大约过了一个半月，到十一月二十七日，总领事魏子京为黄彩新签发了号码为355/S/23的中国学生护照，并在两天之后也为他从澳大利亚内务部拿到了入境签证。随后，中国总领事馆将护照寄往黄彩新的家乡。

经过半年左右时间的准备，黄彩新从香港搭乘"圣阿炉滨士"（St. Albans）号轮船，于一九二四年五月二十六日抵达雪梨，入境澳大利亚。黄立事先就从都妈镐赶到雪梨，接上儿子，一同乘车转赴他所居住的那个鸟修威省农业区的小镇。由此，黄彩新就开始了他的在澳留学生涯。

六月十一日，黄彩新正式入读都妈镐埠地区公立学校。根据校长的报告，这位中国少年学习刻苦，成绩令人满意，且总是穿戴整洁，很开心地去上学，非常阳光。因此，到第二年申请展签时，非常顺利。

可是，按照都妈镐埠地区公立学校校长一九二五年八月的报告，从这一年的上半年开始，尽管黄彩新学习成绩也仍然保持良好，在校表现亦无值得批评之处，但旷课的天数却明显增加。如果说，此前他仅有几天缺勤还是由于生病无法上学的话，那么，在一九二五年上半学期的八十三天上课日子里，他就缺勤长达十七天，并且不是因为生病，而是因为家庭的原因。这样的情况引起了内务部的关注，但没有对此采取任何措施。由是，这样的情况一直延续到下一年，黄彩新的展签再一次获得通过，原因是校长替他说好话。校长表示，这位中国留学生一向在校表现都很好，而其缺勤从实际情况来说，也是无法避免的事。但到七月份，因为此前他曾经缺勤达五个星期之久，校长觉得实在无法再替黄彩新说话了，只好如实报告内务部。他在报告里表示，其中除了两周是因为黄彩新生病需要休息无法到校外，其余三周时间是因为其父黄立由于生意的缘故前往雪梨洽商，而将铺子交由儿子代为经营管理，为此，黄彩新自然就无法去上学。实际上，此前黄彩新的缺勤，很大程度上也跟此有关。事情既然如此，这一次内务部就必须予以重视了，遂致信中国总领事馆，希望其知照黄彩新的父亲黄立，警告他这样的做法严重违规，必须立即改变，让儿子回到学校正常上课，否则将其遣返回国。

然而，警告虽发，但上述情况并没有改善。不知中国总领事馆是否跟黄立联络过，就此事作了充分的沟通。总之从七月到十月的三个月里，共五十九个上学日，黄彩新就旷课十二天。其中的八天旷课都发生在星期五，他都在帮父亲经营生意。对此，内务部一方面责成海关税务部门去找黄立，当面对其予以严厉警告；另一方面，内务部秘书再次函告中国驻澳总领事馆，请其配合处理好此事。直到这个时候，中国总领事馆才对此事予以回应。十一月十八日，中国总领事魏子京致函内务部，表示经了解，黄彩新旷课而去帮父亲经营生意，基本上都是因为黄立生病而不得不让儿子顶替帮忙。经中国总领事馆官员跟其沟通，黄立表示这事的责任在他，因他并不知道这样做是不对的，还以为这是人之常情。对此，他向中国总领事馆表示，今后一定要注意此事，不让儿子这样做，尽可能地让他上学保持全勤。果然，此后黄彩新的旷课天数就减少下来，到一九二七年上半年，就再也没有一天缺勤了。此事也就这样过去，黄彩新再次顺利获得展签。

一九二八年开始，十八岁的黄彩新升学进入都妈镐公立初中（Intermediate High School，Temora），在校仍然保持令人满意的表现，也为此顺利地获得展签。但是，旷课现象再现，还是同样的原因，他总是在父亲离开的情况下，代理经营其店铺生意。为此，内务部于九月致函中国总领事馆，要求给予黄立严厉警告。没有看到材料表明中国总领事馆为此事与黄立有何联络沟通，只是在接下来学校的报告里上述违规的旷课记录依然如故。比如说，在三十九天的上学日子里，他居然有十天缺勤，都是去帮忙父亲看店了。于是，在一九二九年四月份中国总领事馆为黄彩新申请下一年的展签时，内务部以黄彩新一而再、再而三地违规为理由，拒绝给予展签，并要求中国总领事馆督促他在五月底前离澳回国。

在这种情况下，中国总领事馆一方面协助黄彩新安排好回国的船票，定在六月十五日于雪梨搭乘"丫拿夫拉"（Arafura）号轮船离境；另一方面则在五月二十一日致函内务部，再次申诉黄彩新的缺勤实属无奈之举。因为一旦父亲得病无法照看店铺，他就得顶上去，毕竟该店铺需要经营，不能没有人。尽管有这样的缺勤，但黄彩新却很刻苦学习，总是表现很好，为人热情，并没有拉下任何所选修的课程。对于这些情况，学校老师和校长都是很清楚的，也表示在偏远乡下地区，这样的事是不可避免的。为此，魏子京总领事吁请内务部考虑到这样的实情，再给黄彩新一个机会，核发展签，使之可以继续完成在澳学业。

内务部接到中国总领事的这封公函之后，确实也给予了认真的考虑，于六月七日指示海关税务部门提供一份报告，说明黄立店铺经营的是什么性质的商品以及他是否有兄弟和其他亲戚在其附近，一旦遇到他生病或因商务急事需要离开当地而店铺又需要人照看时，可以临时代其经营照管一下。当然，双方有此沟通，黄彩新就把原订的船票给取消了，静候结果再说。

六月二十七日，根据海关部门的指示，都妈镐警察派出所将有关调查情况报告上来。警官孟士飞（Geo Mansfield）报告说，黄立的店铺除了经营生果之外，尚有糖果糕点，因而每天都得需要有人照看；而他在该地并无任何亲戚朋友可以依赖，以便在需要时可以代为照管其店铺。当然，黄立向警察表示，出现这样的情况还是比较少的，儿子黄彩新实际上都正常到学校上课。最重要的是，孟士飞警官说，他去到都妈镐公立初中专门跟校长谈了黄彩新的情况。据校长表示，黄彩新确实在校表现很好，在过去的九十六天的上学日子里，他只有十五天缺勤而已。显然，警官的报告无疑起了很重要的作用。内务部在权衡并比较了这位中国留学生在该地历年来的表现之后，最终于七月十一日作出取消此前的遣返黄彩新回国的决定，重新核发给他一年的展签。由是，黄彩新得以在这间乡村小镇的初中读到这一年的年底。

一九三〇年开始，这一年就要满十九岁的黄彩新本来可以在都妈镐升入高中，但他并不愿意这样按部就班地读下去，而是转学到了雪梨，于二月十六日注册入读效能汽车技校（Efficiency Motor School Ltd.），大概是他考虑到自己已经进入找工作的年龄，即将成家立业，需要学点技术，以便安身立命。黄彩新在搬到雪梨李士威街（Reservoirs Street）一百号住下之后，便将此事告诉了驻地已经从美利滨迁到雪梨的中国驻澳大利亚总领事馆，由总领事宋发祥于三月七日致函内务部，申请是次转学。

内务部却是强烈反对，因为所有这类汽车技校的资质都属于不被认可的学校类别。在内务部的眼里，这类学校事实上就是一间修车行而已。因此，内务部于三月二十六日复函宋总领事，要求他立即知照黄立，将黄彩新送回都妈镐，他可以在那里继续念公立高中，或者是其他的私校。此时，海关税务稽查部门也按照内务部的指示，前往上述汽车技校调查。四月十五日，海关得知黄彩新已经以W. Wong的名义注册入读汽车机械培训课程，全部课程费用为二十几尼（英国旧金币，一几尼值一镑一先令）。他已于二月十八日先行支付了十镑十先令，三月十八日付了另外的五镑五先令，留下五镑五先令将于四月十八日付讫。该技校校长表示，该课程共六个月，培训结束时，黄彩新将会很轻松地通过考试，获得相关证书。而在此前三天，中国总领事宋发祥也致函内务部秘书，请其改变原有决定，让黄彩新在这间汽车技校读完课程，并且为其展签四个月的时间。因为该生已经预付了六个月的学费，并且也已经注册入读两个月，还有四个月就可以结束学习，在这种情况下转学，学生损失巨大，且此间课程学到半途退出，也不利于其日后工作。或许是宋总领事和海关稽查人员的报告都起了作用，内务部秘书口气有所松动，于五月十九日再嘱海关报告黄彩新在该校的出勤情况。当得知黄彩新在这里每天都是从早上九点培训到下午四点，天天出勤，而且这个课程在六个月内一定可以完成之后，内务部秘书于六月十日致函宋发祥总领事，拒绝了其为黄彩新提出的展签申请。他并且拿这位中国留学生过去几次的违规旷课说事，包括此次未经批准就转学入读汽车技校，也是违规行为，要求宋总领事安排黄彩新回国。

在这种情况下，宋发祥总领事也意识到了再申述已经没有用了。事实上，自黄彩新注册入读汽车技校课程以来，其培训进展非常顺利，中国总领事馆与内务部之间的公牍往返，也在很大程度上拖延了内务部对此事的处理，有利于黄彩新利用这个时间完成其培训课程。因此，宋总领事遂于六月二十七日回复内务部，告知经中国总领事馆的安排，黄彩新将于七月二十七日搭乘"彰德"（Changte）号轮船，离开雪梨，驶往香港回国。实际上，到那个时间，黄彩新也就完成了在汽车技校的培训课程。

一九三〇年七月二十七日，黄彩新按时乘船离境，返回中国。从其入境到离开，他总共在澳留学六年之久。

一九五〇年申请外侨证时的黄立照片。

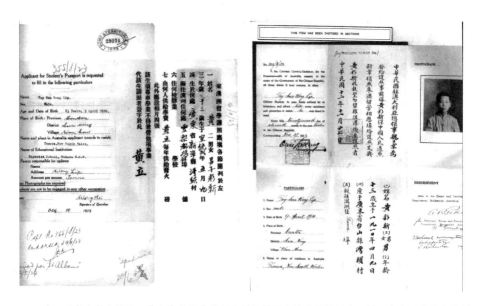

一九二三年十月十五日，黄立为儿子黄彩新所填的护照申请表及同年十一月二十七日魏子京总领事给黄彩新签发的中国学生护照。

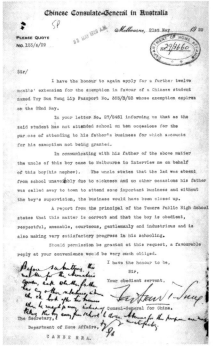

Toy Sun Wong Lip - aged 16 years.

School report dated 14/7 shows that this student was absent from school for 33 school days out of 57

For 3 weeks he was minding his father's shop during the latter's absence in Sydney & the balance of the time he was absent was due to (1) illness of self (2) illness of father. BW 19/7

Chinese Consulate-General in Australia

PLEASE QUOTE
No. 183/8/29

Melbourne, 21st May 1929

Sir/

I have the honour to again apply for a further twelve months' extension for the exemption in favour of a Chinese student named Toy Sun Wong Lip Passport No. 385/8/23 whose exemption expires on the 22nd May.

In your letter No. 27/9451 informing me that as the said student has not attended school on ten occasions for the purpose of attending to his father's business for which accounts for his exemption not being granted.

In communicating with his father of the above matter the uncle of this boy came to Melbourne to interview me on behalf of this boy(his nephew). The uncle states that the lad was absent from school unavoidably due to sickness and on other occasions his father was called away to town to attend some important business and without the boy's supervision, the business would have been closed up.

A report from the principal of the Temora Public High School states that this matter is correct and that the boy is obedient, respectful, amenable, courteous, gentlemanly and industrious and is also making very satisfactory progress in his schooling.

Should permission be granted at this request, a favourable reply at your convenience would be very much obliged.

I have the honour to be,
Sir,
Your obedient servant,

Acting Consul-General for China.

The Secretary,
Department of Home Affairs,
CANBERRA.

　　左为一九二六年七月内务部考虑如何草拟处理黄彩新缺勤的意见，如再违反，将会采取措施遣送其回国。右为中国总领事宋发祥为改变遣送黄彩新回国的决定，于一九二九年五月二十一日给内务部秘书的申诉函。

档案出处（澳大利亚国家档案馆档案宗卷号）：

Toy Sun Wong Lip - student passport, NAA: A1, 1929/3660

雷琼沛

台山福田村

雷琼沛（Louey Kin Poy）是台山县福田村人，生于一九一〇年五月二日。他的父亲名叫雷乐（Louey Lock），在澳大利亚档案馆中查找不到其抵达澳大利亚的确切信息，因为同名者众多，且信息零碎。但从这些信息中可以大致确定的是，雷乐是在澳大利亚联邦成立之前，即在十九世纪九十年代左右便已来到这里发展，最终定居于尾利畔（Melbourne），[①]住在卡顿埠（Carlton），经营一间商铺。因文件中没有提供该店铺的中文及英文名字，故无法判断其确切店名。如果按照当时在澳华人开店取名的惯例，其店铺也极有可能就是以其姓名来命名。

一九二三年，雷琼沛十三岁，雷乐决定按照澳大利亚已经实施两年之久的《中国留学生章程》允许的条件，办理儿子来澳留学读书。五月十六日，他填妥表格，备齐所需资料，向在同城的中国驻澳大利亚总领事馆申办儿子

---

① 按照粤人当时的名字习惯，此处的雷乐也有可能小名叫亚乐（Ah Lock），全名即为雷亚乐（Louey Ah Lock），简化下来就是雷乐（Louey Lock）。这样的话，就有相关的档案宗卷与此相关。根据这些宗卷，雷亚乐是一八六七年出生，十九世纪末来到澳大利亚，先在北领地打运埠（Darwin, Northern Territory）活动，后到昆士兰省（Queensland）发展，然后去到鸟修威省（New South Wales），最终去到域多利省（Victoria）的尾利畔。详见：LOCK Louey Ah: Nationality - Chinese: Date of Birth - 1867: Arrived per HWAH PING: First registered at Darwin, NAA: MT269/1, VIC/CHINA/LOCK LOUEY A/2; Louey Ah Lock, NAA: J2481, 1900/262; Louey Lock, NAA: SP42/1, C1913/1856; Secretary External Affairs - re Louey Lock - has lost Certificate of Exemption, NAA: B13, 1912/6377。"蒙惠报金"，载雪梨《东华报》（Tung Wah Times）一九一〇年五月十四日，第七版。该报导名单中有"昆士兰雷乐号"一条。由此说明，这个时间段里，雷乐仍在昆士兰省经营商铺。

的赴澳留学护照和签证。他承诺每年供给儿子雷琼沛膏火九十镑，作为其在澳留学之学费和生活费，要将其办来尾利畔开设在唐人街上的长老会学校（P. W. M. U. School）念书。

中国驻澳大利亚总领事馆接到申请材料后，很快便审理完毕。可能都是在尾利畔的缘故，便于沟通联络，于咨询解决了雷乐在申请表上未曾提供的担保商铺或公司等事宜之后，七月二十五日，总领事魏子京为雷琼沛签发了号码为311/S/23的中国学生护照，并在第二天也为他从澳大利亚联邦政府内务部那里拿到了入境签证。随后，总领事馆便按照程序，将护照按雷乐提供的家乡地址，寄往中国。

接到上述护照和入境签证之后，经过半年的准备及家人的安排，雷琼沛赶到香港，搭乘"丫拿夫拉"（Arafura）号轮船，于一九二四年二月二日抵达尾利畔港口入境。按照正常程序，他抵达尾利畔后，应该注册入读原先就已经安排好的长老会学校，何况此时也正好是当地中小学校刚刚开学的日子，但雷琼沛并没有进入这间学校念书。内务部在其入境一个月之后与长老会学校联络，想了解其在校之表现，才得知他的名字并不在该校学生花名册中。即便是注册入读了其他学校，雷琼沛也没有按照规定向内务部报备。因此，内务部责成海关部门核查，看看他最终去到什么地方读书。海关人员于四月初才确认，雷琼沛自三月二十四日方注册入读若丝砀街公学（State School of Rathdown Street），原因是该学校与其父之店铺位于同一个区，就近上学，比较方便。

刚刚进去若丝砀街公学的头半年，很难看到有关雷琼沛在校的具体表现，因为校长的例行报告对其评价只有两个字：尚可。但到了下半年，就比较具体一些。就遵守校规而言，雷琼沛做得很好，有时候甚至可以说很优秀，并且总是穿戴整洁，很精神。而且为了显示自己跟同学融洽，他还取了一个英文名，叫Charley Lock（查理乐），即将其父亲的名字作为姓氏放在了查理的后面。可是对于其学业方面的表现，则评价不高，只能说勉强可以。但到了下一年，情况变得糟糕起来。校长此时对雷琼沛上一年度学业进步缓慢的原因作出了解释，即他对学习英语显得没有什么兴趣，尤其是跟其他在该校一起读书的中国留学生努力学习英语的情况比起来，更是显得很另类。这样的状况一直持续到下半年，一点儿改进也没有。对此，校长忍无可忍，于一九二五年十月七日致函内务部秘书，投诉雷琼沛根本无心在校学英语，经常在上课时阅读中文书报，屡教不改，故该校决定将其开除出校。

内务部接到报告后，马上跟中国驻澳总领事馆联络，请其与雷琼沛的家长沟通，对其提出严厉警告：如果再不端正态度，认真读书，尤其是学习英语，则唯有将其遣返中国。雷乐得知此事，自然是一番紧张，马上与位于尾利畔唐人街上的长老会学校联络，在十月底将儿子转学到该校，从而化解了这场危机，也为次年初雷琼沛申请展签创造了条件，使之顺利获签。

进入长老会学校之后，据报告，雷琼沛对英语学习有点儿入门了。这间长老会学校是由该教会的女修会团体创办，本身就面向唐人街及周边的华人子弟，因而在教学上自然比较照顾那些原先没有多少英语知识与能力的中国留学生，针对性比较强。校长认为，这位中国留学生正在改正以前的坏毛病，也是愿意学习的孩子。整个的一九二六年，长老会学校认为雷琼沛是在逐渐进步之中。

但是，到一九二七年，就在刚刚拿到了新的一年展签之后不久，再也忍受不了澳大利亚这种枯燥的留学生活的雷琼沛就于四月十八日在尾利畔乘坐驶往香港的"太平"（Taiping）号轮船，回国去了。[①]走之前，他通知了中国驻澳总领事馆，但没有向其提出申请再入境签证。这意味着他正式结束其在澳三年的留学生涯，回国去做自己想做的事情。这一年，雷琼沛十七岁。

---

① Louey Kin Poy - Departure per "Taiping" May 1927, NAA: B13, 1927/11788。

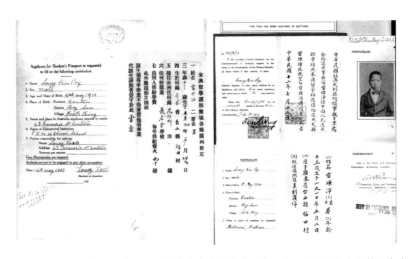

左为一九二三年五月十六日雷乐为申办儿子雷琼沛来澳留学所填写的中国护照申请表。右为中国总领事魏子京于一九二三年七月二十五日为雷琼沛签发的中国学生护照。

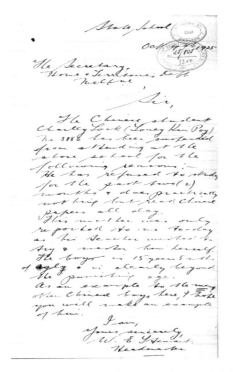

一九二五年十月七日，若丝砀街公学校长因雷琼沛无心向学而写给内务部秘书的投诉信。

档案出处（澳大利亚国家档案馆档案宗卷号）：

Louey Kin POY - Chinese student, NAA: A1, 1927/780

陈 伦

台山中礼村

陈伦（Chin Loon）是台山县中礼村人，生于一九一〇年五月二十九日。他的父亲名叫陈景耀（King Yew），也是在十九世纪末年随着到澳大利亚讨生活的珠三角移民大潮，跟着乡人的脚印来到南太平洋的这个国度。几经周折后，他最终选择在美利滨（Melbourne）埠定居下来，于该埠南区卢兴岂罅（St. Kilda）埠的係街（High Street）三百八十二号，开有一间洗衣房，有了稳定的收入。[①]

一九二三年十一月十六日，陈景耀向位于美利滨的中国驻澳大利亚总领事馆递交了申请表，要为他那已经年过十三岁即将进入十四岁的儿子陈伦办理来澳留学事宜，为他申请中国学生护照和入境签证。他以自己的那间洗衣房作保，每年提供膏火六十镑给儿子作为在澳留学期间的学费、生活费、医疗费等其他相关费用，让儿子入读唐人街上的小博街长老会学校（P. W. M. U. School, Little Bourke Street）。

陈景耀提交的这份申请，在中国总领事馆那里并没有得到及时处理，竟耽搁了大约一年半的时间。造成这种延误的主要原因是，从一九二二年开始，自前一年《中国留学生章程》施行后涌入的二三百名来自珠江三角洲地

---

① 在澳大利亚国家档案馆里找不到与陈景耀名字相关的宗卷，而检索当时雪梨和美利滨两地的中文报纸，也只见到一九三一年的一次捐款名单上有他的名字。见："美利滨埠华侨捐助救国军费基金芳名列下"，载雪梨《民国报》（The Chinese Republic News）一九三一年十一月十四日，第八版。

区的中国留学生，在就学年龄及入学方式和财政支付等方面都带来了一些问题，需要中澳两国政府对此予以更加规范，以期解决之，因而，作为中国留学生来澳护照和签证办理机构的中国驻澳大利亚总领事馆，就不得不分出很大的人力及精力与澳方商讨修订其中的条款，也就直接影响了当时递交上来的留学生护照和签证的及时处理。一直到陈景耀递交申请的第三年，即一九二五年三月十五日，中国总领事魏子京才给陈伦签发了号码是417/S/25的中国学生护照；并且又过了近两个星期，才从澳大利亚联邦政府内务部那里为他拿到了入境签证。而从护照签证页上所贴之内务部所注之特别声明，也可看出因修订中国留学生新规而对此后中国学生之来澳留学所产生的影响："执此护照之学生因经中国总领事特别与内务大臣商定准其来澳读书不照新章规定之年龄及须有英文学识程度之资格。"换言之，此后的入澳留学申请审理将会更加严格。

拿到护照和签证的陈伦，这时都要快满十五周岁了，按说他应尽快动身，前来留学，因为此前因申请护照和签证已经被耽误有一年半左右的时间了。但看起来陈伦对于来澳留学显得并不着急。他在家乡又等了一年的时间之后，将要届满十六岁了，才从台山前往香港，搭乘"彰德"（Changte）号轮船，于一九二六年五月十四日抵达美利滨入境。这一时间节点，正好处于《中国留学生章程》新规于本年六月三十日实施之前，因此，他的入境不受新规影响，亦即在其入境签证失效两个多月的情况下，在入境通关时并未受到任何阻拦，亦未受到移民官的问话，以测试其英语学识能力。

与前面赴澳留学磨磨蹭蹭、多方拖延的做法相反，陈伦抵达澳大利亚后，就于五月十八日正式注册入读小博街长老会学校，距其入境仅仅四天时间而已。根据学校校长谢爱琳（Ellen Sears）女士于七月份提交的例行报告，这位十六岁的中国少年学习还算努力，虽然此前不谙英语，但不到两个月的时间，就已经开始明白课程的内容了。校长认为，这是个好学上进的学生。此后的例行季度报告，校长都对他的进步表示赞赏，认为他学习刻苦。由是，陈伦在这间学校读了将近三年的书。

从一九二九年四月二十九日开始，十九岁的陈伦转学到位于美利滨城里卡仑街（Collins Street）一百五十七号的泽口商学院（Zercho's Business College）念书，选修打字、簿记、英语、算术等课程，在此期间，他也给自己取了个英文名，叫Harry（哈利）。根据院长的报告，他从刚入学的不太适应，到通过自身努力取得较大进步，可以跟得上教学的进度。在这里，他读了一年半左右。

到一九三〇年十月，二十岁的陈伦想要回中国探亲，之后还想返回泽口商学院继续念书，遂通过中国驻澳总领事宋发祥向内务部申请再入境签证。为了证明自己是真心想回澳继续学业，陈伦还请泽口商学院院长福瑞德·泽口（Frederick Zercho）写了证明信，以示郑重。既然如此，内务部自然无法拒绝，便于十月十四日核准了陈伦的再入境申请，条件是自其离境之日算起，如他在十二个月内重返澳大利亚念书，该入境签证有效，并为此通告美利滨海关备案。待上述安排妥当，十月二十日，陈伦便在美利滨港口搭乘"太平"（Taiping）号轮船离境，前往香港，回国探亲。

可是，陈伦并没有如期在十二个月内赶回澳大利亚。不知不觉两年过去了。直到一九三二年十一月七日，中国驻澳总领事陈维屏致函内务部秘书，表示由于陈伦回国探亲之后就身体欠佳，无法在入境签证规定的十二个月内回到澳大利亚；直到最近，他的身体方才康复，因此还想重返澳大利亚，继续他原来在泽口商学院的学业，希望内务部考虑到他这个特殊情况，重新核发给他入境签证。身体有病以及虚弱自然难以搭船进行长时间和长距离的航行，内务部对此给予了充分理解。事实上，内务部也明白，所谓自己身体有恙或是父母病重，这几乎成了中国总领事馆为中国学生申请展签的一个惯常的借口，只不过这些申请都在符合章程规定条件的范围内，内务部不予揭穿罢了。十一月十六日，内务部秘书函复陈维屏总领事，再次批复了陈伦的入境签证，有效期还是十二个月。当然，条件是陈伦只能注册入学读书，除此之外，什么也不能做；如有违规，即被遣送回国。更重要的是，鉴于到一九三四年五月二十九日陈伦就要年满二十四岁，他能在澳大利亚继续念书的时间并不多，也就只有一年左右；一俟他年满二十四岁，就需要安排船期，结束在澳学业，返回中国。而这也表明，在执行章程规定方面，内务部是不含糊的。

　　一九三三年五月十一日，陈伦从香港搭乘"彰德"号班轮抵达美利滨，再次入境澳大利亚。按常规，这位已经二十三岁的中国留学生应该回到他原先就读的泽口商学院继续念书，三年前，他就是因为得到泽口商学院的大力支持，为他出具证明信，才顺利拿到再入境签证的。因此，内务部于八月初致函泽口商学院，想请该院提供有关他在校表现的报告，可是，泽口商学院却以"查无此人"作为回答。内务部此时才反应过来，曾经信誓旦旦要回到泽口商学院读书的陈伦又食言了。于是，指示海关核查该学生到底注册入读哪一间学校，因为内务部最关注的是中国留学生不能入读公校，他们只准进入私校念书。八月十五日，海关报告说，找到陈伦了，原来他没有重返泽口商学院，而是从六月六日起，便注册入读位于城里的工人学院（Workingmen's College）。根据校方的报告，陈伦在校的学业尚令人满意。

　　可是在一年之后，陈伦已经满了二十四岁，按例他应该收拾行囊打道回府了。由于仍然没有看到中国总领事馆安排这位已经超龄的中国留学生返回中国的报告，内务部就于一九三四年六月六日致函中国总领事馆，询问对陈伦回国的安排。六月二十九日，内务部秘书收到了陈维屏总领事的复函，却是要求为在美利滨工学院（Melbourne Technical College，亦即前述之工人学院改名）读书的陈伦禧（Chin Loon Hee）申请一年的延签。显然，这位中国总领事，把同样是来自台山中礼村的陈伦和陈伦禧二人混为一谈了。陈总领事这一出错不要紧，却把内务部秘书也搞糊涂了，以为他们是同一个人，他便于七月五日回复说，批准陈伦展签十二个月。直到八月十日，内务部秘书才意识到自己搞错了，遂致函陈维屏总领事，澄清陈伦和陈伦禧并非同一人，同时声明，陈伦已超龄，必须离开澳大利亚。但鉴于目前的情况，即该学年的下半学期已经开学了，当局可以给陈伦网开一面，即他可以继续念书到这一年的年底，到本年度结束前则必须安排船票回国。显然，从内务部秘书的角度来说，内务部已经对陈伦破例了。

　　事实上，到一九三四年的年底，陈伦并没有离开澳大利亚。而且，他还于一九三五年元旦起，注册入读由工人学院改名的美利滨工学院的汽车机械课程，为期两年。当这一年五月份内务部因陈伦仍然没有离开澳大利亚，而指示海关安排他离境回国事宜时，中国总领事陈维屏和美利滨工学院院长艾黎思（Frank Ellis）都致函内务部秘书，表示因陈伦入读的汽车机械课程为期二年，希望能特批其留在澳读完这个课程。工学院甚至表示，哪怕是让他留到年底，参加学院为其设计的课程考试也行。内务部接获上述申请后，并没有同意，理由是根据学校的报告，陈伦上一学期旷课的天数较多。但很快美利滨工学院便发函表示，是学院工作人员的疏忽及手误，造成陈伦旷课记录过多，实际上他只是请几天病假而已。也许是工学院的陈述起了作用，或是内务部认为确实有必要重新考虑这一申请，六月十四日，内务部决定给予陈伦展签，有效期到一九三五年的年底为止。

转眼就到了一九三五年年底。十二月二日，美利滨工学院院长艾黎思致函中国驻澳大利亚总领事陈维屏，表示陈伦所学的汽车机械课程尚有两个学期才结束，目前他只是学到一半的课程，而按照当地法律规定以及所获得的展签有效期，他确实应该在月底就要被安排回国，但根据陈伦现在的学习，如果能完成这个课程，无疑会对他未来的发展具有极大的优势，因而希望陈总领事能努力向内务部争取，为这位中国留学生申请额外一年的展签，如此，将善莫大焉。陈维屏总领事接到这封信函，也没有迟疑，两天后就致函内务部秘书，将上述艾黎思院长的信函及工学院有关陈伦的在校表现报告等，一并附上，为陈伦陈情，为他申请十二个月的额外展签。尽管陈伦此时已近二十六岁，早就超过了中国留学生在澳留学的上限，这一次，内务部还是予以极大的宽容，于十二月十二日函复陈总领事，决定给予陈伦展签，但不是十二个月，而是六个月，有效期至一九三六年六月三十日止。

到陈伦的签证有效期截止之前，美利滨工学院院长艾黎思又于一九三六年六月八日直接致函内务部秘书，同时抄送中国总领事陈维屏，就陈伦目前的课程尚有一个学期就可以结束的情况，请求再给他半年的签证，以便他能按时完成所选修的汽车机械课程。如能做到这一点，则不仅这位中国学生可以获得完整的学历，而且还可以为其未来的职业生涯创造有利的条件。陈总领事看到艾黎思院长如此关心学生，三天之后也致函内务部，为陈伦申请特别展签。内务部长看到工学院院长如此积极推动此事，也就好人做到底，于七月一日分别函复艾黎思院长和陈维屏总领事，如其所请，给予陈伦展签，有效期至十二月三十一日。

这一次，陈伦应该是可以如期完成其课程，拿到大学毕业文凭，将可安排归期了。但实际情况并非如此。这一年十一月十八日，陈伦的汽车机械课程即将完成时，他所在的工学院院长艾黎思再次致函内务部秘书，要为陈伦再申请六个月的展签。他列出的理由有两点：一是陈伦将在未来的一个学期内选修自动化与航天工程科目的课程，以拓展其知识储备；二是陈伦此前的学习虽然很努力也很刻苦，但总是受制于其英语能力，多少有些障碍，但在过去的半年时间里，他已经克服了英语关，理解能力大幅提高，学习进步之快令人高兴，如继续深造，则前途或不可限量。艾黎思院长还是像上次那样，也同时将此申请备件发给陈维屏总领事存档备案。陈总领事接获其信函后不到两天，也修书内务部秘书，同样为陈伦申请半年的额外展签。

对于上述申请，内务部此次就没有以前那样爽快了。经过一番考虑与内部商讨，内务部秘书于十二月十七日分别函复艾黎思院长和陈维屏总领事，谓内务部长以往已经破例给陈伦延签了三年，算得上是仁至义尽；而这一次只能说，不能再如此破例，这位已经二十七岁的中国学生是应该到了结束在此间的学习，返回中国去的时候了，何况他已经可以如期拿到所需文凭。

虽然展签申请被拒，但事情却在最后出现转机。原因是陈伦自己在十二月底向美利滨海关提出申请，再在本地多待上一个月，到明年二月初工学院新学期开学时，他好从院长那里拿到推荐信和结业证书与文凭，同时也好在那个时候与艾黎思院长商讨一下他未来的去向。当然，他也希望如果这样可以将其签证展期到明年六月份，他就可以如期完成其预定的课程，如此，他将不胜感激。十二月三十日，海关将他的申请送到内务部秘书那里。一九三七年一月八日，内务部秘书致函中国总领事馆，表示准允陈伦在澳呆到二月初新学期开学，至于是否将其签证展期到六月底，则到时候视与艾黎思院长接洽商讨的结果再定。内务部的这一决定表明，陈伦的在澳留学命运再次逆转。二月十七日，海关报告内务部，据美利滨工学院汽车机械系主任詹士（A. K. James）的陈述，陈伦是他所遇到的学业最令人满意的中国学生之一，如果让他再多待一个学期，完成预定之研究课程，可以预见，他回国后将会在汽车工程方面谋得一份优差，用其所学。由是，内务部秘书于三月九日分别致函海关及中国总领事馆，告知已经准允陈伦展签到今年的六月三十日，以便其能够完成预定之课程。

可是到一九三七年六月七日，新任中国驻澳大利亚总领事保君建致函内务部秘书，再次为陈伦申请六个月的展签，以便他能完成电力工程和乙炔焊接等与汽车机械相关的额外课程。接到这项申请后，内务部非常清楚这个中国学生已经超龄滞留澳大利亚达三年之久，此前也一再获破例展签，因此没有直接予以回复。对此申请准允与否很是纠结的内务部遂咨询海关，想问问海关的意见。海关经过一番查询，于七月二十日回复说，经与工学院汽车机械系主任詹士沟通，后者认为陈伦是他所遇到的最令人满意的学生之一，故极力主张为其提供展签。既然如此，内务部秘书便于八月二日正式函告保君建总领事，批准陈伦展签至年底，并抄送海关备案。

在同年的十二月十六日，中国总领事保君建再次致函内务部秘书。他在信中表示，虽然明白陈伦已经获得多次的特别展签，按规定是不能再申请了，也早就应该安排他回国才是，但考虑到目前中国的实情，即日本发动的侵略战争导致中国形势恶化，侵华日军步步紧逼，中国军队虽经拼死抗击，仍不得不步步后退，形势非常危急，现在安排陈伦回国，将是一件非常困难之事。而继续让其留在美利滨工学院完成其他的研究课程，则无疑对其最为有利；且无论是工学院院长还是汽车机械系主任，咸认为陈伦是可造之材，也希望其能留下来，继续选修一个学期的研究课程。为此，保总领事希望内务部再次破例，给陈伦额外再展签六个月的时间。内务部认为，保总领事所说的中国当前形势确是实情，觉得还是应该准允这一申请，遂于一九三八年一月七日予以批准。但经海关与工学院沟通，得知该学院第一学期的课程到五月二十一日便结束，因此，最终该展签有效期是到五月三十一日，而非保总领事申请的六月三十日，即少了一个月的时间。

到一九三八年五月二十三日，即陈伦签证有效期到期之前一个星期，中国总领事保君建还想再次向内务部申请陈伦的签证展期到年底。他认为，如果陈伦此时回国的话，其所学无以施展，想深造亦无处可去，而继续在美利滨工学院选读其他相关研究课程则可让他有更多的知识储备；同时，工学院的院长和老师也都觉得这个学生学习用功，应该给予机会让他进一步深造。

但这一次陈伦就再也没有以前那么好运气了。内务部在回顾了以往他的展签申请档案之后，再结合目前中国的局势，否决了这项申请。因为当时中国的局势相较于去年底来说，已有很大的改善，中国的抗日战争已经进入战略相持阶段。在这样的形势下，继续以中国局势不稳作为说辞，显然不是那么容易博得同情。也正因为如此，美利滨工学院的院长和老师尽管也很同情陈伦，尽量为他说好话，但已经不像以前那样理直气壮。因此，保君建总领事得到上述结果后，也就没有继续为此声辩和作最后的争取。随后，内务部将此决定通告海关和移民局，让他们密切关注此事，以确定陈伦的回国时间。

九月一日，陈伦去到移民局在美利滨的办公室，告诉其官员，自己在工学院的课程已于八月二十六日结束，决定在十月十一日搭乘"太平"号班轮离境，前往香港，返回广东家乡。由此到其离境的这一段时间里，他希望澳方当局能给他作为假期，让他有时间跟在此间结识的朋友道别。内务部在接获移民局的报告后，得知陈伦离境日期已经确定，船票也已订妥，自然也不反对，将展签延至其离境之日。

一九三八年十月十一日，陈伦如期登上"太平"轮，离开美利滨回国。移民局全程跟踪其离境，在确认该班轮经雪梨、布里斯本（Brisbane）并于十月二十七日经过昆士兰北部的珍珠埠（Thursday Island），离开了澳大利亚水域之后，才向内务部报告交差，让这个一再破例额外展签长达四年的个案得以了结。

从一九二六年入境，到一九三八年十月回国，除了在此期间他回乡探亲达两年之久，陈伦在澳大利亚念了十年书，即从十六岁读到二十八岁，属于学成而归。尤其是最后几年，他在美利滨工学院所学的大学课程，应该是当时中国急需的专业。不知陈伦回到中国后是否进入汽车行业，并得以在以后的过程中施展其所学，为国服务。

左为一九二三年十一月十六日，陈景耀向中国驻澳大利亚总领事馆递交的陈伦护照申请表。右为中国总领事魏子京于一九二五年三月十九日给陈伦签发的中国学生护照。

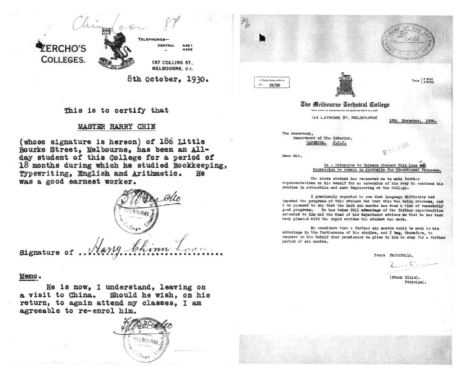

左为一九三〇年十月，泽口商学院院长福瑞德·泽口给陈伦出具的证明信及接收他重返澳大利亚入读的录取信。右为美利滨工学院院长艾黎思于一九三六年十一月给内务部秘书的函件，为陈伦申请额外一年的展签。

一九三三年五月十一日，陈伦在从中国探亲后返回澳大利亚入关时提交的照片，正面和侧面照。

档案出处（澳大利亚国家档案馆档案宗卷号）：

Chin Loon - Student Passport, A1 1937/146

陈瑞麟

台山杨迳村

　　陈瑞麟（Chin Sue Ling）是台山县杨迳村人，[①]生于一九一〇年六月十一日。他的父亲陈鸿（Chin Hong）生于一八六六年，[②]未及弱冠之年，就怀揣着发财梦，于一八八五年去到这块南太平洋上的大陆，[③]寻找发展机会，并最终定居于域多利（Victoria）省的尾利畔（Melbourne），于该埠的南部卡令顿街（Clarendon Street）三百十七号开设一间洗衣房，生活稳定。

　　一九二二年，陈瑞麟年满十二岁，陈鸿遂递表向中国驻澳大利亚总领事馆申办儿子的来澳留学事宜。因护照申请表上没有填写申请日期，递交该申请表的具体日期无法得知。根据申请表上所写当时陈瑞麟是十一岁这个情况来判断，也许这是在一九二一年底，或者是在一九二二年上半年的事情，因为申请表上的接收印戳是一九二二年。陈鸿是以他开设的洗衣房（没有列出该生意的名号，也许就是用他自己的名字为商号，即"Chin Hong"）作保，在申请表的中文栏目没有列明每年为儿子提供膏火的金额，但在英文部分则说明是提供

---

① 现在的地图上查不到杨迳村，可能这是一个规模不大的自然村，因太小，已经合并到其他行政村中。只是在水步镇罗边管区有杨迳竹场，不知是否与此村名有关。见：www.cooldocument.com/9571384179/（查阅日期：2016-04-06）。

② HONG Chin [Ching]: Nationality - Chinese: Date of Birth - 7 January 1866: First registered at Carlton, NAA: MT269/1, VIC/CHINA/HONG CHIN/2。

③ CHIN Hong: Nationality - Chinese: Date of Birth - 7 January 1866: Date of Arrival - 1885: Arrived per CHANGTE: Certificate Number - 265: Date of Issue - 21 September 1939: First registered at Russell Street [contains 1 black and white photograph], NAA: B6531, LEFT COMMONWEALTH/1938 - 1945/CHIN HONG。

足镑膏火，即不封顶，需要多少就提供多少，作为儿子在澳留学期间的费用，办理他来南尾利畔学校（State School, South Melbourne）读书。

因上述申请表没有标明递交日期，故难以知道中国总领事馆用了多长时间来处理陈瑞麟的护照申请。一九二二年九月十三日，中国总领事魏子京给陈瑞麟签发了中国学生护照，号码188/S/22；五天之后，也为他拿到了澳大利亚政府内务部核发的入境签证。按照流程，中国总领事馆应该在拿到签证后将护照寄往中国陈瑞麟处，但实际上显然是直接交给了他的父亲陈鸿。

这是因为陈瑞麟于九月二十三日便乘坐从香港启程的"衣市顿"（Eastern）号班轮，抵达了尾利畔，即在刚刚获得签证的两个星期之后。根据当时的航程计算，从香港出发前来尾利畔，因中途要停靠小吕宋（Philippines，菲律宾）、山打根（Sandakan，马来亚沙巴）、坤士兰（Queensland）、雪梨（Sydney）等地，全程需要三个多星期。换言之，在魏子京总领事签发中国护照给陈瑞麟时，这位中国小留学生已经登上了船，处于前来澳大利亚的航程中。由此可以这样推理：由于已经获知护照即将签发，已经在香港等待前来的这位台山少年就迫不及待地登船了；为此，上述获得签证的陈瑞麟护照实际上并没有寄去中国，而是放在中国总领事馆，或者直接交给陈鸿，等到陈瑞麟抵达尾利畔后交由海关钤印放行入境，再交给内务部代为保管。

抵达澳大利亚一个星期后，陈瑞麟就进入父亲为他安排好的南尾利畔公立学校读书。虽然在校表现良好，不过，校长认为他英语知识有限，要赶上教学进度，还有漫长的道路要走。尽管此后他在学习上慢慢地有了些少进步，但因语言障碍，显然还是跟不上。由是，陈瑞麟就只在这里读了一年半的书，于一九二四年五月十六日不辞而别，离开了南尾利畔公立学校。

发现这位中国学生离校之后，南尾利畔公立学校校长向内务部报告说，根据他的判断，陈瑞麟显然是转学到城里的华人教会学校上学，这样可能更有利于他的学习。因此，内务部于八月中旬致函中国城小博街长老会学校（P. W. M. U. School, Little Bourke Street），表示根据南尾利畔公立学校的判断，以中国学生为主的教会学校，显然就是他们这间，请其提供陈瑞麟的在校表现报告。但得到的答复是，该校并未接到陈瑞麟的注册申请，也查无此人。与此同时，内务部也致函在卡令顿街经营洗衣房的陈鸿，向他询问其子究竟转学去了何处。直到这一年的十二月份，内务部才最终在北布兰市役埠（North Brunswick）司徒街公立学校（State School，Stewart Street）找到陈瑞麟。学校的报告表明，他自五月份转学至此，各方面都表现良好。事实上，在该校的一年时间里，陈瑞麟英语能力有了很大的提高，其他科目的成绩也进步很大。

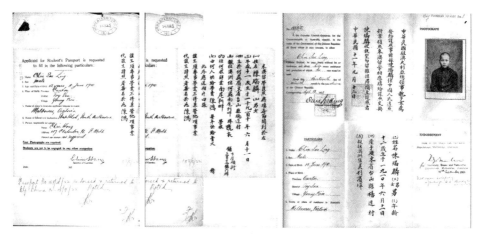

左和中为陈鸿为办理儿子陈瑞麟来澳留学所填报的中国学生护照申请表，填表日期不详，因为没有栏目可以填写，估计是在一九二一年底或者次年上半年所填。右为一九二二年九月十三日，中国驻澳大利亚总领事魏子京给陈瑞麟签发的中国学生护照。

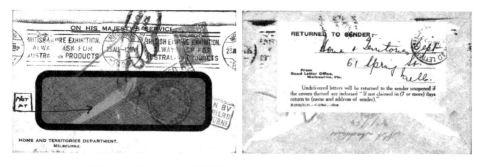

一九二四年下半年内务部为寻找陈瑞麟所发出信函的信封。

可是，一九二五年五月十二日，十五岁的陈瑞麟就在尾利畔登上"丫拿夫拉"（Arafura）号班轮，回国探亲去了。在回国之前，他把探亲计划和行程告诉了中国总领事馆，并表示一年后要回来继续念书，还是就读现在这间学校。因此，魏子京总领事于四月三十日致函内务部秘书，为陈瑞麟申请再入境签证。鉴于陈瑞麟在校表现不俗，且司徒街公立学校也表示，在其完成探亲后，愿意接受他重返该校读书，五月十二日，内务部批复了其再入境申请。

尽管陈瑞麟获得了重返澳大利亚留学的签证，但他的档案就到此中止，此后再也没有了他的信息。换言之，他自回去中国探亲之后，便没有再重返澳大利亚念书。

总计陈瑞麟在澳大利亚留学两年八个月的时间，读了两间学校，都是公校。

档案出处（澳大利亚国家档案馆档案宗卷号）：

Chin Sue Ling - Chinese student's passport, NAA: A1, 1925/13224

---

① Chin Sue Ling - Arrived per "Eastern" 13.9.1922 - Left Commonwealth per "Arafura" 27.5.1925, NAA: B13, 1925/10145。

伍华瑗

台山朝阳村

伍华瑗（Wah Noon）生于一九一〇年七月二十八日，台山县朝阳村人。其父名为伍松（Charlie Tong），大约是在十九世纪末年来到澳大利亚，最终定居于雪梨（Sydney），[①]在沙厘希（Surry Hills）区库郎街（Crown Street）二百九十六号开设一中草药杂货铺，以自己的名字为铺名，是为"伍松"号商铺，生活稳定。[②]虽然伍松也像许多当时在澳的华人一样，待在这块新土地上找到营生，挣到了一笔钱后，就返回故里，依据旧俗，在家乡娶妻生子；但亦跟部分有能力的居澳华人在澳所为相同，即在当地亦与欧裔妇女同居结婚，另组有家庭。目前未见伍松的在澳档案披露，无法查阅到上述事实，而这份伍华瑗档案，里边也没有专门涉及其父在澳婚娶的资料，只是从档案中某份官府文件提及其有妻为澳妇，反映了这一事实而已。

一九二二年，在澳大利亚开放中国学生来澳留学一年之后，已经有大批中国青少年儿童经其在澳父兄辈申请，来澳留学，形成了中国人赴澳留学的首

---

① 伍松获得长期居留身份并得以回国探亲的年份是一九〇四年。见：Charlie Tong [includes photographs], NAA: SP42/1, C1914/1981。

② 根据鸟修威省档案馆（NSW State Archives & Records）所藏的该省工商局保存的二十世纪初年鸟修威省工商企业注册记录，伍松在上述地址上开业的"伍松号"草医铺，正式的英文名字是"Toy Kee Brothers"，于一九一八年十一月二十六日正式登记注册，他是唯一股东。见：https://search.records.nsw.gov.au/permalink/f/1ebnd1l/INDEX1832908。同一天，他也在雪梨城里的高宝街（Goulburn Street）五十三号注册登记了另外一家公司，叫做"安利隆"号（On Lee Long），做的是同样的营生，亦是一间草医铺，他同样是唯一股东。见：https://search.records.nsw.gov.au/permalink/f/1ebnd1l/INDEX1817305。

波浪潮。面对这一形势，考虑到儿子伍华瑷也已年过十二岁，应该利用这个条件，为其提供一个接受西方教育的良好机会，伍松便在这一年年底，备齐所需之申请材料，于十二月十六日递交给中国驻澳大利亚总领事馆，申办其子伍华瑷来澳留学的中国护照和入境签证。他以自己的"伍松"号商铺作保，承诺为儿子伍华瑷来澳留学每年提供膏火五十镑，作为其学费和生活费等开销。由于伍松铺头所在之街区有一间雪梨颇具名气的公立学校——库郎街公学（Public School Crown Street），他便将此作为其子伍华瑷来澳留学时就读学校之首选。

因中国留学生来澳后，出现了一些问题，从一九二二年开始，澳大利亚政府遂着手开始与中国驻澳领事馆进行磋商，对一九二一年实施的《中国留学生章程》作出修订，从而影响了中国总领事馆对护照申请的审办进度。中国驻澳大利亚总领事馆在收到上述伍松提交的申请材料之后，耽搁了半年多的时间，才在一九二三年六月十四日由总领事魏子京给伍华瑷签发了中国学生护照，号码是289/S/23，并在第二天为其获得了澳大利亚内务部核发的入境签证。随后，中国总领事馆按照规程，将此护照寄往伍华瑷的家乡，以便其启程赴澳。

伍华瑷收到这份邮件后，便由家人安排好船票，与一同获得入澳签证的堂弟伍华炎（Wah Yim）一同赶赴香港，在这里与此后在中国抗日战争中成为著名的东江纵队司令并在中华人民共和国成立后先后担任广东省副省长和交通部长的曾生（当时叫曾振声，Jan Sing）相遇，一起搭乘"圣阿炉滨士"（St. Albans）号班轮，结伴同行。当年八月二十五日，伍华瑷随船抵达雪梨，由其父亲接船协助入关，开始其留学历程。

抵达澳大利亚之后的第二天，这位十三岁的台山少年留学生就按照父亲给安排好的学校，正式注册入读库郎街公学。一个月后的校长例行报告显示，伍华瑷在校表现良好，学习进步显著，是个实实在在来澳读书的学子。此后的四年时间里，历次校长报告对伍华瑷的评价都很正面，在校操行甚佳，各科学业皆优，校长一直都认为他是个好学生。

到一九二七年七月十一日，这位十七岁的留学生完成了在库郎街公学的小学课程，在位于毗邻沙厘希区的达令赫斯特（Darlinghurst）区之圣母修会中学（Marist Brothers High School）申请到了一个预留学位。在拿到该校录取信四天之后，他立即通过中国驻澳大利亚总领事馆，致函内务部，申请再入境签证，因为他想返回中国探亲。内务部接到上述申请之后，核查的结果，认为所有程序都符合规则，一个星期后便批准了上述申请，给予他十二个月内有效的再入境签证，从其离境之日起算。待一切安排妥当，伍华瑷便于八月十七日乘坐"太平"（Taiping）号轮船离开雪梨，返回中国探亲去了。

十个月之后，伍华瑷结束了在中国的探亲，从香港乘坐"吞打"（Tanda）号轮船，于一九二八年六月二十三日抵达美利滨（Melbourne）入境，再由那里乘车返回雪梨，重新开始其在澳留学生涯。随后，他按照此前就已报名注册的安排，进入圣母修会中学读书。在此后的两年时间里，他的在校表现和学业仍跟以前在库郎街公学一样，每次校长的例行报告都给予好评。

一九二九年十月十二日，于再次入境一年多之后，十九岁的伍华瑷结束了其在圣母修会中学的课程学习，搭乘"吞打"号轮船，离开澳大利亚，返回中国。

伍华瑷档案到此中止。此后，再未见有他进入澳大利亚的记录。这表明，伍华瑷对其日后的人生发展已经有了规划，即回国进入职场，或者继续升读高等院校，不再回头。从一九二三年到一九二九年，除去中间他曾回国探亲不到一年的时间，伍华瑷在澳留学总计约六年时间。

一九二二年十二月十六日，伍松为儿子伍华瑷赴澳留学所填写的护照与签证申请表。

一九二三年六月十四日，中国驻澳大利亚总领事魏子京为伍华瑗签发的中国学生护照。

档案出处（澳大利亚国家档案馆档案宗卷号）：

Wala Noon - Students Passport, NAA: A1, 1929/5129

参　棚

台山竹冈村

　　参棚，其英文名字是Thomas Pang，一九一〇年八月七日出生于广东台山县竹冈村。查现在的台山市地图和地名，找不到竹冈村这个地名，但水步镇天狮坡管理区下有一竹岗村。也许，此处说的"竹冈"村，很有可能就是这个"竹岗村"，因为在很多情况下，"冈"和"岗"通用。

　　按照澳人姓名的拼写习惯，Pang应该是姓。照广府人的读法，这Pang显然应该读为"彭"。而彭姓在台山也有分布，以从嘉应梅州迁徙到台山之客家人为多，而台山赤溪镇就是客家人主要的聚集区域。当然，如果说参棚似乎应该是彭姓人氏，这只是根据习惯法推断而已，无法确认。事实上，也有可能Pang仅仅就是其中文名而已，可能对应的是"棚"，也有可能是"鹏"，因为当时许多抵达澳大利亚的中国人，入海关时所登记的就是一个中文名的拼音，而没有姓。

　　参棚之父针棚（James Pang），出生于一八七九年三月八日，于一九〇一年五月从台山家乡来到澳大利亚发展，于美利滨（Melbourne）登陆入境。他进入美利滨后，就在此间定居七年，在该地可能与人合股开设一间商铺，取名"恩记"（Yin Kee），此后他就以此商铺名为名而行世，再前往当时之大金山即域多利省（Victoria）的华人聚集地品地高埠（Bendigo）发展，在此继续与人合股经营一间药材店，仍然以"恩记"命名。[①]而与这个"恩记"相

---

　　① KEE Yin：Nationality-Chinese；Date of Birth-8 March 1879；Date of Arrival-May 1901；First Registered at Bendigo Victoria，NAA：MT269/1，VIC/CHINA/KEE YIN。

关的一份档案表明，是一位名叫Lew Pon的广东人，可能与他是同一个人。^①
如果可以确定的话，那么针棚就有可能是姓刘（Lew），全名似应为"刘棚
(或刘鹏)"。刘姓在台山是大姓，有许多人在十九世纪末二十世纪初到澳大利
亚发展，美利滨是其主要聚居地。这也可以解释针棚来澳何以先在美利滨入
境，并在此立足发展。

一九二三年八月八日，为办理儿子来澳留学手续，针棚以其在品地高的
"恩记"药材行作铺保，承诺每年供给儿子膏火五十二镑，向中国驻澳大利
亚总领事馆提出申请其子参棚的中国护照和来澳签证。当时，参棚刚刚年满
十三岁，针棚为其联络准备入读的学校是品地高中央公立学校（Central State
School），地址是在品地高之营盘山（Camp Hill）之一九七六号。中国总领
事馆职员代填的参棚拟前往之"壹玖柒陆学校"，实为上述中央公立学校所
在地的门牌号码。

申请材料递交上去后，中国驻澳大利亚总领事馆直到十月二十六日，才
将参棚的护照办妥，由总领事魏子京签发，护照号码为343/S/23，签证则在同
月三十日才从内务部那里拿到。随后，中国总领事馆便将护照寄给在乡下的
参棚。

不过，参棚并没有拿到护照和签证后立即就走，而是等了差不多整整一
年的时间。他延迟来澳的原因是父亲针棚在这段时间里回国探亲，待结束探
亲后再将其携带赴澳。由是，这位申请护照和签证时刚刚满十三岁的侨乡台
山少年，在过了十四周岁生日之后，才跟着父亲从台山去到香港，一起乘坐
"丫拿夫拉"（Arafura）号班轮，于一九二四年十一月一日抵达美利滨。随
后，他由此地前往品地高，住在父亲的店铺里。而根据档案文件中透露出来
的只言片语，此时参棚的母亲亦与他一道，从家乡返回澳大利亚，回到品地
高。^②她并且似乎是与针棚一样，拥有澳大利亚永居身份，此前便长居于此。

---

① Lew Pon or Yin Kee a）alleged landing on false Naturalisation Certificate b）Appl. C.E.D.T.，NAA：
A1，1930/6718。

② Yin Kee and Claude Raymond Pang [passengers ex ARAFURA] [box 166]，NAA：SP42/1，
C1924/9712。

　　因参棚抵达澳大利亚的日期已经进入十一月份，当他到品地高安顿好准备进入中央公立学校就读时，校长表示，此时距离本学年结束也就个把月的时间，如果他来上学的话，还没有等到熟悉学校的情况就到了放暑假的时候了。因此，他建议参棚到次年即一九二五年新学年开学后才正式注册入读该校。如此这样也好，参棚或许就可以利用这两个多月的时间空当，一边在父亲的店铺里帮忙，顺便学习日常英语，或者即由父亲延请家教，恶补英语。从此后中央公立学校校长的报告来看，直到一九二六年中，已在品地高上了一年半学的参棚，各方面的表现都还算不错，除了少数几天因病假无法上学之外，其出勤率也算高。根据校长的报告，参棚的操行尚可及各项表现优良，功课进步明显，尤其是英语提高得很快。看起来，似乎参棚的学习和生活一切都很顺利。

　　但从一九二六年九月起到次年的五月份，上述情况不再，参棚开始旷课逃学。从一九二六年九月到十一月，他曾经有连续三个月不去学校上课；一九二七年上半年，也有连续近三个星期的时间，在学校里见不到他的踪影。当内务部接到学校的报告后，急忙派人前往调查，想了解到底是什么原因，导致他旷课如此之多。海关人员调查后发现，此后的这段时间里，参棚不在品地高，而是去到美利滨唐人街的一家水果铺头住了三个多星期的日子。在此期间，他到处闲逛，好在其言行举止尚规矩，未惹麻烦。

　　在海关人员终于找到他并对其予以严厉警告之后，到一九二七年的七月初，在外面玩够了的参棚终于返回了品地高。但此时他已不再愿意返回中央公立学校读书，而是注册入读品地高商学院（Bendigo Business College）。这位已经十七岁的小伙子，此时的表现又像换了一个人似的：举止优雅，尊师重友，学习努力，追求新学，当然，也很少请假旷课了。就这样，参棚在商学院度过了近两个学期。这种旷课行为及对待上学的态度在一年时间里有如此大的反差，大体上可以归咎于青春期的逆反心理。好在参棚的青春期持续的时间不长，前后也就是一年的时间。但无论如何，在处理他的旷课这件事上，他入读的学校以及海关经办人员，似乎都表现出了极大的耐心和包容。

由于在台山家乡的祖母年老体弱，思孙心切，想让他回去见见面。于是，根据父母的安排，一九二八年五月十日，十八岁的参棚从品地高前往美利滨，乘坐"彰德"（Changte）号班轮，返回中国探望祖母。走之前，他知会了中国总领事馆，并表示一年后还要重返澳大利亚，继续回商学院念书。因在商学院的良好表现，院长也具书担保，为此，中国驻澳大利亚总领事魏子京为其申请再返澳大利亚继续留学的签证时，没有遇到任何障碍。但参棚在中国的探亲一待就是一年半，期间曾两次申请延长入境日期，皆获批准。直到一九二九年十月十一日，参棚才搭乘"太平"号班轮抵达美利滨，返回品地高。此时，重返澳大利亚留学的参棚已满十九岁，已从五年前初来时的翩翩少年成长为小伙子了。

重返品地高商学院读书的参棚，其学习和品行仍与之前差不多，院长提交的学生例行报告中对此也是赞誉有加，但这个中国青年请病假和旷课的天数却又增加了。他此时旷课的一个主要理由，是在完成中学课程转入专科商业课程之后，要经常前往美利滨进行商业实习。或许，这也可能是他逃课的一个借口。同样，他的这种行为受到了学校老师的警告，但并未就此对其采取任何强制措施。

在这段时间里，参棚皈依了基督教，并在一九三〇年下半年以其父母皆为澳籍并成为大英帝国臣民而他自身又受洗入教为由，向澳大利亚联邦政府内政部提出永久定居澳大利亚并加入澳籍的申请。为此，他以前就读过的品地高中央公立学校校长莫乔治（George Moore）、圣保罗教堂（St. Paul's Church）的牧师葛理斐（Z. Griffith）、品地高基督教男青年会总干事戈润喜（C. J. Greenhill），甚至包括品地高市政厅的市长代表，都纷纷致函曾在一九一八年至一九二四年间担任过域多利省长、时任澳大利亚联邦政府参议院参议员的荣成河（Harry W Lawson），请他作保，协助参棚顺利申请入籍。但是，一九三〇年底，内务部经过调查后，以其父针棚有滥用归化入籍证书将其转借于他人以图不正当事务之前科，又他们亦非英国臣民而有夸大之词为由，拒绝了参棚的入籍申请。但内务部还是给了参议员荣成河很大的面子，即应允给参棚延长在澳居住学习的期限为四年，换言之，即可以延长签证至一九三四年，直到他完成所有在商学院的学业。

但实际上，到一九三〇年下半年，内务部已经从商学院那里了解到参棚经常旷课和老是请病假这个现象，并责成有关部门知照其监护人亦即其父针棚要对他严加管束。但针棚已于一九三〇年七月十七日从美利滨乘坐"彰德"号班轮，前往中国探亲。①按当时的惯例，居澳华人回国探亲，少则几个月，多则超过一年以上，故相关部门无法通过监护人来约束参棚。或许也是因为这个无人监管的缘故，在旷课和借故请病假这件事上，参棚变本加厉。据商学院院长报告，一九三〇年的八月底到十二月初，应该出勤的日子是六十五天，参棚居然有三十一天缺勤。当然，如前所述，他缺勤的原因或者借口还是患病和常去美利滨过夜等。

对此，根据内务部的指示，海关人员展开了调查。作为请病假，每一次参棚都有医生的病假证明，理由也显得很充足，这点还算是说得过去的。但他到底是患了什么病，以至于不能上学而要经常请病假呢？海关方面对此有所怀疑，又找不到具体原因，遂动议找个医生，对他作个全面检查。

根据参棚对自己病情的描述，他常常浑身乏力，无精打采，深受便秘困扰，肚子也经常有毛病，还老是失眠，因而搞得他无法正常去上学。但在一九三〇年底，通过内务部的协调，卫生部委托海关检疫所的皮兹大夫（Dr. Pitts）为参棚作了检查，结果表明，参棚心脏和肺部都很正常，血压和脉搏率也无异样，运动后的脉搏测试也属良好，对其腹部的触诊也没有发现任何不适；而对其神经系统的测试中，发现其条件反射方面虽略有一点迟钝，但仍在正常范围之内。总体而言，就参棚这个年龄来说，他的发育属于良好，没有什么问题。从谈吐上观测，参棚很聪明，操说英语流利，但对医生的一些提问，他在态度上则显得闪烁其词，答非所问。皮兹大夫由此判断，很显然，他过去是在蓄意地误导他的医生，让医生给他开具病假证明，使之心安理得地逃学旷课达数月之久。而根据他的身体状况，大夫认为他没有理由旷课逃学。对于其表现出来的萎靡不振之症状，皮兹大夫认为，据此判断，这

---

① James Pang - Departure for China per "Changte" July 1930, NAA: B13, 1930/13200。

极有可能与其过度沉溺于吸食（鸦片）有关。

确实，品地高警察局在一九三〇年底提供的调查报告显示，参棚常常进出鸦片烟馆，甚至流连忘返。根据线报，位于品地高埠卑列治街（Bridge Street）一座旅馆旁的鸦片烟馆，几乎成了参棚的精神寄托所在：他晚上流连于鸦片烟床上，白天就睡大觉，整个儿昼夜颠倒。当时，他自己有一辆摩托车，在警方调查前后，他至少有三次从品地高骑着摩托去美利滨，驮回所需鸦片。如果谁要见他，凌晨一点到四点钟或者下午一点钟到这家烟馆里去找，准能找到他。当然，除此之外，他还在父亲参与经营的"恩记"药材店里帮工，人也算豪爽，总能给顾客一个好的折扣价，做成生意。他父亲的"恩记"铺头，是本地较大的一间药材和杂货进出口商行，规模较大，也很有扩张潜力。

根据上述健康检查和警察的报告，内务部已经大致了解清楚参棚的真实情况，遂于一九三一年初对参棚发出警告，如果他不改正旷课逃学这一错误，返回学校继续学业，将会被立即取消其留学签证，并将此知照中国驻澳大利亚总领事馆和品地高商学院。然而，情况似乎没有多大改变，参棚无视警告，依然我行我素。根据商学院院长在四月中提交的报告，一九三〇年十二月三日到次年四月十五日，总共应该出勤六十九天的上学日，参棚却有三十五天缺勤。这期间，他去美利滨度假就达三周之久；之后从美利滨返回品地高的路上，又因骑摩托出事故摔伤，请病假达四个星期之久。而从上次报告后到五月二十五日，本应有二十五天的在校时间，可是他只在学校里露了半天脸，就再也见不到他的人影了。商学院院长对此很愤怒，当即报告了内务部。当然，根据参棚自己的说法，这是因为他认为自己已经在这间商学院读完了所有的课程，因而就没有必要再去上学了。但对于他的这一说法，无论是商学院还是内务部都不接受。

为此，内务部觉得到了要采取行动的时候了。一九三一年五月二十七日，内务部作出决定，取消参棚的留学签证，责令其立即离境。六月二十六日，内务部正式知照中国驻澳大利亚总领事馆，望其协调参棚的监护人，责成其在七月三十一日之前离境。到了这个地步，参棚还想抗争，但已无法改变现实。比如说，他在七月十五日写了一封信给内政部长，对于因旷课等造成现在的状况表达他的歉意，并希望能给他一个补过的机会。当然，他现在才意识到这一点，已经太晚了。当他知道一切都无法挽回后，就只得收拾行装，一走了之。七月二十二日，参棚赶到了雪梨（Sydney），在那里搭乘驶往香港的"彰德"号班轮，离开这个让他从一个少年成长为青年的国度，返回中国。①

但在参棚离境后，还有后续故事。当然，这是于他不利的一件事情。一九三一年八月四日，域多利省海关与消费税局人事总监在其办公室里接待了一位名叫雷付（Louey Foo）的华人，他是品地高埠卑列治街的永久居民，年纪跟针棚相若，但十岁时便被父亲携带来澳。②跟他一起来的，是一名中澳混血的男子，充当英语翻译。他们来此是为了询问参棚是否尚未离境，仍在澳大利亚。雷付说，如果他的同乡参棚仍在这里的话，他将代表品地高的一批被参棚诈骗了大量钱财的华人同乡，对此人采取法律行动。他表示，参棚对他们这些人诈骗了超过一百镑的金钱，每人数额不等，其中他本人被骗达四十镑之巨，损失极其惨重。

须知，在那个年代，即使是十镑，都是一笔数额可观的金钱，其价值等于一个普通工人约三个星期的收入。由此可知，雷付等人得知被参棚诈骗后，是何等之愤怒。虽然最终因参棚已经离境，此事不了了之，但参棚还是给人留下了极坏的印象！

---

① Thomas Pang（Chinese student）ex "Arafura" November 1924 - Departure for China per "Changte" July 1931, NAA: B13, 1931/9994。

② 雷付生于一八七八年，于一八八八年便来到澳大利亚。相关档案见：FOO Louey: Nationality - Chinese: Date of Birth - 3 September 1878: First registered at White Hills, Bendigo, NAA: MT269/1, VIC/CHINA/FOO LOUEY/1及FOO Louey - Nationality: Chinese - Arrived Melbourne May 1888, NAA: B78, FOO/L。

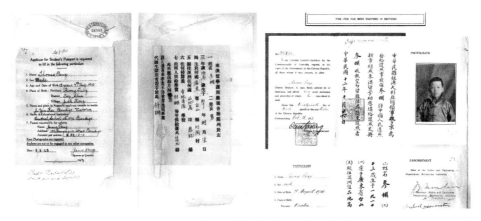

左和中为一九二三年八月八日，针棚填写的申办参棚来澳留学之中国护照申请表上的个人基本情况（中英文）。右为一九二三年十月二十六日，中国总领事魏子京给参棚签发的中国学生护照。

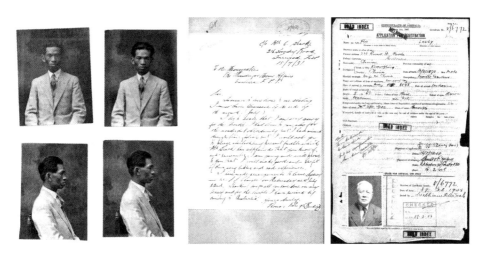

左为一九二九年十一月，参棚从中国探亲回来入关时提交的个人照片。从照片轮廓上看，参棚似乎也具混血儿特征，因为档案中也曾经提到，其母亲当时也是和他父亲一起住在品地高，但未提及她是华裔还是其他族裔背景。中为一九三一年七月十五日，参棚写给澳大利亚联邦政府内政部长的信，字写得很漂亮。右为遭受参棚诈骗的受害者雷付（Louey Foo）于一九四八年外侨登记卡上的照片。雷付生于一八七八年九月三十日，于一八八八年五月抵澳，住在品地高。

档案出处（澳大利亚国家档案馆档案宗卷号）：

Thomas Pan - Students Passport, NAA: A1,1931/1633

谭孔儒

台山庇厚村

台山县庇厚村的谭孔儒（Coon Yee），出生于清宣统三年（一九一一年[①]）十月六日。他的祖父名叫谭开令（H. Hoy Ling），早年闯荡澳大利亚，定居于美利伴（Melbourne），在该市中国城的小博街（Little Bourke Street）二百零四号与人合股开设一家杂货商铺，名"新祥安"号。[②]

一九二二年底，谭孔儒已满了十一岁，就要进入十二岁，他的祖父谭开令觉得应该是将其办理来澳留学的时候了。于是，这一年的十二月十四日，他填表向位于美利伴的中国驻澳大利亚总领事馆申领其孙子谭孔儒的赴澳留学护照，并请代办其入境签证。他以自己参与经营的"新祥安"号商铺作保，应允每年提供膏火五十六镑给孙子，作为其在澳留学期间的费用，申请

---

① 申请表和护照上都写为一九一〇年，显然是填表人计算错误所致。溥仪于光绪三十四年（一九〇八年十一月初九日，公历十二月二日）即位，隔年（一九〇九）改元宣统，是年为宣统元年，次年为宣统二年（一九一〇），宣统三年即为一九一一年。

② 谭开令应该是一八五十年代前后出生，早在一八七十年代便来到澳大利亚的域多利省（Victoria）发展，后定居于美利伴（关用敏："记谭开令君之事略"，载雪梨《民国报》[Chinese Republic News]一九二七年十一月五日，第五版）。他除了在一八九十年代前后开设新祥安号商铺之外，又于一九二一年左右在唐人街开设"美香居"餐馆（Mee Heong Guey Chinese Cafe），豪华时尚（见："美香居"广告，载美利伴《民报》[Chinese Times]一九二二年七月二十二日，第三版）。此外，谭开令在一八八十或一八九十年代也曾在美利伴当地娶有西妇，另辟家室。其与西妇所生之一子名谭松，孩提之时便被送回台山接受中文教育，及长接回，再接受英语教育。第一次世界大战爆发后，因其母亲血统而得以加入澳大利亚帝国陆军，前往欧洲参战，直到战后复员，接管经营父亲的新祥安号商铺。见："谭松君已返本洲"，载雪梨《广益华报》（The Chinese Australian Herald）一九二〇年六月十二日，第二版。

他入读加顿（Carlton）埠的公立学校。因他准备在孙子到来之后再决定进入哪家学校，故而在申请表上未填写具体的学校名字。

中国总领事馆在接到上述申请之后，处理得比较慢，耽搁了有半年之久。直到一九二三年五月二十三日，中国总领事魏子京才为谭孔儒签发了中国学生护照，号码为264/S/23；第二天，为他从内务部那里拿到了入境签证。然后，中国总领事馆按照流程，将此钤章签证的护照寄往谭孔儒的家乡，以便其随时赴澳留学。四个月之后，谭孔儒便与几位年龄相若亦是赴澳留学的同乡结伴而行，从香港搭乘"获多利"（Victoria）号轮船，于九月二十二日抵达美利伴入境，跟祖父住在一起，正式开始其在澳留学生涯。

但谭孔儒并没有如期进入加顿埠的任何一间公立学校念书，而是先选择入读位于中国城小博街的长老会学校（P. W. M. U. School）。这样的选择是有一定道理的：一是该校与谭开令的"新祥安"号商铺相近，比较方便；二是该校事实上也主要是为了中国学生来澳留学而设，师生之间以及学生与学生之间便于沟通交流。而当时来美利伴读书的许多中国小留学生，都在这家学校就读，事实上是希望先在该校熟悉当地环境，补习英语。谭孔儒自然也走的是这样的一条路。他于十月一日入学，到年底时，校长的报告显示，他的在校各项表现还算令人满意，尤其是其能遵守校规，操行甚佳。

一九二四年新学年开学后不久，即从三月十四日开始，谭孔儒最终还是从入读半年之久的长老会学校转学，进入加顿埠的若丝砀街公学（State School of Rathdowne Street）读书。在这里，他的表现尚可，没有什么过错。但因其听力有问题，从一九二五年十一月十一日开始，由于到医院治疗动了手术无法再上学，前后达四个月的时间；此后，又因肾病住院治疗，直到一九二六年八月仍然无法上学。为此，他还欠下了美利伴总医院一大笔医疗费。这笔总数约为二十澳镑十先令的医疗费，经中国驻澳总领事馆的协助追讨，最终由其祖父付讫。

尽管从一九二六年八月开始，谭孔儒又得以继续上学，但其耳聋之疾并没有治好，实际上他很难在课堂上学到东西。到这一年的十一月初，澳大利亚内务部觉得以他现在的状况，即使让他上学，也是白搭，决定不再给他展签，并让其立即返回中国。接到内务部通知后，中国总领事魏子京就此事与谭开令沟通，但后者此时已经联络到在美利伴城里卡仑街（Collins Street）上执业的汤百瑞医生（Dr Barry Thomason），由其对谭孔儒的耳疾进行治疗。为此，魏总领事致函内务部，希望给予谭孔儒几个星期的宽限，看通过治疗之后，他是否能够恢复听力，可以继续上学。为此，内务部经过讨论，将其签证有效期延迟到年底。但汤医生觉得几个星期的时间根本无法让其治疗有效，故通过中国总领事馆的再次申请，谭孔儒的签证又被多延长了三个月的时间，即有效期到一九二七年三月三十一日止。可是经过一段时间的治疗，谭孔儒的耳疾仍然未能治愈。最终，谭开令只好承认现实，不得不将孙子送回中国。

一九二七年六月十一日，谭孔儒在美利伴登上驶往香港的"太平"（Taiping）号轮船，离开澳大利亚回国去了。[①]他来澳留学近四年，期间仅是治疗住院就耗去了大半的时间；即便是在学校上课期间，因听力有限，实际上并未学到什么，甚至无法操说英语。

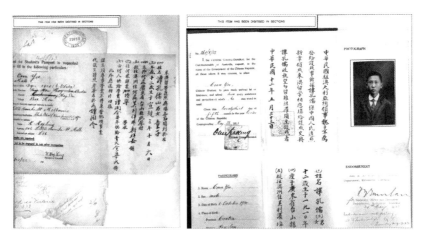

左为一九二二年十二月十四日，谭开令为申请孙子谭孔儒来澳留学填写的申请表。右为一九二三年五月二十三日，中国驻澳大利亚总领事魏子京给谭孔儒签发的中国学生护照。

---

① Coon Yee - Departure per "Taiping" June 1927, NAA: B13, 1927/5277。

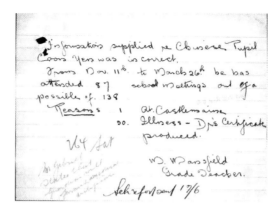

一九二六年六月十七日，若丝砀街公学校长对谭孔儒因病住院导致缺勤之事的报告。

档案出处（澳大利亚国家档案馆档案宗卷号）：

Yee, Coon - Student passport, NAA: A1, 1926/17196

黄天才

台山湾头村

黄天才（Hing Toy），宣统二年（一九一〇年）十月初十出生，是台山县湾头村人。他的父亲名叫黄启（Wong Kai），早年就跟随乡人一同赴澳发展，最终选择尾利伴（Melbourne）定居下来，在唐人街的汾巷（Finn Place）与人合股开设一家木铺，名为"新昌隆"（Sun Chong Loong）号。①

一九二二年底或者一九二三年初，黄启就填好表格，向中国驻澳大利亚总领事馆申请办理其子黄天才的来澳留学护照和签证。因其并未在申请表上写明申请日期，我们只能估计其递交的大概时间。他以自己所参股经营的"新昌隆"号木铺作保，但未写明每年提供多少膏火作为其子来澳留学期间之开销，想要将儿子办来入读尾利伴城里的圣佐治学校（St. George's Day School），该校由英国国教会（Church of England）主办，就在邻舍地路街（Little Lansdale Street）对过的峀步兰小径（Cumberland Place）上。

中国总领事魏子京是在一九二三年一月三十日给黄天才签发了中国学生护照，号码是219/S/23，第二天也为他拿到了内务部核准的入境签证。由于不知道黄启是什么时候递交的申请，因而也不知道总领事馆审核办理护照耗费了多久的时间，但鉴于中国总领事馆驻地就在尾利伴，上述黄启在申请表上没有填

---

① 新昌隆号木铺应该是在十九世纪末就已设立，到二十世纪初年已经很活跃。从当地中文报纸上检索到的信息看，一九〇四年便参与捐款活动。见："来书照登"，载尾利伴《爱国报》（The Chinese Times）一九〇四年四月二十七日，第三版。

报的内容如提供膏火的数额等，还是比较容易就近联络，予以沟通解决的。

在中国的黄天才接到由中国驻澳大利亚总领事馆寄来的护照和签证后，用了约半年的时间做赴澳准备。大概在这段时间里，其家人寻访安排了与其一道赴澳的旅伴，以便长途旅行中能有个照应。待诸事安排妥当，家人便送黄天才去香港，搭乘由此启程的"获多利"（Victoria）号轮船，于一九二三年七月三十日抵达尾利伴，入境澳大利亚。

在黄天才抵达澳大利亚一个多月后，内务部想知道他是否已经入学以及在校表现如何，就按照档案记录，在九月中旬直接致函圣佐治学校，因为这是原先黄启在申请护照和签证的材料里所提到的给儿子联系好要入读的学校。但该校于十月上旬回复说，这里并无这样一位学生，而该校仅有的一名中国留学生，还是一年前注册入读的。事实上，黄天才到了尾利伴之后，并没有去父亲为他选择的上述学校，而是去了同样位于邻舍地路街对过、也是圣佐治学校隔壁的另一间教会学校——圣若瑟小学（St. Joseph's Primary School），并且是在八月一日便注册入学了。就是说，他抵达尾利伴之后只是休息了一天，而这一天是星期二，也许他就是利用这一天的时间由父亲带着前往学校注册办理相关手续，然后从下个星期开始便直接上学去了。这间学校是由天主教会主办，校风很好。据学校的报告，他的在校表现非常好，学习认真，心无旁骛，待人以礼，总是一副精神饱满的样子。如此，他在此间学校读了整整两年。

一九二五年八月十一日，十五岁的黄天才突然乘坐"丫拿夫拉"（Arafura）号轮船，从尾利伴离境，返回中国。走之前，他没有跟任何人说，也没有要求中国总领事馆代为申请再入境签证。看样子，他似乎就这样悄无声息地离开，不打算返回澳大利亚读书了。

可是，半年过后，到了一九二六年二月，圣若瑟小学校长致函内务部秘书，说是曾在他学校里读了两年书的中国学生黄天才想重返该校读书，询问应该如何做才能使他顺利拿到签证，再次前来澳大利亚。内务部回复道，只要通过中国总领事馆循正常渠道申请即可。为此，中国总领事魏子京遂根据要求，于三月一日代黄天才向内务部提出再入境签证申请。圣若瑟小学的校长是位修女，她为此直接拜访内务部，告知黄天才是位聪颖的学生，她的学校自然很愿意让他回来完成学业。加上以前两年的学校报告，对他的表现也是称赞有加，内务部觉得没有什么可以拒签的理由，遂于三月十二日核准其入境签证。

尽管黄天才很想早点回到尾利伴继续学业，也在三月份就拿到了签证，可是也许回国后又在当地的学校里注册念书，课程尚未结束，因此，他一直拖到年底，才从家乡赶到香港，乘坐"山亚班士"（St. Albans）号轮船，于一九二七年二月一日抵达尾利伴。

在几个星期的航海旅途中，他不幸染上了疥癣。尾利伴海关虽然最终让他入境，但却是有条件的：其一，只先给他一个月的入境签证，他的父亲黄启须为此向海关缴纳一百镑的保证金；其二、他必须延医治疗其疥癣，在此期间不能去上学，以免传染别人。换言之，当局给予他一个月的时间去治疗，如果在此期间康复，待联邦卫生部及检疫部门检查合格后，便核发新的一年的签证。但实际上，黄天才花了一个半月的时间才将身上的疥癣治好。到三月十六日，内务部方才正式核准他十二个月的签证。三月二十八日，黄天才终于重返圣若瑟小学读书。他在学校的表现仍跟以前一样，而且还更加刻苦努力，总想把损失的时间补回来，因而很受校长和老师的喜爱。他以这样的状态，又在这间学校读了三年。

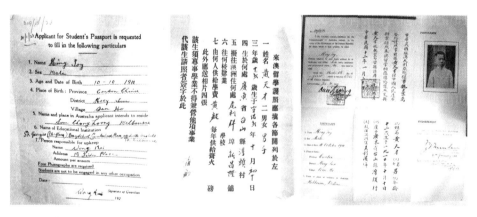

左为黄启为儿子黄天才申办中国护照和入澳签证所填写的申请表，但没有填表日期，不知这份申请表是在一九二二年底抑或一九二三年初填好递交上去的。右为一九二三年一月三十日，中国总领事魏子京为黄天才签发的中国学生护照。

一九三〇年二月十一日，即将年满二十岁的黄天才结束了在圣若瑟小学的课程，没有继续升学，而是选择回国，于当天在尾利伴港口登上驶往香港的"太平"（Taiping）号轮船，告别了澳大利亚。[①]他在澳留学，前后共计五年。

档案出处（澳大利亚国家档案馆档案宗卷号）：

Toy, Hing - Student Passport, NAA: A1, 1928/2299

---

① Hing Toy（Chinese student）ex "Victoria" January 1923 - Departure per "Taiping" February 1930, NAA: B13, 1930/2810。

雷衍安

台山棠棣村

　　雷衍安（Ying Hoon），一九一〇年十一月十日出生于台山县棠棣村，父亲名叫亚安（Ah Hoon）。很显然，亚安应该是其小名，因为另外的文件显示，他的名字是Hang Hoon，还原成中文应该是"恒安"。事实上，当时在澳华人小名和学名混用的现象很普遍。雷亚安出生于光绪三年（一八七七年），十五岁左右便跟随乡人赴澳闯荡，于一八九二年进入当时的殖民地域多利（Victoria）首府美利滨（Melbourne）谋生；[1] 澳大利亚联邦成立后，便前往台山同乡集中的大金山品地高（Bendigo）埠发展并最终定居于该地，[2] 在长冲（Long Gully）开设了一间商铺，名为"恒源"（Ah Hoon）号，生活比较稳定。

　　一九二三年二月二十六日，雷亚安填妥申请表格，备齐材料，向中国驻澳大利亚总领事馆申办儿子雷衍安的赴澳留学手续，申请护照和签证。他以自己经营的"恒源"号商铺作保，允诺每年供给儿子膏火七十二镑，作为其留学期间的学费和其他费用，准备将其办来品地高埠中央公学（Central State School）念书。位于美利滨的中国总领事馆接到上述申请后，按程序予以审理。五月二十二日，中国总领事魏子京按例给雷衍安签发了中国学生护照，

---

① Ah Hoon Application for Domicile Certificate, NAA: A1, 1903/6935。

② HOON Ah: Nationality - Chinese: Date of Birth - 19 November 1877: First registered at Long Gully, NAA: MT269/1, VIC/CHINA/HOON AH/1。

号码为263/S/23；过了两天，也为他从澳大利亚联邦政府内务部那里拿到了入境签证。办妥上述手续之后，中国总领事馆将护照寄往雷衍安的家乡。

雷衍安收到护照之后，没有耽搁，收拾好行装便赶赴香港，搭乘中澳船行经营的"获多利"（Victoria）号轮船，于七月三十日抵达美利滨，顺利入境。而他在抵岸的当天，便由来此接他出关的父亲雷亚安陪同，立即乘车前往品地高，住进父亲位于长冲的店铺里。第二天，他便正式注册入读中央公学。

根据学校的报告，雷衍安表现良好。半年之后，校长表示，这是一位聪颖好学的学生，如果能熟练地掌握英语的话，他在各科的学习将会进步很快。进入该校一年之后，他的学业优异，英语理解力大大提高。从一九二四年下学期开始，他便因英语成绩突出而升读三年级。此后，校长每次报告都对他的表现打出高分，认为他学习认真，成绩优秀。就这样，雷衍安一路读下来，不断跳级，到一九二七年新学年开始时，成功升读该校的中学课程。

在一九二八年上学期读了一半之后，雷亚安向校方提出要把儿子送回中国探亲，因为其祖父年事已高，十分想念他，希望他回去探望，为此，计划让他休学回中国探亲一年的时间，然后再返澳继续念书，并希望还是返回该校念书。校长对此表示理解，也非常乐意接受这位学习一向拔尖的学生回来读书，为此，他特地于五月一日给中国驻澳大利亚总领事魏子京写信，明确表示他对此事的态度。随后，雷亚安也求助于中国总领事馆，希望由其协助雷衍安办理重返澳大利亚的相关签证。五月二日，中国总领事魏子京致函内务部秘书，代雷衍安申请再入境签证。正常情况下，内务部都能及时批准此类申请。然就此申请而言，内务部认为，十八岁的雷衍安现已就读中学，而此前他读的是公立中学，按照一九二六年实施的《中国留学生章程》新规，所有中国留学生来澳读书，皆须进入私立学校，此次雷衍安申请再入境签证，欲回澳后仍读公立学校，仅这一点就与新规相违背。当然，鉴于他此前一直都在品地高读公立学校，内务部与域多利海关部门此前也考虑过，按照私立学校的收费每年交纳六镑十四先令的模式，由该学生的父亲雷亚安代为交纳此学费，再让其返回品地高埠公立中学念书，但此议因与《中国留学生章程》新规冲突，随即被内务部的主管官员否决。几经反复，内务部秘书最终于六月十九日函复中国总领事，表示只要雷亚安与中国总领事馆为雷衍安联络好一间私立中学或商学院之类的学校入读，政府将会循例核发其入境签证。由此看来，内务部对雷衍安入境重返澳大利亚读书的大门仍然是敞开的，只要雷亚安按照指引去做，一切都应该会很顺利。换言之，雷衍安的再入境签证只是一个处理程序问题。

可是，就在中国总领事馆与内务部公牍往还、尚未有定论之时，在澳大利亚已留学近五年的雷衍安并未等到上学期结束，也没有等到中国总领事馆为其办妥再入境签证（或许他以为已经办理了自己应该办的手续，结果应该是预料之中的事），便于五月十日去到美利滨，在该埠港口登上驶往香港的"彰德"（Changte）号轮船，返回中国去了。[①]他显然是希望在家乡探亲期间等待中国总领事馆的结果。

但不知何故，雷亚安并没有按照上述内务部的指引操作，即为儿子雷衍安找到一间私立学校，并拿到录取信。从档案记录来看，中国总领事馆接到上述内务部的复函之后，并没有再就此事作进一步的沟通或交涉。或许是中国总领事馆将此回复转告了雷亚安，但后者并没有照此去做，因而也就没有了下文；也有可能是中国总领事馆并没有向雷亚安交代清楚，此事应该有什么后续行动才能有所结果。半年之后的事实表明，这后一种的可能性更大。

一九二八年十二月八日，品地高埠的阚波尔与康尼里公司（Campbell & Connelly Co. Pty Ltd）董事长阚波尔（D. M. Campbell）致函联邦政府移民局主管官员，替雷亚安投诉其为儿子雷衍安申请再入境签证至今未有结果。阚波尔表示，雷亚安为此给中国总领事馆写了信，但一直都未有回音；而政府方面可能是因为雷衍安此前是在品地高中学这样的公立学校读书，纠结于学费问题。为此，阚波儿呼吁移民局能协助处理此事，使雷衍安之入境签证有一个好的结果。移民局接到信后，第二天便将此转交给内务部处理。内务部秘书于十二月十九日直接函复阚波尔，将前述要求及指引重复一遍，并再次强调，一旦收到

---

①　Ying Hoon （Yan Hoon） ex "Victoria" July 1923 （Chinese student） - Departure per "Changte" May 1928, NAA: B13, 1928/14699。

上述所需之文件，就会启动程序，核发雷衍安之再入境签证。

雷衍安的档案到此中止。我们再也找不到阙波尔对此事之回复，也找不到雷亚安此后就此事采取了任何行动的记录。很显然，这一次的问题应该是在雷亚安方面。自然，澳大利亚档案中也找不到任何雷衍安在此之后入境的记录。

一九二三年二月二十六日，雷亚安填表向中国驻澳大利亚总领事馆申办儿子雷衍安赴澳留学护照和签证。

一九二三年五月二十二日，中国总领事魏子京给雷衍安签发的中国学生护照。

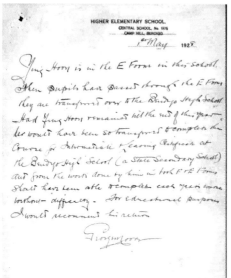
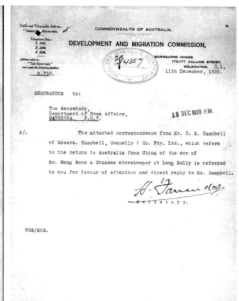

左为一九二八年五月一日品地高中学校长给中国驻澳大利亚总领事魏子京写信，表示愿意接受雷衍安结束中国探亲之后重返该校念书，并盛赞他此前在该校的学业成绩与良好表现。右为一九二八年十二月八日，品地高埠的阔波尔与康尼里公司董事长阔波尔致函联邦政府移民局主管官员，替雷亚安投诉其为儿子雷衍安申请再入境签证至今未有结果。

档案出处（澳大利亚国家档案馆档案宗卷号）：

Ying Hoon - Student passport, NAA: A1, 1928/4857

刘兆利

台山翔龙村

刘兆利（Low Shew Lee），台山县翔龙村人。根据中文记录，刘兆利出生于辛亥年（一九一一）十一月十七日；但英文记录则记载为一九一○年十一月十七日出生，护照上也以此照录。极有可能是填写人员在誊录其年龄的过程中，即在从干支纪年转换为公元纪年时，计算错误所致。刘兆利的父亲名叫刘调维（How Way，或写成Low How Way），早年来到澳大利亚发展，但其抵达之确切年份因未见档案，无从得知。[①]大体上，当年从珠江三角洲及四邑地区前往澳大利亚谋生寻求机会发展的粤人，大多都是在当地辛勤劳作多年有了一定积蓄之后就返回故里结婚生子。从刘兆利的出生年月来看，无论是一九一○年抑或一九一一年，都从一个侧面反映出刘调维去到澳大利亚的年份应在十九世纪末二十世纪初年，与当时在澳大多数华人抵澳年份相若。他来到澳大利亚后，就在雪梨（Sydney）一带打拼，最终在靠近雪梨港湾的坞鲁木炉（Woolloomooloo）埠伯克街（Burke Street）一百八十三号

---

① 虽然在澳大利亚国家档案馆无法找到与刘调维英文名字相关的宗卷，但检索雪梨中文报纸的记载，他的名字最早出现在一九○八年的捐款名单中。此后，他就积极参与华社的相关活动，尤其是在中华民国成立后，在一九一十年代后半期便成为中国国民党雪梨支部的成员。详见："恩开新水灾第四次捐款"，载美利滨《警东新报》（The Chinese Times）一九○八年十一月二十八日，第九版；"中国国民党雪梨支部筹办恳亲大会捐款芳名列"，载雪梨《民国报》（Chinese Republic News）一九二○年二月七日，第六版。

住了下来，并加股进入开设在相邻的委林街（William Street）一百二十五号的一间洗衣馆，名为"裕昌"（Yee Chong）号，生活稳定下来。[①]

自一九二一年初澳大利亚对中国留学生开放之后，不到一年的时间，便有一百多名中国少年儿童前来留学。目睹四邑同乡之儿女自年初以来便成批来到雪梨，进入各类学校读书，刘调维坐不住了。这一年的十一月七日，他也填好表格，向位于美利滨（Melbourne）的中国驻澳大利亚总领事馆提出申请，办理年仅十岁的儿子刘兆利来澳留学所需之护照和签证。他以自己参与经营的"裕昌"号洗衣馆作保，允诺每年提供膏火四十镑给儿子作为学费和生活费及其他开销，要将刘兆利办来他居住及开店所在区的委林街皇家学校（William Street Public School）念书。

中国总领事馆因把精力投入到对已实施一年多的《中国留学生章程》的修订工作中，接到上述申请后，足足耽搁了一年多的时间才予以处理。直到一九二三年一月十五日，中国总领事魏子京才给刘兆利签发了中国学生护照，号码是213/S/23。两天之后，中国总领事馆也为刘兆利从澳大利亚内务部获得了入境签证。按照流程，中国总领事馆根据刘调维的要求，将该护照寄往香港的"广晋源"号商行，由其负责转交给刘兆利的家人并为其安排赴澳行程。

经过几个月的联络安排，刘家找到了与刘兆利同行赴澳读书的小伙伴，以及在家乡结束探亲后准备返回澳大利亚的成人同乡作为其旅途中的监护人。随后，刘兆利便被家人送往香港，登上中澳船行经营的"获多利"（Victoria）号轮船，于一九二三年五月十四日驶抵雪梨口岸，登陆澳大利亚。[②]

---

① 据鸟修威省档案馆（NSW State Archives & Records）所藏的该省工商局保存的二十世纪初年工商企业注册记录，裕昌号洗衣馆正式注册的日期是一九一七年七月九日，当时登记的股东是两个人，名字相同，但不是刘调维的名字。刘调维可能是后来加股进来，也可能是承顶下来该洗衣馆。见：https://search.records.nsw.gov.au/permalink/f/1ebnd1l/INDEX1837759。

② Low Shew Lee [CEDT's for subject - admitted to Australia on 14 May 1923 on a students passport ex the Victoria] [includes left and right thumb prints] [box 435], NAA: SP42/1, C1940/6563。

在休憩了三个星期，熟悉了周围的环境之后，十二岁的刘兆利便于六月七日正式注册入读父亲早已为其安排好的委林街皇家学校。根据校长的报告，刘兆利在校表现良好，学习认真，除了正常上课之外，每周还上两个晚上的补习班，恶补英语。这样刻苦学习的结果，是其英语说和写的能力都进步很快。他以这样的学习态度在这间学校读了四年，直到一九二七年上半学期结束。在此期间，他学习成绩优秀，一直以来校长和老师对他的表现都是佳评；加上他遵守校规，上学时总是衣冠整洁，是老师眼中品学兼优的好学生。而且，为了使自己更能融入当地社会，与本地同学进一步交流和沟通，他也给自己取了一个英文名字，叫做杰克（Jack）。

一九二七年的年中，刘调维留下即将十七岁的儿子继续在澳读书，自己一人返回中国家乡探亲去了。于是，自这一年下半学期开始，刘兆利便转学去到雪梨北岸的车士活（Chatswood）埠，住在父亲的一位朋友的家里，由其暂时充当他的监护人，并入读车士活皇家学校（Chatswood Public School）。由于本身就勤奋好学，转学到这间学校后，其学习和表现也跟在委林街皇家学校一样，颇受好评。

在车士活皇家学校读了半年多的课程，到次年开学后，学校认为其英语能力及其他科目的成绩都足以升读中学课程，因此，他便从一九二八年新学年开始，成为该校的中学生。可是五月二十一日，刘兆利再次转学，进入雪梨城里的库郎街公学（Crown Street Public School），成为这间学校的中学生，并一直读到年底学校放暑假。而他转学的主要原因，是父亲刘调维已经从中国探亲归来，他自然要离开临时代理的监护人，回到父亲的身边。而由其父亲在伯克街的住所去库郎街上学，路程很近，因学校就位于相邻的沙厘希（Surry Hills）埠。

一九二九年一月底新学年开学后，刘兆利转学进入达令赫斯特工学院（Darlinghurst Technical College），主修科学及机械制图等课程。就在这个时候，雪梨侨界的名人、时在永生公司工作的刘光福（William J. L. Liu）出面来为刘兆利规划未来了。刘光福是刘调维的朋友兼同宗族人，在雪梨侨界极为活跃，是社区闻人，有许多政界和商界的西人朋友。①他与美国驻澳大利亚总领事罗通（Lawton）相熟，后者引荐他与美国通用汽车公司设在雪梨马力围（Marrickville）埠的澳大利亚分公司总经理涂勒（Toole）认识。在谈到汽车业的发展前景时，刘光福向涂勒推荐了刘兆利。涂勒表示愿意给这位年轻的中国留学生提供一个在汽车行的学徒工机会，增强其对汽车机械的认识，积累其在此行业中的经验，以便其日后返回中国时能在这一领域有所建树。当时，一个合格的学徒工满师通常需要三年左右的时间，但鉴于刘兆利聪颖好学，涂勒表示，如果面试这位年轻人的结果表明其果真如此优秀的话，自己将亲自施教，估计用一到两年的时间，便可将其雕琢成器。由是，刘光福便于二月十六日致函内务部秘书，代刘调维申请其子转换签证类别，即由学生签证转为工作签证。经内务部秘书与刘光福几次信件往来，最终内务部觉得不能让中国留学生将美国的这些新技术带到中国去发展，于五月六日否决了刘光福的申请。

失去了这样一个学习最新汽车技术的良机之后，刘兆利便离开了达令赫斯特工学院，于六月十二日转学去到澳大利亚首都堪培拉（Canberra），进入位于昆北郾（Queanbeyan）区的昆北郾公学（Queanbeyan Public School）读书。这次转学的原因，是其父亲刘调维在昆北郾租得一块地，种植蔬菜，经营果菜园。于是，他也就跟着父亲转到这里。他在此处读了半年，到年底学期结束后便离开了该校，返回雪梨，因为刘调维在昆北郾的蔬菜种养生意经半年经营不很成功，遂终止合同，再次返回雪梨重操旧业，并且决定让儿子就此结束学业，回国发展。

在告别了雪梨的亲友乡亲之后，一九三〇年三月十五日，二十岁的刘兆利登上驶往香港的"彰德"（Changte）号轮船，返回家乡。前后合计，他在澳大利亚留学不到七年。

---

① 刘光福一八九三年生于雪梨，父亲是广东省台山人，母亲是英格兰裔。七岁时，他就被父亲送回台山老家接受中文教育，八年后才返回澳洲接受英语教育。毕业后当过翻译，后来成为雪梨著名的永生公司的高管，参与创办中澳船行，是当地华社领袖人物。见：Barry McGowan, 'Liu, William Joseph （1893–1983）', *Australian Dictionary of Biography*, National Centre of Biography, Australian National University, http://adb.anu.edu.au/biography/liu-william-joseph-14161/text25173, published first in hardcopy 2012, accessed online 24 October 2020。

左为一九二一年十一月七日，刘调维填表向中国驻澳大利亚总领事馆申请办理儿子刘兆利来澳留学所需之护照和签证。右为一九二三年一月十五日，中国驻澳大利亚总领事魏子京给刘兆利签发的中国学生护照。

档案出处（澳大利亚国家档案馆档案宗卷号）：

Low Shew Lee - Student passport, NAA: A1, 1928/4769

雷新添

台山毛瓶村

雷新添（Louey Sing Tim）生于一九一〇年十二月二十九日（农历，换成公历应该是一九一一年一月二十九日，正好是庚戌年除夕），是台山县毛瓶村人。其父雷胜（Louey Sing），一八七四年十二月二十二日出生，大约是在十九世纪九十年代跟随大流，只身从家乡来到澳大利亚谋生，最终在域多利（Victoria）省的西部距首府美利滨（Melbourne）约三百五十公里的农业小镇克拉瑞（Coleraine）定居下来，以当菜农维生，种植蔬果，并在镇上的挖街（White Street）开设有一间以自己名字命名的蔬果铺。①

当一九二一年澳大利亚实施《中国留学生章程》，允许中国青少年赴澳留学时，雷新添刚满十岁。当时雷胜考虑到儿子年纪尚小，还没有打算接其来澳，到他所在的克拉瑞镇读书；但随着这一年上百名中国留学生陆续至澳大利亚各地读书，对在澳华人带来很大的思想冲击，雷胜也不例外。一九二二年新年刚过，他就于一月二十五日填好表格，向中国驻澳大利亚总领事馆申办儿子雷新添的留学护照和签证。他以自己经营的"雷胜"号店铺作保，允诺提供完全担任镑（亦即"足镑"）给儿子作为留学费用，申请他到克拉瑞镇公立学校（Coleraine State School）念书。中国总领事馆接到这份申请后，过了四个月左右，于五月二十三日由总领事魏子京为雷新添签发了

---

① SING Louey：Nationality-Chinese：Date of Birth-22 December 1874：First registered at Coleraine，NAA：MT269/1，VIC/CHINA/SING LOUEY/1。

中国学生护照，号码为152/S/22；仅仅过了一天，也顺利地为他从澳大利亚政府内务部拿到了入境签证。

通常情况下，中国总领事馆会在办妥上述手续之后，按照护照持有者监护人的要求，将护照寄往中国，但此次签证核发之后，中国总领事馆便按照雷胜的意思将护照寄往香港"金逢美"商行，然后由后者安排行程并通知雷胜在台山的亲戚，让他的家人安排其子尽快来澳。于是，在家人陪同下，雷新添立即收拾行装，赶赴香港，搭乘中澳船行经营的"获多利"（Victoria）号轮船，直驶澳大利亚，于八月二十六日抵达美利滨港口。雷胜从驻地前往美利滨接关，将雷新添顺利地接了出来，入境澳大利亚。当天，他便带着儿子搭乘长途巴士，返回到他所在的克拉瑞镇。

直到抵达克拉瑞镇一个多月之后，雷新添才正式注册入读镇上唯一的公立学校，即克拉瑞镇公立学校。在此之前的那段时间里，也许雷胜请来了家教，让儿子恶补英语，使之能尽快适应当地的语言及环境。得益于年纪小，适应语言的能力强，到第二年开学不久的三月份，即在雷新添抵澳半年之后，校长在其提供给内务部的例行报告里，就表示这位中国小留学生之英语操说能力已经相当不错了，只是在阅读和拼写上尚待加强，但也进步很快。总之，校长对他的在校表现与学业都十分满意。到一九二三年年底，也就是他入读这间学校一年之后，他已经升读四年级。到一九二四年中，校长的评语是，他的每门功课都非常好，也达到了他所能达到的最高目标，是个勤学好问成绩优秀的好学生。他就以这样的学习态度与进步，在这间乡村小学读到了一九二五年初。

但在一九二五年新学期开学后不久，雷新添在学校里读了一个半月之后，就于三月二十日退学了。十一天之后，他便在美利滨港口乘坐"吞打"（Tanda）号轮船，驶往香港，转回去了家乡。[①]走之前，他只是知会了学校，并没有跟中国总领事馆打招呼，也没有要求为其申请再入境签证，此后也再未见到他入境的任何信息。

---

① Louey Sing Time and Ching Hing Yoong - Left Commonwealth per "Tanda" 26.4.1925, NAA: B13, 1925/10858。

　　从其入境到离开学校回国，雷新添在澳留学大约只有两年半多一点的时间。入境时，他已经十一岁半；离境时，刚刚满了十四岁不过两个月。但从其入读学校校长的评语来看，在学校里念书的两年半时间里，他已经熟练地掌握了英语的听说读写，这显然是他留学澳大利亚的最大成果。

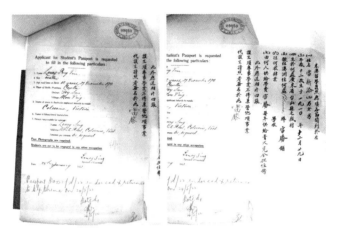

一九二二年一月二十五日，雷胜填表向中国驻澳大利亚总领事馆申办儿子雷新添的留学护照和签证。

一九二二年五月二十三日，中国总领事魏子京为雷新添签发的中国留学生护照。

档案出处（澳大利亚国家档案馆档案宗卷号）：

Tim, Louey Sing - Student's passport, NAA: A1, 1925/9414

黄龙吉

台山湾头村

　　黄龙吉（Loong Gat）是台山县湾头村人，生于一九一一年二月十五日。他的叔父黄世能（She Nang）早年赴澳打工，在域多利省（Victoria）西北部地区的小镇市左埠（Stawell）定居。澳大利亚国家档案馆里找不到与其相关的宗卷，而本文所据档案中亦未有披露他在此做何营生，只是提到过他有农场或者菜园，那他就很有可能是菜农，种植蔬菜水果，或者也自设小档口，兼卖蔬果维生。自一九二一年开始，澳大利亚实施《中国留学生章程》，尽管其中之条款依然苛刻，但意味着中国学生可以赴澳留学了，而且是由中国驻澳大利亚总领事馆主导学生护照的签发及入境签证的预评估。因此，在中国的黄龙吉家人得知讯息后，也动了让当时尚未满十一岁的黄龙吉前往澳大利亚读书的念头。或者是经与他在澳大利亚的叔叔黄世能商量之后，便于一九二一年十二月十二日，由黄世能出面，以其侄儿来澳留学监护人及财政担保人的身份，填好表格，向位于美利滨（Melbourne）的中国驻澳大利亚总领事馆提交申请，为其侄儿黄龙吉申请中国学生护照，并请该中国驻澳的外交代表机构协助其侄子获得来澳留学签证。根据申请要求，作为监护人的黄世能应承每年供给侄儿膏火五十二镑，为其申请入读位于他居住地的市左埠初等蒙学校（State School，Stawell），亦即市左埠公立小学。

　　由于要腾出大量时间与澳方协商修订《中国留学生章程》，中国驻澳大利亚总领事馆处理中国学生护照申请等事宜就大受影响，具体到黄龙吉的护照申请的审理，也进展缓慢，拖了足足有半年之久。直到一九二二年的六月二十二日，总领事魏子京才为黄龙吉签发了中国学生护照，号码157/S/22。但中国总领事馆代为申请的入境签证却很容易就拿到，仅仅过了一天，澳大利亚内务部就为黄龙吉的护照发放了签证。为此，中国总领事馆在拿到签证的当天即六月二十三号，就按照流程，将护照寄往中国，让黄龙吉的家人尽快安排其来澳事宜。

一九二二年十月二十一日，黄龙吉乘坐"获多利"（Victoria）号班轮从香港抵达雪梨（Sydney）港口。[1]在雪梨海关等待迎接黄龙吉的人，并非其叔父黄世能，而是在美利滨唐人街上的小兰市地街（Little Lonsdale Street）十五号经营木匠生意的黄启（Wong Kee），[2]以及在美利滨城边的佛珠来（Fitzroy）区卡提斯街（Curtis Street）六十七号经营洗衣店生意的雷社（Louey Share）。[3]从姓氏上判断，黄启显然也应是黄龙吉的宗亲；而雷姓是台山的大姓，分布也广，故雷社可能既是黄龙吉的乡亲，或者是黄家的亲戚，甚至也可能是黄世能的好友。他们能够从相距有一千公里之遥的美利滨前来雪梨接黄龙吉出关，至少显示出他们与黄龙吉家族之间具有非常密切的关系。他们二人接上黄龙吉之后，便从雪梨乘坐火车到美利滨；然后再从美利滨搭乘长途巴士，前往域多利省的西北小镇市左，这里距离美利滨有二百三十七公里。这是一个只有几千人口的小镇，黄龙吉此后就一直住在其叔父黄世能位于琅霏街（Longfield Street）的家里。

在抵达市左埠稍事休息几天之后，从这一年十一月十五日开始，黄龙吉正式注册入读市左埠初等蒙学校。也许是年龄小，未满十二岁，学习语言比

---

① Loong Gat [includes left and right thumb prints] [box 144], NAA: SP42/1, C1922/10005。

② 黄启一八七八年出生，一八九六年来到澳大利亚，定居于美利滨。见：KEE Wong: Nationality - Chinese: Date of Birth - 1878: Date of Arrival - 1896: First Registered at Little Bourke Street Melbourne, NAA: MT269/1, VIC/CHINA/KEE WONG/2。另据美利滨当地华文报纸报导，黄启本人及其木铺等都积极参与一九〇五年美利滨华人社区的反美拒约捐款活动。由此可见，当时他所在的家具业行业还是很兴旺的。见："美利畔埠木行拒约会捐款录"，载《爱国报》（The Chinese Times）一九〇五年十月二十八日，第一版。

③ 雷社生于一八七四年，比黄记早两年来到澳大利亚发展，在美利滨经营"胜利号"洗衣馆。见：SHARE Louey: Nationality - Chinese: Date of Birth - 15 october 1874: Date of Arrival - 1894: First Registered at Fitzroy Victoria, NAA: MT269/1, VIC/CHINA/SHARE LOUEY/1。

较容易上手，加上为人也机灵，反应快，故进入学校后，龙吉进步很快，尤其是英语的听说读写能力提高很快，不到一年，各门功课就能应付自如。如此这样，他波澜不惊地在此读了三年小学；到一九二六年初，就顺利地升上了市左公立中学（State High School，Stawell）。

从小学到中学这几年时间，黄龙吉不仅读书很用功，还常常参加社区的活动，去得最多的是市左埠的基督教新教卫理公会。在卫理公会司铎布雷默牧师（The Rev. C. Bremer）的眼里，这个中国少年知书识礼，品行良好，刻苦肯干。牧师心中甚为喜欢，便决定要为他做点什么，如让他获得一个跟当地人一样成长的良好环境。于是，一九二六年八月五日，布雷默牧师致函联邦政府内务部秘书，希望他考虑准允十五岁的黄龙吉成为澳大利亚永久居民，得以留在澳大利亚发展。当然，这仅仅是牧师个人的意见。在当时该国普遍盛行白人至上之"白澳政策"的大环境下，华人来澳发展的途径被千方百计地堵塞着，比如严禁华人妻小入境、对来澳经商华人诸多限制等，布雷默牧师这样的举动难能可贵。但在上述形势下，当局是很难考虑授予有色人种在澳居留权的。因此，两个星期之后，内务部秘书便回复布雷默牧师，谓黄龙吉目前只有在澳就学的签证，一旦学成，他必须返回中国。根据条例，内务部在准允黄龙吉入籍这件事上实在无法通融。既然这样，布雷默牧师也就只好不再谈及此事。

在平平静静地读了三年中学后，十八岁的黄龙吉不想再读下去，他想要学点技术，掌握一些手艺，以便将来进入职场，具有一些优势。于是，一九二九年初，他转入市左工学院（Technical College，Stawell）继续学习，主修机械工程，包括汽车制造与维修。这是一间私立性质的中等至大专性质的专业技术类别的学校，根据市场需求设置学科。这里的学费也不贵，每季度收费标准是一镑十先令六便士，比之在大都市的同类型的学校，费用要低廉很多。而黄龙吉在工学院的表现及各项学业，一如既往，颇获好评。

从一九二二年来到澳大利亚，到进入工学院学习，七个年头过去了，当时还是个十一岁小留学生的黄龙吉，如今已成长为十八岁的小伙子。毕竟离家时间长了，思乡心切，而且，在中国的父母家人也都盼望着能见上他一面。于是，黄龙吉把自己的归国探亲想法告知中国驻澳大利亚总领事馆，在经过中国总领事宋发祥与澳大利亚联邦政府内务部秘书沟通，为其重返澳大利亚获得入境签证之后，黄龙吉便带上中国总领事馆新发放的护照，于一九二九年六月五日，赶往美利滨，在这里乘坐"丫拿夫拉"（Arafura）号班轮，返回中国探亲。而他这一去，就是半年。毕竟当时来回一趟不易，不仅时间上要耗费大半个月左右，旅途的花销亦是不菲，自然要充分利用这段时间。事实上，跟当时来澳留学的其他中国学生在中途回国探亲所耗时间相比，他的探亲时间算是比较紧凑的，费时较短。这一年年底的十二月八号，他乘坐"太平"（Taiping）号班轮，再从香港返回澳大利亚，继续学业。

虽然黄龙吉回来后重返市左工学院学习，学业与操行一仍其旧，但他此后的健康状况却不乐观，每况愈下。自一九三二年六月开始，他有三个月的时间无法上学，原因是这段时间受流感影响，常常发烧，无法正常上学。在从工学院的报告中得知黄龙吉因此而导致缺勤后，联邦政府内务部显得很紧张，曾发函域多利省海关对此事进行调查，想了解黄龙吉之缺勤是否因为什么特别原因而逃学，或者是受雇在外打工，而只是拿罹患流感发烧作为借口。十一月底，海关人员在经过与黄龙吉本人见面及求证他所在的工学院院长之后，确认他是因为健康原因无法上学，而且院长还当面告知政府相关人员，这位中国青年学生一向表现良好，功课亦不错，此时已经康复上学。这事儿方才告一段落。

一九三三年初开学不久，市左工学院的院长布尔（G. C. Bull）致函联邦政府内务部，希望能为黄龙吉申请特许工作签证，以便在读书之余，白天去修车厂实习，晚上上课，以增加其实际操作能力及对商业社会有更多的接触。但内务部的回答则是不能通融，他只能按部就班地上课学习，此事也只好作罢。由此也可以看出，澳大利亚政府尽管对中国人来澳留学开了一个口子，但对他们的技术学习与实习还是诸多防范，严格限制。

既然不能出去实习，黄龙吉顿感受挫，继续学习的热情骤减，便结束了上半学期的课程，于当年五月十三日，又一次赶往美利滨，在没有知照中国总领事馆的情况下，就从那里乘坐驶往香港的"彰德"（Changte）号班轮，再次返回中国探亲。回国后不久，也许是一下子很难适应国内的环境，或许是在求职的过程中碰到种种不如意的事情，二十二岁的黄龙吉还想返回澳大利亚继续读书，完成工学院的学业。但他原有的签证已经失效，必须重新申请签证。于是，在当年的十月份，他先跟市左埠工学院院长联络求助，院长布尔先生自然很同情，遂与内务部联络，看是否可以协助申请再入境签证；随后他又跟中国驻澳大利亚总领事陈维屏取得联系，后者也致函内务部为其申请签证。考虑到黄龙吉在澳求学期间表现良好，学校也为他说情，内务部于十一月回复说，可以再给他十二个月的签证，但根据留学条例，到一九三五年二月他年满二十四岁时，就必须结束学业，离开澳大利亚。

黄龙吉的留学档案到此没有了下文。我们不知道他后来是否再次回到澳大利亚，因为期满一年之后，他就必须离开澳大利亚回国，或许他得知仅有一年的时间在澳读书太不划算，最终选择了放弃来澳。

从一九二二年十月入境雪梨，到一九三三年五月离境美利滨，总计黄龙吉在澳留学十年半的时间。在这段读书期的中间，他曾经回国探亲半年。扣除这半年时间，黄龙吉仍然在澳留学长达十年。换言之，他的中小学时期的大部分时光，都是在澳大利亚的乡间度过的。这段特殊的经历，对他日后的工作与生活应该都具有非常重要的影响。

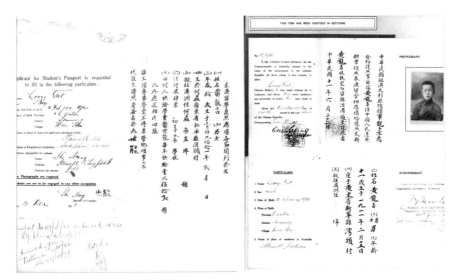

左为一九二一年十二月十二日，黄世能为其侄子黄龙吉赴澳留学向中国驻澳大利亚总领事馆申请护照和签证所填写的申请表。右为一九二二年六月二十二日，中国驻澳大利亚总领事魏子京为黄龙吉签发的中国护照内页，右下角为次日澳大利亚联邦内政部签发的入境签证。

一九二九年六月四日，中国驻澳大利亚总领事宋发祥为黄龙吉回国探亲及重返澳大利亚而签发的新版中国外交部护照封面页并内文中文页。

左为一九二九年六月四日，中国驻澳大利亚总领事宋发祥为黄龙吉签发的中国护照英文页。右为一九二九年五月二十三日，市左埠工学院院长布尔先生（G. C. Bull）的推荐函，担保黄龙吉回中国探亲后重返该校读书。

档案出处（澳大利亚国家档案馆档案宗卷号）：

Loong Gat - Students passport, NAA: A1, 1932/192

伍在天

台山同安村

　　台山县同安村是伍族主要聚居村落之一，一九一一年三月二十四日出生的伍在天（Joe Hin），便是这个村子的伍族子弟。

　　他的父亲伍根（Ng Kin），年方弱冠，便于一八八七年跟随族人，买棹南下，奔赴澳大利亚寻找发展机会。[1]他先在乌修威省（State of New South Wales）西南部的一带乡村做工，主要是当菜农，有了一些积蓄后，便出资三百五十镑，于一九〇三年与同乡上坪村的伍燃（Ng Yen，或者Ah Yen）在获架获架（Wagga Wagga）埠合股开设一果蔬杂货铺，名为"广南利"（Quan Nam Lee）。[2]从这里获得了他的第一桶金后，他便卖掉其股份，移居于雪梨（Sydney），最终于一九二一年初将在中国城钦布炉街（Campbell Street）七十号开设的"天津楼"餐馆（Tientsin Café）全盘承顶下来，[3]生意做得不错。

---

① 　Kin, Charlie Ng [Chinese - arrived Sydney per SS Changsha on 11 May 1887] [Box 3], NAA: SP605/10, 233。

② 　Peter Wah Young （Hay NSW）, Gow Sing （Sydney NSW）, You Sing （Sydney NSW）, Charlie Ng Kin （Wagga Wagga NSW）, Ah On （Wagga Wagga NSW）, Pong Dow Key （Sydney NSW）, Paul Sue Young （Gunnedah NSW）, Ah Chew （Wollongong NSW）, Ah Wot （Tumut NSW）, Lum Kee （Singleton NSW） and Ah Kee （Narromine NSW） [Certificate of Domicile - includes left hand impression and photographs] [box 2], NAA: ST84/1, 1903/211-220。

③ 　"承受生意声明"，载雪梨《民国报》（Chinese Republic News）一九二一年三月二十六日，第五版。在雪梨定居下来后，伍根也积极参与当地华社各项公益活动，到一九三十年代，成为雪梨致公堂正会长。当一九三五年下野的十九路军军长蔡廷锴将军访澳时，他从雪梨陪同前往美利滨访问。见："蔡将军往遊美利滨"，载雪梨《东华报》（Tung Wah News）一九三五年三月十六日，第八版。

　　自一九二一年澳大利亚开放中国学生赴澳留学，雪梨的许多华人便将自己的孩子办来当地读书。看到周围这些中国少年学生逐渐增多，伍根便也考虑将其年届十一岁的儿子伍在天办理来澳留学。于是，一九二二年十月十二日，他填妥申请表格，附上相关材料，向中国驻澳大利亚总领事馆申请伍在天的留学护照和入境签证。他以自己独家经营的"天津楼"作保，应允每年提供膏火五十镑，办理儿子入读雪梨的招庇梨学校（Jubilee School）。

　　中国总领事馆在接到上述申请材料后，审理速度相对缓慢，直到三个月后才完成。一九二三年一月十五日，中国总领事魏子京给伍在天签发了中国学生护照，号码212/S/23；两天后，内务部也批复了他的入境签证。中国总领事馆在接到签证的次日，便将护照寄往中国伍在天的家乡，由其家人负责安排他的赴澳事宜。半年后，在联络好其旅途中的监护人之后，其家人也找到了要赴澳留学的同县左珠雷元（George Louey Goon）及增城的刘锡良（Lowe Suke Leong）和刘振兴（Lowe Ching Hing）三位少年，结伴同行，①前往香港，在那里乘坐中澳轮船公司（China-Australia Mail Steamship Line）所属的"获多利"（Victoria）号轮船，于一九二三年七月二十六日抵达雪梨，入境澳大利亚，开始其留学历程。

　　四天之后，十二岁的台山小留学生伍在天就注册入读父亲已经为其安排好的招庇梨学校。该校位于其住处之同一条街上，即由此去往沙厘希（Surry Hills）的方向，从其父经营的"天津楼"出发，步行十几分钟便可抵达，非常便利。根据学校校长三个月后提交的例行报告显示，这位中国少年求知欲旺，学习勤奋，尤其是在英语和算术的课程学习中进步很快，是令人满意的好学生。一年后，他的英语听力和读写都已经比较自如。此外，其待人接物和其他表现也中规中矩，是勤学上进的好学生。

　　他在招庇梨学校刚念了一年半的书，该校就于一九二四年底停办。为此，从一九二五年新学年开始，伍在天便转学去到附近的库郎街公学（Public

---

①　这三位中国学生的留学档案见：Goon, George Louey - Students passport, NAA: A1, 1926/5981; Lowe Suke Loong - Student's passport, NAA: A1, 1925/17312; Lowe Ching Hing - student passport, NAA: A1, 1929/4984。

School，Crown Street）继续上学。在这里，他的表现一仍其旧，还是受到好评，尤其是英语能力有了很大的提高。他在库郎街公学读满了一年。

一九二五年十二月十六日，刚刚到该学年放假时，十四岁的伍在天便在雪梨港登上"圣阿炉滨士"（St. Albans）号轮船，前往香港，转道回国去了。但直到登船，他也没有就其突然离澳一事知会中国驻澳大利亚总领事馆，也没有表明是否还会继续回来念书。此后，在澳大利亚档案中再也查不到他的任何踪迹。

伍在天的档案就此中止。他在澳大利亚的留学生涯，历时总计两年半而已。

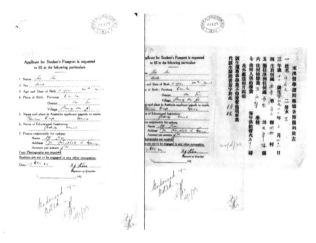

一九二二年十月十二日，伍根申办儿子伍在天来澳留学所填写的中国护照和入境签证申请表。

一九二三年一月十五日，中国驻澳大利亚总领事魏子京给伍在天签发的中国学生护照。

档案出处（澳大利亚国家档案馆档案宗卷号）：

Hin, Joe - Student's passport, NAA: A1, 1925/18141

刘祯、刘旋兄弟

台山龙聚村

　　刘齐（Lew Tye）是新宁（台山）县汉塘龙聚村人。在澳大利亚联邦成立之前，他便跟随乡人一道赴澳闯荡，于一九〇〇年十二月一日抵达域多利省（Victoria）的首府美利滨（Melbourne）入境，[①]一个月之后，澳大利亚联邦便宣告成立。当时，来自广东四邑的许多乡人已经在这座澳大利亚联邦临时首都安顿下来，有了一定的生意网络，故刘齐也在靠近美利滨北部城区的文珥攀（Moonee Pond）区定居下来，努力打工，寻找发展的机会，后于一九一〇年左右，在该区的玛丽白弄路（Maribyrnong Road）一百二十二号开设了一间洗衣馆，名叫"三兴"号（Sam Hing & Co.）。在稍有一些积蓄之后，刘齐也跟其他在澳打拼的乡人一样，返回故里，结婚生子，然后再回澳继续打拼。刘旋（Lew Shun）便是在刘齐返乡探亲时所生的儿子，一九一四年正月二十四日出生。刘祯（Lew Ting）则是刘齐的侄儿，出生于一九一一年五月五日，比刘旋年长不到三岁。刘祯和刘旋是堂兄弟。

　　一九二二年十一月二十四日，刘齐向中国驻澳大利亚总领事馆提出申请，要办理十一岁的侄儿刘祯和八岁的儿子刘旋一起来美利滨留学。他以自己经营的"三兴"号洗衣馆作保，承诺每年分别提供给两个孩子膏火各四十镑，以作为其留学之费用，要把他们办来与文珥攀区相邻之矮山顿

---

① LEW Tye-Nationality：Chinese-Arrived Melbourne per Unknown 01 December 1900 Departed Commonwealth on 31 December 1948，NAA：B78，CHINESE/LEW TYE。

（Essendon）区的参亚市学校（St. Thomas Grammar School）念书。中国驻澳大利亚总领事馆接到上述申请后，很快便进行了审理，处理得非常迅捷。三个星期后，中国总领事魏子京就于十二月十九日给刘祯和刘旋哥俩签发了中国学生护照，号码分别是206/S/22和207/S/22。当天中国总领事馆就从澳大利亚内务部为哥俩拿到了签证，并且也在当天便按照刘齐的要求将护照寄往中国，交由其家人收讫，以便为赴澳留学作出有关行程安排。

哥俩在家乡收到护照后，弟弟刘旋年龄太小，家里人不放心其出国，决定让其过几年再赴澳留学；而哥哥刘祯则希望早点赴澳。故家人经过半年左右的联络并作了一番安排，找到结束探亲后准备返回美利滨的乡亲携带同行，遂将其送往香港，搭乘驶往澳大利亚的轮船"山亚班士"（St. Albans）号，于一九二三年六月二日抵达美利滨。刘齐从海关将侄儿接出来后，就带他回到文珥攀区的洗衣馆里住了下来。

十二岁的刘祯抵达澳大利亚后，正好碰上当地的学校准备放寒假，因此，他便等到假期结束，才于七月一日正式注册入读参亚市学校。校长的报告显示，刘祯是个勤奋好学的学生，非常用功，在一年的时间里，各科成绩都有长足的进步，包括英语。他就以这样的学习态度和良好表现，在这间学校一直读到一九二五年。

一九二五年，弟弟刘旋满十一岁了，也准备好了赴澳留学。二月二日，经过家人的一番安排，刘旋乘坐从香港起航的"丫剌夫剌"（Arafura）号轮船，抵达美利滨入境，与他堂兄一起，开始其在澳留学生涯。经过三个多月的英语补习后，他也正式注册入读参亚市学校，跟哥哥一起去上学。校长报告里对他的评价，也跟他哥哥刘祯一样，认为他是努力学习的好学生，且天资聪颖，进步很快。由是，他就这样一直在这间学校读下去。

哥哥刘祯在堂弟来到美利滨并一起去到参亚市学校念书之后，继续保持原有的好成绩，一直读到一九二九年上学期。此时，他已经来澳留学快六年了，已长成为十八岁的小伙子。离家多年，他想家了，希望休学一年，回去中国探亲，并计划返回澳大利亚继续读书。这一年的三月二十四日，校长得知他的上述想法后很支持，并表示愿意接受他返回学校上学念完中学课程；同时，他也致函中国总领事馆，郑重承诺。四月十五日，中国总领事在接到刘祯的陈述之后，也致函澳大利亚内务部秘书，告知此事并为其申请再入境签证。鉴于刘祯在过去五年多的时间里皆品学兼优，内务部很快就予以批复。五月一日，内务部秘书函复中国总领事，给予刘祯十二月的再入境签证，即从其离境之日起算，他在十二个月内入境有效。而在上述内务部批复之前，刘祯就已经于四月二十一日在美利滨搭乘"吞打"（Tanda）号轮船，直驶香港，回国去了。为此，上述再入境签证的批复决定，就只好由其叔父刘齐通知他。

可是，刘祯并没有按期返回澳大利亚继续读书，具体原因未知。只是两年后，澳大利亚的档案里才又有了他的记录，但不是他的入境留学记录，而是其叔父刘齐想让他前来澳大利亚替工的签证申请。一九三一年三月五日，刘齐直接写信给内务部秘书，告知因自己准备回中国探亲，预期两年，因所营的洗衣馆生意既无法找人帮管亦难以找人接手，故希望为已在香港工作的侄儿刘祯办理来澳工作签证，替自己管理洗衣馆业务。他在信中表示，刘祯此前在美利滨留学近六年，当时就住在店里，熟悉情况，故恳请内务部批准这一申请。但两周之后，内务部秘书便回复说，内务部长直截了当地否决了是项申请。上述信息显示，刘祯回国后不久可能是在香港找到了一份工作，就中止学业，正式进入职场。

此计不成，刘齐再向中国驻澳大利亚总领事馆求助，拟通过正式的外交渠道为侄儿申请此项签证。四月二十九日，中国总领事馆代理馆务吴勤训致函内务部秘书，代刘齐申办其目前在中国的侄儿刘瑞卿（Lew Suei Ching）前来替工，代其管理因自己回国探亲而难以营业的洗衣馆生意以及其他的物业，希望内务部通融核发签证。这一次，内务部确实给予了认真的考虑，指示美利滨海关税务部门核实刘齐的生意状况，以便最后定夺。五月二十五日，海关提交了核查结果。根据调查，刘齐确实是上述"三兴"号洗衣馆的东主，该店之物业亦为其拥有。该物业价值在八百至九百镑左右，洗衣馆之年营业额约为一百七十至八十镑。以前他曾雇有一人帮其打理此项生意，但现在就剩下他本人亲力亲为，自己经营。除此物业之外，刘齐在澳并无任何其他物业。而更重要的是，他所申请的侄儿刘瑞卿，实际上就是刘祯，只是换了一个名字而已。鉴于此前就拒绝了刘祯的替工申请，再加上内务部认定刘齐洗衣馆业务量太小，遂于六月四日函复中国总领事馆，再次拒绝了上述申请。①此后，澳大利亚的档案中再也未见有刘祯的记录。

与此同时，刘旋在堂哥走了之后，继续留在参亚市学校读书，成绩一仍其旧，直到一九三一年八月份。此时，十七岁的刘旋已经来澳留学六年之久，他也像堂兄当年那样，想家了，想要休学一年。八月二十一日，他跟校长谈了自己的打算，并希望结束探亲后继续返回学校念书。校长同样很爽快地接受他回来念书，并当场写信给中国总领事，表示了上述意愿。九月七日，中国总领事也致函内务部秘书，正式代刘旋申请再入境签证。基于和处理刘祯申请的同样理由，内务部秘书于九月十一日函复中国总领事，批准了上述申请，有效期亦是从其离境之日算起，十二个月内入境有效。②同样地，刘旋也是在未等到内务部批复再入境签证下来前，就于九月三日在美利滨登上"利罗"（Nellore）号轮船，返回了中国探亲。

同样地，刘旋也像其堂兄一样，并没有如期在次年重返澳大利亚继续学业。具体原因是他回国之后需要进入当地的中学读书，因汉语基础不够好，花了大量时间去恶补提高，如此一晃就是三年过去。一九三四年九月四日，就在他离澳回国整整三年之后，已经二十岁的刘旋又想回澳继续完成其中学课程，可是其再入境签证早已过期，遂联络中国驻澳大利亚总领事陈维屏，通过外交途径替他重新申请再入境签证。因上述理由正当，内务部也认为刘旋确有来澳继续学习的需要，且此时他的年龄距离中国学生在澳留学上限二十四岁尚有好几年，故于九月十二日复函中国总领事陈维屏，表示只要中国总领事馆重新为刘旋签发新的护照，内务部将会为其核发入境签证。

尽管内务部释放出了准允刘旋重返澳大利亚留学的善意，但刘旋的档案

① （i）Lew Ting arrival in Australia ex 'St Albans' departed SS 'Tanda' on 21 April 1929 - issue of Certificate of Exemption from Dictation Test （CEDT）（ii）Lew Tye requests permission for Lew Suei Ching（formally known as Lew Ting）to enter Australia, NAA: B13, 1931/6955。

② Lew Shun - Ex "Arafura" February 1925（student）- Re Visit to China and return to Australia, NAA: B13, 1931/2278。

到此中止，没有了中国总领事馆及刘旋应对此事的任何记录。而检索台山的记录，也找不到刘旋在家乡的线索。最大的可能就是，他也像其堂哥刘祯一样，在申请重返澳大利亚读书的前后，获得了去香港工作的机会，并由此在那里发展，成家立业。

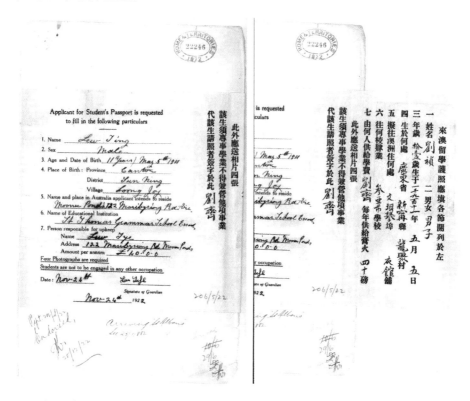

一九二二年十一月二十四日，刘齐向中国驻澳大利亚总领事馆申办侄儿刘祯来美利滨留学。

中国总领事魏子京于一九二二年十二月十九日给刘祯签发的中国学生护照。

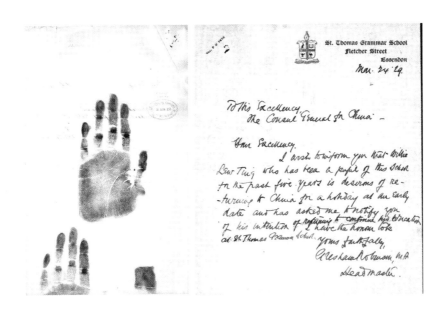

左为一九二三年六月二日刘祯抵达美利滨入关时所盖手印。右为一九二九年三月二十四日参亚市学校校长同意刘祯在回国探亲后重返该校读书的录取确认信。

一九二二年十一月二十四日，刘齐向中国驻澳大利亚总领事馆申办儿子刘旋来美利滨留学。

319

中国总领事魏子京于一九二二年十二月十九日给刘旋签发的中国学生护照。

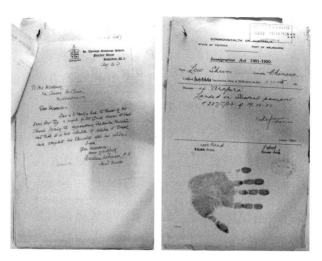

左为一九三一年八月二十一日参亚市学校校长同意刘旋在回国探亲后重返该校读书的录取确认信。右为一九二五年二月二日刘旋抵达美利滨入关时所盖手印。

档案出处（澳大利亚国家档案馆档案宗卷号）：

Lew SHUN - Chinese Student's Passport, NAA: A1, 1934/8497

Lew Ting student's passport, NAA: A1, 1931/4093

雷锦池

台山锦龙村

雷锦池（Kim Chee，或写成Louey Kam Chee、Geoffrey Kim），生于一九一一年六月六日，台山县锦龙村人。

其父雷瀼（Louey Young），一八八四年九月二十日出生。十七岁那一年（一九〇一年），他便听从已在澳大利亚的父亲召唤，从香港乘坐"华丙"（Hwah Ping）号轮船来到这里打工谋生。他遵从父亲雷维慎（Louey Way Sen）的安排，[1]前往大金山——品地高（Bendigo）埠，投奔其族人雷学燊（Que O'Hoy），[2]在其主持的"新德源"（Sun Ack Goon）号商行打工，学习和积累从商经验，并最终担任该店经理，前后达九年之久。[3]一九一〇年一月十二日，他到美利畔（Melbourne）埠搭乘"奄派"（Empire）号轮船离境返乡探亲，结婚生子，雷锦池便是他这次返乡所生的第一个孩子。次年一月五日，他再乘坐"衣时顿"（Eastern）号轮船返回澳大利亚，[4]进入父亲雷维

---

① 雷维慎的名字实际上与其开办之"新广盛"商号名字已经合二为一。见：Louey Way Sen（or Sun Kwong Sing）- Departure per "Changte" March 1932 [2 pages], NAA: B13, 1932/3669。

② 雷学燊生于一八七五年，于一八九四年奉父亲雷道海（Louey O'Hoy或Louis O'Hoy）之命从家乡来到品地高参与经营"新德源"号商铺。见：O'HOY Que: Nationality - Chinese: Date of Birth - 23 July 1875: First registered at Bendigo, NAA: MT269/1, VIC/CHINA/OHOY QUE/1。

③ Application for Exemption Certificate. Louey Young, NAA：B13, 1910/2177；YOUNG Louey：Nationality-Chinese：Date of Birth-1884：Arrived per HWAH PING：First registered at Thursday Island, NAA：MT269/1, VIC/CHINA/YOUNG LOUEY/4；YOUNG Louey：Nationality-China：Date of Birth-20 September 1884：First registered at Bendigo，NAA：MT269/1, VIC/CHINA/YOUNG LOUEY/2。

④ Application for Exemption Certificate. Louey Young, NAA: B13, 1910/2177。

慎开设在美利畔唐人街上的"新广盛"（Sun Kwong Sing）号商行（位于小博街[Little Bourke Street]二百零九号），①协助父亲经营生意。

一九二五年，雷锦池就要满十四岁，雷瀼决定让他来澳大利亚留学读书。于是，这一年春节过后，雷瀼便于二月十六日备齐所需资料，填妥表格，向中国驻澳大利亚总领事馆申办儿子来澳留学所需之护照与签证。他以上述"新广盛"号商行作保，应允每年提供膏火七十五镑给雷锦池，作为其在澳留学之所有费用，要将其办来美利畔，入读开设在唐人街的长老会学校（P. W. M. U. School）。

或许是雷瀼只想让儿子明年再前来读书，因为此时的雷锦池正在广州的明新学校（The Ming Sun Primary School）读四年级，并在该校学了两年英语，尚须一段时间加强英语积累，因而雷瀼并不着急申请的处理；或许是一九二一年实施的《中国留学生章程》新规经过中澳双方的修订，将于次年实施，若雷锦池次年方来澳留学的话，其申请就应该按照章程新规处理。按照新的修订章程，凡年在十四岁以上的中国留学生，皆须提供其英语学识能力证明，并在抵达时，接受海关人员的测试，方准予入境。于是，在递交申请报告等材料之后，雷瀼就不得不按照中国总领事馆的指引，不断地补充新的材料。为说明雷锦池的英语学识能力，雷瀼联络明新学校，于五月二十三日拿到了校长开具的雷锦池已学习了英语两年的证明，再辗转交到中国总领事馆去。但是，要证明其英语学识能力的另一个要求，是需要签证申请者本人亲笔抄写一篇作业或小文，以备澳大利亚海关在其入关测试时对照检查。于是，雷瀼只得通知儿子照此办理。直到这一年的十二月二十四日，雷锦池才将其英文手抄件寄给中国驻澳总领事馆。这一番折腾，费时费力，待中国总领事馆收齐上述材料，已经是一九二六年了。经过对上述申请文件的处理，中国总领事魏子京于二月十二日给雷锦池签发了中国学生护照，号码是432/S/26。三天后，中国总领事馆也顺利地从澳大利亚政府内务部为其拿到了入境签证。按照处理程序，中国总领事馆将此护照寄往中国，以便申请入澳

---

① 有关新广盛号的档案，详见：Sun Kwong Sing and Co: Exemption of staff, NAA: A433, 1947/2/4330; Sun Kwong Sing and Company - part 2, NAA: A2998, 1952/871。

签证历时一年之久的雷锦池尽快来美利畔留学。

可是，拿到护照的雷锦池并没有立即动身，而是又等了一年多的时间，才赶到香港，搭乘"太平"（Taiping）号轮船，于一九二七年四月十日抵达美利畔，入境澳大利亚。在通过海关时，其护照上的签证已经失效，但考虑到只是过期两个月左右时间，而且该签证还是在修订后的《中国留学生章程》新规于一九二六年六月三十日实施之前获得，海关经内务部同意后便给予放行；加上在过海关时的英语测试中也没有什么问题，通关很顺利。这一结果表明，此前的几年里，他在广州读书学英语还是很有成效的。而此时的雷锦池也将满十六周岁了。

在祖父和父亲的店铺安顿好后，雷锦池并没有进入父亲原先给安排好的长老会学校念书，而是选择入读位于美利畔东城的圣伯多禄书院（St. Peter's School）。因为这是一间由英国圣公会于十九世纪四十年代就已开办的私校，名声好，教育质量高，对在广州读书时就已经掌握了一定英语知识的雷锦池有很大的吸引力。而他进入这间学校后的表现也可圈可点，每次校长的报告，都对其学业和操行给予好评，认为他是一位勤学上进的好学生。由是，他在这里一直读到一九二八年下学期结束。从一九二九年新学年开始，雷锦池离开了这间圣伯多禄书院，转学去了矮山顿文法学校（Essendon Grammar School），其学习成绩一如既往，校长和老师都认为他是一位优秀的学生。他在这里读了两年半的书，直到一九三一年七月，事情发生了变化。

一九三一年七月一日，雷锦池的祖父雷维慎致函内务部秘书，想为孙子更换签证类别。他在信中表示，自上一年从中国探亲归来之后，他本人的身体每况愈下，尤其是腿脚不好，行走困难；为此，对于商行的日常管理，也就愈来愈感到力不从心。现在，其孙雷锦池已年届二十岁，正在本地名校上学，无论其学识还是语言能力等等，都远胜他人，故当自己力有不逮无力管理商行时，只有孙子能顶上来。他希望内务部能充分考虑到他的实际情况，将雷锦池的学生签证转换为商务签证。此前的资料表明，雷维慎之子亦即雷锦池的父亲雷瀼在协助他管理商行，但在这封信里并没有提及他。事实上，早在一九二八年，雷瀼就回中国探亲去了，此时其人仍在中国，未曾回来。[①]这也就给雷维慎一个机会，得以申请让孙子留下来工作。

内务部接到上述申请之后，便指示海关搞清楚两件事：一是"新广盛"的年营业额是多少，二是如果雷维慎无力管理其生意的话，是否可以在当地找到一个合适的人员协助管理，或者说如果当局愿意给予雷锦池转换身份的话，雷维慎本人是留在澳大利亚当地调养治疗抑或是返回中国去疗养和治疗腿疾，如果是后者预计是多长时间。海关于八月二十四日提交了报告。根据记录，在截至六月三十日止的上一个财政年度里，该商行的营业额为八千六百二十五镑，该年度进口商品价值为三千五百三十二镑。目前该商行只有一位职员，是来作为雷瀼的替工；因为人手不够，雷锦池自六月底学校放假后便已来到商行帮工。当海关人员当面询及雷维慎何以一定要其孙子而非其他亲戚留下帮忙其经营商铺，他的回答是，这些人要么英语不灵光，要么年纪太大，只有雷锦池最为合适。而如果当局批准其孙子转换身份的话，他就计划明年初返回中国治疗。海关将该商行的真实营业情况报告内务部，但没有对是否批复该申请提出积极的建议。

正当内务部官员们对此申请是否可以批复犹豫不决之时，雷维慎的"新广盛"号商铺所在物业的房东笪维廉（William Tack）于八月三十一日致函内务部秘书，以该秘书老朋友的身份告诉他，该项申请事实上就是一个很普通的商业雇佣申请，商行东主因健康原因培训自己的孙子并最终将生意传送给他，也是符合条件的，因为毕竟雷维慎年老是要回中国去治疗和养老的，故希望不要对此留难。接到此信之后，内务部秘书立即就在九月二日对此予以批复：先给予雷锦池一年的商业签证，在此期间，其祖父可以培训他，待其熟练之后，便可接手管理该商铺，雷维慎也可在此期间安排回国。签证到期之后，雷锦池可以根据需要申请展签。事实上根据规定，如果达到一定规模的商行店铺的东主，是可以将其资产和生意永久转让给家人或他人的，这样的话，继承者便可申请并拿到永久居住资格。内务部秘书于九月二日回复笪

---

① Re Louey Young, wife and family - Issue of Certificates for Exemption from Dictation Test, NAA: B13, 1935/14493。

维廉先生时表示，他不能一下子就给予雷锦池永久居住资格，然而上述提供的展签机会，可以令其日后具备资格申请永居。

经过大半年的培训，雷维慎放手将商行交给孙子管理，自己就于一九三二年三月十六日搭乘“彰德”（Changte）号轮船驶返香港回国去了。到四月九日，笪维廉再次致函内务部秘书，为雷锦池申请一年的展签。还是通过海关，内务部秘书了解到，雷锦池已经熟练掌握了簿记、追账、点货及销售等商行里里外外的活计，可以自如地管理这间店铺了。而且，他还得到了笪维廉先生的大力协助，使其营业额和进口商品价值都有了很大提高：截止到上一年底，“新广盛”号的进口商品价值是五千镑，年营业额为一万零七百镑，业绩表现甚佳。为此，内务部秘书觉得一切运作都符合规范，遂于五月四日再次批复，给予雷锦池展签一年。

但一年之后，二十二岁的雷锦池没有再申请展签，而是于一九三三年五月二日从美利畔港口乘坐“南京”（Nankin）号轮船，离开澳大利亚，经香港返回家乡。[①]主要原因是他的父亲雷瀼此时已经返回澳大利亚，重新主持了“新广盛”号经营。虽然雷锦池仍然可以留下来协助父亲经营生意，因为他父亲回中国探亲期间的替工也跟他一起同船回国，商行里还空缺一个职位可以申请留下来，但雷锦池仍坚持回国，并且表明不再返回澳大利亚。至于是什么原因使他做出这样的决定，档案中没有予以说明。他的档案也到此中止。

雷锦池总计在澳留学四年，工作两年。

① Kim Chee or Louey Chee（Chinese student）ex “Taiping” April 1927 - Departure per “Nankin” May 1933, NAA: B13, 1931/7993。

一九二五年二月十六日，雷瀵填表向中国驻澳大利亚总领事馆申办儿子雷锦池的留学护照。

一九二六年二月十二日，中国驻澳大利亚总领事魏子京给雷锦池签发的中国学生护照。

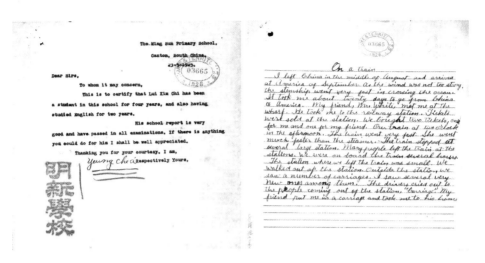

左为一九二五年五月二十三日广州明新学校校长开具的雷锦池已在该校学习英语二年的证明。右为同年十二月二十四日雷锦池的一份手抄英文作业。

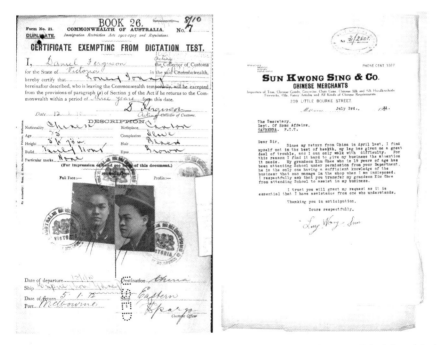

左为一九一〇年一月十二日，雷锦池的父亲雷瀛在美利畔埠搭乘"奄派"号轮船离境返乡探亲的登记表。右为一九三一年七月一日，雷锦池的祖父雷维慎给内务部秘书的信，要求将孙子的学生签证转为商务签证。

档案出处（澳大利亚国家档案馆档案宗卷号）：

Kim Chee - Students passport, NAA: A1, 1932/489

伍晓严

新宁福新里

　　一百多年前，新宁县（台山）有很多自然村，现在都渺无踪影，福新里村①就是一个例子。因为现在的台山地名无法检索得到该村名，可能需要翻阅百多年前的地方记载，才能确知其具体方位。本文的主人公名叫伍晓严（Ung Hue Yen），出生于一九一一年八月二日，②在其档案记载里便是福新里村人。

　　他的父亲是伍于根（Yee Kin）。根据澳大利亚的档案判断，伍于根出生于一八七八年五月十五日，二十岁时（一八九八年）跟随乡人到澳大利亚讨生活，于美利滨（Melbourne）入境，随后便在此地扎下根来。③可能是在家乡时就跟人学过木工手艺，或者是到了澳大利亚后再跟随乡人学了一点儿手艺，他便自己经营或者是跟人合股经营一家名叫"广和"（Kwong Wah）号的木铺，位于唐人街里的莱契德街（Leichardt Street）十八号，与当时麇集于该街上的十余间家具店一起，形成了美利滨市区中的一大家具市场，专事家

---

① 或者就叫福新村。因为伍晓严弟弟伍晓浓的赴澳留学申请表上，籍贯就是填写为福新村。显然这个才是此后正确的村名。

② 在其档案的申请表中文栏里，写明申请表递交上去时是十一岁，出生于一九○一年；但其英文栏目则显示，填写该表日期是一九二二年五月十日，出生日期亦改为一九一一年。可见，中文栏目中的出生日期是笔误。

③ KIN Yee-Nationality：Chinese-Arrived Melbourne 1898，NAA：B78，KIN/Y；YEE Kin-Nationality：Chinese-Arrived Melbourne per Unknown 1 December 1898 Departed Commonwealth on 09 May 1951，NAA：B78，CHINESE/YEE KIN。

具制造与销售。

　　到一九二二年，眼见儿子伍晓严就要十一岁了，已经超过了当时正在实施的《中国留学生章程》规定的来澳留学最低年龄十岁的规定，伍于根遂决定办理儿子来澳大利亚读书，以便他将来进入职场或者自己创业都有个好的前程。五月十日，伍于根填好申请表格，备齐材料，递交给中国驻澳大利亚总领事馆，办理儿子的中国护照和入境签证。他以上述"广和"号木铺作保，承诺每年提供给伍晓严足镑膏火，即需要多少就供给多少，办理儿子来美利滨的若丝砀街公学（State School of Rathdowne Street）念书。该校紧挨着美利滨大学（University of Melbourne）北面，靠近唐人街，可以步行前往。

　　可能是在递交申请材料前，伍于根就与位于同城卫廉街（William Street）四十八号的中国总领事馆有过接触，提供了相关资料，中国总领事馆已经对其担保的儿子伍晓严相关情况有所了解，故在接到正式申请后，立即进行了处理。第二天，中国驻澳大利亚总领事魏子京便为伍晓严签发了中国学生护照，号码145/S/22。又过了一日，澳大利亚联邦内务部也为伍晓严开放绿灯，核发了入境签证，以便其随时入境。

　　通常情况下，中国驻澳大利亚总领事馆在为学生拿到签证后，会按照流程，尽快将护照寄往护照持有者在中国的家乡。但我们看到的是，伍晓严在一个多月后，即六月二十八日便乘坐"获多利"（Victoria）号轮船，从香港抵达美利滨入境。根据当时班轮从香港到美利滨港的行程需时约为三个星期来判断，来回需要至少六至七个星期，而从中国总领事馆拿到签证到伍晓严抵达美利滨，也正好是这个时间。如果在拿到签证后当天便有班轮从美利滨出发前往香港，而伍晓严这个时间就等在那里，一俟船到港，他便接获护照，并且当时正好就有一艘轮船即将起航前来澳大利亚，他刚好赶上登船，这样就可以按照上述日期驶抵美利滨入境。这样的可能性不是没有，但必须是所有的条件都符合，没有任何耽误方可。最大的可能性是，中国总领事馆拿到签证后，将护照交给伍于根。而此时伍晓严已经在中国束装等待，接到父亲有关其护照和签证办妥的电报后，便立即由家人送到香港，乘坐轮船赴澳。而父亲伍于根则事先已通过内务部或者中国总领事馆知照海关部门，并持该钤盖签证章的护照当天在海关等候，故待其子出关时，呈上此护照即可顺利地为其办理入境手续。

但入境后的伍晓严并没有去父亲伍于根事先为他联络好的若丝砀街公学读书，而是经过两个月时间的挑选和比较，最终于九月一日正式注册入读卡顿专馆学校（Carlton Advanced School）。该校与若丝砀街公学同埠，只是相隔两个街区，位于蕴近街（Lygon Street），更加挨近美利滨大学，是一间私立学校。如果从唐人街前往该校，步行十余分钟抵达。从该校校长的报告来看，无论是学业还是操行，伍晓严皆获好评，属于很受老师喜爱的学生。进入这间学校前，伍晓严就已经取了一个英文名字，叫Willie Kim。很有可能在赴澳留学之前，他就已经进入家乡或者是香港的教会学校念过一段时间的英文课程，因而在抵达澳大利亚入学后，可以相对轻松地应付当地的课程。

尽管上述卡顿专馆学校是经过仔细挑选才注册入读的，但伍晓严只是在这里读了一个学期而已。到一九二三年新学年开始，他转学进入开设在美利滨唐人街里边小卜街上的基督教长老会学校（P. W. M. U. School, Little Bourke Street），这里更靠近他父亲所开设的"广和"号木铺，上学更加方便。校长谢爱琳（Ellen Sears）女士对伍晓严很满意，认为他无论是在校言行与表现还是各科学业都非常优秀，是个勤学上进的好学生。他在这里读满了一年。

从一九二四年新学年开始，伍晓严再次转学，入读位于美利滨东区的圣伯多禄书院（St. Peter's School）。他之所以转学，可能跟当时与他一起在美利滨留学的台山同乡伍华炳（Ng Wah Ping）[1]及陈隆（Chun Loong）[2]有关，他们是相约一起转学的。另外的原因也许是该校的名气。尽管长老会学校跟圣伯多禄书院一样，也是教会所办的私校，但后者是由圣公会（Anglican Christians）所办，且历史悠久，更具名气和吸引力。伍晓严在这间学校的表现跟以往的两间学校一样，学业与操行俱佳。校长在例行报告中还特别强调，这位中国留学生与当地学生的关系也很好，相处融洽。也许该校的名气和环境更适合于伍晓严，他便以良好的表现在此认真地读了两年书。

---

① 伍华炳的留学档案见：Ng Wah Ping - students passport, NAA: A1, 1932/649。
② 陈隆的留学档案见：Chun Loong - student passport, NAA: A1, 1929/6675。

　　一九二六年新学年开学后，十五岁的伍晓严读了不到两个月时间的书，就于三月二十六日在美利滨登上开往香港的日本轮船"三岛丸"（Mishima Maru），离开澳大利亚返回中国。他走得很突然，是和上述之同乡也是同学伍华炳结伴而行的。他在走之前也没有说明什么理由，也许是在澳留学近三年，这个十五岁的少年想家了，就想着回中国探亲看看吧。直到海关报告给内务部，再由内务部通知中国驻澳大利亚总领事馆，后者才知道他未经任何手续，就不辞而别回国。当然，对于中国总领事馆来说，这样的事情司空见惯，也就不足为奇，说不定这些学生回去后不久又得联络总领事馆，申请再入境签证重返澳大利亚念书呢。

　　果不其然，到一九二七年五月上旬，中国驻澳大利亚总领事馆致函澳大利亚内务部，为伍晓严和伍华炳申请再入境签证，他们拟重返澳大利亚，继续念书。可见，在五月之前，或者说这一年的四月份，即在回到中国探亲逾一年后，他们就在国内与中国驻澳大利亚总领事馆取得联络，讨论回澳继续读书的事情。鉴于此前在澳留学时，上述两位学生的在校表现和学业都获好评，没有拒签的任何理由，因此，内务部便在五月二十日函告中国总领事馆，同意核发上述两位学生再入境签证，条件是他们必须在本年底即十二月三十一日之前入境。

　　已经十六岁的伍晓严并没有等到年底才前来，而是于十月二日便搭乘"吞打"（Tanda）号轮船，从香港驶抵美利滨，重返澳大利亚。过了一周，他便重新在圣伯多禄书院注册入学，但只是读到年底，也就是只在此念了两个月的书。到下一学年开始，他就转校返回原先读过一年的唐人街上的长老会学校。根据校长的报告，伍晓严的在校表现和学业都还令人满意。此后的两年时间里，他都在长老会学校按部就班地读书，修完其所学的课程。

　　两年后，伍晓严结束了在长老会学校的学习，于一九二九年十月七日注册入读设在美利滨城里的泽口商学院（Zercho's Business College）。注册时，他用的不是以其中文全名拼音的姓名Ung Hue Yen，也不是用他的英文名字Willie Kim，而仅仅是把自己名字的拼音稍作改动，成为Hugh Yen。这样一来，搞得内务部和中国总领事馆经几次公牍往返，才弄清楚无论用的是哪一个名字，实际上指的都是同一个人。在这间商学院，伍晓严读了半年，总体而言，在校表现和学业都算是令人满意。

一九三〇年四月二十一日，伍晓严跟商学院说要结束在澳留学，返回中国，便于当天就退学了，但他没有将退学之事知照内务部和中国总领事馆。直到六月中旬，当接到商学院院长的报告，内务部才知道这个学生早已离开学校。但因没有收到过海关有关这位中国学生离境的报告，内务部也不能确定他是否已经离开澳大利亚，抑或仍然滞留未走，遂立即指令海关查询。内务部也想搞清楚，如果没有走的话，伍晓严是否就读于其他的学校，甚或利用这段时间在外打工。对于内务部官员来说，他们最要严防的，就是中国留学生打工。

一个星期后，即六月二十日，海关稽查官葛礼生（J. Gleeson）报告说，这一天，他在泽口商学院见到伍晓严了，伍正在上课。询问的结果是，据伍晓严自己陈述，他本来在退学后是准备回中国的。原计划是在他那准备来澳留学的弟弟伍晓浓（Ng How Goong）于六月一日搭乘"利罗"（Nellore）号轮船抵达后，他本人就乘该船返航回去中国。但是，因他的弟弟入境时已经超过十四岁（一九一三年七月三日出生），按照目前所执行的修订过的《中国留学生章程》新规，必须通过基础英文学识考试，方可正式入境读书。不幸的是，他弟弟伍晓浓并没有通过这个考试。按条例规定，无法通过考试，也就无法获取正式的入境签证，无法在此注册入学，也就只能等待遣返回国。在这种情况下，伍晓严改变了原先回国的想法，准备留下来继续读书。因此，他于六月十七日重新注册入读泽口商学院。据葛礼生跟任课教师交流了解，都认为伍晓严是个好学生。

接到葛礼生的报告后，内务部觉得一切又都回到了正轨，加上伍晓严的签证仍然在有效期内，遂不再追究他此前的旷课行为。伍晓严也就利用这个时间，将其选修的课程在九月三十日之前全部修完，结束了其在商学院的学习。而学校对他在这一段时间里的各项表现，都给予了好评。也就是说，在其整个留学期间，他的表现都是令人满意的。

　　左为一九二二年五月十日，伍于根提交的其子伍晓严赴澳留学中国护照申请表。右为一九二二年五月十一日，中国驻澳大利亚总领事魏子京给伍晓严签发的中国学生护照。

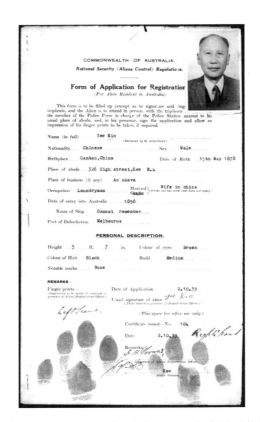

　　一九三九年伍于根在澳大利亚的外侨登记卡。这是迄今可以找到的伍于根在澳的唯一记录。

一九三〇年十月二十日，十九岁的伍晓严登上"太平"（Taiping）号轮船，离开美利滨，返回中国。[1]他在澳大利亚留学前后八年时间，除了其中一年回国探亲，他真正在澳读书的时间是七年。此时的伍晓严，正处于风华正茂之际，回国既可以继续升读大专院校，也可从此走向社会，一展抱负。只是他回到国内后的具体去向如何，因无法找到资料，不得而知。

档案出处（澳大利亚国家档案馆档案宗卷号）：

Ung Hue Yen （Willie Kim） Students passport, NAA: A1, 1931/7430

---

① Ung Hue Yen - Departure per "Taiping" November 1930, NAA: B13, 1930/11688。

邝迪藩

台山龙观村

辛亥年（一九一一年）八月十四日出生的邝迪藩（Fong Ate Fan，也叫Edward Fong），是台山县龙观村人。他的父亲邝修给（William Fong），大约是在一八九八年左右从家乡经香港乘船来到澳大利亚发展，于西澳大利亚（Western Australia）登陆入境，定居于北距西澳首府普扶（Perth）四百公里濒临印度洋的小镇者利顿（Geraldton）。[1]在这里，他和兄弟或族人一起合股经营一家名为"邝雪梨"号（Sydney Fong & Co.）的杂货铺，生意不错。[2]

自一九二一年澳大利亚实施《中国留学生章程》，对中国学子开放赴澳留学，一年之内便有一百多人赴澳留学。第二年，考虑到儿子已经十一岁，邝修给认为应趁早将儿子办来读书，遂于一九二二年十二月十二日填具表格，向中国驻澳大利亚总领事馆申办邝迪藩来澳留学的护照和签证。他以自己参与经营的"邝雪梨"号作保，允诺每年提供膏火一百镑，供其读书和生活之需。至于儿子来到他所在的者利顿就读什么学校，因尚未最终定下来是就读公立学校还是私立学校，就暂时填写为"者利顿学校"，待儿子到来之后再最终决定取舍。

这一时期中国总领事馆在处理留学申请问题上有所耽搁，加上西澳距离

---

[1] William Fong [Chinese], NAA: K1145, 1911/183。

[2] 邝雪梨（Sydney Fong & Co.）号杂货铺以邝修给的兄弟（或者堂兄弟）邝修坚（Sydney Fong）的名字命名。邝修坚于一八九八年来到西澳，应该是与邝修给一同前来，然后合股在者利顿埠做生意。见：Sydney Fong Naturalization, NAA: A1, 1919/160。

中国总领事馆所在地美利滨（Melbourne）路途遥远，联络费时，故两个多月后，上述申请才有了结果。一九二三年二月二十七日，中国总领事魏子京给邝迪藩签发了中国学生护照，号码是232/S/23；再过了一天，内务部在接到中国总领事馆递交上来的邝迪藩的护照后，也及时予以批复，在护照上加盖了入境签证章。中国总领事馆在拿到签证后的当天，就将护照寄往中国邝迪藩的家乡，以便其家人为其准备行程，来澳留学。

然而，邝迪藩并没有如期启程赴澳，而是一直拖延不来。通常情况下，澳大利亚当局给予中国学生的签证有效期是一年，即在获得签证后的一年内入境有效，从入境那天算起，其在澳居住的有效期亦是一年。但邝迪藩的耽搁并不是一年，而是三年有多。直到一九二六年九月二十八日，已经年满十五岁的邝迪藩才从香港乘船去到新加坡，再乘坐从新加坡起航的轮船"加斯科涅"（Gascoyne）号，抵达者利顿。尽管他的签证有效期早已过期了近三年，但考虑到他持有的是内务部发出的正式签证，且其来澳的目的也是接受教育，海关对其作了健康检疫及其他测试之后，还是给予放行，让其顺利过关入境。

按照这一年六月三十日开始实施的《中国留学生章程》修订新规，所有年满十三岁的中国学生入境时，都要接受海关的英语学识能力测试，邝迪藩也不例外。海关官员先是确认了其具有简单的英语基础，过了一个月，再对其进行测试，判定其英语进步很快，读写都有显著的提高，甚至比一些来此读了三年书的中国留学生还要好。可见他在来澳留学之前，在中国入读的应是中英双语学校，已经具备基础的英文学识。

《中国留学生章程》新规也要求所有来澳留学的中国学生，必须就读具有资质的私立学校，而不是像以前那样，两者皆可。邝迪藩入境的时间，正好是留学生章程新规刚刚实施之际，因此，他就别无选择，只能就近注册天主教会在者利顿开办的基督兄弟会书院（Christian Brothers' College）。他于十月四日正式入读该校。鉴于他的英语能力很强，也很能适应学习的环境，加上遵守校规，各项成绩拔尖，校长的报告对其表现自然是十分满意。自此之后，邝迪藩一直保持着这样的学习态度及成绩，也一直深受校长和老师的喜爱，在这间教会学校读了五年半，直到一九三一年底学期结束。在校期间，他给自己取了一个英文名，叫爱德华（Edward），全名就成了Edward Fong。

一九三二年新学年开学后，邝迪藩正常返回学校上课。但在三月底复活节假期之后，他就没有再返校念书，而是在四月十八日，登上"马人"（Centaur）号轮船，驶离者利顿，前往新加坡，再从那里转道回国。走之前，他没有告诉校方，也没有知会中国总领事馆及澳大利亚内务部，更没有申请再入境签证。此时的邝迪藩已经即将二十一岁，他需要回国成家，也需要进入社会养家，开拓自己的人生。

可是他的父亲邝修给毕竟已经是五六十岁的人了，生意做大了，总是需要帮手的。按照规矩，在澳经营商行的到一定规模时，可以申请让子侄过来帮工；或者当他们需要回国探亲时，可申请其子侄或其他亲戚前来替工，待其探亲结束回澳时，来做替工的子侄或其他亲戚再回国，或转往其他地方继续做工。四年后，邝迪藩也走上了这条路，于一九三六年重返澳大利亚，在其父亲参与经营的"邝雪梨"号商铺帮工。[1]此后，他就年年申请展签，最终留在了澳大利亚，直到二十世纪五十年代末期澳大利亚移民政策松动，终于入籍。[2]

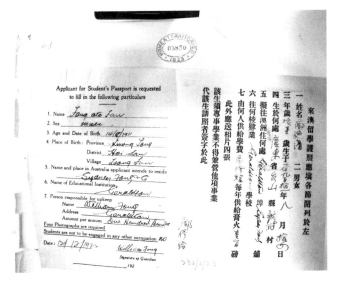

一九二二年十二月十二日，邝修给向中国驻澳大利亚总领事馆申办邝迪藩的来澳留学护照。

---

① FONG ATE FAN [FONG Edward]-[Student]，NAA：PP96/1，W1955/13506。

② FONG ATE FAN-Nationality：Chinese-Arrived Fremantle per Charon 20 January 1949，NAA：K1331，1958/1959/FONG ATE FAN。

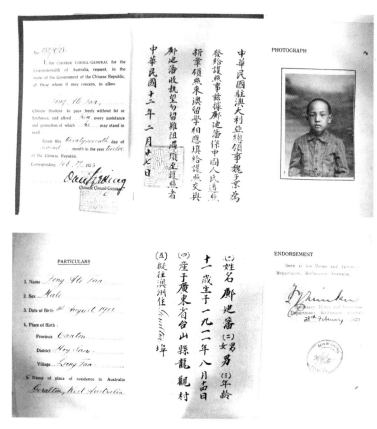

一九二三年二月二十七日，中国总领事魏子京给邝迪藩签发的中国学生护照。

档案出处（澳大利亚国家档案馆档案宗卷号）：

Fong Ate Fan – Student passport, NAA: A1, 1936/9295

陈汝相

台山中礼村

出生于台山县中礼村的，还有陈汝相（Nee Theng或者写成Nye Thiang），出生日期是一九一一年八月三十日。他的父亲叫陈俊崇（Doon Soon），其来澳之年份可能与前面所提到的陈伦的父亲陈景耀一样，即于十九世纪末跟随大批乡人同来闯荡讨生活，因为他们都是一个村的，也是同宗兄弟。陈俊崇后来定居于美利滨（Melbourne）大埠，在中国城的小博街（Little Bourke Street）二百一十二号与人合股开设一间餐馆，名"香港酒店"（Hong Kong Café），过着相对宽裕的生活。[①]

待陈汝相满了十一岁之后，陈俊崇要为儿子的教育进行规划了，而让其来澳留学是当时的最佳选择，因为当时许多在澳华人都在办理此事。一九二二年十一月二十九日，陈俊崇向中国驻澳大利亚总领事馆递上申请，申办儿子赴澳留学的学生护照与签证。他以自己参股经营的"香港酒店"作保，承诺每年提供膏火完全担任（即足镑，亦即英文的As Required）给儿子，要把他办来美利滨的公立学校念书。他为儿子选择的学校是南美利滨公立学校（State School of South Melbourne）。

[①] 相对于陈景耀的名字在当地中文报纸上出现得较晚，陈俊崇的名字则从一九一〇年代中期便陆续出现在各类捐款活动中，如"美利滨埠首次认救国储金芳名"，载雪梨《东华报》（Tung Wah Times）一九一五年九月十八日，第五版。他也积极参与当地社团活动，是美利滨中华公会的活跃分子，并在一九三五年积极参选该公会的执监委员职位。见："美利滨埠中华公会初选第五届执监委员之结果"，载《东华报》一九三五年十二月二十一日，第五版。

过了近两个月，中国总领事馆才着手处理上述申请。一九二三年一月二十二日，中国总领事魏子京给陈汝相签发了中国学生护照，号码是216/S/23，并在同一天拿到了内务部发出的签证。在家乡的陈汝相收到寄来的护照和签证后，等了四个多月的时间，大概是其家人寻找到了可以与他一同来澳的伙伴或者是旅途上的监护人，然后便从家乡赶往香港，搭乘"圣阿炉滨士"（St. Albans）号班轮，于六月二日抵达美利滨。

六月十四日，陈汝相并没有进入父亲早已为他联系并注册好的南美利滨公立学校，而是以Nye Thiang这样的名字，选择入读与其父亲参股经营的餐馆"香港酒店"同处在一条街上的小博街长老会学校（P. W. M. U. School），这样上学就比较方便。长老会学校校长谢爱琳（Ellen Sears）女士在报告中对陈汝相的在校表现评价用词比较吝啬，只有一句"表现尚好"，最多加上一句"这是个乖孩子"。就这样，他在长老会学校里读完了这一学年的余下课程。

从一九二四年新学年开始，陈汝相转学到位于美利滨东区的圣伯多禄书院（St. Peter's School）念书。半年后，院长的报告显示，这是个好学上进的学生，表现令人满意。不过，该院院长也像长老会学校校长一样，评价用词同样也比较节省，对他的学业和操行没有给予特别的说明。自然，陈汝相也就安安静静地在这间书院潜心就读了两年半。

在澳留学三年之后，十五岁的陈汝相思乡心切，或者说是家里人也想他回去看看，遂于一九二六年九月十三日在美利滨乘坐"彰德"（Changte）号班轮回国探亲。在走之前，他通过中国总领事馆向内务部申请再入境签证，表示结束探亲回澳之后，还将继续在圣伯多禄书院念书。既然陈汝相如此懂规矩，而且其历年学校报告皆很正面，一切都符合对中国留学生的签证要求，八月三十日，内务部便准允了上述申请。该再入境签证从其离境之日算起，十二个月内有效。

在重返澳大利亚这件事情上，陈汝相很守信。他在探亲结束后，于一九二七年九月八日，即在其再入境签证失效前五天，还是搭乘同样的"彰德"号班轮，返回澳大利亚，在美利滨入境。但在承诺的重返圣伯多

禄书院读书这件事上，他则失信了。内务部原先以为他还是在这间学校
念书，便在次年二月份发文给该书院，想询问其在校表现，但得到的回答
却是，该生并未返回此书院读书。那么，他去哪儿了呢？据圣伯多禄书院
说，该生显然是去了同样是位于美利滨东城的基督兄弟会书院（Christian
Brothers' College），言语中显得略有不忿。因为二校都是教会学校，彼
此间互有竞争，私下里暗斗不可避免，互挖墙脚也时有发生。可是，待海
关派人前往基督兄弟会书院调查时，对方的回答也还是"查无此人"。无
奈，海关回过头来，再去陈汝相首次入境时所入读的第一家学校即长老会
学校查问，也是一无所得。不过，长老会学校校长谢爱琳女士告诉说，还
是要去基督兄弟会书院查查看，据她估计，陈汝相选择入读这间学校的可
能性最大。但海关再次前往查证，还是没有结果。最后在四月份时，还是
由海关稽查官葛礼生（J. Gleeson）在基督兄弟会书院找到了陈汝相。之
所以基督兄弟会书院两次否认这位中国学生在该校读书，原因在于陈汝相
是用Norman Shang（诺曼相）这个名字注册入读该校，而不是原来一直使
用的Nee Theng，或者Nye Thiang。无论如何，人们也很难将后面的两个
名字与前面所提到的注册名字"诺曼相"联系在一起。尽管如此，该书院
向内务部报告，对他的在校表现也是十分满意。由是，他在该校一直读到
一九二八年底学期结束。

　　进入一九二九年，十八岁的陈汝相也离开了基督兄弟会书院，进入城里
设于律素露街（Russell Street）的司铎茨商学院（Stott's Business College），
选修与商科有关的课程。同样地，他的学习成绩依然是令人满意。不过，陈
汝相只是在此安安静静地读了上半年的第一学期。到下半年的下学期开始，
亦即他刚刚拿到下一年度的展签后不久，他就显得躁动起来，又想回国探亲
了。九月二十日，他通过中国总领事宋发祥向内务部申请再入境签证。由于
还想回到上述司铎茨商学院念书，他除了获得商学院承诺接受他重返学校之
外，还说动院长致函中国总领事，称赞他在校学习成绩优秀，是勤学上进的
好学生，以此支持他的再入境签证申请。十月四日，内务部批准了上述申
请，条件还是跟上次一样，即有效期为十二个月，并且在陈汝相返回澳大利

亚后，只能重新注册入读商学院或私校，并且不能出外打工。

待获得上述入境签证以及安排好其他相关事情后，一九二九年十月十四日，在澳留学了五年的陈汝相便如期于美利滨登上"太平"（Taiping）号轮船，返回中国。[①]

然而，陈汝相的澳大利亚留学档案也就到此中止。尽管他在走之前做了很多安排，在在显示他是想要重返澳大利亚留学的，毕竟过一年再回来时他也只十九岁，距离中国学生在澳留学年龄二十四岁的上限尚有许多年。可是，此后在澳大利亚就再也查找不到与他有关的信息。换言之，自此之后，他再也没有重返澳大利亚。也许，此次回国后他有了新的目标；或者，他转到其他地方升学或者就业发展了。

一九二二年十一月二十九日，陈俊崇提交给中国驻澳大利亚总领事馆的陈汝相赴澳留学护照申请表。

---

① Nee Theng, ex "St Albans" June 1923 - Departure per "Taiping"（Thursday Island）October 1929, NAA: B13, 1929/17942。

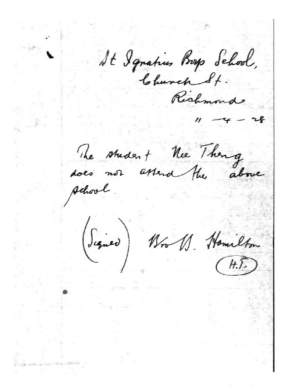

一九二三年一月二十二日，中国总领事魏子京给陈汝相签发的中国学生护照。

一九二八年四月十一日，基督兄弟会书院院长否认陈汝相入读该校的信函。

档案出处（澳大利亚国家档案馆档案宗卷号）：

Nee Theng - student passport, NAA: A1, 1929/6153

陈兆添

台山六村（秀墼村）

陈兆添（Chin Sue Him），一九一一年十月一日生于香港，原籍是台山县六村（秀墼村）。他的父亲陈龙炳（Chin Loong Bing）是裁缝，至少是在十九世纪九十年代初就从香港来到澳大利亚北领地（Northern Territory）最大的港口砵打运（Port Darwin）谋生，开设有一间裁缝铺；[①]与此同时，他的兄弟与其他同乡于一八九一年在此开设一间杂货铺，名为"荣昌盛"号（Wing Cheong Sing & Co.），他亦参股其间，该商行专营土洋杂货，兼做进出口贸易。[②]尽管陈龙炳因在香港出生而成为澳大利亚永久居民，但仍在香港结婚，家人也都住在香港，并未到澳大利亚居住和生活。

到陈兆添快要满十二岁时，陈龙炳想把儿子办来打运公立学校（Darwin Public School）念书，便于一九二三年七月二十四日填表，向中国驻澳大利亚总领事馆提出申请，请求核发其子之留学护照和签证。作为监护人和财政担保人，他以自己参股的"荣昌盛"号商铺作保，许允每年提供给他膏火二十四镑作为各项留学之费用。打运埠距中国总领事馆所在的美利滨（Melbourne）埠路途遥远，联络费时，故中国总领事馆在接到上述申请

---

① 虽然陈龙炳的来澳简历仅由本文档案宗卷涉及，澳大利亚国家档案馆里与其相关的一份宗卷只是涉及战后物业的处置，但澳大利亚中文报刊里，最早出现其名字是在一九〇五年席卷全澳华界的反美拒约捐款名单中。见："南省砵打运埠拒约会捐款芳名列左"，载美利滨《爱国报》（The Chinese Times）一九〇五年十二月二十三日，第二版。

② Wing Cheong Sing and Company（Darwin）- Certificate of exemption - Assistant [13 pages], NAA: A433, 1941/2/1033。

后，按照程序予以审理，但进展比较慢。导致这一状况的主要原因是，自一九二一年起实施的《中国留学生章程》此时正在中澳两国之间协商修订，中国总领事馆参与其事，自然也对学生护照的审理有所耽搁。直到半年之后，一九二四年二月六日，中国总领事魏子京才得以签发陈兆添的中国学生护照，号码为378/S/24；三天之后，澳大利亚内务部也为陈兆添核发了入境签证。看来办理护照和签证进行得还算顺利。

相较于澳大利亚各大埠，砗打运虽然与中国距离最近，但因航线问题，无论是日本邮船公司、中澳船行、澳东航线还是其他的固定航船皆不经该埠，只是由在新加坡的轮船公司中转。因此，拿到护照后，陈龙炳的准备还是很快的，在两个月的时间里，利用自己做裁缝和进出口生意所形成的商业网络，由在香港的家人将其子托付给同行的相关人员照料，乘坐轮船去到新加坡；再从这个港口搭乘"蒙托罗"（Montoro）号，于四月八日抵达砗打运埠，入境澳大利亚，住进了父亲的裁缝铺。

抵达砗打运埠休息了一个星期之后，陈兆添便于四月十五日正式注册入读打运公立学校。进入学校后，他就因学习认真成绩优异赢得了老师和同学的好感，在入学的第一年年底学期结束的考试中，取得班级头名的好成绩。事实上，他此前在香港就读的是中英双语学校，英语已经具备相当的基础，因此在学习中没有像许多其他中国学生那样遇到语言障碍。

按照《中国留学生章程》的规定，入澳留学的中国学生签证有效期为一年，从其入境之日起算；如果希望展签，则每年均应在此入境日期之前经由中国驻澳大利亚总领事馆向内务部申请，并提供学生所在学校的报告备查，由内务部审查通过后核发展签。因此，当一九二五年五月中国总领事馆按例向内务部提出申请陈兆添的展签时，最初一切都显得非常顺利。可是就在这个时候，内务部官员突然意识到，陈兆添递交的申请表上所填的出生地是香港，那就意味着这位学生不应由中国总领事馆为他申请展签，而是应该由其监护人向当地海关缴纳一百镑的保证金，每年由海关为其申请核发展签。于是，内务部、砗打运埠所属的北领地海关、陈龙炳及中国驻澳大利亚总领事馆之间，便于六月至七月份这个时段里，为此事不断公牍往返。

首先是中国总领事魏子京对此事有自己的解释。他表示，从递交上来的原始申请表格上看，所填写的陈兆添出生地确是香港；但因申请表格所要求的信息是固定的，即需要填写申请人的籍贯，而表格上填写的陈兆添籍贯就是台山县六村，即秀塾村。无论从哪个方面说，台山也好，六村亦罢，都是属于广东省，是在中华民国的版图内以及实际管辖之下，因此，中国总领事馆在接到上述申请时，自然将其视为国民，同等处理。何况中国人总是强调血缘和宗族关系，而这又与地域相关，并且陈兆添的申请材料里也没有说明他出生之后是在香港居住抑或返回原籍生活。从这个层面上说，中国总领事馆如此处理，并无不妥。

可是内务部对上述解释并不满意，尤其是对中国人所强调的籍贯与宗族血缘关系等说法没有概念，觉得这无法说明问题，遂直接找到陈兆添的父亲陈龙炳，核对其子之出生地。陈龙炳表示，他的父亲早年从台山家乡去到香港，成为英国殖民统治下的居民，他本人就是出生在香港，然后从原籍台山县娶妻黄氏，至其子陈兆添亦出生于香港。因此，其子也是英国殖民统治下的居民。但因其申请材料是自己填写，确实是写明儿子的出生地是中国香港，也写明儿子籍贯是广东台山人氏，然后由"荣昌盛"号职员负责寄给在美利滨的中国总领事馆。

就此事几方面公牍往返几个月，僵持不下。最终还是由内务部长在十月份下文给北领地海关，认为此事纯因文化不同而导致认知差异，但陈兆添确实具有英国属土居民身份，应由其家长在砵打运埠海关缴纳保证金，由海关负责核发每年的陈兆添学生签证之展延。由是，此事才告一段落。此后，中国总领事馆便不再过问陈兆添的展签事宜。

而陈兆添在打运公立学校一直读到一九二七年十月，即在下学期的期中短假时，便结束了在该校的学习。在这三年半的时间里，他一直学习认真，保持优异成绩。在一九二七年上半年时，陈龙炳曾经通过当地律师向内务部提出申请，拟让陈兆添也成为澳大利亚永久居民。但内务部于六月三十日正式否决了上述申请，理由是当时正在实施执行的"白澳政策"严格限制亚裔人士申请入籍或成为永久居民。

一九二七年十月八日，陈兆添在砵打运埠登上驶往雪梨（Sydney）的"马拉巴"（Malabar）号轮船，前往那里求学。在雪梨，他的接待人是永和果栏（Wing Wah & Co.）的方三（Fong Sam），后者是中山县人氏，或许与他们在台山县的家族有亲戚关系或者商业往来。十月三十日，陈兆添在雪梨注册入读纽因顿学院（Newington College），主修商科课程，到次年年底结束。因没有语言障碍，他在这一年多的时间里学习成绩相当好，顺利完成各项课程，并在学校放假前参加了雪梨大学（University of Sydney）的入学考试。

一九二九年初，十八岁的陈兆添从雪梨北上，前往昆士兰省（Queensland）的汤士威炉（Townsville）埠，他打算先在此探亲访友，然后从这里返回中国。可是到四月份时，他又决定不回中国了，说是要等去年底报考雪梨大学的成绩，以便定夺下一步的行动。内务部了解到他此时只是游山玩水，并没有再注册入读任何学校时，就决定不再给他展签，并且严令他尽快安排船票离开。当汤士威炉海关接到内务部的指示要其催促陈兆添离境时，却表示一时间难以执行，因为此前汤士威炉发生了一起银行抢劫案，陈兆添是目击证人。按照澳大利亚的司法程序，此案终审的日期是九月份，作为目击证人的陈兆添应该留在当地，一旦审理需要时，他可以出庭作证。既然如此，内务部只好将其签证展期到这一年的九月底，并仍然叮嘱海关，要求陈兆添于等待这段司法审判的时间里在当地学校里注册读书。

到九月份，原定的汤士威炉银行抢劫案审理结束，陈兆添并没有像原来预期的那样需要出庭作证。但他在签证到期后，突然向内务部提出，要申请两年的展签，因他要加入詹士胜（James Sing）开设的公司James Sing & Co.，开展对华直接贸易，他也可以从中学习贸易的技巧。该公司位于小镇塔利（Tully），地处昆士兰北部重镇坚市（Cairns）南面一百五十公里处，是昆士兰香蕉和甘蔗的重要产区，物产丰饶。詹士胜的公司注册才两年，有三名欧裔职员，一名华人，但如果陈兆添加入的话，他的中文有相当的底子，加上英语流利，可以起到与中国的生意上沟通的重要作用，从而协助该公司的贸易发展。但内务部通过了解，得知该公司一年的营业额也不过三千多镑，而且此前也从未做过对外贸易，因而否决了他两年展签的申请。但考虑到他需要一点时间学习经商之道，内务部还是额外开恩，于十一月二日决定，给他六个月的展签，即从十月一日到次年三月三十一日。此项展签的条件是，他必须给昆士兰海关缴纳一百镑的保证金。

陈兆添见目的无法达到，而六个月的展签对他来说没有意义，遂决定返回中国。一九二九年十二月二十四日，圣诞节的前夕，他从小镇塔利赶到坚市，登上于同一日路过而停靠该港口的"太平"（Taiping）号轮船，前往香港，回家去了。而档案上的说法则是，他从该地返回中国。显然，在澳人平时的印象里，无论华人是从香港来的还是从中国其他地方来的，他们都视其为中国人。

总计陈兆添来澳留学五年半多一点的时间，其中真正读书四年半左右，有一年的时间是在找工作中度过。

一九二三年七月二十四日，陈龙炳填表向中国驻澳大利亚总领事馆申办儿子陈兆添来澳留学事宜。

一九二四年二月六日，中国驻澳大利亚总领事魏子京为陈兆添签发的中国学生护照。

档案出处（澳大利亚国家档案馆档案宗卷号）：

Chin Sue Him - student, NAA: A1, 1929/4641

雷㷍、雷梅兄弟

台山塘面村河木里

　　雷㷍（Louey Lim），宣统三年十月初二日（公历一九一一年十一月二十二日）出生；雷梅（Louey Moy），生于民国元年十二月初八日（公历一九一三年一月十四日），籍贯皆为台山县塘面村河木里，[①] 两人为兄弟。兄弟俩的父亲是雷维炜（Whay Way，也写成Louey Whey Wey），出生于一八六四年十月十二日。二十二岁那年，雷维炜跟随大潮，与乡人结伴到澳大利亚发展，一八八六年五月十六日在域多利（Victoria）殖民地的美利滨（Melbourne）登陆，随后便进入其东北部内陆距美利滨约二百五十公里的柱加据打（Wangaratta）地区发展。[②] 该地位于鸟修威（New South Wales）与域多利交界的重镇朵备利（Albury）埠南面约八十公里，是肥沃的农业地区，种植业发达。雷维炜便在这里当菜农和果农，也经营一个菜园铺，就以其英文名字Whay Way作为这个小商铺的名字。

　　澳大利亚自一九二一年开始，开放给中国青少年来澳留学，两年间便涌进近三百名留学生。有鉴于两个儿子都已经满了十岁，雷维炜觉得是可以将他们办到澳大利亚来留学的时候了。于是，一九二三年六月十九日，雷维炜

---

① 塘面村，民国以前为塘面圩或塘面乡，后称大塘村，现改称新大塘村；河木里为其毗邻之村，现叫河木村。

② WEY Louey Whey：Nationality-Chinese；Date of Birth-12 October 1864；Date of Arrival-16 May 1886：First Registered at Wangaratta，NAA：MT269/1，VIC/CHINA/WEY LOUEY WHEY。

便为他们二人一起填好申请表，送交给中国驻澳大利亚总领事馆，申办他们的留学护照和入境签证。他以自己经营的菜园铺作保，但并没有说明每年要提供给他们的膏火费为多少，只是希望将两个儿子办来枉加据打学校（State School，Wangaratta）念书。中国总领事馆接到上述申请后，可能在核对资料尤其是补充担保人提供的膏火费等问题上花去了一些时间，但总体而言，审理还算顺利。到八月九日，中国总领事魏子京便为雷爃和雷梅兄弟俩签发了中国护照，号码分别是315/S/23和316/S/23。第二天，澳大利亚联邦政府内务部也核发给他们入境签证，然后在当天将护照退回给中国总领事馆，由其再寄送给护照持有人，以便他们尽快来澳留学。

在台山家乡的雷氏兄弟家人接到上述护照之后，花了大半年的时间，为他们找好回国探亲结束后要返澳的同乡，请其在归程中携带和照顾这两个从未出过远门的孩子，雷爃和雷梅兄弟俩才得以从家乡台山赶赴香港，搭乘"丫拿夫拉"（Arafura）号轮船，于一九二四年四月二十四日抵达雪梨（Sydney），入境澳大利亚。雷维炜本人因照看自己的生意无法离开枉加据打，遂委托在雪梨开设铺头的同乡余炳耀（Charlie Yee）前往海关将这两兄弟接了出来[1]；同时，再委托在朵备利也是经营菜园铺的另一个同乡哈利元（Harry Goon，亦即雷元）[2]去到雪梨接应余炳耀，用接力的形式，把这两个孩子带回到其所居住的朵备利埠，维炜本人再从枉加据打前往朵备利，将孩子带回他的住地。

两个多月之后，十三岁的雷爃和十一岁的雷梅兄弟俩才于七月一日正式注册入读位于枉加据打的第六百四十三号公立学校（State School of No 643，Wangaratta，亦即枉加据打学校）。对于这兄弟俩的入读，该校

---

[1] 余炳耀此时在雪梨做经纪行。见：Man Yee [also known as Jack Puie and Charlie Yee] [includes 17 photographs showing front and side views; left hand and finger prints and left and right thumb prints] [issue of CEDT in favour of subject] [box 321], NAA: SP42/1, C1936/2935。

[2] 雷元在一八九二年便从台山家乡来到澳大利亚发展。见：GOON Louey: Nationality - Chinese: Date of Birth - 1877: Arrived May 1892: First registered at Wodonga, Victoria, NAA: MT269/1, VIC/CHINA/GOON LOUEY/1。

校长傅咸瑞（Henry Francis）很不高兴，觉得这是政府在给他增添负担。他认为，把毫无英语基础的移民儿童硬塞进现有的学校里，既对这些听不懂任何课程的外来者不公平，增加他们对学习的畏惧，也对现有的学生产生不利影响，因为总是拖慢课程的进度。他认为，政府事实上应该在美利滨设置一间专门的学校，以接收这样的移民学生，让他们适应当地的语言环境之后，再将其派入各级学校。根据傅校长的报告，哥哥雷燷入学半个月后，才认识四十个单词，而且此后不久就因眼病，视力受到很大影响，不得不接受治疗，一直治疗了两个月方才使视力有所恢复，尽管他也算是个认真学习的孩子，但其进步显得较慢。而弟弟雷梅则要好得多。入学半个月之后，他已经认得五十个单词，一直到这一年十二月十八日学校放假时，虽然他也因水土不服陆陆续续请病假达四十天之多，但期间他的父亲雷维炜为提高他的英语能力曾延请家教，加上他天资聪颖，学习进步很大。

一九二五年新学年开学之后，雷燷和雷梅兄弟俩都跟随父亲到了朵备利。因为雷维炜此前已经结束了在枉加据打的菜农生涯，并关掉了自己的小菜园铺，受雇到朵备利的薰衣草谷中的薰衣草谷菜园（Lavender Valley Garden）当菜农，加上这里也有几位他的河木村同宗兄弟，都在这里做菜农并经营一个菜园铺，正好来此做伴。而雷家兄弟俩也就顺势转学进入朵备利公立学校（Public School，Albury）。在这间学校里，雷梅的表现一如既往。根据该校校长莫里斯（Nathan Morris）在这一年年底的报告，雷梅各方面的进步都很大，但英语仍然是其中最弱的一项。他在校循规蹈矩，且衣着整洁，精神面貌非常阳光。哥哥雷燷的视力也有所恢复，校长对他的评价也跟他的弟弟一样，并且说明他学习更加认真，总是力求做好每门课程作业。由此，雷家兄弟俩就一直在朵备利公立学校读了下去。

一九二六年的校长报告显示，对于哥哥雷燷的在校表现总的来说是满意的，并且表明他的英语能力有所提高，数学特别突出，而且也是衣冠整洁，正常上课。在学校里，雷燷还给自己取了一个英文名，叫做Walter Lim。但到一九二七年三月十九日，十六岁的雷燷便与年长他一岁的同村同宗兄弟雷超昌（Joe Chong）和雷超元（Joe Goon）一起结伴去到雪梨，[①]登上驶往香港的"彰德"（Changte）号轮船，回返中国去了。按照规定，在走之前他告知了中国总领事馆自己离境的信息，但没有说明理由，也没有要求申请再入境签证。

但雷梅没有跟着哥哥一起走，而是留下来继续读书。此后学校有关雷梅的报告，一直也未再提及其英语能力，只是特别强调他的美术和数学课成绩优异。到一九二七年底的报告显示，他的英语虽然还不是很强，但已经有非常大的进步。只是到一九二八年四月十四日，留学澳大利亚已四年的雷梅也步其兄长后尘，从朵备利去到雪梨，在那里搭上"吞打"（Tanda）号轮船，返回中国去了。此次，十五岁的雷梅是独自离开朵备利，事前他告知了中国总领事馆离境的信息，但没有说明理由，也没有要求申请再入境签证。此后，澳大利亚的档案中便再没有他的消息。

雷I在回国待了一年、见到了从澳大利亚回来的弟弟雷梅后，又想重返澳大利亚读书了。可是他并不是和弟弟一起回澳，而是要和与他一起回国探亲的雷超昌及雷超元再次结伴，一同返回澳大利亚读书。于是，他们先跟朵备利的基督兄弟会书院（Christian Brothers' College）联络，想入读该校。此时已实施修订过的《中国留学生章程》新规，所有中国学生须就读于私立学校，而该校提供中小学完全教育。他们三人之前都是在公立学校读小学，此时因年纪已大，自然也不愿意再读小学，进入中学课程则比较适合于他们。朵备利基督兄弟会书院的院长接到三位学生的申请后，于一九二八年九月二十八日致函中国总领事馆，同意录取他们入读。于是，一九二八年十月二日，中国总领事致函内务部秘书，为上述学生的再入境读书申请签证。在这封信里，总领事说，去年这三位学生离境回国时，虽然报告了总领事馆但并没有要求代为申请再入境签证，原因是他们根本就不知道还需要有这样的程序。但鉴于上述学生此前在校表现正常，历年的校长报告亦对其表示满意，此时基督兄弟会书院也愿意接受他们入读，一切都符合签证要求，故请内务

---

① 雷超昌和雷超元的留学档案见：Joe CHONG - Students passport, NAA: A1, 1930/4778及Joe Goon - Student's passport, NAA: A1, 1931/6178。

部秘书为其核发入境签证。内务部接到申请后，虽然内部讨论时觉得他们离境超过一年半的时间，担心他们原先才有了一定基础的英语能力会大打折扣，影响其继续留学，但考虑到他们原来学校的评语不错，而且他们仍然年轻，远未达到中国留学生来此读书的年龄上限，因而也就最终通过申请。十月十日，内务部秘书函告中国总领事馆，表示同意核发再入境签证，有效期一年，条件是三位学生必须在一九二九年二月之前入境，且必须入读朵备利基督兄弟会书院。

获得签证后，雷燫便与雷超昌和雷超元准备好行装，赶往香港，从那里乘坐"山亚班士"（St. Albans）号轮船，于一九二九年一月二十三日抵达雪梨入境，再从这里转乘火车，前往朵备利。二月十七日，他们三人正式注册入读朵备利基督兄弟会书院。院长对雷燫的评语较之以前他在公立学校时更高，认为他求知欲很旺，总想把英语能力再提高一个档次，故而各方面表现都很好。由是，他在这里一直读到一九三一年底，到学期结束，共约两年的光景。

一九三二年初，又到了要申请展签的日子。但二十一岁的雷燫已经决定要结束在这里的留学生涯，返回家乡，因而通知中国总领事馆不要再为其申请展签。鉴于签证有效期是在这一年的一月底，他想趁学校放假之后，再在澳大利亚多待上几个星期，去几个城市探望朋友，顺便道别，故同时又请求中国总领事馆能为他向内务部说明，给予他额外几个星期的签证，然后他就乘船回国。既然雷燫计划得如此清楚，所需时间也不长，并且明白表示即将返回中国，内务部也就慷慨地应允，于二月二十三日函告中国总领事馆，将其签证有效期延长至三月三十一日。

由于船期安排需要时间，雷燫的离境时间超过了签证有效期二十天。对此，内务部也很清楚，并不计较，因为有时候船期会相隔好几个星期，或推迟出发，这在当时都是很正常的事，不足为奇。一九三二年四月二十日，在澳留学前后总计六年时间的雷燫登上了"太平"（Taiping）号轮船，离开雪梨，告别澳大利亚，回返中国。当然，跟他结伴而行的，还有雷超元，他也结束其在澳学习，返回中国。显然，他们是事先约好同进退的。

此后，澳大利亚档案中再未见到任何与雷燫相关的信息。

一九二三年六月十九日，雷维炜填表向中国驻澳大利亚
总领事馆申办雷梅的赴澳留学护照和入境签证。

一九二三年八月九日，中国驻澳大利亚总领事魏子京为雷梅签发的中国学生护照。

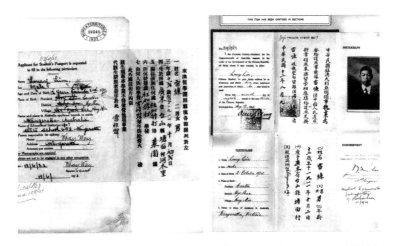

左为一九二三年六月十九日，雷维炜填具申请表，向中国驻澳大利亚总领事馆
申办雷燦的赴澳留学护照和入境签证。右为一九二三年八月九日，中国驻澳大利亚
总领事魏子京为雷燦签发的中国学生护照。

左为一九二八年雷爌重返澳大利亚留学入关时提供的证件照。右为一九二八年九月二十八日，朵备利基督兄弟会书院院长同意录取雷爌和雷超昌的信函。

档案出处（澳大利亚国家档案馆档案宗卷号）：

Louey Lim - students passport, NAA: A1, 1932/1085

Louey MOY - Students passport, NAA: A1, 1927/8135

邝保鋆

台山潮溪村

邝保鋆（Fong Boo Quan）生于一九一一年十月六日，是台山县潮溪村人。

他的父亲名邝基（Fong Kee），生于一八五五年。邝基青少年时期都待在家乡，直到二十五岁时（约在一八八〇年），才跟随乡人南渡，奔赴澳大利亚打工，进入雪梨（Sydney），依靠厨艺得以在澳立足。[①] 一九一〇年底，在澳打拼了三十年且年过半百的邝基从雪梨返回家乡探亲，邝保鋆便是他此次返乡探亲的结果。邝基于次年返澳后，便转而前往濒临印度洋的西澳（Western Australia）发展，在珍珠养殖基地布冧（Broome）埠定居下来，开了一间以自己名字命名的杂货铺，即"邝基"号商铺。[②]

到一九二三年儿子邝保鋆十二岁时，邝基便计划将他办到澳大利亚留学。七月七日，他备齐资料，填表向位于美利滨（Melbourne）的中国驻澳大利亚总领事馆提出申请，办理其子赴澳留学的护照和入境签证。他以自己经营的"邝基号"商铺作保，允诺每年提供膏火四十镑给儿子，作为其在澳留学期间所需之经费，准备将儿子送入布冧当地由罗马天主教会主办的苏姑庵堂学校（Convent School）念书。

由于布冧距美利滨路途遥远，联络费时，通讯不便，中国总领事馆在接

---

① Fong Kee，NAA: SP42/1，C1910/5216。
② Fong Kee [Chinese], NAA: K1145, 1912/152。

到邝基递交上来的申请后，处理得比较慢，半年之后，直到这一年的十二月二十八日，中国总领事魏子京才给邝保鎏签发了中国学生护照，号码是367/S/23。等过了第二年的元旦后，一九二四年一月三日，中国总领事馆顺利地从澳大利亚联邦内务部为这位中国小留学生拿到了入境签证。随后，中国总领事馆按照邝基的要求，将护照寄往中国，以便邝保鎏能尽早来澳留学。

经过近半年的准备后，邝保鎏搭乘从新加坡中转的"蛇发女妖"（Gorgon）号轮船，于一九二四年六月二十八日抵达布厍港口入境。邝基让儿子在家里稍事休息了几天，熟悉一下周围的环境，七月七日便带他去到苏姑庵堂学校，正式注册入读。三个月之后，校长向内务部提交的例行报告表明，邝保鎏的在校表现极佳，英语能力进步快。校长认为，这个中国小留学生读书非常用功，身体健康，遵守校规，总体学习状况良好。他就以这样的学习态度，规规矩矩地在这间教会学校读了三年半的书。每次校长的例行报告都对他赞不绝口，将其视之为该校学生的典范。

从一九二八年新学年开始，十七岁的邝保鎏便不再去上学了。事实上，事先他曾告诉过苏姑庵堂学校校长，新年过后就不来上学了，他打算近期就返回中国。可是，该校校长并没有及时将此信息转达给内务部，而邝保鎏本人也没有知照中国总领事馆，以致到这一年六月份时，中国总领事馆还为他申请展签。而内务部根据他此前一贯的良好表现，居然也对此申请照准。

可就在中国总领事馆与澳大利亚内务部就其展签之事公牍往返之时，邝保鎏已于这一年六月二十二日在布厍登上"加斯科涅"（Gascoyne）号轮船，驶往新加坡，从那里转道返回中国。离开之前，他同样没有告知中国总领事馆，也没有请其代为申请再入境签证，这就意味着他此行将一去不返。他的档案也到此中止。

邝保鎏在澳留学四年，但只是念了三年半的书。在回国之前的半年里，他没有上学，显然是利用这段时间协助父亲，在商铺里当下手，学习经商之道，为回国进入社会谋生做事打基础。此后，他再也没有重返澳大利亚。

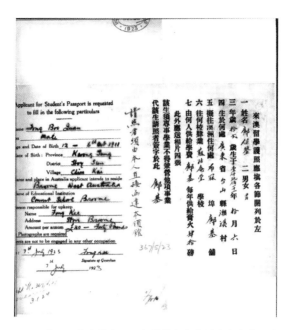

一九二三年七月七日，邝基填表向中国驻澳大利亚总
领事馆申办儿子邝保鋆来澳留学的护照和签证。

一九二三年十二月二十八日，中国驻澳大利亚总领事魏子京给邝保鋆签发的中国学生护照。

档案出处（澳大利亚国家档案馆档案宗卷号）：

Fong Boo Quan - Student passport, NAA: A1, 1928/5662

刘文湛

台山名岗村

刘文湛（Lew Mon Jarm，或写成Lew Won Yarm）是台山县名岗村人，[①]生于一九一一年十一月十日。他的祖父是一八六九年二月九日出生的刘子（Henry Till），大约在一八八三年左右，当他还是一位十四五岁的少年之时，便跟随着乡人赴澳淘金以发家致富的大潮，桴海南渡，来到新金山美利滨（Melbourne），寻找发展机会。[②]后来，他在美利滨立下了脚跟，于小博街（Little Bourke Street）一百三十号开设了一间生果铺，叫做H. TILL（刘梓号），主营水果和蔬菜，外加土洋杂货销售；经多年经营，业务不断扩大，到二十世纪二十年代之后，他再将商行搬迁到美利滨城西的皮路街（Peel Street）三十五至三十七号，主要做蔬果和杂货批发生意。

一九二一年是澳大利亚正式实施《中国留学生章程》开放中国学生赴澳留学之年，而这一年刘文湛也刚好满十周岁。看到周围许多乡人都在申请自己的子女来到澳大利亚留学读书，刘子也不甘落后，便于九月十二日填好申请表，备妥相关资料，以监护人的身份，向中国驻澳大利亚总领事馆申领孙子刘文湛的赴澳留学所需护照和签证。他以自己经营的商行刘梓号（H. TILL）作保，承诺每年提供足镑膏火给孙子，即需要多少便供给多少，以此

[①] 护照上的籍贯写成了"香山"，显然是中国总领事馆人员误写，因申请表上填的是台山，名岗村也是属于台山。

[②] TILL Henry：Nationality-Chinese；Date of Birth-9 February 1869；First registered at Little Bourke Street，NAA：MT269/1，VIC/CHINA/TILL HENRY。

作为其来澳留学期间所需之花费，要将孙子办来美利滨，进入若丝砀街公学（Rathdown St. State School）念书。

中国总领事馆接到上述申请后，审理的速度还算是比较快的，用了约一个半月左右的时间。十月二十五日，总领事魏子京便给刘文湛签发了一份中国学生护照，号码是114/S/21，然后立即送往澳大利亚政府内务部为其请领留学入境签证。可能是到年底了，当年递交上来的签证申请较多，需要排队等候，这样就又耗去了几周的时间。直到十一月十六日，内务部才把签证章钤盖在这份护照上，随后退回给中国总领事馆，由后者按照指引，将护照寄往香港的新发隆商行代为转交给持照人刘文湛，并负责为其安排赴澳行程。

刘文湛的家人收到上述护照后，经过半年多时间的联络与安排，找到了同行的成年监护人，通过新发隆商行订妥船票，便将刘文湛送往香港，搭乘驶往澳大利亚的"丫剌夫剌"（Arafura）号轮船，于一九二二年八月七日抵达美利滨，入境澳大利亚。刘子去到海关，将孙子接出来，住进了当时还开设在小博街上的商行里。

从一九二二年九月十六日开始，刘文湛便正式注册入读若丝砀街公学。入学时，他取了一个英文名字，叫Norman Jarm（罗曼·湛）。由于年龄小，此前在中国也读过几年书，加上本身知道要刻苦读书，也懂得努力去学习英语，故他很快就适应了澳大利亚这里的学习环境，各科成绩优异，不断升级；同时，他也遵守学校的各项纪律和规定。由是，他备受老师和校长好评，在这间学校读了整整六年半的书，完成了小学和中学课程。

一九二九年新学年开学后，十七岁的刘文湛离开了若丝砀街公学，于二月份升读位于美利滨城里的工人学院（Working Men's College）。因此前在若丝砀街公学的优异表现，他获得了工人学院发放的一份奖学金。该奖学金相当丰厚，为期两年。像当时的大部分留学生崇尚科学救国的理念一样，他选读的是电气和机械工程课程文凭。在进入工人学院的两年免费上学的时间里，他同样是以积极认真的态度和努力学习的精神赢得了好评，顺利地完成了上述课程。从一九三一年开始，他又选修管道工程和煤气安装课程，在一年的学习中，同样也是成绩优秀。

自进入澳大利亚读书，转眼之间就过去了十个年头，刘文湛也年满二十岁，他想家了，于是计划回国探亲。一九三一年十一月二十五日，他致函内务部秘书，表示下个月就启程回国探亲，为期一年左右，但希望在度完假之后，能重返美利滨继续完成学业，特向内务部申请再入境签证。因他在工人学院是出了名的学习尖子，上述管道工程和煤气安装课程总教习得知他要回国探亲的愿望之后，也致函中国总领事馆，表示在其结束探亲回澳后，非常愿意接受他重返工人学院念书；然后，中国总领事馆也正式代刘文湛向内务部提出上述申请。鉴于其在校表现良好和学习成绩优秀，加上他距中国学生在澳留学最高年限二十四周岁尚有几年，故内务部秘书在核查无误之后，于十二月八日正式批复了上述申请，给予刘文湛十二个月内返回澳大利亚的有效签证，有效期从其离境之日起算。

在办妥上述手续之后，正好工人学院也到了放暑假之时。于是，十二月十四日，刘文湛便在美利滨港口登上澳东轮船公司经营的驶往香港的"太平"（Taiping）号轮船，返回中国探亲。鉴于其签证有效期是一年，因此，他遵守规矩，在有效期内赶回来澳大利亚，于次年年末搭乘从香港起航的"利罗"（Nellore）号轮船，一九三二年十二月七日抵达美利滨，再次入境澳大利亚。而此时工人学院正处于放暑假期间，他在这段时间无法入学就读，就在祖父已经搬迁到皮路街的商行里帮忙做点事情。

可是就在他刚刚回到美利滨的这个时候，因祖父身体原因，他计划中的继续学业发生了一些波折。刘文湛的祖父刘子六十三岁了，此时因病无法有效地管理商行，便向中国总领事馆陈情代为申请，希望由刚刚从中国探亲回来的孙子刘文湛暂时将学生签证转变为商务签证，代其管理商行，以便他可以遵医嘱休养康复。十二月十九日，接到上述申请后的内务部秘书便指示海关核查刘子到底罹患何种疾病以及H.TILL商行的营业额等相关情况，以便决定是否可以对此予以批复。十二月三十日，美利滨海关稽查官葛礼生（J. Gleeson）向内务部提交了调查报告。他在接到指示后，便直接去到位于皮路街的H.TILL商行，确实也见到了刘子，经其观察，这位已经六十多岁的商行老板脸色呈病态，确属久病在身的样子，且医生证明也说明是因肾脏有病变，导致其身体日虚，需要调养。而经向工人学院走访了解，刘文湛此前的在校表现非常好，又已在澳读了约十年书，如果真做起商行经营，自然也是完全可以胜任。葛礼生先生同时也了解到，目前H.TILL商行主要是由刘子夫人在具体负责管理，[①] 她目前除了由刚刚从中国返回的刘文湛帮手之外，还有一位她自己生养的孩子，已经快成年了（由此看来，显然是比刘文湛年纪还要小些），也来帮手。该商行主营是生果批发，上一财政年度的营业额是二千二百二十八镑。内务部秘书接到上述报告后，向内务部长作了汇报，后者鉴于该商行只是做本地生意，营业额也不是很大，刘夫人还有快成年的儿子可以帮手，便否决了上述申请。一九三三年一月十八日，内务部秘书将上述决定正式函告中国总领事馆。

刘子收到中国总领事馆转来的上述拒签信，再于二月二日直接致函内务部长，附上医生有关其病症的证明，在函中特别说明其商行目前也正在做海外贸易，再次请内务部长重新考虑其申请。在刘子的恳请下，中国总领事陈维屏也于二月三日致函内务部秘书，提出同样的要求。内务部秘书在接到上述信函后，认为既然有海外贸易，应该核查一下。海关记录显示，一九三二年十一月二日，H.TILL商行曾通过从美利滨驶往香港的"南京"（Nankin）号轮船运送五吨当地的"彩虹"牌面粉，由香港的一家商行接收。此外，本地面粉商托马斯父子洋行（W. C. Thomas & Son）也受H.TILL商行委托，通过班轮运送同等数量的面粉前往香港。这是该商行所从事澳大利亚商品出口的全部记录。根据上述出口记录，内务部秘书认为这些面粉出口的贸易量不大，无法改变其主营国内市场和产品的性质，经提议给内务部长之后，于二月二十四日再次否决了上述申请。

见上述申请不奏效，刘子便又搬出了其合作伙伴托马斯父子洋行来为之说情。三月三日，洋行创办者老托马斯先生致函内务部秘书，表示刘子的商行目前正在协助他的面粉公司开拓海外市场，如果不能使用其孙子刘文湛协助管理，则刘子因病休养会导致两家公司的努力前功尽弃，希望能重新考虑

---

① 档案中没有说明刘夫人何时来澳，也没有说明这位夫人就是刘文湛的亲生祖母。很可能刘子夫人是在澳出生的华人，或者就是西人或混血人士，是刘子在澳另娶的夫人。

上述拒签，给他一个机会。但六天后内务部秘书复函，仍然维持前议，并重申刘夫人主持其夫所创办的商行业务，再加上有其子协助，也能维持日常运作并继续进行海外市场的拓展。

在预感到上述老托马斯的陈情力度不够的情况下，刘子再和夫人商量，由后者以她的名义于三月六日再次致函内务部长，陈述刘子年老力衰、疾病缠身，她本人作为一介女性，既要照顾丈夫，又要顾及生意，实在难以两头兼顾。目前情况下，虽然可望其子能尽快成长起来接班，但当前仍然难以即刻接手管理商行事务。为此，她再次呼吁内务部长能体恤其眼下的难处，给予刘文湛一年的商务签证，协助其管理商行，以助其渡过此难关。可是这一招仍然无法奏效。三月十六日，内务部秘书代内务部长复函刘夫人，还是以上述回复老托马斯的理由拒绝了其陈情和申请。

在这种情况下，刘文湛只得按照此前的安排，于一九三三年三月份返回工人学院继续念书。在此后的三年时间里，他也一如既往地以良好的成绩接近其课程的完成。一九三五年十月九日，中国总领事陈维屏致函内务部秘书。函中表示，鉴于刘文湛下个月就年满二十四周岁，到达中国留学生在澳留学的最高年限，按规定他应该在那时结束学业，返回中国，可是经与美利滨工学院（Melbourne Technical College，由原工人学院改编而成）联络，自今年起刘文湛选修的纺织业工程课程，至少尚有一年的时间方才可以读完，校方当然希望这样优秀的学生能完成此项课程，获得文凭，此后前程远大。为此，陈总领事希望内务部能考虑到他的这个实际情况，再特批他一年学生签证，以遂其愿。内务部通过海关对美利滨工学院的核查，得知校方确实对有这样的学生感到骄傲，也希望能助其完成学业，便于十一月十一日批复了上述申请，并且将有效期延长到一九三六年十二月三十一日。

由于得到内务部额外的支持，刘文湛继续努力地在美利滨工学院修读其专业课程，不知不觉地过去了大半年。到一九三六年九月二十九日，距其签证到期还有三个月的时间，中国总领事陈维屏再次致函内务部秘书，告知接获美利滨工学院纺织业课程总教习莫理森（William Morrison）的来信，表示刘文湛所选修课程即将结束，但如果他日后要在毛纺业有所发展的话，还欠缺一些训练，故希望他再读半年的附加课程，如此，可助其在此后的求职和工作中具有极大的优势。基于上述理由，陈总领事再次向内务部为其申请半年学生签证，有效期至一九三七年六月三十日。内务部长见有美利滨工学院的推荐与支持，也就好人做到底，于十月十三日批复了上述申请。

转眼之间，时间就到了一九三七年六月，经过半年的努力，刘文湛的课程已顺利完成。但在六月八日，新任总领事保君建致函内务部秘书，告知根据美利滨工学院纺织业课程总教习的来信，他们希望刘文湛能在未来三个月的时间内参加工学院的毕业典礼，从而使其在工学院的学习画上一个完美的句号。对此，保总领事也深以为然，特地向内务部为这位一再超龄学习的中国留学生再申请三个月的延签，将有效期延至九月三十日。内务部秘书接到上述申请后，将刘文湛的过往记录翻出来核查了一遍，觉得他虽然超龄近两年，也一而再、再而三地申请延签，但也确确实实地是在用心读书，成绩也很优秀，而此时已经到了其读书生涯的最后一段，所需时间也不长，就同意了上述申请，于六月二十二日将此决定正式函告保君建总领事。

经过十五年学习，刘文湛终于完成了在澳大利亚的学业，拿到了纺织专业的大学文凭。可是他参加完毕业典礼之后，并没有收拾行李回国，而是通过中国总领事馆，于当年九月二十八日向内务部提出，申请成为祖父刘子创办的H.TILL商行的店员助理。档案中没有他申请成为店员的任何理由，也没有相关的核实材料来说明内务部对此申请的处理过程，只有一个结果：十一月十五日，内务部通过了上述申请，给予他九个月的商务签证，有效期到一九三八年六月三十日。这个时间正好是卢沟桥事变后日本全面侵华、中国全面抗战初期，或许这部分地解释了澳大利亚内务部何以顺利批复其成为上述商行店员。

由是，二十六岁的刘文湛从此便留在了美利滨，服务于祖父的商行。他的档案也到此中止，此后在澳大利亚档案馆中再也找不到与其相关的档案。也就是说，他此后是最终留在了澳大利亚并加入澳籍，还是几年后返回中国，抑或是去了香港，不得而知。

一九二一年九月十二日，刘子填表申办孙子刘文湛赴澳留学之护照和签证事宜。

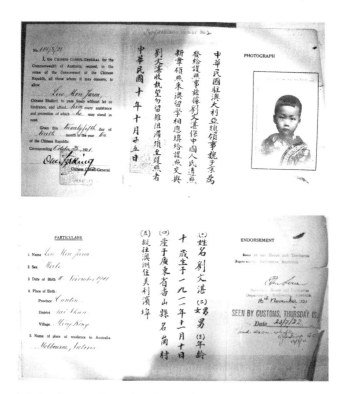

一九二一年十月二十五日，中国驻澳大利亚总领事魏子京给刘文湛签发的中国学生护照。

档案出处（澳大利亚国家档案馆档案宗卷号）：

Lew Mon Jarui - Students Passport, NAA: A1, 1937/1710

广东华侨史文库

民国粤人赴澳大利亚留学
档案全述

（台山卷·下）

粟明鲜　编著

南方出版传媒　广东人民出版社

·广州·

刘洪义

台山坑口村

刘洪义（Hong Gay，或写成Lew Hong Gay），宣统三年十二月初二日（公历一九一二年一月二十日）出生于台山县坑口村。其父刘松（Lew Chong），一八八二年八月二十五日出生于家乡，七岁时，于一八八九年九月搭乘"依市顿"（Eastern）号轮船从香港驶抵尾利伴（Melbourne），[①]入境澳大利亚，在这块南方大陆成长并寻找发展机会。及至在尾利伴长大，他便留在这里发展，加盟于由台山人合股组成在当地颇具名气的果菜商行——"者路顿果栏"（亦叫"者利顿果栏"，Geraldton Fruit Co.）。因档案中没有相应记载，无从知晓他是果栏的小股东，还是在果栏里打工，但他生活相对稳定，有一定的积蓄则是无疑的。

待儿子刘洪义年满十一岁之后，刘松认为将其办理来澳留学的时机已至，遂于一九二三年三月十二日，向中国驻澳大利亚总领事馆递交表格，申办儿子的留学护照和签证。他以"者路顿果栏"作保，应承每年提供膏火五十六镑以充其学费和生活费等开销，想让刘洪义入读靠近城里位于尾利伴大学（University of Melbourne）附近的加顿埠末士准士学校（Rathdown Street

---

① 目前找到的仅有一份与他相关的档案（外侨证）上说，刘松是一八八九年九月抵达澳大利亚。按其出生于一八八二年的记载来看，他当时刚满七岁。从当时赴澳寻求发展的广东人多为十几岁到二十几岁、部分人超过三十岁的青壮年这一结构来看，七岁这么小的孩子夹杂在这些人中，经过漫长的航行来到澳大利亚，必须是在年长的父兄辈带领下，方可成行。另一种可能其父兄早年来澳，于立下脚跟后回国探亲，返澳时将年幼的儿子或者无人照顾的小兄弟带上。见：CHONG Lew-Arrived Melbourne per Eastern Sept 1889，NAA：B78，Chong/L。

State School，Carlton）。

　　接到上述申请后，中国总领事馆按照流程核查审理。三个月后审理完毕，总领事魏子京于六月十四日依例为刘洪义签发了中国学生护照，号码是286/S/23，并在当天也为其拿到了澳大利亚内务部核发的入境签证。在中国的刘洪义家人接到护照后，经过几个月的联络与安排，到这一年的十一月便将其送往香港，搭乘"获多利"（Victoria）号轮船，于十二月十七日航抵尾利伴港口入境。刘松从海关将儿子接出，与自己住在一起。

　　一九二四年新学年从一月二十九日开始。当天，十二岁的刘洪义便正式注册入读末士准士学校。在入学后的一年里，校长提供的例行报告都很简单，只是说这位中国少年学习成绩令人满意。直到这一年底学期结束，校长才在报告中特别说明，刘洪义的英语操说及书写能力有了很大的提高。此后，他一如既往，各项成绩都保持优秀，认认真真地在这间学校读了三年半的书。

　　从一九二七年六月开始，刘洪义跳级转学进入设在尾利伴城里的工人学院（Working Men's College）的预科学校（Preparatory School），为升入专科学校或大专做准备。他在这里一直读到次年年底，期间一直保持各项成绩突出，被视为勤学上进的好学生。过了十七岁之后，刘洪义结束了在预科学校的学习，于一九二九年四月正式入读尾利伴技术专科学校（Melbourne Technical School），同样是以优异成绩在该学校读了一年半的大专课程，到次年九月结束。随后，他于十月再次返回工人学院注册，读大学课程，主修工程机械课程，同样是成绩优异。一九三一年下半学期开始，他转而倾全力修读汽车机械课程，于次年四月结业。

　　一九三二年五月十四日，二十岁的刘洪义结束了在澳大利亚八年多的留学生涯，在尾利伴港口登上驶往香港的"彰德"（Changte）号轮船，回返中国。[1]在八年的时间里，他从原先不谙英语，到一年后能说能写，并不断跳级，拿到了工程机械的大专文凭，是名副其实的学成归国。

---

① Hong Gay Tew ex "Victoria" December 1923 - Departure from Commonwealth per "Changte" May 1932, NAA: B13, 1931/992。

左为一九二三年三月十二日，刘松递表向中国驻澳大利亚总领事馆申办儿子刘洪义的留学护照和签证。右为护照申请表背面所贴之刘洪义照片。

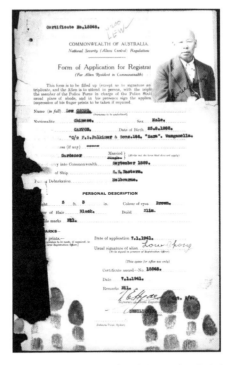

一九四一年一月七日，刘松所获之外侨证及在证书上的手印。

档案出处（澳大利亚国家档案馆档案宗卷号）：

Hong Gay - students passport, NAA: A1, 1932/640

赵邦、赵宁兄弟

台山大塘口村

　　赵邦（Chew Bong）出生于一九一二年（档案中原文为一九二二年，应该是笔误）三月十五日，赵宁（Chew Ning）则生于一九一四年十月十日，他们是兄弟俩，台山县大塘口村人。他们的父亲名叫赵扶（Chew Foo），字伯平，出生于一八六八年六月，[①]于十九世纪九十年代前后来到澳大利亚发展，后来定居于美利滨（Melbourne），与人合股在唐人街里的小兰市地街（Little Lonsdale Street）三十二号开设一间木器店，名为"枝隆木铺"（Chee Lung）。

　　一九二一年，中澳两国经过多年谈判达成的《中国留学生章程》正式实施，当时尚未严格规定中国学生来澳留学的年限，许多在澳华人遂着手申办自己的子女前来留学，其中也有人将未满九岁的孩子办来澳大利亚读书的。一九二二年，赵扶也决定将分别年满十岁和八岁的两个儿子赵邦和赵宁一起办理来美利滨念书。六月二十日，他便填好表格，递交给中国驻澳大利亚总领事馆，申办两个儿子赴澳留学护照和签证。他以自己参股经营的"枝隆木铺"作保，允诺提供给他们足镑膏火，即需要多少便提供多少，负担他们在澳留学期间的全部费用。至于他们来澳入读的学校，赵扶想将他们安排到公立学校，他当时的目标是位于美利滨大学附近加顿（Carlton）区的若丝砀街

---

① FOO Chew：Nationality-Chinese：Date of Birth-June 1868：First registered at Russell Street，Melbourne，NAA：MT269/1，VIC/CHINA/FOO CHEW。

公学（State School of Rathdown Street）。

但上述申请递交给中国总领事馆之后，一直拖了半年之后才予以处理。这可能与当时澳中双方因中国留学生大批抵澳之后出现了一些问题而需要对章程某些具体条款的修订有关，导致当时递交上来的所有申请都积压耽搁下来。直到一九二三年一月九日，中国驻澳大利亚总领事魏子京才为赵邦和赵宁两兄弟签发了中国学生护照，号码分别是208/S/23和209/S/23。三天之后，澳大利亚政府内务部也为他们核发了入境签证，并在次日将护照寄回给中国总领事馆，再由他们将其转交给护照持有者。

虽然在一九二三年的年初就接到了中国驻澳大利亚总领事馆转寄来的护照和签证，但赵邦和赵宁兄弟并没有立即成行，原因是其父亲赵扶此时正好回到中国探亲。待等到这一年的年底结束探亲后，赵扶才携带两个儿子去到香港，由这里启程，搭乘中澳船行所拥有和经营的"获多利"（Victoria）号轮船，于十二月十七日抵达美利滨入境。①

赵家兄弟抵达澳大利亚的时间，正逢这个国家的中小学校放暑假之时，他们只能到第二年的新学年开始，才能入学念书。但实际上，他们并没有进入父亲赵扶当初为他们选择的若丝砀街公学上学，而是从一九二四年二月四日开始，转而进入也是与若丝砀街公学位于同一个区由天主教会主办的圣佐治学校（St. George's Day School）就读。据校长提供的报告显示，这兄弟俩上学读书都很努力，都表现得渴望尽快学习和掌握英语，因而在校操行及学业都算令人满意。鉴于这间学校规模较小，只开设小学课程，考虑到这兄弟俩年龄尚小，读了一年，语言也尚未过关，该校老师认为，他们需要接触更多的同龄学生，才能更好更快地适应当地社会与学习生活。因此，到一九二五年新学年开始，该校将其推荐去另一家规模较大的位于美利滨城里东山（Eastern Hill）区的胜芷书院（St. Peter's School）念书，这也同样是由天主教会主办的一间完全学校，即包括小学和中学课程。在这间学校，他们

---

① Firm of Chee Lung（partners Chew Fook and Chew Foo）seek permission to being nephew of Chew Fook to Australia to help in business during Chew Fook's visit to China（Go Lew），NAA: B13, 1922/19895。

的学习成绩和其他方面的表现都一如往昔，受到好评。

但到一九二六年下半学期，这兄弟俩已经在澳大利亚留学两年半时间了，虽然在校表现和学习成绩都还算令人满意，但在英语理解能力上仍然还有很大的障碍。即便是这样，弟弟赵宁有时候干脆就不去学校上学，留在父亲的店里做帮手。好在这种情况发生的不是很多，但也引起了学校的注意，在向内务部报告时特别将此事提出来，以撇清学校的责任。内务部得知他逃学的情况，在一九二七年初致函中国总领事馆，在批准其展签的同时也对此提出警告，希望中国总领事馆告诫该学生及他的担保人暨监护人不可再次出现这样的情况，不然，其后果便是面临被遣返回国。

按说正常情况下，十二岁以下的孩童进入一个新的语言环境，很快就会适应并掌握新的语言，其口音也会与当地孩童相类同。赵家兄弟来澳时一个十一岁，一个才九岁，但在学习语言上却似乎总有一些障碍，以致胜定书院老师在其进入该校的第二年里不断地指出这一问题，认为这已经影响到他们的学习进步了。或许因为胜定书院是名校，要求高，到一九二七年新学年开学后不久，赵邦和赵宁兄弟俩就在书院的建议下，转学到司铎茨商学院（Stott's Business College），一方面就读正常班级课程，另一方面也加读语言班，以强化其英语能力。但到上学期结束时，这兄弟俩还是因为英语能力提高不大，跟不上课程进度，又从该学院退学，重新转回到胜定书院读书。直到这一年的下半学期，再经过一段时间的强化学习，老师才终于认可他们的英语能力有了一定程度的提高。

转眼便到了一九二七年底，赵家兄弟来澳留学也已经四年了。这期间，兄弟俩一直都在为提高英语能力而努力，因为英语能力高下意味着融入当地社会的程度。这个时候，他们的英语似乎有了一些改善，也让他们一直绷紧的心松弛下来，由此他们想家了，想回国探亲，放松一下。于是，在年底例行申请展签时，他们向中国总领事魏子京表达了这个想法，他们打算明年初回国探亲，但仍然想在探亲假期结束后重返澳大利亚念书，希望帮他们申请再入境签证。他们强调说，此事已经得到了胜定书院的同意。在确认之后，十二月三日，魏子京总领事便致函内务部秘书，替他们哥俩提出申请。内务部对这两兄弟的在校表现作了一番调查，也拿到了胜旺书院院长表示接受他们重返该书院念书的确认函，遂于一九二八年一月二十日批准上述申请，给予十二月的展签，同意他们在回国之后的十二个月内返回澳大利亚。上述手续办毕，兄弟俩在四月十二日登上从美利滨出发的"太平"（Taiping）号轮船，驶往香港，回国去了。①

根据条例，一年的再入境签证有效期是从中国留学生离境之日算起。但到一九二九年四月，赵氏兄弟并没有如期返回。直到四个月之后，新任中国总领事宋发祥于八月十四日致函内务部秘书，申请再为赵邦和赵宁展延六个月入境，理由是因为他们的身体健康出了问题，无法按期成行。事实上，对于这些中国留学生这样那样的延期要求，中国总领事馆基本上也想不出什么比较正当的理由，似乎申请者本人有病或者是其父母病重导致他们这些孝子无法远行，就成了中国领事机构为其申请展签的标配借口。而内务部接到申请后，认为理由正当，遂于八月二十七日复函，同意给予六个月展签，有效期至年底。实际上，内务部秘书长期处理这些展签，深知这些借口意味着什么，只是因为符合程序而不愿意点破。

从程序上看，他们的延误事出有因，申请也符合规定。但从上述六个月展签批下来之后赵扶于九月四日写给在中国的两个儿子的信来看，实际情况可能并非他们身体真正有恙，而是他们的母亲不舍得儿子远行，借故拖延罢了。这封信夹在另一份与赵邦相关的档案中，②是目前在澳大利亚以英文为主的中国学生留学档案中发现的少有的一封父亲致儿子的中文信，兹照录如下：

现求准大情尔来埠读书，限至本年新历十二月为止。如过本年十二月不来，自后尔确实不能来得。见字千祈从速依期返来，最为上策。父

---

① Chew Ning ex "Victoria" December 1923 - Departure per "Taiping" May 1928 - Request for further extension of Certificate for Exemption from Dictation Test January 1930, NAA: B13, 1930/798。

② Chew Bong（Chinese Student）ex "Victoria" January 1923 - Departure（Melbourne）per "Tanda" July 1932，NAA：B13，1932/457。黑体字为原文加了着重号者。

特嘱今将领事通传信稿付上一看，便知明白，千万返来。如尔返来，迟早回唐，亦任由汝。若尔不信**父言**，汝日后有误尔之**大事**，襯汝祖父及父亲在外，定然有**主意**，切不可听**妇人之言而累及尔将来之好处**。汝父亲生**汝**，必要信汝父亲**之言**，方为上**策**；别人**之言**，无益于**汝**。父今日注意嘱汝**返来**，实系过来，为尔等转币起见。如不信父言，自后任由尔等做何等工作，不便干涉。尔返来埠，暂时入学读书，以作别样事业者尚候机会。如不依期前**来**，机会失了，不能取回。现时各项来埠币，极难求**准**。见字速速抽身返来，襯该机会多读二三年，尔等他日，必有好结局，不然定为下等工作。尔想日后之为高上等人，立即抽身前来，免至有误**可也**。

　　顺询近佳

新历九月四日父伯平特嘱

　　从上述信函可以看出，父亲赵扶原本盼望两个儿子能如期返回澳大利亚继续读书，孰料儿子以身体有恙为由未返，他深信是两个儿子听信其母亲甚或祖母之言，不愿来澳留学，而在家中盘桓，虚度时光。在联络中国驻澳总领事缓颊此事并成功申请到半年的展签后，赵扶恩威并施地写信给儿子，希望他们摒挡一切，即刻返回澳大利亚读书，为日后发展打下良好基础。由此可见，一个在外孤独打拼奔波了几十年的父亲为了儿子的将来发展，是如何殚精竭虑，想尽了办法。

　　或许是父亲的来信起了作用，或许也是自己本身意识到不能再虚度光阴，即将年满十八岁的赵邦于入境签证有效期的最后两天，从香港搭乘"吞打"（Tanda）号轮船，于十二月三十日抵达美利滨。但十五岁的赵宁则依然以病体尚未完全康复为由，没有跟哥哥一道前来。为此，赵扶只得再次求助于中国总领事宋发祥。后者于一九三〇年一月九日再次致函内务部秘书，为赵宁陈情，表示他确实是因为身体原因无法长时间乘船，希望再为他申请展签六个月。在这个时间内一俟身体康复，赵宁便可前来美利滨继续学业。既然如此，内务部也很通融，四天之后便回复宋总领事，批准了这一申请，展签有效期至这一年的六月三十日止。但赵宁的档案也就到此中止，此后澳大利亚的档案中再无他的记录。显然，最终他并没有按照父亲的愿望来澳读书，而是留在了国内。

在一九三〇年新学年开始后，赵邦并没有按照原先的计划重返胜廷书院念书，而是选择注册入读位于美利滨东部、离城只有几公里的苏格兰书院（Scotch College）。这是一间由基督教长老会主办的中学，是美利滨最早的几间中学之一；按照传统，该校为男校，声誉卓著。刚刚入学时，校长对赵邦的印象一般，觉得他勉勉强强可以跟上学习，但到下半年，他就经常不按时到校上课，曾经连续旷课十五天半，主要是在帮其父亲打理生意；更重要的是，他的学业很不令人满意，看不出有什么进步。为此，校长在十一月二十日提供的报告中表示，可能是赵邦年龄太大了，根本就不适合在该校跟与他年龄相差较大的同学一起读书；最关键是他无心向学，这间学校是不想再要他这样的学生了。有鉴于此，内务部秘书遂于十一月二十九日致函新任中国驻澳大利亚总领事桂植，希望他与赵邦及他的父亲亦即担保人联络，在下一个年度苏格兰书院不再接收赵邦继续入读的情况下，他应该重新找一间经政府认可的私校入读，并将结果知照内务部；不然的话，他就得按照章程规定，返回中国。可是，公函发出去后，内务部一直也没有收到中国总领事对此事的回复。

一九三一年一月二十七日，新学年已经开学了，还是没有收到任何来自中国总领事馆有关赵邦究竟在哪间学校入读的信息，内务部遂指示美利滨海关部门去调查一下，看看赵邦现在的情况到底如何。三月十一日，海关向内务部提出报告说，他们终于查到了赵邦的情况，这位中国年轻人现在已注册入读位于美利滨城里的奥斯丁汽车工程学校（Austin Motor Engineering School）。事实上，这是一间修车行。据经理告知，赵邦已经支付了两镑两先令的学费，注册学习驾车及基础的修车技术。为此，海关援引《中国留学生章程》条例，认为他严重违规，此时应该是安排遣返这位中国学生回国的时候了。于是，内务部秘书于三月十九日再次致函中国总领事桂植，说明赵邦目前的情况，明确表示他入读汽车学校是不合规的。现在，他只有两条路可以选择：其一，立即选择一间政府认可的私校入读；其二，如不愿意入学，在中国总领事馆的协助下，立即安排船票返回中国。

四月八日，美利滨海关官员在办公室召见了赵邦。后者承认他刚刚接到了中国总领事馆的通知，了解到了内务部对他的决定。鉴于他已经在汽车学校缴纳了一个季度的学费，他恳请当局是否可以允许他完成了这个课程之后再入读一间私校，但海关当场予以拒绝，表示这是内务部的最后决定。在这种情况下，万般无奈的赵邦只好表示遵守规定，立即转学。但实际上，赵邦还是采取拖延战术，一拖再拖，基本上将驾车课程读完了，才于四月二十一日正式注册入读位于唐人街上的长老会学校（P. W. M. U. School）。这间学校要求不高，有很多中国留学生，自然乐于接受像赵邦这样的学生，给他们一个慢慢学习和熟悉当地社会的机会。直到这个时候，中国总领事桂植才于四月二十七日致函内务部秘书，将此结果告知，算是对此问题有了一个交代。

原本赵邦的签证是在年底到期，按规定应该在到期之前由中国总领事馆为其申请展签，但因去年底内务部在知照中国总领事桂植有关对赵邦的决定之后，由于没有最终结果，也就没有核发展签。等到赵邦不得不重新在长老会学校注册入读，并且也接到了该校校长报告，说明这位中国学生表现还算差强人意之后，内务部才于五月十二日指示海关，让其通知赵邦的监护人，通过中国总领事馆申请展签。五月二十九日，中国总领事馆代赵邦提出了上述申请。六月二日，内务部复函批准，完成了这一程序。由于此后长老会学校的报告都表示对赵邦的在校表现满意，而且，经过在澳大利亚这几年尤其是在汽车学校那一段时间与当地人天天待在一起，他的英语会话能力也有了很大的提高。故到该年年底，他又顺利地拿到了下一个年度的展签。

可是从一九三二年开始，赵邦就不去长老会学校读书了。开学后，因不见该学生踪迹，校长即刻报告给内务部，意在撇清关系。二月二十三日，内务部秘书下文美利滨海关，再让其派人核查赵邦到底去了什么地方。三天后，美利滨海关就找到了赵邦，原来他转学去了美利滨东北部的公立那体屈中学（Northcote High School）。他向海关人员解释其转学的原因是因为长老会学校没有他想要修读的课程，他想修读簿记、代数和几何，而这些课程那体屈中学都有。他表示，为此事他曾事先知照过在美利滨的中国领事馆，并欲询问此举是否可行；当日也曾去到领事馆办事处，因他当时没有见到领事本人，便要求其办公室文员转告了他的这一请求。进入该校，他支付的学费是每学期两镑两先令。当海关人员告诉他，根据章程条例，不允许他就读公立学校时，他说是因为从雪梨来的一位中国学生获准在该校读书，那么他也觉得自己可以入读这样的学校。虽然最终海关人员让他立即选择一间私校转学过去，这样才合规矩，但鉴于他现在英语口语流利，也表现得很好学，希望多学些知识，以及他已经为此在这间公立学校支付了一笔学费，故海关人员在向内务部报告时，建议让他读完这个学期再转学。但内务部并不想开这个禁，而是决定让这间学校退还其这个学期剩余的学费，坚持让他转学到私校去。无奈，赵邦只得在三月八日转学，进入司铎茨商学院就读，直到上半学期结束。

　　一九三二年七月一日，学校放假了。二十岁的赵邦决定结束其在澳的留学，当天便登上"吞打"号轮船，离开美利滨，返回中国。这一次，他没有通知中国总领事馆，也没有申请再入境签证。显然，他是经过深思熟虑后决定回国的，并且已经有了回国后的打算。

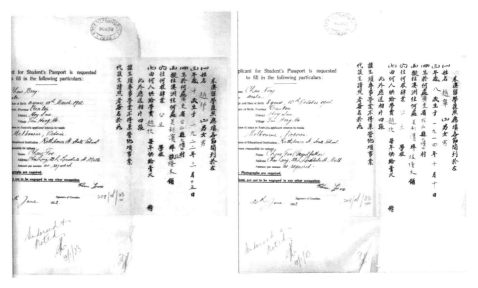

　　一九二二年六月二十日，赵扶为办理儿子赵宁和赵邦来澳留学，向中国驻澳大利亚总领事馆递交填写好的中国护照和入澳签证申请表。

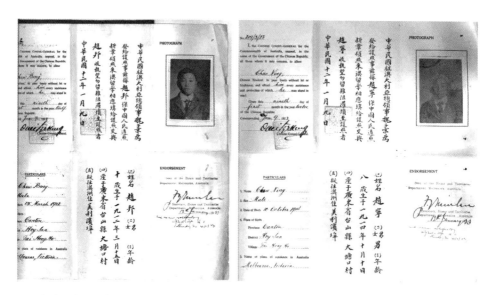

左为一九二三年一月九日，中国驻澳大利亚总领事魏子京为赵邦签发的中国学生护照。右为一九二三年一月九日，中国驻澳大利亚总领事魏子京为赵宁签发的中国学生护照。

一九二九年八月，赵邦为申请再入境签证提交的照片。

档案出处（澳大利亚国家档案馆档案宗卷号）：

Chew Bong - Students passport, NAA: A1, 1931/2759

Chew Ning - Students Passport, NAA: A1, 1929/7426

邝振勋

台山潮溪村

　　邝振勋（Fong Chin Foon）一九一二年四月二十日生于台山县潮溪村，
与邝锡康（Fong Sik Hong）和邝锡槐（Fong Sik Wai）兄弟同宗。其父名
邝祝三（Fong Jock Sam），至少在一九〇三年之前便从家乡来到澳大利亚
发展，因为这一年他在澳大利亚的西澳（Western Australia）珍珠养殖基地
布冧（Broome）埠开设了一间杂货商铺，名为"同兴号"（Hong Hing &
Co.）。[①]由此看来，他极有可能是在此之前，甚至是在一九〇一年澳大利亚
联邦成立之前，便已经来到澳大利亚发展。濒临印度洋的西澳于十九世纪末
年成为澳大利亚珍珠养殖的主要区域，吸引了大批亚裔人士前往布冧等地，
很显然，邝祝三便是这大批人士中的一员。与他一起来到这里发展的，还有
他同村同宗的邝华利（Fong Warley），[②]即上述邝锡康和邝锡槐的父亲。然
而，与邝祝三相关的档案资料目前阙如，上述情形只能根据现存资料及布冧
当时的开发情况作出大致的推测。

　　一九二二年一月二十四日，当邝华利向中国驻澳大利亚总领事馆申办
两个儿子邝锡康和康锡槐来澳大利亚留学所需的护照和签证时，尽管邝振勋
尚未满十岁，邝祝三也同样填妥申请表，跟邝锡康和邝锡槐兄弟同一天提出

[①]　Jock Sam [Chinese], NAA: K1145, 1903/32。邝祝三在当地华人社群中也极活跃，一九二十年代初
　　　也成为中国国民党在当地分部的评议部书记。见："民国十一年中国国民党西澳洲怖蓝埠职员
　　　表"，载美利滨《民报》(The Chinese Times)一九二二年六月二十四日，第六版。

[②]　Jock Sign [Chinese], NAA: K1145, 1903/33。

申请。他以自己所经营的"同兴号"商铺作保，承诺每年为儿子提供膏火约八十镑，希望儿子来布冧就读的学校也与锡康和锡槐兄弟一样，是布冧皇家学校（Broome State School）。但中国驻澳大利亚总领事馆的审理较为拖延，过了大半年才于一九二二年九月七日由中国总领事魏子京为邝振勋签发了中国护照，号码是185/S/22。四天之后，澳大利亚内务部也批准了邝振勋的入境签证。

既然是和邝华利的两个儿子一起申请赴澳留学，邝祝三自然是希望两家的孩子结伴同行，一起乘船来澳。在家乡台山的邝振勋家人于接到由中国驻澳大利亚总领事馆寄来的上述护照之后，便与邝华利的家人一起，积极联络人员协助携带两家孩子前往澳大利亚。三个月之后，诸事办妥，邝振勋便与邝锡康邝锡槐兄弟一道，由家人陪同一起先到香港，在这里送他们乘船前往新加坡；再于该埠转搭"卡戎"（Charon）号轮船，沿着印度洋西行再南下澳大利亚西海岸，于一九二三年一月十五日抵达西澳的布冧埠，开始其长达六年之久的留学生涯。

邝振勋在父亲的店铺里休息了几天，熟悉了布冧埠周边的环境之后，便于一月下旬当地学校新学年开学之时，与邝锡康邝锡槐兄弟一起，注册入读他们的父亲事先安排好的布冧皇家学校。校长提供的例行报告表明，邝振勋的在校表现与邝锡康邝锡槐兄弟一样，操行与学业俱佳，循规蹈矩，衣着得体，干净整洁。在锡康和锡槐俩兄弟分别于一九二五年和一九二六年离开这里返回中国之后，邝振勋继续留在该校，一直读到一九二七年底学期结束，在此上学整整五年。

一九二八年新学年开学后，十六岁的邝振勋因已在布冧皇家学校读完了小学，便由布冧埠乘船沿着西澳大利亚的海岸南下，到距此约二千三百公里的西澳首府普扶（Perth）读中学。因此时当地已经实施《中国留学生章程》新规两年之久，按例中国学生只能就读私立学校，他便选择进入普扶的基督兄弟会书院（Christian Brothers' College）念中学。他在这里读了一年，同样是操行与学业俱佳，老师和校长都对其在校表现很满意。

但自一九二九年新学年开始后，在澳留学六年的邝振勋便不再去上学，他告诉校长说，马上就要返回中国。可是，他并没有在普扶或布冧乘船经新加坡回国，而是在此后的两个多月时间里，从西澳一路往东，前往南澳（South Australia）和域多利省（Victoria），一边观光游览，一边探亲访友。直到四月十七日，他才在美利滨（Melbourne）港口登上直驶香港的"太平"（Taiping）号轮船，返回中国。[1]

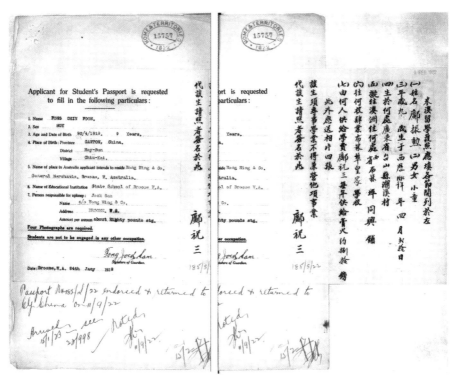

　　一九二二年一月二十四日，邝祝三填表向中国驻澳大利亚总领事馆申办儿子邝振勋的赴澳留学护照和签证。

① Fong Chin FOON [Chinese] [Application for certificate of exemption from dictation test], NAA: PP4/2, 1929/1992。

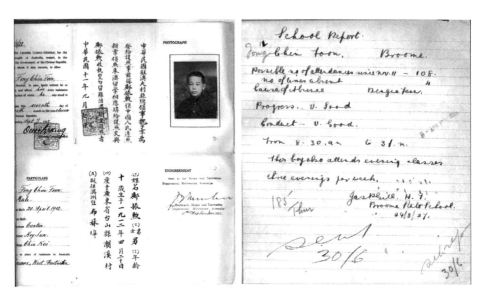

左为一九二二年九月七日中国总领事魏子京为邝振勋签发的中国护照。右为一九二七年八月四日布冧皇家学校校长报告的邝振勋在校表现。

　　离开澳大利亚前，尽管邝振勋也知照了中国驻澳总领事馆，但并没有请其代为申请再入境签证。按照《中国留学生章程》规定，中国学生在澳留学的年龄上限是二十四岁，此时的邝振勋刚刚年满十七岁，尚有足够的时间重返澳大利亚读完中学，甚至再读商学院或工学院等大专院校课程，可是他没有这样做。显然，他已经决定要返回中国，要么回国升学，要么由此进入职场，走向社会。

档案出处（澳大利亚国家档案馆档案宗卷号）：

Fong Chin Foon. Chinese Student's Passport, NAA: A1, 1927/612

刘广祥

台山汉塘村

刘广祥（Lew Quong Teong），一九一二年五月二十五日出生于台山县汉塘村。他的父亲叫披打润（Peter Goon），应该是到澳大利亚之后所用之英文名的中译，按照其名字中的"润"来拼组的话，其中文名似应为"刘润"。披打润出生于一八六八年，一八九一年与乡人结伴到澳大利亚闯荡，乘船抵达尾利扳（Melbourne），登陆入境，随后就在该埠周围打工，寻找发展机会。[1]后来他选择尾利扳埠的一个郊区文珥攀（Moonee Pond）居住，在同乡宗亲刘齐（Lew Tye）开设于玛丽白弄路（Maribyrnong Road）一百二十二号上的"三兴号"（Sam Hing & Co.）洗衣馆做帮工。[2]

"三兴号"洗衣馆的东主刘齐于一九二二年申请其侄儿与儿子来澳留学，到一九二三年六月二日，其侄儿刘祯（Lew Ting）已经抵达尾利扳，随后进入学校读书。[3]看到同辈乡亲（宗亲）轻而易举地把后代申请来澳留学，披打润也起而效仿。一九二三年六月二十九日，他填表向中国驻澳大利亚总领事馆申办年已十一岁的儿子刘广祥赴澳留学事宜，请领中国学生护照

---

[1] GOON Peter：Nationality-Chinese：Date of Birth-15 August 1868；Date of Arrival-July 1891：Certificate Number-24：Date of Issue-2 October 1939：First registered at Ascot Vale [contains 1 black and white photograph]，NAA：B6531，LEFT COMMONWEALTH/1938-1945/GOON PETER。

[2] 刘齐是在一九〇〇年才来到尾利扳发展。见：LEW Tye - Nationality: Chinese - Arrived Melbourne per Unknown 01 December 1900 Departed Commonwealth on 31 December 1948, NAA: B78, CHINESE/LEW TYE。

[3] 刘祯的留学档案见：Lew Ting student's passport, NAA: A1, 1931/4093。

和办理入境签证。他以正在为之打工的"三兴号"洗衣馆作保,承诺每年提供五十镑给儿子刘广祥作为留学之学费、生活费及医疗保险费等开销,希望将其安排进入邻区矮山顿(Essendon)的圣参亚市学校(St. Thomas Grammar School)念书。

中国总领事馆接到披打润递交的申请后,很快就予以了处理。三个多星期后,中国总领事魏子京便于七月二十四日为刘广祥签发了中国学生护照,号码308/S/23。澳大利亚联邦政府内务部的办事效率也高,两天后亦核发给刘广祥入境签证。为此,中国总领事馆当天就按披打润的要求,将护照寄往其中国的家乡。

披打润在家乡的亲人接到护照后,经过近一年的多方联络,找到了结束探亲返回澳大利亚的合适乡亲答应随船携带并在旅程中对刘广祥予以照顾,就将他送往香港,在那里搭乘由中澳船行经营的"获多利"(Victoria)号轮船,于一九二四年六月二十七日抵达尾利扳港口,入境澳大利亚。父亲披打润去到海关将他接出来后,就回到文珥攀区,住进了"三兴号"洗衣馆里。

在父亲住处休憩了两个星期,熟悉了周围环境之后,刘广祥就按照父亲披打润事先的安排,于七月十三日注册入读圣参亚市学校。事实上,一年前来此留学的刘祯也是入读该校,故刘广祥进入这间学校念书是有伴的;并且刘祯也是和叔父住在洗衣馆里面,因而每天早上他们二人可以结伴上学。根据校长的报告,刘广祥在校表现良好,学习认真,是个聪颖勤奋的学生。他在这里读了两年半的书,直到一九二六年底学期结束。

一九二七年新学年开学后不久,刘广祥从圣参亚市学校转学,进入靠近城区邻近尾利扳大学(University of Melbourne)的佛珠来文法学校(Fitzroy Grammar School)。在这里,他同样表现优秀,尤其是绘画课的作业颇受好评;在其他的科目上,他也做得很好,获得过两次头等奖。尽管如此,他在这里也只是读了一年而已。

从一九二八年新学年开始,十六岁的刘广祥以"刘广"(Quong Lew)这个名字注册入读尾利扳城里的工人学院(Workingmen's College)。在这里,他选修的课程不是工程专业,而是普通的初级技术专业,其课程包括英语、数学、文学、制图、手工艺术创作、木工、机械的维护与保养、锻工、金属制造、市政、经济学等。根据学校的报告，他上述课程的成绩都很理想，各方面的表现也令人满意。由是，他认认真真地在这间学院读了一年，直到这一年的十二月初学期结束。

离开家乡来到澳大利亚读书已有四年半的时间，刘广祥想休学回国探亲，并订好了十二月八日"太平"（Taiping）号轮船的船票。但他毕竟年轻，还想回来继续读完他的专科学院课程，故在十一月底对工人学院的院长表达了这个愿望。院长对于这个学习勤奋的学生很有好感，于十一月二十七日致函中国总领事馆，表示愿意接受结束探亲重返澳大利亚读书的刘广祥入学。中国总领事馆在接到刘广祥的请求协助申请再入境签证要求后，也于十二月四日致函内务部秘书，代其申请。考虑到此前刘广祥的在校表现良好，且申请符合程序，理由也正当，内务部遂于十二月十五日批准了上述申请，条件是他重返澳大利亚后必须进入像工人学院这样的私立学校读书，而不是公立学校。

但上述批复下来之前，未满十七岁的刘广祥就按照原定计划，于一九二八年十二月八日登上"太平"号轮船，直驶香港，返回中国探亲。[①]上述再入境签证批件，中国总领事馆只得通过其父亲披打润转告。

但刘广祥的档案就此中止，此后也再未见到他对此展签的回应，也没有返回澳大利亚的任何记录。也许，刘广祥在返回家乡后，因形势变化，从而改变了重返澳大利亚读书的初衷，转而留在国内读书，或走向社会。但这方面的资料，只能有待从其家族的记载里挖掘了。

一九二三年六月二十九日，披打润填表向中国驻澳大利亚总领事馆申办儿子刘广祥赴澳留学手续。

① Lew Quong Teong - Departure from Thursday Island per "Taiping" December 1928, NAA: B13, 1928/9846。

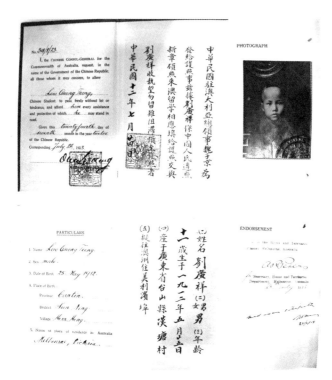

一九二三年七月二十四日，中国驻澳大利亚总领事魏子京为刘广祥签发的中国学生护照。

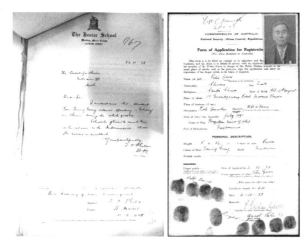

左为一九二八年十一月二十七日，工人学院的初级学院院长致函中国总领事馆，表示愿意接受结束探亲重返澳大利亚读书的刘广祥入学。右为披打润在一九三九年申请的外侨登记证。

档案出处（澳大利亚国家档案馆档案宗卷号）：

Teong, Lew Quong - Students passport, NAA: A1, 1928/11616

刘孔安

台山车荫村

    台山县车荫村的刘孔安（Lew Koong On），生于一九一二年六月六日。据称，别名刘东（Lew Doong）的刘希杨（Lew Hee Young）是刘孔安的父亲。根据刘希杨自述，他是一八九九年从家乡抵达澳大利亚谋生的；[①]但警察部门的调查则显示，他于一八九一年便来到澳大利亚，四处打工，大约在一九〇四年左右最终定居于西距美利滨（Melbourne）三百公里的域多利省（Victoria）内陆小镇可岑（Horsham）埠，在蟠晟街（Pynsent Street）六十三号开设一家洗衣馆营生，名为"先利衣裳铺"。目前在澳大利亚档案中检索到与刘东相关的信息有两条：一是他出生于一八六五年七月八日，于一八九一年抵澳（这与警察的调查相符）；二是他的出生日期是一八八五年九月二十日（此处的八五极有可能是六五的误写），不过，其入境日期则记载为一九二五年五月，这很可能是其最后一次入境的日期。虽然档案中的出生日期不同，但有一项却是相同的，即其外侨证登记的地点都是可岑埠蟠晟街六十三号。[②]

    一九二八年，已经十六岁的刘孔安正在香港圣佐治英文男校（St.

---

① Lew Doong - Application for Certificate for Exemption from Dictation Test, NAA: B13, 1925/27532。

② DOONG Lew：Nationality-Chinese：Date of Birth-8 July 1865：Date of Arrival-May 1891：First Registered at Horsham Victoria，NAA：MT269/1，VIC/CHINA/DOONG LEW；DOONG Lew：Nationality-Chinese：Date of Birth-20 September 1885：Certificate Number-14：Date of Issue-27 September 1939：First registered at Horsham，NAA：B6531，DECEASED/1939-1945/DOONG LEW。

George's Boys School）念书。但刘希杨想给他更好的教育，决定将其办来澳大利亚读书。早在二月七日，他便获得了设在美利滨城里的圣伯多禄书院（St. Peter's School）的录取信，要把儿子送到这里念书。此后，他又于四月十一日从香港圣佐治英文男校校长那里拿到了推荐信，以证明刘孔安已在该校上学达一年半之久，具备了基础的英语学识；并且让刘孔安于四月二十日手写一份给父亲的英文信，以证明其英语水平。待上述文件齐备之后，刘希杨便于六月二十八日填好申请表，以自己经营的"先利衣裳铺"作保，允诺每年提供膏火六十镑给儿子作为留学期间所需之费用，向当时位于美利滨的中国驻澳大利亚总领事馆申办儿子来澳大利亚留学。

因材料准备充分，中国总领事馆审理起来也就比较顺利。七月十六日，中国总领事魏子京为刘孔安签发了中国学生护照，号码是512/S/28。而为争取时间，事实上魏子京总领事在接到申请的次日，便立即致函澳大利亚联邦政府内务部秘书，请其根据《中国留学生章程》的规定，尽快核发刘孔安的入境签证。

内务部自然是按照流程处理上述申请。域多利省海关在接到内务部要求协助核查刘希杨的财务状况等事宜之公函后，便协同警方进行此项工作。八月五日，警方将结果报告如下：刘希杨在可岑埠的洗衣馆生意，已经开业十四年之久。虽然他在周边邻里与客户中颇有口碑，操行良好，但具体的财务状况则难以窥测，因其本人不愿向人展示其具体收入与其他财产，只能猜测其生意状况尚可。问题出在他对警察陈述的回国年份，需要引起内务部的关注。根据刘希杨的自述，他于一九〇七年首次回中国探亲，次年返回澳大利亚；之后又于一九一四年回国，次年返回，再到一九二〇年回去，次年返回。当警察询问其是否在一九一二年回过中国时，他断然表示在此期间自己没有回去过。内务部对此报告十分重视，于八月二十日再函海关，请其核查刘希杨的出入境记录。九月十二日，海关报告说，除了上述三次，刘希杨还在一九二五年八月至一九二六年六月返回中国探亲，并且与前三次一样，出入境时所用之名皆为刘东（Lew Doong）。

据此，内务部无须再核查，已经判断刘孔安并非刘希杨的亲生儿子。于是，九月二十五日，内务部秘书致函中国总领事魏子京，直接否决了刘孔安的签证申请。①中国总领事馆及刘希杨本人接获上述拒签信后，没有提出任何申诉。显然，他们已经意识到内务部对刘氏父子关系的判断无法争辩，此拒签结果无法逆转，也就放弃努力了。刘孔安最终无法前来留学。

左一九二八年六月二十八日，刘希杨填表向中国驻澳大利亚总领事馆申办儿子刘孔安来澳留学。
右一九二八年七月十六日，中国驻澳大利亚总领事魏子京为刘孔安签发的中国学生护照。

档案出处（澳大利亚国家档案馆档案宗卷号）：

Lew Koong On - student passport, NAA: A1, 1928/6882

---

① Lew Koong On （student） sone of Lew Hee Young - Permission to enter Australia not granted, NAA: B13, 1928/22284。

陈炳求

台山广海镇

在美利滨（Melbourne）唐人街参与开设"中华酒店"（Chung Wah Café）的台山县广海镇人陈普（Chun Poo），当那一时期办理子侄辈出国留学成为潮流之时，不仅仅申请儿子陈隆（Chun Loong）来澳留学，[①]而且对于侄儿也极为关照，同样将其申办来澳读书。炳求（Bing Keu）便是其侄儿，由他申办前来澳大利亚留学。

在这份文件中，一九一二年六月十二日出生的炳求，只有名字，没有姓。我们只能根据档案宗卷中所载明的陈普是他的叔叔以及他的籍贯是广海这些线索，来断定其姓氏为陈，故其全名应该是陈炳求。一九二二年，陈普将儿子陈隆办理来到澳大利亚留学。一年后，他的侄儿陈炳求也满十一岁了，陈普便考虑也将其办理来美利滨读书，申请表格都已经填好了，可能是考虑到这孩子实在太小，还是先在家乡把中文底子打好，过一年再说。到了一九二四年五月六日，这时陈炳求即将十二岁，陈普遂将上一年填好的表格补充完英文部分，递交给中国驻澳大利亚总领事馆，申办陈炳求的中国护照和签证。他还是以自己参股经营的"中华酒店"作保，应允每年为侄儿提供膏火六十镑作为其在澳留学的全部费用，要把陈炳求安排到位于中国城的小博街长老会书馆（P. W. M. U. School, Little Bourke Street，长老会学校）读书。而陈普作为监护人，自然安排侄儿住在他这位伯伯位于佛珠来

---

① 陈隆的留学档案见：Chun Loong - student passport, NAA: A1, 1929/6675。

（Fitzroy）埠的住宅里，跟他的堂哥陈隆同住，只是后者当时是在美利滨埠东城的名校圣伯多禄书院（St. Peter's School）上学。

但陈炳求的申请却在中国总领事馆里排起了长队，足足等了十个月的时间，才于一九二五年三月十九日，由总领事魏子京为他签发了中国学生签证，号码是418/S/25；之后又等了九天时间，才为他从澳大利亚内务部那里拿到了签证。等到在中国的陈炳求接到邮寄来的护照和签证后，家人再为其寻找能与他一道结伴同来的小留学生，或者寻访那些从美利滨回国探亲后即将返回澳大利亚的乡人，以作其旅途中的监护人，又花去了大半年的时间。直到年底十二月二十八日，陈炳求才得以搭乘从香港出发的"彰德"（Changte）号轮船，抵达美利滨港口，入境澳大利亚。

过了新年之后，陈炳求在新学年开学之日，即一九二六年一月二十五日，正式入读伯伯陈普给安排好的长老会学校。对于这位十三岁多的中国小留学生，校长谢爱琳（Ellen Sears）女士的评价是，遵守校规，少言寡语，但学习用功；只是因为他此前未有学过英语，需要一段时间才能赶得上教学进度，取得进步。到年底学年结束时，校长认为，他开始可以跟得上学习进度了。

由于英语能力的提高，陈炳求的学习自信也增强了。为此，到一九二七年新学年开始，他告知谢爱琳校长，也将步其堂哥陈隆后尘，要转学去圣伯多禄书院（St. Peter's School）继续读书。他的堂哥曾在该书院读了两年半，此时刚刚从这里退学，转到卫斯理书院（Wesley College）去了。不过，陈炳求去了圣伯多禄书院半年后，内务部都没有在该院找到他。先是内务部按惯例根据长老会校长的报告，请圣伯多禄书院提供该生在这间学校的表现；可是校长回复说，查无此人，可能他仍然在唐人街的长老会学校上学呢。无奈，内务部再函长老会学校，得到回答说，该生确实在学年刚开始就离开了，确信他就是去的圣伯多禄书院读书。经此一个来回，时间已经到了六月初。最终，内务部一方面致函中国总领事馆询查该生，另一方面则责成海关派人在周围学校寻访。最终在六月底，海关稽查官葛礼生（J. Gleeson）才报告说，还是在圣伯多禄书院找到了陈炳求。原来他也像堂哥一样，给自己取了个英文名，叫Jack Chinn（杰克陈），并且也是用这个名字注册入读该书院，而不是用其入境时护照上的名字的英文拼音Bing Keu。因此，当内务部来函圣伯多禄书院询问Bing Keu这位中国留学生是否入读该校时，他们查遍了全校学生花名册，也找不到一个相同或者近似的名字，自然回答说"查无此人"。随后，中国总领事馆也在七月初复函内务部，确认了陈炳求确实是用杰克陈的名字注册入读该书院，此事方才告一段落。在这间书院，陈炳求读了整整两年。每年院长按例提交的报告显示，他的总体表现令人满意。

到一九二八年底学期即将结束时，十六岁的陈炳求想要回国探亲，他预计自己将会在中国待一年左右的时间，遂商之于圣伯多禄书院院长，待其结束探亲，还想回到这里继续念书，希望他协助自己向内务部申请再入境签证。院长认为陈炳求是个好学上进的学生，自然乐意接受他重返该书院念书。于是，他在十二月七日给中国驻澳大利亚总领事写信，表示在这位学生从中国探亲回来后，愿意录取其重返该书院读书，希望由中国总领事馆代他向内务部申请再入境签证。十二月十九日，中国总领事馆致函内务部秘书，正式提出这一申请。经评估其以往学习成绩，没有发现有什么问题，而且陈炳求的上课出勤率也很好，显示出一切都符合规定。一个月之后，内务部便函告中国总领事馆，批准了上述申请。其签证有效期是从该生离境之日算起，须在十二个月内重返澳大利亚。

在通过上述程序做了一切应该做的安排之后，还未等到内务部的最后批复通知，陈炳求便于一九二九年一月十日搭乘其入境时所坐的同一艘轮船"彰德"号，离开美利滨回国，探亲度假。[①]按照流程，中国总领事馆在得到内务部批复的再入境签证之后，会知照其本人或者其在澳监护人陈普，告知此一消息。就是说，陈炳求人虽然先回了中国，但他确实已经获得了入境澳大利亚的准允。

可是，陈炳求的档案宗卷到此中止，再也搜寻不到与他相关的材料线

---

① Bing Keu（Chinese）ex "Changte" May 1925 - Departure per "Changte" January 1925, NAA: B13, 1929/2033。

索。显然，陈炳求回国之后，改变了重返澳大利亚留学的决定，或者说碰到了其他使他无法前来澳大利亚继续念书的事情，不得不放弃这一想法。陈炳求在澳大利亚的留学时间，前后整三年。

　　左为一九二四年五月六日，陈普为侄儿陈炳求填写的中国学生护照和入澳签证申请表。右为一九二五年三月十九日，中国驻澳大利亚总领事魏子京给陈炳求签发的中国学生护照，及九天之后澳大利亚内务部钤盖的入境签证章。

档案出处（澳大利亚国家档案馆档案宗卷号）：

Keu, Bing - Students passport, NAA: A1, 1928/11615

邝伟扶

台山龙欢村

邝伟扶（Wei Foo Fong，也写成Wee Foo Fong），台山县龙欢村人，出生于一九一二年八月八日。邝标德（Peter Fong Ack，或写成Fong Bew Ack）是邝伟扶的父亲，约在一八九五年左右就从家乡桴海南渡，与乡人一起到澳大利亚发展。他是一名草医，在域多利省（Victoria）和塔斯马尼亚省（Tasmania）之间行走，主要行医地点是在域多利省内陆的可岑（Horsham）埠，该地西距美利滨（Melbourne）埠约三百公里；与此同时，他还在塔斯马尼亚的兰市屯（Launceston）的一间名为"亚力高号"（Alex Kaw & Co.）的商行中拥有股份，[①]价值为三百镑。

进入学龄之后，邝伟扶就被家人送往当地学校念书，接受新式教育。到一九二六年，为了获得更好的教育和为日后的发展做准备，其家人甚至将他送往香港，进入英华学校（Anglo Chinese School）读书，以学习和练习英语，接受西方文化的熏陶。为此，到其年满十四岁，即将进入十五岁时，他的家人更进一步想让他赴澳留学。

一九二七年三月十日，邝标德便填妥申请表，附上相关的材料，向中国驻澳大利亚总领事馆申请儿子赴澳留学的护照和签证。根据一九二六年六月三十

---

① 这是一间中国人（确切地说，是台山人）在当地开设的杂货商铺，在当地英文报纸上首次出现的广告是在一九二三年。见："Advertising", in *Examiner*（Launceston），Saturday 22 December 1923, page 12。

日实施的《中国留学生章程》新规，中国学生赴澳留学须就读私立学校；年龄十三岁以上者，则需提供证据，以证明其已具备初步的英语学识基础。为此，邝标德在递交申请表时，也一并提供了美利滨教会名校——由基督教长老会主办的教会学校苏格兰书院（Scotch College）院长给邝伟扶的录取信，这是邝标德想让儿子来澳留学就读的学校；加上香港英华学校校长开具的邝伟扶已在该校就读英语达九个月的证明，还有一份由邝伟扶本人手写的给中国驻澳大利亚总领事馆申请赴澳留学护照和签证的信函，二者皆作为其具备基础英语学识的证明。在提供自己的财政情况及担保声明之后，邝标德承诺，每年提供足镑膏火给儿子，即其在澳留学期间需要多少费用，他便提供多少。在提交上述申请后，邝标德便在美利滨乘船启程，返回中国探亲。他告诉中国总领事馆说，此去家乡之主要目的，便是要将儿子带回澳大利亚留学念书。

中国驻澳大利亚总领事馆在接到上述申请后，立即进行了处理。第二天，中国驻澳总领事魏子京在核对了上述材料后，便给邝伟扶签发了中国学生护照，号码是437/S/27。过了四天，他便汇集这些材料及护照，寄往澳大利亚联邦政府内务部，并致函内务部秘书，为这位中国少年来澳留学申请入境签证。自《中国留学生章程》新规实施后，原来由中国驻澳总领事馆主导的中国学生在澳监护人和财政担保人资格审核业务，被澳大利亚政府内务部收回；对于中国学生赴澳留学申请事宜，中国总领事馆能做者，就只剩下签发护照及传送签证申请材料。按照流程，内务部在接到签证申请后，是要对申请者的监护人亦即财政担保人的经济状况以及商业操守与为人予以核查；同时，也要查看其出入境记录，以确认签证申请者和其监护人或财政担保人之间的关系，主要是二者是否具备血缘关系，尤其是父子关系。但在这一份宗卷档案中，相关的文件阙如，无法断定内务部是否依例进行了上述核查。只是从签证审批的时间来看，批复得很快，即在收到签证申请十天后，便批复了申请，内务部于三月二十五日为邝伟扶核发了入境签证。中国总领事馆为这位中国学子顺利地拿到签证护照后，便按照流程，将其寄往中国，以便其尽快安排船期，来澳留学。

但邝伟扶在接到护照之后，并没有立即启程赴澳，而是在香港呆了足足一年的时间。这期间，他极有可能是在英华学校里继续念英语，以便入境过海关遇到语言测试时可以顺利过关。此外，也是因为父亲此时已回国探亲，也需要多待些时间才能启程返澳。一年之后，邝伟扶才在香港和父亲一起搭乘路过的日本轮船"丹后丸"（Tango Maru），经菲律宾南下，于一九二八年四月十六日抵达美利滨港口入境。[①] 抵境时，澳大利亚海关和移民局并没有在语言测试上对他留难，但其进入澳大利亚水域经过昆士兰省（Queensland）最北部的珍珠埠（Thursday Island）时，就被查出在航海期间患了疥癣，好在船上医生立即采取措施对其进行治疗，到其抵达美利滨时，病情已经得到控制，无须送往传染病隔离医院治疗，得以顺利入关，但他必须在入学前根治，以免传染他人。而此时，他已是将满十六岁的青年了。

邝标德与儿子从美利滨海关出来后，先回到可岑埠的草医店里住下，然后又花了一个多月的时间，将邝伟扶身上的疥癣彻底治愈，才于六月十一日再将其送返美利滨，正式注册入读苏格兰书院。不过，他在该书院读了一个多月，因英语能力实在太差跟不上学习进度，便跟校方商量，从下半学期开始，他要先去一间私立语言学校提高英语，到明年再重返书院念书。院长认为他的在校表现令人满意，承认他属于那种很讨人喜欢的学生，只是英语实在糟糕，也就同意了上述请求，并于七月二十五日报告了内务部。随后，中国总领事馆也就此事知会内务部，并告知了这间语言学校的名字是"季丽丝私立学校"（A. N. Gillies' Private School），位于他父亲所居住之可岑埠。

对于内务部来说，这是个新情况，需要核实这间语言学校是否注册备案，以杜绝一些留学生以此为名逃避上课，进入父亲或其他亲戚朋友的店铺中打工挣钱。于是，七月底，内务部致函域多利省海关税务部门，请其对此问题予以详查。到九月初，根据海关的安排，当地警察局经过一番访查，向内务部提交了一份报告。从上述调查访问的结果来看，邝标德之所以此时让邝伟扶回到可岑埠，主要的一个原因是他认为让儿子在苏格兰书院读书，学费太贵，还需要额外支付住宿的费用，开销太大。但如果回到可岑接受教育的话，学费可以便宜很多，而且儿子在家跟他住，省了住宿费。邝标德的这一做法，与其去年申请办理儿子赴澳留学时豪气地承诺提供足镑膏火的态

---

① Fong Ack - Return to Victoria per "Tango Maru" April 1928, NAA: B13, 1928/11930.

度，真是不可同日而语。至于季丽丝太太创办的那间学校，是获得省教育厅注册备案的私校，符合规定。该校学费每季度是两镑两先令，上课时间则为早上九点二十分至下午三点四十分，中间有八十分钟的休息吃饭时间。经过进一步了解，上述季丽丝私立学校尽管很小，只有十二个学生，但因其所有手续都齐备，符合办学条件。为此，内务部觉得没有反对的理由，何况原先邝伟扶也只是表示读这一个学期而已，遂于十月三十一日批复邝伟扶转学到该校，但条件是，到明年新学年开学时，他必须注册进入一间正规的学校念书，并且还须知照内务部并获得其同意方可。

从一九二九年新学年开始，邝伟扶离开可岑埠，返回美利滨，再次注册入读苏格兰书院。刚开学不久，院长便发现邝伟扶经过约半年在乡间私立学校的强化英语学习，进步很大，已经达到了中级水平，故在给内务部的例行报告中对这位中国学生赞誉有加。为此，邝伟扶在结束了这一年的课程之后，就于次年升读高小课程。此后的校长报告，皆对其在校表现非常满意，认为他十分聪颖，学习勤奋。

一九三二年四月份，中国总领事馆按照惯例为邝伟扶申请下一年的展签。内务部也因过往的记录表明这位学生遵守校规，品学兼优，因而也没有核查其现状，很快就予以批复。可就在这一切都完成之后，苏格兰书院院长于五月底报告说，自新学年开始，邝伟扶就没有返校上学。内务部大吃一惊，遂致函海关，请其协助调查这位中国留学生去了哪里。原来是邝伟扶自去年底完成高小课程后，觉得自己今年就将满二十岁，年纪也不小了，不应该也不合适再跟着年龄比自己小很多的当地学生一起念中学，于是，便去到美利滨城里，自行注册入读司铎茨商学院（Stott's Business College）。尽管在校学习仍然良好，但他只是读了半年，于七月十二日结束课程，离开了该校。

三个月之后，二十岁的邝伟扶悄没声地去到了雪梨（Sydney），于十月二十二日在那里登上驶往香港的"太平"（Taiping）号轮船，告别留学四年半之久的澳大利亚，返回中国。①走之前，他既没有知照内务部，也没有告

---

① Wei Foo Fong [left Commonwealth per SS TAIPING from Sydney on 22 October 1932; includes left and right thumb prints] [box 280], NAA: SP42/1, C1932/7592。

诉中国总领事馆。直到雪梨海关按例于当年十一月二十八日向内务部提交外侨出入境报告，后者方才得知这位中国留学生已经离境，遂知会中国总领事馆了事。而司铎茨商学院也是在十一月二十三日才致函内务部，告知曾经入读该学院的邝伟扶已于七月中便结束其课程退学，但未知去向。内务部接函后，还在猜想其是否利用这个时间在外打工或替其父亲经商，曾发函给美利滨海关，要求对此予以详查。

尽管邝伟扶已经离开澳大利亚，但海关接到内务部的上述公函后，还是很认真地照办，对这位中国留学生在从司铎茨商学院退学至其离境回国这段时间到底在做什么进行了调查，并于一九三三年一月十七日提交了报告。此前，美利滨海关人员在办公室见到了朱利安·高（Julian Kaw），他是邝标德的外甥，亦即邝伟扶的表哥，但却是在澳大利亚当地出生。[1]朱利安有一所物业，位于美利滨霍淞（Hawthorn）区河谷路（Riversdale Road）一百二十八号，邝伟扶在美利滨读书时，就一直跟他住在这所房子里。邝伟扶退学后，便回到可岑跟父亲一直住到九月二十四号。朱利安也确认，此后邝伟扶在他那里住了两个星期，然后就前往雪梨，同样也是住了两个星期便登船返回中国。对于邝伟扶的突然退学并回国之原因，朱利安也给予了说明，表示表弟是想回去结婚。待海关人员对此表示难以置信之后，朱利安解释说，在其家族中，表弟一直都被看成是一个不很聪明的人，尤其是与他相比的话，更是如此，因为他自己已经获得了一个大学文学士的学位，现在是医学院大三的学生。另外一个原因，根据他的理解，则是因为自邝伟扶来澳留学之后，他的舅舅邝标德一直以来都深感财政负担沉重，已经无力资助其继续留学，因而他只得回国[2]。但邝标德在另一次接受警察询问此事时，给出儿子邝伟扶回国的原因是其母病重，希望儿子尽快回到身边。至于邝伟扶不辞而别，原因在于此时中国总领事馆正好处于总领事更换之际，即原来的总领事桂植

---

① 朱利安·高的档案见：Travel documents and Birth Certificate for Alec Kaw and Julian Frederick William Kaw, Launceston [photographs], NAA: P437, 1925/2699。从这份档案可见，朱利安是亚力高的儿子，生于兰市屯。这也可以解释邝标德何以自称在亚力高商行有股份，是因为姻亲关系，他的姐姐或者妹妹嫁给了亚力高。

② Wei Foo Fong（Chinese student）- Re Departure from Australia, NAA: B13, 1930/9996。

离职，新任总领事陈维屏尚未到任，即便他跟总领事馆接触，亦无人关注此事，自然中国总领事馆也就无法知照内务部了。而最重要的原因在于，邝伟扶深知，他此后再不会申请学生签证进入澳大利亚，因而也就没有将离境之计划事先知会相关部门。当然，朱利安也对表弟的这种不负责任的行为对相关部门所造成的不便表示了歉意。

　　邝伟扶档案到此终止。此后，澳大利亚出入境记录中也再未见到有关他的任何记录。

一九二七年三月十日，邝标德填表向中国驻澳大利亚总领事馆申请儿子邝伟扶赴澳留学的护照和签证。

一九二七年三月十一日，中国驻澳大利亚总领事魏子京为邝伟扶签发的中国学生护照。

档案出处（澳大利亚国家档案馆档案宗卷号）：

Wei Foo Fong - Students passport, NAA: A1, 1932/431

伍均耀

台山波罗塘村

　　伍均耀（Kwan You）是台山县波罗塘（三益）村人，生于一九一二年九月二十七日。他的父亲名叫伍捷大（Tep Tai），[①]应该也是和福长村的伍长安（Chung On）等同乡一起，[②]大约在一八九六年左右来到澳大利亚谋生，最后跟同伍长安一道，逐渐从域多利省（Victoria）转移到西澳大利亚省（Western Australia），定居于该省北部沿海的珍珠养殖重镇布冧（Broome）埠。[③]随后，他和伍长安一起，在这个亚洲人口占四分之三的珍珠埠合股开设一间裁缝铺，名为"新昌盛"（Sun Chang Shang），生活倒也安稳。

　　一九二三年五月十二日，当伍长安为办理儿子伍发优来澳留学向中国驻澳大利亚总领事馆递交申请材料时，伍捷大在同一天也递交了办理当年满十岁的儿子伍均耀的来澳留学申请。他跟伍长安一样，都以自己参与经营的"新昌盛"号裁缝铺作保，承诺每年供给儿子在澳留学之膏火，同样也没有标明具体数额。鉴于布冧埠只有一间公立学校，伍捷大同样为儿子选择入读布冧埠皇家

---

①　在伍发优（Fatt You）的档案中，把伍捷大的名字拼写成Yep Yai，很有可能是将T看成了Y；而在伍均耀的这一份档案里，根据手写的伍捷大的英文名字判断，似乎是写成Tap Tei，与上述Tep Tai拼写略有区别。伍发优的留学档案见：You, Fatt - Students passport, NAA: A1, 1926/20454。

②　伍长安是一八九六年来到澳大利亚，先在美利滨登陆入境，然后再来到西澳。见：Chung On [Chinese - arrived Melbourne per CHANGSHAR, 16 Jul 1896. Box 37], NAA: SP11/2, CHINESE/ON CHUNG。

③　Tip TIE（Tep TAI）[Chinese] [Application for certificate of exemption from dictation test], NAA: PP4/2, 1935/278。

学校（State School，Broome），以便他在学校里能和伍发优做伴，一道念书。

既然伍均耀的留学申请是和伍发优的一起寄往在美利滨（Melbourne）的中国驻澳大利亚总领事馆办理，其结果自然是一样的。三个月之后，中国总领事魏子京于八月三十日为他签发了一份中国学生护照，号码是328/S/23。该号码较之伍发优的护照号码顺后了四位数，显示出当天在给伍发优和伍均耀签发护照的同时，中国总领事还为另外的三位中国学生签发了护照。同样是在第二天，与伍发优一样，伍均耀也获得了澳大利亚政府内务部的入境签证。

伍捷大既然是和伍长安一起经营"新昌盛"号裁缝铺，两人的儿子又是一起申请来澳留学，同时获得签证，自然也联袂前来。同时，他们还约上赴布冧埠留学的开平籍学生邝林（Fong Lim）同行。[①]他们先经香港乘船前赴新加坡，再从那里中转，乘坐西澳轮船公司（Western Australia Steam Navigation Co. Ltd）所属的"卡戎"（Charon）号轮船，转道澳大利亚西海岸，于一九二三年十一月二十一日驶抵布冧埠港口入境。

在经过海关及卫生检疫之后，伍均耀便和伍发优一起出关，被接到父亲的"新昌盛"号裁缝铺里，并很快便与伍发优一起注册入读布冧埠皇家学校。根据该校校长一九二四年三月三日的报告，伍均耀在校遵守校规，学习进步，衣着整洁，注意外观形象，是个很阳光的学生。就这样，他在这里按部就班地读了四年，一直到一九二七年底。也就是说，当一九二七年初伍发优决定回国时，他没有与之一起离开，而是留下来继续念书。

布冧建埠是在十九世纪八十年代，以珍珠养殖著称亦始自此时。在短时期内就吸引数千亚洲人到来此地，显见这个行业还是有很多的赚钱机会。可是，不仅仅是因为"白澳政策"，也因为由此开始澳大利亚行政当局严格限制亚洲人尤其是中国人参与到这一可以很快赚钱的珍珠养殖行业当中。原先伍捷大办理儿子来该处留学，实际上也是想日后让伍均耀找机会从事这一行业，但现在的形势让其想法破灭。由是，到一九二七年下半年时，他便表示出了要让儿子结束这一年的留学，返回中国的意愿。当地海关为此还和内

---

① 邝林的留学档案见：Lim, Fong - Chinese student's passport, NAA: A1, 1925/1186。

务部讨论，是否可以延长伍均耀的签证到年底，以便其结束课程后便返回中国。但中国总领事馆对所有这一切都不知情，于当年十一月下旬按惯例为这位中国留学生申请展签。对此，内务部以为伍均耀改变了主意，也照例复函批准。这就意味着，伍均耀还可以在澳大利亚继续留学一年。

可是，刚刚进入一九二八年，过完了当地学校的暑假，伍均耀便于一月二十九日乘坐蓝烟囱轮船公司（Blue Funnel Line）所属的"马人"（Centaur）号轮船，离开布寐，前往新加坡，然后再转道回中国。此时的伍均耀尚未年满十六岁，来澳大利亚留学也只是刚过四年的时间而已。很有可能，他的父亲伍捷大认为他无法在澳大利亚获得发展，还不如趁早将他送回中国，以便他在国内仍然可以继续升学，然后再出来谋生。

一九二三年五月十二日，伍捷大填表为儿子伍均耀申办来澳留学的中国护照和入澳签证。

一九二三年八月三十日，中国驻澳大利亚总领事魏子京为伍均耀签发的中国学生护照。

档案出处（澳大利亚国家档案馆档案宗卷号）：

Kwan YOU - Student passport, NAA: A1, 1927/21147

刘文荣

台山新塘村

刘文荣（Mon Wing），台山县新塘村人，一九一二年十月十六日生。其父刘和维（Wah Way），出生于一八七五年八月十五日，二十五岁时与乡人一道，南下太平洋，于一九〇〇年四月来到澳大利亚闯荡，定居于尾利伴（Melbourne）。[①]在稳定下来之后，与在该埠之宗亲合股，在莱契德街（Leichardt Street）四十号开有一间家具厂，以前店后厂的模式经营。该家具厂与店铺则以他自己的名字命名，就叫做"和维号"（Wah Way & Co.）。

一九二三年三月二十三日，刘和维鉴于澳大利亚已经于两年前开放给中国学生来澳留学，而儿子刘文荣今年就要满十一岁，觉得是把他办来念书的时候了，就填具表格，向中国驻澳大利亚总领事馆申请办理儿子来澳留学所需之护照和签证。他以自己经营之"和维号"家具厂作保，承诺每年提供膏火五十镑给儿子，作为其在澳留学期间的学费、生活费等相关开销，想让他进入尾利伴城外加顿（Carlton）埠的若丝矶街公学（Rathdown Street State School）读书。中国总领事馆接到申请后，按照流程处理，两个月后的五月二十八日，便由总领事魏子京签发了给刘文荣的中国学生护照，号码是272/S/23。次日，总领事馆也顺利地为其从澳大利亚联邦政府内务部拿到了入境签证。

待一切手续办理完毕，中国驻澳大利亚总领事馆便按照刘和维的要求，

---

① WAY Wah：Nationality-Chinese：Date of Birth-15 August 1875：Date of Arrival-April 1900：First Registered at Brighton-Victoria，NAA：MT269/1，VIC/CHINA/WAY WAH。

将护照寄往香港的一间名为"广晋源"的商行代为接收，由其代为办理刘文荣赴澳的船票等事宜。商行与刘文荣家人经过约半年时间的沟通联络，找到了从澳大利亚回乡探亲结束后要再返回该地继续打工或经商挣钱的乡亲，作为赴澳同行之监护人，才将刘文荣送到香港，搭乘由中澳船行经营的"获多利"（Victoria）号轮船赴澳。这一年的年尾即一九二三年十二月十七日，刘文荣抵达尾利伴入境，住进父亲的"和维号"商铺里，开始其在澳留学生涯。由于此时已是临近圣诞节，也进入了当地学校的暑假期间，他需要等待次年开学时才能正式入学念书。

但刘文荣并没有如约前往入读父亲原先为其安排联络好的若丝砀街公学，而是在新学年开始时，于一九二四年一月二十九日另行注册入读位于尾利伴大学附近的圣佐治学校（St. George's Day School）。经过半年的在校学习，他的各项成绩优异，校长对这位中国少年印象深刻，认为他聪颖好学，是块学习的好料子，也遵守校规，值得大力培养。就这样，他在这间学校一直读到次年第一个学期的期中，到复活节学校放假时，便离开了该校。

从一九二五年四月十五日起，十三岁的刘文荣转学到位于中国城小博街（Little Bourke Street）的长老会学校（P. W. M. U. School）。但他转学到这间学校后，学习成绩下降，偷懒不做作业；但有时候一旦他认真做作业时，又能做得很出色。与此同时，他在学校也表现得沉默寡言，有时候还会与同学产生一些矛盾，与此前在圣佐治学校的表现几乎是判若两人。这可能是青少年反叛期情绪波动所造成，也可能是在异国他乡文化不适应后的一种反应。不过，进入一九二六年后，其上述懒惰及与同学闹矛盾的现象逐步减少，开始认真对待作业，而且总是完成得很好，进步显著。这从侧面表明，他顺利地度过了青少年反叛期。

然而，刘文荣在长老会学校里学习上的转变仅仅维持不到半年就戛然而止。一九二六年六月十七日，十四岁的刘文荣在尾利伴港口登上"太平"（Taiping）号轮船，直驶香港回国去了，原因是其母病重，来信让他立即回去看望。在订好船票，登船离境之前两天，他将此事告知中国总领事馆，并表示还会重返澳大利亚读书。魏子京总领事得悉此事之后，当天便致函内务部秘书，为刘文荣申请再入境签证。六月二十二日，即在刘文荣离境五天之后，内务部秘书函复魏子京总领事，批准了上述再入境签证，有效期从其离境之日起算，准其在十二个月内任何时候入境澳大利亚皆可。[1]随后，魏总领事将此信息转达给刘和维，由后者知照已经返回中国探亲的刘文荣。

在此后的一年时间里，刘文荣并没有按计划返回澳大利亚念书。在距其签证有效期尚有一个月的一九二七年五月十六日，中国驻澳大利亚总领事魏子京致函内务部秘书，告知刘文荣因母亲病重未见起色，无法在签证有效期内返回澳大利亚念书，希望能核准他再展签九个月，即到下一年的三月，俾能侍候母亲康复，最终返回学校继续求学。五月二十五日，内务部秘书复函批准了上述申请，再入境签证有效期延至一九二八年三月三十一日。

刘文荣的档案到此结束，未见到他对上述进一步的展签有任何回应，也再未能查到他的任何信息。显然，此后他再也没有返回澳大利亚留学。他的在澳留学时间总共只有两年半的时间。

一九二三年三月二十三日，刘和维填表向中国驻澳大利亚总领事馆申办儿子刘文荣来澳留学之学生护照和签证。

---

①　L Mon Wing - Re Extension of Certificate for Exemption from Dictation Test, NAA: B13, 1926/13847。

一九二三年五月二十八日，中国总领事魏子京给刘文荣签发的中国学生护照。

档案出处（澳大利亚国家档案馆档案宗卷号）：

Mon Wing, L - Students passport, NAA: A1, 1926/11569

彭光好

台山甫草村

彭光好（Pang Kwong Hou，或者写成Pang Kwong Ho）生于一九一二年十一月二十日，是台山县甫草村人。鉴于台山有好几条村皆名甫草，估计彭光好之籍贯是属于靠近甫草湾的广海镇辖下的甫草村，该镇之彭姓人亦较为集中。彭光好的父亲名叫彭绍梁（Shue Leong），一八七四年出生，早在一八九七年二十三岁时就跟随乡人前往澳大利亚，寻找发展机会。[1]他早期是在西澳大利亚省（Western Australia）经营洗衣店；[2]在此十几年后才转到域多利省（State of Victoria）的美利滨（Melbourne）发展，最终也还是经营以自己名字命名的洗衣店。

在家乡的彭光好到了学龄之后，便被家人送到当地学堂读书。至少是在一九二八年初，他就被送到香港，进入尚德英华学校（Sheung Tak Anglo-Chinese School）念书，读八年级。一九二九年下半年，彭光好十七岁了，因在香港接受中英双语教育，有了一定的英语基础，彭绍梁就想将他办理来澳大利亚留学。他通过朋友协助，填好申请表，将其递交给中国驻澳总领事馆，申领儿子彭光好的中国护照和签证。他以自己所拥有和经营的价值一百镑的"绍梁"号洗衣店作为担保，担任儿子来澳留学的监护人，并承诺每年

---

[1] Sue Long（Shue Leong）-Re Entry of his son，Pang Kwong Hou for educational purposes，NAA：B13，1930/9285。

[2] Sue Long [Chinese], NAA: K1145, 1910/29。

提供膏火六十镑给儿子作为在澳留学期间的所有费用，准备将儿子安排入读位于美利滨中国城里的小博街长老会学校（P. W. M. U. School, Little Bourke Street）。因彭绍梁没有在申请表上填具日期，故难以判断该申请是什么时候递交的。只能根据澳大利亚内务部接受申请材料后在申请表上的戳印，证实是在一九二九年接收。

中国总领事宋发祥于一九二九年十月二十二日给彭光好签发了中国学生护照，号码559/S/29。当天，他就将上述申请材料一起汇总，包括尚德英华学校校长的推荐信及彭光好手写的一封给叔叔的英文信，以证明自己具备了初步的英语学识能力，备函寄给内务部秘书，为彭光好申请入境签证。

根据流程，内务部要审核彭绍梁的财务能力及他所声称的与申请者之间的关系。十一月二十八日，美利滨海关稽查官葛礼生（J. Gleeson）将相关的调查报告提供给了内务部。首先，他报告的是彭绍梁的生意及财务状况。彭绍梁的洗衣店开设在美利滨城南靠近海滨的山尊翰（Sandringham）区车站街（Station Street）三十八号，经营状况良好，生意价值一百镑；此外，他还在中国城小博街上的一间商铺有存款一百镑，可能也算得上是入股的股份或投资吧。可能考虑到自己的财务状况并不是十分理想，彭绍梁也像其同乡梁光逢（Leung Kwong Fong）申请儿子梁南盛（Leung Nam Shing）赴澳留学一样，[1]请在唐人街上做生意的C. Pang Goon Ah On（可能是彭绍案）[2]作为他儿子来澳留学的财务保证人。为此，葛礼生也顺便了解清楚了该财务保证人的财政状况：其生意及货品价值为两千二百镑，此外，他还有一栋住宅，价值五千镑，财务实力雄厚，堪当此任。

其次，是关于彭光好的出生日期。当葛礼生与彭绍梁当面核对其个人情

---

① 梁南盛的留学档案见：Leung Nam Shing - student passport, NAA: A1, 1928/7149。

② 彭绍案是一九一七年美利滨中华总商会第六届会长，家在美利滨当地，娶西妇为妻。见：Lionel Paul Newey Joe - Australian born half-caste Chinese boy, son of Charlie Pang Goon Ah On - Leaving for China per "Taiyuan" 10.11.1924 [Photographs, 7 pp], NAA: B13, 1924/23587; William Harry Stafford Newey Ying - Australian born half-caste Chinese boy, son of Charlie Pang Goon Ah On - Leaving for China per "Taiyuan" 10.11.1924 [Photographs, 7 pp], NAA: B13, 1924/23588。另见："美利滨中华总商会第六届选举董事职员表"，载雪梨《东华报》（Tung Wah Times）一九一七年三月二十四日，第七版。

况时，后者告诉他，彭光好的出生日期应该是一九一二年二月二十日。葛礼生指出其在护照和签证申请表上写的是十一月二十日，两个日期相差不少。彭绍梁解释道，申请表是上述彭绍案帮忙填好递交上去的，他把这个出生日期给搞错了。随后，葛礼生便去找彭绍案核对此事。但后者觉得此事并不重要，也记不清他在提交给中国总领事馆时是怎么填上去的。由是，葛礼生表示相信彭绍梁的说法。

因早年彭绍梁一直在西澳发展，其返回中国探亲的记录都保存在那里，调档查阅需时，因而拖了很长时间。一直到一九三〇年三月二十五日，西澳海关部门才将调查结果报告给内务部。根据出入境记录，彭绍梁当时的英文名字是Sue Long，于一九一〇年二月十七日离开西澳非库文度埠（Frementle）回中国探亲，一九一一年八月十八日返回西澳。由此可见，一直到这个时候，彭绍梁都是在西澳发展。根据西澳海关的判断，从彭绍梁此次出入境的情况看，其子彭光好于一九一二年二月二十日出生是可信的，与彭绍梁回国探亲的日期相吻合，其父子关系无可置疑。而彭绍梁最近的一次回中国探亲是在一九二〇年至一九二二年，出入境的地点都是美利滨。也就是说，在一九二〇年之前，他就已经计划好从西澳迁到美利滨来发展了。

还有一个问题是彭光好入读的学校。按照他的年龄以及在香港读书的情况来看，他都应该是上中学。可是，他父亲给安排来澳留学的学校是长老会学校，内务部认为该校仅是一间主要提供小学课程的学校，根本不适合彭光好入读。因此，早在一九二九年十二月中旬时，内务部就发函给宋发祥总领事，要求他与彭绍梁沟通，为彭光好更换一间私立学校入读。到次年一月十日，宋总领事回复内务部秘书，已经与位于美利滨东城的圣伯多禄书院（St. Peter's School）联络，获得校长首肯，愿意接受彭光好入读该校。因该校提供完全教育，教授中学课程是强项，学生年龄也相对大些，比较适合彭光好这个年龄段的中国留学生入读。

待美利滨海关再与西澳海关多次往返沟通，确认上述Sue Long就是Shue Leong无误，也确认其财政能力没有问题，加上他与彭光好之父子关系成立，内务部最终于一九三〇年五月六日复函宋发祥总领事，批准了彭光好的入境签证。这个签证的整个审理过程，超过了半年的时间，最终获得了好的结果。

但彭光好的留学档案到此终止，此后看不到任何与他相关的入境和读书记录。换言之，彭光好获得了入境签证，但最终并没有来澳留学。也许，此时已经年满十八岁的他或许在香港已经读完中学，或留在香港继续读书或已就业做工，或回广州升学及进入社会工作，或者回到家乡，成家立业。

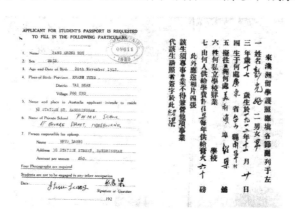

一九二九年，彭绍梁提交的申请彭光好来澳留学护照和签证的申请表。

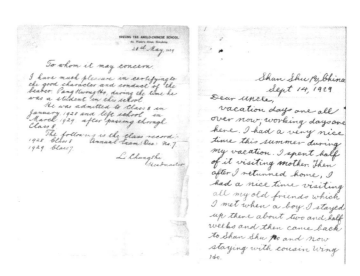

左为一九二九年五月，尚德英华学校校长给彭光好开具的推荐信。右为彭光好为证明自己具有初等英语学识能力而于一九二九年九月手写给叔叔的一份英文信。

档案出处（澳大利亚国家档案馆档案宗卷号）：

Pang Kwong HOU - Student passport, PAA: A1, 1929/9611

伍霭瑞

新宁上坪村

　　新宁县上坪村的伍霭瑞（Auk Suey），出生于一九一二年农历十二月初七日一八六二年出生。[①]他的父亲名叫伍燃（Ng Yen，或者Ah Yen），一八六二年出生，二十四岁时（一八八六年）便来到澳大利亚寻找发财致富的梦想家园。[②]伍燃最终定居于乌修威省（State of New South Wales）西南部农业地区重镇获架获架（Wagga Wagga），跟同安村的伍根（Ng Kin）一起加股进入当地最大的一间华人商铺——"广南利"（Quan Nam Lee），经营果蔬杂货等生意。[③]

　　一九二一年，澳大利亚正式开放中国学生赴澳留学。虽然伍燃居住和做工的地方距离大都市较远，但可能他与雪梨（Sydney）的同乡尤其是著名商人如黄柱（James A. Chuey）等人保持着比较密切的联络，因而该项政策公布之后，他便及时获得消息，便想着为时年将届九岁的儿子伍霭瑞办来读书。按照《中国留学生章程》条例规定，十岁是允许来澳留学的中国学生最低年龄，但此时也有许多家长将其六至七岁的孩子申请来澳留学，伍燃也决定照此办

[①] 申请表上中文栏目所记载的伍霭瑞是出生于民国元年（一九一二年）。如此，在一九二一年时，他应该是九岁，而非十岁。该档案中其他的文件如护照和申请表英文栏目等上面，则写明他是出生于一九一一年，显然是其监护人填表时误将一九一一年当成是民国元年了。

[②] Ah Yen, NAA: SP42/1, A1908/186。

[③] 广南利商号早在一八八五年便创立，主要股东为台山籍伍氏宗亲，由伍鸿煜担任司理。见："华店落成"，载雪梨《广益华报》（The Chinese Australian Herald）一九〇九年七月三日，第一版。

理。为此，伍燃便于三月十七日填妥申请表，向中国驻澳大利亚总领事馆申办儿子伍蔼瑞来澳留学的护照和签证。从所填之申请材料来看，最早他是想请黄柱代为申领，但最终还是决定由自己直接申领。为申办儿子来澳，他以自己参与经营的"广南利"商铺作保，允诺承担伍蔼瑞在澳留学期间的膏火即学费和生活费，但没有具体说明每年会提供多少数额。至于儿子来澳后进入什么学校读书，鉴于他所在地是农业重镇，儿子来了肯定是要跟他住在一起，便为他在获架校舍学校（Wagga Wagga Public School，后来改为 Wagga Wagga Rural School）报名注册，实际上这就是一间当地的乡村公立学校。

可能是在刚刚开放中国学生来澳的头几个月里，申请人还不是很多，中国总领事馆对申办护照和签证的审理就很迅速。四天之后，即一九二一年三月二十一日，中国驻澳大利亚总领事魏子京便给伍蔼瑞签发了中国学生护照，号码31/S/21；并且在同一天里，也为他从澳大利亚联邦政府内务部拿到了签证。这可能是因为当时联邦政府仍然是把美利滨（Melbourne）作为临时首都而在此办公，所有政府部门尚未搬迁到现在的首都堪培拉（Canberra），中国总领事馆与之同城办公，因而联络沟通十分便利之缘故。第二天，中国总领事馆便按照流程，将此护照寄往中国伍蔼瑞的家乡，以便其家人为他办理船票，前来澳大利亚留学。

半年之后，通过家人的安排，由一位返回澳大利亚名叫福龙（Foo Long）的乡人陪同，伍蔼瑞便前往香港，搭乘"丫剌夫剌"（Arafura）号轮船，于十一月七日抵达雪梨港口，入境澳大利亚。伍燃在获架埠的商铺合伙人之一洪（鸿）煜（Hong Yuck）赶到雪梨，会同此间的同乡商人黄柱一起到海关，将伍蔼瑞接了出来，然后由洪煜将他带回获架埠，与其父伍燃团聚。

十二月一日，伍蔼瑞正式注册入读获架校舍学校。从第二年新学期开学后不久校长提供的例行报告来看，伍蔼瑞的在校表现和学业都令人满意，尤其强调他举止行为得体，领悟力强。由是，他以这样的学习态度和表现，在这间学校读了五年半的书，被校长和老师认为是个非常好学上进的学生。

一九二七年中，伍蔼瑞在获架校舍学校就要读完小学，准备读中学，于是他选择注册入读获架埠基督兄弟会中学（Christian Brothers' High

School），并于七月四日拿到了该校录取信。因他已经在澳留学五年半有余，遂决定先行回国探亲，然后再返澳继续读中学。他的父亲便将此事商之于中国总领事馆，以便申请他儿子的再入境签证。于是，七月十一日，总领事魏子京致函内务部秘书，为伍霭瑞申办此事。在过去的五年多时间里，所有关于伍霭瑞的报告都很正面，加上手续也都正常，故内务部很快便于七月二十七日回函，对此申请予以批准，再入境签证自其离境之日起算，十二个月内有效。待上述一切安排妥当，十五岁的伍霭瑞便于九月六日正式结束在上述小学的课程，随即离开获架，前往雪梨，于十月十九日搭乘"吞打"（Tanda）号轮船，前往香港，回国探亲。

到第二年的九月份，亦即伍霭瑞的再入境签证即将到期之前，雪梨商人黄柱代表该学生的父亲伍燃致函内务部，表示目前在中国的伍霭瑞因病重无法启程前来澳大利亚就读中学，申请延长其入境签证。内务部表示可以考虑展签，但不知该学生到底因何病重，希望予以说明，以便其能决定给予多长时间的展签。随后黄柱回复说，伍霭瑞因在中国期间被火车所撞，伤及神经系统，须卧床休息以便康复，短期内无法旅行。为此，内务部决定将其签证有效期展延半年，即希望他能在一九二九年四月十五日之前入境，重返获架埠念书。

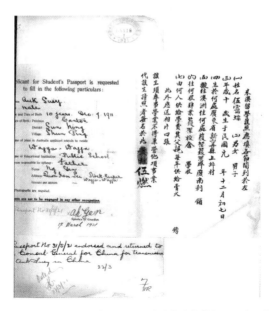

一九二一年三月十七日，伍燃为申办儿子伍霭瑞来澳留学提交的中国护照申请表。

一九二一年三月二十一日，中国驻澳大利亚总领事魏子京给伍霭瑞签发的中国学生护照。

一九二七年七月四日，获架埠基督兄弟会中学校长接受伍霭瑞入学的证明信。

414

民国粤人赴澳大利亚留学档案全述　台山卷

但此后，内务部再也没有接到任何有关伍霭瑞来澳或申请展签的信息，海关也没有他入境的任何信息，有关他在澳留学的档案也到此为止。很有可能，伍霭瑞在中国被火车所撞造成之后果很严重，至少此事直接导致他无法远行，再也不能回到澳大利亚完成中学课程；而且，如果家境不好的话，还会对其日后的生活和谋生都造成很大的影响。

伍霭瑞来澳时还不到十岁，本来是可以按部就班地在这里读完小学和中学，最后还可能有机会进入商学院或工学院等大专院校学习，但一场事故，所有这种可能性都化为乌有。他在澳留学的生涯，差一个月就达到六年。

档案出处（澳大利亚国家档案馆档案宗卷号）：

Auk SUEY - Student passport, NAA: A1, 1927/14464

蔡 发

新宁县城

　　根据填报的资料，蔡发是新宁县城人。申请表和护照上蔡发的英文名字，拼写为Toy Faurt，估计是中国总领事馆的工作人员根据申请者提供的名字发音，自行填上自己认为接近发音之英文词。当时这种现象并非孤例，在其他申请者的资料中也有所出现。蔡发出生于一九一三年二月初六日，这显然是农历，换算成公历的话，应该是一九一三年三月十三日。其中国学生护照上中文显示的出生年份是一九二三年，以及申请表上中文栏目所显示的其出生年份是民国十年（一九二一年），互相矛盾，相差太大。但从其护照和申请表中的英文资料来看，其出生之年份皆记载为一九一三年，而申请护照的年份是一九二三年，时年蔡发十岁。由此看来，上述一九二三年及民国十年两处之出生记录，显然应为中国总领事馆登录人员的笔误。

　　因档案上并没有说明申请蔡发前来留学之人柞李兆（Charlie Show）与他的关系，只是写明是其监护人，我们按照通常的理解，柞李兆应该是他的父亲。如果这个假设成立的话，他的名字应该是蔡兆，柞李（Charlie）只是他的英文名字而已。根据可以检索到的现存唯一的一份蔡兆的档案（外侨证）来看，蔡兆生于一八八三年四月二十七日，来澳年份是一八九八年，时年仅十五岁。他来到域多利（Victoria）殖民地后就进入其西北部地区，在乡间种植蔬果，充当菜农，最终在距美利滨（Melbourne）西北部约二百八十公里之硬冷（Kerang）埠定居下来，开有一间以他的名字柞李兆（Charlie Show）命名的小店，售卖蔬果，生活相对稳定。①

一九二三年十月二十三日，蔡兆以其在硬冷埠自己经营之"柞李兆"号商铺作为担保，承诺每年供给膏火福食足镑（即全额学杂费和生活费），为儿子蔡发来澳留学就读硬冷王家公众学校（Kerang State School），具表向驻在美利滨之中国总领事馆提出护照和签证申请。由上述提供足镑膏火给蔡发来澳读书的担保，也显示出蔡兆就是蔡发之父亲。而从蔡兆之年龄此时正好是四十岁来看，他来澳二十五年，因中途得以回国探亲结婚，有一个十岁的儿子，在当时也是很正常之事。经两个月左右的审理，中华民国（当时是北洋政府）驻澳大利亚总领事魏子京便于十二月二十日为蔡发签发了学生护照，护照号码为364/S/23；三天之后，中国总领事馆也为蔡发拿到了签证，并于当天将护照寄往蔡发之家乡。

经过半年的准备，也就是说，寻找到那些从澳大利亚回乡探亲后再返回澳大利亚的同乡作为旅途的监护人，或者联络上本地那些也要前赴澳大利亚留学的小伙伴同行，以便旅途中互相有个照应，十一岁的蔡发终于从家乡间道香港，在此乘坐"获多利"（Victoria）号班轮，于一九二四年六月二十七日抵达美利滨。随后，他再由此前往硬冷埠，开始其留学生涯。

抵达硬冷埠，在父亲蔡兆所开设的"柞李兆"号商铺小憩了两周，蔡发便于七月十四日正式入读硬冷王家公众学校。在这间乡镇学校，蔡发共上了两年半的学，除了少数几天病假，出勤率较高。根据该校校长的报告，蔡发品学兼优，在入学半年后，就可以简单地与人用英语交流，其英语阅读课和算术都很好。由于这些正面报告之缘故，当中国驻澳大利亚总领事馆在一九二五年和一九二六年为其向澳大利亚内务部申请签证延期续签时，皆未受任何留难，十分顺利。内务部甚至还对硬冷埠王家公众学校校长表示，只要蔡发愿意继续在这间学校读下去，内务部将不会对其申请展签有任何留难。由此可见，蔡发在学校里的学业和操行表现皆为校长和老师所青睐，并

---

① SHOW Charlie：Nationality-Chinese：Date of Birth-27 April 1883：Date of Arrival-1898：Certificate Number-32：Date of Issue-9 October 1939：First Registered at Warracknabeal [Contains one black and white photograph]，NAA：B6531，LEFT COMMONWEALTH/1945-1947/SHOW CHARLIE。

入读小学三年级课程。

但进入一九二七年，事情就发生了变化。在新学年开学后，在澳留学不到三年、时年将满十四岁的蔡发没有继续回学校上课，而是从硬冷埠赶到美利滨，于二月十日在此乘坐"太平"（Taiping）号班轮，径直返回了中国。[1]

走之前，蔡发没有说明回国之原因，也许是思乡心切而回国探亲，也许是父亲的安排而不得不为之，但他本人或者他的父亲蔡兆事前还是知会了中国驻澳大利亚总领事魏子京。为此，魏总领事就在蔡发登船离境之前三天致函内务部秘书，为其申请了再返澳大利亚继续留学的签证。有鉴于蔡发留学期间的良好表现，澳大利亚内务部于二月二十二日函复魏总领事，表示同意为其发放签证。因此时蔡发已经十四岁，再入境签证的有效期为十二个月，那就意味着如果蔡发明年初返回澳大利亚，他已经十五岁。按理，他这个年龄需要接受中学或专科学校的教育更为合适；而且根据上一年实施的《中国留学生章程》新规，他来此留学还必须入读私校。相信在接到上述回复后，魏总领事一定会将此转告蔡发或他的父亲蔡兆。只是因为蔡发档案就此中断，他日后是否重返澳大利亚，因没有他的进一步的档案资料，不得而知。

蔡兆（柞李兆）于一九二三年十月二十三日向中国驻澳大利亚总领事馆填写的申办儿子蔡发的中国护照和签证之申请表（中英文个人基本情况）及个人正面照片。

---

[1]　Toy Faurt - Departure per "Taiping" February 1927, NAA: B13, 1927/4693。

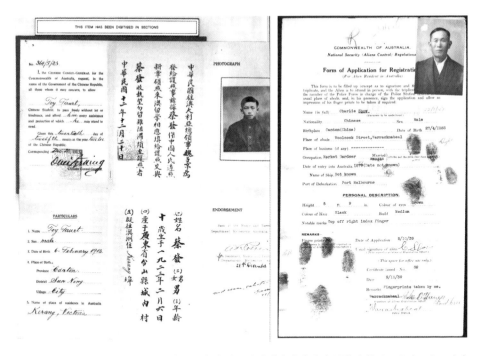

左为一九二三年十二月二十日中国总领事魏子京给蔡发签发的中国学生护照。右为一九三九年十月九日柞李兆申办的外侨证，上有其个人照片，也显示出在此之后八年他离开澳大利亚回中国的印记。换言之，在澳大利亚打拼了四十多年后，他最终选择了落叶归根。

档案出处（澳大利亚国家档案馆档案宗卷号）：

Toy FAURT - Student passport, NAA: A1, 1927/2994

刘同春

台山横水村

刘同春（Lew Tung Choon，或写成Lew Tung Chun，或Lew Hoong Chun），生于一九一三年二月十日，是台山县横水村人。他的父亲刘捷维（Lew Dep Way）一八九三年便离开家乡赴澳大利亚发展，最终在美利滨（Melbourne）定居下来，[①]与兄弟刘亚新（Ah Sing）合股，于中国城的小博街（Little Bourke Street）一百七十七号（后搬迁到一百一十五号）开设了一间出售土洋杂货的店铺，兼做进出口贸易，名为"永兴隆号"（Wing Hing Loong & Co.）。[②]因经营有方，生意确如其名，非常兴隆。

一九二一年澳大利亚实施《中国留学生章程》，准允在澳华人申请其留在中国家乡的子女及亲属赴澳留学。口子一开，大批中国青少年儿童接踵而至。对此，刘捷维自然也不甘后人，只是碍于儿子实在年龄太小，才刚刚八岁，难以启程，故没有在这一年提出申请。到一九二二年，儿子就要满九岁了，刘捷维觉得不能再等，便于一月九日填妥申请表格，向位于同城的中国驻澳大利亚总领事馆申请办理儿子刘同春赴澳留学所需的护照和签证。他以自己的"永兴隆号"商铺作保，允诺每年提供足镑膏火给儿子作为各

---

① Ah Hong（Lew Dep Way）- Applied for Certificate for Exemption from Dictation Test, NAA: B13, 1934/21719。

② 在美利滨华文报纸上检索到的永兴隆号商铺最早的广告是在一九二一年七月，看起来颇有规模，甫出手便有格局。见："永兴隆告白"，载美利滨《民报》（The Chinese Times）一九二一年七月二日，第一版。

项开销，要把他办来位于美利滨大学附近加顿（Carlton）埠的若丝砀街公学（Rathdown Street State School）念书。

接到上述申请后，中国总领事馆的处理却拖延了较长时日。这可能与其跟澳大利亚联邦政府内务部交涉与协商有关，因《中国留学生章程》实施后出现了一些问题，需要双方坐下来对其中的一些条款作相应的调整和修订，从而影响了中国总领事馆对留学护照和签证的审理。直到六月五日，中国总领事馆才完成对刘同春护照申请的审理，由总领事魏子京为他签发了一份中国学生护照，号码为153/S/22。当中国总领事馆将此护照送交给内务部核发签证时，也耽搁了两个多星期，直到六月二十一日才获得批签。

中国总领事馆按照刘捷维的要求，将钤盖签证章的护照寄往香港的"聚昌隆"号商行，由其负责安排刘同春赴澳的行程。当时，刘捷维因"永兴隆号"生意扩展，需要帮手，遂从家乡请得族侄刘宽生（Lew Fon Sam）前来美利滨作为店员，协助经营，已获得内务部核发工作签证。为此，他正好可以作为其族弟刘同春航行途中的监护人，一同赴澳。由是，在获得签证三个月后，刘同春就被家人送往香港，搭乘"衣市顿"（Eastern）号轮船，与族兄刘宽生一道，于这一年的九月二十七日抵达美利滨入境。[1]

十月二十四日，刘同春正式注册入读若丝砀街公学。从学校校长的例行报告看，入学后，刘同春一直表现良好，各门功课都能如期认真完成，学习也相当刻苦，成绩令人满意，也遵守校规，从不旷课，由此，他顺利地进入第二年，也毫无障碍地拿到了展签。就这样，按部就班地，他在这间学校一读就是六年，直到一九二八年底学期结束。

从一九二九年开始，刘同春升学转入苏格兰书院（Scotch College）就读中学课程。他在这里读了四年，直到一九三二年底学校放假。在这里，他给自己取了一个英文名，叫做查尔斯·春，全名写成英文是Charles Choon。他在此期间学习仍然勤奋，但该校是著名的教会名校，要求高，因此，他最大的问题是英语底子不够扎实，在课程的理解上就比较吃亏，也让他付出的努

---

[1] Lew Fon Sam ex "Eastern"（Melbourne） September 1922 - Departure from Commonwealth per "Changte" June 1934, NAA: B13, 1930/16258。

力比其他同学要多得多，亦即他还需要花费一些时间精习英语，从而赶上学习的进度。对于其英语的进步，校长在其例行报告中多次提及，给予了较高的评价。整体而言，他在这个中学的课程表现只能算是中等。

一九三三年新学年开始后，二十岁的刘同春升学进入位于美利滨城里的工人学院（Workingmen's College）读书，同样是以Charles Choon这个名字注册入读。他在此先读预科课程，然后主修电气工程和汽车机械的大学文凭。在这里，老师和院长对他的在校表现和学习成绩给予了较高的评价，远超其在苏格兰书院的学校评语，第一年的各项考试顺利通过。从第二年开始，他主修汽车机械，被认为是该课程之最佳学生。到一九三五年四月，完成大学课程的刘同春，离开美利滨，返回中国。此时，他来澳留学已近十三年，从一个不到十岁的儿童，成长为二十二岁的青年，顺利地获得大学文凭，可谓学成回国。

可是在一九三八年十二月二十九日，中国驻澳大利亚总领事保君建给内务部秘书发来了一份公函，谓已经二十六岁即将二十七岁的刘同春想重返澳大利亚，进入由工人学院转名的美利滨工学院（Melbourne Technical College）进修航空机械高级文凭，亦即研究生学位。保总领事知道，如果按照章程规定，刘同春现在的年龄早已超过了中国留学生在澳留学最高年限二十四岁的限制许多年，但现在的情况特殊，只能要求内务部长特事特办，即考虑到他此前在工人学院里的优异表现以及该学院院长对这位中国学生的高度评价，破例核发其入境签证。对此，内务部没有拒绝，给予了认真的考虑。经过一个多月的了解，得知该项课程需要读二至三年方可结束，而其财政担保仍然是"永兴隆号"商铺。其父刘捷维去往中国探亲，尚未返澳，但其叔父刘亚新主持店务，可以为刘同春提供足够的财政资助，并可向海关缴纳一百镑作为保证金。内务部的官员几经讨论，最终于一九三九年二月二十八日函复保君建总领事，同意给刘同春签发一年的签证，到期后可展签，以不超过三年为期。其条件是在学成之后，该学生应立即返回中国。

刘同春申请重返澳大利亚的时间，正值中国全面抗战进入第二个年头。此时，武汉会战结束，国民政府已西迁至重庆，中国空军也已经在与日军几次空战之后损失殆尽；与此同时，日军也于十月侵略进攻并占领广州，广东也成了抗日前线。换言之，此时的中国抗战形势严峻，进入战略相持时期。而此时刘同春申请来澳所读的专业，则是相当高端的前沿学科。但遗憾的是，保总领事在其公函中并没有解释何以刘同春会申请就读这样的专业。也许是因私出国留学，不是公派留学，保总领事无须对此予以解释，但考虑到当时的中国形势，这样的选择又是与国家和个人的未来发展密切相关的。因无资料佐证，此处只是提出这个问题，以待日后有机会再予以证实。

一九四〇年一月二十二日，刘同春辗转到香港乘坐"南京"（Nankin）号轮船，抵达美利滨入境。他立即去到工学院注册入学，在此后的一年半时间里，刘同春全力以赴地学习有关航空机械和电气课程，完成了所学之A级课程，考试成绩也非常出色。

尽管还没有完成全部课程，拿到所需文凭，刘同春突然于一九四一年九月二十三日，在美利滨搭乘"太平"（Taiping）号轮船返回香港。[1]走之前，他曾表示还会回来继续完成该学业，但其档案就到此中止，之后再无他进入澳大利亚的任何信息。而实际上，刘同春离开澳大利亚之后不到两个半月，太平洋战争爆发，海路不通，即便他想再返澳大利亚亦不可能。而他此次返回香港，或由此再返家乡之后的命运如何，也无法得知。

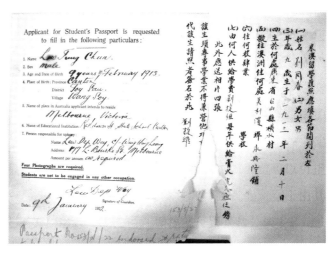

一九二二年一月九日，刘捷维向中国驻澳大利亚总领事馆申办儿子刘同春赴澳留学护照。

① Lin Wai Poy, Lee Minn Fong, Lew Tung Chun, Soon Ein, Charlie Goon Ung, Foo Man [also known as Yee Woo], Fong Chick and 32 unknown Chinese [departed ex TAIPING from Thursday Island on 1 October 1941] [box 453], NAA: SP42/1, C1941/6611。

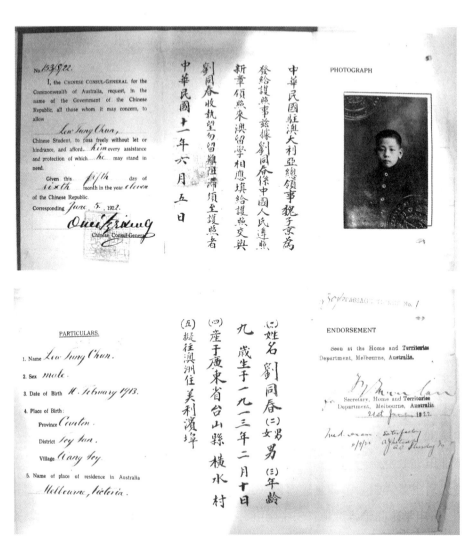

一九二二年六月五日，中国驻澳大利亚总领事魏子京为刘同春签发的中国学生护照。

档案出处（澳大利亚国家档案馆档案宗卷号）：

Lew Tung Choon - Student exemption, NAA: A433, 1941/2/540

祯道海（雷维森）

台山和乐村

按照档案的记载，本文的主人公名字是祯道海（Jan O'Hoy），一九一三年二月二十四日出生于台山县和乐村。但事实上他并不姓祯，名字也不叫道海，其真正的中文名是雷维森，虽然其英文名还是同上面一样。追究起来，"道海"实际

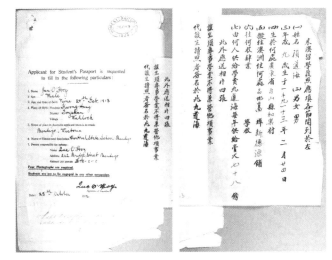

一九二二年十月二十五日，雷学燊（九道海）填表向中国驻澳大利亚总领事馆办理儿子雷维森（祯道海）来澳留学。

上是他祖父的名字。为此，有必要在此介绍一下他的祖父以及父亲之在澳发展情况（能够有比较清晰的在澳三代中国移民之个案不多），因为这对他以后来澳留学并最后定居有着决定性影响。

雷维森的祖父雷道海（Louey O'Hoy，有时候也被写成Louis O'Hoy），一八三六年出生在广东省新宁县和乐村。大约在一八六一年，也就是当时大批华人涌至澳大利亚新金山淘金最高峰之时，二十五岁的雷道海也跟着大批

乡人，怀着发财致富之梦想，来到这块新土地上寻找机会。而他也确实是幸运儿，实现了梦想。历经二十年的奋斗，到十九世纪八十年代，他已经成功地定居于域多利（Victoria）殖民地的淘金重镇品地高（Bendigo，当时也被来自广东四邑的移民称为"大金山"），在该埠卑列治街（Bridge Street）二百六十二号与人合股经营一间杂货店，名为"德源"（Ack Goon）号，由此而掘得了在澳大利亚的第一桶金，有了一定的积蓄并置了房，此前也回国结婚成了家。①

一九二三年三月十九日，中国驻澳大利亚总领事魏子京为雷维森（祯道海）签发的中国学生护照。

为此，他于一八八四年将其在家乡所娶之二房阿琪（Ah Kit）从家乡申请入境，带到品地高与他共同生活，此后为他在澳生育了六个子女。因雷道海生活富裕了，也热心公益，为同胞的利益奔走，在当地华人社区中逐渐崭露头角。一八七九年，雷道海成为品地高华人社区的负责人之一，参与为筹建品地高乐善堂（Benevolent Asylum）和品地高医院（Bendigo Hospital）组织的筹款，积累了相当的声望。一八八七年，大清国湖广总督张之洞派遣总兵王荣和及候任知府余雋作为特使，以调查华民商务的名义，到澳大利亚的域多利和鸟修威（New South Wales）等华侨较为集中的地区了解侨情。待两位特使于当年七月抵达品地高埠访问时，雷道海便成为华人社区欢迎朝廷特使委员会的主要成员，负责接待，并在此后陪同他们前往其他地区考察；他也由此于一八八九年得以被清廷赏戴花翎，在当地华人社区中政治地位大幅提高，被同胞尊称为官员。当二十世纪初品地高华人会成立时，他便成为首任会长，而"德源"号商铺此时也已成为他独家经营的生意。一九一八年，他

---

① O'HOY Louey：Nationality-Chinese：Date of Birth-8 September 1836：First registered at Bendigo，NAA：MT269/1，VIC/CHINA/OHOY LOUEY。

离开澳大利亚，前往香港居住，从此退隐江湖。两年后，他在香港去世。①

一九七八年雷维森获英国女王授予大英帝国勋章时在寓所拍摄之照片。

而出生于一八七五年的雷学燊（Que O'Hoy，但在档案里，他的中文名字被写成"九道海"，这与其父亲的名字"O'Hoy"被当成姓有关）是雷道海与大房所生。出生后，他跟母亲一直待在家乡，并接受了乡村私塾教育。一八九四年，十九岁的雷学燊也来到澳大利亚，与父亲住在一起，参与父亲商铺的经营。一九〇三年，他全面接管经营父亲的商铺，将其更名为"新德源"（Sun Ack Goon）。②在当时的品地高，"新德源"号商铺是华人社区中最主要的店铺，销售粮油、烟酒、丧葬喜庆物品和果蔬等日常所需的商品，同时亦兼具金山庄的功能，极受华人社区的喜爱与拥戴。③自二十世纪二十年代起，雷学燊也继父亲之后成为当地华人社区的领袖人物，直到一九六四年去世。跟父亲一样，雷学燊也是后来回国结婚，有大房和二房。他与大房生有三个子女，与二房潘瑞玉（Poon Suey Gook）则有七个子女，分别生于中国和澳大利亚，因为潘瑞玉自一九二〇年开始便时不时地客居澳大利亚，直到一九三八年开始因中国抗日战争爆发之后国内形势恶化便长留澳大利亚，协助丈夫，操持家务。④

一九八〇年雷维森去世时其家人所悬挂的遗照。

雷维森便是雷学燊与大房所生的儿子。由上述祖父和父亲在澳的姓氏写法，也就不难理解他何以

① Mrs Louey O'Hoy-application for Certificate of Exemption from Dictation Test[10 pages][Item also contains 4 photographs]，NAA：B13，1918/19506。
② Sun Ack Goon [also known as Que O'Hoy] - Exemption certificates for staff, NAA: A433, 1947/2/4327。
③ O'HOY Que：Nationality-Chinese：Date of Birth-23 July 1875：First registered at Bendigo，NAA：MT269/1，VIC/CHINA/OHOY QUE/1。
④ Mrs Que O'Hoy and Fong Wah Tai-Left Thursday Island per S.S. "Victoria" 22.11.1922，NAA：B13，1922/14972。

被叫成"祯道海"。自一九二一年澳大利亚实施《中国留学生章程》，开放中国学生来澳留学，大批居澳华人在中国所生之子女涌至读书，这为雷学燊将儿子办来学习提供了机会。一九二二年十月二十五日，鉴于儿子已经九岁，来年春便满十岁，雷学燊便填具申请表，提交给中国驻澳大利亚总领事馆，办理儿子来澳留学所需之护照和签证。他以自己经营的"新德源"商铺作保，承允每年

一九六〇年雷维森与朋友们在一起。

提供膏火七十八镑给儿子作为在澳留学期间的所有费用，让儿子来品地高入读中央公立学校（Central State School）。

　　由于自一九二二年下半年以来递交上来的赴澳留学申请太多，中国总领事馆也因跟澳大利亚相关部门商讨修订《中国留学生章程》费时费力，无暇顾及处理这些材料，以致积压越来越多，直到一九二三年才重启处理程序。三月十九日，中国驻澳大利亚总领事魏子京为雷维森签发了中国学生护照，号码是237/S/23，并在三天后为他拿到了内务部核发的入境签证。三月二十四日，内务部将钤盖签证印章之护照寄回，由中国总领事馆再转交给雷维森在中国的家人。作为品地高埠甚至域多利省华人社区的名人，雷学燊关系众多，很快就在家乡找到了回国探亲后准备回返澳大利亚的同乡，作为儿子赴澳航行的陪护旅伴及监护人。随后，其家人通过金山庄给雷维森安排好船票，四个月后，他到香港搭乘中澳船行所独资经营的"获多利"（Victoria）号轮船，于七月三十日抵达美利滨（Melbourne）港口，入境澳大利亚。雷学燊在海关接到儿子后，当天便带着他赶回了位于美利滨西北部、与美利滨相距约一百五十多公里的品地高。

一九〇三年雷学燊和他的自行车留影。

　　抵达品地高的第二天，十岁的雷维森便按照父亲的安排，注册入读中央公立学校。根据学校

校长的报告，雷维森各项学业突出，在校表现良好。他表示，只要给予一定的时间，待其英语过关，相信他对各科课程的学习更能得心应手。果不其然，到一九二四年下半学期，雷维森便取得很大进步，顺利地升入四年级。一九二五年四月，他转学进入品地高的一九七六号公立学校（State School 1976），同样是学习优异，并在

一九二七年新学年开学后顺利升入中学课程。他在这里读了两年半的中学课程，一直都是学校的优秀学生。

一九二九年五月二日，十六岁的雷维森结束了在澳大利亚的留学，到美利滨登上驶往香港的"圣阿炉滨士"（St. Albans）号轮船，告别父亲，离澳回国去了。[①]离开澳大利亚时，他并没有知照中国总领事馆，也没有申请再入境签证。由于父亲在品地高还有二房妻子与其一起生活，而把大房亦即维森的母亲留在家乡，因此，他此时回国极有可能就是想念母亲，要回去探亲。另一个可能就是，在澳大利亚读了六年书，打下了良好的英语基础，此时回国，再进国内的中学就读，接受中文教育，能成为中英双语人才，为日后人生发展打下良好基础。

一九三四年三月，二十一岁的雷维森从香港乘搭"吞打"（Tanda）号轮船，又回到了澳大利亚，在美利滨入境。[②]但他不是回来继续求学，而是应召加入到父亲的"新德源"商铺经营之中。除了经商，他还以自己熟练掌握的汉语与英语技能，经常充当翻译，沟通两种文化。当然，他也继承了家族乐善好施、热心公益的传统，为华人社区及主流社会的融合不断努力，成为华社中坚骨干。在父亲雷学桑于一九六四年去世前，雷维森一直是品地高华人会

一九二二年的雷学桑。

---

① Jan O'Hoy（Chinese student）ex "Victoria" July 1923-Departure from Commonwealth per "St. Albans" May 1929，NAAM.：B13，1929/7787。

② Jan O'Hoy-Passenger Melbourne per "Tanda" March 1934，NAA：B13，1934/9608。

秘书，①其后也担任华人会会长之职，是当地颇具声望的华社领袖。②一九七八年，鉴于他对华社以及品地高社区所作出的贡献，英国女王授予他大英帝国勋章（British Empire Medal）。③一九八〇年，雷维森在品地高去世。

十九世纪末二十世纪初年，身着清朝官员服饰的雷道海。

由上述介绍可见，雷氏三代在品地高推广中华文化，促进族群融合，不遗余力。需要说明的是，雷维森并非家族中唯一获得澳大利亚勋衔者。雷社源（Dennis O'Hoy），亦即他在澳出生的同父异母的弟弟，因长期致力于保存品地高华人文化遗迹以及服务于华社与当地主流社会，于二〇一六年英女王生日之际，被澳大利亚总督府宣布颁授澳大利亚综合类勋章中的澳大利亚成员勋章（AM，The Member of the Order of Australia），④为澳大利亚大金山的这个显赫的华族家庭再添上辉煌一笔。

左为一八九五年，复活节庙会期间，品地高华人会组织的舞龙表演。右为一九七〇年复活节时，品地高华人会组织的舞龙巡演。

二〇一一年，雷社源在其家族"德源"号旧址留影。

档案出处（澳大利亚国家档案馆档案宗卷号）：

O'Hoy, Jan - Student passport, NAA: A1, 1928/6720

---

① 参阅品地高华人会网站有关该会简史（About BCA – Bendigo Chinese Association Inc.），可见雷氏三代人在该会中的地位和作用。见：http://bendigochinese.org.au/about-bca/。

② O'HOY, Jan，NAA：MT929/2，V1957/61339。

③ 在英文维基百科上可以查看到一九七八年英国女王授勋（1978 Birthday Honours）的名单。详见：*1978 Birthday Honours*, https://en.wikipedia.org/wiki/1978_Birthday_Honours。

④ Emma D'Agostino, "Bendigonian Dennis O'Hoy made member of Order of Australia", in *Bendigo Advertiser*，June 13 2016-9:30AM。见www.bendigoadvertiser.com.au/story/3963002/ohoy-made-member-of-order-of-australia/。

甄　锦

台山新昌埠

出生于民国二年（一九一三）三月十日的甄锦（Yum Kum），是台山县新昌埠人。他满十岁时，家里人也考虑将他送往澳大利亚留学，主要是他的叔叔甄纲遐（G. C. Henry）早年就已经去到塔斯马尼亚（Tasmania）的可拔（Hobart）埠，经营有一间"显利"（G. C. Henry）号商铺，发展得还算不错。[①]但甄锦并不是通过叔叔甄纲遐在澳为其申请留学护照和签证，而是直接就在国内提出申请。

一九二三年十二月十四日，甄锦的家人代他前往广州，向当时处在孙中山领导的军政府治下的外交部特派广东交涉员公署办理赴澳留学事宜，初步计划让甄锦去那里留学四年。根据一九二〇年澳大利亚政府与中国驻澳总领事达成并于次年开始实施的准允华人赴澳游学经商游历条款，广东交涉员傅秉常当天便为甄锦签发了留学护照，中文编号为玖玖叁号，英文领事编号为5/23。甄锦的财政担保人是其叔父甄纲遐（护照上写成了"甄兴利"，可能是"兴"与"显"字发音较近之故，显然是Henry一词的不同译音），应允每年供给其膏火五百银元，作为他在澳留学期间的相关费用。鉴于当时澳大利亚仍然是英国的自治领，其外交仍旧由英国代管，因此，须由英国驻广州总领事签证盖章，入境澳大利亚时方才有效。随后，傅秉常便与英国驻广州总

[①]　关于甄纲遐的情况，详见其子甄德（Gin Ack）的留学档案：Gin Ack - Student passport [1cm], NAA: A1, 1927/21107。

领事交涉签证事宜。在等了两个星期之后，于十二月二十八日才为甄锦拿到了入澳签证。

事实上，甄锦的家人在代他申请护照和签证时，就已经为他准备好了赴澳的船票。当英国总领事的签证下来之后，甄锦就在家人陪同下去到香港。过了一九二四年的新年之后，他就与另外两位小留学生——增城县的黄进鸿（Wong Ching Hung）及新会县的陈荣（Ah Wing）结伴，[1]登上中澳船行所拥有和经营的"获多利"（Victoria）号轮船，驶往澳大利亚。二月四日，抵达雪梨（Sydney），入境澳大利亚。甄纲遐特地派了"显利"号商铺的一位店员前往雪梨接关，之后再带着甄锦，一路乘火车前往美利滨（Melbourne），再乘船过海到可拔埠上岸。

一九二四年二月二十四日，甄纲遐让甄锦注册入读中央公立学校（Central State School）。在此之前，甄海（Gin Hoi）和甄煜（Gin Yook）都曾在该校念书。[2]甄海比甄锦年长四岁，也是甄纲遐的侄儿，只是不知道甄锦和甄海是亲兄弟还是堂兄弟，档案中没有交代，无法确认。甄锦在这里读了两年书。校长对他的学习态度还是很认可，也认为他学习还算努力，但与在该校念书的其他中国小留学生相比，他的学习能力似有不逮。也许是年龄尚小，理解力不够吧。

一九二六年新学年开始后，甄锦转学到可拔埠的另一间公立学校——高宝街公立学校（Goulbourn Street State School）。在这里，校长对他的评语远较中央公立学校要好，认为他是班上几个最好的学生之一。显然，经过此前两年的学习，加上年龄的优势，在语言学习方面较易上手，他此时的英语能力以及对各科学业的领悟力都有了很大提高。

但甄锦只是在高宝街公立学校念了半年而已。一九二六年上半学期结束后，他便没有再去上学，而是选择离开澳大利亚。七月二十一日，十三岁的

---

① 黄进鸿和陈荣的留学档案见：Wong Ching HUNG - Chinese student, NAA: A1, 1927/2279及Ah Wing - Student's passport [0.5cm], NAA: A1, 1924/30179。

② 甄海和甄煜的留学档案见：Gin Hoi - student passport, NAA: A1, 1929/7178和Gin Yook - Chinese student's passport, NAA: A1, 1924/27291。

甄锦从可拔埠赶到雪梨，搭乘驶往香港的"彰德"（Changte）号轮船，返回中国。[1]走之前，他没有知会中国总领事馆，也没有申请再入境签证，当然也没有解释此时选择回国的原因。此后，当地的档案中也找不到任何与他相关的信息。他总计在澳留学两年半的时间。

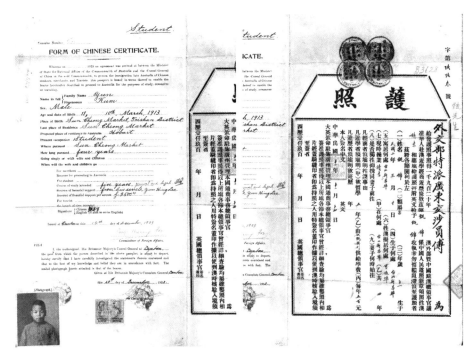

一九二三年十二月十四日，外交部特派广东交涉员傅秉常给甄锦签发的赴澳留学护照；英国驻广州总领事为其核发的入澳签证章是十二月二十八日钤盖上去的。左下角是甄锦的照片。

档案出处（澳大利亚国家档案馆档案宗卷号）：

Kum, Yum -（Canton）students passport, NAA: A1, 1926/5240

---

① Shar Yee or Shi Yee, Jang See, Jang Young or John Young, J Kie Foon, Wong Hing, Joe Ting, Atra, Hindra and Yum Kum [Certificate Exempting from Dictation Test - includes left hand impression and photographs] [box 191], NAA: ST84/1, 1926/419/91-99。

黄新政

台山北坑村

在澳大利亚联邦建立后的早期阶段，作为雪梨（Sydney）华人社区的头面人物以及华洋社会都知名的商人，要把自己的后代办来留学，其出手的方式也是跟一般人不一样的。黄柱（James Arthur Chuey，也叫黄柱稳）就是这样一个人物。

黄柱是台山县北坑村人，早在一八七九年就已经从家乡来到澳大利亚发展，既是雪梨中华总商会的主要成员，也是一名华洋两界通吃的棉花与羊毛商人；更重要的是，他还是雪梨由洪门而演变的义兴公司或者叫做义兴会（亦称"华人共济会"）的盟主，在华人底层具有极大的号召力。[1]也许是长期与当地农场主和牧场主做生意打交道，他与这些人建立了良好的私人关系。他与当时鸟修威省（State of New South Wales）西部农业重镇德宝（Dubbo）埠为基地的农场主兼政客崔守文（Arthur King Trethowan）交厚，[2]关系很铁。崔守文除了是大地主，当时还是鸟修威省农场主与拓殖者协会（Farmers and Settlers Association）的主要成员。该协会即为现在的澳大利亚国家党（National Party of Australia）在鸟修威省的前身，该党实际上就是该国农场主和牧场主的代言

---

① Letter of Introduction - Chuey, JA, NAA: A11804, 1917/88。

② Doug Morrissey, 'Trethowan, Sir Arthur King（1863–1937）', *Australian Dictionary of Biography*, National Centre of Biography, Australian National University, http://adb.anu.edu.au/biography/trethowan-sir-arthur-king-8849/text15531, published first in hardcopy 1990, accessed online 27 October 2020。

人。崔守文于一九一一至一六年担任鸟修威省农场主与拓殖者协会副会长，余后四年担任会长，在整个二十世纪二十年代又回任副会长，从一九三〇年起改任该协会的财政，直到七年后去世为止。更主要的是，他在政坛上也势力强大，从一九一六年至其去世的一九三七年之二十一年间，都是鸟修威省下议院（New South Wales Legislative Council）众议员（M.L.C.），有很强的政坛影响力。由于有和崔守文交厚的这层关系，当孙子黄新政（Wong Ching，一九一三年六月十五日出生）年满十四岁，想要到澳大利亚留学时，一开始黄柱便通过他的这位政客朋友向内务部提出入境申请。

一九二七年，业经修订过的旨在加紧对来澳留学之中国学生管理的《中国留学生章程》新规已经实施了一年，这就意味着中国学生申请来澳留学签证已经不像此前那样，基本上由中国驻澳大利亚总领事馆审理，然后交由澳大利亚政府内务部签盖签证章即可，而是必须由内务部会同其他部门，对签证申请者的英文学识能力及监护人的财政能力予以评估审核，再作出最后决定。也就是说，申请程序较之以往要严格了许多。黄柱想把正在广州培正学校念书的孙子黄新政办来澳大利亚读书，就于六月份将孙子的基本材料交给崔守文，以为能通过他在政府的广泛人脉关系，直接与内务部长打招呼，很轻松地为孙子拿到来澳留学的入境签证。但是，澳人的人情世故没有中国人那么严重，事情并没有他想的那么容易。六月二十二日，内务部长函复崔守文，谓此类申请必须循正规的渠道才可以受理，并将这些申请材料转给了中国总领事馆。崔守文无奈，只能将事情交回黄柱去自行办理。如此一来，黄柱就只得回到原点，从头再来。

好在他在此之前拿到了孙子黄新政目前所读学校即广州培正学校校长的证明信，也拿到了雪梨兰域预科学院（Randwick Preparatory College）院长愿意接受黄新政入学的录取信，并且也写好了担保书，以他在雪梨的农牧场主公司（Farmer & Grazier Corp. Ltd., Sydney）中所占价值达一千镑之股份作保，因此，他只要填好申请表格即可。七月四日，黄柱将申请表格送交中国总领事馆，申领黄新政的中国护照和签证，承诺每年提供膏火五十镑，供孙子在澳留学期间的所有开销。

七月二十日，中国总领事魏子京给黄新政签发了号码为483/S/27的中国学生护照，并在当天就致函内务部，为他请领入境签证。根据《中国留学生章程》新规，十四岁以上来澳留学者，须具备初步的英文学识，申请者为此要附上一篇手抄英文作业件作为证明，但黄柱在为孙子申请护照的材料中就忘记了准备这一份文件。于是，魏子京总领事在给内务部秘书的信中就特别提到了这一点，并说明黄柱非常希望孙子尽快前来留学，建议一边由澳大利亚内务部先给他核发签证，让他尽早启程；另一边黄柱会吩咐中国国内亲友让黄新政手抄一份这样的作业，现在就寄来，待其孙届时乘轮船抵达时，这份材料也就会比他先到，海关人员可以根据这份文件再去测试其孙之英文程度。因为当时从香港乘船到雪梨，途中还有几个停靠港，全程需时约三周。从节省时间的角度看，这是一个两全其美的办法。

毕竟黄柱是名人，本来就在内务部那里挂上了号，加上有政客朋友加持，内务部就把审核的程序全给免了，不去核查其财务状况与财政能力，也接受了魏子京总领事的建议，于八月一日核准了黄新政的入境签证。中国总领事馆就按照流程，将护照寄往中国。而黄新政接到护照后也没有耽搁，立刻结束在广州培正学校的课程，赶往香港，在那里乘坐"太平"（Taiping）号轮船，于十月三日抵达雪梨，顺利入境。

从黄新政抵达澳大利亚后到次年四月一日，在这差不多半年的时间里，内务部和海关都不知道他是否进入原先计划注册就读的学校兰域预科学院念书，也没有任何资料说明他确实去到这间学校或者是就近入学去了别的学校。总之，这半年时间就是空白，无法确知他在做什么，在什么地方读书。只是到了一九二八年四月一日，他才正式入读雪梨最好的私校——雪梨文法学校（Sydney Grammar School）中学部。根据校长的报告，他的在校表现令人满意，是个努力学习的好学生。同时，举止得体，遵守校规，礼貌有加。毕竟广州培正学校也是名校，以学生素质好、教学质量高著称。由是，他在这里一直读了近四年的书，到一九三二年底学年结束。

一九三三年一月十四日，未满二十岁的黄新政结束了在雪梨文法学校的中学课程，搭乘"吞打"（Tanda）号轮船，离开雪梨，返回中国。离澳之前，他没有通知中国总领事馆，这就意味着他并没有打算申请再入境签证，也就是不再返回澳大利亚读书，而是选择回中国升学，或者进入社会到职场工作。总计他在澳大利亚留学五年多一点的时间，刚刚好读完中学。

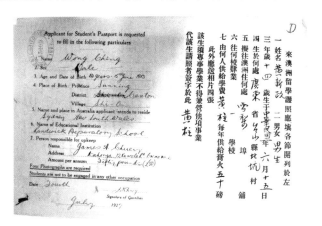

一九二七年七月四日，黄柱提交给中国驻澳大利亚总领事馆的申请表格，为孙子黄新政申领中国学生护照和入境签证。

一九二七年七月二十日，中国驻澳总领事魏子京给黄新政签发的中国学生护照。与留学申请表上的名字黄新政不同，护照上的名字变成了黄政。根据英文名字Wong Ching来判断，黄政与其相对应，没错。很可能是黄新政将名字简化，从双名变成了单名。

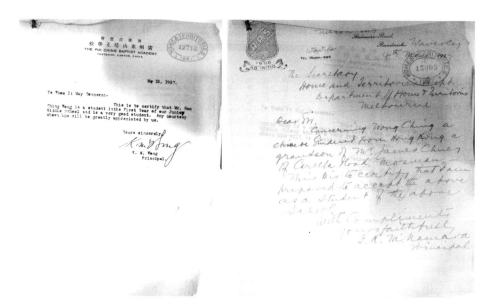

左为一九二七年五月十二日，广州培正学校校长给黄新政开出的证明其正在读初中的证明信。右为一九二七年五月四日，雪梨兰域预科学院院长接受黄新政入学的录取信。

档案出处（澳大利亚国家档案馆档案宗卷号）：

Wong Ching - Student's Passport, NAA: A1, 1933/137

林炎南

台山蟹地村

　　林炎南（Lim Yim Nau，也写成Lim Yim Nam），出生于一九一三年六月
十六日，是台山县蟹地村人。查现在的台山市所属之村委会及自然村名录，
只有蟹村而无蟹地村，蟹村是在岭背村村委会属下的一个自然村。不知上述
所说的蟹村是否与林炎南档案中所说之其籍贯蟹地村是同一个地方。另外，
根据报道，岭背村是邝姓宗族所居之地，而蟹村则为其始祖云岫公迁居安顿
之所，其后子孙繁衍遍及岭背各村。由此看来，林姓在此属于人口稀少之宗
族，势力远非邝姓之大与盛。

　　而林立福（Lim Lip Fook）则是林炎南的父亲。他早年离开家乡，漂洋过
海到澳大利亚发展，最后定居于尾利伴（Melbourne），与人合股，在小兰市
地街（Little Lansdale Street）一百三十二号开设有一间木器家具行，名叫"林
永和"号（Lim Wing War & Co.）木铺。从商铺的名字上看，很有可能这是个
林姓族人合股开设的字号。从该店铺的另一位合伙人、来自台山县大巷村的
林南（Lim Nam）是在一八九七年左右来澳发展的这一情况来看，[①]林立福最
初到来的年份，恐怕也是在这前后。[②]

---

① 　详见林国和（Lum Jock Wah）的留学档案：Lum Jock Wah - student passport, NAA: A1, 1929/1359。
② 　澳大利亚国家档案馆里检索不到与林立福名字相关的宗卷，而在当地华文报纸上，见到林立福的
　　名字最早出现在一九〇五年遍及全澳的反美拒约会的捐款名单上，由此亦反映出他来澳的年份当
　　在十九世纪末年到二十世纪初年。见："美利畔埠木行拒约会捐款录"，载尾利伴《警东新报》
　　（The Chinese Times）一九〇五年十一月四日，第一版。

一九二三年，有鉴于儿子当年已经十岁，林立福想让他来澳念书，遂填具申请表，向中国驻澳大利亚总领事馆申办其子之留学护照和签证。因申请表上没有填写申办的日期，具体在什么时候填妥递交到中国总领事馆，不得而知。按照通常的做法，林立福以上述自己参股经营的"林永和"木铺作保，但没有说明承诺每年提供的膏火费数额，只是说要把儿子办来当地的皇家学校（亦即公立学校）读书。中文申请表上没有具体说明是那间学校，但在英文栏目里则确认要去位于加顿（Carlton）区的若丝砀街公学（State School of Rathdowne Street），就在市区的北部。

八月六日，中国总领事魏子京为林炎南签发了中国学生护照，号码是313/S/23，同时也在当天就为他从澳大利亚政府内务部那里拿到了入境签证。按照流程，中国总领事馆随即将护照寄往中国林炎南的家乡，让他准备随时赴澳留学。到这一年的最后一天，林炎南终于从香港乘船抵达尾利伴入境，开始其留学生涯。因档案中没有他的入境记录，因而我们无法得知他乘坐的是那家航运公司的轮船抵埠。

因其入学档案缺失，我们无法得知林炎南是何时正式入学读书的。但根据他入境的时间来判断的话，那个时间正好是处于学校的暑假时期，新学年是一九二四年一月底才开始。由此，最大的可能性是，他在学期开学时注册入读若丝砀街公学。目前档案里只有一份该校于一九二六年十月份提供的有关林炎南的报告，表明其在校期间，学业与操行皆令人满意。

一九二六年八月二十八日，十三岁的林炎南于尾利伴搭乘日本邮轮公司的"安艺丸"（Aki Maru）返回中国。走之前，他什么也没有说，并没有表示还要回来继续留学。或许，通常情况下，十岁的小孩子学语言比较快，他在此留学了两年半之后，英语方面有了很大的提高，这个时候回中国，可以在台山甚至到省城广州升读比较好的中学。

但到了一九二七年五月，回到中国大半年之后的林炎南改变主意了，还想重返澳大利亚读书。他的父亲林立福遂找到在尾利伴唐人街上的长老会学校（P.W.M.U. School），于五月六日拿到了该校愿意接受林炎南重返当地留学的录取信，并在三天之后也通过中国总领事馆向内务部提出申请再入境签证。因此前林炎南的在校表现良好，没有什么不良记录，内务部便于五月十九日批复准允其入境。事实上，这个处理的速度还是相当快的。

可是，此后再也没有林炎南的信息，因为其澳大利亚留学档案到此中止。我们只能判断，尽管他拿到了再入境签证，但因种种缘故，最终未能再来澳留学。

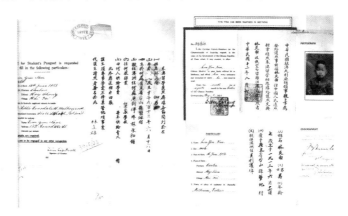

左为一九二三年，林立福为儿子林炎南留学澳大利亚所填写的中国学生护照申请表。右为一九二三年八月六日，中国驻澳大利亚总领事魏子京给林炎南签发的中国学生护照。

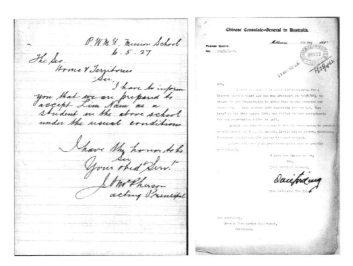

左为一九二七年五月六日，尾利伴唐人街上的长老会学校接受林炎南重返澳大利亚入读该校的录取信。右为同年五月九日，中国总领事魏子京代林炎南向澳大利亚内务部申请再入境签证的公函。

档案出处（澳大利亚国家档案馆档案宗卷号）：

Lim Yim NAU - Student passport, NAA: A1, 1927/10132

伍晓浓

台山福新村

　　伍晓浓（Ng How Goong）是伍晓严（Ung Hue Yen）的弟弟，一九一三年七月三日生。他在此填写的籍贯跟哥哥略有不同，即台山县福新村，比他哥哥当年填写的村名"福新里村"少了一个"里"字，或许他填写的这个村名更为准确一点吧。由于比哥哥小两岁，当哥哥伍晓严办理赴澳留学手续时，伍晓浓方才九岁，未到《中国留学生章程》规定的最低赴澳留学年龄十岁的要求，他的父亲伍于根（Ng Yee Kin）显然是个很守规矩的人，因此就没有为他提出申请，而将他留在了国内读书。

　　到一九二九年，鉴于小儿子就要十六岁，即将进入十七岁，大儿子此时还在澳大利亚念书，尚未结束学业，伍于根觉得应该将小儿子也办理来澳留学，让他一方面学习英语，另一方面也学到西方的文化和技术，为其即将到来的人生事业增添一些有用的知识。于是，这一年七月二十五日，伍于根填具申请表，向中国驻澳大利亚总领事馆申办伍晓浓的留学护照和签证。按照《中国留学生章程》的修订条例新规，在递交申请表的同时，他还须提供下列文件：早早地就在年初拿到的伍晓浓在广州念书的学校Chung Low School（众贤学校？）校长出具的英文证明，显示伍晓浓在该校学业出色；也附上伍晓浓本人手写的一份英文抄件，作为其已具初步英文基础的证明；同时，还附上在美利滨（Melbourne）唐人街上开设"新华昌"商号（Sun Wah Chong & Co.）的陈德荣（Chin Ack Wing）作为伍于根财政担保的保人声明。①此前，伍于根是做家具生意，跟人合股在唐人街里开设有一家名为"广和"号的木铺，但此时他可能已经退股，或者是已经结业，不再做这一行了，因在世界经济大萧条前整个澳洲家具业就已经在走下坡路，生意难做，故转而经营洗衣店。美利滨东区距市中心仅六公里的秋（Kew）埠，是该市最负盛名的富人区，生意可能相对好做些。他将洗衣店开在该埠之係街（High Street）三百二十六号，取名为"罗利"（Law Lee）。为此，他就以此洗衣店作保，承诺每年提供给儿子七十镑膏火，作为其在澳留学期间的学费、生活费、医疗保险费等相关开销。可能是因为儿子在国内就已经读了中学，伍于根便给儿子报名注册入读司铎茨商学院（Stott's Business College）。

此时的中国驻澳大利亚总领事馆仍然是在美利滨，故伍于根递交申请材料时还是比较便利，但等待总领事馆的处理却有近两个月的时间。到九月二十日，中国总领事宋发祥为伍晓浓签发了中国学生护照，号码为557/S/29，同时在当天便致函内务部秘书，将上述申请材料和护照附上寄去，为伍晓浓来澳留学申请签证。内务部接到申请后，按照程序需要调查核实担保人的资格，随即移文美利滨海关，嘱其对担保人伍于根的财务状况及品行做个调查，汇报上来，方可由内务部对此申请批准与否做出决定。

美利滨海关稽查官葛礼生（J. Gleeson）接到上峰指示后，就开始了对伍于根的调查。因语言沟通方面的障碍，葛礼生的调查进行得不是很顺利，直到有其他英文好的华人代为沟通和做翻译，才得以直接与伍于根交谈沟通，最后完成此项工作，但已经拖了两个月的时间。十二月二日，他才得以将调查结果上报海关转交内务部。根据街坊邻居的反映，伍于根为人随和，邻里关系好，做生意谨小慎微，是循规蹈矩的商人。他在秋埠的洗衣房是在今年早些时候买入的，花费一千镑，目前尚有部分交易款额尚未付清。据他自己说，洗衣房生意本身值四百镑。当然，留学生担保人的财务保人之情况也要一并给予说明。陈德荣是唐人街的杂货店"新华昌"号的大股东，经济实力

---

① 陈德荣是在澳出生的第二代华人，此时是老字号"新华昌号"的主要股东。应该是他的父亲早年就是该商行的主要股东，此时退休，由他继承父亲股份，主持经营。有关他的情况，详见：Chin lin new – Students Passport, NAA: A1, 1934/5220。

强。因而葛礼生认为，有他作为保人，无论伍于根出现什么问题，都是有人可以代为应付的。

　　既然上述报告都很正面，加上伍晓浓在广州念书的学校证明，也都是对他称赞有加，内务部遂于十二月九日批准了伍晓浓的签证，次日便在其护照上钤盖了签证印章。看来签证审批一切都很顺利，待中国总领事馆将护照寄往中国伍晓浓的家乡之后，就等着他尽快前来留学了。拿到签证的伍晓浓似乎也没有耽搁太久。一九三〇年六月一日，十七岁的他就从香港搭乘"利罗"（Nellore）号轮船，抵达美利滨港口，准备入境澳大利亚，开始其留学之旅。

　　但伍晓浓在进入澳大利亚海关时，遇到了麻烦。按照《中国留学生章程》新规，凡年满十四岁之中国学生，进入澳大利亚留学时须具备基础的英文学识能力。在未入境前，要提供证据以证明其具备这种能力，其所依据者即为其本人的一份英文抄件及所就读学校校长的推荐信；而在抵达海关时，还须经过移民官员的当面测试，以检测其是否真正具备英文基础能力。然而，伍晓浓未能通过移民官员的测试。移民官发现，他只可以用英文写出自己的名字，连他所乘坐的这艘轮船的名字、他父亲的名字及抵达日期等，皆无法写出来。此外，他甚至也无法说出一句完整的英语。原先的签证本来就是有条件的，即在入关时通过测试才正式生效，现在的结果表明，他不适合于在澳留学读书。因此，内务部拒绝其入境，要其原船返回出发地。

　　中国驻澳大利亚总领事馆即刻介入此事，希望能为这个中国留学生争取一个机会，比如说，让他入境先学习英语，再赶上学校上课的进度。但内务部长表示，无法迁就此事，因为在短期内，这样程度的学生根本无法提高其语言能力去正常上学。了解到此事没有转圜余地之后，中国总领事馆转而向内务部请求说，既然他已经到达美利滨港口了，鉴于他已经很久没有见到自己的父亲，希望能出于人道考虑，给他临时入境几天，作为探亲，与父亲团聚一下。最后，内务部接受了这个请求，于六月六日决定，准允伍晓浓临时入境一两个月时间，与父亲团聚之后便立即安排船票返回中国。同时特别强调，在此期间，他不得注册入读任何学校。为此，伍于根须在海关缴纳一百镑的保证金，海关方才放伍晓浓入境。

对于弟弟伍晓浓的遭遇，哥哥伍晓严也想利用任何机会帮上一把。在弟弟获准入境之后，他曾经去找过澳大利亚长老会外方传教会域多利省（Victoria）总部，希望该教会能向内务部陈情，允许他弟弟入读唐人街长老会学校。因伍晓严本人此前就是该校的学生，且在校表现很令校方满意，加上该校实际上也是一间华人传教学校，也希望多收些华裔学生，遂决定介入此事。由是，该机构于七月十五日就此事致函内务部秘书，希望能为伍晓浓留下来入读上述学校开个方便之门。但内务部并未为此所动，十天后回函表示，一切只能依规而行。为今之计，伍晓浓唯一要做的事，就是尽快离境，返回中国。

这样的结果，就彻底断了伍晓浓能够留下来在澳大利亚读书的任何念头。于是，八月五日，伍晓浓在美利滨登上"山亚班士"（St. Albans）号轮船，离开了仅待了两个月的澳大利亚，返回中国家乡。[1]他历经一年申请留学签证到抵达澳大利亚的这段经历，就从负笈海外留学之旅变成了海外探亲之行。也许，他只能重返广州，进入原先就读的众贤学校继续完成其学业；或者在回国后直接进入社会工作。

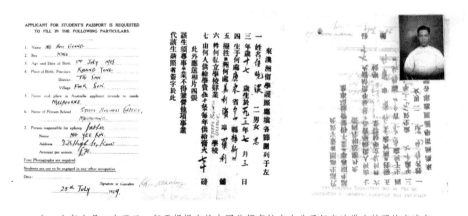

一九二九年七月二十五日，伍于根提交给中国总领事馆申办儿子伍晓浓学生护照的申请表。

---

① Ng How Goong - Restricted - Departure per "St Albans" August 1930, NAA: B13, 1930/10362.

一九二九年九月二十日，中国驻澳大利亚总领事宋发祥给伍晓浓签发的中国学生护照。

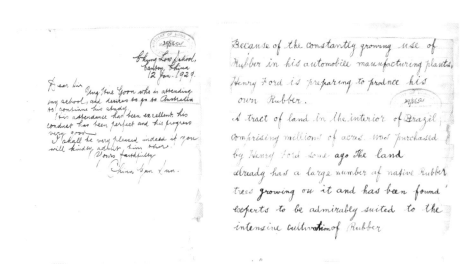

左为一九二九年初，广州众贤学校校长为伍晓浓留学澳大利亚所写的推荐信。右为伍晓浓在一九二九年为证明自己已具备基础英文学识所提供的英文作业抄本。

档案出处（澳大利亚国家档案馆档案宗卷号）：

Ng How GOONG - Students passport, NAA: A1, 1929/8654

刘　信

新宁龙塘村

　　刘信（Lew Sin）生于一九一三年八月一日，新宁（台山）县龙塘村人。他的父亲刘亚意（Ah Yee），二十世纪二十年代初居住于美利滨（Melbourne）。根据一份名叫"亚意"的档案宗卷显示，他是一八七八年出生，一九〇一年从广东家乡抵达美利滨，随后便扎根在这个地方，退休前从事洗衣馆生意，一九五五年去世。[①]但与亚意最初来到这里如何发展，做何营生等相关信息，则仍然难以查找和确认。只是根据刘信的档案得知，此时他的联络地址是美利滨中国城的小博街（Little Bourke Street）一百九十五号商铺；至于他是该商铺的东主抑或股东，或就是该店的伙计，皆不得而知。但无论如何，能够在二十世纪二十年代初期申请儿子前往澳大利亚留学的华人，基本上都是在十九世纪末二十世纪初就来到这块土地谋生发展并定居下来者。上述档案宗卷及亚意的现状，也证明了这一点。

　　一九二三年下半年，就在刘信年满十岁之后，亚意便在澳大利亚向中国总领事馆提出申请，办理其子前来留学，请领护照和申办签证。他以上述小博街一九五号商铺作保，承诺提供给儿子足镑膏火，供其来澳留学之所有开销，希望将刘信办来美利滨中国城里小博街上的长老会学校（P. W. M. U. School）念书。因刘亚意在提交上述申请时并没有标明填表日期，我

[①] AH Yee - Nationality: Chinese - Arrived Melbourne per Unknown 01 December 1901 Departed Commonwealth on 05 September 1955, NAA: B78, CHINESE/AH YEE。

们无法得知中国驻澳大利亚总领事馆在收到申请后用了多长时间审理。档案显示，一九二四年一月二十五日，中国总领事魏子京给刘信签发了中国学生护照，号码是376/S/24。次日，澳大利亚内务部也顺利地核发给他入境签证。

在中国的刘信家人接到上述护照后，便开始为刘信赴澳留学做准备。因为刘信年纪尚小，没有出过门，需要大人监护，家人先要联络找好自澳回乡探亲的人，于其返澳时将刘信带上，才为他订妥船票，从家乡台山送其前往香港，搭乘"圣阿炉滨士"（St. Albans）号轮船，于当年的十一月二十八日，抵达美利滨入境。刘亚意从海关将儿子接了出来，带回位于小兰市地街（Little Lansdale Street）自己的住处。

刘信抵达澳大利亚的时间，正是在学期的末尾，再过三个星期，学校就开始放暑假，因此，他也就待在家里，利用这段时间熟悉周围的环境。到一九二五年新学年开始后，他才于一月二十九日前往位于小博街上的长老会学校注册，在该校开学的第一天正式入学念书。经半年的学习，校长认为他在校的各项表现均令人满意，接受能力强，学习成绩在不断提高。

但刘信在长老会学校只是读了一年。到一九二六年新学年开始，返校读了十一天书之后，尽管学习成绩仍然不错，但他还是被学校劝退了。理由是因为他住在中国城里，受当地环境熏染，有一些不良习惯。此时，他的父亲已经搬迁到美利滨东南部距城约十一公里左右的布莱顿（Brighton）区，学校便于二月二十七日将其送交给他父亲。既然如此，刘亚意随即便在附近为其选择学校，最终于四月六日转学进入箧藤邝（Cheltenham）区的公立学校（Cheltenham State School）。该校在布莱顿区的东部，距美利滨内城约二十公里。据该校校长报告，刘信表现优秀，是个很有上进心的学生，而且举止言行得体，干净利索。他在这里读了四年，成绩优异，一直到一九二九年底学期结束，完成了小学教育。

从一九三〇年开始，刘信升读考飞技校（Caulfield Technical School）。该校位于考飞（Caulfield）区，与布莱顿区相邻，可以就近上学。升学后，刘信仍然保持着此前的优等生形象，第一个学期结束时，他的成绩在全校九十七个学生中，名列第一。到第二学期，其成绩虽略有下降，但仍然排名第五，深受同学和老师喜爱。他在上述这间学校读到次年的五月底，一直成绩优秀。

一九三一年五月三十日，正值第一学期将近期末，十八岁的刘信突然从美利滨港口乘坐"利罗"（Nellore）号轮船离境，经香港转道回家乡去了。[①]出发之前，他既没有告知内务部，也没有知照中国总领事馆，更没有申请再入境签证，离开学校时也没有给予特别的说明，属于不辞而别。是什么原因导致他突然离境，不得而知。此后，澳大利亚的档案中再也没有他的任何记录。

刘信总共在澳留学六年半，完成了小学教育，但在技校只读了一年半的时间。

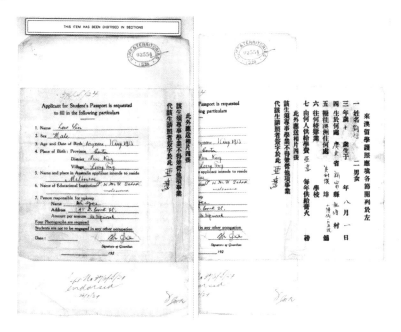

一九二三年下半年（具体填表日期不详），刘亚意向中国驻澳大利亚总领事馆提出申请，办理其子来澳留学，为其请领护照和申办签证。

---

① Lew Sin（Chinese student）ex "St Albans" November 1924 - Departure per "Nellore" June 1931, NAA: B13, 1931/1343。

　　左为中国总领事魏子京于一九二四年一月二十五日给刘信签发的中国学生护照。右为一九二四年十一月二十八日刘信入境美利滨时提交给海关的照片。

档案出处（澳大利亚国家档案馆档案宗卷号）：

Lew Sin - student passport, NAA: A1, 1930/1966

伍华炎

台山朝阳村

伍华炎（Wah Yim），台山县朝阳村人，生于一九一三年八月十九日，是伍华瑗（Wah Noon）的堂弟，伍松（Charlie Tong）是他的伯父。伍松大约是在十九世纪末年来到澳大利亚，最终定居于鸟修威省（State of New South Wales），在雪梨（Sydney）的沙厘希（Surry Hills）区库郎街（Crown Street）二百九十六号开设一中草药杂货铺，以自己的名字为铺名，是为"伍松"号商铺，生活稳定。[①]

当伍松在一九二二年十二月十九日向中国驻澳大利亚总领事馆申办儿子伍华瑗来澳留学时，也一并为其侄儿伍华炎提出申请。[②]根据伍松的说法，此时他的兄弟亦即伍华炎的父亲已经去世（他未有提及其兄弟是跟他一起来到澳大利亚发展而在这里去世还是在台山家乡去世），因而他有责任照顾这个侄儿。为此，他仍然是以自己经营的伍松中草药杂货铺作保，承诺每年为伍华炎提供膏火五十镑，作为其在澳留学期间的学杂费和生活费等开支。鉴于伍松为儿子伍华瑗联系入读的学校是库郎街公学（Public School Crown Street，Sydney），伍华炎自然也不例外，也是入读这家学校。他希望这堂兄弟俩在同一间学校注册，可以一起去上学，好互相有个照应。

既然是跟伍华瑗的申请一同递交上去，其审理过程也就一样，中国总领

---

① Charlie Tong [includes photographs], NAA: SP42/1, C1914/1981。
② 伍华瑗的留学档案见：Wala Noon - Students Passport, NAA: A1, 1929/5129。

事馆同样是耽搁了约半年的时间才有了结果。一九二三年六月十四日，也就是伍华瑗获得签发学生护照的同一天，中国总领事魏子京也为伍华炎签发了中国学生护照，号码是290/S/23。即魏总领事是同时为伍氏兄弟签发的护照，先签发号码289/S/23给伍华瑗，然后就是伍华炎的护照。自然，伍华炎也是在第二天便获得了澳大利亚内务部核发的入境签证。两个月后，他经由家人的安排一道购好船票，然后与堂哥伍华瑗赶赴香港，在这里会合与之结伴同行的惠阳县的曾振声（Jan Sing，即曾生，该留学生从澳大利亚回国后不久便投身于学生运动，加入中国共产党，在抗日战争中成为著名的东江纵队司令员，中华人民共和国成立后，曾先后担任广东省副省长和共和国交通部部长），[①]搭乘"圣阿炉滨士"（St. Albans）号班轮，于当年八月二十五日抵达雪梨，开始其留学澳大利亚的历程。此时，他刚满十周岁。

跟堂哥伍华瑗一样，伍华炎也是在抵达澳大利亚之后的第二天，未及休息，就一起到库郎街公学上课去了，但他正式办理注册入读手续则是在九月三日。根据十月下旬校长提供的例行报告，显示出伍华炎在校表现与学习都令人满意；此后的例行报告，校长都认为他是个认真读书的好学生。这样，次年的八月，他就很顺利地从内务部拿到了展签。在学校里，伍华炎也给自己取了一个英文名，叫做Arthur Ming（亚瑟明）。

但从一九二四年下半年开始，伍华炎就因身体不适，多次请病假。比如，从六月二十四日开始到十月十日，在五十八天的上学日里，他就请病假长达十天，超过六分之一的时间是看病和病休在家。接下来的学校报告显示，即从十月十日至一九二五年二月十六日，总共六十二天上学日里，伍华炎看医生和病休在家就达二十四日，其请病假的时长较之上一季度倍增。而从一九二五年三月五日开始，伍华炎因病情严重，最终被送进了雪梨的皇家亚力山德娜儿童医院（Royal Alexandra's Children Hospital）住院治疗。为此，到这一年八月中国总领事馆为他们兄弟俩申请例行展签时，就只有他堂哥伍华瑗一人获签。因为伍华炎一时无法出院，内务部就将其申请搁置，没有处

---

① 曾振声的留学档案见：Jan SING - Students passport, NAA: A1, 1927/11793。

理他的展签事宜。

将伍华炎送进去雪梨皇家亚力山德娜儿童医院时，他才十二岁，可是，儿童医院对他的病情却束手无策，其脸上长满孢疹，病因不明，用药毫无效果。最后，医院怀疑伍华炎患上的是传染病，便紧急将他转送入滨海医院（Coast Hospital）隔离治疗。雪梨滨海医院是传染病医院，设立于一八八一年，最早是为了治疗并隔离天花等死亡率极高的传染性疾病而设，地点是在雪梨布达尼湾（Botany Bay）外的小湾（Little Bay），远离居民区。伍华炎进去后，被确诊为麻风病。这是一种极具传染性的疾病，他所携带的衣物等都需要定期消毒甚至焚毁。在西方，虽然此时麻风病已经不再是无法根治的绝症，但要康复亦非易事，不仅是需要大量药物，更重要的是所费不菲。

对于经营一间中草药小杂货铺的伍松来说，想方设法为侄儿伍华炎治疗是其责任，但庞大的医疗费用则是压在肩上的重担。与此同时，伍华炎的治疗和康复将是个很漫长的过程，不知道要拖到什么时候。对于在澳大利亚居住多年并且娶有澳籍欧裔妻子的伍松来说，深知手持合法的在澳居留证明，将是伍华炎继续在澳接受治疗的有力保证。因此，为治疗中的侄儿争取获得一年的展签，就成为伍松极力为之奔走的一件事。一九二五年七月二十四日，伍松就差遣其在澳所娶的另一房欧裔妻子伍傅若蕊（Mrs Florice Tong）前往联邦议会南雪梨选区议员爱德华·芮利（Edward Riley）的办公室，向这位联邦议员求助。伍太太将目前其侄儿伍华炎罹患麻风病、全脸皮肤受损严重的情况向芮利议员作了详细的介绍，她表示因治疗需时，她和丈夫目前最迫切希望的是，先给伍华炎申请到一年的展签，以便其能有足够时间在此治疗康复。她同时强调说，他们的侄儿刚来澳大利亚读书时，身体健康，在校表现良好，是勤学上进的好学生；而他现在的患病情况很让人揪心，作为长辈，他们已经为此想了很多办法；伍华炎的母亲就只有这一个儿子，家里经济拮据，就指望着这个儿子能学成归国，使之有所依靠，如果以伍华炎现在的状况，而将其遣送回中国，让他的母亲看到如此残酷的现实，那情景将是何等的悲哀。因此，她希望芮利议员本着悲天悯人之精神，协助伍华炎，使之能在澳多待一段时间，获得足够的医疗救助。

芮利议员是出生于苏格兰的澳大利亚资深政客，只有小学文化程度。一八八三年，他在二十四岁时移民澳大利亚，先以泥瓦匠为业，后成为泥瓦匠工会职员，并于一八九一年成为澳大利亚工党的创建人之一。澳大利亚联邦建立之后，他便投身政治，于一九一〇年接替澳大利亚首位工党总理亦即澳大利亚联邦第三任总理克里斯·沃森（Chris Watson）所遗空缺，当选南雪梨选区议员，此后一直连任，前后达二十一年之久。[①]因其出身于草根，加上伍松太太伍傅若蕊又是欧裔白人，芮利议员在听取了有关伍华炎病情的介绍之后，对他及其家人的境遇深表同情。当天，他便按照伍傅若蕊的要求，致函联邦参议员兼内务部部长乔治·皮尔斯（Senator George Pearce），请其根据上述情况，给伍华炎展签一年，权当一件善事。他特别强调说，实际上，雪梨的许多市民在得知伍傅若蕊一家的遭遇后都深表同情，也呼吁政府能为这位中国小留学生提供方便。他希望利用民意来促使其同僚作出有利于伍华炎留在澳大利亚治疗的决定。

看起来，这封信还是起了一定的作用。皮尔斯部长接到信后，就交代办公室处理，即需要搞清楚伍华炎所得的是什么病，病情如何，需要多长时间可以控制或者康复，以及其监护人是否付清所有的医疗费用等，以便对此作出决定。八月十四日，内务部将了解到的相关情况通报给芮利议员。鉴于伍华炎被确诊为麻风病，治疗费时，药费与住院费等开支不菲，预计到其康复将是一笔数额巨大的费用，故内务部希望芮利议员能够协助当局与伍华炎在澳的亲戚沟通，支付这笔巨额费用，直到其顺利康复可以出院。换言之，内务部长是有给伍华炎核发展签之意，但前提是其亲属能为他负担医疗费用。接到芮利议员转达的内务部上述要求后，伍傅若蕊便于八月二十日写信给他，对其协助过问此事表示感谢；同时，她告诉芮利议员，迄今为止，她已经为伍华炎支付了六镑六先令的费用，主要作为住院费和为他购买更换的衣物。她表示，她和伍松将伍华炎办来读书，就是想着为他好。尽管他们自己

---

① 芮利一九四三年去世，其生平及讣告见："MR. EDWARD RILEY", in *The Sydney Morning Herald*, Thursday 22 July 1943, Page 7。

454

的经济状况并不是很好，但只要在合理的范围内，她会支付每一项应付之费用。事实上，每年她也会花费大量的时间为医院帮忙筹募大笔费用。就目前情况而言，她认为，一个季度支付六镑六先令应该是足以应付医院的相关费用了。随后，芮利议员将此信转给了内务部长皮尔斯。

经过内务部与海关及检疫部门等机构的多次沟通，最终在十月初搞清楚了伍华炎的整个治疗费用状况。伍华炎是在三月十二日从皇家亚力山德娜儿童医院被转送到滨海医院的，即他于儿童医院住院五天之后，因病情严重，脸上皮肤起疱疹感染受损，无法控制，遂被送进这间传染病医院隔离治疗。待确诊为麻风病后，计算起来，其医治与住院费用全年将为二百零八镑。截至八月三十一日止，总计费用已经累积为九十一镑十九先令九便士。伍松太太此前已经支付的上述那笔六镑六先令的费用，距此需要缴纳之数，尚差太远，而且上述的总数中已经扣除了这笔费用。而她所承诺的每季度缴纳的同样数额之费用，亦完全无法填补这巨大的差额。联邦政府卫生部检疫局总监亦即滨海医院院长芮德医生（Dr. C. W. Reid）认为，对伍华炎的治疗以及使其康复将是一个漫长的过程，其间花费巨大。为此，从各方面因素考虑，也是对各方面都为有利的解决之道，就是让伍华炎出院返回中国，回到家乡那里进行治疗和康复，这样费用会低廉很多。当然，在此之前，他的监护人应该将上述所欠滨海医院的治疗费用结清。十月九日，内务部将上述情况向中国驻澳大利亚总领事馆进行了通报，希望这位中国留学生的主管机构能妥善地为其安排船期离境回国，同时，也要协助其监护人结清医院的相关费用。两周之后，在还没有得到中国总领事馆回复的情况下，内务部也将上述内容向芮利议员转述，实际上亦是对其关注此事进展的一个答复。

一个月过去了，中国总领事馆一点儿回音也没有。内务部遂于十一月二十日再次致函中国总领事馆魏子京总领事，询问上述两项事情的具体安排是否已经落实。三天后，魏子京总领事终于复函，虽然对上述遣送伍华炎回国的决定没有提出任何异议，但魏总领事在函中告诉内务部，这一段时间里，中国总领事馆曾经跟所有经营澳大利亚至中国（主要是香港）船运业务的船行接触过，希望在其前往中国的轮船上为伍华炎预留一个舱位，但这些船行在得知伍华炎的情况后，纷纷拒绝其乘船，这也是在接到内务部公函后未能及时回复的主要原因。因此，中国总领事馆目前只得继续努力联系愿意接受伍华炎上船的船行，希望不久能有一个肯定的答复。而有关医疗费用之事，中国总领事馆已经跟伍松商妥，由他自己与医院直接结清。魏总领事在信中表示，这笔费用一定会在伍华炎办理出院乘船离开澳大利亚回国之前结清。

等了一个多月，竟然是这样的结果，而且按照中国总领事馆的说法，还不知道要等多长时间才能将伍华炎送走。显然，这是内务部不愿意看到的结果。由是，内务部觉得应该采取有力措施，尽快解决这个问题。在查阅到下个月十六日"圣阿炉滨士"号轮船将要离开雪梨前往香港的船期之后，内务部就于十一月二十五日指示雪梨海关，由该机构直接出面跟"圣阿炉滨士"号轮船商谈，请其根据澳大利亚移民法的相关规定，务必给伍华炎出境返回中国预留一个舱位，因为这位中国留学生当年就是乘坐该船进入澳大利亚的。内务部同时指示，海关在与该轮船直接商谈此事的同时，也可明白无误地告之，伍华炎的船资，将由其在澳的监护人伍松全额负担。海关的办事效率高，一出马就将此事办妥，该轮特为伍华炎设立一隔离其他旅客的船舱。五天以后，内务部致函中国驻澳大利亚总领事馆，告知此项安排，并特别叮嘱其转告伍松，由其支付此项船资。既然澳方能如此顺利地联络到能将伍华炎带出澳大利亚的轮船并解决舱位问题，而且伍华炎经治疗后病情已经得到控制并且也很稳定，中国总领事馆自然是乐见其成，对此事的处理给予积极的配合。而作为监护人的伍松，眼见伍华炎在澳治疗所花费的巨额账单已经远超自己能够承受的程度，同时也不知道他何时才能得以康复，种种因素交织的结果，也就使他对遣送其侄儿回国没有什么异议。另一方面，对家乡具有同类康复设施的了解，也促使他倾向于对侄儿的遣返。在他家乡隔壁县新会的崖山，自清末开始便有法国天主教神父在那里开设了麻风病院，接收周边的麻风病人予以治疗。而从一九一八年美国玛利诺天主教传教会接管江门教区开始，该院规模更加扩大，并且有该教会选派的志愿者专职医生给他们免费医治，远近闻名。①因此，伍华炎回到台山家乡后，如果继续治疗的话，进入新会崖山麻风病院或许是个不错的选择。

一九二五年十二月十六日，"圣阿炉滨士"号轮船如期驶出雪梨港，前往香港。伍华炎顺利地登上该轮，随船返回中国，结束了他在澳不到两年半时间的留学历程。而他的堂哥伍华瑷则因尚未完成学业，继续留在澳大利亚念书。

就这样，遣送伍华炎回国之事顺利地解决了。因这一结果确实符合各方的利益，故在执行过程中没有碰到多大的障碍。然而，事情远远没有结束，因为在此之前为伍华炎治疗所遗下的大笔费用并没有如期给付。

一九二六年二月十五日，联邦政府卫生部检疫局总监芮德医生致函雪梨海关，告知滨海医院迄今尚未收到医治麻风病人伍华炎所产生的费用，希望海关协助收取这笔不菲的金额。根据滨海医院的最终核算，伍华炎的救助治疗及住院费用，除了此前的九十一镑十九先令九便士，自一九二五年九月一日至十二月十六日他出院离境，还有另外产生的六十一镑三先令，二者相加，总计为一百五十三镑二先令九便士。可是，当海关与伍松联络商讨他如何结清该项费用时，得到的回答却是无力支付。雪梨海关无奈，只好在三月十五日向内务部如实报告，请示如何处理此事。内务部当天便致函中国总领事馆，提及去年十一月该馆给内务部的复函中已经表示，在伍华炎出院时，其所有在医院产生的费用将由他的监护人伍松代为付清，为此，内务部敦请中国总领事馆采取措施，促使伍松尽快付清上述款项。但是，内务部的上述信函发出去之后，仿佛泥牛入海，没有一点儿回响。事情一拖，又将近半年。到七月二十二日，芮德医生再次致函海关，敦促其协助结清上述欠款，因为这笔费用是由鸟修威省卫生厅先行垫支的，此时必须解决此问题，以平衡账目。八月五日，位于美利滨（Melbourne）的中国驻澳大利亚总领事馆派了一位副领事前来雪梨，专程面见伍松，商谈如何让其付清这笔费用。因伍松一时间拿不出这一大笔钱，副领事与他谈妥一个延期按周支付的办法，即

① 关于美国天主教玛丽诺会在江门的传教历程及其提供的服务，详见：James Keller and Meyer Berger, *Men of Maryknoll*, New York: Charles Scribner's Sons, 1943。

每周支付给医院一镑，直至此项费用结清为止。随后，中国总领事馆将此项安排通告内务部。看来，此事的解决有了初步的眉目。

但事情并没有按照上述商定的方法进行下去。这一次，问题来自伍松，可能是在中国总领事馆的副领事跟他商谈过了六天，该副领事给伍松写了一封信，称如果按照此前的商谈按周支付给滨海医院的费用，总共应该是四十周。八月十七日，伍松致函中国总领事魏子京，对此事提出异议。他在信中澄清说，伍华炎脸上皮肤出现问题时，他最先是找私人医生治了两个月的时间，为此，他按每周一镑支付医疗费给卫生部门。因治疗不见效，医生建议他住院到雪梨医院，去那里可以得到更好更有效的治疗；但雪梨医院表示，这类患者的治疗应该送去儿童医院。在交涉过程中，后者建议还是回到雪梨医院更为适宜些，然后雪梨医院才决定将伍华炎转到滨海医院。刚转去滨海医院时，医院当局曾经问过他是否可以负担得起所需的医疗费用，他表示每周至少可以支付十先令。由是，华炎住进这间医院接受治疗，前后共三十二周的时间。当华炎接受治疗到十二三周之时，尽管此时伍松的个人财政状况并不是很好，但他还是为此一次性地支付了六几尼（金币，每个几尼值一镑一先令）的费用。但此后的结果却是最终接到账单所需费用达每周四个几尼，全部的费用高达一百五十镑。对此，他深感诧异，因为对他来说，这是完全不可能支付得起的费用。他承认，华炎是个孤儿，父亲早逝，只是与母亲相依为命，家境非常不好。作为伯父，他只能做到给侄儿提供尽可能好的教育，以便日后有光明的前程。但不幸的是，华炎所患上的由皮肤病发展起来的麻风病断送了所有的这一切，不得不被送回中国。对于这样的结果，作为孩子的伯父，他没有什么好抱怨的，惟希望这样的事情不要连累其子伍华瑗的展签申请及在澳求学。伍松表示，作为华炎的监护人，他已经尽了一切努力将其办理到澳大利亚学习，支付所有的费用；而现在，他只能眼睁睁地看着他坠入深渊，甚至可能最终死在那里。目前来说，他已经为此承受了巨大的财务重担。在伍华炎医疗费用问题上，他并不想推卸任何责任，但已经以最大的诚意按每周向滨海医院支付一镑的费用来承担应尽之义务，以支付那三十二周的费用。扣除他以前已经支付的那笔六个几尼的费用，他还应该支付二十六镑。即便如此，他也不能一次性地付清这笔数额，仍然需要按照此前所应承的每周一镑的协议来支付这些费用。他声称，他的年度财务报表显示，即使是按照这样的安排，他的财务都是处于透支状态。如果真要逼着他支付更多的费用的话，他唯有诉诸破产法，以求解脱。为了不走到这一步，伍松强调，他需要获得外界尤其是官方的帮助。

伍松在信中进一步说，他们夫妇常年以来都致力于为医院筹款当义工，为此耗费了许多时间和精力。在过去的四年里，雪梨义兴会（即"共济会"，Chinese Masonic Society，亦即此间洪门的正式名称）也无记名地选择他们夫妇俩作为医院周六基金会（Hospital Saturday Fund）筹款活动的组织者，为医院筹集经费，也为警察和消防员募集基金，为此，他们夫妇不辞辛劳地完成任务。伍松认为，所有这些都表明，他已经为这个社会的发展及市民的健康作出了应有的贡献，当局应该将他的这些服务和努力放到支付华炎医疗费用这件事情上予以通盘考虑，给予通融。实际上，为了表明自己已经为社会、为这个国家尽了很大的力，伍松还在九月二十七日直接致函内务部长，表明自己过去曾经为协助内务部及海关缉私、抓获走私鸦片的罪犯等方面出过力，并作为目击证人出过庭等情由。所有这些，都是想让官方知道，他是一个守法公民，希望在付费安排上给他支持，提供方便。

在接到伍松上述信函一个星期后，中国总领事馆于八月二十四日复函表示，希望他进一步说明，如果按照每周一镑的安排，他到什么时候可以将上述滨海医院的费用付清，以便跟卫生部沟通。而对于伍松信中所述伍华炎只有三十二周在医院治疗之说，中国总领事馆也撇清关系，表示这个说法并非来自总领事馆本身，而是根据卫生部的记录计算，即从伍华炎入院到出院，前后总计为四十周。

但是，到九月十五日，伍松致函中国总领事馆，告知自己此前去找过卫生部门的人，想商谈安排付钱之事，但最终什么也没有做成。他在信中表示，为支付伍华炎治疗费用，他先去了鸟修威省卫生厅，就此事与迪克医生（Dr. Dick）见面，但迪克医生并不接受这笔费用，并引导他去滨海医院找院长芮德医生。然而，芮德医生也不接受他付钱，并说明他与此事无关，让他去找医院秘书洽谈此事。可是，医院秘书表示，他对此事一无所知，无能为力，要他去找上述二人处理。就是说，这一圈走下来，见到的这些人都不办事。为此，伍松强调，以目前能够承担的能力，他只能按照每周不高于一镑的额度来逐步支付上述费用，直到付清为止。

六天之后，魏子京总领事致函内务部，通报了上述事情的进展，并建议此事应由伍松和滨海医院直接联络接洽其付费安排，这样事情就可以最终得以解决。最后，魏总领事在上述信中还特别告诉内务部，前述中国总领事馆的副领事在八月份与伍松的会面交谈中得知，伍华炎回到中国之后，经过半年多的治疗和康复，经医院检查，其麻风病的症状已经消失。亦即说，其原先所患麻风病已经痊愈。魏总领事之所以告诉内务部伍华炎的最新动向，也许是想让他们也分享得知他康复消息的喜悦；但其潜台词或许也是说，如果这位中国小留学生继续留在澳大利亚治疗的话，或许此时也可以康复出院，恢复上学了。但遗憾的是，魏总领事在信中未有提及伍华炎在家乡是如何治疗并康复的。

在接到中国总领事馆的上述信函得知伍松的财务状况以及他对付款的态度之后，内务部就在其内部各部门之间交换意见，商讨办法，然公牍往还，几个月不知不觉就过去了，都没有结果。到一九二七年三月十五日，鸟修威省卫生厅给联邦政府内务部发出一封公文说，因伍华炎的治疗费用是该省卫生部门垫支的，虽然几经协商，伍松也答应支付四十镑，但仍然无法平衡账目；卫生厅根据海关的说法，原以为其余额可以由上述留学生在入境时缴纳的一百镑保证金中拨付，这样就大体接近平衡。可是，当卫生厅最终与海关协商准备拨付此款时，才发现海关的说法有误，伍松此前并没有缴纳该项保证金。因为按照中澳两国有关中国学生入澳留学的有关规定，只要是按正常途径入关者，事实上并不须缴纳这笔保证金。而上述欠账也无法由联邦政府拨付，以平衡账目。由是之故，鸟修威省卫生厅通过该省当局建议联邦政府采取措施，以避免日后再出现此类问题。四月十九日，联邦总理对此作出决定，由内务部长跟中国驻澳大利亚总领事协商对《中国留学生章程》进一步修订，即增加一项条款，即监护人须签字应允支付其担保之学生在澳期间的所有医疗费和住院费，并且由另外一位在澳居民副署，作为该担保人之保人，从而保证在该学生离开澳大利亚回国之前，结清所有欠费。由此，伍华炎欠费所引起的法律层面的问题得以解决。而在此期间，前述鸟修威省卫生厅责成滨海医院直接与伍松就其付费安排进行协商，以收取其允诺缴纳之四十镑费用。

伍华炎的档案到此中止，我们无法知道伍松于何时支付完毕这笔欠费，或者说是否缴纳了这笔费用；而伍华炎回国康复之后，是继续求学，还是做工谋生，也找不到任何线索。

左为对伍华炎患病表示同情伸出援手的澳大利亚联邦议会南雪梨选区议员爱德华·芮利（Edward Riley）照片。右为一九二六年八月五日内务部告知中国总领事馆副领事去雪梨见伍松谈付费之事。

左和中为一九二二年十二月十九日，伍松为侄儿伍华炎来澳留学填写的中国护照申请表。右为一九二三年六月十四日，中国驻澳大利亚总领事魏子京给伍华炎签发的中国学生护照。

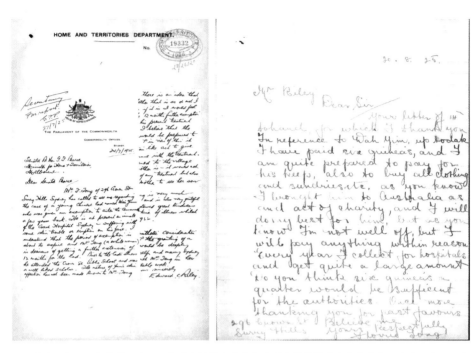

左为一九二五年七月二十五日芮利议员就伍华炎住院要求展签给内务部长的信。右为一九二五年八月二十日伍松太太就伍华炎住院费用问题给芮利议员的信。

档案出处（澳大利亚国家档案馆档案宗卷号）：

Wah TIM - Chinese student, NAA: A1, 1927/7562

刘荣新

台山莲塘村

刘荣新（Lew Wing Sun）是台山县莲塘村人，生于一九一三年八月二十八日。父亲是刘焯（Lew Chuck，或者写成Lew Chock，Charles Lew Chuck），一八七五年七月二日出生，二十三岁时与乡人一道买棹南渡，闯荡澳大利亚，在生日的当天于尾利伴（Melbourne）登陆后，留在该埠发展。[①] 刘焯抵澳正逢澳大利亚各地都处于扩大城建之时，对家具需求甚殷，遂与同乡族人合股在莱契德街（Leichardt Street）三十号开设一间家具厂，名为"和维"号（War Way & Co.，或者也写成Wah Way & Co.），他在该家具厂中所占股本价值一千镑。[②]

在一九二七年之前，刘荣新一直在家乡读书。此时，这位即将年满十四岁的少年想要赴澳留学，父亲刘焯自然支持，着手准备。自一九二一年起实施的《中国留学生章程》，几经修订，于一九二六年六月底开始执行新规。其中的一项规定是，凡年满十四岁的中国学生，赴澳留学时须具备初步的英语学识能力，要求提供证明，并在入关时接受海关移民局官员的当面测试。为规避这一规定，七月十八日，即赶在儿子十四岁生日之前一个月，刘焯从

---

① LEW Chuck Charles-Nationality：Chinese-Arrived Melbourne 2 July 1898，NAA：B78，LEW/C。

② 该家具厂以其同乡刘和维（Wah Way）之名命名。刘和维生于一八七五年，于刘焯同年，是台山县新塘村人，一九〇〇年来到澳大利亚发展，立足于尾利伴。见：WAY Wah: Nationality - Chinese: Date of Birth - 15 August 1875: Date of Arrival - April 1900: First Registered at Brighton - Victoria, NAA: MT269/1, VIC/CHINA/WAY WAH。

位于尾利伴城东山（Eastern Hill）区的山厄打学校（St. Peter's School）拿到了儿子的录取信，同时填妥表格，向中国驻澳大利亚总领事馆提出申请，办理儿子的护照及签证事宜。他以"和维"号家具厂作保，出具监护人担保证明，允诺每年给儿子提供足镑膏火，即需要多少便给予多少，以支付其在澳留学期间所需之学费、生活费医疗保险费及其他各项开销。

因刘焯递交的申请材料充分，加上此时中国驻澳大利亚总领事馆亦设在尾利伴城里，与"和维"号家具厂相距仅一箭之地，故核对容易，审理迅速。就在接到申请的当天，总领事魏子京便给刘荣新签发了中国学生护照，号码是481/S/27；并在次日就备函汇集这些材料及护照，递送给澳大利亚内务部，请其尽快核查，给这位中国学生发放入境签证。内务部当天便发文给海关税务部门，请其尽快核查签证申请者监护人的财务状况及为人，并将其出入境记录一并报来，以便决定是否发放签证。

海关的回应也很迅速。三天之后，海关便完成任务。根据核查的结果，刘焯确实是上述"和维"号的股东，占有一半的股份；该家具厂雇有五名工人，当然都是华人。他本人目前在银行有存款约为四十镑，颇有信誉，口碑很好，没有不良记录。从他的出入境记录看，最接近刘荣新出生日期的年份是：一九一一年十一月十四日离开尾利伴，一九一二年十二月十六日返回同样的港口。他有二子一女，都在中国。海关的报告表明，监护人的财务状况良好，且与签证申请人之间的父子关系在逻辑上成立，即在其一九一二年底返回澳大利亚前其妻已怀孕，八个月后其子出生。于是，七月二十七日，内务部便在刘荣新的学生护照上钤盖了入境签证印章，并将其退返给中国总领事馆，由其负责寄送或递交给在中国的持照人。①

但上述护照并没有寄往中国，而是交由监护人刘焯所持，因为早就在香港等候的刘荣新获悉护照和签证已经办妥后，立即搭乘"彰德"（Changte）号轮船，直驶澳大利亚，于一九二七年九月八日抵达尾利伴入境。刘焯则持儿子的护照和签证在海关等候，待其入关时将护照呈上，使儿子顺利过关。

---

① Application for Lew Wing Sun to enter Commonwealth as a student, NAA: B13, 1927/16165。

抵澳的第二天，刘荣新便注册入读父亲为其联系好的山芷打学校，插班从小学三年级读起。他在这间学校读了四年，直到一九三一年上半学期结束。在此期间的校长报告显示，他的学习成绩和在校表现令人满意，没有什么违规之处，但亦无特别出彩的地方。一九三一年六月开始，他转学到东山小学（Eastern Hill Primary School），一直读到年底学校放假，获得小学毕业证书。一九三二年初开始，刘荣新进入司铎茨商学院（Stott's Business College）读中学兼商业课程。从校长提交给内务部的例行报告看，他的各项学业合格，学校对其表现满意。

但刘荣新在此读完了一年的课程之后，就从该商学院退学，于一九三二年十一月十六日在尾利伴港口登上与他赴澳时搭乘的同一艘轮船"彰德"号，驶返香港，转回中国去了。临走时，他告诉海关人员说，此番回去中国首先是度假，然后再作其他打算，不会再回澳大利亚继续学业了。此时，刘荣新刚过了十九岁不久，在澳留学总计五年半的时间。

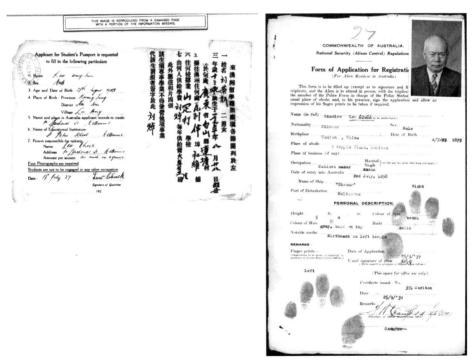

左为一九二七年七月十八日，刘焯向中国驻澳大利亚总领事馆申办儿子刘荣新赴澳护照及签证。右为一九三九年九月，刘焯的外侨登记证书。

一九二七年七月十八日，中国驻澳大利亚总领事魏子京给刘荣新签发的中国学生护照。

档案出处（澳大利亚国家档案馆档案宗卷号）：

Lew Wing Sun - Students passport, NAA: A1, 1932/581

梁南盛

台山旗荣村

虽然梁姓在台山县不如在中山和新会那样，是第一大姓，但在台山的人数亦不算少。梁南盛（Leung Nam Shing）便是其中之一。

梁南盛是台山县旗荣村人，据报生于一九一三年十月十四日（中文表格里则填写成一九一一年十月四日出生）。他的父亲叫梁光逢（Leung Kwon Fong），在一八九八年前就抵达澳大利亚，寻找发展机会，最终定居于美利滨（Melbourne），以开设洗衣房为业，地点在稍吧罅（South Yarra）埠马云路（Malvern Road）二百四十五号。

到十五岁的时候，梁南盛已经在台山县广海礼文学校（Li Man Wong's School）读了三年的英语。梁光逢认为儿子的英语学识当有一定的基础了，就想为他办理来澳留学。一九二八年七月三日，他填具表格，向中国驻澳大利亚总领事馆提出申请。他以自己经营的价值为二百六十镑的洗衣房作保，承诺每年提供膏火五十镑给儿子作为来澳所需之留学费用，办理其入读位于东山（Eastern Hill）区之圣伯多禄书院（St. Peter's School）。中国总领事馆在接到上述申请后，很快便给予了处理。两天之后，总领事魏子京为梁南盛签发了号码为514/S/28的中国学生签证；并在当天便致函澳大利亚内务部秘书，将上述申请资料包括护照及圣伯多禄书院院长的录取信附上，为梁南盛申请入境签证。

接到申请后，内务部的处理也相当迅捷。七月十二日，海关税务部门的调查报告表明，梁光逢的洗衣房名为Ah Sue（阿瑞），价值为一百镑；此外，他还在美利滨城里唐人街（小博街Little Bourke Street）上的"安记"号（On Kee & Co.）商铺存有六十镑，也就是说算是股本吧。总体而言，梁光逢为人和善，公平交易，是个遵法守纪的商人。为支持这一申请，他把在唐人街上做生意的同乡彭绍案（C. Pang Goon Ah On）申报为他担任儿子来澳留学监护人的财务上的保人。①海关也核查清楚了此人之财政状况，其生意及货品价值为两千二百镑，此外，他还有一栋住宅和四间商铺，总共价值六千镑，财务实力雄厚。到月底，海关再将出入境档案中有关梁光逢的记录找了出来，得知其在澳之三十多年中，共返回中国探亲五次：第一次是一九一二年二月六日离境，到同年十月二十一日返回；其他四次分别是一九一四年至一九一六年、一九一七年至一九二〇年、一九二一年至一九二三年、一九二五年至一九二六年。按照申请表上梁南盛的出生日期，是在梁光逢结束首次回国探亲返回澳大利亚后之十个月，如此看来，他们之间的父子关系难以成立；何况按照内务部的理解，上述梁南盛的出生日期，是根据农历计算的，如果是以公历计算的话，应该是十一月十一日，这就更无法成立了。

除此之外，还有另外一个问题，即梁南盛的英语学识能力。八月六日，内务部秘书在函复中国总领事馆的文中，先要求提供他在中国学校读英语的证明，再考虑是否签证的问题。当获得中国总领事馆补交了这份证明之后，内务部秘书才于八月二十四日致函中国总领事馆，正式提出上述梁光逢和梁南盛父子关系的疑问，需要前者对此予以解释。

此时，中国总领事魏子京已经去职，新任总领事尚未到任，代理总

---

① 此处的C. Pang Goon Ah On应该是指彭绍案，该华商亦台山人，早年来澳，娶西妇为妻，家在美利滨当地，是一九一七年美利滨中华总商会第六届会长。见：Lionel Paul Newey Joe - Australian born half-caste Chinese boy, son of Charlie Pang Goon Ah On - Leaving for China per "Taiyuan" 10.11.1924 [Photographs, 7 pp], NAA: B13, 1924/23587; William Harry Stafford Newey Ying - Australian born half-caste Chinese boy, son of Charlie Pang Goon Ah On - Leaving for China per "Taiyuan" 10.11.1924 [Photographs, 7 pp], NAA: B13, 1924/23588。另见："美利滨中华总商会第六届选举董事职员表"，载雪梨《东华报》（Tung Wah Times）一九一七年三月二十四日，第七版。

领事吴勤训可能不谙业务，居然于九月七日回复内务部说，这是总领事馆人员抄错了，实际出生日期是一九一三年十一月二十一日。为此，他代表中国总领事馆为此错误道歉，希望内务部将梁南盛的护照退回，以便更换一个改过出生日期的新护照。可是重新寄回的护照不仅没有改正这个出生日期，也没有附上合理的解释，倒是将其出生日期再推后一年，这都让内务部秘书怀疑这些中国外交官是否在认真做事。于是，十月八日，内务部秘书再次致函中国代理总领事，要求他解释这个新的出生日期。直到这个时候，代理总领事吴勤训方才意识到问题之所在。经过一个多月的沟通联络，他才于十一月二十八日致函内务部秘书，表示这是梁光逢把儿子出生日期搞错了之故，其正确的出生日期是一九一二年十一月四日。待收到上述信函，对整个申请作了通盘考虑之后，内务部秘书于十二月十日最终决定给予梁南盛入境签证，但留有一个条件，即在他入境之时，须接受测试，看其是否确实具有初步的英语学识能力，才能入读政府批准的私立学校。

过了半年，梁南盛于一九二九年五月十日搭乘从香港出发的"彰德"（Changte）号轮船抵达美利滨，入境澳大利亚。按照其签证条件，在通过海关时接受了移民官的英语学识测试。海关报告说，他可以很流利地签署自己的名字，但却写不出一个完整的句子来。为此，海关只给予其一个月的有效签证，并要求其父亲为此缴纳一百镑作为入境保证金。按照《中国留学生章程》新规，年龄在十四岁以上的学生，入境时须证明其已具有初步的英语学识能力，但显然梁南盛并不具备这个能力，至六月六日，内务部决定，梁南盛不具备留学资格，必须遣返回中国。

六月十二日，新任中国总领事宋发祥致函内务部秘书，为梁南盛求情。他在信中表示，梁光逢已经为此造访中国总领事馆几次，特别说明其子虽然在家乡读了三年英语，但在准备前来澳大利亚时，曾患病一段时间，未及上学，因此其所学英语退步很大。过海关时受到测试，是在完全没有思想准备的情况下进行的，心情紧张，故表现并不好。他表示，梁南盛来澳留学的目的就是学习，本也是其提高英语的机会。实际上，澳大利亚政府不也是基于他来此接受教育这一基本事实，才签发给他入境签证的么？为此，宋总领事强烈呼吁，希望考虑到梁南盛已经来到美利滨并且注册进入圣伯多禄书院就读这一事实，撤销遣返决定，给予他正常的签证。六月二十四日，内务部秘书函复宋发祥总领事时表示，考虑到目前的现实及中国总领事的意见，内务部决定给予梁南盛六个月的留学签证。在这个期限里，该生须在校认真读书，将英语提高到能够应对其正常学习的程度。届时，内务部将会考虑其展签的可能性。他还强调，这个案子只是特例，是出于照顾梁南盛的特殊情况，才给予的特别签证，并非通例。

但是，梁南盛对此并不领情。也许是在入关时的测试已经让他受到了很大刺激，此后内务部的遣返决定又让他感受到了巨大的伤害，尽管有中国总领事为他极力争取留下来读书的机会，最终内务部也已经松了口，可是他和父亲商量好后，便于六月二十八日订好五天后启程驶往香港的"吞打"（Tanda）号轮船，返回中国去了。[①]他父亲梁光逢也与他一道回国，并为此向海关申请"回头纸"。梁光逢这样做应当是为了在路上宽慰儿子，毕竟费了那么大的劲申请来澳大利亚，却遇上这样的结局，对儿子的心理打击是很大的。

梁南盛在澳大利亚"留学"的时间，前后加起来还不满两个月。

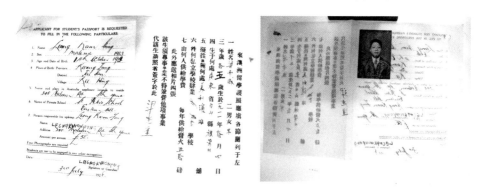

一九二八年七月三日，梁光逢为申请儿子梁南盛来澳留学而填写的申请表。

---

① Leung Nam Shing（Chinese student）ex "Changte" - Expired exemption - Departure per "Tanda" July 1929, NAA: B13, 1929/9763。

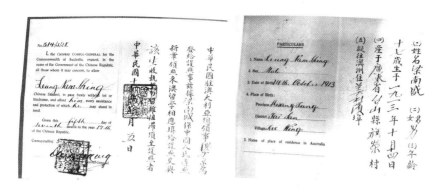

一九二八年七月五日，中国总领事魏子京给梁南盛签发的中国学生护照。

梁光逢为儿子梁南盛重新填写的来澳留学护照申请表，出生日期已经得到更正。

一九二八年十一月二十八日，代理中国总领事吴勤训为梁南盛重新签发的学生护照，出生日期已得到更正。

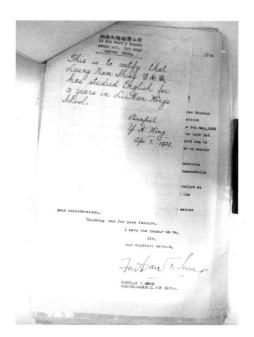

一九二八年四月七日，台山县广海礼文学校校长开出的梁南盛已学英语三年的证明信。

档案出处（澳大利亚国家档案馆档案宗卷号）：

Leung Nam Shing - student passport, NAA: A1, 1928/7149

刘永安

新宁横水村

民国二年（一九一三）十月十五日，刘永安（Loo Wang On）出生在新宁县横水下横村。他的父亲叫刘亚业（Ah Gap），一八七九年生。[1] 因目前在澳大利亚档案馆里找不到他的与入境相关的档案，无法得知他抵达澳大利亚发展的年份；但从其在澳大利亚经商多年，与当地工商界有多年交情的情况来看，他显然是在十九世纪末二十世纪初时便已来到这块土地。他定居在南澳（South Australia）的第六大市镇——砵派黎（Port Pirie），于所罗门屯（Solomontown）主街上开设一间果栏杂货商铺，以自己的名字命名，就叫做"亚业"号；同时，他也兼做走街串巷叫卖的货郎商贩。

自一九二一年澳大利亚实施《中国留学生章程》，许多在澳华人都动了让子女来这里留学的念头，刘亚业也不例外。到一九二三年儿子满了十岁之后，刘亚业便张罗着为他办理来澳留学的手续。也许只想快点将儿子的签证办下来，或者也因为不熟悉中国留学生来澳留学只能通过中国驻澳大利亚总领事馆办理的规定，他是直接向澳大利亚联邦政府申请。十一月一日，他直接写信给联邦政府内务部长，表示要将儿子办来他所居住的城市入读英语学校，希望内务部长批准并核发签证；同时，他也通过南澳省府所在地克列（Adelaide）埠的一间大型中介公司庞顿与克莱顿洋行（Poynton

---

[1] GAP Ah：Nationality-Chinese：Date of Birth-1879：Arrived per SS EASTERN：First registered at Thursday Island，NAA：MT269/1，VIC/CHINA/GAP AH.。

& Claxton），于十一月十四日致函内务部长代为陈述，并由后者安排几位当地有名望之人士为他写推荐信，以期双管齐下，达成目的。上述做法在一九二一年以前是有效的，但此时却不灵了。十一月二十三日，内务部办公室函复庞顿与克莱顿洋行，让其转告刘亚业，此项申请只能通过中国驻澳大利亚总领事馆的渠道递交上来，内务部方可予以办理。

转了一圈，刘亚业方得要领。他遂即按照内务部的指引，于十一月二十六日填妥表格，向驻地位于域多利省（Victoria）首府美利滨（Melbourne）之中国总领事馆提出申请，办理儿子刘永安来澳留学所需之护照与签证。他以自己经营的"亚业"号商铺作保，承诺每年提供膏火一百镑给儿子，以充学费和生活费等各项开支，希望儿子能入读砵派黎埠之所罗门屯公立学校（Solomontown Public School）。而中国总领事馆在接到申请后，虽然按照流程予以审查核实，但排队轮候还是等了两个多月的时间，与同时期其他申请人的审理相比，这已经算是处理得比较快的。一九二四年二月六日，中国总领事魏子京给刘永安签发了中国留学生护照，号码为377/S/24；三天之后，也顺利地为他从内务部那里拿到了签证。

刘亚业拿到了儿子的护照和签证后，立即与台山的家人商量，安排赴澳行程，联络近期回澳之乡亲在其返程旅途中携带并代为照看刘永安。三个月后，待诸事办妥，家人便将刘永安送至香港，订购中澳船行的船票，搭乘该船行经营之"获多利"（Victoria）号轮船，直驶澳大利亚，于一九二四年六月二十二日抵达雪梨（Sydney）港口入境。[①]刘亚业预先从南澳兼程赶到雪梨，将儿子接出海关之后，再转道搭乘火车，经美利滨而返回南澳的住处砵派黎。

七月七日，刘永安正式入读所罗门屯公立学校。虽然此前并没有学过英语，但他学习刻苦用功，也有语言天赋，一个月后，就试着跟老师同学交谈，并且开始阅读英语了。一年后，他就升读三年级，其数学成绩尤其突出，衣着整洁，待人接物都和善有礼，也积极参加学校组织的各项活动，包

---

① Loo Wang [also known as Loo Wang On] [includes left and right thumb prints] [box 164], NAA: SP42/1, C1924/6286。

括体育活动，和同学关系融洽，是学校的学习标兵。到一九二七年他读五年级时，校长评价他言行举止已与地道的当地人相类。一九二九年底，他在该校读完七年级，顺利地拿到小学毕业证书。

从一九三〇年新学年开始，刘永安便升学到砰派黎中学（Port Pirie High School）。在这间学校里，他读了两年，同样学习刻苦，成绩优异。一九三二年二月初，他再次转学到省城克列埠的狄巴顿技术中学（Thebarton Technical High School），在那里读完第三个学年，仍然是品学兼优。用三年时间，刘永安读完了所有中学课程。

一九三三年初，二十岁的刘永安去到美利滨，进入工人学院（Workingmen's College），主修市政工程文凭。在学校的头一年，他的表现还非常令人满意；进入第二年后，尽管仍然正常去上课，但似乎显得心不在焉，学习滑坡非常明显；到第三年时，情况看起来有所改观，但学校的评价只是学习成绩尚可。无论如何，到一九三五年底，他还是完成了学位课程，拿到了大专文凭。

一九三六年四月四日，二十三岁的刘永安在美利滨港口登上驶往香港的"吞打"（Tanda）号轮船，返回中国。总计他在澳留学十二年，期间没有回过国，从小学一直到大专毕业，可以说是学成而归。

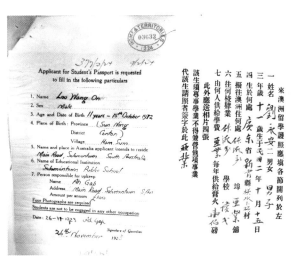

一九二三年十一月二十六日，刘亚业填表向中国驻澳大利亚
总领事馆申请办理儿子刘永安赴澳留学所需之护照与签证。

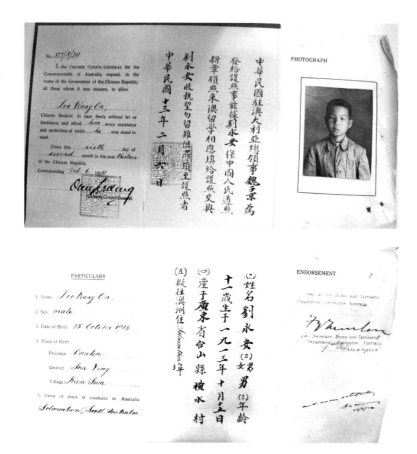

一九二四年二月六日，中国总领事魏子京给刘永安签发的中国留学生护照。

档案出处（澳大利亚国家档案馆档案宗卷号）：

Loo Wang On - Student Passport, NAA: A1, 1936/766

伍炳辉

台山永潮村

伍炳辉（Ng Wing Way）是台山县永潮村人，出生于一九一三年十月十五日。他的父亲名叫伍时振（Chin Wah），因无资料可查，不知是何时来到澳大利亚谋生，但总体而言，应该是在十九世纪末或者二十世纪初年就来到这里，最后定居于美利滨（Melbourne）。[①]他在这个城市东南部的南吧囒（South Yarra）埠粗勒路（Toorak Road）二百七十号开设有一间商铺，名为"振华"（Chin Wah）号。至于该商铺的性质，因没有任何资料说明，不得而知。从当时许多在美利滨城区以外的华人商铺多为洗衣店的情况来看，伍时振的这个"振华"号商铺极有可能是一间洗衣馆。

一九二二年，伍炳辉虚岁是十岁，满足中国学生来澳留学的最低年龄要求。于是，伍时振便想先为他办理来澳留学的手续，想着等护照签证办理下来，到他最终来到澳时，正好是十岁，也是接受西式教育的极佳年龄。这一年的八月二十八日，他将申请材料准备好，填妥表格，提交给中国驻澳大利亚总领事馆，申领儿子伍炳辉的来澳留学护照和签证。他以自己经营的"振华"号商铺作保，允诺每年供给儿子膏火六十镑作为其学费和生活费等开

[①] 虽然在澳大利亚国家档案馆里检索不到与伍时振名字相关的宗卷，但从美利滨当地华文报纸一九〇三年初刊布的该埠华人对广东省城捐款赈灾名单，伍时振的名字就位列其中。上述活动是在一九〇二年底开展，至次年初有了结果方才刊登出来。由此可见，伍时振应该是在十九世纪末就已来到澳洲，到二十世纪初年已经立下脚跟，因而有能力参与赈灾捐款。见："来电求赈"，载美利滨《爱国报》（The Chinese Times）一九〇三年一月二十八日，第二版。

销，准备将其办理到其商铺附近的一家公立学校——托士滨学校（Hawksburn State School）念书。

但计划赶不上变化。中国驻澳大利亚总领事馆在接到上述申请后，没有立即给予处理，而是将其拖延搁置下来。最主要的一个原因是自上一年实施《中国留学生章程》以来，暴露出来许多问题，导致澳大利亚内务部与中国总领事馆之间要对其中的一些条款予以协商修订。其时澳当局在实施"白澳政策"，打算进一步收紧对中国人入境澳大利亚的限制，因此，中国总领事馆的护照申请处理就不得不受到很大影响。直到一九二三年一月二十日，中国总领事魏子京方才签发给伍炳辉中国学生护照，号码为215/S/23。两天之后，中国总领事馆也顺利地从内务部为他拿到了入境签证。随即该护照就被寄往中国，交由伍炳辉的家人代为收取，然后安排其来澳之船期。又过了半年，十岁的伍炳辉从香港乘坐中澳轮船公司（China-Australia Mail Steamship Line）的"获多利"（Victoria）号轮船，于当年七月三十日抵达美利滨。

在父亲的店铺里休息了一个半月之后，伍炳辉于九月二十一日正式到托士滨学校注册入学。可能是年龄小，学习语言上手快，他在学校的学习成绩甚佳，进步神速，半年后就升读二年级，一年后英语能力大大提高，英语已经不会对其课程学习造成多少障碍；同时，他在校表现良好，衣着整洁，为人友善，给老师印象深刻。到一九二五年新学年开始，他便顺利地升读三年级。按照这样的学习态度和进步，他应该会很顺利地在澳大利亚完成小学与中学的课程。

可是，一九二六年二月二日，即在新学年开学后，伍炳辉给托士滨学校校长写了封信，告之自己将在两个月内返回中国，因此这个学期就不去上学念书了。实际上，是他的父亲准备将其"振华"号商铺的生意卖掉，带他一起回国。而在这段等待回国不用上学的时间里，他还在店铺里给父亲做下手，做点儿力所能及的事情。

就在这一年四月中旬，内务部因得到消息说，伍炳辉仍然滞留在澳大利亚但不去上学，便发文到美利滨海关要他们派人去核查是怎么回事。海关尚未及行动，又接获中国驻澳大利亚总领事馆的通告，伍炳辉于五月八日乘坐

"丫拿夫拉"（Arafura）号轮船离开澳大利亚回国，结束了他在澳不到三年的留学生涯。[1]在当时，有很多在澳几十年的华人也像伍时振一样，卖掉生意，拿着一笔钱，返回中国，打算安度晚年。伍炳辉虽然留学时间未满三年，但因来时年龄小，学英语上手快，已经具备了很好的英文基础，如果回到国内进入教会学校继续念书，相信会很顺利地完成学业，然后投身职场，一展抱负。

从一九二三年七月进入澳大利亚到一九二六年五月最后离境，伍炳辉在澳留学不到三年。

一九二二年八月二十八日，伍时振为儿子伍炳辉来澳留学填写的护照申请表。

一九二三年一月二十日，中国驻澳大利亚总领事魏子京为伍炳辉签发的中国学生护照。

档案出处（澳大利亚国家档案馆档案宗卷号）：

Ng Wing Way - Student's passport, NAA: A1, 1924/5072

---

[1] Ng Wing Way ex "Victoria" 20.1.1923 - Left Commonwealth per "Arafura" 27.5.1926, NAA: B13, 1926/8375。

陈寿朋

台山广海镇

从台山县广海镇漂洋过海到澳大利亚打拼的，陈堂（Chun Hong，或者写成Chun Shoong Quay，或也叫Chun On，Ah Hong）是其中之一。陈堂生于一八七六年，居澳时间较长，是在大约十九世纪九十年代末期（约在一八九八年），就与乡人一起赴澳闯荡，[1]经多年奔波积累，最终定居于尾利畔（Melbourne），在该埠城里唐人街附近经营一间规模不大的洗衣房，名叫"三记"（Sam Kee），位于小卡仑街（Little Collins Street）八十九号，生活较为稳定。

到一九二七年初，陈堂看到许多同乡都把儿子申办来澳大利亚留学，也动了心思。他声称一九一三年十月二十日出生的陈寿朋（Chun Tzo Pang）是他的儿子，已经过了十三岁，是到要将他办来读书的时候了。于是，一九二七年二月十九日，他便具表向中国驻澳大利亚总领事馆申办儿子陈寿朋的中国学生护照及来澳签证。他以资产价值为五百镑由自己经营的"三记"洗衣房作保，承诺每年供给儿子膏火六十镑，作为其在澳留学期间的学费、生活费及其他相关的费用，准备让儿子入读位于尾利畔唐人街里的小博街长老会学校（P. W. M. U. School），并从该校校长谢爱琳（Ellen Sears）那

---

[1] CHUN Hong: Nationality - Chinese: Date of Birth - 15 February 1876: Date of Arrival - 1898: Arrived per German Boat: Certificate Number - 873: Date of Issue - 16 October 1939: First registered at St Kilda [Contains 1 black and white photograph], NAA: B6531, LEFT COMMONWEALTH/1945 - 1947/ CHUN HONG。

里拿到了接纳陈寿朋入学的录取信。

此时的中国驻澳大利亚总领事馆因在上一年就已开始实施《中国留学生章程》新规之后，不再具备以前那样的审查护照申办者之监护人财务状况的资格，只签发护照，转而由澳大利亚内务部具体审核留学申请者之监护人财务状况及与签证申请者之间的关系，以决定是否核发签证。因此，在接获陈堂递交的申请后，将材料梳理确认，便由总领事魏子京于三月七日为陈寿朋签发了号码是462/S/27的中国学生护照。两天之后，魏子京总领事将上述申请材料及护照一起附上，致函内务部秘书，为陈寿朋申请入境签证。

内务部接到魏子京总领事寄来的陈寿朋签证申请材料后，便按照流程予以处理。首先，调查该留学生监护人的财务状况，以确认其是否具备担保条件。四月三十日，海关根据内务部指示，由稽查官葛礼生（J. Gleeson）对陈堂的财务状况进行调查的结果是：陈堂在上述地址经营的洗衣房属于普通生意，所租店面费用不高，每周仅三十五先令；但根据陈堂自己的说法，其生意经营良好。换言之，其财务状况不错。此外，经各方调查显示，陈堂还是一个做事本分、遵纪守法的商人。

其次，就是核查陈堂与他所声称的儿子陈寿朋之间是否确实是父子关系。在给内务部申请陈寿朋签证的公函中，魏子京总领事曾详述根据陈堂提供的回国信息，声称陈堂曾于一九一二年在尾利畔搭乘日本轮船"日光丸"（Nikko Maru）回国探亲，直到一九一四年四月再搭乘"长沙"（Changsha）号班轮返回澳大利亚。在其探亲期间，其子陈寿朋出生。可是，澳大利亚海关的出入境记录显示，陈堂这段时间回国的日期是：一九一三年十月一日离境，一九一五年五月三十日返回澳大利亚。在申办陈寿朋护照和签证的表格上，陈堂填写的儿子出生日期是一九一三年十月二十日。从前述海关出入境记录来看，在陈寿朋出生之时，因当时航海需时较长，陈堂显然尚在从澳大利亚赶回中国乡下的旅途中呢。可见，陈堂在申请表上所报称的陈寿朋是其儿子，与其回国探亲日期根本就对不上号。陈堂所声称的与陈寿朋的父子关系难以成立。

为此，五月九日，内务部秘书致函中国总领事魏子京，以陈堂出入境档案所载其回国探亲日期与陈寿朋出生日期无法对得上号，在其返回中国探亲抵达家乡之前就已出生之陈寿朋显然不是其亲生儿子为由，拒绝了其签证申请。①此后，未见中国总领事馆及陈堂本人对此申诉，也未见到任何有关陈寿朋再次申请入境的档案信息。可能他们都意识到无法申辩，只能接受现实。

左为一九二七年二月十九日陈堂为申办儿子陈寿朋留学澳大利亚所填写的护照和签证申请表。右为一九二七年二月二十五日小博街长老会学校校长谢爱琳女士接受陈寿朋入读之录取信。

一九二七年三月七日，中国驻澳大利亚总领事魏子京为陈寿朋签发的中国学生护照。

档案出处（澳大利亚国家档案馆档案宗卷号）：

Chuy Tzo PANG - Students passport, NAA: A1, 1927/566

---

① Re Permission for Chun Tzo Pang to enter Australia under Student Passport Regulations, NAA: B13, 1927/6110。

黄启章

台山东升里

台山县东升里的黄启章（Wong Kai Ciang），出生于一九一四年三月十五日。根据档案里的说法，他的父亲名叫黄亚堂（Wong Ah Hong），是在一八九六年时到澳大利亚发展的。跟当时许多从台山来澳寻找机会发家致富的乡人一样，他最先踏足的地方是西澳大利亚（Western Australia），在那里待了将近二十年的时间，然后是在一九一六年来到尾利畔（Melbourne），此后也就留在这块地方打拼，最后在佛珠来（Fitzroy）区定居下来，于靠近东城区的盖楚德街（Gertrude Street）三十二号，开设一间洗衣店，注册店名为"春记"（Choon Kee），据称其生意之价值为三百镑。

一九二七年二月二十一日，考虑到儿子黄启章即将十三岁，应该让他来接受西式教育，黄亚堂先是从位于唐人街上的小博街长老会学校（P. W. M. U. School，Little Bourke Street）校长谢爱琳（Ellen Sears）女士那里拿到了同意接受黄启章入读该校的录取信，同时也填具表格，向中国驻澳大利亚总领事馆申请黄启章的中国学生护照和入境签证。他以监护人的身份，拿自己经营的"春记"洗衣店作保，应允每年提供膏火六十镑，作为其子在澳留学期间的各项学杂费用。

因在上一年开始实施修订过的《中国留学生章程》新规，原先由中国驻澳大利亚总领事馆主导的签证预评估被澳大利亚政府内务部收了回去，各项检查也自然严了很多，相对来说中国总领事馆所要处理的申请程序也就少了许多。由此，在接到上述申请之后大约两个星期，中国总领事魏子京就在三月七日给黄启章签发了号码为461/S/27的中国学生护照。两天之后，魏总领事便将这些材料汇总起来，随函送往内务部，为黄启章申请入境签证。

按照流程，内务部便于三月十五日指示海关对黄亚堂的情况予以核查。海关动作很快，一个多星期后，便于三月二十四日将情况反馈回内务部。首先的一个问题是关于黄亚堂的洗衣店生意。据海关报告说，当天他们按照地址去到"春记"洗衣店所在的盖楚德街三十二号，没有找到黄亚堂，而是见到另外一位华人在经营这间洗衣店，他自报姓名为汤姆元（Tom Goon），或者叫阿元，[①]并告诉海关人员说，月前他已从黄亚堂手中以一百镑的价格将此店盘了下来，而前业主也在不久前搭乘"彰德"（Changte）号轮船返回中国去了。同时，阿元也告诉海关人员，他这里也住有一位在城里长老会学校读书的中国留学生，叫做杰克陈（Jack Chin，亦即陈锡安），[②]是在城里士湾慎街（Swanston Street）上开设药材行的老板陈连（Chun S. H. Linn）的侄儿。[③]

因阿元难以提供有关黄亚堂更多的情况，尽管海关人员也已经从别的途径了解到他是一个守规矩的商人，但陈连的侄儿住在这里，显然表明他与黄亚堂之间关系较好，向他了解后者的情况也许更好。于是，海关人员于次日即三月二十五日进到城里找到了陈连。而陈连所述之黄亚堂的洗衣房和他本人的情况，又与前述之阿元的说法有很大的出入。根据陈连的说法，黄亚堂并没有出售他的洗衣房生意，只是将其交给阿元代管，因为他前不久回去中国探亲，可是不知道会去多长时间，故在这一段时间里，由阿元负责经营，阿元所付的一百镑，实际上就是他给予黄亚堂的补偿报酬，因为在其代为负

---

① 在次年黄亚堂返回尾利畔后，汤姆元便离开了澳洲回国。见：Tom Goon - Certificate for Exemption from Dictation Test issued - Re Departure per "Taiping" April 1928, NAA: B13, 1928/10457。

② 有关陈锡安的留学档案，见：Chun S. H. Linn Ex/c Son & Nephew Chun Sik On, NAA: A1, 1926/3777。

③ 陈连的档案见：Chun Linn - Applied for Certificate for Exemption from Dictation Test, NAA: B13, 1929/21356。

经营管理期间，所有收入是归他支配的。陈连认为，阿元的说法可能是他在没有完全明白海关人员问题的情况下的一种误导。

实际上，黄亚堂早在一月十四日就已经在尾利畔港口登上"彰德"号轮船回国去了。他就是希望借着这次回去探亲，将其子黄启章带来澳大利亚留学读书，显然，他对批准其子入境是抱有极大的期望的。由此也可以判断，他所递交的上述护照申请表，虽然是以他的名义填写并递交，但实际上是他找朋友代交和代办的。

澄清了上述黄亚堂的财务状况，内务部在这方面没有发现有何不妥之处，便转向下一个问题，即黄亚堂与黄启章是否确实具有血缘关系，亦即他与黄启章是否真正的父子关系。要弄清楚这一点，大体上的做法就是核查出入境记录，看黄亚堂的探亲日期是否与黄启章之出生年月相吻合。

根据海关记录，在黄启章出生的那一年，黄亚堂确实有从澳大利亚回中国探亲。他是在一九一四年八月二日于西澳的非库文度（Fremantle）埠搭乘"巴鲁"（Paroo）号轮船经新加坡前往香港回中国，然后于一九一六年八月十八日乘坐"衣市顿"（Eastern）号轮船从香港抵达澳大利亚，但却是在尾利畔入境。由此亦表明，黄亚堂就是从这一年返回澳大利亚才开始转到尾利畔发展的。实际上，在此之前，他还有两次回中国探亲的出入境记录，离境和入境的地点都是在西澳。第一次是一九〇六年九月二十六日从非库文度埠乘坐"米李利亚"（Minilya）号轮船前往新加坡转香港，一九〇七年六月十八日搭乘"雪伦"（Sharon）号轮船从香港转新加坡抵达非库文度埠；第二次是一九一一年一月八日，于非库文度埠乘坐"蛇发女妖"（Gorgon）号轮船前往香港，一九一二年九月九日搭乘"夏恩霍斯特"（Scharnhorst）号轮船从香港转道新加坡返回非库文度埠入境。因上述文档须从西澳海关获取，在时间上就耽搁了不少，一直到四月二十二日，内务部才最终得到上述回复。

好了，根据海关提供的上述黄亚堂出入境记录，内务部发现了问题。在提供给中国总领事馆的申请材料中，黄亚堂自报是在一九一三年初至一九一六年初这段时间从西澳洲返回中国探亲，期间生下了儿子黄启章；可是，澳大利亚海关的原始记录表明，在他所报之儿子出生的日期即一九一四年三月十五日，他本人尚在澳大利亚境内；他离境返回中国探亲的日期是八月十八日，此时，他的儿子黄启章早就出生五个月了。即便是他为出国而申请的"回头纸"，也是在当年七月十日才获西澳当局核准。据此，内务部认为，黄亚堂所报不实，在父子关系上作假，因为仅从出生日期上判断，黄启章根本就不可能是他的儿子。随后内务部便在五月三日致函中国总领事魏子京，直接就拒绝了黄启章的入境签证申请。

黄启章的档案就此中止，没有了下文。如果是黄亚堂将儿子的出生年份记错的话，他还可以提出申诉；而如果是中国总领事馆人员的笔误疏漏，魏子京总领事也会向内务部认错，并予以纠正。如此，无论哪种原因，中国总领事馆还可以继续为此交涉，最终达成目标。这方面的例子，已经有好几个；事实上，内务部也会认可中国总领事馆的纠错和申诉。但此案到此没有了下文，可能就是因为黄亚堂回国探亲日期与儿子黄启章的出生日期对不上之缘故。或许，即便是黄亚堂确实记错了日期，也有可能因他回国后发现情况已经发生变化，比如黄启章并不愿意来澳读书，或者他本人的财务经济状况逆转，等等，遂致此事不了了之。

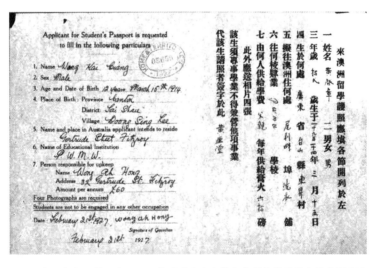

一九二七年二月二十一日，黄亚堂为申办黄启章留学护照提交给中国驻澳大利亚总领事馆的申请表。

一九二七年三月七日，中国总领事魏子京给黄启章签发的中国学生护照。

一九一四年七月十日，西澳移民局核发给黄亚堂的"回头纸"。当时，他是以"亚堂"的名字申领的这份文件，编号为142。

档案出处（澳大利亚国家档案馆档案宗卷号）：

Wong Kai CIANG-student passport, NAA: A1, 1927/5659

刘洪昌、刘洪仔兄弟

台山汉塘村

　　刘洪昌（Lew Hoong Cheong）生于一九一四年六月七日，刘洪仔（Lew Hoong Yee）生于一九一五年六月一日，皆为台山县汉塘村人，两人应该是兄弟关系。档案中没有特别说明两人是亲兄弟，但两人相差近一岁，理论上两人为同胞兄弟的可能性是存在的，因两人照片显示出其相貌极为相近。当然从现实来说，年龄如此相近的话，他们是堂兄弟的可能则较大；当然，也有可能他们是同父异母兄弟，即他们分别是其父之大房和二房所生。而档案中他们的监护人是刘富生（F. L. Sang），因没有直接说明是他们两人的父亲，则极有可能是他们兄弟俩的伯父或叔父。根据在二十世纪二十年代初他定居于域多利（Victoria）省的纽炉（Euroa）埠这一情况来判断，刘富生的英文全名是Frank Lew Sang。由是可以得知，刘富生是一八八三年十月出生于新宁县汉塘村，在一九〇一年九月十五日即将年满十八岁时搭乘"依时顿"（Eastern）号火船从家乡抵达美利滨（Melbourne），入境澳洲，寻找梦想。[1]也许是年轻好学，他此后突破了英语关，便在纽炉埠充当草医，财务稳定。[2]而在这个时期，他的一位台山乡亲雷庚（Louey Keung，或写成Louey Kang）也从他处来到这里发展，做菜农维生，表明这个乡村小镇可以承载得

---

① SANG Frank Lew - Nationality: Chinese - Arrived Melbourne per Eastern 15 September 1901, NAA: B78, SANG/F。

② LEW Sang Frank - Nationality: Chinese - Arrived Melbourne per Eastern 15 September 1901, NAA: B78, LEW/S。

起他们的梦想。①至少在一九一十年代末到一九二十年代初，刘富生在纽炉埠与当地出生的西裔女性或者混血的华人第二代女性结婚，在一九二一年便生育了一个儿子。②而到一九二十年代中期之后，也许是与前妻离异，或者是前妻病逝，刘富生搬迁到美利滨埠的佛珠来区（Fitzroy）居住，再次与一位混血女性结婚，并在此后再生育了一男二女。③

澳大利亚自一九二一年开始实施《中国留学生章程》，开放中国学生赴澳留学之后，一年之内便吸引了一百多人前来留学。尽管此时洪昌、洪仔兄弟年龄尚小，但刘富生与在国内的兄弟就此事商量的结果是也不甘后人，希望将他们办来留学。于是，一九二二年三月三日，刘富生以监护人的名义填具申请表格，递交给位于美利滨（Melbourne）的中国驻澳大利亚总领事馆，申办洪昌、洪仔兄弟的赴澳留学手续，想让他们兄弟前来纽炉埠的塞尔小学（Sigher Elementary School）念书。刘富生没有说明用什么企业或商号作保，极有可能便是以其自营的草医馆作为担保，而他也承诺每年分别提供足镑膏火给洪昌、洪仔兄弟作为留学所需之费用，显示出其财政状况良好。

中国驻澳大利亚总领事馆接到上述申请后，很快就进行了审理。至于总领事馆与刘富生如何沟通，以要求其补充担保资料，因档案中未见有来往信函，不得而知。总体而言，对其申请的审理比较顺利。仅仅过了三个多星期，三月二十八日，总领事魏子京就分别给刘洪昌和刘洪仔兄弟俩签发了中国学生护照，前者号码是143/S/22，后者是140/S/22。只是在签证的核发上，澳大利亚内务部有所耽搁，直到一个月后的四月二十七日，方才批复，并于次日寄交给中国总领事馆，由其转交给在中国的刘洪昌和刘洪仔兄弟俩。

刘富生在广东台山的家人接到护照后，经过大半年的多方联络和安排，

① 雷庚的情况，详见其子雷荣庚（Wing Keung）的留学档案：Wing KEUNG - Student passport, NAA: A1, 1930/4575。
② 他的这个儿子名叫Henry Hoong Lew Sang，在一九三九年欧战爆发，澳大利亚加入英国参战而组建国防军时，参军入伍。就当时的情况而言，如果不是父母一方是澳籍，是无法获准入伍的。详见：LEW SANG HENRY HOONG : Service Number - VX146356 : Date of birth - 21 Jun 1921 : Place of birth - EUROA VIC : Place of enlistment - WAGGA NSW : Next of Kin - LEW SANG FRANK, NAA: B883, VX146356。
③ LEW SANG Honor - Nationality: Chinese - Born in Australia, NAA: B78, 1948/LEW SANG H。

才让九岁的刘洪昌和八岁的刘洪仔兄弟俩从香港乘坐中澳船行经营的"获多利"（Victoria）号轮船，于一九二三年一月二十四日抵达美利滨港口，入境澳大利亚。但刘富生接到洪昌、洪仔兄弟之后，并没有将他们带到他所在的纽炉埠，进入原先安排好的塞尔小学读书，而是选择将他们安顿在美利滨唐人街住下，于二月六日正式注册入读位于唐人街的长老会学校（P.W.M.U. School），让他们在城里念书。档案没有说明刘富生此时是已从纽炉埠迁入了美利滨居住并在此继续经营其草医馆生意，还是仅仅将洪昌、洪仔兄弟俩寄宿在美利滨的亲友家里。

不过，洪昌、洪仔兄弟俩只是在长老会学校读了一个学期。因其年龄小，在中国也是刚刚过了入学年龄，且此前不谙英语，故来澳留学也是从一年级读起，属于读英语的启蒙阶段，对其在校表现，校长在报告中总的来说还算满意。从这一年的七月二日开始，兄弟俩转学进入位于美利滨城北加顿（Carlton）区的若丝砀街公学（State School of Rathdown Street）。刚开始时，校长对其在校表现评价很简单，即满意其表现，直到两年后，才特别说明他们的英语有了长足进步，算术成绩和相当不错。到一九二六年，校长的报告表明，除了作文尚有待提高，他们的其他科目都学得不错，在校也遵守校规，是令人放心的学生。相比较而言，此后哥哥洪昌在作文和英语发音方面比弟弟洪仔要稍逊一些，而后者则基本上全科优秀，学得更好一些。由是，兄弟俩在这间学校一直读到一九二九年上学期结束，完成了小学教育。

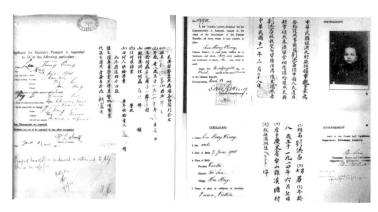

左为一九二二年三月三日，刘富生递表向中国驻澳大利亚总领事馆申办刘洪昌的赴澳留学护照和签证。右为一九二二年三月二十八日，中国总领事魏子京给刘洪昌签发的中国学生护照。

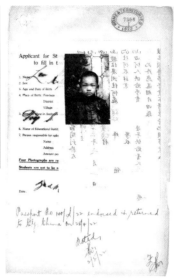

一九二二年三月三日，刘富生递表向中国驻澳大利亚总领事馆申
办刘洪仔的赴澳留学护照和签证。

一九二九年七月十六日，在澳留学六年半的刘洪昌和刘洪仔兄弟俩在
美利滨港口登上驶往香港的"彰德"（Changte）号轮船，返回中国去了。[①]
走之前，他们除了告诉学校要离澳的消息之外，并没有知会中国总领事馆和
内务部，也没有提出申请再入境签证。兄弟俩在澳留学六年半之久，此时，
哥哥十五岁，弟弟十四岁。他们以这样的年龄回国，很有可能是回去升读中
学。此后澳大利亚的档案记录中，再也找不到他们的信息。

档案出处（澳大利亚国家档案馆档案宗卷号）：

Lew Hoong Cheong-student, NAA: A1, 1927/979

Lew Hoong Ye-student, NAA: A1, 1927/980

① Lew Hoong Cheong （Chinese student） ex "Victoria" January 1923 - Departure per "Changte" August
1929, NAA: B13, 1929/1295; Lew Hoong Yee （Chinese student） ex "Victoria" January 1923 -
Departure per "Changte" August 1929, NAA: B13, 1929/1294。

梅 毛

台山东陵村

　　梅毛，又叫典汝丝梅毛（Ernest Moy Mow），是台山县东陵村人，生于民国甲寅年（一九一四）六月二十九日。梅光龙（Moy Kwong Loong）则是梅毛的父亲，因在澳大利亚国家档案馆里找不到与其名字相关的宗卷，对其情况不了解，只是知道早年来到澳大利亚寻求发展，[①]最后定居于雪梨（Sydney），在中国城的沙瑟街（Sussex Street）四百三十二号做中介代理商，以赚取回佣为生。

　　一九二三年的下半年，梅毛九岁了，梅光龙打算将儿子办来留学，于是，他填好申请表，向中国驻澳大利亚总领事馆申办梅毛的留学生护照和签证。他以在矜布炉街（Campbell Street）八十号的"新兴栈"（Sun Hing Jang）商号作保，[②]但没有写明每年承诺多少膏火作为儿子在澳留学的费用。此处他启用"新兴栈"号来为其作保，但并没有表明该商号与他是什么关系。也许他在该商号有投资入股，或者该商号是他的主要客户，甚至该商号老板可能就是他的朋友，愿意出面担保其子来澳留学。总之，梅光龙希望将儿子办来雪梨靠近唐人街的库郎街公学（Crowns Street Public School）读书。

[①]　有一份名为光龙（Kwong Loong）的宗卷显示，他在一九〇三年于西澳（Western Australia）获得回头纸回国探亲，显然说明他在这里已经待了几年，方才得以积攒盘缠回国。由此亦表明，他是此后才从西澳去到雪梨发展的。见：Kwong Loong [Chinese], NAA: K1145, 1903/46。

[②]　新兴栈是雪梨唐人街的老字号商铺，早在一八九十年代便已开设，东主为新宁县籍彭姓人士，有相当的财力。如在一八九五年雪梨华社商界为医院筹款，新兴栈便直接参与此事。见："感德铭心"，载雪梨《广益华报》（The Chinese Australian Herald）一八九五年六月十四日，第五版。

因申请表上未注明填写日期，因而我们无法得知该申请何时递交上去，中国驻澳大利亚总领事馆又花费多长时间审理。唯一可以确定的是，中国总领事魏子京于同一年十一月二十七日给梅毛签发了中国学生护照，号码353/S/23；并且在二天之后也为他从澳大利亚政府内务部那里拿到了入境签证。

尽管中国总领事馆在拿到签证后就及时将护照寄往中国梅毛的家乡，但他并没有很快成行。可能此时的他尚未满十岁，如果无人携带的话，不可能一个人出行，家里人要为此在当地寻访那些从澳大利亚回乡探亲之后再返澳之同乡，以便能在路上予以照料；或者家人也想再等两年，待其长大一些，再与周围村镇或者本邑的同样准备赴澳留学的同乡少年结伴同行。总之，直到两年之后，十一岁的梅毛才从香港乘坐"亚拿夫拉"（Arafura）号轮船，于一九二五年十一月一日抵达雪梨，由父亲梅光龙到海关将其接出，入境澳大利亚。

在父亲的住处休息了两个星期之后，梅毛如约注册入读库郎街公学。此时到年底学期结束，也就剩下个把月的时间，但校长对他在校的表现还是表示认可。但从一九二六年新学年开学后不久，梅毛就罹患麻疹，老师怕这个病传染给别的孩子，不让他去上课。这样，他就待在家里，治疗和恢复花去了两三个月的时间。直到这一年的下半学期开始，他才得以重返学校上学。在学校里，他的各项表现都不错，受到校长表扬。由此，他一直在这间学校读了下来，总共在此读了四年半。

一九三〇年七月十九日，十六岁的梅毛在雪梨搭乘"吞打"（Tanda）号轮船返回中国。[①]事先他把回国的计划和船期都通知了中国总领事馆，然而并没有说明他是回中国探亲抑或想回国升学，也没有表明还要回来雪梨继续读书。但一年之后，一九三一年七月二十八日，中国总领事桂植致函内务部秘书，表示目前人在中国的梅毛又想重返澳大利亚留学，故联络中国总领事馆希望能循正式途径为他申请再入境签证。内务部在检索核查梅毛过往在库郎街公学的表现后，认为他一直都是勤学刻苦的好学生，遂于八月六日复函批准了上述申请，条件是梅毛重返澳大利亚后，必须进入私立学校念书。

---

① Ernest Moy Mow [includes left and right thumb prints; and 2 'Certificate of Exemption' forms] [box 268], NAA: SP42/1, C1931/7279。

但梅毛的留学档案到此中止，此后再未能查到任何与他有关的入境信息。换言之，梅毛拿到再入境签证后，可能因种种原因最终没有前来继续留学，而是选择留在中国，或升学，或走入社会从事自己的营生。

一九二三年，梅光龙为儿子梅毛填写的中国护照和入境签证申请表。

一九二三年十一月二十七日，中国总领事魏子京给梅毛签发的中国学生护照。

档案出处（澳大利亚国家档案馆档案宗卷号）：

Ernest Moy Mow - Student's passport, NAA: A1, 1931/6301

黄乐之

台山松树槐村

　　台山县松树槐村的黄乐之（Wong Lock Chee），生于民国三年（一九一四）十月四日。刚刚过了九岁，他就在一九二三年十月十七日，由其已在西澳洲布冧（Broome，Western Australia）多年的哥哥黄远藉（Felix Wong）代为填表，向中国驻澳大利亚总领事馆提出申请，办理来澳留学的中国学生护照及入境签证。鉴于当时在澳的华人大多数是在十九世纪末二十世纪初年就来到这块土地打拼的，不知道黄远藉是否也是这个时候来澳的这群华人中的一员。如果是的话，就算他抵澳时只是十五岁的少年，到他的弟弟黄乐之出生时，他已经是近三十岁的人了，就是说，他们的年龄可能相差近三十岁。由此看来，黄乐之很可能不是他的同母兄弟。换言之，黄乐之很可能是其父亲的继室或者填房甚或妾室所生。即便黄远藉不是上述所说的那个年代来澳，而是较之相对要晚几年才来到澳大利亚的，也至少是在一九〇八年之前就已到了西澳地区，因为与之相关的最早档案记录便是这一年。[①]无论如何，此时的黄远藉已经在布冧与人（或为同宗同族兄弟）开设了一家杂货店，名"黄兄弟"（Wong Bros.）号商铺，他就以该店铺作保，但没有说明提供膏火的具体数额，给黄乐之作为来澳留学开销，办理他来布冧的圣玛丽修会书院（St. Mary's Convent School）读书。

　　西澳与中国驻澳大利亚总领事馆驻地美利滨（Melbourne）相距甚远，几

---

① Felix Wong [Chinese]，NAA：K1145，1908/38。

达四千公里，通讯联络费时。但中国总领事馆接到上述申请之后，处理得还是相对快捷的。到一九二四年一月二十五日，总领事魏子京就给黄乐之签发了中国学生护照，号码是374/S/24，并在第二天也为他从澳大利亚联邦政府内务部拿到了入境签证。

在中国的黄乐之随后不久就接到了中国驻澳大利亚总领事馆寄来的上述护照和签证，便由家人负责购买船票，并积极联络家乡周边回家探亲结束后返澳的乡亲，以便黄乐之在前往澳大利亚的途中有大人照应和监管。待一切安排妥当，黄乐之便从香港出发到新加坡中转，再搭乘蓝烟囱轮船公司（Blue Funnel Line）经营的"蛇发女妖"（Gorgon）号轮船，于一九二四年九月七日抵达西澳首府普扶（Perth）附近的港口非库文度（Fremantle）埠，两天后再航抵布苶。海关人员对他进行了全身检查，确认他没有患病，身上没有生任何疥疮，才将其放行入境，由他的哥哥黄远藉将其接走。

在哥哥的"黄兄弟"号店铺休息了三个星期，从航海的疲劳中恢复过来之后，黄乐之于十月一日正式注册入读上述圣玛丽修会书院。就他的在校表现，学校的报告很简单，就是学业与操行都令人满意。就学外语而言，十岁的孩子适应能力都比较强，上手快，正常情况下，相信有个一年半载，就会比较熟练地运用英语了。他在这家学校读到一九二六年初。此后，他转学进入布苶公立学校（Broome State School），得到的评语也是一样，说明他是个各方面都令人满意的好学生。

但黄乐之在布苶公立学校只是读了一年多一点的时间。到一九二七年四月十八日，他就乘坐西澳轮船公司（Western Australia Steam Navigation Co. Ltd）经营的"加斯科涅"（Gascoyne）号轮船，离开布苶，沿印度洋北上，转道新加坡，前往香港回国了。走的时候，他并没有知会中国驻澳大利亚总领事馆。直到他离开三个星期了，西澳海关将外侨离境消息向澳大利亚内务部报告，再由内务部将此消息转告中国总领事馆，后者才知道这位中国留学生已经离境回国。

从一九二四年九月入境到一九二七年四月离境回国，黄乐之在澳大利亚留学总计只有两年半多一点的时间，他先注册入读教会学校，再转到公立学校念书。离开澳大利亚回国时，他尚未年满十三岁。但可以肯定的是，在这段时间里，他掌握了操说英语的能力。

一九二三年十月十七日，黄远藉为弟弟黄乐之填写的申请来澳留学护照和签证的表格。

一九二四年一月二十五日，中国驻澳大利亚总领事魏子京给黄乐之签发的中国学生护照。

档案出处（澳大利亚国家档案馆档案宗卷号）：

Chee, Wong Lock - Student passport, NAA: A1, 1926/1626

邝森昌

台山冲云潮溪里

出生于民国三年（一九一四）十月八日的邝森昌（Sam Chong，或写成 Fong Sam Chong），是台山县冲云潮溪里村人。冲云当时是乡，潮溪里即潮溪村。

邝森昌的父亲叫邝森彬（Sam Been）。事实上，森彬是其英文名的汉译，他真正的中文名是邝敬树。根据最早的记录，他在一九一〇年所填的一份表格上，写明自己是一八七〇年六月二十八日出生于广东台山家乡，于一八九〇年五月抵达澳大利亚。[1] 由此得知，他来澳大利亚发展时，是二十岁左右。他先在昆士兰（Queensland）的布里斯本（Brisbane）待了三年，然后前往雪梨（Sydney）的卢克坞（Rookwood）区发展，前后达十七年之久；一九一一年之后，他去往西澳洲（Western Australia）北距首府普扶（Perth）四百多公里的者利顿（Geraldton）埠经商。也就是从这个时候开始，他想申请入籍成为澳大利亚公民。为此，他将出生日期改为一八七三年九月十二日，出生地点也改成了香港，抵澳年份也有所更改，改成了一八八九年三月十日。这一更改则显示，他来澳时尚未年满十六岁。更改出生地点的目的，是因为根据澳大利亚法律，大英帝国臣民无须归化即被视为澳大利亚公民；而香港当时被英国殖民统治，在香港出生者，也就视为大英帝国的臣民了。这一申请的处理过程长达十七年，最终澳大利亚移民局查出邝敬树首次登记

---

[1]　Been，Sam-Naturalisation certificate，NAA：A1，1928/2722。

的出生地为广东，于一九二八年拒绝了该项申请。而邝敬树也因在此期间怎么也拿不出他在香港出生的证明，无法继续与澳大利亚移民局周旋，只好作罢。在此期间，他又从者利顿埠北上，前往养殖珍珠的基地布秾（Broome）埠，与同宗兄弟开设一间杂货店，名为"James Fong & Co."（针邝公司，亦作"占邝号"），是当地规模第二大的商店。去西澳发展之前，他已返乡结婚，在家乡生有二子一女。

一九二三年五月四日，邝森昌尚未满九岁，但希望儿子赴澳留学的父亲邝敬树已经等不及了，他填好申请表格，向中国驻澳大利亚总领事馆申办儿子来澳留学所需之护照和签证。他以自己参与经营的针邝公司作保，但没有说明每年可以提供多少数额膏火给儿子作为其留学费用，打算把儿子办到布秾皇家学校（State School of Broome）念书。尽管邝森昌的年纪尚小，但中国总领事馆仍然接受了这份申请。六月二十九日，中国总领事魏子京给邝森昌签发了中国学生护照，号码299/S/23。四天之后，澳大利亚内务部也顺利地核发了入境签证。

四个月之后，经过其家人一系列的安排，邝森昌终于从香港乘船到新加坡，再由该埠转乘"蛇发女妖"（Gorgon）号轮船，从印度洋南下，于十月二十九日抵达布秾埠港口，入境澳大利亚。

邝敬树从海关将儿子接出来后，就将其安置在自己的店铺中。熟悉了周围环境之后，邝森昌仍没有入读布秾皇家学校，因为其父邝敬树认为尚有一个多月学校就要放暑假，不如延请家教，让儿子先学习英语。因此，直到一九二四年二月十一日，新学年开学后，邝森昌才正式入学上课，从小学一年级课程开始读起。从这时起到一九二七年五月，三年间他都在该校念书。校长的每次报告，都对这位中国小留学生的表现表示满意，但除了不断重复表扬其衣着整洁之外，没有其他的评语。

一九二七年五月二十三日，邝森昌离开布秾皇家学校，转学进入布秾苏姑庵堂学校（Broome Convent School）。换了一间学校，邝森昌也似乎换了一个人。校长认为，这是一位很有天分的学生，学习刻苦，品学兼优。由是，邝森昌便在这间教会学校读了将近两年的时间。一九二九年开学后不久，邝森昌离开了苏姑庵堂学校，于三月八日又重新返回布冧皇家学校念书，直到年底学期结束。

一九三〇年一月十六日，未满十六岁的邝森昌结束了在布冧六年的小学教育，搭乘"马人"（Centaur）号轮船，离开澳大利亚，前往新加坡转道回中国。离境之前，他虽然通知了内务部，但没有提出申请再入境签证。他返回中国的目的应该是升读中学。此后，也未有信息表明他重返澳大利亚。

一九二三年五月四日，邝敬树向中国驻澳大利亚总领事馆申办儿子邝森昌来澳留学护照和入境签证。

一九二三年六月二十九日，中国总领事魏子京给邝森昌签发的中国学生护照。

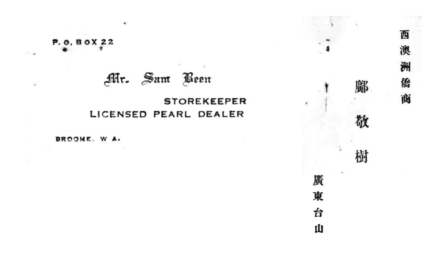

邝敬树（亦即邝森彬）的中英文名片。

左为邝敬树在一九一〇年于鸟修威省（New South Wales）宣誓表上所填之出生年份和抵澳年份。
右为一九一二年他在西澳洲申请入籍的声明书上所写的出生日期及抵澳年份。

档案出处（澳大利亚国家档案馆档案宗卷号）：

Sam Chong - student passport, NAA: A1, 1929/9335

501

黄锦裳

台山永隆村

　　民国时期，来自珠江三角洲的赴澳留学生，去到南澳者不多。而出生于一九一四年十月的台山县永隆村少年黄锦裳（Gim Sun），便是其中之一。

　　黄璞家（Wong Pock Gar，还另有一英文名字，称Jim Hop Sing）是黄锦裳的父亲。相较于那些在十九世纪末二十世纪初抵达澳大利亚的同乡，他来澳的时间相对要晚上几年，大约是在一九〇七年左右，最终落脚在南澳洲首府克列（Adelaide）的浣顿（Findon）埠，作为果菜园主，并经营有一个果菜店，名"合盛"（Hop Sing）号，土地和店铺加起来的价值，约为两千镑。能在不长的时间里创下这份财产，算得上是经营有道，有所成就。[①]也有可能是他的长辈早年间先来到澳大利亚，他属于投奔长辈而来，在长辈提供给他的有利条件下，很快发展起来。后一种可能性最大，因为资料显示，他的哥哥即先他到此。

　　一九二七年十月，黄锦裳十三岁。为了让儿子能来澳读书，黄璞家于十月十日这一天，向中国驻澳大利亚总领事馆提出申请，办理其子黄锦裳来澳留学事宜，请领学生护照和入境签证。他以上述自己经营的"合盛"号商铺作保，承诺每年供给膏火一百镑，作为儿子在澳留学期间的学费和所有其他花销，希望将儿子办来圣沾市书院（St. James Parish School）念书。这是一

---

① 检索中文报纸报导，黄璞家的名字最早出现在一九一七年中澳邮船有限公司认股名单当中，显见此时他手中便有了一些余钱，可以买股认股。见："中澳邮船有限公司认股芳名报告"，载雪梨《民国报》（Chinese Republic News）一九一七年十二月二十二日，第七版。

间教会学校，由位于西克列（West Adelaide）的圣沾市教会（Church of St. James）主办。为此，黄璞家找到该教会的司铎，早在这一年的七月份就给儿子拿到了一封入学录取信。

中国驻澳大利亚总领事馆收到上述申请后，相隔了三个月，才于一九二八年一月十四日由总领事魏子京为黄锦裳签发了一份中国学生护照，号码491/S/28。当天，魏子京总领事就汇齐这些材料，致函内务部秘书，为这位中国学生请领入境签证。内务部在接到是项申请之后，便按照流程予以处理。

根据内务部的指示，过了一个月，海关上交了对黄璞家的财务状况及出入境记录的调查报告。各项记录显示，黄璞家是个很有发展前途的果菜商。一九二七年，他在浣顿埠的沿江路（River Road）购买了八英亩的菜地，每亩价值二百五十镑。其人正派，勤劳肯干，对生意尽心尽力。此前，他做生意是与其兄长一起合股，但如今已经分开单干，去年一年的净收入达二百镑。由于有菜地支撑，且形势不错，他估计今年的收入肯定会超过去年。自来澳打拼安顿下来后，黄璞家有返回中国探亲。与其儿子出生最接近的出入境年份是：一九一二年八月二十四日从雪梨（Sydney）出境，搭乘的是"太原"（Taiyuan）号轮船；返回澳大利亚的日子是一九一四年五月四日，乘坐的是日本轮船公司的"丹后丸"（Tango Maru）。其子黄锦裳是这一年十月出生，距其返回澳大利亚后只有五个月的时间，符合常理。既然上述两大问题都显示正常，表明一切都符合《中国留学生章程》的规定。于是，内务部便于二月二十九日核准了黄锦裳的入境签证。[①]

在中国的黄锦裳接到由中国驻澳大利亚总领事馆寄来的护照和签证后，经家人安排妥当，便启程前往香港，乘坐"吞打"（Tanda）号轮船，于一九二八年六月六日抵达美利滨（Melbourne）入境。父亲黄璞家从驻地赶来，接其出关。随后，他们再转车前往南澳洲克列，住进浣顿埠的"合盛"号商铺里。

八月一日，十四岁的黄锦裳正式入读圣沾市书院。到年底学校的报告显示，他的学业和在校表现，都十分令人满意。此后的两年半时间里，他都在

① SUN Gine（Gim）- admission of as student, NAA: D1915, SA1863。

该校念书，一直读到一九三〇年底。[①]在校期间，黄锦裳给自己取了一个英文名，叫做亨利黄（Henry Wong）。一九三一年起，他就以亨利黄这个名字，转学进入圣伯多禄联合书院（Collegiate School of St. Peter），表现一仍其旧。他在这间学校读了整整一年。

一九三二年二月二日，年届十八岁的黄锦裳结束了在澳大利亚三年半的留学生活，前往美利滨，在那里搭乘"南京"（Nankin）号轮船回中国。走之前，他没有通知中国总领事馆，也没有申请再入境签证，内务部也是在海关通报其登船离境的消息之后才知其行踪。也许，以他现在这个年龄，加上在澳接受的几年英文教育，回到国内正好升读高中或者大学。

一九二七年十月十日，黄璞家填表向中国驻澳总领事馆申请儿子黄锦裳的中国学生护照。

一九二七年七月二十八日，圣沾市教会司铎给黄锦裳的入学录取信。

---

① Gim Sun （son of Wong Pock gar）- Extension of Certificate for Exemption from Dictation Test, NAA: B13, 1929/10895。

一九二八年一月十四日，魏子京总领事给黄锦裳签发的中国学生护照及二月二十九日获得的入境签证钤章。

一九二七年十月十日，黄璞家为申办儿子来澳留学所具结的财政担保书。

档案出处（澳大利亚国家档案馆档案宗卷号）：

Gim Sun - Students passport（aka Henry Wong），NAA: A1, 1932/446

雷 就

台山大岗村

　　雷就（Louey Tew）是台山县大岗村人，生于民国四年（一九一五）正月十二日（此系农历，公历应为二月二十五日）。他的父亲名为雷维合（Way Hop），在澳大利亚域多利（Victoria）省西北部的农业小镇钵埠（Boort）居住，职业为菜农，也开有一家售卖果菜的"菜圆"号商铺。至于他何时来到澳大利亚，在何处登陆上岸，目前尚无法从档案馆的数据库中找到对应资料。早期进入澳大利亚的中国人姓名，在入境登记及此后的出入境过程中，常有变化，为此，雷维合的英文名字在档案中是否保存一致，亦无从得知。钵埠的开发年份是在十九世纪七十年代，一八八三年有铁路贯通该地，使之与美利滨（Melbourne）连接起来，吸引更多人前来开发。检索档案馆中所藏在该地登记之十三名华人中，有六人抵达澳大利亚到该地的时间都在十九世纪九十年代，其余之人则未显示出登陆澳大利亚之年份。可见，早期来到钵埠之华人是与当地澳人共同开发这个农业地区的先驱。而在上述名单中，有一人之名与雷维合较为接近者，名"Way Lye"，生于一八六七年六月，抵达澳大利亚的年份是一八九六年十一月。[①] 如果这个名字是雷维合英文名字之另一个写法的话，说明他在澳大利亚定居的时间是相当长的。

---

① LYE Way：Nationality-Chinese：Date of Birth-June 1867：Arrived November 1894：First registered at Boort，NAA：MT269/1，VIC/CHINA/LYE WAY。

　　一九二三年二月五日，也就是雷就即将年满八岁之时，雷维合就想利用澳大利亚实施《中国留学生章程》开放教育给中国少年儿童的机会，填表向中国驻澳大利亚总领事馆申办儿子的护照和签证，想将其办来他所居住的钵埠读书。他以自己经营的"菜圆"商铺作保，承诺每年提供膏火九十镑给儿子作为在澳之留学费用，希望将其放在钵埠的公立学校——仪学皇家馆（Boort State School）念书。虽然中国总领事馆年初就收到上述申请，但处理过程有所耽搁。一直到过了大半年，中国总领事魏子京才于十月二十六日给雷就签发了号码是341/S/23的学生护照，并且在四天之后从澳大利亚政府内务部为他获得了入境签证。随后，内务部将护照退回给中国总领事馆，由后者按照申请者的要求，寄送到香港永丰街"胜利昌"商行中转交给雷就的家人。

　　可是，在接到上述护照和签证后，雷就在此后三年多的时间里迟迟未能动身前来澳大利亚留学。主要问题在于，以他这样小小的年纪要进行长途航海，必须要有成年人携带并一路妥为照料，方可顺利来到澳大利亚。他的家人在拿到护照之后，想必也曾努力联络和寻找这样一位合适的赴澳同行陪伴者，但最终未果。当然也有可能是其家人希望他在家乡接受几年中文教育之后，再行出国留学不迟。总之，直到几年后雷维合回到家乡探亲，一九二七年返回澳大利亚时，才将儿子雷就一并带上，从香港登上"亚拉夫拉"（Arafura）号轮船，于五月三十日抵达美利滨。

　　但雷就此时碰到了第一个大问题，即他的签证早已过期失效。在澳大利亚海关遵照内务部的指示对其放行，由雷维合为此缴纳一百镑保证金给海关，准予临时入境之后，中国总领事魏子京随即介入此事。因为此时还涉及雷就所面临的第二个大问题，即从一九二六年中开始，《中国留学生章程》经修订后重新实施，其中的一大变化便是，在此之后进入澳大利亚留学的中国学生不再允许入读公立学校，而必须注册进入私立学校就读。而在钵埠，因人口不多，该镇此时只有一间公立学校，没有任何私立学校设在那里。鉴于雷就年龄尚小，刚刚十二岁，又不谙英语，魏子京总领事遂向内务部协商，希望给予雷就一个为期几个月的游客签证，让他跟随父亲前往其居住的钵埠，在那里延请家教，恶补英语，在这段时间里再由雷维合负责为儿子选择一间私立学校，比如让他前往美利滨或者其他大埠就读。而在这段时间里，恶补英语后的雷就应当具备了初步的英语基础，内务部再给他转发学生签证。内务部觉得魏子京总领事提出的这个方案具有操作上的可行性，遂于八月四日复函同意，给予雷就临时游客签证，有效期至本年十二月三十一日，长达七个月的签证时间。

进入一九二八年二月份，距雷就的临时游客签证到期已经过去了一个多月，但内务部并没有接到中国总领事馆的通知，告知这位中国学生已经进入某一家私立学校就读。二月三日，内务部秘书就此事致信中国总领事馆，以探究竟。二十天之后，中国总领事魏子京才回复内务部秘书说，他尚不掌握此事之情况，需要去核实，然后再向内务部回复。过了一个月，魏子京总领事才于三月二十九日回复，将雷就目前的情况告知内务部秘书。魏子京总领事在信中表示，自雷就获得临时游客签证，跟随父亲回到其居住地钵埠之后，就直接注册入读该埠的公立学校——仪学皇家馆，目前他仍然在该校念书，并没有进入任何一家私立学校就读。鉴于这样的情况，以及考虑到雷就年龄还未满十三，雷维合在美利滨等埠也没有什么亲戚和朋友可以托付，总领事建议内务部是否可以允许雷就继续在钵埠念书半年到一年的时间，给予他学生签证，以便他在此间将英语基础打好，再前往其他地方入读私立学校。如获答允，他作为中国总领事，届时一定会督促和协助这位学生的监护人行事。不然，按照章程条例，这位中国小留学生就只能被遣返回中国了。

接到上述信函之后，内务部秘书非常不满。四月二日，他回复魏子京总领事说，澳大利亚政府已经显示出对雷就极大的善意，而这位中国小留学生之所以能够获得临时游客签证，也是得到中国总领事馆的保证，一旦该签证到期他将会按照约定进入私立学校读书，事实上这也是他获得临时签证的前提。可是现在他并没有这样去做，中国总领事馆反而鼓励他继续沿着这条非正常的路子走下去，澳大利亚政府坚决反对这种得寸进尺的违规行为。内务部秘书不仅直接回绝了中国总领事的上述要求，而且还要求他立即通知雷维合，马上安排船期，遣送雷就回国。

　　魏子京总领事只得照办。雷维合也明白自己食言违规，大错铸成，已经没有了回旋余地，遂为儿子预订船票。原本中国总领事馆协助预订了一九二八年四月十四日由雪梨驶往香港的"吞打"（Tanda）号轮船，但雷维合带儿子到美利滨后，得知有四月十二日由该港口驶往香港的"太平"（Taiping）号轮船，遂送儿子登上该轮，经香港转回家乡，比预定时间还早了两天。

　　满打满算，雷就的在澳留学尚差一个多月才满一年。此后，在澳大利亚的档案中再也找不到有关他的信息，意味着雷就未能重返澳大利亚留学。

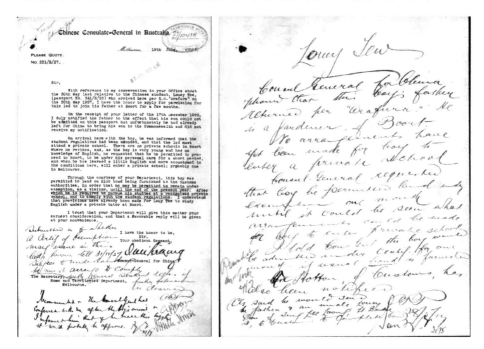

左为一九二七年七月十九日中国总领事馆魏子京为雷就申请临时游客签证事给内务部秘书的公函。右为同年七月份内务部内部就中国小留学生雷就目前状况讨论如何处置的手写便笺。

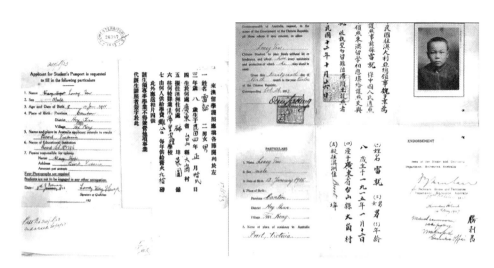

左为一九二三年二月五日，雷维合填表向中国驻澳大利亚总领事馆申办儿子雷就来澳留学的护照和签证。右为同年十月二十六日，中国总领事魏子京给雷就签发的学生护照。

档案出处（澳大利亚国家档案馆档案宗卷号）：

Louey TEW - Student passport, NAA: A1, 1927/10438

陈广荣

台山中舟村

陈广荣（Lawrence Chan）是台山县中舟村人，生于一九一五年八月十九日。整个档案中都没有提及他父亲之名，也不知道他父亲做何营生，仅只知道他父亲当时住在澳大利亚的海外领地新几内亚（New Guinea）。尽管陈广荣也是在年满十五岁之前奔赴澳大利亚雪梨留学，但所走的路线却跟当年许多的乡人不同，因为他是从新几内亚出发的。

一九三〇年五月十五日，驻地已经从美利滨（Melbourne）搬迁到雪梨（Sydney）的中国驻澳大利亚总领事宋发祥致函澳大利亚内务部秘书，通报雪梨安益利行（Onyik Lee & Co.）总经理欧阳南（D. Y. Narme）目前正在澳大利亚海外领地新几内亚和英属所罗门群岛（Solomon Islands）作商务考察，[1]即将返回雪梨。此前，已在澳大利亚定居长达三十年的这位老华侨打电报到中国总领事馆，告知他要从新几内亚带一位中国少年即陈广荣前来留

---

[1] 欧阳南是广东省香山（中山）县人，生于一八九〇年，但在十九世纪末年便来到澳大利亚发展，一九二十年代便在雪梨华社中极为活跃，是当地著名华商，即安益利公司总经理。澳大利亚国家档案馆中有关欧阳南的宗卷，见：David O'Young Narme [Chinese - arrived Sydney per SS EASTERN, 1899. Box 36], NAA: SP11/2, CHINESE/NARME D O。安益利公司由来自广东省香山县的华商李益徽（William Robert George Lee）等于十九世纪末在雪梨开创，后由其子李元信（William Yuison Lee）继承并成为大股东，于一九一三年二月十八日在鸟修威省工商局正式注册，详见鸟修威省档案馆（NSW State Archives & Records）保存的二十世纪初该省工商企业注册记录：https://search.records.nsw.gov.au/permalink/f/1ebnd1l/INDEX1817337；但到一九二二年该公司重组，李元信退出，由欧阳南等人接管成为股东，并在当年七月十日在鸟修威省工商局重新注册，显示其董事会的变更，详见同上：https://search.records.nsw.gov.au/permalink/f/1ebnd1l/INDEX1817338。

学，由他本人充任陈广荣的监护人和财政担保，所有留学费用亦由其负担，并将搭乘"马踏浪"（Mataram）号轮船，从新几内亚首府亚包（Rabaul）启程直驶雪梨，预计在本月三十日抵达。为此，欧阳南希望中国总领事馆协助他向内务部申请，在陈广荣抵达雪梨时，先给予他三个月的临时入境签证，待他准备好所有的材料后再为这个中国少年申办正式的留学签证。鉴于情况特殊，时间也紧，故宋总领事吁请内务部秘书充分考虑这一案子的特殊性和紧迫性，玉成此事。

对于内务部来说，这是一个新情况。一个星期后，内务部秘书函告宋总领事说，考虑到该案子的情形，将会如其所请，待陈广荣抵岸时，先给予他三个月的临时入境签证，以便其在此期间备齐材料申请正式签证。不过，鉴于宋总领事在上封函件中并没有说明该中国学生的年龄以及将进入哪间学校，及他的英语学识能力如何等情况，还须予以提供报备为荷。与此同时，内务部亦知照雪梨海关，一俟陈广荣抵岸，即请放行。由此可见，内务部在对待此事上所表现出的宽容是不常见的，或许这跟安益利行有关。在当时的雪梨华社，安益利行是最负盛名的大商行之一，其总经理欧阳南也因居澳时间长，并在华社极为活跃，作为华人社区领袖，常与当地主流社会打交道，颇有声誉，为内务部所熟悉。可能由于这个缘故，对于与欧阳南相关的案子，内务部就给予了特别的关注并尽可能提供方便。

在内务部尚未及收到中国总领事馆对上述问题的回复之际，陈广荣便于五月三十一日抵达雪梨，在欧阳南为他缴纳一百镑保证金后，顺利入境澳大利亚。六月五日，欧阳南便向中国驻澳大利亚总领事馆提交了陈广荣的护照申请表，承诺每年为他提供膏火一百镑作为其在澳期间之学费和生活费等各项开支，并联系好圣若瑟书院（St. Joseph's College），让陈广荣入读。四天之后，陈广荣便作为住校生正式入读这间学校。学校此时才知道，他此前在亚包曾入读当地华人主办的一间中英文双语教学的学校，在中文之外，其英语听、说、读、写等已具相当基础。其父母送他前来澳大利亚留学之目的，是希望他在此基础上达到更高层次，毕竟澳大利亚的教育也比新几内亚好了太多。只是我们还是不清楚欧阳南与陈广荣父母之间是什么关系，因为欧阳南是香山（中山）人，后者是台山人。他们既可能是亲戚关系，毕竟中山与台山相邻，两地联姻普遍；当然，他们也可能只是朋友或商务往来关系。[①]

待陈广荣被安顿好之后，中国总领事宋发祥于六月十八日知照内务部，请其按例核发正式的学生签证给这位中国少年，然后中国总领事馆便会为其签发一份中国学生护照。只是在整个档案宗卷里，我们都无法找到与这份护照相关的文字，无法知道其具体的护照号码是什么。而内务部在审核了所有材料后，也于七月八日下文，批复了签证申请，将于陈广荣的三个月临时签证失效日即八月三十一日起生效。

就此，陈广荣在这间书院安心读书。院长对其评价也很高，称他不仅学业好，操行亦佳，属于品学兼优的学生。院长说，对于一个住宿生来说，即使是其在课后的表现，也是值得称赞的。他以这样的表现在圣若瑟书院学习了两年半多一点，直到一九三二年底该学年结束后离开了这间学校。

一九三三年新学年开始，十七岁的陈广荣转学进入位于雪梨海云屯街（Harrington Street）的圣博德商学院（St. Patrick's Business College），学习商科课程。同样地，该商学院院长也对这个中国学生评价很高，说他各项成绩优秀，行为举止得体，尤其是他对待各科作业的认真态度，给任课老师留下了深刻的印象。院长认为他彬彬有礼，是一个潜心向学的学生。

但陈广荣在圣博德商学院也只是读了一年就退学了。一九三三年十二月十六日，结束商学院课程的陈广荣在雪梨搭乘"利罗"（Nellore）号班轮，直驶香港，返回中国。离开澳大利亚之前，他并没有对中国总领事馆和澳方说明回中国的理由，此后澳大利亚也再无有关他的任何记录。也就是说，他此后再未用同样的这个名字来过澳大利亚。鉴于其父母是住在新几内亚，而他本人亦是出生于这个澳大利亚的海外领地，他此时返回中国，一个合理的解释是返回祖居地探亲。也许，他在澳大利亚完成了学业，回国可以升读大

---

① 档案宗卷也没有披露陈广荣与欧阳南之间是否具有亲戚关系。两年前，欧阳南曾办理过他的外甥陈和溪（Chan Wo Kai）前来雪梨留学，但他们甥舅两人的籍贯都是香山县。当然，欧阳南有姐妹嫁到台山县的可能性也是有的。鉴于安益利公司在新几内亚和所罗门群岛及周边群岛有很多生意，欧阳南与这些地方的华商关系密切，私交甚笃，为朋友的子侄来澳留学出钱出力，也是可能的。陈和溪的留学档案见：Chan Wo Kai - student passport, NAA: A1, 1992/4992。

学，找到一份较好的工作；当然，他也可以在结束探亲之后，返回新几内亚的亚包，协助父母一起做生意。

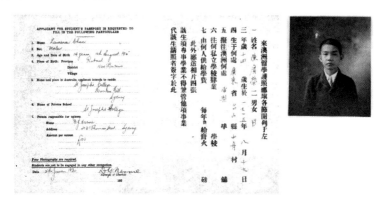

一九三〇年六月五日，欧阳南向中国驻澳大利亚总领事馆提交的陈广荣护照申请表及照片。

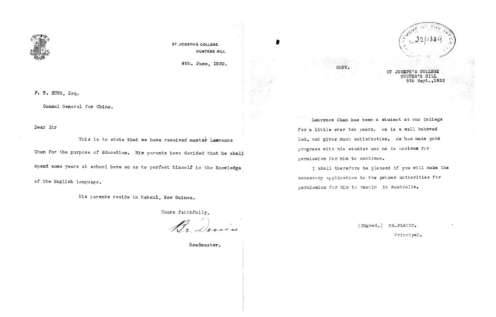

圣若瑟书院院长给陈广荣的录取信（一九三〇年）及陈广荣学业操行表现报告（一九三二年）。

档案出处（澳大利亚国家档案馆档案宗卷号）：

Lawrence Chan - education exemption certificate, NAA: A1, 1932/1339

朱如璧

台山长安村

朱如璧（Gee Yee Bigg）是台山县长安村人，出生于民国四年（一九一五年，但英文申请表和护照上都显示是一九一四年，那就应该是民国三年）十一月十八日。他的父亲朱荣光（Wing Quong）约在一八九七年就与乡人一道买棹南渡，到澳大利亚谋生。他先在北领地的打运（Darwin）埠寻找机会，[1] 后在鸟修威（New South Wales）省的乡村打工，最终定居于该省中西部的一个名叫浸舞罉（Temora）的小镇，开设一间蔬果杂货铺，名为"永利"（Wing Lee）号，资产价值为一千二百镑，有稳定的收入。

一九二七年，朱如璧就要年满十三岁。按照上一年实施的《中国留学生章程》新规，十三岁以上来澳留学之中国学生，在入关时须接受海关官员或移民局官员给予的英语测试，就是说须具备初步的英语学识能力；而年龄在十三岁以下者，则无须具备此项条件。因此，朱荣光想及时办理儿子前来读书，以省掉许多手续。为此，他于三月二日便填妥申请表格，出具担保人声明，向中国驻澳大利亚总领事馆提出申请，办理儿子朱如璧的来澳留学护照和入境签证。他以自己经营的"永利"号商铺作保，允诺每年提供膏火银一百二十镑给儿子在澳留学之用，准备让儿子入读他所在小镇的浸舞罉学校（Public School，Temora），即政府在该镇所设之公立学校。后来当中国总领

---

[1] QUONG Wing: Nationality - Chinese: Date of Birth - 1867: Arrived per MATARAM: First registered at Darwin, NAA: MT269/1, NT/CHINA/QUONG WING。

事馆人员告诉他中国学生不能进入公立学校念书，只能就读私立学校后，他在申请表的英文页上改为入读天主教会在该镇主办的圣若瑟书院（St. Joseph's School），并在二十天之后从该院院长安珠姒修女（Sister M. Andrews）那里拿到了录取信。

中国总领事馆接到上述申请，经审核及补充材料之后，总领事魏子京便在三月二十四日为朱如璧签发了中国学生护照，号码465/S/27。第二天，魏子京总领事便汇集这些材料，备文致函澳大利亚联邦内务部秘书，请求尽快为该申请人批复核发入境签证。鉴于内务部照惯例总要核查担保人的出入境记录，以确认其与申请者是否具有血缘关系，魏子京总领事特意在函中说明，朱荣光一九〇九年就从打运埠搭乘"炎派"（Empire）号轮船回中国探亲，直到一九一九年一月方才从香港乘怡和洋行的"南生"（Namsang）号轮船前往新加坡，二月再由此搭乘"马踏浪"（Mataram）号轮船入境打运（Darwin）埠，返回澳大利亚。这一信息意在证明朱如璧就是朱荣光这十年回国探亲期间所生，他们之间的父子关系毋庸置疑。

尽管魏子京总领事的信函中已经提供了详尽的资料，但内务部仍然依照规定对担保人的相关情况进行了审核。对于朱荣光在浸舞罅的经营，通过警察局的接触与观察，可以确认他本人是其"永利"号的店主，在当地口碑甚好，其资产价值为一千五百镑，远高于他自己估值的一千二百镑。至于朱荣光的出入境记录，海关和警察局一起多次查证的结果，确认他儿子朱如璧出生之时，他本人仍在中国，而他在上述魏子京总领事所说的于一九一九年返回打运埠之后，又在那里继续待了四年，于一九二三年再返中国探亲，直到一九二四年八月二十三日回到澳大利亚。但他此次不是去打运埠，而是搭乘"获多利"（Victoria）号轮船抵达雪梨（Sydney）入境。也就是说，他在浸舞罅镇开店经营，是从这个时候开始；在此之前，他一直都在北领地谋生。经过一个多月的公牍往返，确认签证申请人及担保人的一切情况皆符合要求之后，内务部于五月十九日批准了朱如璧的入境签证申请，将护照寄回中国总领事馆，由后者转交给这位即将来澳留学的中国小留学生。

半年之后，朱如璧搭乘从香港起航的"太平"（Taiping）号轮船，于一九二七年十二月三日抵达雪梨。当该船于十一月二十六日进入澳大利亚水域，在昆士兰（Queensland）北部的珍珠埠（Thursday Island）停留接受例行检疫时，朱如璧被发现生了疥癣，在入关后被隔离治疗了五个星期，直到一九二八年一月四日，经卫生检疫部门复查确认其已痊愈，方才得以由其父亲朱荣光接出院，前往浸舞罅镇。

按照父亲的安排，朱如璧于一月三十日新学年开学时，顺利注册入读浸舞罅镇圣若瑟书院。由此，他一直待在这间乡村教会学校念书，总共读了四年，每年的校长报告对他的评价都是一样的，即学业优秀，表现良好。一九三二年新学年开学后，十七岁的朱如璧转学去到美利滨（Melbourne）唐人街上的长老会学校（P. W M. U. School）继续读书，但仅仅在此念了半年而已。在提交给内务部的例行报告中，长老会学校校长评价朱如璧是认真向学的好学生。

一九三二年七月一日，在澳留学四年半的朱如璧搭乘"吞打"（Tanda）号轮船，离开美利滨，返回中国去了。[①]临行之前，他没有告知中国总领事馆，没有申请再入境签证，也就意味着他不再打算重返澳大利亚念书，此后澳大利亚档案文件里也找不到与他相关的记录。此时的朱如璧尚未满十八岁。以这样的年龄回到家乡，有在澳大利亚留学打下的英语基础，无论是在台山，还是去到省城广州甚或香港，继续升学念书，都是很有优势的。

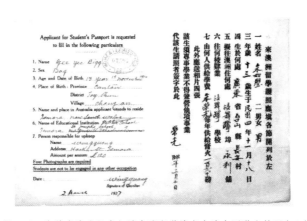

一九二七年三月二日，朱荣光为儿子朱如璧来澳留学填表申请中国学生护照和入境签证。

---

① Gee Yee Bigg（Chinese student）- Departure per "Tanda"（Townsville） July 1932, NAA: B13, 1932/9800。

一九二七年三月二十四日，中国驻澳大利亚总领事魏子京为朱如璧签发的中国学生护照。

档案出处（澳大利亚国家档案馆档案宗卷号）：

Gee Yee Bigg - Student's Passport, NAA: A1, 1931/3778

江振福

台山大洋美村

民国初年，台山县小留学生成功申请来澳读书的不少，但也有人想方设法最终却无法获得签证。本文涉及的江振福，即是一例。

江振福（Quong Tsan Fook）是台山县大洋美村人，生于民国五年（一九一六）元月十五日。一九三〇年元月九日，在美利滨（Melbourne）埠卡顿（Carlton）区薀近街（Lygon Street）三百零八号开店从事草医为生的江心田（S. Quong），[①]以江振福叔公的名义，以其上述地址的草药铺作保，应承每年供给膏火六十镑，想让其时年已十四岁之侄孙江振福前来澳大利亚，入读位于美利滨唐人街之小卜街（Little Bourke Street）一百一十号的长老会学校（P. W. M. U. School），向中国驻澳大利亚总领事馆申请江振福的中国护照并希望协助其获得来澳签证。由上述申请资料来看，显然当时江振福之父此前并没有来澳发展，只是因其有宗亲在澳之故，加上家中财力也可以负担得起，因而希望利用这一层关系，获得来澳接受西式教育之机会。至于由其叔公江心田所承诺负担之膏火，很有可能已由江振福父母跟其叔公谈妥。

[①] 在澳大利亚国家档案馆里无法找到与上述江心田英文名字相关的宗卷，此处与其相关的情况也只是根据本文所据宗卷提供的点滴信息而来。据澳大利亚学者侯诗妩（Carol Holsworth）对十九世纪末二十世纪初在域多利省（Victoria）乡镇执业的中草医业者的研究，江心田的英文名字也只有姓，而名字只有一个字母S简化而成，并且只是在美利滨执业了四至五年光景，即从一九三〇年始，到一九三四年便离开。除此之外，再找不到与其相关的记录。见：Carol Holsworth, "Chinese Herbalists in Victoria: 1850s-1930s", in https://chineseruralvictoria.wordpress.com/category/chinese-herbalists/。

一九二八年，原属于北洋政府任命担任中国驻澳大利亚总领事一职长达十年的魏子京去职。至一九三〇年下半年桂植前来担任总领事之前的两年间，担任中国驻澳总领事一职者是宋发祥（Fartsan T. Sung）。与其前任一样，宋总领事也是福建人，同为留美学生出身，也积极为侨胞子侄留学事宜奔走出力。一九三〇年三月五日，宋发祥总领事在为江振福签发了号码为572/S/30的中国护照之后，当天就致函澳大利亚联邦政府内务部秘书，请其为江振福的来澳求学发放签证。

然而，事情进展并不顺利。三月十二日，内务部即函复宋发祥总领事，告知无法为江振福签发签证。其理由有二：其一，根据一九二六年修订的《中国留学生章程》新规，凡年在十至十五岁（即十五周岁以下）之中国儿童与少年前来求学，须由其定居于澳大利之父母或相关授权之亲属作为监护人以为担保；其二，年在十五至十九之中国青少年，来澳求学时，须具备基本的英语学识，即要有初步的英语基础和能力。有鉴于此，江心田仅为该申请者之叔公，已然不符此规定，且申请者亦未具任何英语基础，尽管上述长老会学校校长在元月初亦亲函同意接收江振福入学，但内务部长决定不接受此项申请。

对此答复，宋总领事自然不服，三天后发文据理力争。函谓，此案申请时江振福年仅十四岁，未及十五岁，完全符合上述条例；虽然江心田非申请者之直系父母，但仍然属于获得授权之亲属，完全具备监护人及担保人资格。故澳大利亚当局不应为此设置障碍，拒绝中国青少年学子的求学申请。

经过内部的研究讨论之后，澳大利亚联邦政府内务部于四月一日复函宋总领事，强调说尽管澳大利亚政府考虑到了要放宽没有英语基础的来澳中国学生之年龄到十五岁，但前提是他们有定居当地之父母作为监护人。对于此案之申请者来说，虽然他此时是十四岁，未到联邦政府规定的限制年龄，但他未有父母定居于澳大利亚，因而仍然不符合规定，故无法为其核发来澳签证。

上述内务部复函，已经是否决江振福申请签证之再次核复结果，但宋发祥总领事并没有放弃努力，仍然抱着最后一线希望，于四月十一日再次致函内务部，申述江振福实际上是符合上述规定的，恳请再次考虑这个中国少年的申请，以圆其来澳求学之梦想。

　　或许是澳大利亚内务部已经为此申请作出了最终决定，没有了转圜之余地；或许是当年这类事情太多，申请者所申述之情节相同，总之，此后未见内务部对此事有任何回音，而江振福的档案也就到此为止。显然，江振福的来澳求学签证申请以失败告终。

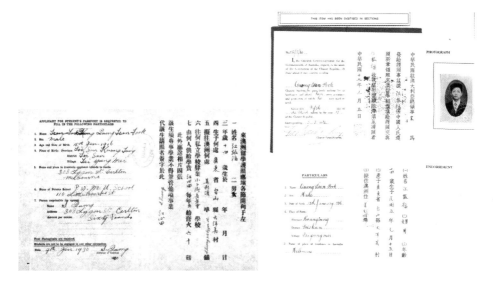

　　左为一九二〇年一月九日，江心田填表为江振福申请中国护照时提供其个人基本情况（中英文）。右为一九三〇年三月五日，宋发祥总领事签发的江振福护照内文。此时的中国护照内页已不再是手写体，而改为印刷体了。时代在进步，外交文件也与时俱进了。

档案出处（澳大利亚国家档案馆档案宗卷号）：

Quong Tsan Fook - student passport, NAA: A1, 1930/2643

黄子杰

台山广海镇

　　黄子杰（Wong Tze Giet），台山县广海镇人，出生于一九一六年一月二十九日。他的父亲叫黄亚堂（Wong Ah Hong），大约在一八九八年前后从中国买棹南渡，前往澳大利亚谋生。他先是在美利滨（Melbourne）入境，四处打工，在此待了大约一年左右；然后他便去到西澳（Western Australia），在那里一待就是二十年的光景；此后，他重返美利滨，在北加顿（North Carlton）埠的尼科森街（Nicholson Street）六百九十一号开设了一间规模不大的洗衣店，名为"美丽"（Mee Lee）号。①

　　当儿子黄子杰满了十二岁之后，父亲黄亚堂希望将他办到澳大利亚来读书，就于一九二八年二月十三日填妥申请表格，送交到位于同城的中国驻澳大利亚总领事馆，为其申办赴澳留学所需之护照和签证。他以自己声称价值达二百镑之洗衣店作保，允诺每年可供给膏火六十镑，作为儿子在澳留学期间所需之学费、生活费及医疗保险等项开支，计划让儿子来美利滨的圣匹书馆（St. Peter's School）就读。为此，他事先便从该书馆拿到了给儿子的录取

---

① 本文所述之黄亚堂，在澳大利亚国家档案馆里找不到与其名字相对应的宗卷。他与前述在一九二七年申请黄启章（Wong Kai Ciang）赴澳留学的父亲黄亚堂同名，且在好多地方他们的经历都差不多，但他们在美利滨所开设的洗衣馆地点不同，洗衣馆名称亦不一样，显然又不是同一个人。黄启章的留学档案见：Wong Kai CIANG-student passport, NAA: A1, 1927/5659。

确认信。同时，为加强申请，他还请同乡Charlie Pang Goon（彭绍案）[①]担任自己的财务保人，以确保申请能够获得通过。

中国驻澳大利亚总领事馆接到申请后，过了两个多月的时间才予以处理。一九二八年五月一日，中国总领事魏子京为黄子杰签发了一份号码为507/S/28的中国学生护照，然后将此护照与上述申请材料汇集一起，连同他出具的公函，寄往澳大利亚联邦政府内务部，为这位中国小留学生申请入境签证。

内务部自然是按照流程来处理上述申请。海关接到内务部协助核查的公函之后，便着手翻查黄亚堂的出入境记录，以确认其与签证申请者之间的关系是否属实，同时也调查其生意状况，以确保他是否具备财政能力，得以支撑其子在澳留学期间之费用。五月十八日，海关稽查官葛礼生（J. Gleeson）去到黄亚堂的洗衣店，直接询问其本人及查看相关设施记录，以确认其财务状况。通过交谈，葛礼生得知黄亚堂去年八月才从中国结束探亲回到澳大利亚，随后才购买了上述洗衣店，买时该生意价值为三十镑，现在已升值到五十镑。因该店生意不大，根本就没有合伙人，事实上，它也不值得别人加股予以合伙经营。虽然黄亚堂没有任何不良记录，英文也很流利，交谈没有任何障碍，但他手上并没有多少镑的存款。换言之，其财务状况并不理想。为此，葛礼生在向内务部提交上述报告时，特别提醒在决策时注意这一点，强调其在申请材料中所称的生意价值有二百镑显系夸大其词。而鉴于黄亚堂此前在西澳待了二十年的时间，期间他曾经四次回国探亲，于是，美利滨海关遂通过西澳海关，最终于六月上旬查到其回国探亲最接近黄子杰出生的一次出入境记录是，一九一四年八月二日离开西澳的非库文度（Fremantle）埠出境，到一九一六年八月十四日搭乘"衣时顿"（Eastern）号抵达美利滨

---

① 彭绍案是台山人，早年来澳，娶西妇为妻，家在美利滨当地，是一九一七年美利滨中华总商会第六届会长。见：Lionel Paul Newey Joe - Australian born half-caste Chinese boy, son of Charlie Pang Goon Ah On - Leaving for China per "Taiyuan" 10.11.1924 [Photographs, 7 pp], NAA: B13, 1924/23587; William Harry Stafford Newey Ying - Australian born half-caste Chinese boy, son of Charlie Pang Goon Ah On - Leaving for China per "Taiyuan" 10.11.1924 [Photographs, 7 pp], NAA: B13, 1924/23588. 另见："美利滨中华总商会第六届选举董事职员表"，载雪梨《东华报》（Tung Wah Times）一九一七年三月二十四日，第七版。

入境。因黄子杰是在这一年初出生，正好是在黄亚堂回国探亲之后的一年半左右的时候，由是，确认二人之间血缘上的父子关系成立。六月底，葛礼生提交了黄亚堂财务保人的核查报告。根据其访查，得知彭绍案品行端正，娶有一欧裔西妇为妻，家庭成员众多，自置有住房，在城里经营一间名为"安记"号（On Kee & Co.）的商行，财务稳定。

从上述报告来看，黄亚堂本人财务状况并不理想，内务部秘书原本是倾向于对黄子杰的入境签证事宜不予考虑，担心他无法获得父亲足够的经济支持；但经过内部的讨论之后，考虑到有彭绍案作为黄亚堂的财务保人，如果黄亚堂无力负担儿子费用时，彭绍案当可代为资助，最终，内务部秘书于七月十三日批复了黄子杰的入境签证申请，并在两天后将此签证寄回中国驻澳大利亚总领事馆，由后者负责送交给签证持有者。

接到护照和签证后，黄子杰家人便开始为其张罗赴澳船票并就其旅程中之监护人等事项预作安排。待一切就绪，便由家人送往香港，搭乘"吞打"（Tanda）号轮船，于一九二九年三月三十一日抵达美利滨港口，顺利入境。他由父亲黄亚堂从海关接出，住进了开在北加顿埠的那间洗衣店中。

按照黄亚堂此前的安排，黄子杰抵澳后应该入读圣匹书馆，因此，过了三个月，内务部想了解其在校之表现，便发文到该书馆询问。可是，该书馆于七月二十四日答复，这位中国小留学生根本就没有在此入读，估计是去了位于中国城里小博街（Little Burke Street）的长老会学校（P. W. M. U. School），言语中显示出极大的不满。可能是接到上述报告后相关官员并没有认真阅读，到十月底内务部再度发文到圣匹书馆询问，得到同样的答复，内务部的官员方才意识到了问题，便于一九三〇年一月新学年开学之际，发文指示美利滨海关前往长老会学校核查，以最终确认其入读之学校。二月十一日，海关稽查官葛礼生向内务部报告，确认黄子杰自去年四月二十九日开始至今，便一直在该校念书，期间遵守校规，表现令人满意。因与他同时入读长老会学校的另外三位中国留学生此前也是圣匹书馆的学生，都是未经同意便于去年上半年转学入读长老会学校，对圣匹书馆招生造成很大的影响。为此，内务部遂责成他们重新转回到这间书馆念书，以保持事先对该书馆之诺言。于是，二月二十一日，黄子杰跟其他的三位中国学生一起从长老会学校退学，转回到圣匹书馆上学。

在圣匹书馆的头半年，黄子杰的在校表现尚属中规中矩。可是，从下半年开始，他就有十六天无故旷课，且没有任何解释；此外，下午的体育活动他也不参加，导致书馆对该生在这方面的表现不满，将上述旷课及不参加体育课和活动的行为报告给内务部。正当内务部准备就此事向中国驻澳大利亚总领事馆提出交涉意欲问责时，一九三一年新学年开学后，黄子杰并没有继续注册入读圣匹书馆，而是在二月十六日径赴美利滨港口，搭乘驶往香港的"太平"（Taiping）号轮船，转道回国了。走之前，他既没有通告中国总领事馆，也没有知会圣匹书馆或内务部，只是到了海关在每月向内务部提交出入境人员情况的例行报告时提及，后者才得知其出境回国的消息。当然，内务部对此并不介意，因为当年许多中国留学生都是这样做的，并且是不声不响地一去不返。

尽管当时是悄然无声地离开了澳大利亚回国，但三年后，黄子杰又想回来读书。一九三四年五月十五日，中国驻澳大利亚总领事陈维屏致函内务部秘书，表示在三年前回国的这位中国学生希望重返美利滨继续学业。他解释说，黄子杰离开时不知道要先申请再入境签证，因而错失机会，今日方才得知需要经过这道手续才可以重新进来澳大利亚。现经联络，长老会学校校长表示愿意接受其入读，毕竟此前他在这间学校读过大半年的书。为此，陈总领事希望内务部考虑到上述实际情况，给这位中国青年核发再入境签证，以便其能来此完成学业。鉴于此时黄子杰虽已年满十八岁，但距澳大利亚当局规定的中国留学生在澳留学之最高年限为二十四岁尚有一段时间，自然不能拒绝其申请。问题是其监护人之财政担保是否仍然具备效力，以及他在这个年龄段只能入读中等或高等职业或专业院校，故内务部认为，须由海关相关部门对此作出评估，方可决定批复与否。

五月底，海关人员根据指示，去到黄亚堂的洗衣店访查。据黄亚堂告知，其子回国后一直在台山县的一间教会学校念书，此次他想将儿子送往位于美利滨城里的工人学院（Workingmen's College）就读，修学汽车工程课程。而就其个人财务状况来说，已较六年前大有改善。首先，他已经将其店址从北加顿埠搬迁到了巴拉克拉瓦（Balaclava）埠，即将此前的洗衣店卖掉，花了一百二十镑买下现址名为"文辉"（Man Wai）的洗衣店生意，每周租金二镑；其次，其目前固定客户有一百三十个，每周纯收入约为六至八镑；最重要的是，尽管他仍然没有多少存款，但此前的"安记"号商铺仍然是其财务上最大的保人，可以支持他负担儿子黄子杰的来澳留学费用。事实上，内务部担心的是，像黄亚堂这样的小生意，平时基本上都是所有者本人亲力亲为地经营，而其子以十八岁已成年的年纪来澳读书，黄亚堂就极有可能会让其帮忙经营打理。为此，海关人员在访查时也就此问题询问了黄亚堂。后者回答说，只是需要儿子放学后在家负责煮煮饭，做些家务活，其余时间会让他全心全意去上学读书。而上述洗衣店房产的经纪商也向海关人员证实，黄亚堂为人诚实，从不拖欠房租，也极少见到他雇佣别人，只是在实在忙不过来时临时找个帮手而已。

既然如此，内务部放下心来，遂于六月一日函复陈维屏总领事，批复了黄子杰的再入境签证申请。而在家乡接到批复通知的黄子杰，立即收拾行囊，赶赴香港，搭乘"吞打"号轮船重返澳大利亚，于九月二十五日抵达美利滨港口入境，开始其第二阶段的留学生涯。

从一九三四年十月开始，黄子杰进入唐人街上的长老会学校就读。由此到次年年底学期结束，他在这里完成了所须修读的中学课程。据学校的报告，这段时间里，黄子杰从未旷课，也表现得勤学刻苦，备受好评。自一九三六年新学年开始，他如愿升读到位于城里的美利滨工学院（Melbourne Technical College），即上述工人学院合并他者而改名的大专院校，主修汽车机械工程。除了英语能力尚有欠缺还不能完全适应大学的学习之外，他在相关课程的学业上基本令人满意。比如，一年级期末考试的成绩差强人意：汽车机械学48分，汽车钢壳构造84分，锻造64分，制图65分，数学52分，科学58分，机械车间操作52分。在此后的两年里，他的表现越来越好，一直都被视为勤学好问的学生，到一九三八年底顺利完成了学业。在这一年九月份的时候，内务部还启动程序，通过一番调查后，到次年初特地为他核发了最后一年的留学展签。①

　　一九三九年二月十一日，年满二十三岁的黄子杰，因已经圆满完成在工学院的大学文凭，便在美利滨港口登上驶往香港的"太平"号轮船，告别澳大利亚，回返中国。②他首次来美利滨读书，前后约两年左右的时间，第二次的时间则有四年多一点，但基本上经历了澳大利亚的小学、中学和大学的学习，算得上是学有所成。只是他此时要返回的家乡广东四邑地区，已成为抗日前线，战火纷飞，回到家乡如何就业施展所学成了一个大问题。

　　时隔多年，一九四八年九月二十日，三十二岁的黄子杰再次回到澳大利亚，是从香港搭乘"彰德"（Changte）号轮船抵达美利滨港口入境的，只是这一次他换了一个名字，叫做Ng Moon（伍文，译音），但通常都以Wong Kai Fong（黄启焕，译音）之名对外。此次入澳，他是拿着工作签证而来，到美利滨唐人街上的"太平餐馆"（Taiping Café）担任经理助理。从档案中得知，他在一九三九年回到家乡后，很快就结婚，育有一子二女。当他重返澳大利亚工作之后，妻子儿女都留在台山家乡，为此，他每个月都汇寄三十到三十五镑回乡赡养家小。到一九六〇年八月一日，他获准成为澳大利亚永久居民。

　　黄子杰的档案到此结束。按照正常程序，两年之后，他便可以申请入籍，然后再将其在中国家乡的妻小申请前来澳大利亚团聚。只是在澳大利亚国家档案馆，目前无法检索到上述相关档案，从而无法知晓其本人及家人的此后情况。

---

① Wong Tze Geit [issue of Certificate of Exemption in favour of subject] [supposedly departed ex TAIPING from Melbourne, date unknown] [correspondence concerning papers and photographs received and forwarded for subject] [box 392], NAA: SP42/1, C1939/1815。

② Louey Poy, Louey Seong, Toy Lock, Ah Sing, Ah Sang, Ah Hung, Wong Tze Geit and Ah Fat [correspondence concerning passengers joining ex TAIPING in Melbourne on 11 February 1939] [box 391], NAA: SP42/1, C1939/1535。

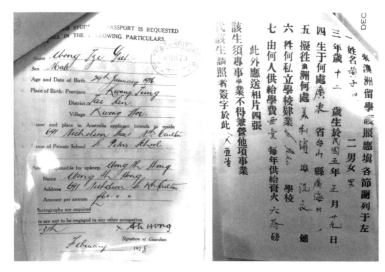

一九二八年二月十三日，黄亚堂填表向中国驻澳大利亚总领事馆申办儿子黄子杰赴澳留学所需之护照和签证。

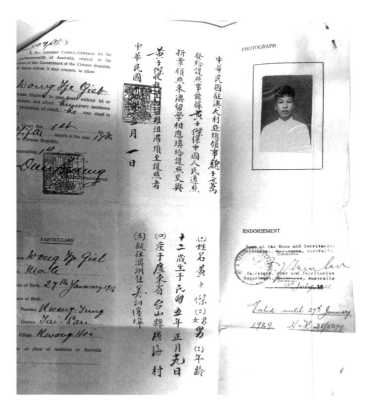

一九二八年五月一日，中国总领事魏子京为黄子杰签发的中国学生护照。

一九三四年九月二十五日，黄子杰抵达美利滨港口入境时提交的照片。

档案出处（澳大利亚国家档案馆档案宗卷号）：

WONG Kai Fong （aka Ng Moon or Wong Tze Geit） born 29 September 1922, NAA: A446, 1960/64695

黄耀强

台山湾头村

　　黄耀强（Wong You Kung）生于一九一六年二月二十日，是台山县湾头村人。其父黄才（Wong Choy，也写成Wong Toy），出生于一八七九年，[①]早在一九〇〇年便已跟随乡人的步伐抵达澳大利亚[②]，从美利滨（Melbourne）入境，寻找发财致富之途径。[③]不过，与那些同时期先后来澳打拼的创业经商之乡人不同的是，黄才可能因种种原因，没有在都市中自营生意开设店铺，也没有在乡村小镇里经管农场种菜种果，而是凭着技术，一直帮人打工。因有做饭的手艺，便投奔来自台山县同安村的同乡伍根（Charlie Ng Kin），[④]到他在雪梨（Sydney）中国城的矜布炉街（Campbell Street）七十号开设的"天津大酒楼"（Tientsin Café）当厨师。

---

① TOY Wong: Nationality - Chinese: Date of Birth - 1879: First registered at Little Bourke Street, NAA: MT269/1, VIC/CHINA/TOY WONG/2。

② TOY Wong: Nationality - Chinese: First registered at Little Bourke Street, Melbourne, NAA: MT269/1, VIC/CHINA/TOY WONG/1。

③ Wong Toy - Arrival Australia 1900 - Re Visits to and return from China, NAA: B13, 1933/26013。

④ 伍根生于一八六七年，年方弱冠，就于一八八七年来到澳洲发展。在鸟修威省（New South Wales）内陆地区的获架埠（Wagga Wagga）参与经商成功后，便卖掉股份，进入雪梨，于一九二一年将"天津大酒楼"全资盘下，独家经营。见Kin, Charlie Ng [Chinese - arrived Sydney per SS Changsha on 11 May 1887] [Box 3], NAA: SP605/10, 233。另见："承受生意声明"，载雪梨《民国报》（Chinese Republic News）一九二一年三月二十六日，第五版。在雪梨定居下来后，伍根也积极参与当地华社的各项活动，到一九三十年代，成为雪梨致公堂正会长。当一九三五年下野的原十九路军总指挥蔡廷锴将军访澳时，他从雪梨陪同前往美利滨访问。见："蔡将军往遊美利滨"，载雪梨《东华报》（Tung Wah News）一九三五年三月十六日，第八版。

　　一九三〇年九月二十日，黄才填好申请表，向驻地已经从美利滨（Melbourne）搬迁到雪梨的中国驻澳大利亚总领事馆申办儿子黄耀强的来澳留学手续。作为儿子来澳读书的监护人，他应允每年提供膏火六十镑给黄耀强，作为其学费和其他各项在澳开销之用。因他本人不经营生意，还需要一个他的财务信用的保人，他将自己所服务的天津大酒楼的老板伍根列上，以作申请。

　　中国总领事馆接到上述申请后，处理得比较慢，其中的一个原因是黄才所填的入读学校性质问题。自一九二六年中之后，根据《中国留学生章程》新规，所有来澳留学的中国学生，必须入读需要缴纳学费的私立学校。但黄才在上述申请表中，仍然填上要将儿子送往库郎街公立学校（Superior Public School. Crown Street）念书，这明显是与新规相抵触的，无法通过评估。可能是要与黄才本人就这个问题进行沟通，而且还要花费时间去为黄耀强寻找可以入读的私校，到十一月五日，才选定位于唐人街边上沙厘希（Surry Hill）区矜布炉街上的唐人英文书馆（Chinese School of English）作为其来澳读书的学校，并且也拿到了校长戴雯丽（Winifred Davies）小姐开具的录取信。这样来来回回的联络，自然耽误了许多时间。直到一切材料都齐备之后，代理总领事李明炎才于十二月十一日给黄耀强签发了号码为595/S/30的中国学生护照。从接到申请材料到最终发出护照，中国总领事馆花了将近三个月的时间去处理，而造成耽误的主要责任显然是申请者提供的材料未符合相关规定。

　　宋发祥总领事在签发护照后，立即致函内务部秘书，并将上述材料附上，请他为黄耀强签发入境签证。应该说，为使这位少年尽快获签，宋总领事还是很重视的。而内务部事实上也按部就班地处理上述申请，并没有因为圣诞节和新年的到来而搁置审核程序。一九三一年一月三日，雪梨海关便根据指示完成了对黄才的财务状况调查。作为"天津大酒楼"的厨师，黄才周薪是三镑十先令，当然这是固定工资，不包括其他的进项。他目前随身携带的现金为四十镑，尚未查寻到他在其他地方是否还有利益或存款。总体而言，该厨师与人为善，没有不良记录。①总之，看上去其财务能力一般，

---

① Wong CHOY - 1. Inquiry to movements 2. Exemption of the Commonwealth for son, NAA: A1, 1930/9357。

但也还说得过去。至于其财务保人伍根，为"天津大酒楼"东主，财务状况良好。

不知为何，海关报告并没有涉及黄才的出入境记录，也不去核对黄耀强的出生日期与黄才回中国探亲的时段，以此去确定其父子关系。也许是因为内务部在上一年十二月中的指示里根本就没有提到这一点，而内务部在接到上述海关报告后也压根儿没有提及这一点。一个可能的解释是，内务部和海关都把黄才视为"天津大酒楼"从中国雇佣来的厨师，而不是从本地华人中所聘用的长期居民。①

但是，内务部还是觉得黄耀强的入境签证申请有问题。鉴于上述提到的《中国留学生章程》新规中规定，凡年满十五岁来澳之中国学生，必须具备一定的英语学识。在申请签证时，须提供一份手抄英文作业或书信作为证据；获得通过并获发签证后，到入关时，移民局官员还会对其进行简单的测试，以确认其程度。由于黄耀强的生日就在二月份，即便他以最快的速度来到澳大利亚入境，也已经过了其十五岁的生日。也就是说，海关届时将会对其进行英语学识的测试。但目前的问题是，内务部并不知晓黄耀强是否具备初步的英语学识。为此，一九三一年一月二十日，内务部秘书致函中国总领事馆，请其转告申请人，提供一份表明其英语学识的证明文件，以便内务部对其申请作出最后决定。②

有关黄耀强入境签证申请的档案到此中止。没有看到中国总领事馆对此问题的回复，也没有黄才对此问题的申诉。看来，黄耀强极有可能只是在台山就读当地学校，此前并未有学过英语，这个时候要他提供具有英语学识能力的证据，显然是无法在短时期内办到的。而黄才也可能意识到，由于此前他在择校方面的失误与耽搁，白白浪费了三个月的申请时间，以致失去了儿子在十五岁之前抵澳留学的最佳时机。他只得作罢，将此事搁置一旁。此外，中国驻澳总领事宋发祥也在上一年底离任，在他与继任者桂植的交接过

---

① Re Identity of Wong Choy（or Toy），NAA: B13, 1930/23336。

② Wong You Kung [endorsement of passport in favour of subject] [box 261], NAA: SP42/1, C1930/10986。

程中，见申请者黄才对内务部的要求没有回应，也就渐渐不了了之。

左为一九三〇年九月二十一日，黄才递交的申办黄耀强来澳护照和签证的申请表。右为一九三〇年十一月五日，唐人英文书馆校长戴雯丽女士接受黄耀强入读该校之录取信。

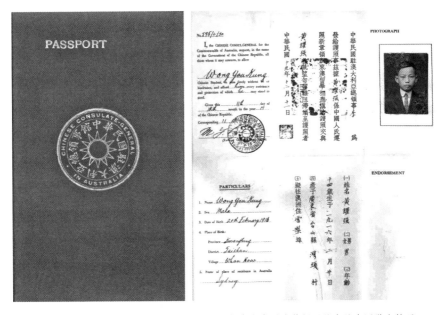

一九三〇年十二月十一日，中国驻澳大利亚总领事宋发祥为黄耀强签发的中国学生护照。

档案出处（澳大利亚国家档案馆档案宗卷号）：

Wong You KUNG - Students passport, NAA: A1, 1930/11608

陈伦禧

台山中礼村

　　陈伦禧（Chin Loon Hee）是台山县中礼村人，生于一九一六年十月三日。他的父亲叫亚茂（Ah Mow，亦即陈亚茂或陈茂，当时许多来澳华人在入境登记时只有名字，没有姓，亚茂显然就是属于这种性质的），于十九世纪九十年代末从中国家乡来到澳大利亚打工，[①]定居于美利滨（Melbourne），于卡利弗顿山（Clifton Hill）埠皇后大道（Queens Parade）四百零八号开设有一间洗衣店，名为Harry Tor（应该是"陈茂"号洗衣店——详见本书中后面的"陈相"一文）。一九二九年十一月十四日，亚茂向中国驻澳大利亚总领事馆提出申请，要申办其十三岁的儿子陈伦禧来澳留学，入读位于中国城小博街（Little Bourke Street）的长老会学校（P. W. M. U. School）。为此，他以自己经营的上述洗衣馆作保，承诺每年提供膏火七十镑给儿子，作为其在澳留学期间所需之费用。

　　中国总领事宋发祥在接到上述申请，并且也从长老会学校那里确认了愿意接收这位十三岁的中国学生之后，于十二月三日为陈伦禧签发了一份中国学生护照，号码为565/S/29。随后他将上述材料汇总，去函澳大利亚政府内务部秘书，为陈伦禧申请入澳签证。内务部按照流程，于十二月十日发文美利

---

① 陈亚茂生于一八七九年，十八岁时（一八九七年）来到澳大利亚发展，在美利滨登陆入境。见：MOW Ah: Nationality - Chinese: Date of Birth - 7 August 1879: Arrived 1897: First registered at Richmond, NAA: MT269/1, VIC/CHINA/MOW AH/9。

滨海关，请其核查有关该申请人来澳留学之监护人亦即其父亲陈亚茂的相关情况并提供报告。

美利滨海关稽查官葛礼生（J. Gleeson）接受任务后，于十二月二十三日向内务部提供了有关亚茂的基本情况。时年五十岁的亚茂经营上述洗衣馆已有三年之久，他是从一位名叫"亚卓"（Ah Chuck）的华人手上买下这个生意的，花了他一百四十五镑，但他现在认为买贵了，这个生意显然并不值这个价。除此之外，他几乎就没有其他的财产和物业。其居澳愈三十年，总计回中国探亲四次，最近的一次是一九二四年十一月搭乘"丫拿夫拉"（Arafura）号离境，到一九二六年五月乘坐"彰德"（Changte）号轮船返回。

据亚茂自己陈述，他共有四个孩子，分别为二十岁、十三岁、九岁和四岁，陈伦禧为其子女中的老二。当葛礼生问及该子出生日期时，他先是说出生于一九一六年十月十三日，后来他自己觉得不对，便从家里拿出珍藏着的一页纸来，在认真核对了上面记载的内容之后才纠正说，是出生于三月十日。当葛礼生询问他纸片儿上写的是些什么东西时，他回答说，那都是与他的几个孩子出生相关的特别的记载，是他从中国带过来的，就是为了在必要的时候查看确认。

内务部在接到上述报告后，又从海关出入境记录里查出亚茂的第二次出境日期是一九一三年十一月十九日，返澳日期则是一九一六年六月二十六日，而陈伦禧就是在他这次的回国探亲期间出生，二人之间的父子关系毋庸置疑。本来，上述调查表明，亚茂和陈伦禧之间的父子关系成立，尽管亚茂财务上不是非常宽裕，但也在可以接受的范围内，所有与此相关的调查结果都符合条件，内务部应该可以给陈伦禧核发入境签证了。

但是，就在这个时候，内务部重新检核之后觉得，即使这时给予陈伦禧核发签证，到他入境时便已年满十四岁。按照修订后的《中国留学生章程》规定，年满十四岁的中国留学生到澳大利亚读书，还要向海关证明自己已经具备初步的英语学识。于是，一九三〇年二月四日，内务部秘书致函中国驻澳总领事宋发祥，表示根据上述情况，需要陈伦禧出示其具备初步英语学识能力的证据，比如说，手抄一份英语作业，寄给内务部备案。他并表示，这一要求是核发签证给陈伦禧的前提条件。

宋发祥总领事接到上述函件后，很快就于九天后复函，声称上述条件并不适用于陈伦禧之案。因为他在上一年的十一月七日，已经就中国学生来澳留学免英语学识审查之年龄限制一事，跟澳大利亚总理达成了共识，即把现有的需要提供英语学识证明的年龄，从十四岁提高到十五岁。就是说，来澳留学的中国学生，在其年龄未满十五岁之前入境，是无须提供任何英语学识证明的。此事双方交换了备忘录，有案可查。为此，陈伦禧即便是在三月份之后，即满了十四岁之后入境，也仍然无须提供任何英语学识的证明。宋总领事吁请内务部秘书根据此项新的备忘录，尽快给陈伦禧核发入境签证。

内务部秘书接到宋总领事馆复函后，赶紧去找到那份备忘录，经过复核，确认了上述备忘录的存在，便最终放弃了此前的要求，于二月二十五日致函宋总领事，核发了陈伦禧的入境签证，并将其护照退回中国总领事馆，由其转交给这位中国学生。陈伦禧在台山家乡接到寄来的中国学生护照之后，就积极准备，订购船票，收拾行装，然后赶往香港，由此乘坐"吞打"（Tanda）号轮船，于七月七日抵达美利滨，入境澳大利亚。

来到美利滨的陈伦禧，并没有按照父亲的安排，进入城里唐人街上的长老会学校念书，而是在七月二十一日便去了位于美利滨城东的圣伯多禄书院（St. Peter's School）就读。在转学后，他没有通知中国总领事馆，也没有知照内务部。直到他抵澳三个月之后，内务部因发文到长老会学校想了解他的在校表现，才得知他根本就没有在此入读，于是赶紧通知海关派人详查，才由海关稽查官葛礼生于十一月二十三日在圣伯多禄书院找到了他。

根据圣伯多禄书院院长的报告，刚刚入学不久的陈伦禧，各方面表现还算差强人意。随后，在这间学校波澜不惊地读了一年书。到次年七月份，当中国总领事馆为他申请下一年度的展签时，也没有遇到什么麻烦，顺利通过。可是，从一九三一年下半年开始，他转学进入东山小学（Eastern Hill Primary School），之后情形就大不一样，他不仅在校表现得吊儿郎当，而且还显得脾气特别坏，也不做作业，甚至将作业本当场撕掉。更严重的是，进入十月份后，他变本加厉，不去上学了。该校校长写信给他开洗衣馆的父亲，但却没有回音，后来才得知，亚茂此时回中国探亲去了。也许因为这个原因，没有人管束，再加上青春期少年的叛逆，使他成了问题学生。无奈，学校只好将其情况如实向内务部报告。

有两个来月时间的旷课行为，这事态确实很严重。内务部接到报告后，已经过了一九三二年的新年，就在一月四日致函美利滨海关，请其调查陈伦禧目前到底是什么状况，是否逃学后在打工，因为这是内务部最为关注的问题。一周之后，海关就把陈伦禧的情况报告上来。原来，亚茂在离开澳大利亚回中国探亲时，委托在小博街经营"新华昌"（Sun Wah Chong & Co.）商号的同村族人陈德荣（Chin Ack Wing）代为监护儿子的读书和生活。[1]因此，当海关人员在其商铺找到陈德荣了解陈伦禧的情况时，陈德荣积极配合，很快便于一月十一日将陈伦禧带到海关办公室与调查人员见面。面对询问，陈伦禧表示其旷课是因为病了有一段时间，未及前往学校上课，但自己并没有利用空余的时间打工；而现在，他最想要做的事情就是尽可能快地离开澳大利亚回国，不想再在这里读什么书了。因次日便有"彰德"（Changte）号轮船驶离美利滨前往香港，他计划搭乘此船离境。海关调查人员在谈话中观察到，陈伦禧的态度很嚣张，极为狂躁，很不理智，听不进别人的任何意见。他们也就理解了何以陈德荣如此配合海关人员的调查，因为这位中国留学生实在是难以管教，其委托监护人也急于卸责。于是，他们当天便致函内务部秘书，强烈建议让这位中国留学生尽快离开澳大利亚回国。

既然如此，内务部也就按时将相关文件准备好，让十六岁的陈伦禧如期登上"彰德"号，返回中国。[2]从其入境，到登船回国，陈伦禧在美利滨总共留学了一年半时间。据其在校表现，恐怕很难有实际的学习收获。

---

[1] 陈德荣是在澳出生的第二代华人。"新华昌号"是早在十九世纪末年就已经开设的老字号，陈德荣的父亲早年就是该商行的创始人及主要股东，此时已退休，由他继承父亲股份，主持该商行的经营。有关他的情况，详见：Chin lin new – Students Passport, NAA: A1, 1934/5220。

[2] Chin Loon Hee（Chinese student）- Departure from Melbourne per "Changte" January 1932, NAA: B13, 1931/11122。

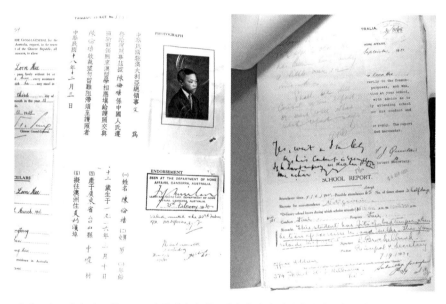

一九二九年十一月十四日，亚茂向中国驻澳大利亚总领事馆申请办理其子陈伦禧赴澳留学的中国学生护照和入境签证。

左为一九二九年十二月三日，中国驻澳大利亚总领事宋发祥给陈伦禧签发的中国学生护照。右为一九三一年九月八日美利滨东山小学校长给内务部的报告，显示出陈伦禧的在校表现无法令人满意。

档案出处（澳大利亚国家档案馆档案宗卷号）：

Chin Loon Hee - Student passport, NAA: A433, 1949/2/8534

朱荣亨

台山山咀村

朱荣亨（Gee Wing Young）出生于一九一六年八月十八日，台山县广海镇山咀村人，是朱彦（Gee Gin，有时也写成Gee Yin）的次子。朱彦约在二十三岁时即一八九七年前后来到澳大利亚发展，随后定居于美利滨（Melbourne），[①]在加伦活（Collingwood）区的域多利街（Victoria Street）一百零七号开设一间洗衣馆，名为"合利"（Hop Lee）号。

按照一九二六年中实施的《中国留学生章程》新规，来澳留学的中国学生之最低年龄应为十岁；且十岁到十三岁这个年龄段的学生，没有英语学识能力的要求，即不用提供具备英语学识能力的证明。一九二九年，朱荣亨十三岁了。为了赶在不提供英语学识能力证明的情况下把儿子办来念书，朱彦便在儿子生日之后，于八月二十八日填具申请表，附上相关材料及担保人声明，向中国驻澳大利亚总领事馆申办儿子来澳留学的学生护照并请协办入境签证。他以自己经营的"合利"号洗衣馆作保，承诺每年供给儿子在澳留学膏火一百三十镑，计划为儿子注册入读开设在美利滨城里的胜㢺书院（St. Peter's School）。中国总领事馆在接到上述申请后，很快就给予了处理。两天之后，即八月三十日，中国总领事宋发祥给朱荣亨签发了中国学生护照，号码556/S/29，并当天就汇总材料及护照，备函澳大利亚内务部，为他申领入境签证。

---

① LEE Hop: Nationality - Chinese: First registered at Holbrook, NAA: MT269/1, VIC/CHINA/LEE HOP/1。

内务部秘书因多年来经手了几百份不同的学生签证，很有经验。他在接到这些申请材料之后，审查时便发现了一个问题，即朱彦递交材料中所附之朱荣亨的照片明显与年龄不符。按照申请材料中所称，朱荣亨此时是十三岁，可是附上来的照片无论怎么看，都感觉不小于十五岁。如果这是造假的话，在其入关时就会被关员看出来，届时即使通融准其临时入境，亦须接受英语学识能力的测试。为此，他按住不发，先指示海关部门按照流程去核查朱彦的财务状况及出入境记录。九月中旬，海关部门就完成了任务。核查的结果表明，五十五岁的朱彦来澳长达三十二年，期间回中国探亲三次：第一次是一九〇三年至一九〇六年，在家乡待了三年；第二次是一九一一年回去，一九一九年才返回，前后达八年之久；第三次是一九二五年六月十一日至一九二六年六月十四日，回中国探亲只有一年时间。他有三个儿子，分别是十五岁、十三岁和三岁半，可见是其第二次回国期间生了二个儿子，最后一次回去生了小儿子。目前所经营的洗衣馆生意价值三百五十镑，此外他在银行还有三百镑的存款，这笔钱是与在美利滨中国城的小卜街（Little Bourke Street）上的"安记"号（On Kee & Co.）商铺的股东们一起存在银行里的。上述结果表明，朱彦的财政状况不错，完全可以负担其子之留学费用；而他在经商过程中，跟顾客及其他商家邻里的关系都很好，颇有口碑。在上述情况明了之后，内务部秘书才指示税务部门派人与朱彦联络，以确认上述照片是否朱荣亨本人。到十月底，领受任务的税务官员终于跟朱彦见面，后者确认之前所提供的照片是属于其十五岁的长子亚文（Ah Won），是因为他从其家人所寄送的照片中选错之故，为此他将另外四张次子朱荣亨的照片提供给内务部。

在确认了所有资料都符合章程条例要求之后，内务部秘书于十一月七日致函中国总领事宋发祥，告知已经批复朱荣亨的入境签证申请，但此时无法在护照上钤盖签证章，因护照上之照片与本人不符。经与担保人联络之后，内务部已经获得了申请人的新照片，故请宋总领事根据内务部转交的护照持有人新照片重新签发护照，以便内务部最终可以在护照上钤盖签证印章，完成审批程序。宋总领事接到函件后，便于十一月十三日重新为朱荣亨签发了一本中国学生护照，但原有护照号码作废，依序改为563/S/29；然后他将其寄往位于首都堪培拉（Canberra）的内务部，于五天之后获得签证，有效期为一年。按照流程，这份护照就被寄往中国朱荣亨的家乡，让他早做准备，尽快赴澳留学。

一九三〇年四月十日，朱荣亨搭乘从香港出发的"太平"（Taiping）号轮船，抵达美利滨入境。按计划，他应该进入胜正书院念书，但在该书院对他的英语能力作了测试之后，表明他无法满足该校之入学标准，因此，朱彦便将其送入位于中国城小卜街（Little Bourke Street）的长老会学校（P.W.M.U. School），并经由中国总领事馆与内务部沟通，获得后者同意。原本这间学校就是长老会专门为美利滨城区的亚裔人口尤其是中国学生所办，对学生的英语能力要求自然就不会太过于严格，而是会循序渐进地引导学生读书。朱荣亨入读之后，很快就适应了学习进度，各项学业都跟得上，并在每一次取得哪怕是微小的进步时，都得到老师的鼓励。

就在进入长老会学校之后半年，朱荣亨患了严重的眼病，不得不从九月中旬开始天天前往医院治疗。因医院一时间无法诊断病因，就于十月中旬安排他住院，最终接受手术治疗，直到次年初才得以出院。好在父亲朱彦财务状况尚好，有能力支付住院和医疗手术费用。

从一九三一年新学年开始，朱荣亨重返长老会学校上课，此后也一直待在这间学校，从小学读到中学，总共读了六年。根据该校校长每年提供给内务部的例行报告来看，他的各项科目成绩都还令人满意，在校表现也可圈可点，基本上保持全勤上课，算得上是规规矩矩潜心向学的学子。

一九三六年十一月十一日，二十岁的朱荣亨结束了在澳大利亚六年多的留学生涯，于美利滨港口登上驶往香港的"彰德"（Changte）号轮船，[①]告别父亲，返回中国。走之前，他将行程安排告诉了中国驻澳大利亚总领事陈维屏，并由后者知照内务部，表明不会重返澳大利亚继续念书。朱荣亨的档案到此终止。在澳大利亚的档案馆里，我们再未能找到此后与他有关的文件或信息。

---

① Gee Wing Young（Chinese student）ex "Taiping" April 1930 - Departure Melbourne per "Changte" November 1936, NAA: B13, 1935/13734。

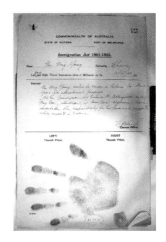

　　左上为中国驻澳大利亚总领事宋发祥于一九二九年十一月十三日为朱荣亨重新签发的中国学生护照。中上为一九二九年八月朱彦提交申请表时所附之朱荣亨的照片（但实际上这是其兄朱亚文的照片）。左下和中为当年十月份，内务部联络朱彦，澄清错拿照片事实之后，朱彦提供的朱荣亨真实照片及重新签发的护照。右为一九三〇年四月十日朱荣亨抵达美利滨，入关时打的手印。

　　左为一九二九年八月二十八日朱彦填写的申办儿子朱荣亨来澳留学护照和签证的申请表。右为朱荣亨的护照封面。

档案出处（澳大利亚国家档案馆档案宗卷号）：

Gee Wing Young - Students Passport, NAA: A1, 1935/1424

雷荣添、雷连宽兄弟

台山龙安村

　　雷荣添（Louey Wan Hiem），一九一六年八月二十六日出生，雷连宽（Louey Lan Foon），生于一九一六年九月十六日，都是台山县龙安村人。他们的祖父是雷维喜（Louey Way Hey），在十九世纪下半叶中国人赴澳淘金的大潮中来到澳大利亚，定居于美利滨（Melbourne）的泉水街（Spring Street）二百五十七号。[①]因档案中查不到有关他的更多资料，无法得知他具体抵达澳大利亚的年月，也不清楚他做何营生。从他所居住的上述地点是处于美利滨内城区来看，因这里的建筑大多是作为商业用途的，可以推测这应该是一个商铺的地址。[②]根据档案文件所显示的雷荣添和雷连宽都是雷维喜孙子这一关系，而他们的年龄相差又不到一个月，由此可以相信，他们两人很显然是堂兄弟关系，即他们两人的父亲应是雷维喜在中国家中的两个儿子。

　　一九二三年，雷荣添和雷连宽刚满七岁，他们的祖父雷维喜便觉得应该趁着《中国留学生章程》开放澳大利亚教育给中国学生这个机会，将他们办

[①] Hey, Louey Way（Chinese）[Box 562], NAA: C123, 19141。

[②] 在当地中文报刊上可以检索到雷维喜的名字，最早出现于一九〇三年初美利滨华人为广东省旱灾捐款名单中，也由此得知他是活跃于木行家具业中，显然是某一间木厂或家具店的股东，但报纸上没有披露其店名。见："来电求赈"，载美利滨《爱国报》（The Chinese Times）一九〇三年一月二十一日，第三版。在一九二十年代之后，澳洲华人家具业走下坡路，许多厂家和店铺结业或转行。此时雷维喜还有店铺的话，表明他的木厂或家具店尚能维持；当然，也可能转行他业。

来留学。于是，他便在十月十一日填妥申请表，向中国驻澳大利亚总领事馆申办两个孙子的护照和入境签证。他居住的地方就在唐人街附近，故他希望两个孙子进入小博街长老会书馆（P.W.M.U. School，Little Bourke Street）念书，这样可以就近照顾，并允诺提供足镑膏火，以负担两个孙子的全部留学费用。

中国总领事馆在接到上述申请后，处理时间长达两个月。这期间可能要与雷维喜多次沟通，比如他一开始并没有在申请表上填具作保的商号，需要予以询查核实。十二月十四日，中国驻澳总领事魏子京终于为两位小留学生签发了中国学生护照，雷荣添的护照号码是361/S/23，雷连宽的护照号码则是362/S/23，并且在当天就提交给位于同城的联邦政府内务部，为他们拿到了入境签证。随后，中国总领事馆从内务部拿回护照，按照雷维喜的要求，寄到香港永丰街"胜利昌"商行，由后者再转交给其家人，并负责安排这两个孩子来澳留学的行程。

由于他们年龄太小，要安排其出远门并非易事。接到护照后，两个孩子的家人便通过上述商行联络寻找回乡探亲即将返回澳大利亚的乡亲，征得其同意携带并在旅途中照料这两个刚及学龄的儿童，才得以在过了大半年之后安排好船票，送他们去到香港，乘坐"丫拿夫拉"（Arafura）号轮船，于一九二四年十一月一日驶抵美利滨，入境澳大利亚。雷维喜去海关将俩孙子接出关来，祖孙两代住在一起。

雷荣添和雷连宽兄弟俩在祖父家休息了一个多月，熟悉了周围环境之后，才于十二月七日正式到长老会书馆注册入学。刚刚进校的那半年里，哥俩的表现只能说过得去，老师的评价是他们在课堂上好动，并不专心；但一年之后，校长报告对他们的评价就有很大的改观，表扬他们学习认真，也十分聪颖，热心读书，力求完美。当然，他们的祖父也对其照顾得很好。就这样，他们在这间学校一直读到一九二九年初。

一九二九年新学年开学后没有多久，雷荣添和雷连宽这两位未满十三岁的中国小留学生就离开了学校，于三月十四日在美利滨登上开往香港的"彰德"（Changte）号轮船，径直返回中国。[①]离开澳大利亚时，他们既没有通知中国总领事馆，也没有知会内务部及海关当局，更没有申请再入境签证，也没有资料说明他们的祖父雷维喜是否陪同一起登船回国。此后，澳大利亚的档案中再未能查阅到与他们相关的记录。

自入境到离开，雷荣添和雷连宽总计在澳留学约四年半时间。由于他们入境时正是小学入学年龄，并在此后四年半的时间里一直读了下来，则他们回国后也仍然在学龄阶段，但要再在中国正常入学读书的话，他们还必须重新学习汉语语言，要比同龄人花费更多时间，要更加努力，方可赶上学习进度，适应国内的环境。

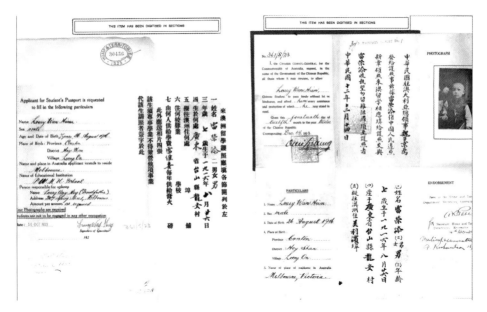

左为一九二三年十月十一日，雷维喜填妥申请表，向中国驻澳大利亚总领事馆申办孙子雷荣添的护照和入境签证。右为一九二三年十二月十四日，中国驻澳总领事魏子京为雷荣添签发的中国学生护照。

---

① Louey Wan Hiem - Departure per "Changte"（Thursday Island）March 1929, NAA: B13, 1929/4933; Louey Lan Foon - Departure per "Changte"（Thursday Island）March 1929, NAA: B13, 1929/4932。

　　左为一九二三年十月十一日，雷维喜填妥申请表，向中国驻澳大利亚总领事馆申办孙子雷连宽的护照和入境签证。右为一九二三年十二月十四日，中国驻澳总领事魏子京为雷连宽签发的中国学生护照。

档案出处（澳大利亚国家档案馆档案宗卷号）：

Louey Wan Hiem - student passport, NAA: A1, 1928/10149

Louey Lan Foon-student passport, NAA: A1, 1928/5663

刘　汝

台山县上横圳村

　　清光绪五年（一八七九）十二月十二日出生的刘壹（Lew Yet），是台山县上横圳村人。年仅十四岁时，他便在乡人和父辈的带领下，于一八九三年前往澳大利亚谋生，寻找发展机会。他进入域多利（Victoria）后，辗转到此前著名的金矿区孖辣埠（Ballarat）发展。因该地金矿早已枯竭，他便转行做起了菜农，专事种植果菜并在市场销售。[①]在澳大利亚长大成人并站稳脚跟之后，他携款返回故里，娶妻生子，然后再只身返澳，继续打拼，养家糊口。

　　刘壹有一个儿子，名叫刘汝（Lew Nay），于民国五年（一九一六）十一月二日在家乡出生。按照一九二六年《中国留学生章程》新规，年满十四岁之前的中国学生进入澳大利亚留学读书，无须具备初步的英文学识，为此，刘壹于一九二九年九月底或十月初，即在其子即将年满十三岁之前，直接致函澳大利亚政府内务部，向其申请儿子来澳留学，希望能准允其入读当地的公立学校。内务部收到该信的日期是十月二日。经一番处理，内务部秘书于十月十四日函复刘壹，谓其有权利申办其子来澳留学，唯须通过中国驻澳大利亚总领事馆办理，循正规渠道申请，只要符合条件，内务部便会核发签证。但刘壹并没有当即照此办理，而是托关系，想寻找政府高官为其说情。为此，他找到曾于一九一八年到一九二四年期间担任过域多利省省长、现任

---

① YET Lew：Nationality-Chinese：Date of Birth-12 December 1879：First registered at Ballarat East，NAA：MT269/1，VIC/CHINA/YET LEW/1。

澳大利亚联邦参议员的荣成河（Harry W. Lawson），由后者于十一月二十日代其向内务部陈情，准允刘汝来澳入读公立学校。但内务部秘书两天后复函称，新章规定凡中国学生来澳留学，只能入读政府核准之私立学校，并且重申必须通过正规的渠道即中国总领事馆办理，内务部才能接纳申请。荣成河参议员遂知照刘壹上述规定，督促他按照程序进行。①

经过这一轮几个月的折腾，刘壹不得不回过头来，按照程序递交申请。此前他属意儿子进入公立学校读书，现在只得选择私立学校。就当时而言，孖辣埠的基督兄弟会书院（Christian's Brothers School）声誉好，生源素质佳，自然是上选。于是，他急忙去与该书院联络，于十二月十九日从该书院院长那里拿到了刘汝的录取信。随后，他赶在这一年的圣诞节之前，于十二月二十三日具表向中国驻澳大利亚总领事馆申办刘汝的来澳留学护照和签证。他以自己所经营的市场果菜栏作保，允诺每年提供给儿子膏火八十镑，作为其在澳留学期间的各项费用。中国总领事馆在接到上述申请后，不知何故，处理得比较缓慢，直到四个月之后，才于一九三〇年四月二十四日由总领事宋发祥给刘汝签发了中国学生护照，号码是576/S/30。当天，他便将此护照和申请材料一并附上，送交澳大利亚内务部，为刘汝申请入境签证。

内务部自然是循例处理上述签证申请。五月二日，内务部致函域多利省海关，请其核查刘汝的监护人刘壹在澳的财务状况及操行，同时将其历次出入境记录检索出来，以确认监护人与签证申请人之间的关系。海关遂责成孖辣埠警察局，就地配合核查刘壹的现状。五月十八日，孖辣警察局将核查结果提交给海关。据此得知，刘壹在孖辣做菜农及果菜销售，颇有声誉，财务状况甚好，最近还起了一栋新房。由此看来，他负担儿子在澳留学费用的能力毋庸置疑。

但三天之后，海关从档案中调出了刘壹历年之出入境记录，却让内务部看出了问题。根据记录，自来澳之后刘壹总共回国探亲五次。每次的具体出入境年份如下：一，一九〇五年至一九〇七年；二，一九〇九年六月至

---

① Lew Yet-Request for permission to introduce his son, Lew Nay（13 years）to Australia for educational purposes，NAA: B13, 1929/17513。

一九一一年五月；三，一九一四年五月六日至一九一五年七月十六日；四，一九一八年五月十七日至一九一九年十一月二十八日；五，一九二四年五月二日至一九二六年六月二十三日。①而刘壹在刘汝签证的申请表上所填的出生年月，则是在刘壹第三次回国探亲结束之后的一年零四个月，距其第四次返回中国探亲之前一年半左右。无论怎么计算，他都不可能在这段时间里生出个儿子，刘汝绝对不可能是他的亲生儿子。因此，内务部秘书于五月三十日函复中国总领事宋发祥，毫不客气地拒绝了刘汝的签证申请。②

一九二九年十二月二十三日，刘壹具表向中国驻澳大利亚总领事馆申办刘汝的赴澳留学护照。

一九三〇年四月二十四日，中国驻澳大利亚总领事宋发祥给刘汝签发的中国学生护照。

---

① Lew Yet - Application for Certificate for Exemption from Dictation Test, NAA: B13, 1924/14683。

② Re Visits to and from China of Lew Yet and application for permit for his son, Lew Nay to enter Australia, NAA: B13, 1930/8382。

宋发祥把拒签信转给了刘壹。对此，刘壹没有任何回应。显然，他知道无法自圆其说，此事已无可逆转，也就没有进一步申诉。

如果细究起来，刘汝很可能是刘壹家人为他领养的儿子，这在中国传统社会中是很常见的事情。只是他在申请时没有如实说明，而被内务部识破，导致前功尽弃。事实上，即便他如实说明，其结果恐怕也不乐观，因为澳大利亚内务部不承认这种领养性质的父子关系。

档案出处（澳大利亚国家档案馆档案宗卷号）：

Lew NAY - Student passport, NAA: A1, 1930/4561

朱亚吉、朱亚千兄弟

台山丰乐村

朱亚吉（Gee Ah Kett），出生于一九一六年十二月二十五日；朱亚千（Gee Ah Ten），则是一九一八年二月初二日出生；二人年龄虽只相差一岁多一点，但却是亲兄弟，台山县丰乐村人。他们的父亲是朱胜，出生于一八七七年九月十四日。[①]当他还是十七岁的少年时，便于一八九四年与同乡和族人一起闯荡澳大利亚，[②]来此之后一直都以胜利（Sing Lee）为名当菜农和果农谋生，故其名有时候也写成是朱胜利（Gee Sing Lee）。最终，朱胜定居于尾利伴（Melbourne），成为当地永久居民，在博士山（Box Hill）埠开设洗衣馆生意。该生意属于个人经营，未与人合股，且生意价值有一千镑，显然是他多年积蓄后的结果。

为让年届十二岁和十一岁的两个儿子前来留学，朱胜于一九二八年七月六日向中国驻澳大利亚总领事馆提出申请，为朱亚吉和朱亚千办理中国护照和入境签证。他以自己经营的洗衣馆"在于胜利"或者"胜利"（Sing Lee）号作为担保，承诺每年提供给儿子膏火费用各为六十镑。至于儿子来澳入读的学校，他选择的是开设在尾利伴城里的圣伯多禄书院（St. Peter's

---

① GEE Sing Lee: Nationality - Chinese: Date of Birth - 14 September 1877: Date of Arrival - 28 May 1918: Arrived per TAIYUAN: Certificate Number - 35: Date of Issue - 23 September 1939: First registered at Box Hill [Contains 1 black and white photograph], NAA: B6531, LEFT COMMONWEALTH/1945 - 1947/GEE SING。

② Sing Lee [Chinese - arrived Sydney, 1894. Box 30], NAA: SP11/2, CHINESE/LEE SING [1]。

School）。按照当时的要求，只有学校表示愿意录取，其护照和签证申请才能予以审理。可是，朱胜在提交申请材料时，无法拿到圣伯多禄书院接受其子入读该校的录取信。于是，他在递交材料之后，便按照要求，再联络其他学校。最终，他于七月二十三日从博士山文法书院（Box Hill Grammar School）院长那里拿到了录取信，随后将其交给中国驻澳大利亚总领事馆。

按照流程，中国总领事馆接到上述申请后，应该会在尽可能短的时间内处理，签发护照，然后送往澳大利亚政府内务部申请签证。因为此时中国总领事馆只需要签发学生护照即可，澳大利亚联邦政府内务部还须对签证申请予以核查，从财政状况到其回国探亲的出入境记录等方面来判断朱胜是否具备担保人资格。果然，中国总领事馆动作比较迅速，仅仅在四天之后，七月二十七日，中国驻澳大利亚总领事魏子京已经为朱亚吉和朱亚千签发了中国护照，号码分别是515/S/28和516/S/28。当天，魏子京总领事便将上述申请材料和护照汇集一起，附上其写给内务部的信函，寄往内务部为朱家哥俩申请签证。

在接到上述护照及申请材料后，内务部的处理也比较快，八月初便下文给美利伴海关部门，请其协查朱胜的财政状况和历次回国探亲记录，作为内务部是否核发他们入境签证的依据。八月二十日，海关稽查官员便完成了调查，将结果上报。根据资料和走访核查，朱胜的"胜利"号洗衣馆生意约在一九二〇年左右从别人手上购买下来，买价是一千四百五十镑，位于博士山区喀林顿路（Carrington Road）一号，雇有一个帮工，当然这也是一名华人，周薪三镑十先令。虽然除此生意之外朱胜没有其他的物业，但其人在澳居住生活和工作超过三十年，口碑极佳，办事沉稳，颇有信誉，经济上也没有什么问题，完全可以负担得起其子来澳读书的开销。而其出入境记录显示，他曾经于一九一六年二月二十九日从美利伴搭乘"依士顿"（Eastern）号轮船回中国探亲，至一九一八年六月十一日方才乘坐"太原"（Taiyuan）号轮船返抵美利伴，其长子朱亚吉在他回国九个多月后即同一年的年底出生，次子则在其返回澳大利亚之前几个月出生。从时间上看，他们的血缘关系亦即父子关系成立。上述核查结果表明，朱胜完全符合监护人和财政担保人的条件。由是，九月十日，内务部便核发给朱亚吉和朱亚千哥俩入境签证，有效期为一年。这就意味着朱家哥俩应该在一九二九年九月十日之前入境，开始其留学生涯。

在中国的朱胜家人接到由澳大利亚总领事馆寄来的护照后，就开始紧锣密鼓地为这哥俩安排赴澳行程。鉴于两人都还年幼，从未出过远门，因而家人需要联络从澳大利亚返乡探亲后准备再回去的同乡，请其返程时顺便携带这两位少年儿童同行，以便旅途中有所照应，并在此期间充当监护人。半年后，弟弟朱亚千从香港搭乘"太平"（Taiping）号轮船，于一九二九年四月七日抵达美利伴入境，[①]由父亲朱胜接其出关。而哥哥朱亚吉则因故滞留在家，无法与弟弟一同赴澳，但父亲朱胜通过中国总领事馆为其申请延期一年入境，获得批准。

在父亲的洗衣馆住处休息了一个星期后，十一岁的朱亚千于一九二九年四月十五日正式注册入读博士山文法书院。这是一家口碑不错的私立学校，由英国国教会（Church of England）主办，适合来澳留学生入读。朱胜之所以最终为儿子选择入读该校，另一个原因可能是他开设的洗衣馆便是位于博士山埠，近在咫尺，可以走路去上学，非常方便。校长对朱亚千的评价很好，认为他学习认真，领悟力强，尤其是学习英语进步很快，一年后就可以与人自由交谈了；此外，他的算术课成绩也特别突出。

一九三〇年十月十六日，十四岁的朱亚吉在叔叔朱亚胜（Ah Sing）的陪同下，搭乘从香港起航的"太平"号轮船，抵达尾利伴。[②]尽管其签证有效期已经过了一个多月，但因之前已通过正常渠道与内务部沟通并由后者知会海关，他还是很顺利地过关入境。

---

① GEE Ah Ten: Nationality - Chinese: Date of Birth - 28 February 1919: Date of Arrival - 7 April 1928: Arrived per TAPING: Certificate Number - 24: Date of Issue - 21 September 1939: First registered at Box Hill [Contains 1 black and white photograph], NAA: B6531, LEFT COMMONWEALTH/1945 - 1947/GEE AH。

② KETT Gee Ah: Nationality - Chinese: Date of Birth - 9 January 1917: Date of Arrival - 16 October 1930: Arrived per TAIPING: Certificate Number - 34: Date of Issue - 23 September 1939: First registered at Box Hill [Contains 1 black and white photograph], NAA: B6531, LEFT COMMONWEALTH/1945 - 1947/KETT GEE。

自抵达美利伴后，过了三天，朱亚吉便和弟弟朱亚千一起去博士山文法书院上学。从此一直到第二年，他都在这里读书，各科成绩都很优秀。校长对他的评价是，天分很高，学习能力强。而在此期间，弟弟也一直保持着此前的学风，是品学兼优的好学生。但从一九三二年新学年开始，朱亚吉和朱亚千哥俩转学进入位于美利伴城里唐人街上的长老会学校（P.W.M.U. School），此后便一直在该校就读。二人的成绩一如在博士山文法书院，备受老师好评。

在长老会学校读了三年书之后，从一九三五年新学年开始，十八岁的朱亚吉获准进入设在城里的尾利伴工学院预科（Junior School of Melbourne Technical College）念书。这就意味着，他要在此读完预科后升读大学课程。而朱亚千则在两年后，于一九三七年开始，步其兄长后尘，也入读同样的工学院课程，主修汽车机械专业。他们在完成预科课程后，会顺理成章地进入工学院专科或本科，直至读完大专或大学课程。在此后的六年时间里，朱亚吉基本上都表现良好，两年预科结束后，升入工学院读大学课程，主修电气工程。在此期间，他有些科目成绩优异，但有时因偏科，而弃修某些必修课程，把大量时间花在撰写毕业论文上了，加上有两门课程未有通过考试，直到一九四〇年底他年满二十四岁时，尚未完成所有课程。

按照《中国留学生章程》规定，中国学生在澳留学最高年限是二十四岁。眼见着只要再给一年时间，无论如何朱亚吉都可以完成学业，由此大学毕业，拿到文凭。在这种情况下，尾利伴工学院院长艾黎思（Frank Ellis）根据朱亚吉的请求以及衡量他此前在校的良好表现，认为应该为他争取延期一年，使他得以完成学业。于是，一九四〇年十月三日，他致函中国驻澳大利亚总领事保君建，表示愿意接受朱亚吉续读一年，希望中国总领事通过正规渠道，向内务部陈情，争取破例为这位学生延签一年，让他最终得以拿到学位。保总领事接到上述信函后，深以为然，于十一月二十日致函内务部秘书，为朱亚吉申请延签。内务部在接到这个特别申请之后，通过移民局官员向工学院多方了解，得知情况属实，遂于一九四一年一月三日复函保君建总领事，特别批准延签一年，有效期到本年十月十六日。不过，到该签证有效期截止之后一天，内务部秘书继续发文给保总领事，准允朱亚吉再延签八个月。然而，他没有解释此次延签的理由是什么。

但国际局势的发展显然为上述延签给出了答案。一九四一年十二月八日，日本帝国海军突袭美国海军太平洋舰队基地珍珠港，太平洋战争爆发；日本随即也向澳大利亚海外领地发起进攻，澳大利亚联邦立即跟随美国向日本宣战。如此，在国际反法西斯战争的事业中，中国就成为澳大利亚的盟国，共同为战胜日本军国主义的侵略而战。为此，澳大利亚联邦政府给予所有在澳之中国留学生三年临时签证，有效期至一九四五年六月三十日，届时视战争进展再予以续签。事实上，该项签证到期时，因战争尚未结束，就自动展签一年；一九四六年，因战后复员工作尚未完全结束，无暇顾及这些受战争影响而滞留在澳的盟国公民，包括中国留学生，因此，他们的签证得以再展签一年。

也是在哥哥朱亚吉因大学没有毕业需要延期的一九四〇年九月，弟弟朱亚千在还没有读完所学课程的情况下，想要放弃读书。因为此时的朱亚千心思已经不在学习上，经常对应交付的作业等功课不按期完成，甚至逃课，而把精力放在了协助父亲打理生意上。在该月十九日，中国总领事保君建致函内务部秘书，申请将朱亚千的学生签证转为工作签证，以协助其父亲朱胜经营洗衣店生意，理由是朱胜因年老力有不逮，难以做大做活洗衣店的生意，冀望年轻人能够有所开拓。内务部接到公函后，对朱胜的生意作了一番调查。此时的"胜利"洗衣店，只剩下朱胜一人打理，生意额下降，上一个财政年度的净利润才二百一十四镑。十月二十五日，内务部函复保总领事，以生意额太小为由拒绝了上述申请，责成朱亚千继续回学校念书。无奈之下，朱亚千只好转过性来，在学习上慢慢恢复其以前的认真态度。

到一九四一年中国驻澳大利亚总领事馆为朱亚千申请展签时，内务部虽然依旧核发一年展签，但也同时提醒保君建总领事，下一年二月份时，朱亚千就年满二十四周岁，到达在澳留学的中国学生最高年限，届时他就须结束学业，安排行程回国。幸运的是，这一年底，他完成了大学课程，拿到了汽车机械工程的学位，也完成了两年的汽车制造和专科课程。而与此同时，太平洋战争在此时爆发，朱亚千也和哥哥朱亚吉一样拿到了三年的临时居留签证，并且可以出外自行就业。一九四二年后，他先是在一间电气工程企业工作了一年半，随后转到一间器具制造公司担任钻工两年。战争结束后，他便转而协助父亲打理洗衣店工作。

太平洋战争期间，在同样的情况下，哥哥朱亚吉也一边作为帮手协助父亲经营其洗衣店生意，一边选择在工学院读夜校，选修其他的课程。半年之后，鉴于自己学的是电气工程专业，朱亚吉想在业界找一份工作，以求得发挥专长并有所发展，便于一九四二年六月二十二日致函内务部，请求准允其找工。五天之后，内务部批准了他的要求，给予他三年的工作签证。七月二日，朱亚吉被域多利省（Victoria）铁路局雇佣，职位是电气工程处绘图员，税前周薪为六镑，每周工作三十八小时。具体地说，绘图员的年薪约为二百六十镑，外加八镑的战争附加费；或者说，税后每周工资五镑二先令九便士。从此开始，朱亚吉一直在铁路局工作，并被提升为助理工程师，周薪涨至九镑。由是，他一直工作到一九四七年三月。

到一九四六年十月份时，朱亚千想改变自己和哥哥朱亚吉在澳的身份，便采取了行动。他鉴于父亲已近七十岁，因年老早就想放弃洗衣馆生意，返回中国度晚年，而他自己又不愿意接手其生意，认为这项生意没有什么前途，而是想将它卖掉，另起炉灶，比如经营蔬果和杂货，或许会有所发展。于是，他便通过银行出面，向移民局提出申请，希望能准允他另立一商业户头，以便他自行经商。事实上，他和哥哥因战争滞留于澳大利亚，期间在外就业，各自都有了一些积蓄。因此，他们计划用自己的钱，加上父亲结束洗衣店生意后的收益以及银行的贷款，以父亲的名义去开设一门生意，而这门生意实际上则由他们哥俩负责打理，如此就会每年有超过五千镑以上的营业额，从而使他们能够用父亲的澳大利亚永久居民名义，申请将他们俩留在澳大利亚，最终定居于此。或许移民局也看穿了他们的心思，在接到上述申请后有关官员几经讨论而达成共识，不批复上述申请，将其搁置在旁不予回应；即使是朱亚千因久等不见回音而在十二月中旬去信移民局询问结果，亦未有答复。因为移民局官员知道，先前的临时签证到下一年六月三十日到期，届时当局将不再给予朱家兄弟续签，他们只能回返中国。而且按照移民条例，即使签证尚未到期，只要他们在某个方面违规，当局随时都可以提前将其遣返。

一九四七年初，虽然还是没有等到移民局的回复，但朱亚千已经从银行的渠道获知了当局的态度；加上此时其父朱胜回国心切，从而导致朱家兄弟决定一起陪父亲返回中国。四月中旬，三十岁的朱亚吉告知移民局，他已经通过两家船务代理公司购票，准备和兄弟一起返回中国。而他在给移民局的信中，没有为他们兄弟二人申请再入境签证，这就意味着他们并不打算重返澳大利亚。

一九四七年五月七日，朱家哥俩与父亲一道在尾利伴登上驶往香港的"岳州"（Yochow）号轮船，告别在此呆了十八年的澳大利亚，结束了在这块土地上的留学和工作生涯，返回中国。此后的澳大利亚档案中，再也未见有他们的信息。

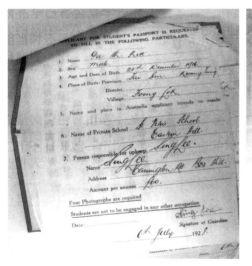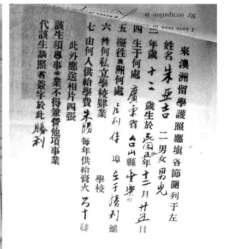

一九二八年七月六日朱胜为儿子朱亚吉前来澳大利亚留学而填写的护照和签证申请表。

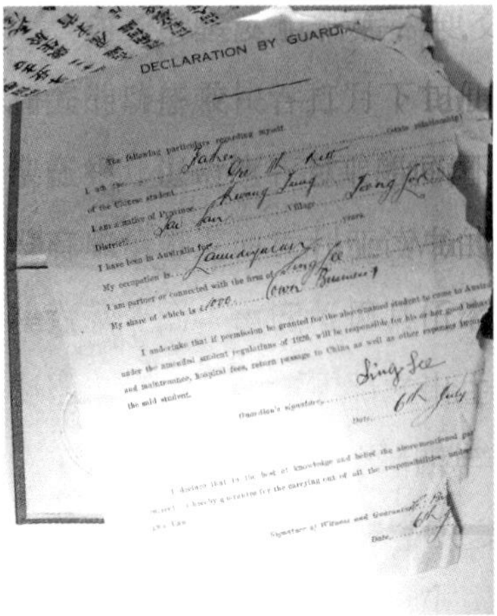
DECLARATION BY GUARDIAN

The following particulars regarding myself ...

Father ... Gee Ah Kett

of the Chinese student.

I am a native of Province Kwang Tung Village Toong Lok

District Sun Ning

I have been in Australia for ... years.

My occupation is Laundryman

I am partner or connected with the firm of Sing Lee

My share of which is £200 Own Business

I undertake that if permission be granted for the above-named student to come to Australia under the amended student regulations of 1926, will be responsible for his ... and maintenance, hospital fees, return passage to China as well as ... the said student.

Sing Lee

Guardian's signature

Date 6th July

Signature of Witness and Guarantor

Date

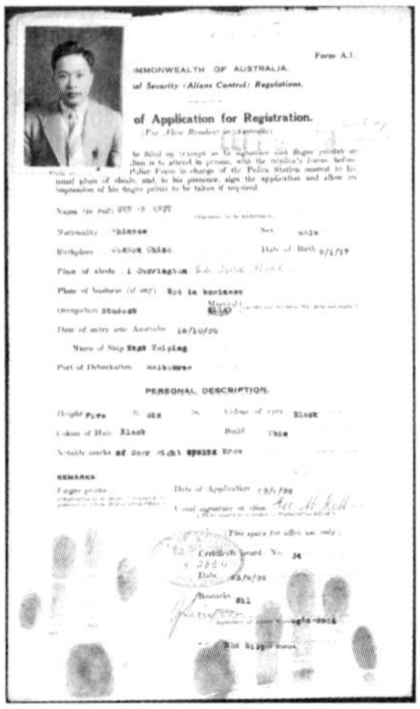
Form A.1.

COMMONWEALTH OF AUSTRALIA

National Security (Aliens Control) Regulations.

Application for Registration.

(For Alien Resident in Australia)

Nationality Chinese Sex Male

Birthplace Canton China

Place of abode 1 Carrington Rd Box Hill

Occupation Student

Name of Ship Tanda Taiping

Port of Debarkation Melbourne

PERSONAL DESCRIPTION.

Height Five ft. Six in. Colour of eyes Black

Colour of Hair Black Build Thin

Notable marks Mole over right eyebrow

REMARKS

Date of Application 23/9/39

Usual signature of alien Gee Ah Kett

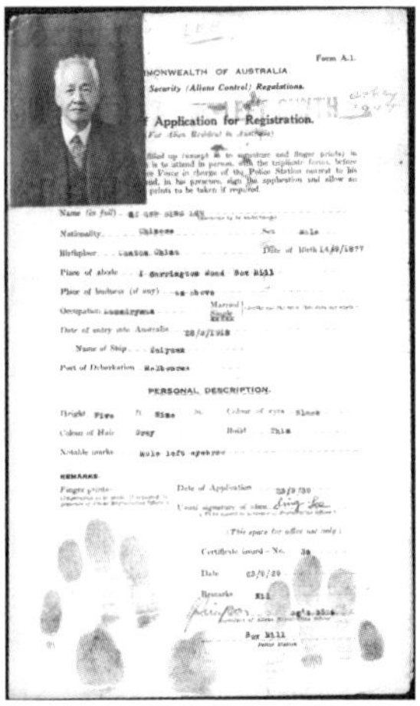
Form A.1.

COMMONWEALTH OF AUSTRALIA

National Security (Aliens Control) Regulations.

Application for Registration.

(For Alien Resident in Australia)

Nationality Chinese Sex Male

Birthplace Canton China Date of Birth 14/8/1877

Place of abode 1 Carrington Road Box Hill

Place of business (if any) as above

Occupation Laundryman

Date of entry into Australia 28/2/1918

Name of Ship Taiyuan

Port of Debarkation Melbourne

PERSONAL DESCRIPTION.

Height Five ft. Nine in. Colour of eyes Brown

Colour of Hair Grey Build Thin

Notable marks Mole left eyebrow

REMARKS

Date of Application 23/9/39

Usual signature of alien Sing Lee

Box Hill

左为一九二八年七月六日朱胜为年届十二岁的儿子朱亚吉前来澳大利亚留学所填具的财政担保书。中为一九三九年朱亚吉从内务部申办的外侨证。右为一九三九年朱亚吉、朱亚千哥俩的父亲朱胜从内务部申办的外侨证。

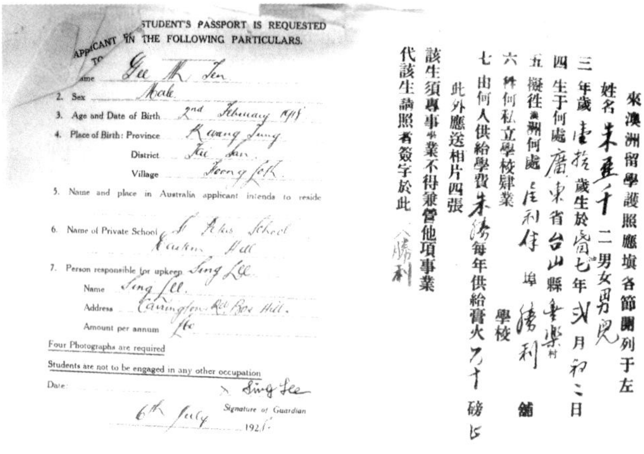
STUDENT'S PASSPORT IS REQUESTED

APPLICANT TO ... IN THE FOLLOWING PARTICULARS.

1. Name Gee Ah Tin

2. Sex Male

3. Age and Date of Birth 2nd February 1915

4. Place of Birth: Province Kwang Tung

District Sun Nin

Village Toong Lok

5. Name and place in Australia applicant intends to reside

6. Name of Private School St Pauls School Boxhill

7. Person responsible for upkeep Sing Lee

Name Sing Lee

Address Carrington Rd Box Hill

Amount per annum £60

Four Photographs are required

Students are not to be engaged in any other occupation

Date 6th July 1928

Sing Lee Signature of Guardian

來澳洲留學護照應填各節開列于左

一 姓名 朱亞千 二 男女 男兒

三 年歲 壹拾 歲生於 民國七年 弍 月 初二 日

四 生于何處 廣東省 台山 縣 重樂 村

五 擬往澳洲何處 星利佛 埠 勝利 舖

六 往何私立學校肄業 學校

七 由何人供給學費 朱勝 每年供給膏火 六十 磅

此外應送相片四張

該生須專事學業不得兼營他項事業

代該生請照者簽字於此 朱勝利

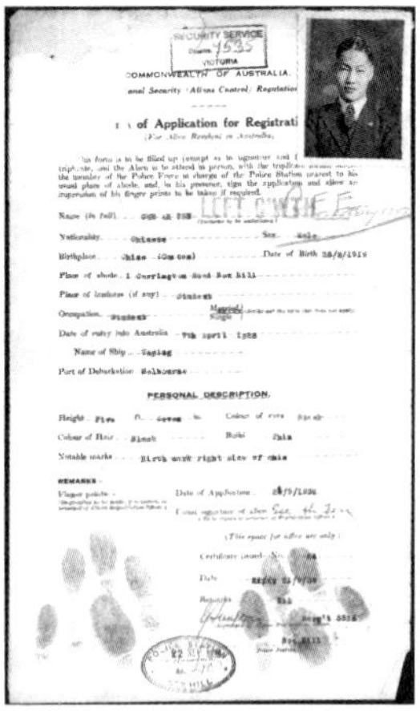
SECURITY SERVICE

COMMONWEALTH OF AUSTRALIA

National Security (Aliens Control) Regulations.

Application for Registration.

(For Alien Resident in Australia)

Nationality Chinese Sex Male

Birthplace China (Canton) Date of Birth 28/2/1915

Place of abode 1 Carrington Road Box Hill

Occupation Student

Date of entry into Australia 7th April 1928

Name of Ship Taiping

Port of Debarkation Melbourne

PERSONAL DESCRIPTION.

Height Five ft. Seven in.

Colour of Hair Black Build Thin

Notable marks Birth mark right side of chin

REMARKS

Date of Application 23/9/39

Usual signature of alien Gee Ah Tin

Box Hill

左为一九二八年七月六日朱胜为儿子朱亚千前来留学而填写的护照和签证申请表。右为一九三九年朱亚千从内务部申办的外侨证。

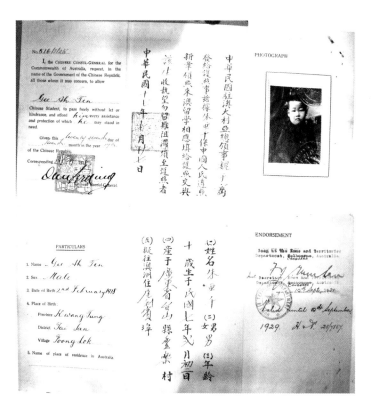

一九二八年七月二十七日，中国驻澳大利亚总领事魏子京为朱亚千签发的中国学生护照。

档案出处（澳大利亚国家档案馆档案宗卷号）：

Gee Ah Kett - Student exemption, NAA: A433, 1947/2/2048

Gee Ah Ten - Student exemption, NAA: A433, 1947/2/1195

邝　洪

台山竹坑村

　　邝洪（Fong Hoong）是台山县竹坑村人，生于一九一七年七月二十五日。他的父亲名叫邝荣宗（Wing Dong），出生于一八七七年七月十八日。一八九一年时，年仅十四岁的他便跟随着乡人到澳大利亚闯荡，先在昆士兰（Queensland）北部的重镇坚市（Cairns）登陆入境，[①]然后去昆士兰的首府卑利时滨（Brisbane）住了两年，于十九世纪最后几年去到北领地（Northern Territory）发展，在那里当店员，[②]期间也曾去往西澳（Western Australia）的珍珠养殖基地布冧（Broome），在那里短期工作了几年，[③]然后再回到北领地，直到二十世纪二十年代才离开这里。他先到雪梨（Sydney）打工，[④]然后再去到美尔钵（Melbourne），受雇于"中华酒店"（The Chung Wah Café）。鉴于美尔钵华人较多，他看到餐饮业有一定的前景，遂将自己在北领地所挣得的钱拿出一部分，在中华酒店中入股了一百镑，也把自己算作这

---

① [Certificate of Exemption from Dictation Test - Wing Dong], NAA: E752, 1916/70; Dong, Wing - Nationality: Chinese [DOB: 18 July 1877, Occupation: Storekeeper] - Alien Registration Certificate No 1663 issued 25 December 1917 at Thursday Island, NAA: BP4/3, CHINESE DONG WING。

② [Certificate of Exemption from Dictation Test - Wing Dong], NAA: E752, 1920/55。

③ Wing Dong [Chinese], NAA: K1145, 1913/44; Wing Dong [Chinese], NAA: K1145, 1923/90。

④ Dong Wing [includes 4 photographs showing front and side views, left hand print and Certificate Exempting From Dictation Test] [box 126], NAA: SP42/1, C1921/4841。

家酒店的小股东。①

一九三〇年四月四日，鉴于其子邝洪即将年满十三岁，邝荣宗便想将他办来留学，遂填表向中国驻澳大利亚总领事馆申办儿子的护照和签证。因他自己是在"中华酒店"打工，自然就以该酒店作保，承诺每年提供给儿子膏火五十镑作为其来澳留学期间的学费和生活费等。这家酒店位于中国城的小博街（Little Bourke Street），邝荣宗便选择也是位于同一条街上的长老会学校（P. W. M. U. School），准备让儿子来就近入学，为此，在此前的三月二十一日，他便从长老会学校校长那里拿到了儿子的录取信。

中国驻澳大利亚总领事馆接到上述申请后，很快就进行了处理。四月二十二日，中国总领事宋发祥给邝洪签发了中国学生护照，号码是575/S/30。之后，他便于当天致函内务部，为这位年轻的中国学子申请入境签证。内务部接到申请后，便按照程序，指示海关税务部门去核查邝荣宗的财政状况及出入境记录。

五月初，海关稽查人员完成了调查，提交报告给内务部。报告中显示，邝荣宗没有不良记录，口碑尚好。此时他在中华酒店充当侍应生，在店里住宿。根据邝荣宗本人的说法，他此前回去过中国探亲，前后达六次之多，但问题的关键是，海关查不到其出入境的记录。其后，内务部致函西澳海关，请求协助从那里查找邝荣宗的出入境记录。直到七月五日，西澳海关终于查到了记录：一九一三年三月十日，他从布冧搭乘"卡戎"（Charon）号轮船经新加坡回国，到一九一四年四月六日搭乘"长沙"（Changsha）号轮船抵达北领地的打云（Darwin）埠入境；一九二三年九月十六日，他从西澳的德比（Derby）搭乘"明德鲁"（Minderoo）号轮船经新加坡回国，次年十二月十九日乘坐"衣士顿"（Eastern）号轮船返回雪梨入境。尽管他还在此前的表格中写明曾经在一九一六年至一九一七年回国，但怎么也找不到记录。最

---

① WING Dong：Nationality-Chinese：Date of Birth-18 July 1877：Date of Arrival-1891：Date of Application-2 October 1939：Certificate Number-643：Date of Issue-2 October 1939：First registered at Russell Street [Contains 1 black and white photograph]，NAA：B6531，LEFT COMMONWEALTH/1938-1945/WING DONG。

后邝荣宗找出来一九一六年十二月二十一日他拿到"回头纸"的收据，这可以说明他曾经在那个时间回过国。

可是，在他与海关人员核对其出入境日期的过程中，邝荣宗多次说明其子邝洪出生于一九一六年七月二十五日，而不是中国总领事馆发出的护照上的一九一七年七月二十五日。为此，内务部于八月一日致函中国总领事馆，指出在一九一六年，无论邝荣宗怎么说他回国探亲，都不可能在七月份有那个儿子。换言之，邝洪显然与邝荣宗不存在父子关系。据此，内务部否决了邝洪的签证申请。

上述申请被拒签后，未见中国总领事馆及邝荣宗本人对此有任何的申诉，而邝洪的档案也到此中止。邝洪最终未能前来澳大利亚留学。

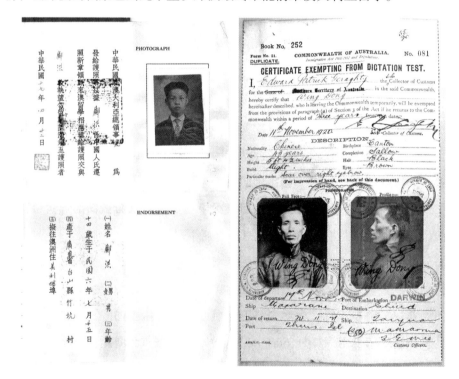

左为一九三〇年四月二十二日，中国驻澳大利亚总领事宋发祥给邝洪签发的中国学生护照。右为一九二一年，邝荣宗返回澳大利亚时的"回头纸"，上面有他四十三岁时的照片。

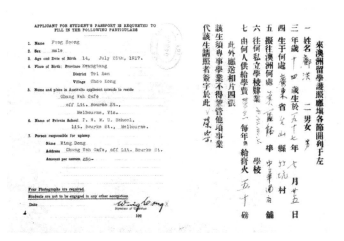

　　一九三〇年四月四日，邝荣宗向中国驻澳大利亚总领事馆申请办理儿子邝洪的护照和签证所填写的申请表。

档案出处（澳大利亚国家档案馆档案宗卷号）：

Fong HOONG - Students passport, NAA: A1, 1930/4355

林国和

台山大巷村

　　如前所述，位于美利滨（Melbourne）小兰街（Bennett Lane）十二号的"林永和"（Lim Wing War）木铺是台山县的几位林姓族人合股经营的，来自台山县大巷村的林南（Lim Nam），就是其中之一。他于一八九七年便来到澳大利亚，定居于美利滨。[1]与族人合股开设上述"林永和"木铺时，他出资价值五百镑。

　　林国和（Lum Jock Wah，另写成Lum Gock Wah）是林南的儿子，一九一七年九月一日（似为农历，公历应为十月十六日）在家乡大巷村出生。一九二七年，林南正在中国探亲。鉴于澳大利亚在一九二六年实施的《中国留学生章程》新规的条例明确规定，中国学生赴澳留学生下限是十岁，因此，眼看儿子就要满十岁，林南动了要将其办理赴澳留学的念头，想在自己返回澳大利亚时一并将儿子带上前往。于是，他请"林永和"木铺的另一个股东林立福（Lim Lip Fook）帮忙，[2]代其向中国驻澳大利亚总领事馆申请林国和的护照和签证。三月二十八日，因林立福本人此时亦在中国探亲，他便嘱在美利滨代其经营木铺的大儿子填好申请表，并且也按照《中国留学生章程》的规定，准备了一份担保人声明并请"新华昌"号

---

① NAM Lim Ah: Nationality - Chinese: Date of Birth - 14 December 1872: Arrived1893: First registered at Richmond, NAA: MT269/1, VIC/CHINA/NAM LIM AH。

② 有关林立福的详情，见其子林炎南（Lim Yim Nam）的留学档案：Lim Yim NAU - Student passport, NAA: A1, 1927/10132。

（Sun Wah Chong & Co.）的股东陈华文（Chin Wah Moon）作为担保人财务担保的保人。[①]陈华文以上述"林永和"木铺作保，以林南的名义承诺每年提供膏火一百镑给林国和，作为其在澳留学期间的所有开销，为其办理到美利滨留学，但没有具体说明是去什么学校读书。

中国总领事魏子京接到申请后，于四月八日帮忙联络到位于美利滨东山（Eastern Hill）区的圣伯多禄书院（St. Peter's School）同意接受林国和入读该校，才于四月十二日给他签发了中国学生护照，号码496/S/27。但直到过了两个星期，到四月二十七日，他才将这些申请材料寄送澳大利亚内务部，为这位中国小留学生申请入澳签证。

内务部处理该项申请也挺快的。但问题是，中国总领事在寄送上述材料时，在公函中把监护人的名字写成了林立福，而不是林南。为此，海关就按照指示，将林立福作为调查对象。五月十三日，海关稽查官员将调查结果上报。林立福以往的回中国探亲记录显示，自这个世纪以来，他共回国三次：其一为一九一一年二月十五日至一九一三年六月二十八日，其二是一九一七年二月八日至一九二〇年十月十一日，最后一次是一九二四年五月二日出境，至今尚未返回。此前的记录表明，林立福和他的木铺一向做生意公平买卖，信誉良好，在"林永和"木铺占有一半的股份，价值为一千镑；林恩（Lim Yen）则是另一位股东，也占有一半的股份。[②]但海关稽查人员后来在该店了解到，林立福并非林国和的父亲，后者的父亲是林南，此前也住在美利滨，并且此前也是"林永和"木铺的股东，只是他在一九二五年底回中

---

①　陈华文十九世纪末年来到澳大利亚发展，在美利伴立足，除了在新华昌号入股之外，也与伍学琳合股在美利伴经营"广东酒楼"。见："广东酒楼及旅馆公司广告"，载美利伴《警东新报》（Chinese Times）一九一〇年十月二十九日，第二版。MOON Chin Wah: Nationality - Chinese: First registered at Melbourne, NAA: MT269/1, VIC/CHINA/MOON CHIN W。

②　YEN Lim Ah: Nationality - Chinese: Date of Birth - 1860: Date of Arrival - 1883: First Registered at Little Bourke Street Melbourne, NAA: MT269/1, VIC/CHINA/YEN LIM AH。林恩因来澳时间长（一八八三年抵澳），财务自主，在十九世纪末二十世纪初便在美利滨娶一西妇为妻，待一对儿女到学龄之时，还将其送回广东新宁县老家探亲及接受中文教育。见：George Kee Tye（Lim Yen）- applications for Certificate of Exemption from Dictation Tests [Photographs, 8 pp], NAA: B13, 1918/7153; Sophia Lim Yen（Kee Tye）- applications for Certificate of Exemption from Dictation Tests [Photographs, 6 pp], NAA: B13, 1918/7154。

国探亲时，将手中的股份卖掉，现正在中国等待儿子的签证，以便届时与儿子一并来澳。至于作为财政担保人之保人陈华文，是位于唐人街上之小博街（Little Bourke Street）一百八十六号的"新华昌"号商行司理，在该商号中之股份价值为一千镑；此外，他还在近美利滨城区之东南部考飞（Caulfield）区霍淞路（Hawthorn Road）边上有一幅地，临街面有一百英尺宽，其价值有一千多镑。

也许是内务部的通报，或者是"林永和"号木铺的反馈，中国总领事也发现了林国和监护人名字的错误，特于五月二十六日致函内务部秘书，将其改正过来。于是，内务部再次要求海关把林南的出入境记录报送上来。六月二十三日，海关报告表明，林南曾在一九一六年十二月九日回中国探亲，到一九一八年五月十三日返回澳大利亚；现在其本人尚在中国，是在一九二五年十二月十四日于美利滨港乘坐日轮"真岛丸"（Mashima Maru）离境回中国探亲，就等着拿到林国和的入境签证后便携子回澳。由此看来，林国和是在林南当年回国探亲十个月后出生，显系其亲生儿子无疑。而作为"林永和"木铺的前股东，其商业信誉也跟林立福一样，没有可挑剔之处。可以说，核查结果的各方面都符合《中国留学生章程》新规。于是，内务部次日便核准了林国和的入境签证。

在中国的林南接到了儿子林国和的护照和签证，作了一番准备和安排之后，便带着儿子赶到香港，搭乘"彰德"（Changte）号轮船，于一九二七年十一月十日抵达美利滨入境。

不过，林国和并没有在美利滨入读圣伯多禄书院，也没有进入该埠任何一间学校就学，而是在此休息了两天后，便由父亲送到了域多利省（State of Victoria）西北部的一个小镇市左（Stawell）埠，因为他的祖父住在这个镇子里。在这个没有几家华人的小镇里，十岁的孩子学英语上手快，而且有祖父陪伴，更加方便一些。林国和的祖父是名中草药医生，根据本文宗卷提示，只知道其英文名叫J. Lum，而无法找到他的中文名字。查这个镇子上当年的几位华人，只有一位姓林，叫做查尔斯林（Charles Lum），生于一八五五年，于一八七四年即十九岁时来澳发展，算起来，这时已经七十二岁了。^①如果没错的话，这一位显然就是林国和祖父的记录。以这样的年纪，正好碰上孙子来澳留学读书，他便要求将其置于自己身边，在当地的小学念书，也可以在其晚年能跟自己的孙子住在一起。为此，林爷爷将孙子安排进入市左镇上的一间私立学校，叫做贝尔蒙特书院（Belmont College）。在该书院，林国和读书还算刻苦，总想做到最好，因而学校对其表现还算满意。而且，他还在此给自己取了一个英文名，叫做哈利林（Harry Lum），期望让自己更容易地与当地学生沟通和融入他们当中。

在市左埠读书一年半之后，一九二九年六月四日，林国和回到了美利滨，还是进入原先就已联络好的圣伯多禄书院继续念书，原因是他的祖父这时因年老患病住进了美利滨的医院，后因救治无效去世。林国和在市左埠没有了亲人，无人可以照顾他，因而他父亲林南便将他接回美利滨，住在小兰街的木铺里。因林南本人这一段时间里要在域多利省西北部的小镇沃纳克奈比（Warracknabeal）筹办木料等货品，无法回到美利滨，便由"林永和"木铺里的一位名叫A. Lim Joog的族人同事代为照看其子；而林国和每天由此走路前往圣伯多禄书院上学，距离也不是很远，在学校的表现也受到老师和校长的认可。

在这里读了半年之后，林国和不想再继续读书了，遂于这一年的十一月十四日在美利滨乘坐来时的同一艘轮船"彰德"号，返回中国，^②结束了刚好两年的在澳留学生涯。此时，他刚刚过了十二周岁。走的时候，他没有申请再入境签证，这就意味着他不想重返澳大利亚念书。以他这个年龄，加上

---

① LUM Charles：Nationality-Chinese：Date of Birth-9 November 1855：Arrived 4 July 1874：First registered at Stawell East，NAA：MT269/1，VIC/CHINA/LUM CHARLES。根据澳大利亚专门研究早年华人中草药医生在域多利省活动的历史学者侯诗妩（Carol Holsworth）所做的研究，查尔斯林通常都是以C. Lum这样的名字行世，于一九〇〇年到一九二十年代都在市左埠行医，期间曾短期去到孖剌埠（Ballarat）和哑辣埠（Ararat）等地游方行医。此外，据她判断，查尔斯林的真正中文名字可能是Lum Sing（林胜，译音）。由此可见，上述档案宗卷应该就是林国和祖父的记录，亦即本文所提的J. Lum即查尔斯林。见：Coral Holsworth, "Chinese Herbalists in Victoria 1850s-1930s", in https://chineseruralvictoria.wordpress.com/category/chinese-herbalists/。

② Lum Jock Wah （Chinese student）ex "Changte" November 1927 - Departure per "Changte" November 1929, NAA: B13, 1929/1251。

以十岁之龄来澳留学所打下的英语基础，如果他的父亲在教育上舍得投资，那么，他可以去省城广州，也可以进入香港去读教会学校，接受中英双语教育，则会对其日后的人生发展有重大影响。只是我们无法知道他回国后的去向，这些就有待于从其家乡的族谱和家族资料去发掘了。

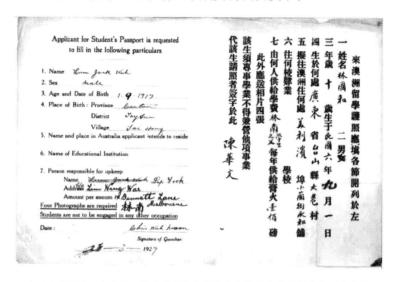

一九二七年三月二十八日，林南委托林立福代办的林国和赴澳留学护照申请表。

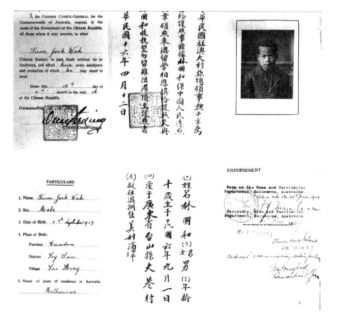

一九二七年四月十二日，中国总领事魏子京给林国和签发的赴澳留学中国学生护照。

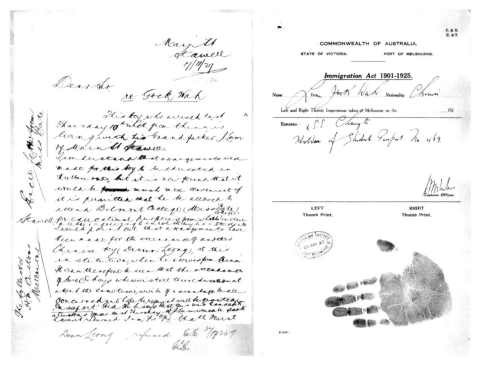

左为一九二七年十一月十七日市左埠贝尔蒙特书院院长表示接受林国和入学的说明。右为一九二七年十一月十日林国和入境美利滨海关时打的手印。

档案出处（澳大利亚国家档案馆档案宗卷号）：

Lum Jock Wah - student passport, NAA: A1, 1929/1359

雷 有

新宁月明村

　　雷有（Thomas You）是新宁县月明村人，出生于一九一七年九月十九日。按照档案上所载，他的父亲中文名字也叫雷有，只是英文名字上略有区别，中间加上了姓氏的英文写法，成为Thomas L. You或者Thomas Louey You，后者就叫阿有（Ah You）。因二人中文名字相同，本文只能以雷有父亲或雷父来加以区别。雷父出生于一八七九年，[①]从家乡来到澳大利亚发展的时间，大约是在一八九九年左右，乘搭"长沙"（Changsha）号轮船登陆于美利滨（Melbourne）。[②]在澳闯荡多年，几经辗转，最终定居于鸟修威（New South Wales）省与域多利（Victoria）省交界的重镇都备利（Albury），在该镇的橄榄街（Olive Street）上经营一间果菜商铺，兼售糖果糕点。该店即以其名字命名，叫"雷有"（Thomas L You）号商铺，资产价值为一千四百镑。

　　大约在一九二八年初，雷父觉得儿子雷有已经满十岁了，想把儿子办来澳大利亚留学，以便将来回国有更好前程，便准备好材料，具结担保声明书，填写申请表，向中国驻澳大利亚总领事馆申办儿子雷有的护照和签证。他以自己经营的"雷有"号商铺作保，允诺每年提供足镑膏火给儿子

---

① YOU Ah: Nationality - Chinese: Date of Birth - 14 January 1879: First registered at Rochester, NAA: MT269/1, VIC/CHINA/YOU AH/8。

② YOU Ah - Nationality: Chinese - Arrived Melbourne per Changsha 1899, NAA: B78, YOU/A。

充作学费、生活费、医疗保险等留学费用。鉴于当时的条例规定中国留学生必须入读私立学校，他联络了当地的基督兄弟会书院（Christian Brothers' College），并于二月十五日拿到了该书院院长文修士（Brother M. Wynne）的录取信。中国总领事馆接到上述申请后，立即就予以处理，于二月十六日由总领事魏子京给雷有签发了号码为492/S/28的中国学生护照，并将申请材料与护照备函给澳大利亚内务部，为雷有入境留学申请签证。

按照程序，内务部接到申请后便会着手进行两项查证，其一是来澳留学生担保人的财政状况及操行，其二则是其出入境海关记录。事实上，在魏子京总领事的函件中，已经特别说明雷父是一九一六年搭乘澳人经营的劫时布蕴轮船公司（Gibbs Bright & Co.）的轮船回国探亲，次年再搭乘一家日本轮船公司的蒸汽船返回澳大利亚，惟无法记住其所乘之船名。但这些陈述并不具体，尚须海关记录予以确认。内务部遂于二月二十四日发函鸟修威省（New South Waes）海关，让其在雪梨（Sydney）港口的出入境记录中查证上述年份与雷父以Thomas Louey You这个名字出境的有关记录。但是，两个半月过去了，雪梨那边一点儿回应都没有，内务部秘书于五月十五日再次发函，询问是否有任何查阅的结果。但海关仍然没有提供任何结果。又过了三个月，中国总领事魏子京已经等得很不耐烦，而且雷父也三番五次地催问结果，因为年初的时候，想着尽快将儿子雷有办来澳大利亚读书，就让他在国内的学校里停学了。现在半年过去了，什么消息也没有，这已经耽误了孩子的学习，将影响其日后前程。于是，魏总领事于八月十三日致函内务部秘书再次催问审理进展。内务部秘书也为半年都得不到雪梨海关的回复而不解，接信后便于八月十七日再次致函雪梨海关，询问到底是怎么回事导致其无法提供任何信息。在没有接到对方任何回应的情况下，他于九月六日再次发文海关询问原因。可是，仍然没有任何回音。

又是一个月过去了，因没有得到内务部的任何回应，在魏子京总领事离任后临时代理总领事职务的吴勤训遂于九月十九日再次致函内务部秘书催问结果。九月二十七日，内务部再次发文到海关总署催问此事。十月四日，海关总署终于回复说，鉴于雪梨海关无法查到任何信息，唯有将该案子转到域多利省（Victoria），交由美利滨海关检索出入境记录。但结果仍然与雪梨一样，无法查阅到任何与之相关的记录。

在这样的情况下，十月十八日，内务部只好先指示海关，请其配合警察部门协助核查雷父的财政状况以及口碑，并在见到其本人时直接向他了解其当时是从什么地方以什么名字出入澳大利亚口岸的。事实上，警察局早在三月份便已按照海关的指示对雷父的情况作了核查，只是因为无法查阅到雷父的出入境记录，也没有向其本人继续询查，故未将警察局的报告呈报。当接到内务部上述指示之后，海关便将此前收到的这份核查报告递交上去。警察的报告表明，雷父在都备利是个守法商人，经营果店、餐馆、糕点店，这些生意是几年前他从别人手上买下，花了一千二百五十磅，现已增值到一千四百镑。因作为其子来澳留学的担保人，雷父还需要一位保人以确保他的财政资格，他当时写明由威利昌（Willie Chong，亦即雷昌 [Louey Chong]）担任。[①]因此，警察也核查了雷昌的现状。威利昌是果农，现移据到域多利省的枉加据打（Wangaratta），但他此前曾在都备利居住多年，口碑很好，只是目前的经济状况不得而知。现在半年多过去了，情况或许会有变化，海关遂责成都备利派出所再次对此核查。

十月二十七日，都备利派出所再次向海关报告了有关雷父问题的核查结果。除了确认此前的雷父经济状况之外，派出所着重询问其本人的出境情况。根据他自己的陈述，他迄今总共回国探亲四次。但因年代久远，对于头两次回国探亲的具体年份及所乘坐的轮船，他已记不起来；但第三次则是在一九一六年，出境时他用的名字是阿有（Ah You），都是在美利滨中国城小博街一百一十三号上经营的广泰盛（Quong Hie Shing）商号给安排的，当时手续费就花了一镑，为此，他还收到了此项服务的收据，但可惜没有保存这份收据。既然这样，警察认为他应该取得"回头纸"（Certificate of Exemption from Dictation Test），方可出入境。可是，对于警察问到他当时是否持有该

---

① 雷昌是台山县塘面圩河木村人，一八九六年来到澳洲，一九二十年代早期之前一直在都备利埠开设"雷昌"（Louey Chong & Co.）号菜园铺。见：LOUEY Chong - Nationality: Chinese - Arrived Melbourne April 1896, NAA: B78, LOUEY/C。

证时，雷父显得很茫然，换言之，即不明白为什么当时还要有"回头纸"，这表明他当时根本就没有拿到过这样的文件。对此，雷父只是一味强调，他的行程都是由广泰盛安排妥当的，至于当时需要什么，他本人并不知晓，也没有留下什么印象。而他的第四次出境回国则是在一九二一年，是从美利滨出境，两年后，于一九二三年返回澳大利亚。但同样地，他也记不清具体出入境的日期以及所乘坐轮船的名称。幸运的是，他还保留着最后一次出入境时所缴纳的"回头纸"费用之收据。

根据上述报告，内务部方才意识到应该在"阿有"之名下去查找其出入境记录，且都应该在美利滨海关查询才行。随后，海关根据上述线索，终于查到了雷阿有第三次出入海关的记录，并于十二月十三日报告给内务部：阿有是一九一六年五月十七日出境，一九一八年八月八日返回，出入境口岸都是美利滨。由此可以确认，其子雷有是在其中国探亲期间所生。

待一切问题澄清之后，内务部秘书方才于一九二九年一月二日致函中国总领事馆，告知已经正式批准了雷有的入境签证，并将盖了章的护照发回中国总领事馆，寄交给申请人。由是，纷扰近一年的雷有签证申请终于有了一个完美的结局。

等了近一年的雷有收到护照，就收拾行装，准备赴澳。五个月后，在家人的安排下，已近十二岁的雷有去到香港，搭乘"吞打"（Tanda）号轮船南下太平洋，于一九二九年六月二十五日抵达雪梨港口入境。雷父特地从都备利赶来雪梨，在海关迎接儿子。稍事休息，他们便乘坐其他交通工具，回到了雷父在都备利的店铺里。

待雷有入境三个多月之后，内务部觉得应该是询问其在校表现及学业成绩的时候了，遂于十月九日致函都备利基督兄弟会书院予以询问。但三天之后，基督教兄弟会书院便回复说，该生并没有在此注册就读。接到回信后，内务部秘书觉得很奇怪，因为都备利就只有这一间私立学校，包揽了小学到中学的教育，而且原来雷有申请时就表示要进入该校读书，也得到了该校的录取信。可此时他竟然没有进入该校念书，那么，他去到哪里就读呢？于是，十月二十三日，内务部秘书发文到海关，请其税务部门配合派出所核查雷有到底是去了哪里，在什么学校入读？很快，都备利派出所便于十一月八日报告说，找到雷父，得知其子已经注册入读都备利公立乡村学校（Rural School of Albury）；再到学校询问，校长和老师皆认为这是一个聪颖勤奋的学生，在校表现良好。

这一下，内务部觉得雷有犯规了，明显违反《中国留学生章程》中规定的不得在公立学校注册入读、只能入读私立学校的条款，遂于十一月二十五日致函中国总领事馆，对雷有的这种做法表示强烈不满，要求其转告其监护人，立即将其转学进入私立学校。不然的话，就得将雷有遣返回中国。两天之后，中国总领事宋发祥接到了这封公函，觉得是件大事，一方面立即复函表示遵办，另一方面派人直接与雷父联络，以期了解情况，尽快处理此事。十二月十七日，宋发祥总领事致函内务部秘书，就雷有之所以不入私校而念公立学校一事，解释了他派员调查所了解的内情。事实上，雷有到了都备利之后便前往基督兄弟会书院准备注册入读，但却被该书院当场拒绝。随后，雷父本人连同他请来的派出所所长陪着其子一起前往基督兄弟会书院见院长，得知拒绝其注册的原因是雷有不谙英语；在雷父和派出所所长的要求下，院长同意当场给雷有做一个简单词句拼写和数字的测试，结果无法通过。无可奈何之下，雷父遂领着儿子前往都备利公立乡村学校求助。校长很热情，毫无保留地让雷有注册入读该校。通过半年的学习，显示出这位中国留学生是一位勤奋认真读书的好学生，遵守校规，老师很喜爱他，与同学的关系相处得也很好。宋总领事认为，鉴于都备利除了基督兄弟会书院之外再无其他私立学校，且都备利公立乡村学校现今亦还有另外一名华裔学生入读，从让中国学生受教育这一点上来说，在别无选择的情况下，希望内务部酌情允许雷有继续在该校就读。

事实上，在宋总领事致函内务部秘书之前的十天，都备利派出所已经向总部及海关部门报告了上述情况，并强调说，都备利基督兄弟会书院院长文修士之所以不接受雷有，其原因是不知道将他安插在什么样的班级里合适，而且该书院又没有额外的资源对他因材施教。因此，派出所也强调了在都备利的这种没有其他私校可以入读的特殊情况，实际上也是对宋发祥总领事上述建议的一个侧面支持。

尽管有宋总领事的提议，也有都备利派出所的认同，但内务部对此问题则非常纠结：一方面确实由于特殊情况造成了雷有只能在公立学校注册入读，但另一方面如果默认这种结局就有可能造成《中国留学生章程》新规条例的缺口，很难修补。经过一个来月内务部官员的商讨之后，内务部秘书于一九三〇年一月三十日致函宋发祥总领事，表示澳方无法认同其建议。无论如何，雷有都应该入读私立学校，而非公立学校。因此，除非雷有立即注册入读基督兄弟会书院或其他无论什么样的私校，否则，中国总领事馆能做的事就是将其遣返回去。既然如此，中国总领事馆也无可奈何。二月三日，宋发祥总领事函复内务部秘书，表示会按照内务部的决定处理此事，立即安排雷有入读基督兄弟会书院，并随后会将结果告知。

可是，两个多月过去了，从中国总领事馆那边没有得到任何有关雷有入读什么学校的信息。内务部不得要领，便于四月十日发文雪梨海关，请其派遣税务人员协助警察查明雷有现在的具体情况，是已经注册入读了基督兄弟会书院呢，还是仍在都备利公立乡村学校，抑或是在做别的什么事。但是，过了一个半月，雪梨海关也没有动静，内务部秘书于五月二十二日再次发文催问此事。五月二十九日，都备利派出所才提供了一份报告，称在过去几个月里，在与基督兄弟会书院接洽接收雷有入学的问题上有一些障碍，一直都僵在那里，而雷有事实上则仍在都备利公立乡村学校继续念书；直到最近，该书院才松口说，可以接受雷有入读该书院的三年级，但需要等待到下个学期开学，因为本学期即将结束。对于雷有的去向，这份报告总算是有了一个交代。

既然有了雷有的消息，内务部觉得还是要予以落实才放心，遂于六月七日再次发文雪梨海关，询问这位中国留学生是否已经顺利地进入基督兄弟会书院了。可是据六月二十六日都备利派出所报告的消息，雷有尚未在基督兄弟会书院注册入读。因为就在这个节骨眼上，他得了肾病，而且还很严重，住进了都备利地区医院治疗，现仍然在住院，且短时间内不能出院。经派出所的协调，基督兄弟会同意待雷有康复后才入读。

碰到这样的事情，内务部秘书也无话可说了。到了八月二十一日，估计雷有应该可以出院了吧，内务部秘书便发函到雪梨海关，询问雷有的近况，想着他此时应该是可以注册入读基督兄弟会书院了。他还在函中特别叮嘱海关，要其转告雷有的担保人和监护人，结清所有雷有住院的医疗费和相关费用，因为按章程条例，所有中国留学生来澳留学都是需要购买医疗保险的。不幸的是，这次的发文，其结果也跟上半年时询问其入学情况一样，雪梨海关方面对此毫无反应。到了十月一日，内务部秘书再次发文到雪梨海关催问。

终于，十月二十日，内务部接到了雪梨海关的回复。该回复篇幅很短，内容也很简单，即报告雷有因病重，六月份之后便从都备利转院到雪梨治疗，但那里的医生也回天无力。八月三十一日，这位中国小留学生病逝于雪梨唐人街上的沙瑟街（Sussex Street）四百三十四号，后被葬于六福（Rookwood）坟场。

至此，来澳留学不到一年半的雷有，无法继续完成其在澳进入私立学校读书的梦想，病逝于异国他乡，死时尚未年满十三岁。

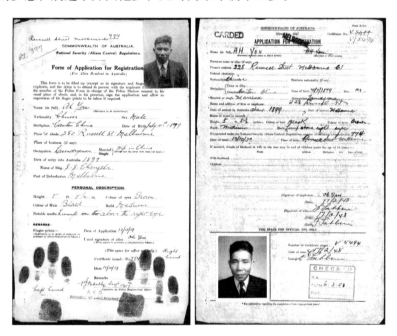

　　左为一九三九年，雷阿有申请的外侨证；右为一九四八年雷阿有申请的外侨证。两个证书上的名字都是阿有，而不是Thomas Louey You。

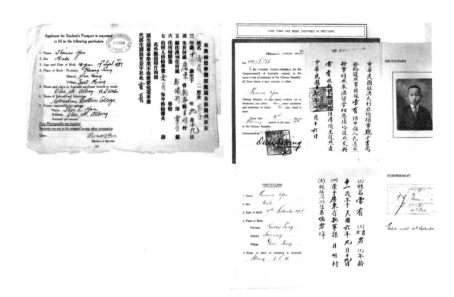

　　左为一九二八年初雷父阿有所填具的提交给中国驻澳大利亚总领事馆申办儿子雷有来澳留学的申请表。右为一九二八年二月十二日，中国驻澳大利亚总领事魏子京给雷有签发的中国护照。

档案出处（澳大利亚国家档案馆档案宗卷号）：

Thomas You - student passport, NAA: A1, 1930/1397

雷文达

台山龙安村

　　雷文达（Louey Mon Dart），台山县龙安村人，生于一九一七年十月五日。他的祖父雷廷（Louey Hing），是十九世纪六十年代出生，[①]于一八八二年便来到澳大利亚闯荡，最后定居于域多利（Victoria）省的美利滨（Melbourne），在中国城的博街（Bourke Street）一百四十六号开设一间餐馆，名为"广东阁"（Canton Tower Café），经济实力不俗。

　　一九三〇年时，雷廷回中国探亲。因为孙子雷文达已经十三岁，考虑到澳大利亚实施的《中国留学生章程》新规中所列十四岁以下之入澳留学华童，无须英语能力证明，遂决定将其办来美利滨留学。于是，他通过在美利滨的同乡雷柏信，于当年十一月二十四日代其填表，向中国驻澳大利亚总领事馆申领雷文达的留学护照并申请签证。他以自己经营价值达一千五百镑的"广东阁"餐馆作保并充担监护人和财政担保人，允诺每年提供给雷文达膏火六十镑，要把孙子办来美利滨，入读位于唐人街上的小博街长老会书馆（P. W. M. U. School）。为此，雷柏信事先也代其从长老会书馆那里拿到了雷文达的录取函。

　　中国领事馆接到上述申请后，很快便给予了处理。因总领事宋发祥去职，而新任总领事桂植尚未抵埠履新，故由代总领事李明炎于十一月二十七日为雷文达签发了中国学生护照，号码是591/S/30。当天，中国代总领事便备函汇集所有文件材料，寄交给内务部秘书，请其按照《中国留学生章程》

---

① Louey Hing - Applied for Certificate for Exemption from Dictation Test, NAA: B13, 1934/11160。

的相关规定，尽快给雷文达核发签证。信中表示，目前雷廷本人正在中国探亲，一俟该签证申请获批，便可携带孙子前往香港，搭乘来往于中国和澳大利亚两地的轮船返澳，让其尽快入学就读。

按照流程，内务部应通过海关税务部门对学生签证申请人的监护者和财政担保者提供的资料进行核查，但雷廷是签证申请者的祖父，再通过海关查证显得没有多大意义，故内务部遂从细节中找问题。在《中国留学生章程》条例中，确实是允许来澳留学的十三岁以下中国少年无须英语能力证明，但条件是，当其来澳留学时，其父母应陪同前来。内务部认为，虽然雷廷是雷文达的祖父，但并不符合上述规定。于是，十二月四日，内务部秘书函复中国代总领事李明炎，直接就拒绝了上述申请。

内务部的断然拒签显得很生硬，也很不近情理。因为就在不久前的九月份，十六岁的中山县人赵潮（Chew Cheu），由其在雪梨（Sydney）的祖父赵鸿纫（Hong Ying）申请来澳留学，就顺利获批签证，内务部并没有以"其父母当应陪同其前来澳大利亚"为由留难。[①]但这次中国驻澳大利亚总领事馆接到上述拒签函后，并没有申诉，雷廷也没有就此事再度提出复议，则意味着他们都认可了这一决定。由此也可以判断，尽管雷廷早就在澳大利亚发展，但他早先没有将其在中国的儿子申请来澳，因而碰到上述拒签理由时，无法争辩。或许是因为没有更有力的理由可以影响内务部的决定，他们遂不做无益的争辩。此后的澳大利亚档案中，也再未有雷文达的任何信息。

一九三〇年十一月二十四日，雷栢信以雷廷代理人的身份填表
向中国驻澳大利亚总领事馆申领雷文达的留学护照并申请签证。

---

① 详见粟明鲜编著：《民国粤人赴澳留学档案汇编——中山卷》，广东人民出版社，2016年，第250-252页；及Chiu Cheu - students passport, NAA: A1, 1932/1042。

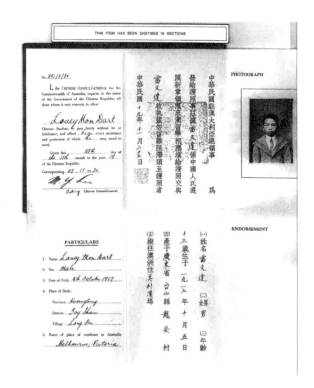

中国驻澳大利亚代总领事李明炎于一九三〇年十一月二十七日为雷文达签发的中国学生护照。

档案出处（澳大利亚国家档案馆档案宗卷号）：

Louey Mon Dark-students passport, NAA: A1, 1930/11269

伍优大

台山新寨村

　　伍优大（Ng Yew Di），台山县新寨村人，出生于一九一八年二月十三日。其父伍兴（Ng Hing）大约是在澳大利亚联邦成立之前两年，也就是十九世纪最后一年，即一八九九年左右，南来澳大利亚讨生活，定居于雪梨（Sydney），[①] 自己经营有一洗衣店，名为"广昌"号（Kwong Chong & Co.），位于佐治街（George Street）八十一号，资本三百五十镑。[②]

　　一九二八年，伍兴返乡探亲。眼见儿子伍优大过了年就将届十一岁，遂决定将其办来雪梨留学读书。一九二九年六月二十日，由于其本人尚在中国，伍兴便通过其宗亲伍廷栋向中国驻澳大利亚总领事馆递交申请，希望协助办理其子伍优大赴澳留学的护照和签证。伍兴此前在雪梨经营之"广昌"号洗衣店现由朋友帮忙照管经营，经济来源可靠，故遂以该铺作保，承诺每年为其子伍优大供给膏火七十镑，作为其留学费用。雪梨私校众多，他为儿

---

① 　NG Hing, NAA: A6980, S203195。

② 　虽然在澳大利亚国家档案馆里，难以找到伍兴到雪梨后的发展踪迹，但检索当地中文传媒报导，则可以勾画出一个其经商发展的大致轮廓。中文传媒报导显示，伍兴抵澳后便在雪梨从事家具业，并开设自己的生意，称为"伍兴号"或"伍兴木铺"。在二十世纪最初十年里，经营效益应该还不错。检索此段时间雪梨华文报刊所刊登之筹款捐赈活动，伍兴木铺总是积极响应，每次出手都很大方，捐银一镑。在当时，一镑是个大数字，能够捐出，是需要一点底气的。例如，"捐赈粤东水灾，雪梨伍兴号捐银壹镑"，载雪梨《东华报》（Tung Wah Times）一九〇九年七月十日，第七版。但木业和家具业因竞争激烈，加上来自西人工会等方面的打压和限制，到一九一十年代中后便开始走下坡路，一九二十年代很多华人家具厂倒闭结业。伍兴木铺也在一九一七年中清盘结业。见："货物出卖"，载《东华报》一九一七年七月二十八日，第七版。由是，在木铺结业后，伍兴才转而从事洗衣店业务。

子选择的是著名教会学校，即圣母修会中学（Marist Brothers High School），校方亦出具录取信，愿意接受伍优大为该校学生。

七月二十九日，中国驻澳大利亚总领事宋发祥为伍优大签发了中国留学生护照，号码是548/S/29；并于当天就将伍优大的护照和申请资料寄送澳大利亚内政部，特别说明此时伍兴本人就在中国探亲，请求内务部按照规例尽快给这位中国少年发放入境留学签证，待获签拿到护照后，伍兴将陪同来留学的儿子一起回澳。

内务部接到申请后，自然是按例核查签证申请者之担保人的财政状况与出入境记录，作为是否核发签证之依据。对于伍兴的洗衣店经营情况，内务部获知，其每周的收入为二十镑，雇佣有两个工人，皆为跟他一样是来澳已超过三十年之中国人。对于其生意，当局觉得没有什么可说的，因为这样的财政状况足以负担一个留学生的在澳费用。但问题在于，他与签证申请人伍优大之间的关系值得质疑。根据海关出入境档案记录，自来澳之后，三十年间伍兴就只回去过中国探亲两次，包括他本人尚在中国的这一次。他的第一次回国探亲是一九一七年九月十七日，他从西澳经新加坡返回中国。而申请材料上报称是其儿子的伍优大，是一九一八年二月十三日出生，这个时间距伍兴回到中国的日子不到五个月。如此，内务部认为，五个月的时间怎么也生不出儿子来，他们之间的父子关系显然是假的。故内务部秘书于九月十二日复函宋发祥总领事，以伍兴与伍优大之间无血缘关系、二人之间不具父子关系为由，对其签证申请予以拒绝。

宋总领事在进一步咨询伍兴后，于十一月六日致函内务部，说明伍优大是伍兴首次回国探亲时领养的儿子，并且是在其一出生便将他抱到家中，自小抚养；他本人于一九二八年十月三日回国探亲，现在就是想携带养子一起返回澳大利亚，可一边让他接受西方教育，一边看着他成长。为此，他请当局考虑伍兴的上述情况，给其养子伍优大发放签证，以全其请。但内务部于十一月十四日复函宋发祥总领事说，他们对此虽然深表同情，但不能把《中国留学生章程》中的有关法律上认可的父子关系延伸到领养的父子关系上，不能在此事上法外开恩。①

当时，与伍优大具有同样情形的签证申请者，还有香山县谿角村的刘棣怡（Thomas Henry Quay），②都处于被拒签状态。为上述二人最终能来澳大利亚留学一事，宋发祥总领事甚至还于十一月底专程从雪梨开车前往首都堪培拉（Canberra），拜会内务部长，作最后的斡旋。尽管在与内务部长会面时，后者应允会再考虑此事，但实际上仅为礼节性地敷衍中国总领事而已，最终仍然没有任何结果。伍优大只能与来澳留学无缘。

在《中国留学生章程》经过修订并于一九二六年七月正式实施之后，作为居澳华人在家乡所领养的孩子，除了极少数的一两个例外，就基本上无缘获得赴澳留学签证，因为内务部在对签证申请者的情况进行审理时，对在澳华人入境情况进行了严格的核查，并坚决不承认这种领养的父子关系。伍优大的拒签，便是一例。

一九二九年六月二十日，伍兴为儿子伍优大来澳留学事宜向中国驻澳大利亚总领事馆申请护照和签证所填写的申请表。

① Ng Yew Di [request by Ng Hing, father of subject for endorsement of his son's Student Passport] [box 239], NAA: SP42/1, C1929/6985；及Thomas Henry Quay - student passport, NAA: A1, 1929/6848。
② 详见粟明鲜编著：《民国粤人赴澳留学档案汇编——中山卷》，广东人民出版社，2016年，第273-276页。

一九二九年七月二十九日，中国驻澳大利亚总领事宋发祥为伍优大签发的中国留学生护照。

档案出处（澳大利亚国家档案馆档案宗卷号）：

Ng Yew Di - student passport, NAA: A1, 1929/6873

伍缵亮

台山五十村

　　伍缵亮（Dunn Leong）是台山县五十村（圩）人，出生于一九一七年六月十八日。他的父亲名叫伍相，但其英文名则叫做Willie Seong，没有将姓写上去。当其子十岁时，伍相要为儿子办理来澳留学事宜，也就照他的姓名前例，填写表格时，无论是中文还是英文，都没有将其姓氏放上去，只写上名字"缵亮"而已。事实上，照规矩的话，其子的全名应该是伍缵亮。伍相出生于一八七九年九月二十九日，于一八九七年六月来到澳大利亚谋生，时年刚刚十八岁。他跟着乡人到了域多利省（Victoria）之后，从事蔬菜生果种植营生，最终定居在该省西北部的农业重镇市左（Stawell）埠，于奶皮儿街（Napier Street）边上买下了一幅地，在上面盖房自住并兼做生意，经营着一间名为"新进记"（Sun Din Kee）的蔬果杂货铺。①

　　一九二七年，伍相考虑到儿子已经十岁了，要将其办来留学，跟他住在一起，在市左埠就地念书。因此时来澳留学的中国学生只允许入读私立学校，他便先在七月四日找到专校未市必（Belmont College，亦称"未市必先生学校"）校长白弗纶（Florence Bate），商讨儿子前来入学的事宜，获得了白校长的录取信；然后于七月十二日填好表格并具结担保书，向中国驻澳

---

① SEONG Willie：Nationality-Chinese：Date of Birth-29 September 1879：Date of Arrival-June 1897：Arrived per DI NOMBE：Certificate Number-10/39：Date of Issue-10 November 1939：First registered at Stawell [item includes 1 black and white photograph]，NAA：B6531，LEFT COMMONWEALTH/1938-1945/SEONG WILLIE。

大利亚总领事馆提出申办儿子伍缵亮前来留学。他以上述自己经营的"新进记"商铺作保，承诺每年供给膏火银五十镑，以支付儿子来澳留学所需之学费、生活费和医疗保险等相关费用。也许是考虑到五十镑费用还不足以应付儿子留学所需，他还在担保书中特别表示，届时需要多少费用他就提供多少，亦即"足镑供给"。七月二十日，在对接收到的材料略作处理之后，中国总领事魏子京便给伍缵亮签发了中国学生护照，号码是484/S/27，并在当天便汇总上述申请材料以及新签发的护照，备函澳大利亚政府内务部，为这位中国小留学生申请入境签证。

内务部按照程序，启动了对担保人的核查。由于中国总领事馆在誊录伍相提交的资料时，将他的名字Seong的开头字母S错写成了L，成了Leong，这样一来，他的名字就变成了Willie Leong，因此，内务部在函请海关税局核查伍相的财政状况和出入境记录时就走了一些弯路，后经市左埠警察派出所根据其接触所得予以更正，方才改回原来Willie Seong的拼写。根据市左埠派出所于八月底提供的调查报告，伍相的财务状况良好，除了上述商铺之外，现在银行里还有五百镑存款，而且商业信誉佳，邻里关系好，品行端正。虽然警察也曾询问过伍相本人回中国探亲的情况，但他只能说出一个大概，具体年月份则记忆不清。为此，只能由海关去查询其出入境的详细记录。

但因事实上澳大利亚海关的记录也犯了上述中国总领事馆同样的错误，即有时候也把伍相的名字Willie Seong写成Willie Leong，这样就使得海关在核查时耗费大量时间，后从"回头纸"（C.E.D.T.）证书申请入手，方才得以搞清楚这两个名字实际上是指的同一个人——伍相。直到十一月三日，海关方才提交报告说，伍相于一九一七年申办了"回头纸"，号码Vic. 27/228（Book 205，No.63），于当年七月二十日出境赴中国探亲，到次年六月十七日返回澳大利亚；第二次是一九二三年申办了"回头纸"，号码Vic. 23/182（Book 341，No.46），于一九二三年七月五日至一九二四年十一月一日期间在中国探亲。由此，海关在报告中就指出了一个问题：入境签证申请人伍缵亮据报出生于一九一七年六月十八日，还早于伍相回国探亲一个月的时间，这怎么可能呢？海关认为伍相所提交的其子出生日期作假。根据这份报告，内务部于十二月十五日致函中国总领事魏子京，以伍相在一九一七年回国探亲之前其子不可能出生、伍缵亮不可能是其子为由，否决了他的入境签证申请。

此后的近一年时间，档案里没有任何文件显示伍相对此决定向官方提出申诉。但在一九二八年十一月十七日，中国驻澳大利亚总领事馆代总领事吴勤训为伍缵亮重新签发了一份学生护照，号码未变，而持照人的出生日期则改成了一九一八年六月十八日，并在两天之后致函内务部为其提出入境签证申请。由此可以推测，在此前的一段时间里，中国总领事馆与伍相之间曾经多次接触，或者是伍相对儿子的出生日期记忆有误，或者是中国总领事馆在誊录时搞错而误写之故。为此，中国总领事馆在再次核对并更正其出生日期之后，重新为伍缵亮提出了入境申请。

内务部在接到上述申请后，没有任何文件显示出政府方面对此更正提出质疑，显然是认可了伍缵亮新的出生日期；或者是中国总领事馆就此事之更正事先与内务部有所沟通，取得了共识。但此时距去年审理同一申请已经过去了一年多，担保人的财务状况是否依旧，是否仍然足以承担申请人在澳期间的所有费用，皆需要对此重新核对，同时也要对申请人所要入读的学校性质以及收费标准有所了解。内务部于十二月一日函请美利滨（Melbourne）海关税务部门再次提交一份审查报告，以作最后定夺之依据。一个月后，经过税务部门和警察派出所等方面合作调查的结果，海关得出的报告是，伍相在市左埠蔬果杂货铺的生意价值为三百镑，货品价值二百镑，而他在银行的存款则有一千镑之多，其财政状况远较去年提高很多。而市左埠的未市必先生学校校长白弗纶也重新确认了接受伍缵亮入学的承诺，并确认该校是提供幼儿园及小学教育的私校，每季度的学费不少于两个半的金币，目前全校注册学生为二十四人，平均年龄为九岁。在确认了上述审查符合《中国留学生章程》的所有规定之后，一九二九年一月三十一日，内务部正式核发了给伍缵亮的入境签证，函告中国总领事馆通知伍相，以便他尽快安排其子来澳留学。

由于需要通过中转，伍相是在二月中旬才收到上述钤盖签证印章的护照。但在当时伍相的朋友亦即市左埠居民亨特（Chas Hunt）看来，内务部给伍缵亮的签证有效期太短，即在一九二九年一月三十一日签出，六月十八日亦即伍缵亮生日那天就失效，而在余下来的四个月时间里，要让未及十一岁的伍缵亮按时入境，开始其留学历程，难度极大，因为此时伍相尚未能在家乡找到一位在这一段时间内返回澳大利亚的乡亲，可以顺便将其子携带前来，而伍缵亮因年龄太小，还不足以单独出门航海远行。为此，亨特致函内务部秘书，吁请将伍缵亮的入境签证有效期延后，给予他更宽裕的时间准备来澳。对此，内务部秘书于二月二十六日回复亨特说，当局认为其上述理由值得考虑，请其代为将伍缵亮的护照签证寄回给内务部，以便将其入境有效期延至一个合理的期限。但当亨特于三月四日接到上述信函时，伍相已经将护照寄往中国家乡，以便安排孩子出行。在这样的情况下，亨特便回函内务部秘书，请其用其他方式能使伍缵亮的入境签证有效期得以延期有效。为此，内务部决定将签证有效期延至该年年底，即有效期到十二月三十一日止，并为此通知了海关备案。

但伍相并没有让伍缵亮等那么久的时间，而是多方设法，在最短的时间内使儿子得以成行。伍缵亮搭乘从香港起航的"彰德"（Changte）号班轮，于当年五月十日抵达美利滨港口，入境澳大利亚。伍相事先从驻地赶到美利滨，接到了儿子，然后再赶往市左埠。待伍缵亮熟悉了环境之后，于六月二十六日新学期开学时，伍相便把刚刚年满十一岁的儿子送入早已为之注册的未市必先生学校念书。据三个月后白弗伦校长提交给内务部的例行报告来看，入学后的伍缵亮各科成绩都很出色，在校表现良好，是品学兼优的学生。而为了更好地适应环境及与当地学生沟通交流，伍缵亮也给自己取了一个英文名，叫做唐纳德·亮（Donald Leong）。

内务部当然是十分乐见这样学习成绩的来澳中国留学生。到一九三〇年三月份时，当内务部照例发函给未市必先生学校索要例行报告时，却收到了白弗伦校长三月十八日发来的信函。白校长报告说，因其本人身体欠恙，自今年新学期开始，便将学校暂时停课关闭，学生转往其他学校借读。为此，伍缵亮也就从新学年开始，入读市左埠公立学校。根据《中国留学生章程》新规，自一九二六年中起，所有来澳留学的中国学生只能入读政府认可之持牌私立学校，不得进入公立学校念书。因此，意识到此时的伍缵亮入读当地公立学校属于违规行为之后，内务部于三月三十一日致函中国驻澳大利亚总领事馆，知照此事，请其尽快联络伍相，务必将其子转学到一间私立学校，以结束这种违规行为。但八天之后中国总领事馆复函说，白弗伦校长已经结束病休并恢复上课，所有借读的学生都已返校复课，问题就这样解决了。

事实上，白校长的病体并没有痊愈。在坚持到一九三〇年年底学校放假时，便决定遵医嘱在家休养，她的学校也将在次年开学后停办，学生将再次分散入读于其他学校。为此，她于十二月二十七日致函内务部秘书，请求他同样让伍缵亮到公立学校就读。对此请求，内务部自然是予以拒绝。从一九三一年新学年开始，内务部便通过海关税务部门了解市左埠的私立学校情况，以及各校的收费标准，以便安排伍缵亮进入其中一间学校念书。直到三月二十日，内务部才最终决定伍缵亮应该入读当地的另一家天主教学校，通知中国总领事馆协调伍相去办理其子入读该校事宜。而此时的伍缵亮早已在公立学校念了两个月的书，且各方面表现都十分令人满意。伍相当时还通过澳大利亚本地朋友求助于域多利省的著名联邦议员克劳奇（R. A. Crouch），想由他出面向内务部长陈情，希望能考虑到市左埠的实际情况，准允伍缵亮继续在公立学校念书。但内务部长以中国留学生必须入读私立学校为由，拒绝了上述陈情。于是，在中国总领事桂植的协调下，从四月二十七日开始，伍缵亮便离开了市左埠公立学校，正式注册入读天主教会学校——今利士礼堂学校（Convent School）。在这里，他的学业依旧优异，品行甚佳。由此，他一直在该校读了一年半多点的时间。

到一九三二年底，伍缵亮已经在澳大利亚读了三年半的书，英语能力已经可以应付所有的课程。因此，这一年的十二月六日，伍相致函内务部，鉴于其子已经足以胜任其所学课程，请求当局准允他于次年新学年开学后入读市左埠工学院（Stawell Technical College）。内务部的回复是，如果工学院愿意接受这位中国学生，当局将乐见其成。于是，伍缵亮于一九三三年一月三十一日正式注册入读市左埠工学院，其在校表现和学业成绩依然一仍其旧。

在工学院读了未及一年，十五岁的伍缵亮便于一九三三年十月四日于美利滨港口搭乘"吞打"（Tanda）号班轮，离开澳大利亚返回中国。[①]他的父亲伍相，也跟他一起乘船回国。[②]档案文件没有说明他此时回国的原因，他也没有申请重返澳大利亚读书的再入境签证。此后，他的父亲伍相是独自返回澳大利亚的。由此可见，伍缵亮此时离开澳大利亚，选择回国继续升学的可能性最大。

伍缵亮在澳留学总计四年半时间，一直都是品学兼优的学生。

一九二八年十一月十九日，中国驻澳大利亚总领事馆代总领事吴勤训为伍缵亮重新签发的中国学生护照，号码则与一年多前所签发者保持不变。

---

① Dunn Leong（Chinese student）ex "Changte" May 1929 - Departure per "Tanda"（Melbourne）October 1933, NAA: B13, 1931/12181。

② Willie Seong - Applied for Certificate for Exemption from Dictation Test, NAA: B13, 1933/19359。

一九二七年七月十二日，伍相为儿子伍缵亮来澳留学填写的护照和签证申请表。

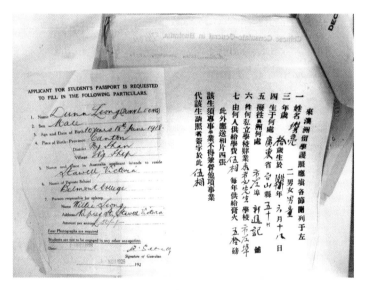

　　一九二八年十一月一日，伍相在改正了儿子的出生日期之后，重新为伍缵亮来澳留学填写的护照和签证申请表。

档案出处（澳大利亚国家档案馆档案宗卷号）：

Dunn Leong - Student's Passport, NAA: A1, 1933/744

朱福庆

台山清华村

朱福庆（Gee Fook Hing，或写成Gee Fong Hing）于一九一八年七月十三日出生于香港，其原籍是台山县清华村。他的父亲名叫朱焕明（Gee Fong Ming），是在澳大利亚北领地（Northern Territory）出生的土生华人，一八八七年六月二十七日出生于南港（Southport）埠。[1]换言之，朱焕明的父亲早在十九世纪八十年代之前便已来到澳大利亚，他是在澳华人的第二代。成人之后，朱焕明定居于北领地的首府打运（Darwin）埠，在此成立了以他自己名字命名的公司，叫做"朱焕明公司"（Gee Fong Ming & Co.），并以此为基础与他人一起经营一间资产价值八百镑的餐馆，名为"帝国酒楼"（Imperial Café），他占其中一半股份，价值为四百镑。尽管他是在澳出生的华人，到了谈婚论嫁的年龄，也仍然像许多当年那些与他同样背景的华人第二代一样，直接回到家乡结婚生子，[2]然后把家小安置在乡下或者移居到香港，他本人再只身返回澳大利亚，继续打拼，一边赚钱养家，一边发展自己的事业。[3]

一九二七年十一月二十五日，朱焕明致函打运埠海关，以自己参与经营

---

① Grazing Licence for Crown Land in the Northern Territory for Gee Fong Ming - 12 months ending 30 June 1915, NAA: A89, 82。

② [Certificate of Exemption from Dictation Test - Fong Man or Gee Fong Ming], NAA: E752, 1917/21。

③ Ming, Gee Fong - Nationality: Chinese - Alien Registration Certificate No 5278 issued 26 July 1919 at Thursday Island, NAA: BP4/3, CHINESE - MING GEE FONG。

的"帝国酒楼"作保，向其申办即将年满十岁的儿子朱福庆前来打运埠公立学校（Darwin Public School）读书的手续。海关不能直接办理此类签证，便将该申请转交给联邦内务部。鉴于此时已经开始实施《中国留学生章程》修订条例，其中规定来澳留学的中国学生最低年限为十岁，内务部遂于一九二八年一月十五日复函，要求朱焕明在儿子届满十周岁之后再行申请，且必须要通过中国驻澳大利亚总领事馆提交，务必拿到私立学校的入学录取信，内务部方才考虑核发签证。

既然如此，朱焕明只好等待七月儿子年满十周岁之后，再填好表格，准备好材料，也在三月份就拿到了打运埠圣若瑟修院学校（St. Joseph's Convent School）的录取信，于九月份具结财政担保书，即以上述"帝国酒楼"作保，允诺每年为儿子提供足镑膏火作为其来澳留学的所有开销，向中国驻澳大利亚总领事馆申领儿子的护照与入境签证。一九二八年十一月二十八日，代理中国总领事吴勤训为朱福庆签发了一份号码为526/S/28的中国学生护照，然后将其连同朱焕明准备的申请材料一起寄给内务部秘书，为这位中国小留学生申请入境留学签证。

内务部接到上述入境签证申请，便指示打运埠海关配合核查朱焕明的财政状况及出入境记录。十二月三十一日，打运埠海关通过当地警察派出所拿到了有关朱焕明的相关报告：他在打运埠经营上述酒楼已有九年，其资金股份符合其担保声明，而且为人和善，经商有道，与街坊和警察的关系也较好，没有任何不良记录。一个星期后，海关也找出了他与儿子朱福庆出生年份相关的出入境记录：一九一七年五月十八日搭乘"长沙"（Changsha）号轮船离开澳大利亚返回中国探亲，一九一九年七月二十六日乘坐同一艘船返回，在昆士兰省（Queensland）最北部的珍珠埠（Thursday Island）入境，再由此搭乘另外的近海船只回到打运埠。由此可见，他这一趟回国探亲的时间超过两年，朱福庆就在他回到家乡的一年后出生，他们之间所具有血缘上的父子关系毋庸置疑。上述报告显示，朱福庆满足所有的赴澳留学条件，朱焕明的监护人和财政担保人的身份也都核实无疑。一九二九年二月四日，内务部秘书正式批复了这份入境签证申请，在护照上铃盖了入境签证章；随后将护照退回给中国驻澳大利亚总领事馆，由其寄交给朱焕明。

不过，在接下来的一年多时间里，朱福庆并没有前来打运埠读书。到一九三〇年十一月二十六日，朱焕明致函打运埠海关，告知自己将于下个月十二日乘船回国探亲，返回时再将儿子朱福庆一并带来。因签证的有效期是一年，现有的签证事实上已经失效，但他希望海关考虑到其本人的实际情况，协助将上述签证展延到下一年。内务部接到海关转来的上述申请，认为情有可原，遂于十二月十八日复函，批复一年展签，有效期从当日算起。果然，朱焕明没有食言。一九三一年十月三十一日，他带着儿子朱福庆从香港搭乘"彰德"（Changte）号轮船抵达珍珠埠入境，再由此搭乘"马尔拉"（Marella）号轮船，于十一月十五日回到了打运埠。

但十三岁的朱福庆并没有入读父亲朱焕明早就为他联络好的圣若瑟修院学校，而是从十一月二十三日开始便进入打运埠公立学校读书。从学校提交的报告来看，朱福庆的在校表现令人满意。按照一九二六年中实施的《中国留学生章程》修订条例，所有此后来澳留学的中国学生，必须入读收费的私立学校，不得进入免收学费的公立学校读书，一旦被发现有违规的，内务部都会很认真地予以指出，并督促中国驻澳大利亚总领事馆与当地海关等部门协同纠正；如拒不纠正更换学校，就会面临遣返回国。但内务部得知朱福庆在打运埠就读的是公立学校之后，不知何故并没有提出异议，似乎默认了朱焕明的上述安排，而且此后每年都对其展签申请很爽快地给予批复。[①]就这样，朱福庆在打运埠公立学校读了五年书。

一九三六年十二月十二日，十八岁的朱福庆辞别了父亲，也别了与他朝夕相处整整五年的本地同学与老师，在打运埠登上"马尔拉"号轮船，驶往珍珠埠，再从该处转乘过路的"太平"（Taiping）号轮船，驶往香港，返回家乡。

至于朱福庆具体是回到台山老家还是去到香港，因其档案到此中止，不得而知。尽管文件中特别说明他是出生于香港，但也没有透露他留学前到

---

① 　Gee, Fong Ming [Alien Registration File], NAA: E40, GEE F M。

底是住在香港还是台山。根据当时澳大利亚的法律，如果是香港出生者，是可以成为澳大利亚永久居民的。后来的事态表明，朱福庆此后确实向澳大利亚内务部提出了这一申请。到太平洋战争爆发前，朱福庆获准重新回到打运埠，协助父亲朱焕明经营其公司生意并参与酒楼的管理，于战后获得长期签证，自五十年代之后得以归化入籍。[1]

一九三六年十二月十二日，朱福庆离开打运埠回国，在海关出境卡上按的手指印。

档案出处（澳大利亚国家档案馆档案宗卷号）：

Gee Fook Hing, NAA: E756, DI67

---

[1] GEE Fook Hing - Nationality: Chinese - Arrived Darwin per Yochow 01 November 1931 Departed Commonwealth on 29 August 1956, NAA: B78, CHINESE/GEE FOOK HING。

邝国平

台山潮溪里

邝国平（Ben Fong）是邝森昌（Sam Chong）的堂弟，生于一九一八年八月四日。档案中写他的籍贯为台山县潮溪里，实际上就是潮溪村。

当他年满十岁时，他的叔父邝敬树（Sam Been，邝森彬）[①]就于一九二八年十月九日填好申请表，备齐材料，向中国驻澳大利亚总领事馆申办他来澳留学所需的护照和签证。作为监护人，邝敬树以他参股并主持经营价值达一千五百镑的合资公司"占邝公司"（James Fong & Co.）作保，承诺每年提供给邝国平膏火费七十镑，作为其留学之学费、生活费和医疗保险费等开销，要将他办到自己所在的西澳布冧（Broome）埠读书。鉴于此时实施《中国留学生章程》新规，所有来澳留学的中国学生必须入读私立学校，邝敬树早在八月十三日就为侄儿邝国平在当地的天主教私开学校（Convent School，亦即苏姑庵堂学校）注册了学位，并拿到了学校校长开出的录取信。

中国驻澳大利亚总领事馆在接到上述申请后，很快便审核通过，于十月十八日由代理中国总领事吴勤训为邝国平签发了号码为520/S/28的中国学生护照，并将护照与材料汇总，于当天致函内务部秘书，希望其按例核发邝国平的留学签证。信中特别说明，邝国平的父亲是占士邝（James Fong），其真正

---

① 邝敬树的档案见：Been, Sam - Naturalisation certificate, NAA: A1, 1928/2722。

的中文名是邝敬瑞（Fong Kim Sue），[①]此时正在中国探亲，[②]是通过其兄弟邝敬树在澳代为申请其子之赴澳留学事宜并充任监护人之职，他个人则准备申办成功后便直接带着儿子回来澳大利亚读书。邝敬瑞本人早年和兄弟一起跟随乡人从家乡新宁县来到澳大利亚发展，最终与兄弟及族人定居于西澳，在布冧合股开设了"占邝公司"，专营珍珠收购及日常杂货，个人投资资本达一千五百镑。他曾于一九一七年回国探亲，至一九一九年返澳，期间生下儿子邝国平，即是本签证的申请者。

内务部接到上述申请后，遂按照流程核查监护人和申请人的财政状况及出入境记录。十月二十三日，内务部秘书致函西澳海关，请其协助上述核查。十一月三十日，西澳海关向内务部提交了核查报告。调查显示，作为以收购珍珠为主兼营杂货的"占邝公司"之主要股东，邝敬瑞买卖公平，口碑甚好，其在公司中的财政状况是：作为珍珠收购商在银行的信托基金有一千七百镑，商店中之存货价值为一千三百镑，拥有之不动产价值七百镑，银行欠款三百五十镑。总体而言，财政状况良好。而作为监护人的邝敬树，是上述"占邝公司"的另一位主要合伙人，其财政状况与邝敬瑞相若。在邝敬树提交申请时，还提供了他的商业伙伴艾福瑞（Fred A. Everett）作为其财政担保之保人，以期达成财政担保的双保险。为此，海关也对此人之财政状况作了说明。艾福瑞是布冧采珠公司（Broome Pearling Coy）的董事经理，有两艘机帆船，一艘手泵帆船，前者价值八百镑，后者价值五百镑，他还在银行存款一千多镑。由此可见，其财力雄厚，不亚于邝氏兄弟。

至于邝敬瑞一九一七年以来的回国探亲情况，出入境记录有两次。其一，一九一七年五月十八日离境，一九一九年六月十二日返回；其

---

① 邝敬瑞一八七〇年出生于新宁县，一八九〇年，与兄弟邝敬树联袂奔赴澳大利亚寻找发财致富机会。他们从昆士兰省（Queensland）首府庇厘士彬埠（Brisbane）入境，在此呆了三年；然后去往鸟修威省（New South Wales），于雪梨（Sydney）周围地区充任菜农及开设商铺，长达十七年之久。见：James Fong, NAA: SP42/1, C1910/748。然后，他们兄弟再一起去往西澳发展，定居于珍珠养殖基地布冧埠，兄弟一起开设占邝公司。见：FONG James - Nationality : Chinese - [Application Form for Registration as Alien], NAA: PP14/3, CHINESE/ FONG J; James Fong [Chinese], NAA: K1145, 1917/61。

② James Fong [Chinese], NAA: K1145, 1927/18。

二，一九二三年一月六日离境，一九二七年二月七日返回。邝国平正是他一九一七年回国探亲时出生的，他们之间的父子关系毋庸置疑。

经过几番与海关的公牍往返，确认上述情况无误，全部符合中国学生赴澳留学的条件之后，内务部秘书于一九二九年一月二十二日致函中国总领事，批复了邝国平的签证申请。并由中国总领事馆将护照寄交给在中国的邝敬瑞，以便其安排船期，回澳时携带儿子一同前来，开始其留学生涯。

可是，大半年过去了，邝敬瑞那里毫无动静。到一九二九年十一月二日，西澳海关致函内务部秘书，谓布冧埠海关接到消息说，邝敬瑞因病需要在中国休养，短期内无法返澳，其子邝国平遂无法前来留学。而邝国平的档案也到此终止，此后澳大利亚的档案中也没有任何与他入境有关的信息。[①]

一九二八年十月九日，邝敬树（邝森彬）填表向中国驻澳大利亚总领事馆申办侄儿邝国平来澳留学护照和签证。

[①]　一九三七年，邝敬瑞回到澳大利亚，但其子没有跟随前来。此后，他也没有申请儿子邝国平前来协助经营占邝公司生意。见：James Fong [Chinese]，NAA: K1145, 1937/14。

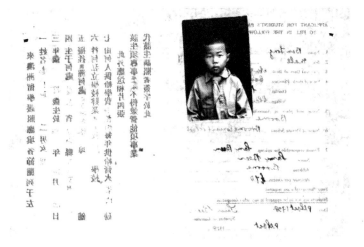

申请表背面所贴邝国平的照片。

档案出处（澳大利亚国家档案馆档案宗卷号）：

Fong, Ben - Student passport, NAA: A1, 1928/10345

f

f

陈莲鸟

台山中礼村

　　台山县中礼村的陈莲鸟（Chin Lin New，或者Chin Len New），出生于一九一八年九月十一日。其父名叫陈德荣（Chin Ack Wing），是在澳大利亚本土出生的第二代华人。[①]但不知他是否是父亲与移民到当地的西裔妇女通婚而生的混血儿，如果答案是肯定的话，就属于被称之为"半唐番"的第二代华人。就当时的澳大利亚法律而言，这些西裔妇女嫁给了华人，他们的国籍也会随之改变。[②]不仅如此，许多这样的中西通婚家庭，因种种原因，甚至还会把孩子送回到中国抚养和接受中文教育。二十世纪初年开始在雪梨（Sydney）华社著名的台山籍华人刘光福，便是这样的一位半唐番。[③]而许多

[①] Lew Heydarn [also known as Lew Hey Darn] [includes 2 photographs showing front and side views; left finger prints and left and right thumb prints], Chin Ack Wing and Go Shue Chong Wing [Issue of CEDT in favour of subjects] [departed ex TANDA from Sydney on 13 July 1932] [box 277], NAA: SP42/1, C1932/4864.

[②] 见：*Transnational Ties：Australian Lives in the World*，Edited by Desley Deacon，Penny Russell and Angela Woollacott，ANU Press，2008，pp. 115-134。根据安琪娜·邬莱蔻（Angela Woollacott）的研究，一九二一年从广东省香山县来澳留学的威廉林茂［昆士兰省汤士威炉（Townsville）林茂商铺老板之长子，中文名林快］，因与澳女阿格妮丝·布鲁尔（Agnes Breuer）结婚并由此回中国老家中山石岐度蜜月，在一九三二年离开汤士威炉回中国。在当时的"白澳政策"下，他与澳女之婚姻从一开始就受到澳大利亚官方的反对，一旦他离开澳大利亚，就不再发给他再入境签证，使他再也没有机会重返澳大利亚。而其妻自嫁给他之后，便自动地丧失了澳大利亚国籍，此后和政府打官司，闹得沸沸扬扬，才得以重获澳大利亚国籍。亦见粟明鲜："'白澳政策'下一个华商企业的传承与转型——澳档汤士威炉'林茂号'商行的个案分析"，载张秋生主编：《华侨华人研究》（2019），北京：中国华侨出版社，2020，页45-74。

[③] 详见郑嘉锐：《澳大利亚爱国华侨刘光福》，载《中山文史》第二十四辑。

这样的第二代华人，即便是在澳大利亚本土成长，仍然有许多人到谈婚论嫁时会遵照父命返回中国老家，与当地女子结婚；并在婚后也像其父辈一样，将妻小置于老家乡下，再返回澳大利亚创业经商，赡养家小。陈德荣就是这样，跟前面提到的朱焕明（Gee Fong Ming）情形相同。[①]

一九三〇年四月二日，鉴于儿子即将十二岁，陈德荣决定将他办来读书。他当天填表向已经搬到雪梨（Sydney）的中国驻澳大利亚总领事馆申请儿子陈莲鸟的中国学生护照及入澳签证。此时他居住在美利滨（Melbourne），并在唐人街上的小博街（Little Bourke Street）一百八十六号与人合股经营一间生果杂货铺，名为"新华昌"（Sun Wah Chong），他在其中占有相当的股份，并另有其他财产价值为五百镑，他就以此商铺及自身拥有之财产作保，承诺每年供给膏火七十镑，为儿子办理入读圣伯多禄书院（St. Peter's School），并呈递了该书院院长韩维廉（William Hunter）先生的录取函。

过了一个半月，中国总领事馆在审理完陈德荣递交上来的申请资料后，于五月二十二日由总领事宋发祥给陈莲鸟签发了号码为579/S/30的中国学生护照；他并于当天备函，将所有申请材料，包括上述圣伯多禄书院院长韩维廉的录取信，一并附上，向澳大利亚政府内务部申请这位中国学生的入境签证。而内务部接到上述材料后，便启动程序，一个星期后就下文给美利滨海关，调查陈德荣的个人情况。

六月六日，美利滨海关稽查官葛礼生（J. F. Gleeson）便完成了对陈德荣的调查任务，把报告提交给了内务部。报告显示，陈德荣出生于美利滨，现年四十三岁，由此可推算出他是一八八七年出生。目前他所经营的"新华昌"商铺，是多人合股，他本人占其中四分之一的股份，[②]资产价值为一千二百五十镑。此外，他在银行尚有五百镑存款。可见其资产比较富裕，有一定的财政能力。大约在八岁时（即一八九五年），他便被父亲送回到台

---

① 朱焕明的档案见：[Certificate of Exemption from Dictation Test - Fong Man or Gee Fong Ming], NAA: E752, 1917/21。

② "新华昌号"是美利滨唐人街上的老字号，早在十九世纪末年便开办，陈德荣的父亲是主要股东。此时应该是其父亲退休，由他继承父亲在商行中的股份，主持经营。

山老家，接受中文教育，一直到二十二岁，即一九〇九年，方才返回澳大利
亚。在美利滨住了两年后，他又返回中国，一九一三年再返回美利滨居住，
但在四年后又回去中国，时间长达十年之久，三年前即一九二七年才又回到
美利滨。由此可见，"新华昌"商铺是在三年前陈德荣返回美利滨后才接手
管理，由他接替父亲担任该生果栏司理（亦即经理）。过去一年的营业额为
七千镑，进口货品价值三千镑，存货价值亦为三千镑。

在递交担保声明时，陈德荣需要一位财务保人的签名，为此，他请朋友
雷瀼（Louey Young）担负此责。①这是一九二六年实施的《中国留学生章程》
新规中的一个特别要求，类似于连坐法，即一旦中国留学生监护人因故无法
履行支付所需款项，则其财务担保人就有责任代其付讫所余金额。为此，在
葛礼生给内务部的报告中也一并将雷瀼的基本情况作了一个汇报。雷瀼现年
四十五岁，来澳发展已有三十年，换言之，他来澳之年份当在十九世纪与
二十世纪之交，当时还是一名十五岁的少年。他现在是唐人街上"同昌"果
栏（Hoong Choeng Banana & Fruit Merchant）的司理，持该果栏一半的股份，
价值为一千镑；此外，他也在鸟修威省储蓄银行有四百镑之存款。他与陈德
荣一样，与周围商铺及顾客的关系很好，颇有口碑，是遵纪守法的商人。

待再次通过海关出入境记录确认了陈德荣的上述情况之后，内务部遂于
七月一日函复中国总领事宋发祥，核发给陈莲鸟来澳入境签证。中国总领事
馆在接到退回来的铃盖签证的护照后，便将其邮寄到陈莲鸟的家乡。经过一
番准备，陈莲鸟被家人从台山送到香港，乘坐"彰德"（Changte）号轮船，
于这一年的十一月十四日抵达美利滨入境。

本来陈德荣是想给儿子进入一间颇有影响力的私校读书，可是等到
一九三一年的新学年开学后准备去上学时，原来已经注册好的那间圣伯多禄

---

① 雷瀼年龄与陈德荣相若，一九〇一年由已在澳大利亚经商的父亲安排，从广东省新宁县来到
美利滨发展，随后在父亲创办于小博街上的"新广盛"（Sun Kwong Sing）号商行工作，协助
父亲经营生意。见：Application for Exemption Certificate. Louey Young, NAA: B13, 1910/2177;
YOUNG Louey: Nationality - Chinese: Date of Birth - 1884: Arrived per HWAH PING: First registered
at Thursday Island, NAA: MT269/1, VIC/CHINA/YOUNG LOUEY/4; Sun Kwong Sing and Co:
Exemption of staff, NAA: A433, 1947/2/4330; Sun Kwong Sing and Company - part 2, NAA: A2998,
1952/871。

书院突然关停不办了。陈德荣认为美利滨城里的学校都不太适合像他儿子这样的英语初学者，他便将儿子送往西距美利滨三百公里的域多利（Victoria）省西部牧区重镇夏马顿（Hamilton）公立学校读书。由于此时中国学生来澳只能注册入读私校，不能上公立学校，他通过中国总领事宋发祥，向内务部长申请特别通融六个月的时间，希望能特事特办；过了六个月的时间，他就会给儿子找好一间私立学校。之所以要将儿子送到那个地方，是因为那里有他的一位也是姓陈的朋友，或许也是同乡或同宗，叫T. C. Chinn，是一位草医，在当地颇有一些声望，[①]其女儿此时正好在该镇公立学校教书，故陈德荣将儿子送过去，就是为了让陈小姐教陈莲鸟英语。

内务部接到这样的申请，自然觉得不合规定，也对陈德荣不在美利滨城里为儿子找一家私校感到不解，便指示海关前往夏马顿调查一下，看那里是否有私立学校。他们的意思是，即便陈德荣将儿子送到西部牧区夏马顿，也应该为其注册进入当地私校才符合规定。可是，海关的调查拖延时日，待到汇集齐资料，已经到了六月底。既然如此，内务部也就顺水推舟，催促陈德荣赶紧报上为儿子所选定的私校。七月二日，陈德荣终于将陈莲鸟安排入读夏马顿男校（Hamilton Boy's College），每年学费二十四镑，上学时间从早上九点到下午四点。根据校长的报告，这是一位话语不多的学生，但学习态度认真，总是试图尽其所能做得最好，半年时间里，英语会话能力大幅度提高。他在此一直读到一九三一年底。

可是，陈莲鸟在这一年学期末结束后就回到了美利滨，跟父亲住在一起。开始时，无论是夏马顿男校还是内务部，都以为他就是回到美利滨度假而已。但在一九三二年新学年开学后，没有见到陈莲鸟来上学，学校经联络美利滨的"新华昌"商铺，才得知这位在夏马顿读了一年书的中国学生就留

---

① 该草医全名是Tong Coon Chinn，生于一八六六年，早在一八八四年便来到澳大利亚，一九二十年代在美利滨及夏马顿等地行医。见：CHINN Tong Coon Timothy - Nationality: Chinese - Arrived C. 1884, NAA: B78, CHINN/T。此外，据澳大利亚学者侯诗妩（Carol Holsworth）对十九世纪末二十世纪初在域多利省（Victoria）乡镇执业的中草医业者的研究，亦可见T C Chinn在上述地区行医的踪迹。见：Carol Holsworth, "Chinese Herbalists in Victoria: 1850s-1930s", in https://chineseruralvictoria.wordpress.com/category/chinese-herbalists/。

在美利滨上学了，不再返回夏马顿男校。当五月份内务部照常发文该校询问其陈莲鸟在校表现时，该校校长才据实报告。为此，内务部遂下文海关，嘱查询这位中国留学生到底去了什么学校，以及他在校的表现情况。直到月底，美利滨海关才在美利滨城里律师街（Russell Street）上的司铎茨商学院（Stott's Business College）找到了陈莲鸟。原来，他在美利滨度过了暑假之后，就不愿意再返回乡村般的夏马顿，而选择注册入读司铎茨书院的普通教育课程。该校的学费是每季度七镑七先令，上学时间是上午九点半到下午一点，中午一个小时吃饭休息时间，然后再从两点上到四点。虽然该院院长马修士（V. J. Mathews）表明该生在校学习认真刻苦，总是按时完成作业并仔细检查，算得上是好学上进的学生，但因这次转学并没有事先知照夏马顿男校，也不通知中国总领事馆其去向，因此受到海关人员的警告，要求陈莲鸟此后无论做什么，必须事先知照中国总领事馆。由是，他在此学院读到年底，也顺利地拿到了下一个年度的展签。

一九三三年，新学年开学两个月后，陈莲鸟要回国探亲，先向美利滨海关提出再入境签证，由海关转请内务部考虑。对于这样的申请，如果没有什么违规的事情，而且该生还正式提出申请，并且也有司铎茨商学院接受其休学回来后重新注册入读的录取信，一般情况下都是可以获准的，签证的条件都是自离境起到十二个月内有效。[1]于是，四月一日，陈莲鸟在美利滨搭乘"吞打"（Tanda）号轮船，转道香港，返回家乡。

在一九三四年四月一日之前，陈莲鸟并没有回到澳大利亚，重返美利滨的司铎茨商学院念书。他的父亲陈德荣于五月十四日报告海关和内务部，对其子没有在规定的时间内回到司铎茨商学院读书表示道歉，但表明其子还是很愿意回来继续学业，希望再给他核发一个入境签证。也许内务部碰到此类情况太多了，这些学生不能按期返回，皆各有各的原因和理由，也就不以为意，再次将陈莲鸟的入境签证展期一年。

陈莲鸟的档案到此结束，此后再也找不到他的信息。换言之，他此后再

---

[1] Chin Lin [Len] New（Chinese student）ex "Changte" November 1930 - Re Visit to China per "Tanda" April 1933 and return to Australia, NAA: B13, 1933/9548。

未前来澳大利亚完成学业。也许他此时正在中国就读，或者到了香港或者澳门接受教育，因为当时四邑的海外华人中，有许多人是将子女送到香港或澳门读书的。陈莲鸟在澳留学总计不到两年半的时间。

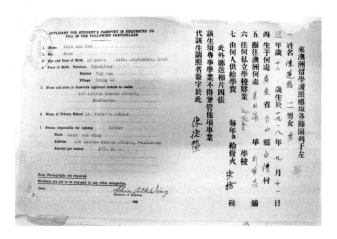

一九三〇年四月二日，陈德荣为儿子陈莲鸟申办中国护照和入境签证填写的申请表。

一九三〇年五月二十二日，中国驻澳大利亚总领事宋发祥给陈莲鸟签发的中国学生护照。

档案出处（澳大利亚国家档案馆档案宗卷号）：

Chin lin new – Students Passport, NAA: A1, 1934/5220

邝锦棠

台山岭背村

邝锦棠（Kam Hong）生于一九一八年十二月九日，台山县岭背村人。其父邝兴利（Fong Henly）早在一八九七年便跟随乡人的足迹到澳大利亚发展，最终定居于西澳的珍珠养殖基地布冧（Broome）埠，开设一家小型果蔬杂货铺，就以他的名字命名，叫"邝兴利号"，在经营上亲力亲为。[1]同时，他也兼充裁缝，还有其他的经济来源。

儿子年满十岁之后，邝兴利希望能让他接受西方教育，决定将其办来澳大利亚留学，到他所在的西澳布冧埠教会所办的学校读书，便于一九二九年二月四日填妥表格，附上天主教学校（Convent School，亦即苏姑庵堂学校）校长在一月三十一日开出的录取邝锦棠入学的确认信，向中国驻澳大利亚总领事馆申办其子之留学护照与入境签证。为此，他以自己经营的"邝兴利号"商铺作保，承诺提供足镑膏火给儿子，即其子在澳留学期间除了吃住皆与他在一起之外，他全程负担所有学杂费用。

接到上述申请后，中国总领事馆便作了审理。但因担任总领事长达十余年的魏子京去职，新任总领事宋发祥尚未到任，签发护照一事有所耽搁。直到四月三日，一位代理馆务的刘姓领事才以代理总领事的名义，给邝锦棠签发了中国学生护照，号码是535/S/29。第二天，他致函内务部秘书，附上邝锦棠的护照和相关材料，为其申请入境签证。

---

① Fong Henly [Chinese], NAA: K1145, 1916/148。

内务部接到申请后，便进入核查程序。按照指示，西澳海关首先于五月二十日向内务部报告了邝兴利的出入境记录：一九一七年三月十七日从布寏出境回中国探亲，到一九一九年十月二十九日方才返回布寏，前后达两年半之久。邝锦棠是在其回中国一年半后出生，此时，邝兴利尚在中国，由此可见二人之间的父子关系毋庸置疑。次日，海关再次报告对邝兴利财政状况的调查结果。上述"邝兴利号"由其本人独资经营，资产价值六百镑；此外，他还在香港的一间裁缝店有股本，价值九百镑，故其总资产为一千五百镑，有良好的信誉。上述情况表明，邝兴利充当监护人和财政担保人毫无问题。由是，内务部遂于六月四日回复中国总领事馆，批复了邝锦棠的签证申请。

在中国的邝锦棠接到护照后，其家人便开始为其赴澳作安排。鉴于他年幼，须有人陪同方可长途航行；因从香港出发的班轮没有直驶西澳的航线，只能在新加坡中转，为此，其家人花费了一年的时间才找好同行成人。一九三〇年七月二十四日，年近十二岁的邝锦棠搭乘从新加坡起航的"明德鲁"（Minderoo）号轮船，驶抵布寏，顺利入境。

从一九三〇年八月四日开始，邝锦棠便注册入读苏姑庵堂学校。学校最初对其在校表现只是认可，因其入学前未学过英语，故在第一年里，学校花费了额外的精力辅导他，但进步不明显；直到第二年，他的英语才有了一些起色。按照校长的说法，这位中国小留学生资质平平，在校表现不出色。只是到了第三年，他的英语才有了提高，但却因与一位在校的菲律宾裔学生在放学路上争吵打架，最后闹到警察那里，他被判错在先，为此，邝兴利还被特别警告要严格教管好自己的儿子。

一九三三年六月二十日，中国驻澳大利亚总领事陈维屏致函内务部，要求将邝锦棠转学到布寏公立学校（Broome State School）。理由是邝兴利认为天主教学校的学费高昂，但教学质量堪忧，其子在此校三年，相较于在公立学校就读的亚裔学生，其进步缓慢，学识水平不在一个档次；同时，上述打架事件也造成了其子在校不安心，唯恐还会造成另外的麻烦。为了其子之前程，他希望能允许其子转学到公立学校，哪怕是缴纳与天主教学校相同的学费，亦在所不惜。陈总领事认为，虽然《中国留学生章程》新规不允许中国学生入读公立学校，但考虑到教育的目的，并且同样缴费，请求内务部将此作为特例考虑。内务部接函后，交由西澳海关派人调查并给出意见。八月三日，海关报告说，布茱公立学校的教育质量确实不错，但他们无法评说私校与公校哪家最好；而公立学校目前的在校亚裔学生有八人（五名日本人，三名中国人），但皆为当地出生者。过了两天，西澳省教育厅长给出了他的意见：鉴于现在邝锦棠的英语能力大为提高，已经无须教师进行英语特别辅导，故同意将其转学到公立学校，这样他就可以跟其他当地学生一起念书。但内务部长没有接受上述建议。八月二十二日，内务部秘书复函陈维屏总领事表示，内务部长考虑到如果这样做的话会为中国学生违规开了缺口，最终否决了上述申请。

既然如此，邝兴利无话可说，只能让儿子邝锦棠继续留在苏姑庵堂学校念书。除了在一九三三年下半年他因摔了一跤伤了胳膊而住院治疗及在家养伤达三十九天之外，其余的时间里，他在校表现都不错，校长给予的评价较之以前要好很多，并特别称赞他在英语的读写方面都有了很大的进步。就这样，他在这里又读了将近两年的时间。

一九三五年五月八日，邝锦棠在布茱埠登上他五年前乘坐来澳留学的同一艘轮船"明德鲁"号，跟随父亲以及来探亲的母亲一起，离开了留学近五年的澳大利亚，返回中国。[①]走之前，他既没有知会内务部，也没有告诉中国总领事馆，自然也没有申请再入境签证。这一年，他才十七岁，按照《中国留学生章程》新规，他距离规定的中国在澳留学生年龄二十四岁的上限尚有许多年的空间，还有机会再返回澳大利亚读中学或者专科院校，但他没有表明自己有这样的意愿。此后，澳大利亚的档案中也没有了他的记录。

---

① Fong Henly [Chinese], NAA: K1145, 1935/17。

一九二九年二月四日，邝兴利填表向中国驻澳大利亚总领事馆申办邝锦棠的留学护照与签证。

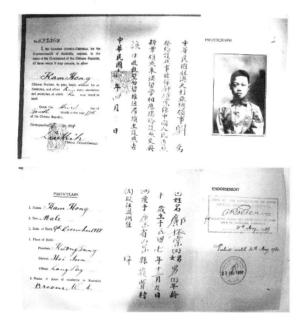

一九二九年四月三日，中国驻澳大利亚总领事馆代理馆务
的刘领事以代理总领事的名义给邝锦棠签发的中国学生护照。

档案出处（澳大利亚国家档案馆档案宗卷号）：

Kam Hong - Chinese Student, NAA: A1, 1935/93

彭自谦

台山龙安里

　　彭自谦（Pang Jee Him）是台山县龙安里人，生于一九一九年九月九日。龙安里这个地名，在台山县有好几个，比如在台城镇、广海镇、白沙镇下属的村庄，都有一个龙安里。根据台山彭姓的分布情况来看，是以台城和广海较多。从另一份档案资料来看，彭自谦的家乡龙安里，应该是属于广海镇。[①]

　　他的父亲叫彭洪湛（Pang Hung Jarm），大约在一九二三年五月去到澳大利亚。[②]彭洪湛当时不是去那里读书，而是因为其父（也就是彭自谦的祖父）早年于十九世纪末赴澳，最终在雪梨（Sydney）华埠矜布炉街（Campbell Street）八十号开设了一间"新兴栈"商行（Sun Hing Jang & Co.），主营进出口贸易（经营中国土货）。[③]当时彭洪湛是以工作签证申请来澳，到父亲的这间商行协助经商做簿记。随后，彭洪湛的父亲可能以年老要回中国探亲为由，成功地申请到其子留下来代其经营这间商行，成为该商行的经理。实际上，这也是当年许多老侨想让自己的子侄辈来澳接班的惯常做法。当然，以这种方式留下来替工之老侨子弟或亲戚，仍然是外侨身份，不是长期居留身

①　参见PANG，Wai Ching [Nancy Pang]：Student exemption certificate，NAA，A433 1940/2/841。

②　Hung Jarm Pang [Chinese - arrived Sydney per SS VICTORIA, March 1926. Box 37], NAA: SP11/2, CHINESE/PANG HUNG JARM [1]。

③　早在一八九五年，新兴栈就是雪梨城里的著名华人商行，参与雪梨医院的筹款捐建活动，在捐款排名中靠前。见："签银题名"，载雪梨《广益华报》（The Chinese Australian Herald）一八九五年九月六日，第六版。早期，新兴栈商行开设在必街（Pitt Street），进入一九一十年代后，才搬迁到矜布炉街。

份，需要每年申请延签。

一九三〇年十二月五日，鉴于儿子彭自谦已经满十一岁了，彭洪湛决定要将他办理来澳留学，遂于当天填好护照申请表，连同相关的资料证明等，递交给已经从美利滨（Melbourne）搬迁到雪梨的中国驻澳大利亚总领事馆，申办儿子的来澳留学事宜。他以目前自己接手经营的"新兴栈"商行作保，承诺每年供给儿子来澳留学膏火八十镑，准备让他入读雪梨的华英学校（Chinese School of English）。中国总领事馆接到上述申请后，当天便给彭自谦签发了号码为594/S/30的中国学生护照，同时立即致函澳大利亚内务部，代其申领入境签证。

内务部接到申请后，立即就给予了处理。经过档案查证，当局认为彭洪湛是以临时短期工作签证来澳的，来澳时所申请签证的性质也只是一间小商行的普通职员而已，这已经不符合《中国留学生章程》中的相关条例；再者，按照章程条例，凡年在十岁至十五岁之中国留学生，如欲来澳留学，其监护人亦即其父（母）须为澳大利亚之长期或永久居民，方可获签。基于上述原因，内务部于十二月十五日函复中国总领事馆，拒绝了该项申请。

无论是中国总领事馆还是彭洪湛本人，接到上述拒签函后都唯有接受现实。但是，当次年新学年开学后，彭洪湛将此消息告诉了华英学校校长戴雯丽（Miss Winfred Davies）小姐，这位校长就有点儿愤愤不平了，觉得是内务部跟她的学校过不去，遂于一九三一年四月二十日致函内务部秘书助理，想再争取一下。她在信中表示，尽管彭洪湛八年前是以普通店员的身份获签来到雪梨，进入他父亲开设的这间商行工作，但其父回中国探亲后，他已经全面接手这间进出口贸易商行。因此，她希望内务部考虑到这个情况，将此作为特殊案例处理，为签发其子之来澳留学签证提供方便；另一方面，她也从自己学校的经营状况考虑，请内务部支持她的学校维持经营。由于近年来的经济危机，财政吃紧，原本她这间华英学校里的许多中国学生都被迫中止学业，返回中国去了；加上在一九二六年中实施《中国留学生章程》新规之后遗症逐渐显现，获准签证来澳留学之中国学生人数锐减，导致学生人数急遽下降，维持经营压力增大。因此，她迫切希望有相当数量的中国留学生来澳留学，尤其是到雪梨进入她所开设的这间学校念书，从而维持学校的正常运转。为此，她希望内务部能够核准彭自谦的入境签证，以便其来澳留学，这也是支持她继续办学的一项保证。

但戴雯丽校长的努力没有奏效。次日，内务部秘书助理便复函说，尽管她的请求值得同情，但按彭洪湛的身份以及现有规定，实在无法破例。由是，彭自谦最终无法来澳留学。

一九三〇年十二月五日，彭洪湛递交给中国总领事馆的彭自谦来澳留学护照与签证申请表。

一九三〇年十二月四日，中国驻澳大利亚代理总领事李明炎给彭自谦签发的中国学生护照。从日期上看，似乎有倒签日期的嫌疑，因为所有申请材料的递交日期都是十二月五日。

档案出处（澳大利亚国家档案馆档案宗卷号）：

Pang Jee HIM - Students passport, NAA: A1, 1930/11432

雷国庆

台山百亩涌村

生于民国八年（一九一九）十二月十二日的雷国庆（Louey Kuo Hing），是台山县百亩涌村人，但住在公益埠，可能是父母在该埠经商，故全家移居此地。他的伯父名叫雷宜爵（David Louey Harng），年轻时跟随乡人从家乡乘船南渡，于一九〇〇年十二月一日抵达美利滨（Melbourne）埠上岸，开始了在这块新大陆的人生之梦。[1]凭着聪明与能干，不几年间便成为美利滨唐人街上主营果蔬批发的有力商家，在律师街（Russell Street）一百八十五至一百八十七号上与人合股开设"者利顿果栏"（Geraldton Fruit Co.），财务实力强大。不仅如此，雷宜爵亦是美利滨华人社区的领袖人物，也是民国初年国民党支部的负责人之一，颇有人缘。此外，他还热心公益，除了在本地华人社区各项活动中出钱出力之外，在民国初年四邑地区历次赈灾活动的捐款人中，都可以见到他榜上有名。

一九三〇年，雷国庆就要满十一岁。这一年，雷宜爵因在美利滨的果栏生意扩展，需要帮手，遂召在家乡的弟弟亦即雷国庆的父亲雷永仲（Louey Wing Chong）前往帮工，也获得了澳大利亚当局的批准，获得一年的入境签证。于是，雷宜爵便想顺便将侄儿雷国庆一并办来美利滨留学。四月七日，他准备好担保人声明，填好申请表，递交给已经搬迁到雪梨（Sydney）的中

---

[1] LOUEY HARNG David - Nationality: Chinese - Arrived Melbourne per Cesterly 01 December 1900 Departed Commonwealth on 23 July 1954, NAA: B78, CHINESE/LOUEY HARNG DAVID。

国驻澳大利亚总领事馆，为侄儿雷国庆申领中国学生护照及入境签证。他以自己经营的生意价值达两千镑的"者利顿果栏"作保，承诺每年提供给雷国庆膏火全费镑（他在英文栏里具体说明是一百二十五镑），作为其在澳留学期间的学费、生活费及其他方面的开销，包括医疗保险费等。至于侄儿来澳入读的学校，他已经联络好了位于唐人街上的美利滨小博街长老会书馆（P. W. M. U. School，Little Bourke Street），并已获得校长的录取信。

　　当时的中国驻澳大利亚总领事是宋发祥，他就任之后主持了中国总领事馆从美利滨迁往雪梨的事宜，此前在美利滨时也与当地华人社区领袖时相过从，对雷宜爵也很了解，故在接到上述申请后，一边处理搬迁后的相关事宜，一边核实材料，在确认所有条件都具备之后，便于八月二十六日给雷国庆签发了中国学生护照，号码是587/S/30。次日，他将申请材料与护照，备函寄送联邦政府内务部秘书为雷国庆申领入境签证。他在信中表示，雷宜爵因经营"者利顿果栏"，经济实力雄厚，作为申请来澳留学的雷国庆的伯父，他不仅是担保人，也是监护人。更重要的是，签证申请者的父亲雷永仲已经获得了澳大利亚入境签证，即将前来工作，协助其兄长雷宜爵经营生意；届时，作为留学生之亲生父亲，他也同样可以担当监护人的职责。从宋总领事的角度来说，上述理由已经很充分，内务部应该会很快批准，在递交上来的护照上钤盖签证印章。

　　但结果并不像宋总领事所期望的那样。内务部接到上述申请后，很快便作出了处理。对于雷宜爵的经济实力，内务部毫无异议，根本不用像对待其他申请者那样，要从几方面核查。尽管如此，内务部仍然照章办理，一点儿也不通融。按照《中国留学生章程》新规，十岁至十五岁的中国学生来澳留学，确实没有要求须具备英语知识的能力，但却表明要有父母陪同，而且其父母还须是具有澳大利亚长期或永久居留权者。内务部认为，即便雷国庆将会由父亲陪同前来，其父也已经获得入澳签证，但仅仅是来短期居留，而非长期居民，因此，他并不符合上述要求。九月二日，内务部秘书函复宋发祥总领事，告知内务部长根据上述理由，拒绝了这一申请，并且强调说，这也是最后决定。

　　此后，再未见到与雷国庆相关的档案，也未见到雷宜爵及宋发祥总领事对此事提出申诉。显然，他们已经意识到无法更改这一决定。至于雷国庆的父亲雷永仲，在得知儿子无法赴澳留学之后，便按期于这一年的年底从香港搭乘"太平"（Taiping）号轮船抵达美利滨，给兄长的"者利顿果栏"打了两年工。在此挣了一笔钱后，他于一九三二年十一月再乘坐"彰德"（Changte）号轮船返回中国。[①]

一九三〇年四月七日，雷宜爵为侄儿雷国庆申办赴澳留学填表申请护照和入境签证。

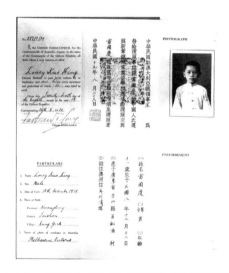

一九三〇年八月二十六日，中国驻澳大利亚总领事宋发祥给雷国庆签发的中国学生护照。

档案出处（澳大利亚国家档案馆档案宗卷号）：

Louey Kuo Hing-students passport, NAA: A1, 1930/8983

---

① Louey Wing Chong - Arrival Melbourne per "taiping" December 1930 - Departure per "Changte" November 1932, NAA: B13, 1930/2651。

雷泰、雷振培兄弟

台山（村名不详）

　　雷泰（Louey Hie）和雷振培（Chin Joy Louey）是亲兄弟，前者出生于一九二〇年三月二日；后者则是一九二七年九月二日出生。档案上只说他们是台山人，但没有写明其具体的村名。因雷姓在台山是大姓，分布较广，无法确认其到底是哪一个村子，只好付诸阙如。他们的父亲是一八七二年十月三十日出生的雷企（Louey Kee），在其二十四岁的年纪时，便跟随乡人去到香港，搭乘"长沙"（Changsha）号轮船，一起前往澳大利亚发展，一八九六年十月二十三日登陆美利滨（Melbourne）。[①]经一番拼搏后，他便在这里扎下根来，最终在美利滨城里的小兰地街（Little Lonsdale Street）二百九十七号开设了一间生果杂货商行，叫做"雷记"（Louey Kee）。

　　一九三七年三月，雷企回中国探亲。可是，因在此期间中国国内形势大变，使得他不得不于次年一月提前返回澳大利亚。这主要的事件是在七月份，北平发生卢沟桥事变，由此中国进入全面抗战时期，广东的形势也越来越紧张。自一九三八年一月底返回澳大利亚之后，雷企就十分担心在台山的家人安全以及子女们的教育问题，遂决定将即将十八岁的雷泰和十岁的雷振培两个儿子一起申请来到美利滨读书。

　　有关其申请护照和签证的材料阙如，也不清楚澳大利亚政府内务部是如

---

① KEE Louey-Nationality：Chinese-Arrived Melbourne per Changsha 23 October 1896，NAA：B78，KEE/L。

何评估其监护人身份及财务状况，但从档案上披露出来的雷企几次回国探亲的出入境时间来看，内务部认可了他与两位孩子之间的父子关系：其一，他曾于一九一八年六月二十一日从美利滨乘坐日轮"安艺丸"（Aki Maru）回国，到一九二〇年六月二十八日乘坐从香港起航的"太原"（Taiyuan）号轮船返回美利滨，其子雷泰便是在他返回澳大利亚前的三个月出生；其二，一九二六年十月十二日他搭乘"太平"（Taiping）号轮船离开美利滨回国探亲，两年后从香港登上"天吁"（Tanda）号轮船，于一九二八年十月一日回到美利滨，可见他是在儿子雷振培出生之后才离开家乡返澳的。至于财务状况的核查，因无资料无从得知，但雷企已经经营上述"雷记"号商行多年，想来应该是通过了内务部的评估。雷泰此时即将十八岁，按规定应该提供具备基础英语学识能力的证明，档案中亦无此方面的记录；但在内务部给中国总领事馆的一封回函里，内务部秘书特别强调待雷泰入境时，应接受海关人员的面试，以确定其英语能力。由此观之，可能因为中国的紧张局势，雷泰一时间无法提供所需证明，中国总领事馆与内务部协商后，建议如内务部秘书函中所提到的操作形式，以便他们能尽快前来留学，进入雷企事先为两个儿子选定的基督兄弟会书院（Christian Brothers' College）读书。由此也反映出这样一个事实：雷泰此前在家乡或者省城于就读的学校里已经学过英语，或者就读的便是中英双语的教会学校。

待内务部通过签证预评估后，中国总领事保君建于一九三八年九月十五日给雷家哥俩分别各签发了一份中国学生护照，雷泰的护照号码是437734，雷振培的则是437735。内务部在收到上述护照后，于九月二十七日分别在两份护照上钤盖了签证章，再退回给中国总领事馆。后者便按照雷企的指引，将护照寄往指定的香港商行，亦即雷企信得过的金山庄。可能这个时候雷家哥俩就已经从形势日益紧张的家乡到了香港，等待赴澳。因为这个时间段正好是日军于十月中旬登陆大亚湾进攻广东、占领广州之时期，其时兵荒马乱，水陆道路遮断。如果他们仍然待在家乡台山，即便当时四邑尚处于抗战后方，但赴港的陆路和海路都被日军封锁，要突破并非易事。故从时间上推断，雷家哥俩是在日军进攻广州之前便已赴港等候，或此前便已被送到香港念书。因此，他们在接到由中国总领事馆寄来的旅行文件后，就立即购好船票，搭乘前往澳大利亚的班轮"利罗"（Nellore）号，取道菲律宾的首府马尼剌（Manila），于当年十一月二十八日抵达美利滨入境，[①]住进父亲在小兰地街的商铺，开始了其在澳留学生涯。当然，雷泰在入关时，顺利地通过了移民局官员的面试，表明他确实已经具备基础的英语学识能力。

自一九三九年新学年开始，雷家哥俩按照父亲的安排，进入位于美利滨城北的基督兄弟会书院念书。他们在这间学校里按部就班地读了近两年，于一九四〇年十月底向内务部申请转学到位于城西的圣占士书院（St. James School），也获得批准，于次年开学后正式入读该书院，然后在这里读了一个学年。

事情在一九四一年底因国内外形势大变而朝着不同的方向发展。这一年十二月八日，美国在珍珠港的海军基地受到日军突袭，太平洋战争爆发。随即澳大利亚也受到日军威胁和袭击，澳大利亚立即对日宣战，与已经全面抗击日本侵略逾五年之久的中国成为了盟国。由是，自一九四二年起，澳大利亚对所有此时滞留在澳大利亚的来自盟国的留学生、商人及其他人士都提供了三年临时签证，有效期至一九四五年六月三十日；如果期满战争尚未结束，再自动续签二年。

作为上述签证的受益者，二十一岁的雷泰当即就从学校结业，然后进入父亲的商行协助工作；雷振培因年幼，继续读书，战后也从圣占士书院中学毕业，进入司铎茨商学院（Stott's Business College），选修打字、簿记和速写等课程，到一九四七年中结业。也就在这一年，雷泰正式成为父亲雷企的"雷记"商行店员，雷振培随后也进入商行协助工作，都获得了五年期的商务签证。在一九四九年之前，兄弟俩都分别返回台山和香港成亲，[②]但家属当

---

① LOUEY Chin Joy - Nationality: Chinese - Arrived Melbourne per Nellore 18 November 1938 Departed Commonwealth on 08 October 1948, NAA: B78, CHINESE/LOUEY CHIN JOY。

② Chin Joy Louey - Chinese - departed 23 October 1948 from Cairns aboard CHANGTE, NAA: BP210/2, CHIN J.。一九四八年十月，获得五年长期工作签证的雷振培跟着父亲一起回国探亲，自然也由此奉父命在家乡结婚。见：LOUEY Kee - Nationality: Chinese - Arrived Melbourne per Unknown 23 October 1896 Departed Commonwealth on 08 October 1948, NAA: B78, CHINESE/LOUEY KEE。

时并不能前来。进入二十世纪五十年代，尽管他们已经获得澳大利亚永久居民资格，申请妻小赴澳团聚之事却屡屡遭到移民局拒签。只是在六十年代中期他们相继加入澳籍之后，才得以将妻子和子女最终申请来澳。

一九三八年九月十五日，中国驻澳大利亚总领事保君建给雷振培签发的中国学生护照中文页和英文页。

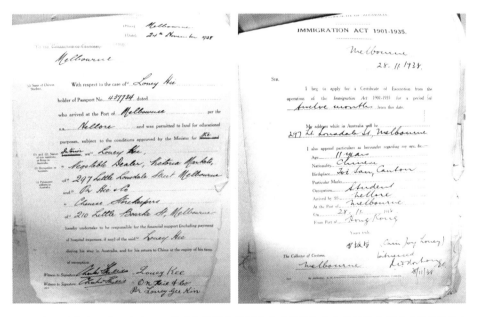

一九三八年十一月二十八日，雷泰和雷振培哥俩乘坐"利罗"号轮船抵达美利滨时所填写的入境卡。

一九三九年九月二十七日，雷企申请的外侨登记卡。

档案出处（澳大利亚国家档案馆档案宗卷号）：

LOUEY, Chin Joy, NAA: MT929/2, V1957/61664

雷　照

台山兴隆村

　　雷照（Louie Joe），台山县兴隆村人，民国十一年（一九二二）十月出生，但英文上则写明是一九二一年十月出生。如果后者是正确的话，那就是填表时笔误，或者是换算错误，误将一九二一年换算成民国十一年（实际上应该是民国十年）。他的父亲名叫雷安（Louie On），出生于一八八三年，[①]大约是在一八九九年前后便来到澳大利亚闯荡，从昆士兰省（Queensland）首府庇厘士彬（Brisbane）登陆入境，[②]最终定居于雪梨（Sydney），从事蔬菜水果的生意。但他不是经营果蔬店铺，而是从事果蔬的中介服务。

　　一九三三年二月四日，雷安向已从美利滨（Melbourne）搬迁到雪梨的中国驻澳大利亚总领事馆提出申请，办理儿子雷照前来雪梨留学。他希望儿子能进入设在雪梨唐人街附近的唐人学英文学校（Chinese School of English）念书，并已经拿到该校校长戴雯丽小姐（Miss Winifred Davies）开出的录取信。为支持这一申请，他具结监护人和担保人声明，承诺每年提供儿子膏火一百镑，用于支付其在澳留学期间的学费、生活费、医疗保险及往返交通费用。中国总领事陈维屏接到上述申请后，略事审理，认为符合条件，便于两天之后致函内务部秘书，为雷照申请入境签证。

---

① On, Louie - Nationality: Chinese [Occupation - Gardener] [Born 18 June 1883] - Alien Registration Certificate No 70/16 issued 31 October 1916 at Longreach, NAA: BP4/3, CHINESE - ON LOUIE。

② Louie On [Chinese - arrived Brisbane, c. 1899. Box 37], NAA: SP11/2, CHINESE/ON LOUIE。

内务部接受申请后，便交由海关稽查部门对监护人的资格予以核对。海关的动作较快，二月下旬便有了结果。首先是雷安的财务状况较为稳定，他在联邦银行有存款，数额不小，达三百零五镑；此外，还在唐人街著名的"广和昌号"（Kwong War Chong & Co.）金山庄有存款一百三十镑。[①]上述存款表明，雷安负担其子之在澳留学费用不成问题。其次，雷安此前返回中国探亲的记录与雷照之出生日期相吻合。根据海关记录，一九二〇年九月二十一日，雷安从雪梨搭乘"太原"（Taiyuan）号轮船经香港回乡，到次年七月二十二日，再搭乘"获多利"（Victoria）号轮船返回雪梨。其子在他返回澳大利亚后三个月出生，二者逻辑关系清晰，他们之间的父子关系显然没有疑问。既然一切都符合规定，内务部遂于二月二十八日函复陈维屏总领事，批复上述申请。于是，陈维屏总领事便在三月二日为雷照签发了中国护照，号码为33/122580；当天他便将此护照寄送内务部，后者于四天之后便在护照上钤盖签证章，有效期一年。待上述手续办妥，中国总领事馆便将护照寄往中国，以便雷照的家人为其安排赴澳行程。

　　早就在中国等待上述文件的雷照家人，接到护照后立即寻找到同行监护之人，随即安排好船票，很快便将雷照送到香港，在此乘坐"利罗"（Nellore）号轮船，于五月二十二日抵达雪梨入境。雷安在海关将儿子接出来之后，便将他带到自己在中国城的德信街（Dixon Street）六百零四号的中介行物业住下，先熟悉环境，然后延请家教，恶补英语，再去上学。

---

① 广和昌商号创办于一八八三年，系由来自广东省香山（中山）县隆都涌头村的李春（Phillip Lee Chun）所开创和经营。一九一一年，广和昌号从金宝街（Campbell Street）迁到的臣街（Dixon Street）八十四号，一直延续至二十一世纪初，为雪梨唐人街著名的百年老店（现已成为雪梨历史文化遗产）。广和昌号的档案，见：Kwong War Chong and Company - Certificate of exemption - Staff [1cm], NAA: A433, 1950/2/3305。虽然广和昌号开办于十九世纪末，但根据鸟修威省档案馆（NSW State Archives & Records）保存的二十世纪初相关公司企业登记注册的记录，该商行在一九〇三年正式注册（见：https://records-primo.hosted.exlibrisgroup.com/permalink/f/1ebnd1l/INDEX1808898），并在一九〇四年对股东进行更新（见：https://records-primo.hosted.exlibrisgroup.com/permalink/f/1ebnd1l/INDEX1808896）。至于广和昌号创办人李春，也可在澳大利亚国家档案馆找到与其相关的档案：Lee, Chun [Chinese - arrived Melbourne（or Sydney）in 1895] [Box 4], NAA: SP605/10, 275。而原中山市侨办的郑嘉锐先生在他的一篇涉及在澳中山籍华人历史的文章中，称澳洲档案及报章中频频出现的李春之名实为李临春。见郑嘉锐："雪梨市中山华侨遗迹考察记事"，载《中山文史》，第24辑（1991年）。

一九三三年七月三日新学期开学，雷照正式入读唐人学英文学校。他年纪小，学英语上手快，入学前又抓紧过时间补习，因此，在学校里他的进步很快，校长戴雯丽小姐每次提交给内务部的例行报告，都对这位小留学生的表现予以好评。由是，他以上述良好表现在这间学校一直读到一九三五年年底学期结束。

但在上述学校的两年半的课程结束后，一九三五年十二月十四日，雷照突然就于雪梨港口登上来时所乘坐的同一艘轮船，返回中国去了。此时，他也就是刚刚满了十四周岁不久，按照《中国留学生章程》规定，他尚有近十年可在澳留学的时间。走之前，他既没有通知学校，也没有知照中国驻澳大利亚总领事馆，当然也没有申请再入境签证。此后，澳大利亚的档案中再也没有他的信息。是什么原因导致他此时离澳回国，不得而知。

左为一九三三年二月四日，雷安向中国驻澳大利亚总领事馆提交的申办儿子雷照来澳留学申请。右为一九三三年三月二日，中国总领事陈维屏为雷照签发的中国护照英文页及签证钤章。

一九三三年三月二日，中国总领事陈维屏为雷照签发的中国护照中文页及封面。

档案出处（澳大利亚国家档案馆档案宗卷号）：

Louie Jol - Student Ex/c, NAA: A1, 1935/1429

刘　植

台山凤冈村

　　刘捷维（Lew Dep Way）是台山县横水村人，约在一八九三年左右来到澳大利亚谋生。像许多来澳的台山人一样，他选择在美利滨（Melbourne）埠落脚，苦干经年，最终与一同来澳的兄弟合股，在唐人街上的小博街（Little Bourke Street）一百一十五号开设了"永兴隆"号（Wing Hing Loong & Co.）杂货铺，专营土货，并做进口代理，生意兴隆。[①]一九二一年澳大利亚实施《中国留学生章程》，开放中国学生赴澳留学，他的生意也正处于蒸蒸日上之际。但此时他儿子刘同春（Lew Tung Choon，或写成Lew Tung Chun，或Lew Hoong Chun）尚年幼，只能办来读书，[②]经营生意还需要从家乡另请人帮忙。于是，他在次年招了凤冈村的族侄刘宽生（Lew Fon Sam）作为永兴隆号的店员帮工，经内务部批准赴澳工作。刘宽生在其子刘植（Lew Jack）出生（一九二二年九月十五日）之前，就从台山去到香港，搭乘"衣市顿"（Eastern）号轮船来到美利滨。[③]由是，刘宽生在叔父刘捷维的"永兴隆"号商铺工作，每年展签，一待就是十年。在此期间，他只返回家乡探亲一次；一年内就又赶回美利滨，继续在叔父的店铺里工作。

---

① Ah Hong（Lew Dep Way）- Applied for Certificate for Exemption from Dictation Test, NAA: B13, 1934/21719。

② 刘同春的留学档案见：Lew Tung Choon - Student exemption, NAA: A433, 1941/2/540。

③ Lew Fon Sam - Extension of Certificate for Exemption from Dictation Test. Application for Lew Get Jole to enter Australia refused, NAA: B13, 1924/20345。

刘宽生在美利滨工作期间，也正好是一波一波的中国留学生涌入此地留学的时期，唐人街即是许多小留学生驻足和生活的地方，包括其族弟亦即叔父刘捷维的儿子刘同春也在这一期间于此读书和生活，使其对中国学生在澳读书、学成归国发展，有了直观的认识。而也就在这一转眼之间，他的儿子刘植即将满十一岁，遂决定办来澳大利亚读书。一九三三年七月二十四日，由刘捷维出面，向中国驻澳大利亚总领事馆提出申请，办理刘植的来澳留学事宜。刘捷维以刘植叔公的名义作为监护人和担保人，以自己在其中占有价值为二千镑股份的"永兴隆"号商铺作保，允诺每年提供膏火六十镑给刘植作为学费和生活费等相关的开销，要将其办来美利滨埠的圣若瑟书院（St. Joseph's School）念书，并为此早早就拿到了该书院院长出具的录取信。

位于雪梨（Sydney）的中国驻澳大利亚总领事馆接到上述申请后，一个星期后就审理通过评估，七月三十一日由总领事陈维屏将此申请材料汇总，致函内务部秘书，为刘植申请入境签证。由于此案的情况特殊，护照和签证的持有人与请领人非直系亲属，陈总领事便在信函中解释了刘捷维与刘宽生父子之间的关系，加上刘植到美利滨读书后也将与父亲一道，都是住在其叔公位于唐人街的店铺里，而刘捷维的店铺经营有方，颇有利润，其财政担保与资助能力毋庸置疑。内务部接到申请后，并没有像往常的处理流程一样先由海关税务部门核查，而是由主管官员在内部讨论后，于八月九日批复，核发刘植的入境签证。按照流程，陈总领事在接到上述内务部批复文后，会立即签发护照，然后送交内务部钤盖签证章。但检索整个档案宗卷，无法找到刘植的护照号码，因本档案宗卷里面刘植的护照缺失（有可能是其离境时携带而去），八月十一日陈维屏总领事在其递交护照的信函中亦未提及其护照号码，内务部在八月十七日正式在护照上钤盖签证章后的回函中亦同样未提及此号码。

在家乡的刘植接到护照之后，经过家人大半年的联络同行人与安排，最终让他乘坐从香港起航的"彰德"（Changte）号轮船，于次年（一九三四）五月十日抵达美利滨入境，开始其在澳留学生涯。而他的父亲刘宽生则因工作签证到期，没有续签，就在接到儿子入境并安顿其住宿及在学校注册之后，就结束了在"永兴隆"号的工作，搭乘载运刘植来澳的同一艘返航香港的轮船，于六月初返回中国家乡。[①]

在入境美利滨后，恰逢学校即将进入放假阶段，年近十二岁的刘植只是先由父亲带着前往位于美利滨内城边靠近美利滨大学的圣若瑟书院注册，其余时间则用来熟悉周边环境及陪伴即将离境的父亲，然后再于六月二十九日正式入学念书。根据年底书院院长提交的例行报告，刘植在校表现优异，勤奋好学，各门功课令人满意。由是，他在这间学校读了整整一年的书。到一九三五年九月，他转学到位于城里开设在唐人街的长老会学校（P.W.M.U. School），该校与"永兴隆"号商铺位于同一条街上。虽然他在此的学习态度与成绩一仍其旧，但仅仅读了四个月，到年底学期结束时就从该校退学了。一九三六年新学年开始，他又转学到矮山顿文法学校（Essendon Grammar School），同样是学习刻苦，功课优异。此后三年，他都以优异的成绩在这间学校度过，深受老师和校长喜爱。

在来澳四年半时间读了三家不同学校的中小学课程之后，从一九三九年初开始，十六岁的刘植转学进入美利滨工学院（Melbourne Technical College），先读预科，然后进入大专课程。大专阶段，他主修机械工程。一九四一年底太平洋战争爆发，澳大利亚政府给予所有在澳盟国人员三年临时签证。刘植的签证是每年五月申请展签，因此在一九四二年五月获得三年签证，之后因战争尚未结束再展签两年。

原内务部的业务于一九四七年由移民部接管之后，当局才开始与原先滞留下来的中国留学生接触，以便决定其去留。这一年的十二月一日，移民部的官员在接触了刘植之后，得知他目前还在美利滨工学院选修航空工程的大学课程，不过是函授性质。当然，已经二十五岁的刘植如此做的目的只是为了能给自己继续留在澳大利亚提供一个依据，移民部对此也心知肚明。而在平时的时间里，他则受雇于唐人街上的"远东酒楼"（Far East Café）。该酒楼由在澳出生的第二代华人Albert Gin经营，上一个财政年度的营业额为

---

① Lew Fon Sam ex "Eastern"（Melbourne）September 1922 - Departure from Commonwealth per "Changte" June 1934, NAA: B13, 1930/16258。

二千五百一十五镑，税后利润有四百二十七镑。移民部在得知刘植目前的情况后，并不愿意给他展签，而是催他返回中国。刘植意识到无法滞留下去，到一九四八年三月，他告诉移民部将在两个月的时间内安排船票返回中国，届时将会与他的另一个叔公，亦即"永兴隆"号商铺的另一个股东刘亚新（Ah Sing）同行，因后者亦计划回中国探亲。于是，移民部便将其签证展签到这一年的四月三十日。

但刘植还是在美利滨又多待了两个多月。直到一九四八年七月十日，他才在美利滨登上驶往香港的"山西"（Shansi）号轮船，告别在此学习和工作了十四年的澳大利亚，回返祖国。[①]此时，他即将满二十六周岁。

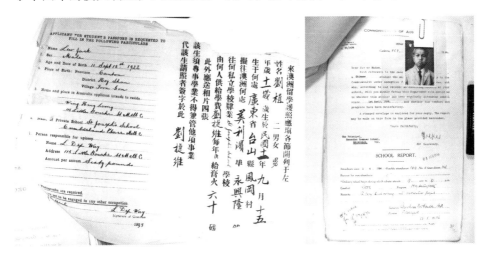

左为一九三三年七月二十四日，刘捷维以叔公的名义向中国驻澳大利亚总领事馆提出申请，办理侄孙刘植的来澳留学事宜。右为一九三六年刘植提供给学校的照片及校长例行报告。

档案出处（澳大利亚国家档案馆档案宗卷号）：

Lew Jack - Student passport, NAA: A433, 1947/2/6060

---

① Lew Jack - Chinese - departed 14 July 1948 from Brisbane aboard SHANSI, NAA: BP210/2, LEW J.

雷育英

台山龙安村

雷育英（Louey York Yen）是台山县龙安村人，生于一九二三年二月。他的父亲名叫雷耀廷（Louey You Hing），一八六七年七月三日生，年方十五岁时，便追随乡人步伐，从家乡来到澳大利亚谋生，寻求发展机会。[①]他从尾利畔（Melbourne）入境，经一番拼搏，得以在这个大埠立足发展并获得永久居民资格。随后，他与人合股，在尾利畔城里博街（Bourke Street）一百四十六号开设了一间餐馆，名为"广东阁"（Canton Tower Café），并在其中占股价值四百镑；到二十世纪三十年代，已有相当规模，生意稳定。[②]

到了一九三六年，眼见儿子雷育英已经十三岁，按照《中国留学生章程》的规定，十四岁以下的居澳华人在乡子弟前来澳大利亚留学，按例毋需提供基础英语学识能力证明，雷耀廷遂决定为其尽快申请办理赴澳留学。五月十六日，他备齐材料，具结财政担保书，以监护人的身份，填表递交给位

---

① HING Louey You: Nationality - Chinese: Date of Birth - 3 July 1867: First registered at Carlton, NAA: MT269/1, VIC/CHINA/HING LOUEY/4。

② 从这份档案宗卷所涉及的基本情况看，雷耀廷便是雷廷（Louey Hing），即与一九三〇年回国探亲期间向内务部提出申请要办理孙子雷文达（Louey Mon Dart）赴澳留学而被拒签的那个雷廷是同一人。而雷耀廷在孙子雷文达遭拒签后，便于次年回到澳大利亚（见：Louey You Hing [arrived ex CHANGTE in Sydney on 10 May 1931] [Issue of CEDT in favour of subject] [box 266], NAA: SP42/1, C1931/4841）。雷文达的留学档案见：Louey Mon Dark-students passport, NAA: A1, 1930/11269。鉴于此前雷耀廷所申请的孙子雷文达是一九一七年出生，那就意味着是在十九世纪九十年代他拿到澳大利亚的永久居留身份后回国结婚生子开枝散叶的结果，而此时雷育英作为其子，其出生年份较其孙子雷文达还晚了好几年，显然不可能是其原配所生，应是其偏房或继室所生。

于雪梨（Sydney）的中国驻澳大利亚总领事馆，申领儿子的赴澳留学护照和入境签证。他以自己投资并参与经营的广东阁餐馆作保，允诺每年供给儿子膏火银五十二镑，作为其来澳留学期间学费和生活费等各项的开支。鉴于当时规定所有留学生须入读缴费之私立学校，雷耀廷特别为儿子安排入读位于尾利畔唐人街（亦即小博街，Little Bourke Street）上的陈晚先生私校（Mr Chan's Private School）。该校实际上就是此前由基督教长老会主办的长老会学校（P.W.M.U. School），自然很乐意接受中国学生入读，并特别为雷育英出具了一份录取确认信。

中国驻澳大利亚总领事馆接到上述申请后，很快便审理完毕。五月二十三日，总领事陈维屏将上述申请材料转寄澳大利亚政府内务部，为雷育英请领留学签证。按照流程，内务部指示海关提供监护人暨财政担保人雷耀廷的财务状况调查报告及在雷育英出生年份前后的出境记录，作为批复该项申请之依据。七月三日，海关将调查报告提交给内务部。根据调查记录，雷耀廷是广东阁餐馆的业主，其雇员及小股东总计八人（包括他本人在内）；到本年六月三十日截止的上一个财政年度里，其营业总额为五千零九镑十一先令六便士，由此看来，算得上经营稳定；而其为人随和，操行好，属于克己守法公民。至于他与儿子出生年份相关的出境记录，可查到的是一九二一年一月二十二日出境前往中国，一九二二年五月五日返回美利滨。①

从上述报告中可以看出，雷耀廷经营的餐馆有一定的规模，虽属小本经营，但财务状况良好，完全可以担负起儿子来留学期间所需之费用；但内务部秘书却从其当年的出入境记录看出了问题：按照当时澳大利亚政府的规定，监护人和签证申请者须有亲缘关系，亦即血缘关系，不认可领养的父子关系。雷耀廷递交的申请表上所填写的儿子出生日期是一九二三年五月，而他本人从中国结束探亲回澳的日期是整整一年前，换言之，他不可能在离开中国十二个月后有一个儿子出生；而即便此时有人出生，这个人也绝不可能是他的儿子。如此，他们之间就不具备亲缘或血缘关系，也就不符合申请要

---

① Ah Fay, Ah Hone, Louey You Hing - Passengers for Sydney per S.S. "Arafura" 5.5.1922, NAA: B13, 1922/6620。

求。于是，七月二十二日，内务部秘书复函陈维屏总领事，以上述理由否决了他提交的申请。

陈维屏总领事接到上述拒签函后，深感与自己原先期望的结果相距太远，毕竟他此前审核过一遍，觉得没有问题。为此，他先与雷耀廷联络，就此事请其做出解释。后者得知是这个原因后，也大呼冤枉，他仔细想了一遍并计算之后，才明白是自己记错和将阴历阳历换算时出错，实际上其子是在二月份出生的，即在其返回澳大利亚九个月后出生。按照这个解释，正好证明在其离开中国时其妻已有孕。待弄清楚了这个问题后，陈总领事于八月十二日再次致函内务部秘书，将上述原因作了一番说明，也坦承是当时接受申请时中国总领事馆在此问题上没有认真核对以致出现错误，希望澳方能接受其道歉，并为雷育英核发签证为荷。内务部秘书长期处理与外侨相关的事宜，对于居澳华人在申请子女来澳留学读书时出现的类似错误也见多不怪，因而认为上述解释合情合理，遂推翻了此前的拒签决定。八月二十七日，他正式复函陈维屏总领事，通知了批复决定。陈总领事接到通知后很高兴，立即于八月二十九日给雷育英签发了一份中国学生护照，号码是223984，然后马上寄往内务部。九月四日，内务部秘书在该护照上钤盖了入境签证印章，便将其退回中国总领事馆，由后者负责寄送给护照持有人，以便其尽快束装前来留学，因为签证有效期为一年，如果明年九月四日之前未能入境，该签证便失效。

而早就在家乡束装待发的雷育英一接到寄来的护照，就立即行动起来。在通过香港的金山庄安排好船票及旅途监护人后，便由家人送到香港，在此登上驶往澳大利亚的轮船"彰德"（Changte）号，于一九三六年十一月八日抵达尾利畔，顺利入境。父亲雷耀廷到海关将其接出，住进了他经营的广东阁餐馆宿舍里。

原本雷耀廷给儿子选定的入读学校是位于唐人街上的长老会学校，可是就在雷育英来到澳大利亚之后不久，该校就因生源稀少而在年底学期结束时关闭。雷育英只在该校读了几个星期，就不得不另行选择一间私立学校上学。到一九三七年新学年开学后，雷耀廷为儿子选择位于嘉顿（Carlton）区的圣佐治学校（St.George's School）读书。该校位于尾利畔内城区边缘，靠近尾利畔大学（The University of Melbourne），从城里走路去上学也很方便。雷育英在该校读了两年，期间除了因车祸受伤治疗和在家休养九天之外，他保持了全勤，此外各科学业也很好，显示出他在赴澳前已经学过一点英语，因而语言学习上手快，适应当地教育环境的能力强。

一九三九年一月十一日，雷育英与父亲一起从尾利畔搭乘"彰德"号轮船回国探亲。离开之前，他向中国总领事馆表达了还要重返澳大利亚念书的愿望，故总领事保君建也为他申请到了再入境签证。此时中国已经进入全面抗战的第三个年头，广东省城广州及其周围地区在去年十月被日军攻占，但雷育英的家乡四邑地区此时还控制在国民政府手中，处在抗战的前线。虽然广州周围交通不便，也很危险，但四邑地区与香港的航路还是处于时断时续的运营状态，两地可以秘密交通往来。正因为有这个便利，他便在父亲的带领下，趁这个机会回家乡探望家人。到一九四〇年一月十八日，雷育英与父亲一同乘坐"太平"（Taiping）号轮船重返澳大利亚，在雪梨入境，再由此搭乘火车回到了尾利畔。①

就在他准备于新学年开始后返回圣佐治学校读书之际，父亲雷耀廷并没有让他去上学，而是通过中国总领事馆向内务部提出申请，将雷育英的学生签证转换为工作签证，协助他经营广东阁餐馆。在这间餐馆里，一位原先担任雷耀廷襄理的股东，已回中国探亲多年，其替工的签证即将到期也需要返回中国，因此需要人顶上去。鉴于雷育英已经十七岁，且中英文俱佳，雷耀廷自然需要他加入管理团队。内务部了解到该餐馆年营业额超过五千镑，人手短缺也是事实，遂于三月一日批复了上述申请，先给予他一年的工作签证。从此，雷育英便从留学生一下子变成了持工作签证的餐馆服务业人员。到下一年年底，太平洋战争爆发，所有滞留在澳大利亚的盟国公民都从一九四二年六月三十日起获得了三年临时居留签证，到期如果战争仍在继续，则该签证自动延签二年。

---

① Louey You Hing [arrived ex TAIPING in Sydney on 15 January 1940] [issue of CEDT in favour of subject] [box 414], NAA: SP42/1, C1940/262。

太平洋战争结束后，雷育英继续协助父亲经营广东阁餐馆直到一九四八年。当年七月十四日，他从美利滨去到昆士兰（Queensland）省首府庇厘士彬（Brisbane），在此登上驶往香港的"山西"（Shansi）号轮船，与另一位因战争而滞留在澳大利亚的中国留学生陈留（Chen Low）一起回国。[①]因他的留学档案到此中止，不知他此后是否还有机会重返澳大利亚。

左为一九三六年五月十六日，雷耀廷填表递交给中国驻澳大利亚总领事馆，申领儿子雷育英的赴澳留学护照和入境签证。右为一九三七年六月六日，圣佐治学校校长给内务部的留学报告，显示雷育英在校表现和学业皆令人满意。

档案出处（澳大利亚国家档案馆档案宗卷号）：

Louey York Yen [0.5cm], NAA: A433, 1950/2/4748

---

① Louey York Yen - Chinese - departed 14 July 1948 from Brisbane aboard SHANSI, NAA: BP210/2, LOUEY Y。该档案宗卷没有显示出雷育英是签证到期后回国，抑或是在一九四七年后获得长期工作签证而回国娶亲。因为此时即便其父亲雷耀廷仍然健在，也已经超过八十岁，无法亲力亲为经营生意，而将生意传承给儿子的可能性最大。

彭慧贞

台山广海镇

前面提到的彭自谦（Pang Jee Him），在其父彭洪湛（Pang Hung Jarm）为申请他来澳留学所填的申请表上，将其籍贯写成是台山县龙安里；可是，还是同一个父亲，于三年后申请其出生于民国十二年（一九二三）十月二十四日的女儿亦即彭自谦的妹妹彭慧贞（Pang Wai Ching）来澳留学时，则把籍贯直接写成了台山县广海镇。由此可见，龙安里显然是广海辖下的一个村庄。

尽管在一九三〇年底申请儿子彭自谦来澳留学被澳大利亚联邦政府内务部拒签，未能达成目标，但彭洪湛并没有为此沮丧。三年后，当女儿也满了十岁时，他又开始为女儿来澳留学谋划了。一九三三年十二月十九日，他再次填表，向位于雪梨（Sydney）的中国驻澳大利亚总领事馆申领女儿彭慧贞的来澳留学护照并请其协助办理入境签证。此时，他已经是"新兴栈"商行（Sun Hing Jang & Co.）的经理，在该商行中所占之股本已达一千镑，其工作签证也从以前的一年一签变成了三年一签，因此，他仍然是以此商行作保，承诺每年会提供膏火五十镑给女儿作为在澳留学期间的所有费用，办理她来雪梨入读位于华埠附近的华英学校（Chinese School of English）。

一九三一年之后，中国驻澳大利亚总领事馆处理中国留学生申请来澳留学的护照和签证时，其处理程序有了小小的改动。即在收到学生的申请之后，不再像之前那样经审核后便先签发护照，再将此护照和申请资料送往澳大利亚内务部申领入境签证，而是在审核申请材料后先送往内务部，待其签证评估通过，再签发护照，送往内务部钤盖签证章，从而完成整个审理程序。因此，中国驻澳大利亚总领事馆在接到彭洪湛递交上来的申请之后，经过两天的审核，便由总领事陈维屏于十二月二十一日备函内务部，为彭慧贞申请入境签证。

相对于三年前申请其子彭自谦签证时被断然拒签，这次彭洪湛很幸运。内务部在调取其档案后发现，"新兴栈"商行从事海外贸易，经营得还不错。当然，他们也发现，几年前，海关稽查曾经在店里发现了一小听鸦片，怀疑该商行与地下鸦片贸易有染，但没有发现更进一步的线索，最终彭洪湛因上述鸦片被罚款七十五镑了事。最主要的是，彭洪湛的夫人获得十二个月的探亲签证，已于一九三三年六月份携带其三岁的女儿一起入境澳大利亚探亲，此时正与丈夫住在一起。内务部考虑到签证申请人彭慧贞的母亲就在雪梨，对抚养她是一个有利因素，遂于一九三四年一月十六日函复陈维屏总领事，准允彭慧贞的入境签证。两天后，陈维屏总领事给这位中国小留学生签发了中国学生护照，号码是122795。一月二十四号，内务部正式在彭慧贞护照上钤盖签证印，有效期十二个月。

彭慧贞在中国接到护照后，其家人很快就联络到了有旅澳之台山乡亲于家乡探亲结束后恰要返回澳大利亚，便请其携带这位十岁的小姑娘一同前往香港，搭乘"吞打"（Tanda）号轮船，于一九三四年三月二十二日抵达雪梨。彭慧贞从接到护照到启程入境，不到两个月的时间，在时间上还是挺紧凑的。

但彭慧贞并没有按原计划入读华英学校，而是在四月八日注册进入圣方济书院（St. Francis School）读书，并且在这里取了一个英文名字，叫南茜彭（Nancy Pang）。尽管该书院亦跟华英学校一样，位于沙厘希（Surry Hills）区，距彭洪湛的"新兴栈"商行不远，但对于转学之事，彭洪湛并没有知会华英学校，也没有告诉中国总领事馆，故当八月份内务部想知道彭慧贞在校的表现而致函华英学校时，校长戴雯丽（Winfred Davies）小姐非常不高兴，回复说她的学校自今年以来根本就没有接收过任何一位中国女留学生。最终是由中国总领事陈维屏于九月份致函内务部告知彭慧贞的转学一事，并对此表示歉意，才平息了此事。

根据圣方济书院院长的例行报告，彭慧贞在校各方面表现良好，很懂礼貌，聪颖好学。但到一九三六年四月底，她突然缺勤数月之久，原因是她的肾出现了问题，住进了圣文森特医院（St. Vincent's Hospital）治疗。因她住院期间无法上学，书院院长特于八月份向内务部报告此事。直到九月中旬，她才得以出院，重返学校念书。

一九三八年，彭慧贞十五岁，也已经来澳留学四年多了，遂从圣方济书院转学，进入卑乐威商学院（Broadway Business College），选修会计和打字等课程。其在校表现跟在圣方济书院一样，颇受好评。在这间学校，她读了将近两年。[1]

从学校的报告看，此时，她的母亲因获得探亲签证展延也仍然在雪梨，并且身体不好，经常生病。彭慧贞此时在学校的几次缺勤，大多都是因为母亲生病需要她陪同看医生等原因而请假造成的。但到一九三九年十一月十三日，她自己又生病了，因患类风湿性心脏病再次住进了医院。上一次她住院时，就因为肾病影响到心脏，而不得不在医院住了四个多月。她出院后得以继续念了三年多的书，显然是病情得到了控制，但并没有根治，这次住院则病情很严重。四个星期之后，十二月九日，因医治无效，她在医院去世。[2]结果显示，她是因肾病导致心脏受损，最终并发症而亡。这时，她刚刚过了十六岁。

---

[1] Miss Pang Wai Ching [also known as Nancy Pang] [includes Certificate's of Exemption and left and right thumb prints] [correspondence concerning exemption status of subject] [box 398], NAA: SP42/1, C1939/3331。

[2] "Family Notices", in *The Sydney Morning Herald*, Saturday 9 December 1939, page 16。

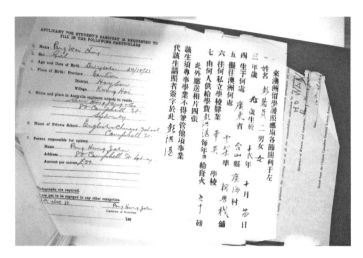

一九三三年十二月十九日，彭洪湛递交给中国驻澳大利亚总领事馆申领彭慧贞护照的申请表。

中国驻澳大利亚总领事馆签发给彭慧贞中国学生护照的封面及内页。

　　左为一九三四年一月十八日中国驻澳大利亚总领事陈维屏签发给彭慧贞中国学生护照的内页。右为中国驻澳大利亚总领事馆签发给彭慧贞中国学生护照的签证页，上有一九三四年一月二十四日澳大利亚政府内务部钤盖的签证章。

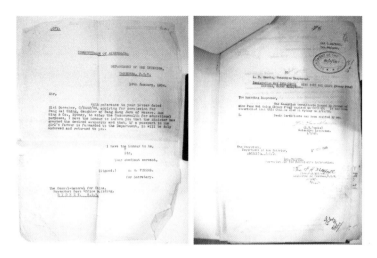

　　左为一九三四年一月十六日，澳大利亚内务部知会中国驻澳大利亚总领事馆准允彭慧贞签证的通知。右为一九四〇年五月一日雪梨海关稽查官给内务部的报告，证明彭慧贞于一九三九年十二月九日病逝于医院。

档案出处（澳大利亚国家档案馆档案宗卷号）：

PANG, Wai Ching [Nancy Pang] - Student exemption certificate, NAA: A433, 1940/2/841

甄德亮

台山十五龙村

　　甄德亮（Gen Ack Leong）出生于一九二三年十一月六日，台山县十五龙村人。其父甄永球（Wing Que，或者写成Charlie Wing Que），年轻时跟随乡人的步伐，于澳大利亚联邦成立之年（一九○一年）到此谋生。[①]他从雪梨（Sydney）入境后，先是去到塔斯马尼亚省（Tasmania）的首府可拔（Hobart）埠，寻求发展，积攒资金；二十多年后，他返回中国探亲，回澳后再移居到雪梨，在中国城的小禧街（Little Hay Street）二十五号盘下一间名为"永源泰"号的杂货铺，自行经营。

　　到一九四一年，甄德亮要满十八岁了，而此时中国正处于抗日战争最艰苦的时候。一九三八年日军进攻占领广州之后，台山县所在的粤中地区，成为中国军队坚守抗战的根据地，时常遭受日军飞机的轰炸，交通瘫痪。一九四一年起，台山县内陆地区连续两次遭受到日军的入侵。一次是在三月，另一次是在九月，日本陆军在海军的配合下，从海上入侵广海，劫掠台山县城及周边市镇，造成人民生命和物质财产的极大损失。

　　家乡沦陷被敌摧残的消息传到澳大利亚之后，引起了在澳华人极大的不安。甄永球担心儿子的安全，决定要将他办理来澳大利亚留学，以躲避战祸。一九四一年十月十三日，他填具申请表及担保人声明，备上申请材

---

① 　Wing Que [Chinese - arrived Sydney per TIA YEN, 1901. Box 38], NAA: SP11/2, CHINESE/QUE W。

料，向中国驻雪梨总领事馆提出申请，办理其子甄德亮来澳留学事宜。他以自己经营的"永源泰"号商铺作保，承诺每年为来澳留学的儿子提供膏火六十镑，负担其在澳留学期间之学费、生活费、医疗保险费等开销。同时，他也为儿子来雪梨读书选好了学校，即位于中国城隔壁沙厘希（Surry Hills）区矜布炉街（Campbell Street）上的华英学校（Chinese School of English），并拿到了校长戴雯丽（Winfred Davies）小姐亲笔签发的录取信。

中国驻雪梨总领事保君建接到上述申请材料后，立即致函澳大利亚政府内务部秘书，请求其按照规定，核发甄德亮的入境签证，以便这位中国青年学生能尽快来到澳大利亚留学。他在函中亦强调指出，鉴于目前中国的严重局势，一时间无法拿到甄德亮具备初步英语学识能力的证明，但据监护人确认，其子此前学过英语，已有一定基础英语学识。为此，他希望内务部先行批复该学生留学签证，待其入境时再由海关对其进行当场测试，以最终确定其去留。而内务部秘书在接到保总领事的公函后，接受了其建议，故也没有耽搁，于十月二十一日指示雪梨海关部门对担保人的财务状况及出入境记录予以核查，以确定是否同意这位中国留学生入澳读书。

二十天之后，雪梨海关的税务核查专员甘宝（L. T. Gamble）向海关报告，并由后者将所核查之结果转交给内务部。其报告内容如下：甄永球所经营之商铺属于兼营批发和零售的杂货铺，在上述小禧街经营已达十九年之久，十一年前转手被甄永球买下经营至今。上一年度该商铺的利润为四百镑。此外，他还在雪梨商业银行（Commercial Banking Co. of Sydney Ltd.）有二百镑的定期存款；同时，他持有价值达一百镑的联邦债券。无论是经商收益还是银行存款，都在在显示出其有不俗的身家。而经调查，其人品操行以及邻里关系，都获好评。而甄永球自来澳发展之后，期间总共回国探亲四次：第一次是一九一〇年至一九一一年，出入境口岸皆为可拔；第二次是一九一六年至一九一七年，出入境口岸仍然是可拔；第三次是一九二二年至一九二三年八月六日，出入境口岸还是可拔；[①]第四次是一九二七年至一九二九年，出境口岸是可拔，但入境口岸则是雪梨。前述十一年前甄永球将"永源泰"号商铺买下，事实上就是在这次结束中国探亲返回雪梨之后进行的。甄德亮的出生日期是一九二三年十一月六日，是在甄永球结束第三次中国探亲返回澳大利亚之后三个月的事情，显然与其探亲之旅有关，二人之间的父子关系成立。

根据上述报告，显示出签证申请人及其担保人的情况皆符合《中国留学生章程》的要求。内务部核对之后，于十一月二十日函复中国驻雪梨总领事保君建，同意了甄德亮的入境签证申请，条件是他在入境时，须向海关证明其已具备初步的英语学识能力。保总领事接到上述公函，很快便在九天之后给甄德亮签发了号码为1014269的中国学生护照，并当天就将护照寄往位于首都堪培拉（Canberra）的澳大利亚联邦政府内务部，由内务部在十二月十日在该护照上钤盖签证印章，有效期一年。[②]

甄德亮的留学档案到此中止，此后再未见到任何与其相关的文件。事实上，他的入境签证核发的日期，正好是在日军突然袭击美国夏威夷珍珠港海军基地之后两日，此时澳大利亚也已对日宣战，从香港赴澳的商业航路已因战争阻断。由是，即使此时甄德亮已经从家乡间关来到香港，做好了赴澳的准备，此时也只能望洋兴叹了，因为日军已经从广东省的宝安县及周边海域发起了对香港的进攻，并很快就占领了这块土地。显然，甄德亮之赴澳留学申请办理得太迟，以致留学梦断。

---

① Charlie Wing Que, Ah Wah [Certificates for Exemption from Dication Test issued in favour of subjects] [box 143], NAA: SP42/1, C1922/9517。

② Gen Ack Leong [application by Charlie Wing Que [also known as Wing Que] for admission of his son Gen Ack Leong, into the Commonwealth] [box 454], NAA: SP42/1, C1941/7026。很显然，从日期上判断，钤盖签证印戳的甄德亮中国学生护照并没有寄出澳洲。然而，在这份档案宗卷里，找不到这份护照。很有可能，中国驻雪梨总领事馆接到内务部退还的上述护照后，就将其归档，存放于某个角落；或者就直接将其交给了监护人甄永球保管。

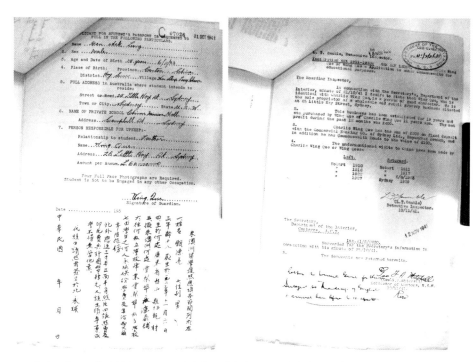

左为一九四一年十月十三日，甄永球填写的申办儿子甄德亮来澳留学的申请表。右为雪梨海关税务核查专员甘宝（L. T. Gamble）于一九四一年十一月十日提交给海关的报告，汇报核查甄德亮担保人甄永球的财政状况及出入境记录的结果。

档案出处（澳大利亚国家档案馆档案宗卷号）：

Gen Ack Leong - Student exemption, NAA: A433, 1941/2/2630

陈庚垣、陈庚辛兄弟

台山（村名未知）

陈庚垣（Chen Gang Foon）和陈庚辛（Chen Gang/Gung Sun）是兄弟俩，前者生于一九二四年（具体日期不详），后者一九二九年十月二十八日出生，广东省台山县人。因档案宗卷中未列出其父母所在之村名，故无法得知其具体籍贯。[①]到学龄后，兄弟俩都被家人送往县城甚或省城广州接受了良好教育。

他们二人的父亲名叫陈龙（Chin Loong，或者Ah Loong），大约出生于一八六九年，于一八九七年从家乡来到澳大利亚发展。出国前，他便已婚，生有一个女儿，此时已经四岁左右。[②]他先是从香港乘船抵达昆士兰（Queensland），在该省北部坚市埠（Cairns）周围打工，在当地华商的店铺中当店员，慢慢立下脚跟，于一九〇三年获得永居权，然后回国探亲。[③]此后，他仍然返回昆士兰，继续在此经营生意。直到一九一九年，陈龙回国探亲，四年后返澳，直接至域多利省（Victoria）的首府美利滨（Melbourne）

---

① 据本文所涉档案宗卷中提到的其父与阿灼（Ah Shack）后来合股接办"新隆"（Sun Loong）号商铺的情形来看，阿灼也姓陈，在一九三八年曾申请两个儿子赴澳留学，显示他们的籍贯是台山县三合村。由是，阿灼与本文所述兄弟俩的父亲有可能是宗亲兄弟，亦是同村人。详见：Chin Toong and Chin Kin - Student exemption certificate, NAA: A433, 1940/2/316。

② Ah Loong of Geraldton [Innisfail] - birthplace: Canton, China - departed Geraldton [Innisfail], Queensland on the Taiyuan 14 December 1904, NAA: J2482, 1904/10。

③ Application for Certificate of Domicile for Ah Loong, a clerk from Geraldton [Innisfail Queensland], NAA: BP342/1, 13391/398/1903。

入境，在此寻求更好的发展。①其子陈庚垣便是在他此次返回澳大利亚半年多后出生。根据前面档案所载，陈龙出国前已婚，其原配此时已年约五十岁，从生育的角度来看，恐已很难再为其生育；由是，陈庚垣与弟弟陈庚辛的出生，很可能是陈龙此时在家乡所娶的二房或者填房所为。陈龙来到美利滨后，主要从事果蔬批发和经销，在域多利街市也有固定摊位做零售生意。这样经营发展的结果，使之财务上比较自主，据一九三八年他本人对海关稽查人员表示，仅手中的流动资金就有三百镑。

一九三八年八月十五日，陈龙向中国驻澳大利亚总领事馆提出申请，要办理小儿子陈庚辛赴澳留学。因档案中有关申请材料阙如，无法得知他是以什么条件申请并以何店铺商行作保。内务部在接到由中国总领事保君建转来的签证要求后，确认了陈龙的财务状况符合规定，也查到他曾在一九二六年十二月十三日至一九三〇年六月十三日回国探亲，②陈庚辛就在此期间出生，从而显示出他们之间显然具有生物学上的父子关系，遂批复了上述申请。保君建总领事接到批复后，于当年十一月十五日签发了一份号码为437756的学生护照给陈庚辛，六天后内务部也在该护照上钤盖了入境签证章，随后中国总领事馆便按照陈龙的指引，将其寄往香港的永和祥号金山庄，由后者负责转交护照并为之安排赴澳行程。

上述签证有效期为一年，即签证持有者须在一九三九年十一月十五日之前入境。可是，陈庚辛并没有如期入境，原因不得而知。细究起来，可能跟时局以及陈龙个人经济地位变化有关。一方面可能是在去年底之前广东省城广州及其周围被日军所占，使得四邑地区经广州去香港的陆路交通受到了很大的限制，即便是与香港的联络包括海上交通也有很大的障碍，这些都为陈庚辛的如期赴澳增添了变数。另一方面，也可能是陈龙的经营状况有了改变，经济实力提升，让他可以考虑将另外的一个儿子也办理赴澳留学，从而

---

① Certificate Exempting from Dictation Test （CEDT） - Name: Ah Loong （of Cairns） - Nationality: Chinese - Birthplace: Canton - departed for Hong Kong per SS ST ALBANS on 17 July 1919, returned to Melbourne per VICTORIA on 30 July 1923, NAA: J2483, 257/2。

② Ah Loong - Applied for Certificate for Exemption from Dictation Test, NAA: B13, 1930/19753。

让其与已经获签的陈庚辛联袂赴澳。年初，他入股位于域多利街市里的蔬果批发商"新隆"（Sun Loong）号，成为其股东之一，占有一半的股份，[①]这使其在当年六月三十日截止的上一个财政年度的个人收入大为增长，即从蔬菜类所得七百二十六镑，从水果类所得一百二十六镑；而从本年二月到六月的五个月时间里，新隆号的营业额为二千二百三十九镑，扣除所有费用和税金后，净利润为五十一镑，陈龙分得其中一半，作为其个人所得。也可能就在这种情况下，陈龙通过中国驻澳大利亚总领事馆申请了儿子陈庚辛的延期入境，获准展延一年，须在一九四〇年十一月十五日之前入境。

与此同时，陈龙希望将另一个已经十五岁的大儿子陈庚垣也申请赴澳留学。由是，保君建总领事在一九三九年十一月二十日致函内务部秘书，代为申请入境签证。与前面提到的处理陈庚辛的申请一样，本档案宗卷中与其相关的申请材料等全部阙如，只有一份保君建总领事签发给陈庚垣的学生护照（号码是1014091）显示，签发日期是一九四〇年六月二十八日，澳大利亚政府内务部在护照上钤盖的入境签证章日期为七月五日。按照《中国留学生章程》规定，十四岁以上的中国留学生入境澳大利亚的条件之一是具备基础的英语学识能力，而根据上述护照可以推测，陈庚垣获准入境，显然是经过保君建总领事的一番努力，使得内务部相信他已经具备了这样的能力，只是需要在其入境时经移民官当场测试验证；如果结果是负面的，则会被原船遣送回出发地。从其护照上的照片判断，陈庚垣应该在国内或者去到香港接受了良好的教育，比如进入教会学校，已经学过英语，有了一定的基础。而此时的陈庚垣更有可能就在香港，很可能在中国全面抗战爆发后，陈龙就将他和陈庚辛哥俩送到了香港读书。由是，待上述护照被中国总领事馆寄到香港永和祥号金山庄后，很快便为他们安排好了船期。当年十月二十一日，陈庚垣抵达昆士兰省首府庇厘士彬

---

① 该商号先由阿灼（Ah Shack）个人经营，就位于域多利街市里边。阿灼出生于一八八二年，于一八九八年从广东家乡来到美利滨发展。陈龙在域多利街市摆摊多年，与其相熟，最终入股该商行，共同经营，并在银行里存有二百五十镑，作为二人共有的流动资金。有关阿灼的情况，详见：SHACK Ah - Nationality: Chinese - Arrived Melbourne 1898, NAA: B78, SHACK/A。

（Brisbane）港口，先在此入境。从其顺利通关的情况看，他应该成功地通过了海关移民官的英语测试，证实保总领事此前为其申请签证时所声称他具备英语基础的说法无误。而与他同船而来的弟弟陈庚辛则没有随他一起下船入境，而是跟着船在七天后抵达美利滨，由此入境澳大利亚。[1]随后，陈庚垣也通过陆路，穿州过府，去与父亲和弟弟会合。

来到美利滨后，陈庚垣和陈庚辛哥俩都入读美利滨的圣若瑟书院（St. Joseph's School），后转学到圣沾士书院（St.James School）念书。档案中没有任何的学校报告，无法得知他们兄弟俩在学校的表现与学业情况。从一九四一年底开始，因太平洋战争爆发，澳大利亚与中国成为并肩战斗共同抗击日本侵略的盟国，由是，澳大利亚政府对所有在澳中国公民，无论是留学生、商人、工人和海员，抑或来澳探亲家属，从一九四二年六月三十日开始，全部准予三年临时居留签证，如果到期战争仍在继续，则该签证自动延期二年。作为中国留学生，陈家哥俩自然也受惠于此项政策。到一九四四年底，读完六年级的陈庚辛从学校退学，以十五岁的年纪加入父亲的新隆号商铺做工。因此时处于战时状态，他从学生身份转为工作签证的这项申请，直到一九四七年初移民部接管了内务部的有关外侨事务管理之后，方才得以完成。而自陈庚垣进入澳大利亚后，就找不到与他相关的档案信息，只是提到他在战时便已在新隆号协助父亲经商。因战时对物资需求量大，尤其是对粮食和果蔬的需求最大，此时已成为新隆号大股东的陈龙，所经营的商行营业额大增，到一九四四年，年营业额达到三万五千镑，一九四五年增至五万三千镑，一九四六年高达七万五千镑；由此可见，如此大营业额所需的业务量也是巨大的。进入澳大利亚时，陈庚垣已经十六岁，且中英文都很好，在父亲商行需要人手时，他显然是最好的选择。由此可以推测，他应该是比弟弟早一到两年就进入新隆号工作，协助父亲经营，并在战后代替回国探亲的父亲成为新隆号经理。此

---

[1]　Gang Foon - Nationality Chinese - Arrived Brisbane 21 October 1940, NAA: B5728, CHEN G F ; SUN Gang - Nationality: Chinese - Arrived Brisbane 21 October 1940, NAA: B5728, SUN G。

后，父亲陈龙分出一些股份给他，由是，他便也成为新隆号的股东之一，最终留在了澳大利亚，于一九五七年入籍。①

因此时的新隆号不仅仅是做果蔬的批发生意，也涉及所有跟果蔬加工产品的批发与销售，并准备开发海外市场，当时主要就是想要出口到香港，再由其辐射到周边地区和国家，业务量较大。为此，一九四七年七月十七日，移民部给予陈庚辛五年有效期的工作签证。从这个信息看，他此后留在澳大利亚是没有问题的。但是，在一九四八年初时，他因参与赌马，欠了人家的钱，总额有二百五十镑之巨，便偷偷开出两张父亲的支票给人冲账，但因陈龙事先已经通过银行设限，该支票在银行无法兑现，被追债人告上法庭。法庭在得知情况后，因考虑到他此时刚刚过了十八周岁，未满十九岁，属于年轻人的冲动而犯下的错误，故没有判他的刑，而是判其严守规矩三年。但移民部长在得知上述消息后，认为他违反了相关规定，于四月二十九日决定将其签证取消，递解出境。在这种情况下，父亲陈龙紧急公关，最后动用律师出身代表域多利省巴特曼（Batman）选区的国会议员兼联邦大法官的布仁南（Frank Brennan M. H. R.）的关系，于八月二十日，由其直接跟移民部长说情，表明当时陈庚辛的做法确实不对，但法庭并没有一棍子打死，还是留给他一个机会，而事后其父也已经迅速偿还了这笔欠款，解决了这个问题，请其对此事从宽发落。最后，中国驻雪梨总领事王良坤也介入此事，请移民部长充分考虑法庭的意见，给予这位中国青年一个改过的机会。当年十二月二十一日，移民部长接受了同僚和中国总领事的意见，取消了上述递解令，责令陈庚辛严守操行，如果再犯，将不再给予任何通融。由是，得以化解这场危机。随后两年，警察局和移民局的报告都显示他的操行没有任何问题，他也一直在父亲的新隆号商行中工作。

也就在一九四八年的七月，未满十九岁的陈庚辛与在当地出生的一位姓仓元（Kuramoto）的日裔姑娘哈雪莉（Shirley Harriet）邂逅并结婚。自

---

① "CERTIFICATES OF NATURALIZATION", in *Commonwealth of Australia Gazette*（National : 1901 - 1973）, Thursday 28 November 1957 [Issue No.64], Page 3667。

一九五一年起，哈雪莉为他生育了二个女儿，一个儿子，家庭和睦幸福。到一九六一年，陈庚辛最终得以加入澳籍。①

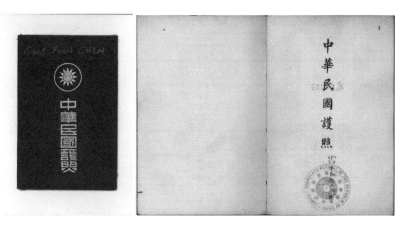

一九四〇年六月二十八日，中国驻澳大利亚总领事保君建给陈庚垣签发的中国护照。

---

① "CERTIFICATES OF NATURALIZATION", in *Commonwealth of Australia Gazette* （National : 1901 - 1973）, Thursday 8 June 1961 [Issue No.49], Page 2194。

左为一九四八年二月二十三日，陈庚辛所填写的外侨证申请表。右为一九四〇年十月二十八日，陈庚辛入境美利滨海关时打的指印。

档案出处（澳大利亚国家档案馆档案宗卷号）：

FOON Gung Cheng, NAA: MT929/2, V1957/61455

CHEN, Gung [Gang] Sun, NAA: MT929/2, V1957/61112

余朝桔

台山丰乐村

余朝桔（Yee Chew Gut）是台山县丰乐村人，生于一九二四年八月八日。[①]他的父亲名叫Yee Ting Lai（余祯黎，译音），早在十九世纪末二十世纪初也曾经到澳大利亚谋生打拼，只是后来回国定居，到二十世纪三十年代时未再返澳。可能因为父亲此前赴澳，有了一定的积蓄，其家庭也比较宽裕，故得以将他送往省城广州念书。可是，所有这一切随着日军于一九三八年十月进攻并占领广州而结束。当时，余朝桔正在读中学，被迫中断学业。家人眼见这种状况将会耽误其教育，便将目光投向澳大利亚，希望将其送往雪梨（Sydney）投奔亲戚，最终完成学业。

余祯黎当年赴澳谋生是与兄长一起去的。其后，其兄在澳成婚，子女皆在当地出生，但后来也将其送往中国家乡接受中国文化教育。此时，余祯黎兄长的两个早已成家立业的儿子余海乐（Arthur Yee）和余国乐（Henry Ming Loy）在雪梨经营生果的批发与销售已有几年，生意兴隆。在广东的余祯黎家人经过与余海乐和余国乐的联络和沟通，两位堂兄同意担保堂弟余朝桔前来澳大利亚读书，完成学业。

一九三九年十月三十一日，余海乐以监护人及财政担保人的身份，向位于雪梨的中国驻澳大利亚总领事馆提出申请，办理年已十五岁的堂弟余朝桔前来雪梨的英华学校（Chinese School of English）留学所需之护照和签证。他以与

---

① YEE Chew Gut - born 8 august 1924 – Chinese, NAA: A435, 1946/4/5116。

弟弟余国乐一起经营的"余兄弟果栏"（Yee Bros. & Co.）作保，承诺负担堂弟来澳留学所需之往返船资、学费、医疗保险费、生活费及所有其他的一切费用，以助其在澳学有所成。中国总领事馆接到上述申请后，也对余朝桔的签证申请予以大力支持。第二天即十一月一日，总领事保君建便致函内务部秘书，特别说明余朝桔具备基本的英语学识，只是因为目前战乱无法提供证据，可以在其入境时由移民局官员进行测试。由此可见，余朝桔在广州读书时已有过一段时间学习英语的经历，或者就是在英美传教士所建的教会学校念书，因此英语已有一定基础，只是档案中找不到他此前在广州哪间学校念书的记录。

　　由于上述申请者和监护人之间是堂兄弟的关系以及受战争影响而导致一些资料和证据一时间难以获得，内务部秘书充分理解这一点，遂将重点放在监护人的财政状况的核查上。雪梨海关按照内务部的指示，于十一月十九日提交了核查报告。根据他们的记录，余氏兄弟的公司设在雪梨城的唐人街里，哥哥余海乐担任经理，弟弟余国乐负责财务，公司资产价值为一千镑，在联邦银行的账户上有存款三百二十三镑；该公司经营良好，仅在一九三九年七月开始的新一年的财政年度之头四个月里，其营业额就已达六千二百镑。不仅如此，余海乐本人的住宅也是自置的，与妻子和三个儿子及一个女儿同住，并且还拥有一大块土地。以这样的财务状况，自然是完全可以资助堂弟在澳期间的所有开销。内务部秘书接到上述报告后，认为所有这些完全符合规定，遂于十二月五日函复保君建总领事，批复了上述签证申请。十二月十二日，保总领事为余朝桔签发了号码为1014027的中国学生护照，一个星期后由内务部在护照上钤盖入境签证章。

　　与办理护照和签证的高效率相比，余朝桔的赴澳之旅就显得拖拖拉拉，其赴澳行程被一推再推。这很可能是因自一九三八年底日军占领广州地区，从四邑前往香港的水陆交通受到严重阻碍所致。直到拿到护照和签证将近一年之后，他才得以搭乘从香港起航的"利罗"（Nellore）号轮船，于一九四〇年十一月二十八日抵达雪梨入境，开始其在澳留学生涯。[①]此时，他已经是

---

① Yee Chew Gut [Chinese - arrived Sydney per NELLORE, 28 Nov 1940. Box 24], NAA: SP11/2, CHINESE/GUT Y C。

年满十六岁的小青年了。当然，过海关时，他没有受到任何留难，由此显示
出其英语能力令官员们满意，符合留学规定，得以顺利放行。

因抵达澳大利亚的日期距当地学校放暑假只有两到三星期的时间，余朝
桔便没有注册入读，而是等到次年一月二十八日，待新学年开学，方才进入
位于唐人街近旁的英华学校念书。因已具备相当的英文底子，他对这间学校
的课业应付裕如，各方面的表现和成绩都令人满意，并且也在这里为自己取
了一个英文名，叫做Norman（罗曼），全名便变成了Norman Yee。

但仅仅在该校读了一年，一九四一年十二月八日，日本海军袭击珍珠
港，太平洋战争爆发。澳大利亚联邦当天便对日宣战，与中国成为盟国，随
后，澳大利亚对所有滞留在该国土地上的盟国人员提供三年临时签证，从
一九四二年七月一日起算。余朝桔的学生签证也由此获得三年延签，即自动
延长到一九四五年六月三十日。如果届时战争尚未结束，其签证还将自动延
长一年。

借助上述有利条件，余朝桔踏踏实实地在雪梨读了三年半的书，到
一九四四年，他已经年满二十岁。当年七月十二日，中国驻雪梨总领事段茂
澜致函内务部秘书，代余兄弟果栏申请余朝桔退学，让其进入该果栏协助经
营。段总领事在函中表示，这位中国学生已在澳读书经年，谙熟英语，加上
原有的中文能力，当能胜任工作，协助余兄弟果栏更上一层楼；而鉴于战时
人手短缺，余兄弟果栏也迫切需要他这样的帮手，加强经营。内务部在检视
这位中国学生不属于战时人事部门需要征招的人才之后，也确认以其已达
二十岁的年龄也实属应该退出中学的课程学习而走向就业岗位，遂于八月
十八日正式批复了上述请求。

就这样，余朝桔正式结束了作为中国留学生的生涯，开始了在澳大
利亚的就业生活。两年后，亦即澳大利亚战时盟国滞澳人员的特别签证于
一九四六年六月三十日到期之际，他离开了堂兄的余兄弟果栏。是什么原因
或者是出于什么考虑促使他从堂兄的公司辞职离去，档案中未有涉及，但当
年七月二十九日余海乐致函内务部秘书，表明余朝桔是未得同意便辞职他
往。作为这位中国留学生的监护人和财政担保者，从理论上来说，只要被担

保者未曾出境离开澳大利亚，就仍然有责任负担其在澳之一切。余海乐写这封信的主要目的，就是想知道，余朝桔在未经同意的情况下从其公司辞职，作为担保人的他是否仍然需要为被担保者负责。九月二日，内务部函复说，从此之后，余兄弟公司再无须对此负责。

看起来，上述余朝桔的辞职很显然是与堂兄精心策划的结果。如此，则一方面可以使余海乐兄弟解除此前因担保堂弟所受到的条规与义务束缚，另一方面也为余朝桔留下来在澳大利亚长期居住提供先决条件。符合上述推测的一条证据是，直到一九四六年十月，亦即他"未经同意便辞职他往"之后四个月，余朝桔一直都是住在堂兄余海乐的家里。此外，他也在此期间向澳大利亚移民局申请加入澳籍，但被移民局于十月份驳回；而移民局的驳回通知，就是寄往余海乐之家庭地址交由余朝桔接收。

事实上，自离开堂兄的果栏始，余朝桔便做好了留下来的准备。他申请了一张茶餐室牌照，以六百五十镑的费用购下了一间茶餐厅，售卖快餐食品，雇用两名澳大利亚年轻人为店员。到一九四七年中的财政年度，其茶餐厅的营业额达三千三百二十四镑，净利润有四百三十七镑。他之所以这样做，是因为中国使领馆与澳大利亚移民局曾就战时因故滞留在澳之中国人去留问题达成过一个协议，即在战时三年临时居留签证自动延签到一九四六年六月三十日之后，他们仍然有一年的延签，以便在此期间处理其离境回国事宜；而如果这类人员是在一九四七年四月十五日之前在澳设置或者购买有生意，到期（即到一九四七年六月三十日）无法中断的话，则仍然可以获签留下来继续经营其生意；但一些小生意如洗衣馆和果菜市场的蔬果摊档主等则不在此列，依然需要在此签证到期后收拾好行装离开澳大利亚返回中国。由是之故，到一九四八年二月，余朝桔便通过雪梨城里的一间会计师行，以其经营上述生意为由，为其向移民局申请延签，希望留下来继续经营生意。但移民局认为余朝桔是在曲解上述协议，因他所经营者属于小生意，类同那些洗衣店和蔬果摊档，应该与其等同对待，即他应该收拾行装回国。只是考虑到他的生意需要时间转让或出售，故移民局在五月七日决定，给其多延签一个月的时间，即其签证有效期到该年七月三十日止，并明确表示这是最后的决定。

余朝桔虽然处心积虑地进行了留澳尝试，但第一次就碰到了钉子，看来是不得不回国了。可是他并不甘心，采取拖延之策，经多方交涉，终于延迟到一九四九年一月十一日，才在雪梨登上驶往香港的"彰德"（Changte）号轮船，离开澳大利亚回国。[①]

但仅仅九个月之后，他又回到了雪梨。

一九四九年十月十五日，余朝桔搭乘飞机，从香港至澳大利亚北部港口城市达尔文（Darwin），再由此转机飞抵雪梨，再次入境澳大利亚。他上次出境与这次再入境，实际上都是事先的安排。原因是在一九四八年下半年的那段时间里，雪梨华埠老牌的商行"新广兴"号（Sun Kwong Hing & Co.），其大股东也是台山人，而且还姓余，是余朝桔的同宗族人，向他伸出了援手，愿意雇请他作为商行助理。经过新广兴商行、余朝桔与移民局多次协商，达成的协议是：余朝桔必须先离境回国一段时间，然后再入境澳大利亚，进入新广兴公司工作，而移民局则在其回来后一次性地给予他三年的工作签证。

事实上，利用回国的那大半年时间，余朝桔在香港结了婚。在返回澳大利亚后，他经过几年努力，以新广兴商行经理助理的身份，终于在一九五二年成功地申请其妻子来澳团聚。一九五五年，因与新广兴商行的合同结束，移民局要求他离境回国。在当地政客和其他商行的协助下，他留在了澳大利亚，于一九六〇年获得了永居权，并最终加入澳籍。

一九三九年十月三十一日，余海乐以监护人及财政担保人的身份，

①　Yee Norman （Yee Chew Gut）- Chinese - departed 18 January 1949 from Cairns aboard CHANGTE, NAA: BP210/2, YEE N。

向位于雪梨的中国驻澳大利亚总领事馆申办堂弟余朝桔前来雪梨留学所
需之护照和签证。

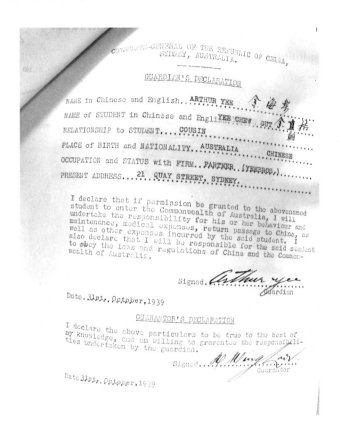

一九三九年十月三十一日，为申办堂弟余朝桔前来雪梨留学所
需之护照和签证，余海乐具结财政担保书。

档案出处（澳大利亚国家档案馆档案宗卷号）：

Application for permit to enter Australia for education purposes for Yee Chew
Gut born 8 August 1924, NAA: A446, 1956/61818

陈中、陈灿兄弟

台山古隆村

在侵华日军铁蹄肆虐南粤大地时，旅居美利滨（Melbourne）已逾四十年的陈镛（George Chun Young）也像许多在澳同乡一样，要把在家乡广东台山县古隆村的两个儿子陈中（Chun Chung）和陈灿（Chen Tunn）一起申办来澳留学，一方面为躲避战乱，另一方面也是要让他们在正当学龄之时接受良好的教育。陈中是其长子，生于一九二五年四月二日；陈灿则为次子，生于一九二六年六月十一日。

一九三八年十二月二十八日，陈镛填好申请表格，以其子在澳留学期间监护人和财政担保人的名义，向位于雪梨（Sydney）的中国驻澳大利亚总领事馆提出申请，办理两个儿子来澳留学事宜，请求核发给他们中国护照和协助申请入境签证。他以自己是草医并自营生意作保，承诺每年供给两个儿子膏火各六十镑，充作其在澳留学期间的各项学杂费和生活费，并为他们预先选定了美利滨东城基督兄弟会书院（Christian Brothers' College, East Melbourne）作为就读的学校。

因申请材料递交后便是一九三九年元旦，故中国总领事馆接到申请后，也要等到新年过后才予以处理。一月十二日，中国总领事保君建致函澳大利亚内务部秘书，请其按照《中国留学生条例》的规定，给上述两位递交材料时年龄分别为十三岁和十二岁的中国学生核发入境留学签证。两周之后，内务部按照流程，将相关材料转发给移民局美利滨办事处，请其就该签证申请者监护人的财政能力以及出入境记录予以核查并提交报告，以便决定是否可以如其所请。

移民局接函后立即就相关方面问题展开调查。二月十四日，移民局将调查结果提交给了内务部。根据调查所得，一八八二年八月十八日出生的陈镛，来澳时年仅十六岁，时在一八九八年。[1]他来澳的第一个落脚点就是美利滨，此后也一直在此打工维生。[2]作为草医，他一直都利用美利滨埠佛珠来（Fitzroy）区尼科森街（Nicholson Street）十四号行医并售卖药材等相关货品，并已在此经营生意达二十年之久，而且还为该生意注册了商号，叫做C. Y. Linn（陈镛林，译音）。因长期在此地经营生意，他与街坊邻居的关系都很好，颇有口碑。因生意经营良好，有较好的财务能力。据鸟修威银行（Bank of New South Wales）美利滨埠大博街（Bourke Street）分行行长告知，陈镛是该分行的高端客户，目前在该行存款为一百五十镑。该银行行长确信，陈镛除了在这间银行存款之外，还会在其他地方拥有存款或其他资产。检索到去年六月底截止的上一财政年度之交税记录，他的陈镛林医馆一年的生意营业额是八百四十六镑十先令，毛利润是五百六十一镑，再扣除各项开支和税费之后，其净利润是一百四十四镑八先令。就其生意本身而言，陈镛自己估计不下三百镑，移民局稽查官员也有同感。

检索陈镛过去在澳四十年间的出入境记录，得知他此前总共才回中国探亲三次。第一次是一九一〇年十一月到一九一五年十二月；第二次是一九二二年八月九日到一九二五年十二月二十八日；[3]第三次是一九三〇年八月二十三日到一九三一年六月二十五日。[4]其长子陈中出生于一九二五年四月，其时陈镛尚在中国探亲；次子则是一九二六年六月出生，那时陈镛已经

① YOUNG George Chun: Nationality - Chinese: Date of Birth - 18 November 1882: First registered at Russell Street, Melbourne, NAA: MT269/1, VIC/CHINA/YOUNG GEORGE/3。

② CHUN YOUNG George - Nationality: Chinese - Arrived Melbourne per Tsinum 1898, NAA: B78, CHUN YOUNG/G。

③ George Chun Young-Application for Certificate for Exemption from Dictation Test，NAA：B13，1922/18743。

④ George Chun Young-Applied for Certificate for Exemption from Dictation Test [27 pp，6 photographs]，NAA：B13，1930/17030。

结束探亲回到澳大利亚刚好半年左右，换言之，他显然应该是在妻子怀上陈灿已三四个月时才离开中国返回美利滨的。因此，上述二子与其之父子关系应该成立。由是，移民局认为，上述两位中国学生的年龄都在不需要通过英语测试的范围内，且他们如果来美利滨留学读书，又是跟父亲同住，该住所也足够宽大房多，各方面条件均符合要求，建议内务部为其发放签证。

待上述评估全部通过，并且也再次向美利滨东城基督兄弟会书院院长拿到同意录取陈中和陈灿入读该校的确认信之后，内务部于二月二十八日函复中国总领事保君建，同意发放上述两位学生签证。保总领事接到函件后，便于三月七日给上述陈氏两兄弟签发了中国学生护照，陈中与陈灿的护照号码分别是437830和437831，并于三月十五日由内务部加持给他们的护照钤盖签证印章。

在中国的陈氏兄弟接到上述护照后，没有多少耽搁，很快就动身上路。一九三九年六月二日，十四岁的哥哥陈中便搭乘从香港出发的"太平"（Taiping）号轮船，抵达雪梨（Sydney）港口，但他并没有从这里登陆，而是在六天后再同船到达美利滨后才入境。不知何故，弟弟陈灿却没有同行。就是说，他和哥哥陈中一起拿到了入境签证，原本也准备好了要赴澳的，可能由于身体原因，或者出于其他的原因，最终没有前来澳大利亚留学。①而陈中能在这么短的时间内动身前来，也极有可能是家人考虑到广东已经遭受日军入侵，局势动乱，交通很不安全，事先就已经设法将其从家乡台山送到香港等待，或者他此前便已到香港读书，一旦收到寄来的护照，便订好船票，立即启程前来澳大利亚。

---

① 据澳大利亚国家档案馆藏一九四八年二月陈镛所获"免试纸"证明书上所记载（CHUN YOUNG George-Nationality：Chinese-Arrived Melbourne per Tsinum 1898，NAA：B78，CHUN YOUNG/G），陈镛有两儿两女，年龄分别为三十、二十四、十八和十五岁。此时正好是其长子陈中准备离开澳大利亚回国之时，因此，其中提到的二十四岁者当指陈中无疑。可能他报给移民部的儿女之年龄都是按虚岁计算，这在当时的中国人来说，如此计算年龄也是比较普遍之事。可是，按照本篇所述之申来来澳留学的陈镛次子陈灿的年龄，只是比长子陈中小一岁左右，但对比上述"免试纸"中所提及的陈镛子女的年龄，无一可与上述四个子女中任何一个之年龄相对应。换言之，可能陈镛并未将陈灿算入其子女之中。如此，推测起来，有两种可能：其一，陈灿是在准备与哥哥陈中一同赴澳留学前夕，因故身亡，也正因如此，在十年后陈镛申请"免试纸"时，就没有将此身亡之子计其现有之子女总数当中；其二，陈灿本来并不是陈镛之子，很可能是其子侄，或族中子弟，由陈镛以其子义名申请赴澳留学，但当拿到护照和签证之后，因种种原因无法与陈中同行，从而错失此留学良机。

　　这一年的十月份，考虑到陈中已经来澳留学三个多月了，内务部遂发文到其原先计划入读的美利滨东城基督兄弟会书院，询问其在校表现。然而，内务部得到的回复却是，在该书院的学生花名册中，没有陈中的名字。那么，陈中既然不在这间原先就已注册的学校入读，他去了什么学校呢？十月中旬，内务部再次指示移民局美利滨办事处去找其监护人陈镛询问或到周边学校巡查，以确认其到底去了哪里。直到十二月初，移民局美利滨办事处最终报告说，陈中自六月上旬入境美利滨，便于中旬注册入读美利滨北城基督兄弟会书院（Christian Brothers' College，North Melbourne）。学校名称相同，也都是属于天主教会主办，只是地点不同。可能是在陈中来到美利滨之后，父亲陈镛再次考察了周边的私立学校，比较之后，最终决定放弃原来选定的天主教会在东城的学校，而选择就读北城的书院。因此时已经临近学年结束，学校也即将放暑假，移民局只是根据该书院院长的口头报告，表明陈中在学校从未缺勤，学业与操行也都十分令人满意。由此，陈中便在这间教会学校一直读了下去。

　　陈中就这样平静地在美利滨北城基督兄弟会书院读了三年，每年都因其各方面表现良好而顺利获得展签。一九四一年底，因日本发动珍珠港突袭而导致太平洋战争爆发，进而攻占澳大利亚海外领地并轰炸北领地达尔文港口（Port Darwin，即当时人们常说的"波打云"或"波打运"）海军基地，澳大利亚遂与美国结盟并全国动员，加入到反法西斯战争阵营之中。据此，陈中也就无须每年申请展签，作为盟国侨民，由内务部一次性地给予三年签证，有效期到一九四五年六月三十日。为此，陈中特地被移民局办事处传召，于一九四二年十月六日下午到美利滨办事处去办理此项特别签证。该次签证到期后，因战争仍未结束，该签证又被自动延签。此时距离战争结束虽然只有不到两个月的时间，但因启动战后复员遣返以及恢复正常的生产和工作秩序优先，内务部实在无暇顾及战争爆发之前进入澳大利亚境内留学的外国人，主要是中国学生，因而对他们在澳的生活和学习，也就听其自然。

　　待到澳大利亚战后秩序恢复正常，已经到了一九四七年初。此时，内务部的相当一大部分权力被转移到移民部，包括在澳中国留学生的签证管理事务。二月七日，移民部发文美利滨办事处，请其报告这一年就要年满二十二岁的中国留学生陈中的现状。移民部想知道该生目前是否仍然在学，如果回答是肯定的，那么，他是上那间学校，表现如何？如果回答是否定的，则他现在做什么？是在什么地方打工，抑或经商？如是后者，那么，按照《中国留学生章程》规定，就应该安排遣返他回国的事宜了。二月二十六日，美利滨办事处回复说，已在六天前找到了陈中，并将其传召到办公室问话。陈中表示，他现在已经不再上学念书了，但还是在北城基督兄弟会书院找到一位法语老师，接受其私人辅导学习法语。办事处于谈话后跟该书院联络核实时，得知陈中是在撒谎，因为该书院教职员中根本就没有这样一位法语老师。此外，因其早就到了要自食其力的年龄，此时陈中就在开设于中国城边的士湾慎街（Swanston Street）二百九十五号之"广东大酒楼"（Kwong Tung Café）打工，充当侍应生，每周工作二至三个晚上，周薪为二镑。就目前而言，陈中尚未有安排回国的计划，而是希望等到明年跟父亲陈镛一道回国，因后者早就有计划到时候要同中国家乡探亲。

了解到上述陈中的现状之后，可能是要核对此前的条款，移民部秘书直到五月二十日才致函中国驻雪梨总领事馆，表示八年前就进入澳大利亚留学的这位中国学生现在已经不再上学，按照《中国留学生章程》的规定，其留学签证业已失效，他现在应该离开澳大利亚，返回中国去。为此，希望中国总领事馆协助移民部处理好此事，尽快安排陈中的离境回国事宜。

尽管中国总领事馆亦按程序积极推进陈中返国事宜，但事情却在一个月后发生了很大变化。七月七日，移民部美利滨办事处向部里报告说，陈中的父亲陈镛造访该处，报告陈中已经从广东大酒楼辞职，但希望申请一年的展签，主要基于两点理由：一是陈中查出罹患肾脏病，需要治疗，此时不能进行长距离与长时间的航行；二是因为战争，在家乡台山县老家的房屋已经被战火所毁，家人目前都还住在简易窝棚里，即使陈中此时回去亦无住处。据此，移民部遂希望能与治疗陈中肾脏病的医院联络，想了解需要多长时间的治疗，陈中才能长途旅行。八月十三日，美利滨办事处回复说，目前陈中在位于美利滨东城尼科森街四号的简医生（Dr. Jan）诊所接受住院治疗，据简医生透露，该病人的病情比较严重，泌尿系统有病变，他无法给出确切的治疗时间。换言之，何时陈中才适合长途旅行，目前无法得知；他只能根据其治疗的进展，将情况及时尽早告知移民部。

到了这一年的九月九日，鉴于陈中已经住院治疗达三个月之久，尚未痊愈，中国驻雪梨总领事馆正式代表陈中向移民部提出申请展签。为此，移民部也觉得对陈中的病情不能再这样问来问去，还是应该找个专业机构对陈中的情况作全面的评估，才能最后作出决定。于是，移民部将陈中转到美利滨的亨利王子医院，以便对他全面检查与治疗。到十月中旬，其检查与治疗结果表明，预后结果不容乐观，估计至少要两个月的时间才能康复。根据这个报告，移民部于十一月二十八日表示，可以将其签证展延到年底，即十二月三十一日；届时可视陈中的康复情况，对其签证是否延签或是遣返回中国，再作进一步的决定。随后，移民部便将此决定分别知会中国驻雪梨总领事馆和陈中的监护人陈镛。

到了其签证有效期截止之前一天，移民部想知道经过两个月的专业治疗，陈中是否已经康复可以旅行了，紧急下文到美利滨办事处，让其前往医院核实。一九四八年一月五日，办事处的回复表明，陈中在慢慢康复，此时仍然在住院接受治疗之中，因其身体依然虚弱，不适合于旅行。而且医院也表示，根据当时澳大利亚联邦法律规定，即便陈中是留学生，是外侨身份，但他所住之医院为公立医院，所接受的治疗及住院期间之费用亦会与当地公民等同对待，即无须自费，全部由公费负担。当然，医院也表示，如果病人此时想申请出院，也是可以批准的；他可以回家静养，以待慢慢康复。根据上述报告，移民部于二月二十六日决定，陈中出院回家静养，再将其签证展延到本年度六月三十日，希望他在此期间身体恢复到可以旅行的程度，即可安排回国事宜。

也许是从医院回家静养两个月左右的时间，使得陈中的身体得以逐渐康复。一九四八年三月二十四日，二十三岁的陈中从美利滨前往雪梨，在他首次抵达澳大利亚的港口，登上开往香港的"云南"（Yunnan）号轮船，返回中国。①

总计陈中在澳时间近九年，但因太平洋战争爆发后其签证性质改变，内务部不再接收学校提供的例行报告，其作为留学生的在学时间以及表现便因而无法确切得知。而在一九四八年方才回到中国的陈中，因内战的扩大，随后政权变更，其个人命运亦将受到极大的影响。也许，一至两年之后，他再次离开家乡，去往别处发展，比如去到香港或澳门，都是极有可能的事。

一九三八年十二月二十八日，陈铺为申请儿子陈灿和陈中来澳留学填写的护照和签证申请表。

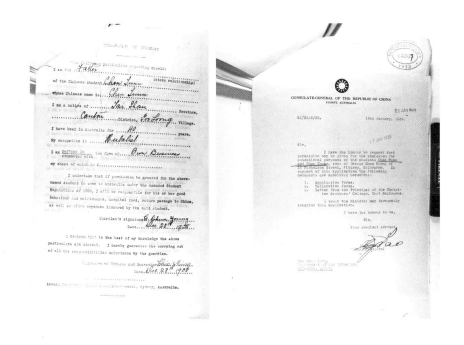

① CHUN CHUNG Allan - Nationality: Chinese - Arrived Melbourne per Taiping 08 June 1939 Departed Commonwealth on 09 March 1948, NAA: B78, CHINESE/CHUN CHUNG ALLAN。

左为一九三八年十二月二十八日，陈镛为申请两个儿子来澳留学所填写的监护人担保声明。右为美利滨东城基督兄弟会书院一九三九年十二月十二日回复内务部陈中不在该校上学之函件。

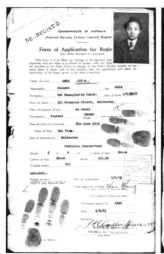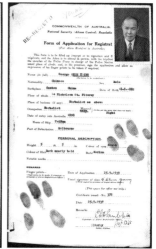

左为一九四三年四月三日陈中所申请到的"免试纸"及其照片和手印。中为一九四八年二月陈镛所申请的"免试纸"和他的照片。右为一九三九年九月陈镛所申请的"免试纸"和他的照片及手印。

档案出处（澳大利亚国家档案馆档案宗卷号）：

Chen Tunn and brother - Student exemption, NAA: A433, 1947/2/1157

朱福源

台山三合区清华村

朱福源（Gee Fook Noon，亦叫Charlie Gee），一九二三年四月十八日生，台山县三合区清华村人，是此前申请赴澳留学的朱福庆（Gee Fook Hing，或写成Gee Fong Hing）的弟弟。其父朱焕明（Gee Fong Ming）于一八八七年二月二十七日在澳大利亚北领地（Northern Territory，有时候北领地的人也自称是来自北澳，Northern Australia）的南港（Southport）埠出生，长大之后便在北领地的首府打运（Darwin）埠定居下来，与人合股经营一家餐馆，名为"朱焕明酒楼"（Gee Fong Ming Co.），资产价值五百镑。

跟当时许多在澳出生的第二代华人一样，朱焕明也于成年后回到中国家乡结婚，婚后将妻小留于故乡，只身返回澳大利亚。一九三五年三月二十六日，即在成功地将大儿子朱福庆办到打运埠读书四年之后，[1]四十八岁的朱焕明也想把小儿子办来澳大利亚，跟他哥哥朱福庆刚开始一样，在当地的教会学校念书，遂填写申请表，将所需材料备妥，递交给位于雪梨（Sydney）的中国驻澳大利亚总领事馆，办理小儿子的来澳留学护照和签证。他以上述参与经营的"朱焕明酒楼"作保，应允每年供给小儿子膏火五十镑，作为其在澳留学之学费、生活费、医疗保险及往返之旅费等开销，为儿子朱福源选择

---

① 朱福庆的留学档案见：Gee Fook Hing, NAA: E756, DI67; GEE Fook Hing - Nationality: Chinese - Arrived Darwin per Yochow 01 November 1931 Departed Commonwealth on 29 August 1956, NAA: B78, CHINESE/GEE FOOK HING。

入读打运埠的干云学校（O.S.L.A. Convent School），并先期拿到了该校校长戴玛莉修女（Sister Mary Damien）的录取信。

四个星期之后，中国总领事陈维屏于四月二十四日致函澳大利亚联邦政府内务部秘书，附上所收到的上述申请材料，为朱福源申请入境签证。五月三日，内务部指示北领地海关，就申请材料中之担保人财政状况及往返澳中两国的出入境记录予以核查，以便对是否给予申请者入境签证提供依据。

六月七日，打运埠警察局根据海关的要求，提供了对朱焕明的个人资信调查报告。"朱焕明酒楼"坐落于加文纳街（Cavanagh Street），资产为一千镑，有两个股东，各拥有一半的股份。朱焕明在警察局里没有犯罪记录，综合各方情况看，他算得上是品行端正、守法遵纪的商人；而且，其财务状况良好。具体地说，截至目前，他在银行有定期存款六百镑，银行活期存折里现金结余是五十七镑有余；酒楼的银行存款有一千八百七十四镑，流动资金则有一百三十七镑有余。四天之后，海关查出朱焕明历年来的三次出入境记录：第一次是一九一二年八月三十日至一九一三年三月九日；第二次是一九一七年五月十七日至一九一九年八月十三日；第三次是一九二四年至一九二五年十月五日。虽然还不能确定朱焕明第三次离境去中国探亲的具体日期，据他自己说是在七月份从雪梨搭乘"圣阿炉滨士"（St. Albans）号轮船前往中国的，但可以确定的一件事则是，他在此次探亲结束回澳之后，就向海关部门申请其子的出生证，上面的姓名即为朱福源，出生日期为一九二五年四月十八日。北领地海关在这份提交给内务部的报告中强调说，朱焕明在提交上来的申请材料上所写的其子朱福源的出生日期，显然比上述他在澳大利亚为其子所申请的出生证上所显示出来者整整早了两年。

内务部接到海关的报告后，于六月二十一日函复中国总领事陈维平，拒绝了朱福源的入境签证申请。拒签的理由是：根据朱焕明的出入境记录，他不可能在一九二三年生出这个儿子来。可是在上述函件发出之前一个星期，陈维平总领事就致函内务部秘书，表示朱焕明已经意识到他写错了儿子的出生日期，将其更正到两年之后。由于这份公函是在内务部秘书发出拒绝信之后才抵达他的案头，因此，他不得不于六月二十七日再次函复陈维屏总领事，澄清上述失误，撤销原先的拒绝函，改而批准朱福源入境留学。次日，在接到内务部秘书的签证批准函后，陈维屏总领事立即就给朱福源签发了中国学生护照，号码是223868，并当天就寄往内务部，以便钤盖签证章。

就在这个时候，朱焕明被警察抓了起来。起因是在七月五日，打运埠警察局在朱焕明的住处搜出了四十盎司的鸦片烟膏。第二天，警察局将朱焕明送上审判庭，他承认自己犯有烟瘾，偷吸鸦片，在法庭上认罪；最终法庭判他缴纳二十镑罚款，并入狱服刑两个月。审判结束后，警察局长将此情况向内务部作了汇报。

但是，上述事情并没有影响内务部准允朱福源签证的决定。七月二十二日，内务部秘书致函中国总领事陈维屏，通知他已经在朱福源的护照上钤盖入境签证印章，有效期十二个月，并将护照寄回给他，以转交给朱福源。

然而，朱福源的档案也就此终止，迄今未找到他在此之后的任何记录。显然，朱福源最终并没有前来留学，因为他的护照此时已经按惯例寄往中国，如果他如期进入澳大利亚留学的话，按照《中国留学生章程》规定，其护照应该由内务部予以保管。可是，档案中未见其护照之踪影。[①]五年前，朱焕明曾办理大儿子朱福庆前来打运埠留学，此时仍在打运埠公立学校读书，直到次年底才结束留学，返回家乡。[②]

---

① 一九三八年四月八日，朱焕明致函中国驻澳大利亚总领事保君建，告知其子朱福源因在香港读书，喜欢那里的中文环境，不愿意离开那里到打运埠留学读书，对纯英语环境的教育不感兴趣，屡经劝解前来而不果。为此，他决定放弃将儿子办理留学读书的想法，由其维持现状。鉴于三年前中国总领事馆便为其子核发了留学护照，该本护照也一直由其本人保存，现因儿子朱福源不来留学了，故将其寄还给中国总领事馆销毁。这封信收藏在一份汇集多种文件及事宜的宗卷里，与宗卷里其他的文件没有关联。但它说明了问题，也解释了为何在这份档案中未见其护照踪影之原因。见：Folder containing （1）Index to Immigration files （2）Miscellaneous Unregistered Correspondence, NAA: E758, INDEX ETC。

② 根据上面的档案宗卷，一九三八年底时，朱焕明已经开始向北领地海关及内务部申请大儿子朱福庆重返打运埠继续读书，同时也申请小儿子朱福源前来打运埠他的"帝国酒楼"（或"朱焕明酒楼"）做工。至于朱福源最终是否前来以及日后命运如何，不得而知；但朱福庆应该是重返澳洲，并且此后因太平洋战争爆发而留了下来，战后获得长期做工签证，得以在一九五六年离境回去香港娶亲。此后，他也得以申请入籍。见：GEE Fook Hing - Nationality: Chinese - Arrived Darwin per Yochow 01 November 1931 Departed Commonwealth on 29 August 1956, NAA: B78, CHINESE/GEE FOOK HING。

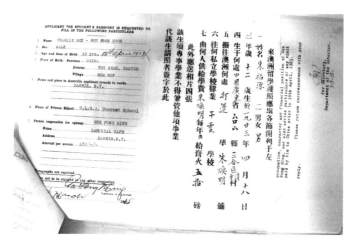

一九三五年三月二十六日，朱焕明填表向中国驻澳大利亚总领事馆申办其子朱福源的赴澳留学护照和签证。

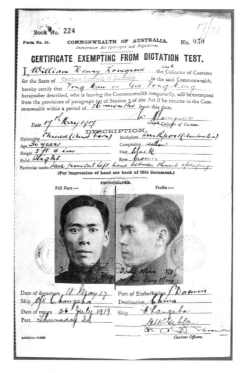

一九一九年七月二十六日，从中国探亲返回澳大利亚的"回头纸"上的朱焕明照片，时年三十二岁。

档案出处（澳大利亚国家档案馆档案宗卷号）：

Gee Kook Noon - Student Pass Port, NAA: A1, 1935/4378

刘文相

台山李凹村

刘文相（Lew Mon Sean）是台山县李凹村人，[①]出生于一九二五年八月三十日。其父名刘灿（Lew Ton），一八七七年出生于家乡。进入二十世纪之后，受邑人在澳大利亚生存发展之影响，年已二十六岁的刘灿于一九〇三年只身赶赴香港，在此搭乘"丫刺夫刺"（Arafura）号轮船，抵达域多利（Victoria）省的首府美利滨（Melbourne），入境澳大利亚。因别无长技，而农活最为熟手，遂在乡人接引下，进入域多利省西北部边界的农业小镇岷啁嘣（Mildura）。该埠位于墨累河（Murray River）流域，隔河与鸟修威（New South Wales）省交界，土地肥沃，是域多利省种植业包括葡萄酒的主要产地。刘灿在这里租赁土地，干起了种植的老行当，充任菜农。[②]

当一九三七年七月七日卢沟桥事变爆发，中国进入全面抗战之后，刘灿也跟在澳的其他华人一样，关心着家乡的安危，担忧已经十二岁正当学龄的儿子刘文相之教育是否受到影响。这一年十一月十日，刘灿以监护人和财政担保人的身份，具表向位于雪梨（Sydney）的中国驻澳大利亚总领事馆提出

---

① 查现在的台山市所属自然村名，虽有若干个以"XX凹"为村名者，但未见有"李凹"或"里凹"村。但台山有里坳村，是刘姓宗族的主要聚集地，或许是因中国总领事馆人员因不懂台山地名，只是根据护照请领人提供的读音，而将里坳错写成了"李凹"。

② TON Lew：Nationality-Chinese：Date of Birth-1877：Date of Arrival-1903：Arrived per ANAFULA：Certificate Number-269：Date of Issue-26 September 1939：First registered at Mildura [item includes 1 black and white photograph]，NAA：B6531，LEFT COMMONWEALTH/1938-1945/ TON LEW。

申请，以自己在岷唰嘛埠的种菜园作保，要求办理儿子刘文相的来澳留学护照和学生签证。他希望儿子来到自己所在的岷唰嘛埠师姑学校（Convent of Mercy）念书，并已先期与该学校联络过，也承诺每年供给五十镑作为儿子在澳留学期间所需之学费和其他生活费等一系列的开销之用。

中国驻澳大利亚总领事保君建接到上述申请后，马上就进行了审核。他意识到刘灿可能尚未获得上述师姑学校的录取接收确认，遂立即致函该校校长，于当月十九日获得其书面确认接收这名中国小留学生入读的录取信。随后，他于十一月二十二日致函澳大利亚内务部秘书，附上上述申请材料，为刘文相申请来澳留学入境签证。

接到保总领事的上述申请函后，内务部的处理也比较及时。因签证申请者年龄未满十三岁，故无须英语学识能力证明，只需确认其与监护人之间的亲缘关系以及后者的财政状况是否可以支撑其在澳留学的费用，即可对此作出决定。为此，十一月二十五日，内务部秘书便行文美利滨海关，就上述问题请其协助核查。

美利滨海关的工作效率也很高，不到两个星期，就通过岷唰嘛埠警察局了解到了刘灿的情况。从警察局提交的报告得知，刘灿的种菜园并非自己拥有，而是从当地人手中租赁而来，他在其中所占的资金是五十镑，但其本人仅在银行中的存款就有二百镑，显示出财政状况稳定。此外，虽然八年前他才从其他小地方搬入岷唰嘛埠居住，但一直以来都为人谦和，遵规守法，邻里关系融洽，是镇子上的好公民。由此看来，他具备支撑其子在澳留学期间一切所需费用的财政支付能力。但不利的消息是，根据海关的记录，刘灿与签证申请者刘文相的父子关系显得不匹配。十二月二十九日，海关从出入境记录中找出了刘灿在一九二十年代回国探亲的日期，即一九二五年三月三日从美利滨港口搭乘"圣阿炉滨士"（St. Albans）号轮船回国，翌年九月九日方才乘坐"天叮"（Tanda）号轮船返回美利滨港口。在刘灿提供的申请材料里，他自己填写儿子刘文相的出生日期是一九二五年八月三十日，距其离开澳大利亚回国只有五个月的时间。他怎么也不可能在五个月的时间里就让妻子生出一个儿子来。为此，内务部秘书便于一九三八年一月二十日致函保君建总领事，以刘灿不可能有一个在这段时间出生的儿子因而不符合申请留学规定为由，拒绝了上述申请。

很多人接到上述拒签信后，也就到此为止，自认倒霉，不再作他想。但中国总领事保君建和刘灿都没有放弃努力。约莫三个月之后，保总领事就力图改变上述决定。四月十三日，他致函内务部秘书，谓经过与刘灿再三的沟通，后者坚称他回国探亲一年多之后返回澳大利亚，过了约三个月左右方才得到家人来信告知儿子刘文相出生。因此，他回国的年份也许记忆有误，可能会是一九二四年回国，一九二五年回澳后儿子出生。有鉴于此，保总领事希望内务部再仔细检查一下出入境记录，以证实刘灿所说是否属实。内务部秘书见保总领事如此看重，也就不怠慢，于五月十九日复函表示愿意重新审核这一申请，同时也指示美利滨海关再次核查此事。海关再一次翻查档案，没有发现刘灿在一九二四年出境的记录。为确认此事，他们直接找到刘灿本人，他的解释和声明与保总领事信函中所描述者一致。根据海关的记录，刘灿返澳入境的日期是九月九日，那其子之出生是在其返回后三个月的话，显然应该是十一月或十二月的事情。如此，海关认为，极有可能是刘灿在填写申请表时，对于其子的出生年份记忆有误，但其坚称儿子出生是在自己返澳后三个月的某个日期，是可信的。

内务部秘书接到海关的上述报告后，认为其解释合理，加上重新检视刘灿提供的申请资料也可从旁显示出他识文断字不多，犯这种错误亦极有可能。这样的话，刘文相的出生就有可能是在一九二六年底的某个日期了；如此，他就完全符合赴澳留学的规定。于是，六月十日，内务部秘书致函保总领事，批复了刘文相的赴澳留学签证申请。保总领事接函后大喜，很快便于当月十六日给刘文相签发了一份中国学生护照，号码是384487；内务部接到上述中国总领事馆寄来的护照后，于六月二十二日在上面加盖了入境签证章，再将其退回给中国总领事馆，由后者负责寄交给护照持有人。

刘灿在成功地为儿子拿到了入境签证之后，就紧锣密鼓地张罗其赴澳行程。好在直到这一年的十月上旬日军登陆大亚湾进攻广州之前，从四邑前往香港的水陆通道未受阻隔，刘文相得以顺利到达香港。他十一月从香港登船，搭上"利罗"（Nellore）号，于当月二十八日顺利抵达美利滨，入境澳大利亚。刘灿则提前从其居住的内陆小镇赶到美利滨，接上儿子，直趋昵喌嘞埠的住所，安顿下来。

尽管此时距当地学校放暑假只剩下两到三个星期，但刘文相在抵达昵喌嘞埠后没有几天，便于十二月六日正式注册入读师姑学校。此后的一年半时间里，除了因生病无法上学和与父亲等当地华人一起出席欢度中国国庆的活动，他皆准时到校读书，表现可圈可点。尽管学校的例行报告未就其具体表现予以详细评说，只是笼统地说明其学业和操行令人满意，但考虑到他此时只是一个刚过十二岁的少年，相信他在适应新的学习环境和语言方面还是能够胜任的。

可是，仅仅在澳大利亚读了一年半左右的书，一九四〇年五月三十一日，刘文相就在美利滨港口登上他来澳留学时所搭乘的同一艘轮船"利罗"号，前往香港去了。临走之前，他没有递交重返澳大利亚继续留学的签证申请。此时，刘文相尚未满十四岁。

是什么原因促使历经艰难才获得入澳留学签证的刘文相此时返回战乱中的家乡呢？因有关他的档案到此中止，我们无法获知原因。但检视唯一的一份可以查阅到之刘灿档案，也许可以看出一缕蛛丝马迹：他于一九四〇年五月三日卖掉在昵喌嘞埠的种菜园等财产，从这个农业小镇搬到美利滨埠居住，相信他也同时将儿子带到了美利滨。官方在五月中旬登记其外侨居住证之后，于七月份在该文件上标示其已返中国，只是未有说明其出境日期与搭乘之船只名称，而且也再无法找到与他相关的此后之信息。但考虑到其子刘文相是在五月三十一日乘船离境，我们有理由相信，刘灿是与儿子同船离开澳大利亚的。那时刘灿年已六十有余，像许多邑人一样，告老还乡，或许是其不得已的选择。当然，此时的广东已经处于日军的铁蹄之下，战乱困顿，并非其告老还乡安居之处。鉴于当时许多来澳之广东珠三角及四邑人士最终选择去香港居住养老，此时的香港也尚未受战火波及，还是内地人士的避难之地，且上述"利罗"号轮船的目的地就是香港，刘灿和刘文相父子之最终目的地，极有可能就是那里。

一九三七年十一月十日，刘灿具表向中国驻澳大利亚总领事馆申领儿子刘文相赴澳留学的护照和签证。

一九四〇年五月，刘灿的外侨登记证。

档案出处（澳大利亚国家档案馆档案宗卷号）：

Lew Mon Sean - Educational exemption, NAA: A659, 1939/1/3285

陈松、陈健兄弟

台山三合村

这也是一个父亲同时办理两个儿子一起前来澳大利亚留学的申请。

陈松（Chin Toong）和陈健（Chin Kin）是兄弟俩，台山县三合村人。哥哥陈松出生于民国十四年（一九二五）十一月十八日，弟弟陈健出生于民国十六年（一九二七）十二月十一日。当侵华日军沿长江而上进攻华中，中国军民进行武汉保卫战时，陈松的父亲阿灼（Ah Shack）考虑到两个儿子正当学龄，计划将他们办来自己所在的美利滨（Melbourne）埠留学。

一九三八年七月二十四日，阿灼填好表格，正式向中国驻澳大利亚总领事馆提出申请，要办理两个儿子入读位于美利滨矮山顿（Essendon）区的矮山顿文法学校（Essendon Grammar School），并且拿到了该校校长的录取函。他以自己所经营的价值为二百镑的"广生"（Gwong Sang）号洗衣馆作保，承诺每年分别给两个儿子膏火各六十镑，作为他们前来留学的费用。位于雪梨（Sydney）的中国总领事馆在收到上述申请后，先行核实一遍，就在八月三日由总领事保君建汇总，附函寄送澳大利亚内务部秘书，请其核查并给上述陈家两兄弟发放入境签证，之后再由中国总领事馆给他们签发中国学生护照。

按照流程，内务部首先要核查来澳留学中国学生监护人的财务能力及与签证申请者之间的血缘关系。移民局美利滨办事处根据内务部的指示，经过调查访问，于九月二十日上报结果。阿灼大约是一八九八年来到澳大利亚打工，居澳已达四十年之久。①他开洗衣馆也已有八个年头，其"广生"号洗衣馆位于美利滨城里的律师街（Russell Place）二十四号，其店铺租金每周一镑五先令，事实上他自己也住于店中。他在上一个财政年度的营业额是三百二十五镑。除了上述主业之外，他还在设于中国城小博街（Little Bourke Street）一百八十六号的"新华昌"商号（Sun Wah Chong & Co.）有存款二百五十镑。这个所谓的"存款"，也有可能就是他投资在该商号里的股本。由此看来，阿灼的财务能力还是不错的。而且，据街坊邻居反映，阿灼无论是为人还是经商，口碑都很好。根据海关出入境记录，阿灼回国探亲时间最长的记录是二十世纪二十年代时，他在一九二一年八月二十五日离境回国，到一九三〇年八月五日才返回澳大利亚。实际上，上述"广生"号洗衣馆就是他在此次返澳后才开始经营的生意。他此次申请来澳留学的两个儿子的出生年月，都在他这一次长达十年的回国探亲期间，他们之间的父子关系显然是成立的。而在此之前，阿灼还有两次回国探亲的记录，第一次是从一九一〇年十二月至一九一三年三月，第二次则是从一九一五年十月到一九一七年十一月。

既然上述报告显示出监护人的情况一切都符合规定，而且这两个中国学生，一个十三岁，另一个才十一岁，其年龄皆在无须英语学识能力证明的范围内，因此，在对上述情况核实无误之后，内务部便于十月十一日致函中国总领事保君建，表示这两个中国学生的签证评估审核已经通过，只待其将中国学生护照送来，便可在护照上钤盖入境签证章。保总领事接到通知后，立即于十月十四日给陈松和陈健签发了中国学生护照，号码分别是437747和437748，随后在十月二十日再由内务部分别在护照上钤盖签证印章，便将此护照寄回给雪梨的中国总领事馆，再由后者负责寄送给签证持有者。

在正常情况下，陈松和陈健兄弟俩接到护照和签证通过的通知后，应该很快可以启程前来，可是，美利滨海关一直等了一年，也没有见到他们的影子。考虑到上述兄弟俩的护照寄出之际，正好是侵华日军登陆广东大亚湾、

---

① SHACK Ah - Nationality: Chinese - Arrived Melbourne 1898, NAA: B78, SHACK/A。

占领广州之时，广东处于战时状态，海陆交通阻隔，有可能导致兄弟俩无法及时启程来澳。于是，一九三九年十一月七日，中国总领事保君建致函内务部秘书，将上述情由告知，并说明这兄弟俩还是准备前来澳大利亚读书的，他们的父亲也强烈盼望着他们尽早到此接受教育，为此，特向内务部申请展签其入境签证。

由于中国的战时状态，内务部实际上对陈氏兄弟不能及时来澳留学也是理解的。但鉴于时间又过去了一年，这期间其监护人亦即其父的财务状况是否发生了变化，当局并不了解；如果阿灼的财务状况恶化的话，则有可能会影响其对两个儿子在澳留学期间的财务担保之责。为此，内务部指示移民局美利滨办事处，再次前往核实一下阿灼的现状，以便对保总领事为陈氏兄弟提出的赴澳展签申请作出最终的决定。

一个月之后，移民局美利滨办事处于十二月十二日将调查核实结果上报内务部。此时的阿灼，除了以前在经营的洗衣馆继续运行之外，还在域多利市场（Victoria Market）批发档口第四十六号位上，与陈亚龙（Ah Loong）合股，投资开设一家"新隆"（Sun Loong）号果栏，专做生果批发。①自该年二月开档至六月底截止的统计表明，该果栏的营业额已达二千二百三十九镑，净利润为五十一镑。阿灼除了平分上述利润的一半之外，这段时间还领取薪水，共计八十镑。此外，阿灼与陈亚龙还表示他们以二人的名义在美利滨联合银行存款二百五十镑，该行经理也对此予以确认。换言之，与去年同时期相比，阿灼的财务状况有了进一步的改善和提高。

得到上述满意的结果，内务部便于一九四〇年一月十二日正式函复保君

---

① 陈龙（Chin Loong，或者阿龙，Ah Loong），出生于一八六九年，于一八九七年从家乡出走，来到澳大利亚发展。他从香港乘船抵达昆士兰省（Queensland）北部港口，就待在这里发展，直到一九二十年代才迁移到美利滨，从事果蔬批发和经销，在域多利街市也有固定摊位做零售生意。此时与阿灼联手，事业便有了很大发展。详见：Application for Certificate of Domicile for Ah Loong, a clerk from Geraldton [Innisfail Queensland], NAA: BP342/1, 13391/398/1903; Certificate Exempting from Dictation Test（CEDT）- Name: Ah Loong（of Cairns）- Nationality: Chinese - Birthplace: Canton - departed for Hong Kong per SS ST ALBANS on 17 July 1919, returned to Melbourne per VICTORIA on 30 July 1923, NAA: J2483, 257/2。亦见：FOON Gung Cheng, NAA: MT929/2, V1957/61455; CHEN, Gung [Gang] Sun, NAA: MT929/2, V1957/61112。

建总领事，同意展签申请，有效期十二个月，从去年十月二十日算起，只要陈氏兄弟在今年十月二十日之前入境，都在签证有效期内。

　　保君建总领事接到上述内务部函件，随即将此决定转告阿灼，由后者通知他的两个儿子。但陈松和陈健两兄弟的留学档案到此中断，再也没有进一步的信息。也就是说，虽然他们被准允展期到这一年的十月二十日入境澳大利亚，但种种原因，他们最终无法前来。

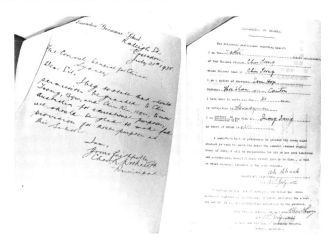

左为一九三八年七月十五日矮山顿文法学校校长表示接受陈松和陈健来澳入读该校的录取信。右为阿灼一九三八年七月二十七日为申办二个儿子来澳留学所填写的监护人担保声明。

左为一九三八年七月二十四日，阿灼填写的申办儿子陈松来澳留学的申请表。右为一九三八年七月二十四日，阿灼填写的申办儿子陈健来澳留学的申请表。

　　档案出处（澳大利亚国家档案馆档案宗卷号）：

Chin Toong and Chin Kin - Student exemption certificate, NAA: A433, 1940/2/316

陈 相

台山中礼村

在一九三八年底到一九三九年初广东被日军入侵，进入抗战艰难困苦之时期，台山县田美村的陈鍫文（C. D. Moon，此前也曾用名Kay Sing Tong，或Willie Tong）申请儿子陈春荣（Choon Wing）赴澳留学之事，因获得签证之后难以成行而不了了之。但来自台山县冲礼村①的陈茂［Harry Tor，②实际上应该是Chin Mow，或Ah Mow，他还有另一个中文名字应该是陈南（Chin Nam），亦即前面提到的陈伦禧（Chin Loon Hee）的父亲亚茂］，几乎就在同一时期申请一九二五年十二月二十八日出生的儿子陈相（Chun Sang）来澳读书，却在获得签证后，成功成行。

进入一九三九年，鉴于在中国老家的儿子陈相已过十三岁，再加上台山家乡日常生活遭到日寇入侵破坏，陈茂遂于二月九日向中国驻澳大利亚总领事馆提出申请，要求为其子陈相办理中国学生护照及入境签证。他以自己是一间位于美利滨的名为"Harry Tor"（陈茂）号的洗衣房东主，拥有该商铺股份价值三百镑等财力作保，应允每年提供膏火六十镑作为其子陈相在澳留学期间的所有费用开销，要把儿子办到在美利滨东城区的基督兄弟会书院（Christian

---

① 原文如此，可能是笔误。此处应该是指中礼村，因为此处的陈茂即是前面提到的陈伦禧之父亲亚茂；如此，陈相就是陈伦禧的弟弟。生于一八七九年的陈亚茂，一八九七年来到澳大利亚发展，在域多利省（Victoria）首府美利滨（Melbourne）登陆入境。见：MOW Ah: Nationality - Chinese: Date of Birth - 7 August 1879: Arrived 1897: First registered at Richmond, NAA: MT269/1, VIC/CHINA/MOW AH/9。

② 这实际上是陈亚茂的洗衣铺的注册名字，他在文件中也以此作为自己的名字。

Brothers' College）读书，并且也已经获得了该书院院长出具的录取信。

四天之后，中国总领事馆便审核完陈茂递交的上述材料，保君建总领事将其转给澳大利亚内务部去核查评估，申请为陈相发放入境签证。二月十七日，内务部致函美利滨海关，要求其对陈茂的情况作一调查报上来，以便决定是否给陈相发放签证。经过调查，海关于三月三十一日将调查报告提交给内务部。虽然十年前陈相的哥哥陈伦禧申请签证来澳留学时，海关也对陈茂做过调查，但时过境迁，加上人事变动，情况有了很大的变化，进行更详细的调查显然是很有必要的。根据报告得知，陈茂自一八九七年抵澳发展，已经来澳长达四十一年。如果以他当年来澳时为十五六岁的小伙子的话，此时也已经是近六十岁的老人了。他在美利滨的克里夫屯山（Clifton Hill）埠皇后大道（Queens Parade）四百零八号开设的"陈茂"号洗衣店已有十三个年头，其街坊邻居依稀记得这个洗衣店是在陈茂接手之前就有的，至少都超过三十年的时间，只是大家已不记得以前的店主叫什么名字了。认识陈茂已达二十年之久的该店房东衣士顿太太（Mrs Eastern），以及与"陈茂"洗衣房相邻的杂货店老板罗苏先生（Mr. Russell），都向海关人员表示，陈茂为人和善，与他相熟的人都对他评价甚高，是个遵纪守法的模范公民。

从"陈茂"号洗衣房在一九三八年财政年度的报税情况来看，其全年营业额为一百八十五镑，去除各项税费及开支后，其年利润是一百一十五镑，经营良好。此外，他在域多利省储蓄银行有一笔存款，共三百零六镑十九先令十便士，是以他的另一个名字陈南的名义开户的；与此同时，在中国城的小博街（Little Bourke Street）的"新华昌"商行里，该行司理也确认陈茂存有二百镑在里边，这可能是借贷给该商行的，也有可能是他投资的股份。距上次申请儿子陈伦禧前来澳大利亚留学过了十年，陈茂的财务状况显然有了很大的改进，无论存款还是流动资金都有很大的进步。

海关的报告也显示，在陈茂居澳的四十多年间，他在这段时间里总共返回中国探亲五次。海关记录其出入境具体年份如下：一，一九〇五年至一九〇七年；二，一九一三年至一九一六年；三，一九二一年八月二十五日至一九二二年十月二十一日；四，一九二四年十一月五日至一九二六年五月十四日；五，一九三一年十月十二日至一九三二年九月二十六日。其子陈相生于一九二五年底，正好是陈茂第四次回国探亲期间。换言之，他们之间的父子关系毋庸置疑。

既然作为来澳中国学生的财政担保和监护人，陈茂符合所有的条件，内务部也就于四月十九日正式函复中国总领事保君建，批准了陈相的入境申请。一个星期后，保总领事便给陈相签发了中国学生护照；五月八日，内务部也在此护照上钤盖签证章。因档案文件中没有提及护照号码，而且陈相的这份护照也没有被内务部收存，因而我们不知道它的具体号码。很有可能是当年陈相学成之后，于离开澳大利亚时一并将其携带回国了。

而陈相在接到护照和签证后，很快便搭乘"利罗"（Nellore）号轮船，于一九三九年八月二十八日从香港抵达美利滨入境。[1]从护照寄出到陈相抵达澳大利亚，前后就是三个来月的时间。考虑到当时因战争而导致的台山与香港间的交通并不顺畅，陈相能在这么短的时间内赶到澳大利亚，显然是费了很大的劲，也冒了很大的风险。当然也有一种可能，即因为战争的爆发，陈茂可能预先便安排将陈相送到香港，在那里一边读书一边等待澳大利亚的入境签证。一旦陈茂在澳大利亚这边将这些申请事项办妥，陈相便可在香港由亲戚或朋友代为购买船票，尽可能快地抵澳入境。

原先陈茂早就为儿子注册好了在美利滨东城区的基督兄弟会书院读书，可是，当三个月过去后，内务部于十二月初按正常程序致函该书院，欲询问陈相的在校表现时，得到的回答是在学校的学生花名册中查无此人。信息反馈回去后，内务部只能按照惯例请海关去查访。但因此后很快就是假期，学校都放暑假了，海关只能等到次年开学后才能去周围学校巡查。一九四〇年二月九日，海关终于将相关的报告交给内务部。原来，来到美利滨之后，十四岁的陈相没有遵循父亲的意愿去基督兄弟会书院上学，而是直接去了基督复临安息日教会小学（Seventh Day Adventists Primary School），该校位于北佛珠来（North Fitzroy）区的阿尔弗雷德环路（Alfred Crescent），就在

---

① CHIN SANG William - Nationality: Chinese - Arrived Melbourne per Relora 28 August 1939 Departed Commonwealth on 03 April 1948, NAA: B78, CHINESE/CHIN SANG WILLIAM。

"陈茂"号洗衣店所在街的北面，相距不远，比去城里的基督兄弟会书院要近很多，何况前者也同样是教会学校，符合中国学生来澳留学必须上私校的规定。唯一的问题是，陈相在转学进入这间教会学校读书时，本应该知会中国总领事馆及内务部，以便他们能及时掌握其行踪。而据基督复临安息日教会小学校长的报告，陈相入学后学习认真，表现令人满意。一年之后，即到一九四〇年下半学期时起，因其英语有了很大的进步，陈相就被调整到该小学的五年级班念书。也就是从这时起，他给自己取了个英文名，叫William（威廉），以便能与当地同学更好地沟通，更好地融入当地生活。

以这样的学习态度念书，自然也是很受学校欢迎的。在连续两年顺利拿到展签之后，进入一九四二年，因澳大利亚与中国成为反法西斯阵营中的盟国，所有在澳中国留学生都一次性地获得了三年的展签，到一九四五年六月，因战争尚未结束再展签两年，陈相也就这样顺理成章地一路读了下来，没有中断学业。

因为战争，自一九四二年开始，内务部便再也没有致函各接收中国留学生的学校，询问留学生在校表现。直到一九四七年开始，因战争结束后各项复员及恢复工作开始走上正轨，移民部接手了原内务部的大部分工作，开始重新将这些留澳之中国学生的情况汇总，以便甄别，办理其展签及遣返事宜。于是，这一年的二月七日，移民部询问美利滨办事处移民官，请其将陈相现在的情况汇报一下，即陈相是否还在上学，在哪里上学，读什么课程，是否全职读书？如果回答是否定的，则要澄清他何时安排返回中国，因为其年纪过了下一年就年满二十四岁，达到中国学生在澳留学的最高年龄上限。月底，该移民官报告说，陈相此时入读美利滨工学院（Melbourne Technical College）汽车机械课程，是全职在读大学生，尚有一年就读完全部课程。该校的教务主任表示，陈相学习刻苦，各项表现都不错，是该校的优秀学生。鉴于其展签到六月三十日到期，希望能再给他展签一年，就可以顺利完成学业。但是，移民部只同意展签半年，即到这一年的年底。因此后的半年是汽车课程的实习期，移民部表示不允许陈相在澳大利亚实习，要求他学完课程就返回中国。

　　既然如此，陈相也不再申诉，静静地完成了在美利滨工学院的课程，到一九四八年四月三日，在美利滨登上驶往香港的"山西"（Shansi）号轮船，告别父亲，告别了留学近九年的美利滨，返回中国。

一九三九年二月九日，陈茂为申办儿子陈相的中国护照和来澳签证所填的申请表。

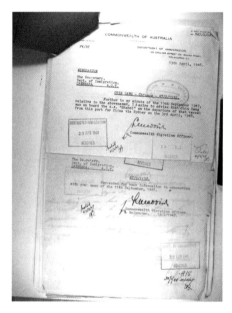

一九四八年四月十三日，移民局有关陈相搭乘"山西"号轮船于四月三日离境的报告。

档案出处（澳大利亚国家档案馆档案宗卷号）：

Chin Tang - Student exemption, NAA: A433, 1947/2/1192

刘　焕

台山名岗村

　　刘焕（Foon Lew）是台山县名岗村人，出生于一九二六年七月十日。其
父名刘九（Lew Gue），一八七八年一月十五日生于名岗。[①]青年时期，刘
九就从家乡前往澳大利亚谋生。因目前尚无法查到其最早于何时进入澳大利
亚的档案资料，难以确定其抵澳的确切年份，但鉴于当时在澳的大多数华人
都是于一九〇一年澳大利亚联邦成立之前就已来到这里发展，因此，刘九在
十九世纪九十年代末期抵澳的可能性极大。无论如何，资料显示，他来到澳
大利亚后，几经辗转，最终在尾利伴（Melbourne）定居下来，住在米克街
（Meek Street）四十二号，从事蔬果销售。一九三九年九月十一日，他与刘
文建（N. Jarm，或写成Lew Mon Jarm）合股，盘下此前于一九二〇年左右由
另一位姓冯（N. Fang Yock）的华商所经营的"鸿安号"（Hong On and Co.）
商行及其铺位，他在该商行中占股三分之一。该商行位于尾利伴的域多利果
菜市场（Victoria Fruit Market）四十六号铺位，主营蔬果批发，尤其是大宗
的香蕉产品批发，兼售其他杂货，因其在唐人街里的小博街（Little Bourke
Street）二百二十号上尚有货栈。
　　一九三九年，抗日形势严峻，广东许多未曾沦陷地区人民的生命财产受
到了严重威胁，尤其是学龄儿童的教育无法正常进行。有鉴于此，刘九希望
将儿子尽快地办来身边念书，以期学有所成。于是，在儿子年满十三岁后，

---

① LEW Gue-Nationality: Chinese-Arrived Melbourne per Changte，NAA：B78，LEW/G。

刘九便填具申请表格，于一九三九年八月二十八日，向中国驻澳大利亚总领事馆提出申请，希望尽快协助其子来澳留学。

位于雪梨（Sydney）的中国总领事馆虽然接到了刘九递交的申请，但因下列两个原因并不能及时予以处理。其一，在申请表上，刘九没有像许多乡人那样，列明每年承诺给儿子的膏火费。经中国总领事馆沟通，刘九于十月十日补交了财政担保声明，表明他是上述"鸿安号"商行的股东，具有较好的商业背景，足以资助儿子的一切留学费用，这样才满足了申请留学护照和签证的条件。其二，按照规定，此时来澳留学，中国学生只能入读私立学校，包括教会和独立学校，但刘九在申请表上则填为不确定入读何种性质的学校，不符规定。于是，在中国总领事馆的协调下，十一月十日，位于尾利伴中心城区的圣占士老教堂日校（St. James Old Cathedral Day School）才最终同意接受刘焕入读，发出录取信，解决了这个问题。按照当时处理来澳留学申请的流程，是否发放护照，取决于联邦政府内务部是否预评估通过申请，同意核发签证，即先将申请材料送交内务部评估通过，然后再签发护照，送往内务部钤盖签证印章，这样才能送交来澳留学申请人。十一月十六日，中国驻澳大利亚总领事保君建便将上述申请材料一并交送内务部，代为申请刘焕的入境签证。

内务部接到申请后，自然也是按照流程，先交由海关税务部门处理。但海关部门核查的速度比较慢，一直拖了两个月，才于一九四〇年一月二十七日由移民局主管护照的官员麦迪生（M. Maddison）将调查结果报告给内务部秘书。核查结果显示，刘九目前在银行有二百至三百镑存款，此前曾经在尾利伴城外拥有两间果菜店，经商有道，财务状况良好，为人也颇有口碑，乐于助人。此外，自抵达澳大利亚发展以来，刘九总共回中国探亲四次，其年份分别为：一九一二年四月十一日至一九一三年七月二十六日，一九一七年十月十九日至一九一九年四月二十一日，一九二四年八月二十六日至一九二六年六月二十八日，一九三一年十一月二日至一九三三年十月二十四日。他每次出入境的港口都是尾利伴，出入境的"回头纸"上所用的名字，都是他的小名阿九（Ah Gue）。

麦迪生递交报告时，因鉴于刘九和他的合伙人刚刚接盘"鸿安号"商行才几个月，便没有将其营业额一并列上。可是，内务部觉得这份核查报告不完整，还需要提供"鸿安号"的营业额以便确认刘九所具有之真实而详细的财务状况，遂于二月七日责成海关再报。又是两个多月后，麦迪生才提供报告给内务部秘书。经核查，至上年九月接盘到今年一月六日，"鸿安号"营业额为六千八百四十八镑，净利润为三十六镑二先令六便士。根据银行账号显示，仅仅在一月至二月的一个月里，"鸿安号"在银行的存款就有二千零五十镑，财务记录良好。与此同时，在他们刚刚接盘的四个月时间里，他们就出口货物价值达二百八十五镑。

上述的核查结果表明，刘九有良好的财务记录，商行经营得法，他的回国探亲记录也表明签证申请人刘焕与他的父子关系毋庸置疑，完全符合中国学生来澳留学规定。此时刘九因自递交申请至今已半年多，尚未见回音，于是通过中国总领事馆致函内务部催问结果，内务部秘书遂于五月七日函复保君建总领事，批复了签证申请。五月十三日，保总领事给刘焕签发了中国学生护照，号码是1014082，随后立即寄送内务部请领签证；五月十七日，内务部为刘焕护照钤盖了签证印章，有效期一年，即至一九四一年五月十六日有效。

档案文件里没有刘焕的入境记录。根据移民局于一九四〇年十月十日召唤刘焕前往其办公楼办理登记的一份文书显示，他至少是在此日期前已入境。由此可以推断的是，刘九在获得儿子的入境签证之后，便寄给香港的商行或亲友。经由他们的安排，用了不到四个月的时间，刘焕从战乱中的台山家乡辗转到达香港，搭乘仍在通航的班轮，来到澳大利亚。

不过，十四岁的刘焕并没有如期入读圣占士老教堂日校，而是于十月十四日注册入读英国国教会自由幼教学校（Church of England Free Kindergarten School）。根据校长的报告，尽管刘焕入校前英语能力很弱，但经过近三个月的学习，他顺利地通过了小学一年级的考试，读和写都有很大的进步。到一九四一年，他升入二年级，各方面表现皆佳，被认为是勤学上进、品行兼优的好学生。而且，为了更好地学习并融入当地社会，刘焕也给自己取了一个英文名，叫艾伦（Alan）。如是，到签证到期时，又很顺利地拿到了展签，有效期至次年六月三十日。

而在这一年的年底，因日本突袭珍珠港，太平洋战争爆发，澳大利亚也随即加入反法西斯阵营。因此，对于因战争而滞留的盟国人员包括留学生，澳大利亚政府根据战争法，一律给予三年的展签。故刘焕的签证在一九四二年六月三十日到期时，就被顺延展签到一九四五年六月三十日。到期后，因战争尚未结束，再被顺延展签一年。在这段时间里，他并没有耽误学业，先是转学到矮山顿文法学校（Essendon Grammar School）升读，然后由此进入尾利伴大学附属中学，于一九四六年底结束了中学课程，其中数学课和历史课成绩最好。此时，刘焕已年满二十岁。按照《中国留学生章程》规定的中国留学生在澳留学年龄为二十四岁的最高年限，他是可以继续留在这里读大专和大学的。但此时此刻，刘焕已经不愿意继续念书了，便想回国。

父亲刘九虽然同意儿子回国，但却另有打算。一九四七年一月十一日，刘九以"鸿安号"商行的名义，致函移民部，表示刘焕已经中学毕业，也已经决定回中国。鉴于他回去中国有可能经商，希望在其返回中国前，先在"鸿安号"商行担任助理，实习一年，以积累经验，便于日后工作的开展。"鸿安号"商行也为此做好了这方面的准备，希望移民部核准，给予刘焕一年的工作签证。为了支持这一申请，刘九还将历年来该商行的营业额列上，证明商行的拓展也确实需要增添帮手。据统计，从一九四一年到一九四五年的五年间，其年营业额分别为二万八千八百九十四镑、三万一千九百三十四镑、三万八千七百一十三镑、三万七千三百三十四镑和四万一千一百八十四镑，而一九四六年仅上半年的六个月，营业额就已达三万五千二百零七镑。然而，上述申请递交上去四个月，都没有得到移民部任何回音。于是，四月十八日，"鸿安号"商行大股东刘文建再次致函移民部秘书，请其关注此事，尽快批复。七月三日，移民部秘书最终复函，批准了上述申请，给予刘焕十二个月的工作签证，有效期至一九四八年六月三十日。

但可能是刘焕归心似箭，并没有在澳大利亚待到签证有效期结束，而是在接到移民部的批复之后三个月，就提前结束了在父亲的"鸿安号"商行之实习，于一九四七年十月六日在尾利伴港口搭乘"云南"（Yunnan）号轮船，经由雪梨驶往香港，转道返回家乡。此后，澳大利亚档案中再未见有任何与他相关的记载。

刘焕前后在澳大利亚留学七年，其中包括近一年的商业实习。刘焕回国之后的情况，则无从探究。

一九三九年八月二十八日，刘九填表向中国驻澳大利亚总领事馆申请其子刘焕来澳留学。

档案出处（澳大利亚国家档案馆档案宗卷号）：

Lew Gue （Allen Foon Lew）- Student exemption, NAA: A433, 1947/2/2087

陈春荣

台山田美村

一九三八年十月，日军登陆大亚湾，攻占广州，把战火烧到了南粤大地，但四邑地区在很长时间里都还在中国军队的控制之中。因此，还是有在澳华人趁此空档，希望将孩子送往澳大利亚留学，一方面让孩子接受西式教育，另一方面也可躲避战火。一九二七年四月十四日出生在台山县田美村的陈春荣（Choon Wing），就是此时试图赴澳留学的一位小留学生。

陈春荣的父亲名叫陈鎏文（C. D. Moon，此前也曾用名Kay Sing Tong，或Willie Tong），是在澳大利亚域多利省（Victoria）本地出生的第二代华人，[1]当然祖籍是台山县田美村。但无法确认的是，他在血统上是纯粹的华人还是华人与西人或土著通婚之后代，即所谓的"半唐番"。综合档案中所显示出来的蛛丝马迹，陈鎏文的情况大致上是这样的：他出生的地方可能在域多利省，持有澳大利亚护照。他于一九一二年首次去中国探亲，然后在一九二五年又去探亲，住了三年，直到一九二八年才返回澳大利亚。[2]他是在中国结的婚，妻子留居中国。那么，他回中国结婚的年份，可能是一九一二年那次，也有可能是一九二五年那次。据警察局的资料表明，他曾经在美利滨（Melbourne）唐人街上的"新华昌"号（Sun Wah Chong）商行做过销售

---

① Kay Sing TONG（or Willie TONG）- Australian born Chinese - Left for China per "Tanda" 9.7.1925 [2 pages] [part Box 45], NAA: B13, 1925/13404。

② Kay Sing Tong or Willie Tong [passenger per SS TANDA, left Melbourne on 9 July 1925] [box 278], NAA: SP42/1, C1932/5939。

助理，后在品地高（Bendigo）埠做草医为生。[1]

　　一九三八年一月二十四日，陈墅文提交申请表，向位于雪梨（Sydney）的中国驻澳大利亚总领事馆申办儿子的来澳留学事宜。他就以自己是澳籍公民、职业为草医作保，承诺每年提供膏火三十五镑（在申请表的中文栏目则写成三十镑），作为其子来澳留学之费用，为儿子办理入读域多利省品地高埠的中央学校（Central School）。

　　中国总领事馆接到上述申请后，总领事保君建觉得陈墅文提供的材料并不翔实，但因此时中国总领事馆处理中国学生来澳留学的程序方面有了变化，护照要在内务部审核监护人资格通过之后才能签发，因此，他仍然将上述资料转给澳大利亚政府内务部处理。

　　通常来说，澳大利亚政府内务部处理和审核的程序，都是分两步走，一是核实监护人与签证申请人之间的关系，通常即父子关系；二是核查监护人是否具备财务担保能力以及个人操行等是否合乎社会规范。就陈墅文与陈春荣之间的父子关系，因后者系在前者去中国探亲抑或结婚期间所生，已无须进一步的核查，现在余下的关键问题，是调查监护人的财务能力。而就在这个问题上，内务部遇到了不少的困难。先是，品地高埠派出所的警官奉命于二月下旬前往坚泥屯（Kyneton）区莫理循街（Mollison Street）陈墅文的住处找到他，准备向他核实身份及其他事项时，他对所有问题拒不回答，只是说自己会前往位于美利滨的移民局说明情况。那警官无功而返，一个月过去了，陈墅文毫无动静；又一个月过去了，陈墅文还是按兵不动。内务部早就等得不耐烦了，两个月的时间里发函移民局接连催问了两次。直到五月中旬，内务部再次函催，移民局才报告说，四月二十八日，陈墅文终于到了移民局办公室说明情况。首先，陈墅文表明自己的草医馆就设在坚泥屯区，服务范围即为周边居民。其次，关于财务状况，他表示在银行有存款四十五

---

[1]　澳大利亚学者侯诗妩（Carol Holsworth）对十九世纪末二十世纪初活跃于域多利省中草药医生有专门的研究。在她的文章里，陈墅文于一九三十年代主要在品地高行医，间或去往周围乡镇问诊施药。见：Carol Holsworth, "Chinese Herbalists in Victoria 1850s-1930s", in https://chineseruralvictoria.wordpress.com/category/chinese-herbalists/。

镑，但无法展示存折以证明其说；而关于他的年收入，就上一个财政年度而言，则自我估计为三百镑，除行医之外，别无所得。不过，这只是预评估，尚未经过税局的审计，也许实际收入远超此数也说不定。至于其人之操行为人如何，因无法评估，也没有什么记录，实在难以说明。

虽然上述问题有了不完美的答案，算是勉强解决，但内务部觉得还有问题，即准备接收陈春荣的学校校长并没有写信给中国总领事，以确认录取他作为该校学生，该信实际上也被内务部视为相当于一封录取函。因此，内务部致函中国总领事馆，要求提供一份正式的录取信。对此，中国总领事馆只得照办，并很快就于六月六日拿到了品地高中央学校校长的录取信，随后就转交给了内务部。可是，内务部又发现了一个问题：该校的性质是什么？是公校还是私校？从校名上看不出来。按照规定，中国学生来澳留学只能读私校，不能进公校。于是，六月二十日，内务部致函海关，请其核查该校之性质。四天之后，海关回复说，这是间公立学校。一个月之后，内务部发文给中国总领事馆，请其解释何以不安排陈春荣进入私校，而非得入读公校，尽管这间公校在过去十几年间陆续接收过不下一打的中国留学生。

八月十日，中国总领事保君建致函内务部秘书，谓通过与监护人陈墊文的沟通，特对前述问题予以回复。陈墊文认为，品地高除了天主教所办学校属于私校之外，只有公校。由于信仰问题，他无法将儿子送到该教会所办之学校里去念书。为此，要在品地高本地读书，他只能选择公校。而且，他作为监护人，本身也是住在这个城市，给儿子就近选择学校上学，他也能一尽为父之责，履行监护人的责任。此外，陈春荣的姑姑，也就是陈墊文的姐姐亦住在这个城市，也便于陈春荣在上学之际，直接得到他姑姑的照顾。为此，陈墊文呼吁内务部长将此视为特例，准允其子进入中央学校念书。保君建总领事对此解释也深以为然，故在信函中大力支持这一申请，并吁请内务部秘书考虑到申请人所面临的具体困难，为其入学开绿灯。

内务部秘书接到保总领事的公函之后，确实对此请求给予了认真的考虑，也认同陈墊文因信仰问题不能送儿子进入教会学校以及将儿子放在品地高读书的理由，他特别敦促海关和移民局再在品地高搜寻，看是否当地还有任何其他非教会主办的私校。如果有，则可以作为替代方案。另外，他也责成海关对陈春荣姑姑的情况做一个摸底调查。九月十日，海关向内务部报告说，在品地高还有两间私校，分别是侯士京商学院（Hoskins Business College）和品地高商学院（Bendigo Business College），皆位于景街（View Street）。同时，根据派出所的调查，陈春荣的姑姑是雷辉太太（Mrs Louey Fee），她与丈夫雷辉住在品地高卑列治街（Bridge Street）二百六十二号，是在该址上所开设的一间杂货店的老板，占有该商号的一半股份，该店生意兴隆。[①] 由此可见，由他们照顾即将来此留学读书的陈春荣，无论是居住条件还是经济条件，当是非常理想的。警察并且根据其观察及与周边居民的调查得知，雷家为人谦和，全家大小跟街坊的关系良好，他们都是遵纪守法的好公民。雷辉太太养育有四女二子，她和丈夫不遗余力地为所有孩子提供最好的教育。为此，对雷家情况熟悉后的警察认为，如果陈春荣能来留学，由他姑姑雷辉太太负责照顾，无论从哪一方面说，都是最好的安排。

上述报告对内务部的决定是有一定影响力的。对于雷辉太太一家的情况以及未来陈春荣的落脚点，内务部也非常满意，最终的决定是，陈塾文可在上述两间商学院中选择任何一间作为其子入读的学校，而且还放宽到此项进入私校的规定只有十二个月。就是说，过了十二个月，如果他要转学到公校的话，内务部不反对。之所以这样规定，目的就是不愿意看到陈塾文只想给儿子寻求免费的公立学校教育。于是，十月十一日，内务部秘书将上述决定告诉保君建总领事，让他转告陈塾文，尽快作出决定，并将其中选定之学校的录取信提交上来，便可为陈春荣入境澳大利亚留学核发签证。

---

① 雷辉是台山人，一八九八年来到澳大利亚发展。详见：LOUEY Fee - Nationality: Chinese - Arrived Melbourne C.1898, NAA: B78, LOUEY/F。

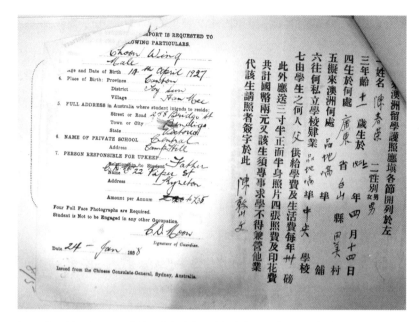

一九三八年一月二十四日，陈塾文为申请儿子陈春荣来澳留学填写的申请表，可惜没有照片。

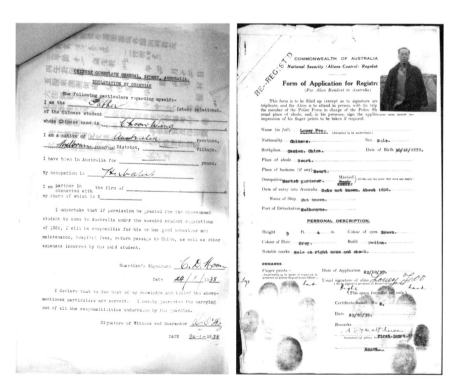

　　左为一九三八年一月二十四日陈塾文为申请儿子陈春荣来澳留学所填之担保声明。右为陈春荣姑父雷辉的照片，拍摄于一九三九年，贴于他当年申请的"回头纸"上。

　　但是，陈春荣的档案到此就中断了。我们没有看到陈瑬文对内务部要求之回复，自然也就没有了陈春荣的后续行动。根据内务部的最后一份与此相关的公函来看，基本上是通过了陈春荣的签证申请，只等他的父亲根据要求采取行动便可，只是最终并没有发现陈瑬文对此要求有任何回应。可以断定的是，陈春荣最终并没有能进入澳大利亚留学，因为内务部的回复是在一九三八年十月中旬，正好是侵华日军登陆大亚湾，侵占广州的时间。此后，广东侨乡无论是对外交通还是生活都受到了极大的影响。许多人家的财产亦广受波及。也许，这一新的形势对陈春荣最终不能前来留学有很大的影响。

　　档案出处（澳大利亚国家档案馆档案宗卷号）：

Choon Wing - Student's Ex/c, NAA: A1, 1938/2484

雷　英

台山仁安村

　　雷英（Louey Yin），民国十六年（一九二七）十月六日生于广东省台山县仁安村，是雷迎福（Louey Ning Fook）的小弟弟。其父雷社（Louey Share），出生于清同治十三年（一八七四）十月十五日。他在二十岁那年即光绪二十年（一八九四），便跟随乡人赴澳淘金谋生的大潮，从香港搭乘日本邮轮"日光丸"（Nikko Maru）抵达澳大利亚的域多利（Victoria）殖民地，[1] 最终在美尔钵（Melbourne）埠的佛珠来（Fitzroy）区定居下来，开设一间洗衣馆，名叫"胜利衣馆"（Sing Lee Laundry），一直经营到二十世纪三十年代末；随后，他搬迁到唐人街里的小博街（Little Bourke Street）一百七十八号，与人合股盘下该址上原有之商行，继续沿用原名"胜利隆"（Sing Lee Loong）号，转而经营土洋杂货。

　　从一九二二年底到一九二九年，雷社将大儿子雷迎福办来澳大利亚留学，直到其年满二十四岁返回中国。[2] 十年之后，小儿子雷英也长大了。一九四〇年十二月四日，雷社填写申请表，备齐材料，向中国驻雪梨（Sydney）的中国总领事馆申办儿子雷英来澳留学的护照和签证。他以自己经营的"胜利隆"号商行作保，允诺每年提供膏火五十镑给儿子作为留学期

---

① SHARE Louey：Nationality-Chinese；Date of Birth-15 october 1874；Date of Arrival-1894；First Registered at Fitzroy Victoria，NAA：MT269/1，VIC/CHINA/SHARE LOUEY/1。
② 雷迎福的留学档案，见：Louey Ning Fook - student passport, NAA: A1, 1929/6288。

间的学费和生活费等相关费用，要将雷英办来美尔钵城里京街（King Street）天主教会主办的圣占士书院（St. James School）念书，并且于十一月二十六日拿到了该书院院长同意接收雷英来此就读的录取信。中国总领事馆收到上述申请后，总领事保君建便于十二月十日致函内务部，为其申请入境签证。

内务部于十二月十七日发函给移民局美尔钵办事处，请其协查上述申请者担保人亦即监护人的财政状况以及与申请者之血缘关系。直到两个月之后，一九四一年二月十八日，移民局才将核查结果报告给内务部。继续沿用原名，"胜利隆"向工商局注册经营是在一九三九年十一月原东主去世之后，雷社才与另外二人合股买下该物业的生意，改为现名的。因经手时间短，很难从其营业额来判断经营者的财政状况。截止到去年七月一日，该商行在银行的存款是七百一十八镑，但该笔存款目前已经给提取得七七八八了。可能是刚刚经营该生意，雷社的个人收入不高，据他自己说是每周两镑十先令，除此之外没有其他收入来源。收入少的原因是该生意近年不景气，亏损较多之故。尽管如此，雷社的口碑很好，为人诚实。

另外，从海关记录中查阅到的雷社回国探亲共五次。最近的四次时间分别是：一，一九一三年十月二十二日离境，一九一四年八月二十二日返回澳大利亚；二，一九一八年三月二十二日离境，一九一八年十一月二十二日返回；三，一九二二年二月七日离境，一九二二年十月二十一日返回；四，一九二五年八月十一日出境，一九二七年四月十日回到澳大利亚。最后一次探亲回来后半年，其子雷英出生。由时间上来看，他与雷英的父子关系契合。

上述的调查结果表明，雷英的赴澳留学申请符合条件。于是，一九四一年二月二十四日，内务部秘书函复保君建总领事，批复了雷英的入境签证申请。接到回复后，保君建总领事便于同月二十七日给雷英签发了中国护照，号码是1014165。三月四日，内务部正式核发了雷英的入境签证，有效期一年。

但雷英的档案到此中止。档案中不见了保总领事签发的中国护照，很显然，该护照被寄往中国雷英的家乡，之后便没有了回音。考虑到此时中国抗战进入最艰难困苦的阶段，交通中断，即便雷英最终拿到了护照和签证，也无法前来澳大利亚。

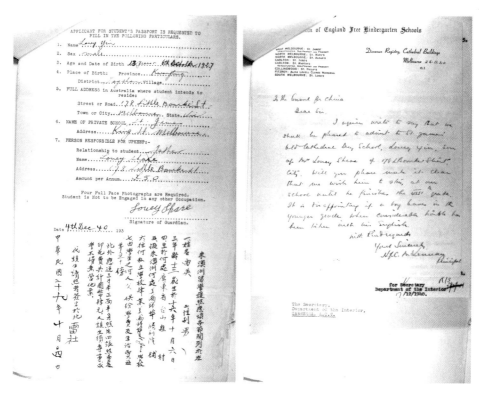

　　左为一九四〇年十二月四日，雷社向中国驻雪梨的中国总领事馆申办儿子雷英来澳留学护照和签证所填写的申请表。右为一九四〇年十一月二十六日美尔钵天主教会主办的圣占士书院（St. James School）院长同意接收雷英来此就读的录取信。

档案出处（澳大利亚国家档案馆档案宗卷号）：

Louey Yin - Student exemption, NAA: A433, 1943/2/493

民国粤人赴澳大利亚留学档案全述　台山卷

694

邝国衡

台山潮溪村

台山县潮溪村的邝敬坤（James Fong），生于一八七〇年，在一八九〇年左右从家乡浮海南渡，来到澳大利亚发展，从雪梨（Sydney）登陆入境。[1]其后几经辗转，最终在西澳洲（Western Australia）中西部的濒临印度洋的大镇者利顿（Geraldton）定居下来，[2]独家开设一家洗衣店，名为"合利"（Hop Lee）号，生活比较稳定。

邝国衡（Henry Fong）生于一九二七年十月七日，是邝敬坤的小儿子。在儿子十岁时，中国的形势发生了极大变化。从一九三七年七月起，中国进入全面抗战。一九三八年十月，日军登陆大亚湾，攻占广州，在这种情况下，邝敬坤便开始为十一岁的儿子作出筹划，打算将其办来澳大利亚留学。

当一九三九年初新学年开学伊始，邝敬坤就于一月二十五日找到者利顿基督兄弟学校（Christian Brothers' College，Geraldton），介绍了儿子的情况，获得校长首肯，当场出具了接受邝国衡入读该校的确认信。随后，他将相关材料备妥，于三月十三日填好申请表格，向位于雪梨的中国驻澳大利亚总领事馆申办儿子赴澳留学所需之护照和签证。他以自己经营的"合利"号洗衣店作保，承诺每年提供学费十镑及其他膏火费给儿子，让其进入上述基督兄弟学校念书。为增强其申请力度，他将同样是在者利顿埠开设商铺"邝

---

[1] James Fong, NAA: SP42/1, C1910/748。

[2] FONG James [Immigration file], NAA: PP15/1, 1953/61/6963。

雪梨"号（Sydney Fong & Co.）的同宗兄弟邝修坚（Sydney Fong）作为其财政的保证人。①

中国驻澳大利亚总领事保君建接到上述申请，对材料作了必要的审核之后，便于三月二十一日备函将申请材料汇总寄给澳大利亚联邦政府内务部秘书，并在函中请其尽快审理，核发签证给这位中国小留学生，俾其能早日来到澳大利亚留学。内务部接到上述申请材料，遂按照流程分发给西澳海关，请其就邝敬坤的财务状况及出入境记录等依次核查，作为对上述签证申请批复与否的根据。

四月十七日，西澳海关税务部门向内务部提交了有关邝敬坤财务状况的报告。根据他们的记录，邝敬坤已在者利顿埠定居三十多年，经商诚实有信，邻里关系融洽，为人古道热肠，做事认真负责；他经营洗衣店也有相当的年头，生意稳定，每周从生意所得净收入约为三到四镑，在银行里还有超过一百镑的定期存款。此外，前述的邝修坚是其堂兄，在者利顿所经营的杂货商铺规模最大，可以作为他的坚强后盾。海关人员也当面询问过邝修坚，他很大气地表示，一旦邝国衡可以来澳留学，如果堂弟邝敬坤在财务上遇到任何麻烦的话，他会施予援手，给予全力支持。由是，海关的报告显示出邝敬坤在财务上完全可以支撑其子在澳留学期间的费用。三天后，者利顿埠海关及警察局也交上来了邝敬坤的出入境记录。根据记录，邝敬坤最早回国探亲的年份是一九一七年。他共有五个子女，最大的是女儿，是在其首次回国探亲的次年即一九一八年出生，十八岁时就已出嫁；在这个女儿之后，邝敬坤还有一个女儿和三个儿子，都由其夫人在台山乡下一手抚养。他与小儿子出生相关的回国年份是：一九二七年二月七日离澳回国，一九二九年三月九日返回西澳。由此看来，在他这次回国后八个月左右，邝国衡就出生，应该是他这次探亲的结果，时间上比较吻合，他们之间的亲缘关系显然成立。

经过反复核对，确认签证申请者符合条件，且因为申请者未满十四

---

① 邝修坚于一八九八年来到西澳，与兄弟一起开办了上述商行。见：Sydney Fong Naturalization, NAA: A1, 1919/160。

岁，无须为其赴澳留学提供是否具备英语学识能力的证明，内务部便于五月三十一日函复保君建总领事，批复了上述申请。六月五日，保总领事为邝国衡签发了一份中国学生护照，号码437872，然后寄往内务部，由后者于七月四日在该护照上钤盖了入境签证章。虽然保总领事希望能尽快为这位中国小留学生拿到签证，但前前后后还是折腾了三个多月方才得到结果。

接到从澳大利亚总领事馆寄出的护照和签证之后，邝国衡的家人便为其赴澳行程而紧锣密鼓地筹划。三个月后，这位十二岁的小留学生便从家乡辗转到香港乘船，到新加坡后再转乘"卡戎"（Charon）号轮船入印度洋南下，于一九三九年十月十六日抵达者利顿埠，进入澳大利亚，开始留学生涯。

过了一个星期，邝国衡便于十月二十三日正式注册入读者利顿基督兄弟学校。在学校的例行报告中，对其在校表现和学业成绩都没有什么过多的文字交代，只有简简单单的一句话：令人满意。由此看来，邝国衡在进入澳大利亚留学之前，很可能在家乡已经学过一段时间的英语，加上来到澳大利亚时还属于学习语言比较容易上手的年龄，因而很快就适应了这里的学习环境，他也就平静地在这间学校里认认真真地读了近两年的书。

到一九四一年上半学期结束时，邝敬坤对儿子的去向有了新的打算，想将他送往新加坡读书，那样就可以继续学习英语，还可以由此巩固和提高其中文能力。于是，他在六月份时便将此决定通知当地海关，也知会了学校。七月十八日，邝国衡从基督兄弟学校退学；三天后，亦即七月二十一日，十四岁的邝国衡在者利顿登上"蛇发女妖"（Gorgon）号轮船，告别父亲，离开留学不到两年的澳大利亚，前往新加坡。

邝国衡的档案到此中止。此时的新加坡也是处于太平洋战争前夕，局势不稳，日军南下的威胁日益逼近，到年底便沦入日军手中，大批的中国人和英澳战俘被屠杀。此时在新加坡的邝国衡是否能安然无恙地躲过战乱，不得而知。如果他能安然躲过这场战争幸存下来，到战后其年龄尚不足二十岁，还是可以重返澳大利亚来完成中学或者专上学业的。但此后的澳大利亚藏档案中再也找不到与他有关的任何线索。显然，他没能再入境澳大利亚。

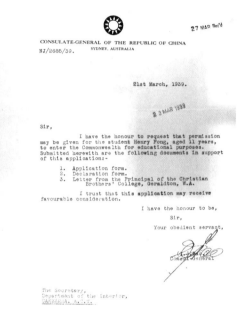

一九三九年三月二十一日，中国总领事保君建致函内务部秘书，为邝国衡赴澳留学申请入境签证。

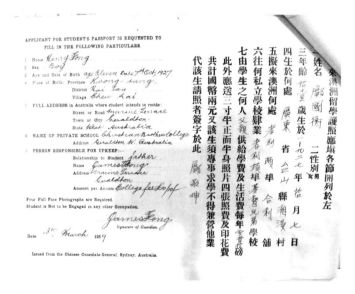

一九三九年三月十三日，邝敬坤填表为儿子邝国衡赴澳留学申领护照和签证。

档案出处（澳大利亚国家档案馆档案宗卷号）：

Fong, Henry - Student [0.5cm], NAA: A433, 1947/2/6046

刘耀权

台山松岭村

刘耀权（Lew Yow Coon），生于一九二九年五月二日，台山县松岭村人。他的父亲是一八七六年出生的刘亚同（Ah Hung，或写成Lew Ah Hung），二十二岁那年（一八九八）与乡人一道闯荡澳大利亚，从美利滨（Melbourne）入境，随后就在该地发展定居下来。[①]他住在加顿（Carlton）埠的小加狄岗街（Little Cardigan Street）三十四号，经营水果蔬菜，于附近的卑剌咸市场（Prahran Market）拥有一档果栏。

一九三九年，中国的全面抗战已经到第三个年头，进入战略相持阶段；而广东省也在上一年十月因为日军进攻并占领广州，从后方变成了抗日前线，澳大利亚华人的家乡四邑和珠江三角洲地区直接处于战火的笼罩之下。由于挂念着家乡的亲人，刘亚同于这一年的二月十一日乘船离开美利滨，前往香港，由此转道返回尚未遭受日军进占的家乡探亲。[②]此时，他的小儿子刘耀权年满十岁，刘亚同决定为其办理赴澳留学，办妥签证后就直接带着儿子一起返回澳大利亚，以期他在一个较为安定的环境里接受并完成教育。但刘亚同人在中国，无法自己直接向中国驻澳大利亚总领事馆提出申请，便联络

[①] HUNG Ah - Nationality: Chinese - Arrived Melbourne per Taiping 9 August 1940, NAA: B78, HUNG/A。

[②] Louey Poy, Louey Seong, Toy Lock, Ah Sing, Ah Sang, Ah Hung, Wong Tze Geit and Ah Fat [correspondence concerning passengers joining ex TAIPING in Melbourne on 11 February 1939] [box 391], NAA: SP42/1, C1939/1535。

其兄弟、同在美利滨参与经营"永兴隆"（Wing Hing Loong）号商铺的弟弟刘亚新（Ah Sing）代为办理此事。[1]

刘亚新按照哥哥的意思，先在八月十七日从圣佐治学校（St. George's School）那里取得了录取确认信，再于十月十七日为侄儿填妥表格，代哥哥刘亚同向位于雪梨（Sydney）的中国驻澳大利亚总领事馆提出申请，希望协助办理刘耀权来澳留学的护照和签证。因哥哥本人目前不在澳大利亚，亚新就充当临时的监护人，并具结监护人财政担保书，以自己参与经营的"永兴隆"号商铺作保，承诺每年提供膏火五十镑给刘耀权，以充学费、生活费、医疗保险费及其他相关费用。中国总领事馆接到上述申请后，经与刘亚新多次核对无误，总领事保君建就于十一月十四日汇集这些申请材料，致函澳大利亚内务部，代为申请入境签证。

按照流程，海关先要将签证申请者监护人的财务状况及出入境记录提供给内务部，再由后者定夺是否核发签证。几经周折与反复，海关税务部门终于在一九四〇年二月十日完成了上述工作。核查的结果是：刘亚同为人和善，邻里关系好，此前在卑剌咸市场经营的果栏档口暂时交给另一位华人阿天（Ah Ten）代为经营，只是阿天无法提供刘亚同的财务报表，因而其财务状况如何，无从知晓。尽管如此，刘亚同的兄弟亚新也是刘耀权的临时监护人，他的财务状况就比较清晰。作为"永兴隆"号商铺的现任经理及该商行的股东之一，他的经济状况良好。截止到上一个财政年度的税表显示，"永兴隆"号的年营业额为四千一百三十六镑，实际利润为一百一十五镑；在这笔利润中，他分红得到五十七镑十先令，加上他作为经理的工资收入，一年下来，总计为一百五十六镑；他也同样遵纪守法，颇有口碑。至于刘亚同的出入境记录，在此次去中国探亲之前，他总共有三次回国探亲：第一次是一九一三年五月七日至一九一五年七月十六日，第二次是一九二三年八月一日至一九二四年八月二十五日，第三次是一九二七年九月十二日至一九三三年五月十一日。

---

[1] 关于刘亚新，详见刘同春（Lew Tung Choon）的留学档案：Lew Tung Choon - Student exemption, NAA: A433, 1941/2/540。

上面的核查报告表明，监护人刘亚同和他的弟弟刘亚新财务状况良好，经济能力较强；刘耀权的出生是在刘亚同第三次回国探亲期间，父子关系明晰，符合作为中国留学生担保人和监护人的所有条件。在核对无误之后，内务部秘书于二月十七日批准了刘耀权的签证申请，并于当天函复中国总领事保君建。保总领事在接到上述信函后，于二月二十日为刘耀权签发了中国学生护照，号码是1014045，当天就寄给内务部，以便其在护照上钤盖签证章。三月一日，内务部完成了这一程序。刘耀权的签证有效期为一年，到一九四一年二月二十八日到期。

按照流程安排，中国总领事馆遂将上述护照寄往中国，以便这位中国儿童在其父亲陪同下尽快前来留学。但是，刘耀权的档案就此中止。根据档案记载，刘亚同在这一年的八月九日只身返回美利滨，刘耀权并未同行。[1]导致刘耀权不能来澳的原因是什么，无从得知。

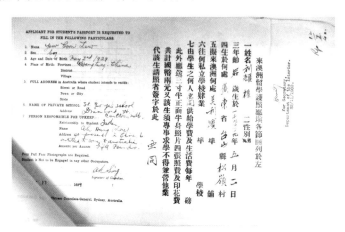

一九三九年十月十七日，刘亚新代兄长刘亚同填表向中国驻澳大利亚总领事馆提出申请，办理侄儿刘耀权来澳留学的护照和签证。

---

① Jang Yick, Tommy Wong, Tommy Wong, Ah Pon, Ah Hung, Ah Mong, Choong Yung, King Chong, Ah Choy and Chee Jing [Certificate Exempting from Dictation Test - includes left hand impression and photographs] [box 260], NAA: ST84/1, 1940/558/71-80。

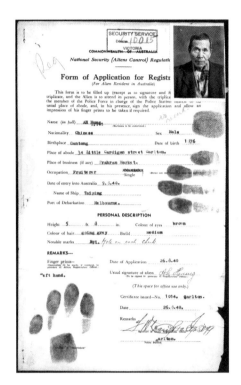

一九四〇年八月九日，刘亚同从中国家乡返回美利滨后办理的外侨登记证书。

档案出处（澳大利亚国家档案馆档案宗卷号）：

Ah Hung - Student exemption [Yow Goon Lew （son）]，NAA：A433，
1939/2/2584

Ah Hung - Student exemption [Yow Goon Lew（son）], NAA：A433, 1939/2/2584

Application for permit to enter Australia for education purposes for Yee Chew Gut born 8 August 1924, NAA：A446, 1956/61818

Auk SUEY - Student passport, NAA：A1, 1927/14464

Chee，Wong Lock - Student passport, NAA：A1, 1926/16263

Chen，Gung [Gang] Sun, NAA：MT929/2, V1957/61112

Chen Tunn and brother - Student exemption, NAA：A433, 1947/2/1157

Chew Bong - Students passport, NAA：A1, 1931/2759

Chew Ning - Students Passport, NAA：A1, 1929/7426

Chin Chee ON - Student passport, NAA：A1, 1927/16802

Chin Chui Nam - student passport, NAA：A1, 1929/5182

Chin Lin NEW - Students Passport, NAA：A1, 1934/5220

Chin Loon - Student Passport, NAA：A1, 1937/146

Chin Loon Hee - Student passport, NAA：A433, 1949/2/8534

Chin Tang - Student exemption, NAA：A433, 1947/2/1192

Chin Sue Him - student, NAA：A1, 1929/4641

Chin Sue Ling - Chinese student's passport, NAA：A1, 1925/13224

Chin Toong and Chin Kin - Student exemption certificate, NAA：A433, 1940/2/316

Ching Heng - Student passport, NAA：A1, 1927/1565

Ching，Quock - Students passport, NAA：A1, 1925/3196

Chun Loong - student passport，NAA：A1，1929/6675

Choon Wing - Student's Ex/c，NAA：A1，1938/2484

Chun HOW - Students passport，NAA：A1，1930/5118

Chun S. H. Linn Ex/c Son & Nephew Chun Sik On，NAA：A1，1926/3777

Chuy Tzo PANG - Students passport，NAA：A1，1927/5660

Dunn Leong - Student's Passport，NAA：A1，1933/744

Ernest Moy Mow - Student's passport，NAA：A1，1931/6301

Fong Ate Fan - Student passport，NAA：A1，1936/9295

Fong Chin Foon. Chinese Student's Passport，NAA：A1，1927/612

Fong，Ben - Student passport，NAA：A1，1928/10345

Fong Boo Quan - Student passport，NAA：A1，1928/5662

Fong，Henry - Student [0.5cm]，NAA：A433，1947/2/6046

Fong HOONG - Students passport，NAA：A1，1930/4355

Foon Gung Cheng，NAA：MT929/2，V1957/61455

Gee Ah Kett - Student exemption，NAA：A433，1947/2/2048

Gee Ah Ten - Student exemption，NAA：A433，1947/2/1195

Gee Fook Hing，NAA：E756，DI67

Gee Kook Noon - Student Pass Port，NAA：A1，1935/4378

Gee Wing Young - Students Passport，NAA：A1，1935/1424

Gee Yee Bigg - Student's Passport，NAA：A1，1931/3778

Gen Ack Leong - Student exemption，NAA：A433，1941/2/2630

Gim Sun - Students passport（aka Henry Wong），NAA：A1，1932/446

Gin Ack - Student passport [1cm]，NAA：A1，1927/21107

Gin Hoi - student passport，NAA：A1，1929/7178

Gin Yook - Chinese student's passport，NAA：A1，1924/27291

Goon，George Louey - Students passport，NAA：A1，1926/5981

Hin，Joe - Student's passport，NAA：A1，1925/18141

Hong，Fong Sik - Chinese students passport，NAA：A1，1925/3194

Hong Gay - students passport，NAA：A1，1932/640

James Louey Goon，NAA：A2998，1952/2769

James Louey Goon [Passport]，NAA：A2998，1952/2769

Jang，Chin Ah - Student passport，NAA：A1，1926/18345

Joe CHONG - Students passport，NAA：A1，1930/4778

Joe Goon - Student's passport，NAA：A1，1931/6178

Jon，Chin Ah - Student passport，NAA：A1，1926/18343

Kam Hong - Chinese Student，NAA：A1，1935/93

Keu，Bing - Students passport，NAA：A1，1928/11615

Kim Chee - Students passport，NAA：A1，1932/489

Kim，Ham - Student's passports，NAA：A1，1925/24465

Kum，Yum -（Canton）students passport，NAA：A1，1926/5240

Kwan YOU - Student passport，NAA：A1，1927/21147

Kwong，Fong - Student passport，NAA：A1，1926/15558

Lan Wing Chee - Students passport，NAA：A1，1933/1211

Law Ah ON - Student passport，NAA：A1，1927/21149

Lawrence Chan - education exemption certificate，NAA：A1，1932/1339

Lee Hoie - Student passport，NAA：A1，1923/30029

Leung Nam Shing - student passport，NAA：A1，1928/7149

Lew Gue（Allen Foon Lew）- Student exemption，NAA：A433，1947/2/2087

Lew Hoong Cheong - student，NAA：A1，1927/979

Lew Hoong Ye - student，NAA：A1，1927/980

Lew Koong On - student passport，NAA：A1，1928/6882

Lew Jack - Student passport，NAA：A433，1947/2/6060

Lew Mon Jarui - Students Passport，NAA：A1，1937/1710

Lew Mon Sean - Educational exemption，NAA：A659，1939/1/3285

Lew Mun Tim（aka Lew Mon Ham）- students passport，A1，1932/590

Lew Mun Wong - student passport，NAA：A1，1929/8054

Lew NAY - Student passport，NAA：A1，1930/4561

Lew SHUN - Chinese Student's Passport，NAA：A1，1934/8497

Lew Sin - student passport，NAA：A1，1930/1966

Lew Ting student's passport，NAA：A1，1931/4093

Lew Tung Choon - Student exemption，NAA：A433，1941/2/540

Lew Wing Lipp（or Ronald Wing）- Certificate of exemption [1cm]，NAA：A1，1936/109

Lew Wing Sun - Students passport，NAA：A1，1932/581

Lim Yim NAU - Student passport，NAA：A1，1927/10132

Loo Wang On - Student Passport，NAA：A1，1936/766

Loong Gat - Students passport，NAA：A1，1932/192

Louey，Ah Lin - Chinese student's passport，NAA：A1，1924/28727

LOUEY，Chin Joy，NAA：MT929/2，V1957/61664

Louey Fung On - Student's passport，NAA：A1，1925/14754

Louey Gooey admission，NAA：A433，1950/2/3364

Louey Hong Yet - students passport，NAA：A1，1930/4775

Louey Kin POY - Chinese student，NAA：A1，1927/780

Louey Kuo Hing - students passport，NAA：A1，1930/8983

Louey Lan Foon - student passport，NAA：A1，1928/5663

Louey Lim - students passport，NAA：A1，1932/1085

Louey Mon Dark - students passport，NAA：A1，1930/11269

Louey MOY - Students passport，NAA：A1，1927/8135

Louey Ning Fook - student passport，NAA：A1，1929/6288

Louey TEW - Student passport，NAA：A1，1927/10438

Louey Wan Hiem - student passport，NAA：A1，1928/10149

Louey Yin - Student exemption，NAA：A433，1943/2/493

Louey York Yen [0.5cm]，NAA：A433，1950/2/4748

Louie MOON - Student passport，NAA：A1，1927/15147

Louie Jol - Student Ex/c，NAA：A1，1935/1429

Low Shew Lee - Student passport，NAA：A1，1928/4769

Lum Jock Wah - student passport，NAA：A1，1929/1359

Mon Wing，L - Students passport，NAA：A1，1926/11569

Mount，Fong - Student passport，NAA：A1，1926/14369

Nee Theng - student passport，NAA：A1，1929/6153

Ng Ah CHAN - Student passport，NAA：A1，1927/11362

Ng Ah Ack - Student passport，NAA：A433，1942/2/1795

Ng Ah Goon Student's Passport，NAA：A1，1931/3840

Ng Ah Hee - Student passport，NAA：A1，1923/16279

Ng How GOONG - Students passport，NAA：A1，1929/8654

Ng Wah Ping - students passport，NAA：A1，1932/649

Ng Wing Way - Student's passport，NAA：A1，1924/5072

Ng Yew Di - student passport，NAA：A1，1929/6873

O'Hoy，Jan - Student passport，NAA：A1，1928/6720

Pang Kwong HOU - Student passport，NAA：A1，1929/9611

Pang Jee HIM - Students passport，NAA：A1，1930/11432

PANG，Wai Ching [Nancy Pang] - Student exemption certificate，NAA：
A433，1940/2/841

Ping，Kay - Student passport，NAA：A1，1928/8910

Quong Tong and Poo Chung - Education exemption certificate - Permanent
residence，NAA：A1，1925/16213

Quong Tsan Fook - student passport，NAA：A1，1930/2643

Sam Chong - student passport，NAA：A1，1929/9335

Set，Chung - Student's passport，NAA：A1，1925 - 19469

Sue，Chun - Student passport，NAA：A1，1925/7153

Teong，Lew Quong - Students passport，NAA：A1，1928/11616

Thomas Pan - Students Passport. NAA：A1，1931/1633

Thomas You - student passport, NAA: A1, 1930/1397

Till SUN - Student passport, NAA: A1, 1927/16807

Tim, Chi; Lee, Leong Chew; Sun, Ng See - Student passports, NAA: A1, 1925/22377

Tim, Louey Sing - Student's passport, NAA: A1, 1925/9414

Toy FAURT - Student passport, NAA: A1, 1927/2994

Toy, Hing - Student Passport, NAA: A1, 1928/2299

Toy Sun Wong Lip - student passport, NAA: A1, 1929/3660

Ung Hue Yen（Willie Kim）Students passport, NAA: A1, 1931/7430

Wah TIM - Chinese student, NAA: A1, 1927/7562

Wai, Fong Sik - Chinese student passport, NAA: A1, 1926/988

Wala Noon - Students Passport, NAA: A1, 1929/5129

Wei Foo Fong - Students passport, NAA: A1, 1932/431

Wing Chun - Students passport 222, NAA: A1, 1935/88

Wing Jew Ex/c Exemption Certificate, NAA: A1, 1922/21814

Wing KEUNG - Student passport, NAA: A1, 1930/4575

Wong Ching - Student's Passport, NAA: A1, 1933/137

Wong Kai CIANG - student passport, NAA: A1, 1927/5659

WONG Kai Fong （aka Ng Moon or Wong Tze Geit）born 29 September 1922, NAA: A446, 1960/64695

Wong, Li Yuk - Student passport, NAA: A1, 1926/14385

Wong You KUNG - Students passport, NAA: A1, 1930/11608

Yee, Coon - Student passport, NAA: A1, 1926/17196

Yin, Lew Mum - Student passport, NAA: A1, 1926/6556

Ying Hoon - Student passport, NAA: A1, 1928/4857

You, Fatt - Students passport, NAA: A1, 1926/20454

Young, Lew Shou or Warn, Young - Chinese student on passport, NAA: A1, 1925/2225

Young, Yee - Students passport, A1, 1924/13324

附录二 台山卷涉及澳大利亚地名与街名之中译名对照

英文街名、地名	原译名	现译名
Adelaide	克列	阿德莱德
Airlie Avenue	丫厘街	
Albury	朵备利、都备利	
Alexandria	亚力山打滑	
Alexander	亚历山打	
Alfred Crescent		阿尔弗雷德环路
Armadale	暗觅爹厘	
Ascot Vale		艾斯科特溪谷
Auburn	奥本	
Balaclava		巴拉克拉瓦
Ballarat	孖剌、孖辣	巴拉瑞特
Balmain	巴免	
Bathurst Street	巴打时街	
Bendigo	品地高	
Bond Street	般街	
Boorowa	保罗维埠	
Boort	钵埠	
Botanic Street	布达尼街	

英文街名、地名	原译名	现译名
Botany Bay	布达尼湾	
Boundary Street	邦打利街	
Bourke Street	博街、大博街	
Box Hill	箱山、博士山	
Brickfield Hill	卑力非希路	
Bridge Street	卑列治街	
Brighton	布莱顿	
Brisbane	庇利殊彬、卑利时滨、庇厘时彬、庇厘士彬	布里斯本
Broadway	卑乐威大街	
Broome	布冧	
Brunswick	布兰市役埠	
Burke Street		伯克街
Cairns	坚市、坚时、坚士	
Camberwell	冚步威、冚部位	
Camp Hill		营盘山
Campbell Street	矜布街，矜布炉街，金宝街	
Canberra		堪培拉
Canterbury		坎特伯雷
Capel Street	启布街	
Carlton	卡顿埠、加顿埠、嘉顿埠	
Carrington Road	喀林顿路	
Castlereagh Street	加士薘街、卡士乃街	
Caulfield	考飞	
Cavanagh Street		加文纳街
Chapel Street	习布街	
Chatswood	车士活	
Cheltenham	箧藤邝	
Church Street		教堂街
City Road	圣地路	

英文街名、地名	原译名	现译名
Clarendon Street	卡连顿街、卡令顿街	
Clifton Hill	卡利弗顿山	克里夫屯山
Coleraine		克拉瑞
Collingwood	卡令活、卡冷活、加伦活	
Collins Street	卡伦街、卡仑街	
Cooper Street	枯巴街	
Cossack	卡赛克	
Crown Street	库郎街	
Cumberland Place	冚步兰小径	
Curtis Street		卡提斯街
Daking House	德京口时	
Darlinghurst		达令赫斯特
Darwin	打云埠、打运埠	达尔文
Derby	德比	
Dixon Street	的臣街、德信街	
Dolcas Street	多加街	
Dubbo	德宝埠、答布	
Dulwich Hill	杜里奇山、杜里奇希	
Eagle Street	衣古街	
East Street		东街
Eastern Hill		东山
Eastern Market，Melbourne	东方街市（衣市顿吗奇）	
Echuca	竹加	
Elizabeth Street	以利沙伯街、衣李市别街、依利市弼街	伊丽莎白街
Essendon	矮山顿	
Euroa	纽炉埠	
Exhibition Street	益市比臣街	
Findon	浣顿埠	
Fitzroy	佛珠来	

续表

英文街名、地名	原译名	现译名
Flinders Street	扶连打士街、扶连打街	
Fremantle	非库文度埠、夫李文自	
Hamilton	夏马顿	
Geelong	芝郎埠	
George Street	佐治街	
Geraldton	杰拉屯、者利顿	杰拉尔顿
Gertrude Street	盖楚德街	
Goulbourn Street	高宝街	
Harrington Street	海云屯街	
Hawksburn	托士滨	
Hawthorn	霍凇	
Haymarket	希孖结	
Heffernan Lane	贴奋巷	
High Street	係街	
Hobart	可拔、好拔	霍巴特
Horse Creek	马溪	
Horsham	可岑埠	霍森
Hunter Street	悭打街	
Huntley Street	显利街	
James Street	沾士街	
Johnson Street	近臣街	
Junee	週弭	
Katoomba	吉东罢	
Keele Street	其露街	
Kent Street	坚街	
Kerang	硬冷埠	
Kew	秋埠、邱埠	
Kiewa Street	祺瓦街	
King Street	京街、倾街	

英文街名、地名	原译名	现译名
Koondrook	昆竹	
Kyneton	坚泥屯	
Jamieson Street	占未臣街	
Lang Street	连街	
Langridge Street	冷故力治街	
Launceston	兰市屯	
Leichardt Street	莱契德街	
Lindfield	连飞炉	
Little Bay	小湾	
Little Bourke Street	小博街、小卜街	
Little Cardigan Street	小加狄岗街	
Little Hay Street	小禧街	
Little's Avenue	列度亚温廖街	
Liverpool Street	厘华布街	利物浦街
Lonsdale Street	兰市地街、邻舍地路街、兰地街	
Longfield Street	琅霏街	
Long Gully		长冲
Lygon Street	薖近街	
Malvern Road	马云路	
Maribyrnong Road	玛丽白弄路	
Marrickville	马力围	
Maryborough	玛丽伯勒	
Martin Place	马天皮厘士	
Meek Street	米克街	
Melbourne	美利滨、美利畔、美尔钵、尾利伴、尾利畔、尾唎伴、尾利扳	墨尔本
Mildura	文沼罅埠、呡喎嚹埠	
Mitchell Road	觅治街	
Mollison Street	莫理循街	
Moonee Ponds	文珥攀	

713

英文街名、地名	原译名	现译名
Moonta	满打埠	
Moray Street	摩利街	
Mount Morgan	芒摩见埠	
Napier Street	奶皮儿街	
Newcastle	鸟加示、鸟加时、鸟卡士	纽卡斯尔
Nicholson Street	尼科森街	尼科森街
North Brunswick	北布兰市役埠	
North Fitzroy	北佛珠来	
Northcote	那体屈	
O'Connell Street	欧干奴街	
Olive Street		橄榄街
Orr Street	多街	
Oxford Street	亚士佛街，屋士佛街	牛津街
Park Street Sydney	柏街、柏架街	
Peel Street	皮路街	
Perth	普扶	珀斯
Phillip St	非立街	
Pitt Street Sydney	必街、辟市街	
Port Darwin	砵打云、砵打运	达尔文港
Port Pirie	砵派黎	
Post Office Lane	书信馆巷	
Prahran	卑刺咸、波兰	
Punt Street	品街	
Pynsent Street	蟠晟街	
Queen Street	皇后街	
Queanbeyan	昆北鄜	
Queensberry Street	昆市比利街	
Queens Parade	皇后大道	
Quilpie	葵邙埠	

英文街名、地名	原译名	现译名
Rabaul	亚包、拉包尔	腊包尔
Rawson Place	罗臣皮利士街	
Redfern	列云、列坟、红坊	
Reservoirs Street	李士威街	
Richmond	列治文埠	
River Road		沿江路
Riversdale Road		河谷路
Riverina		瑞福利那
Rockhampton	洛今屯、洛金顿	
Roebourne	佬畔	
Roma Street	林马街、啰麻街	罗马街
Rookwood	卢克坞、六福	
Russell Street	律素露街、律师街、律素街、罗苏街、辣师骆街	
Sandringham	山尊翰	
Solomontown	所罗门屯	
Southport		南港
South Yarra	稍吔罅埠	
Spring Street		泉水街
St. Arnaud	圣阿尔诺	
St. Kilda	卢兴岂罅	圣科达
Stanmore	史丹陌	
Station Street		车站街
Stawell	市左	
Stewart Street	司徒街	
Surry Hills	沙厘希，沙梨山	萨里山
Sussex Street	沙瑟街	
Sturt Street	市达街、市脱街、司徒街	司徒街
Swanston Street	士湾慎街（市换慎街、市湾顺街）	
Sydney	雪梨	悉尼

民国粤人赴澳大利亚留学档案全述　台山卷

英文街名、地名	原译名	现译名
Sydney Road	雪梨路	悉尼路
Tasmania	他省、塔省、塔斯马尼亚省	塔斯马尼亚
Tully	塔利	
Temora	都妈镐	
Thomas Street	探眉士街、贪麻时街	托马斯街
Thursday Island	珍珠埠、礼拜四（星期四）岛、达士埃仑	
Toorak Road	粗勒路	
Townsville	汤士威炉、汤士威	
Upper Hawthorn	合下可旅埠	
Victoria Street	域多利街	维多利亚街
View Street	景街	
Wagga Wagga	获架获架埠、获架埠	
Wangaratta	柱加据打	
Warracknabeal	沃纳克奈比	
Wey Wey	唯唯埠	
White Street	挖街	
William Street	卫廉街、委林街	威廉街
Williamstown	威林士当	
Woolloomooloo	坞鲁木炉	
Yarra	吧罅埠	
York Street	约街	
Young Street	央街、养街	

附录三　台山籍中国学生入读学校一览

学校英文名	学校中译名
A. N. Gillies' Private School	季丽丝私立学校
Adelaide Technical High School	克列技术中学
Albury District School	朵备利地区公立学校
Albury Grammar School	朵备利文法学校
Albury Public School	朵备利公学、朵备利公立学校、朵备利公益学校
Albury Rural School	朵备利皇家学校
Ascot Vale State school	艾斯科特溪谷公立学校
Austin Motor Engineering School	奥斯丁汽车工程学校
Belmont College	贝尔蒙特书院、专校未市必（亦称"未市必先生学校"）
Bendigo Business College	品地高商学院
Boorowa Public School	保罗维埠公立学校
Boort State School	钵埠仪学皇家馆学校
Box Hill Grammar School	博士山文法书院
Broadway Business College	卑乐威商学院
Bradshaw's Business College	布雷潇商学院
Brownhill's Private School	布朗海私校
Broome State School	布冞皇家学校、布冞皇家书馆、布冞公立学校

717

学校英文名	学校中译名
Church of England Free Kindergarten School	英国国教会自由幼教学校
Canterbury State School	坎特伯雷皇家学校
Carlton Advanced School	卡顿专馆学校
Catholic School	天主教会学校
Caulfield Technical School	考飞技校
Central School（Central State School）1976	（品地高埠）中央学校、（品地高埠）中央公学、中央公立学校、壹玖柒陆学校
Chatswood Public School	车士活皇家学校
Cheltenham State School	箧藤邝公立学校
Chinese Mission School	华人教会学校
Chinese School of English	华英学校、英华学校、唐人学英文学校
Christian Brothers' College	基督兄弟会书院
Christian Brothers' High School，Wagga	获架埠基督兄弟会中学
Church of England（Girls'）Grammar School（St. Thomas Grammar School）	参亚市学校、圣多马文法学校、圣参亚市学校
Coleraine State School	克拉瑞镇公立学校
Collegiate School of St. Peter	圣伯多禄联合书院
Convent of Mercy	师姑学校
Convent School	今利士礼堂学校、苏姑庵堂学校、天主教私开学校、天主教会学校
Crowns Street Public School	库郎街公学
Currie Street Practising School	巧利街实验学校
Currie Street Public School	巧利街公学
Darlinghurst Technical College	达令赫斯特工学院
Darwin Public School	打运埠公立学校
Durleigh Business and Technical College	杜雷商工学院
Eastern Hill Primary School	东山小学
Efficiency Motor School Ltd.	效能汽车技校
Elizabeth Street State School	伊丽莎白街公立学校
Essendon Grammar School	矮山顿文法学校

学校英文名	学校中译名
Euroa High School	纽炉中学
Euroa State School	纽炉公学
Fitzroy Grammar School	佛珠来文法学校
George Taylor Coaching College	乔治泰勒辅导学院
Geraldton District High School	者利顿地区中学
Geraldton High School	者利顿中学
Geraldton State School	者利顿公立学校
Goulbourn Street State School	高宝街公立学校
Hawkesbury State School	托士滨公立学校
Hamilton Boy's College	夏马顿男校
Hobart Central State School	可拔埠中央公学
Hoskins Business College	侯士京商学院
Ivanhoe Grammar School	艾温侯文法学校
Jubilee School	招庇梨学校
Junee Public School	喟弭学校
Junee District School	週弭地区学校
Junior School of Melbourne Technical College	尾利伴工学院预科学校
Kerang State School	硬冷王家公众学校
Koondrook State School	昆竹镇公立学校
Lindfield Boys College	连飞炉青年学校
Marist Brothers High School	圣母修会中学、圣母昆仲会中学
Marist Brothers School	圣母修会学校、圣母昆仲会男校、圣母兄弟会学校
Melbourne Technical College	美利滨工学院
Melbourne Technical School	美利滨（尾利伴）技术专科学校
Moonta Public School	满打埠公立学校
Mount Morgan Boys State School	芒摩见埠皇家公学堂
Newington College	纽因顿学院
Northcote High School	那体屆公立中学
Norwood Public School	骆坞公学

学校英文名	学校中译名
O.S.L.A. Convent School	干云学校
Port Pirie High School	砵派黎中学
Presentation Convent School，Geraldton	者利顿圣母献堂会书院
Prince Alfred College	艾尔弗雷德王子学院
P. W. M. U. School	长老会学校、长老会书馆、长老书馆、华人教会学校
P. W. M. U. School，Little Bourke Street	（美利滨）小博街长老会书馆
Queanbeyan Public School	昆北鄽公学
Quilpie State School	葵邓埠公立学校
Randwick Preparatory school	兰域预备学校
Rathdown Street State School，Carlton	若丝砀街公学、加顿埠末士准士学校
Roebourne State School	佬畔本省学校、佬畔埠公立学校
Randwick Public School	兰域公立学校
Scotch College	苏格兰书院
Seventh Day Adventists Primary School	基督复临安息日教会小学
Sigher Elementary School	塞尔小学
Solomontown Public School	所罗门屯公立学校
South Australia School of Mines and Industries	南澳矿冶专科学校
South Melbourne State School（State School of South Melbourne）	南尾利畔学校、南美利滨公立学校
St. Arnaud St.ate School	圣阿尔诺公立学校
St. Francis School	圣方济书院、圣法兰西斯学校
St. George's Day School	圣佐治学校
St. James Old Cathedral Day School	圣占士老教堂日校
St. James Parish Private School	圣沾市书院
St. James School	圣占士书院
St. Joseph's College（School）	圣若瑟书院
St. Joseph's Convent School	圣若瑟修院学校
St. Joseph's Primary School	圣若瑟小学
St. Mary's Convent School	圣玛丽修会书院

学校英文名	学校中译名
St. Patrick's Business College	圣博德商学院
St. Peter's School（St. Peter's School / St. Peter's School，Eastern Hills）	圣伯多禄书院、胜疋书院、啲珠典崙山呸咿学校、山疋打学校、新丕打学校、圣匹书馆
St. Thomas Grammar School（Church of England Grammar School）	圣多马文法学校、参亚市学校、圣参亚市学校
St. Virgil's College	圣委助学校、圣弗吉尔书院
Stalla Marist College	海星女校
State School of Tasmania	皇家市即学校
Stawell State High School	市左公立中学
Stawell State School	市左埠初等蒙学校、市左埠公立小学
Stawell Technical College（Technical College，Stawell）	市左工学院、市左埠工学院
Stewart Street State School	司徒街公立学校
Stott's Business College	司铎茨商学院
Stott & Hoare's Business College	斯托特与霍尔斯商学院
Sydney Grammar School	雪梨文法学校
Technical High School	技术中学
Temora District School	都妈镐埠地区公立学校
Temora Intermediate High School	都妈镐公立初中
Temosa School	浸舞镈学校
Thebarton Technical High School	狄巴顿技术中学
Trinity Grammar School	三一文法学校
University High School	大学附属中学
Wagga Wagga Public School（Wagga Wagga Rural School）	获架校舍学校
Wangaratta State School	枉加据打学校
Wesley College	卫斯理书院
William Street State School	委林街皇家学校
Working Men's College（Workingmen's College）	工人学院
Zercho's Business College	泽口商学院

附录四 新宁（台山）籍侨胞通常搭乘的来往中澳间及澳大利亚与周边岛国间之班轮一览

班轮英文名	原有中文（译）名	通用译名
Ake Maru	阿克丸	
Aki Maru	安艺丸	
Hitachi Maru	日立丸	
Mashima Maru	真岛丸	
Mishima Maru	三岛丸	
Nikko Maru	日光丸	
Tango Maru	丹后丸	
Yoshino Maru	吉野丸	
Changde	彰德号	
Changsha	长沙号	
Hwah Ping	华丙号	
Lingnan	岭南号	
Namsang	南生号	
Nankin	南京号	
Shansi	山西号	
Taiping	太平号	

班轮英文名	原有中文（译）名	通用译名
Taiyuan	太原号	
Yochow	岳州号	
Yunnan	云南号	
Aorangi		奥朗基号
Arafura	丫剌夫剌、丫拿夫拉、丫罅乎罅、鸦拿夫拿	阿拉弗拉号
Centaur		马人号
Charon		卡戎号
Eastern	衣士（市）顿、衣时顿	东方号
Empire	炎派、奄派	帝国号
Gascoyne		加斯科涅号
Gorgon		蛇发女妖号
Kanowna	坚郎那、坚那拿	坎诺娜号
Maheno		马希诺号
Malabar		马拉巴号
Manuka		麦卢卡号
Marella		马尔拉号
Mataram		马踏浪号
Maungunui		蒙哥雷号
Minilya		米李利亚号
Minderoo		明德鲁号
Montoro		蒙托罗号
Nellore	利罗号	奈罗尔号
Paroo		巴鲁号
Scharnhorst		夏恩霍斯特号
Sharon		雪伦号
Sierra		羲娜号
Sonoma		松诺玛号
St. Albans	圣柯炉（露）滨、圣阿炉滨士、山亚班士	圣澳班司号

续表

班轮英文名	原有中文（译）名	通用译名
Sulton		苏尔坦号
Tanda	吞打、天打、天吋、丹打	昙达号
Ventura		范杜拉号
Victoria	获多利号	维多利亚号

附录五 澳大利亚国家档案馆藏新宁（台山县）留学生档案一览（按年龄排序）

姓名	所属地	出生日期	申照日期	签照日期及护照号码	签证日期	抵澳日期及船名	父亲（监护人）姓名	来澳地点/学校	离境/备注
余镛 Yee Young	台山田心村	1897-12-28	1921-03-31	1921-04-27 40/S/21	1921-04-27	1921-09-21 太原号	余炳（Yee Ben），新广兴号（Sun Kwong Hing）	雪梨文法学校Sydney Grammar School	1924-05-07 Ventura赴美
陈锡安 Chun Sik On	台山古隆村	1902-08-20	1919-06-07	1924-04-27 400/S/24	1919-07-11 1924-05-02	1923-12-17 Victoria	陈连（Chun S. H. Linn），陈连号Chun S. H. Linn	美利伴长老会学校P. W. M. U. School, Melbourne	1927-07-14 彰德号回国
邝光堂 Quong Tong	新宁龙观村	1903	1914-08-05	无	1914-10-02	1915-06-29 Paroo	邝修坚Sydney Fong Sydney Fong & Co. 雪梨邝号商铺	西澳者利顿埠Geraldton WA, Presentation Covent School圣母献堂会书院	1925-11-30获永居资格留居澳大利亚

续表

姓名	所属地	出生日期	申照日期	签照日期及护照号码	签证日期	抵澳日期及船名	父亲（监护人）姓名	来澳地点/学校	离境/备注
刘文炎 Lew Mum Yin	台山锦隆村	1903-10-11	1921-05-04	1921-05-21 47/8/21	1921-05-26	1921-09-28 Victoria	刘孔方（King Fong），广安号（Kwong On & Co.）	克利埠Adelaide，公立学校Public School, Norwood	1928-04-05 Tanda回国
刘兆铺 Lew Shou Young (Young Wam)	台山坑口村	1904-07-14	1921-01-12	1921-04-12 37/8/21	1921-04-22	1921-03-17 Victoria	刘希缵（Lew Hee Darn），北京酒楼Pekin Café	雪梨Sydney，连飞炉青年学校Lindfield Boys College	1925-01-14 Tanda回国
陈锡康 Chun Sik Hoong	台山古隆村	1905	1919-06-07	无	1919-07-11	1920-06-20 Eastern	陈连（Chun S. H. Linn），陈连号 Chun S. H. Linn	美利埠长老会学校 P. W. M. U. School, Melbourne	1921-05-10 Eastern回国
袁进兆 Chun Sue	台山大塘堡村彰德里	1905-01-13	1921-01-15	1921-02-01 4/8/21	1921-02-02	1922-04-08 Victoria	袁叶杨（Ip Yung），亚枝号（Ah Yee）洗衣馆	乌加时（Newcastle），Catholic School, Marist Brothers School	1925-09-19 长沙号回国
李许 Lee Hoie	新宁新昌村	1905-01-25	1921年8月	1921-08-09 82/8/21	1921-08-13	1921-11-17 Victoria	甄纲追（G. C. Henry），显利号 G. C. Henry	可埈埠Hobart，公立学校	1924-08-06 Arafura回国
伍时信 Ng See Sun	台山巷里村	1905-05-15	1921-05-14	1921-10-25 111/8/21	1921-10-28	1921-09-14 Victoria	伍子信Ng Yee Sun 南京酒楼（Nankin Café）	美利滨Melbourne Carlton Advanced School	1922-03-09 St. Albans回国
刘文添 Lew Mun Tim（Lew Mon Ham）	台山锦隆村	1905-08-05	1921-05-04	1921-05-21 48/8/21	1921-05-26	1921-09-28 Victoria	刘孔方（King Fong），广安号（Kwong On & Co.）	克利埠Adelaide，公立学校Public School, Norwood	1933-03-04 Nellore回国

续表

姓名	所属地	出生日期	申照日期	签照日期及护照号码	签证日期	抵澳日期及船名	父亲（监护人）姓名	来澳地点及学校	离境/备注
雷迎福 Louey Ning Fook	台山仁安村	1905-08-21	1921-09-27	1921-12-12 128/S/21	1922-04-27	1922-10-21 Victoria	雷社（Louey Share），胜利衣馆（Sing Lee Laundry）	美利滨，Carlton Advanced School, Melbourne	1929-07-16 彰德号回国
李奕煌 Li Yuk Wong	台山迎禄村	1905-09-28	1921-02-25	1921-02-25 No.1010	1921-02-26	1921-03-31 St. Albans	李寿田（Li Shau Tin）中医 Crown Street	雪梨 Crown Street Public School, Sydney	1926-11-20 彰德号回国
伍亚禧 Ng Ah Hee	新宁东安村	1905-09-16	1921-11	1921-11-28 120/S/21	1921-12-01	1922-06-17 Victoria	伍时达（Ng She Dart），伍年莱园	週埠 Junee, NSW, 週埠学校	1923-07-03 太原号（遣返）
邝国桢 Quock Ching	台山潮溪村	1905-10-05	1921-02-21	1921-03-18 29/S/21	1921-03-18	1921-05-21 Minderoo	邝森瑞（Sam Sue），占邝号 James Fong & Co.	西澳布朗 Broome, 布朗皇家书馆 State School, Broome	1925-01-25 Minderoo回国
雷亚连 Louey Ah Lin	台山仁安村	1905-11-08	1921-01-18	1921-02-02 9/S/21	1921-02-02	1921-06-23 Hwaping	雷维迹（Louey Way Sun），据近街衣馆铺	尾利佯Melbourne，助珠典仑山呕打学校 St. Peter's School, Eastern Hills	1924-11-05 Arafura回国
甄荣照 Wing Jew	台山五十圩	1906	1919-03	1919-05-19	1919-12-29	1919-12-29 St Albans	Sing Wing 甄诚永	Ah Gooey & Co.阿元号 Wynyard 他省 Wynyard State School	1922-04-18 Victoria 回国
邝宝琮 Poo Chung	新宁龙观村	1919-03	1914-08-05	无	1914-10-02	1915-06-29 Paroo	邝修坚Sydney Fong Sydney Fong & Co.雪梨邝号商铺	西澳省利顺埠Geraldton WA, Presentation Covent School圣母献堂会书院	1925-11-30求永居资格留居澳大利亚

姓名	所属地	出生日期	申照日期	签照日期及护照号码	签证日期	抵澳日期及船名	父亲（监护人）姓名	来澳地点/学校	离境/备注
陈焙平 Kay Ping	台山山青村	1919-05-19	1921-06-11	1921-07-07 62/S/21	1921-07-08	1921-12-12 St. Albans	陈安、陈灼宗（Chin On）Chin Hee Co.	维省坎特伯雷皇家学校Canterbury State School, Vic	1927-04-13 太平号回国
甄德 Gin Ack	新宁新昌村	1919-12-29	无	1921-08-09 84/S/21	1921-08-13	1921-11-17 Victoria	甄纲遥（G. C. Henry），显利号 G. C. Henry	可拔埠Hobart公立学校	1928-10-09 Tanda回国
甄煜 Gin Yook	台山龙村	（轮空）	1922-06-11	1922-08-22 177/S/22	1922-08-24	1923-01-04 太原号	甄永昌（W. Y. Chong），永昌号 W. Y. Chong	好拔埠Hobart, 皇家市即学校State School of Tasmania	1924-09-29 Eastern回国
谭锦 Ham Kim	新宁新昌村	St Albans	无	1921-08-09 85/S/21	1921-08-13	1921-11-17 Victoria	甄纲遥（G. C. Henry），显利号 G. C. Henry	可拔埠Hobart, 公立学校	1926-01-13 Tanda回国
		Sing Wing 甄诚永 Ah Gooey & Co.阿元号 他省 Wynyard State School 1922-04-18 Victoria回国							
陈涛 Chun How	台山古隆村		无	1924-02-13 382/S/24	1924-02-14	1924-06-27 Victoria	陈佳（Chun Guy），陈佳Chun Guy号洗衣铺	美利祥Melbourne, P. W. M. U. School	1931-10-11 太平号回国
林梓常 Till SUN	新宁田心村	1907-08-24	1923-08-09	1923-10-12 335/S/23	1923-10-13	1924-02-08 Victoria	林青（Ah Tin）	南澳省满打埠Moonta 满打埠学校Moonta Public School	1928-09-13 彰德号回国

姓名	所属地	出生日期	申照日期	签照日期及护照号码	签证日期	抵澳日期及船名	父亲（监护人）姓名	来澳地点学校	离境/备注
伍亚德 Ng Ah Ack	新宁上坪村	1907-08-24	1921-10-26	1921-11-28 119/S/21	1921-12-01	1924-06-24 Victoria	伍年（Tommy Ah Nam），伍年菜园	週拜Junee, NSW 週拜学校Junee Public School	1942-08-31 病逝
甄海 Gin Hoi	新宁新昌村	1908-03-15	无	1921-08-09 83/S/21	1921-08-13	1921-11-17 Victoria	甄纲遐（G. C. Henry），显利号 G. C. Henry	可拔埠Hobart公立学校	1930-07-19 Tanda回国
陈隆 Chun Loong	台山广海镇	1908-04-08	1922-11-16	1923-01-22 218/S/23	1923-01-22	1923-05-17 Victoria	陈普（Chun Poo），中华酒店Chung Wah Café	美利滨卡顿专馆学校Carlton Advanced College, Melbourne	1930-06-06 Nellore回国
陈享 Ching Heng	台山南洋村	1908-06-06	1922-08-01	1922-10-16 194/S/22	1922-10-18	1923-03-22 Victoria	陈盛（Chun Sing），洗衣铺	美利滨 P. W. M. U. School, Melbourne	1929-07-07 Tanda回国
伍亚称 Ng Ah Chan	新宁上坪村	1908-06-11	1921-11-10	1921-12-12 130/S/21	1922-04-21	1922-06-22 Victoria	伍柄（Ng Ban），伍柄菜园铺	週拜Junee, NSW 週拜学校Junee Public School	1927-11-26 Aki Maru回国
伍华炳 Ng Wah Ping	台山朋巷村	1908-11-11	1922-12-12	1923-01-30 228/S/23	1923-01-31	1923-05-17 Victoria	伍郁明（Ng Yuck Ming）	美利伴Melbourne, 公立学校	1933-06-14 太平号回国
左珠雷元 George Louey Goon	台山荷木村	1908-11-20	无	1922-08-10 173/S/22	1922-12-19	1923-07-26 Victoria	雷元Harry Louey Goon, 雷元铺	朵备利Albury, NSW 公益学校Albury Public School	1927-03-19 彰德号回国
刘荣春 Wing Chun（Wing Chun Lieu）	新宁横水龙塘村	1908-11-28	1922-11-13	1923-01-13 222/S/23	1923-01-14	1923-07-03 Eastern	刘师东（Lew Shi Tung），三兴号 三兴号洗衣馆Sam Hing	美利滨文珥攀埠Moonee Ponds, VIC. Church of England Grammar School参亚市学校	1935-03-02 Nellore回国

续表

姓名	所属地	出生日期	申照日期	签照日期及护照号码	签证日期	抵澳日期及船名	父亲（监护人）姓名	来澳地点/学校	离境/备注
陈池安 Chin Chee On	台山田美村	1909-02-13	1922-05-01	1922-05-13 147/S/22	1922-05-15	1922-08-26 Victoria	陈文大（Chin Moon Tai），源盛铺	埃备利，NSW（Albury Distria School）	1924-11-12 Arafura病返
陈亚臻 Chin Ah Jang	台山天平村	1909-03-02	1923-12-12	1924-04-07 396/S/24	1924-04-09	1924-08-25 Victoria	陈孔裕（Chin Hong Yee），左治孔号	美利伴Melbourne, P. W. M. U. School	1927-07-14 彰德号回国
陈亚庄 Chin Ah Jon	台山天平村	1909-03-02	1923-12-12	1924-04-07 395/S/24	1924-04-09	1924-08-25 Victoria	陈孔裕（Chin Hong Yee），左治孔号	美利伴Melbourne, P. W. M. U. School	1927-07-14 彰德号回国
雷荣庚 Wing Keung	台山侨临村	1909-05-13	1922-05-09	1922-07-07 166/S/22	1922-07-27	1923-07-28 Arafura	雷康（Louey Keung）	埃备利Albury, Albury Public School	1930-09-19 彰德号回国
刘明旺 Lew Mun Wong	新宁横水村	1909-05-15	1922-06-06	1923-05-21 262/S/23	1923-05-24	1923-08-31 St. Albans	祖父刘奕（B. Ah Yet）	维省圣阿尔诺（St Arnaud），VIC公立学校	1929-01-10 彰德号回国
罗亚安 Law Ah On	台山塘口村	1909-05-26	无	1923-06-07 282/S/23	1923-06-09	1924-12-14 Eastern	罗松（Law Tung），荣园生意	保罗维珠读书学校 Boorowa Public School, Boorowa, NSW	1928-08-18 太平号回国
伍发优 Fatt You	台山福长村	1909-06-02	1923-05-12	1923-08-30 324/S/23	1923-08-31	1923-11-23 Charon	伍长安（Chung On），Sun Chang Shang）新昌盛号	西澳布秝埠皇家学校 State School, Broome	1927-04-18 Gascoyne回国
邝锡康 Fong Sik Hong	台山潮溪村	1909-08-09	1922-01-24	1922-09-07 183/S/22	1922-09-11	1923-01-15 Charon	邝华利（Fong Warley），祝山号 Jock Sign & Co.	西澳布秝埠皇家学校State School, Broome	1925-01-29 Minderoo回国

姓名	所属地	出生日期	申照日期	签照日期及护照号码	签证日期	抵澳日期及船名	父亲（监护人）姓名	来澳地点/学校	离境/备注
雷逢安 Louey Fung On	台山福林村	1909-08-20	1923-07-27	1923-08-21 318/S/23	1923-08-22	1923-12-17 Victoria	雷广（Louey Gong），雷广号 Louey Gong & Co.	尾蝌倻Melbourne, P. W. M. U. School	1925-05-27 St. Albans回国
刘荣立 Lew Wing Lipp	台山里凹村	1909-09-11	1921-11-25	1921-12-12 132/S/21	1922-01-11	1922-06-22 Victoria	祖父刘儒创Yee Tong药师路街二百一十五号商铺Yee Tong & Co.,	（Rathdowne St State School），Melbourne美利畔	1936-08-31 获签留澳作为店员
雷文 Louie Moon	台山南溪村	1909-10-01	1922-02-09	1922-11-28 205/S/22	1922-11-29	1923-07-24 Victoria	雷买（Louie Moy），新三记客栈Sam Guesthouse	昆省芒摩见埠Mt Morgan, Qld, 皇家公学堂Mount Morgan Boys State School	1927-10-25 Tanda回国
沾士雷元 James Louey Goon	台山荷木村	1909-10-03	无	1922-08-10 174/S/22	1922-12-19	1927-03-10 Changte	雷元Harry Louey Goon, 雷元铺	朱备利Albury, NSW 公益学校Albury Public School	1930-03-17 彰德号回国
陈兆南 Chin Chui Nam	台山田美村	1909-10-21	1922-05-10	1922-05-11 146/S/22	1922-05-12	1922-08-25 Victoria	亚亨（Ah Heng），昌利号Chong Lee	美利畔Melbourne, State School, Ascot Vale	1928-02-02 St. Albans回国
邝猛 Fong Mount	台山潮溪村	1909-10-23	1921-10-25	1922-07-07 164/S/22	1922-07-10	1922-08-30	邝甫宸（Fong Frank Fulson），泗盛号See Sing & Co.)	西澳佬畔埠Roebourne, WA佬畔本省学校Roebourne State School	1926-12-17 Gascoyne回国
刘荣炽 Lau Wing Chee	台山公益村	1909-12-10	1926-05-25	1926-10-08 434/S/26	1926-10-13	1927-07-11 彰德号	刘兆荣（Stanley Wing），一弍十号铺Lew Yee Tong & Co.	美利畔，St. Peters School（Rathdowne St State School），Melbourne	1934-05-14 彰德号回国

姓名	所属地	出生日期	申照日期	签照日期及护照号码	签证日期	抵澳日期及船名	父亲（监护人）姓名	来澳地点/学校	离澳/备注
雷钟锡 Chung Set	台山河木村	1909-12-19	1923-10-18	1924-02-24 387/S/24	1924-02-28	1924-08-25 Victoria	雷保（Louey Bow），多街卡顿埠果菜代理铺	美利滨Melbourne, P. W. M. U. School	1926-04-05 Tandal回国
伍亚棍 Ng Ah Goon	新宁上坪村	1910-02-14	1921-11-02	1921-11-28 115/S/21	1924-12-01	1927-04-11 Tango Maru	伍年（Tommy Ah Nam），伍年莱阿	週弗Junee, NSW週弗学校Junee Public School	1931-11-21 彰德号回国
雷超昌 Joe Chong	台山塘面河木村	1910-02-19	无	1924-04-30 404/S/24	1924-05-02	1924-12-19 Eastern	雷昌（Louey Chong），雷昌铺	朵备利Albury, 皇家学校Rural School, Albury	1931-02-21 太平号回国
雷鸿奕 Louey Hong Yet	台山会龙村	1910-03-15	1923-05-22	1923-07-05 300/S/23	1923-07-06	1923-09-22 Victoria	（雷）宜沛（Yee Poy），燃记铺	美利滨Melbourne, P. W. M. U. School	1930-08-8 太平号回国
雷超元 Joe Goon	台山塘面河木村	1910-03-19	无	1924-04-30 404/S/24	1924-05-02	1924-12-19 Eastern	雷元（Louey Goon），雷元铺	朵备利Albury, 皇家学校Rural School, Albury	1932-04-20 太平号回国
黄彩新 Toy Sun Wong Lip	台山湾头村	1910-04-09	1923-10-15	1923-11-27 355/S/23	1923-11-29	1924-05-22 St. Albans	黄立（Wong Lip）	雪梨Sydney, 都妈镐 Temora, District School	1930-07-23 彰德号回国
雷琼沛 Louey Kin Poy	台山福田村	1910-05-02	1923-05-16	1923-07-25 311/S/23	1923-07-26	1924-02-02 Arafura	雷乐（Louey Lock）	尾利畔Melbourne, 长老会学校	1927-04-13 太平号回国
陈伦 Chin Loon	台山中礼村	1910-05-19	1923-11-16	1925-03-19 417/S/25	1925-04-02	1926-05-14 彰德号	陈景耀（King Yew），洗衣铺	美利滨卢兴岂罐St. Kilda, Melbourne, P. W. M. U. School	1938-10-27 太平号回国

续表

姓名	所属地	出生日期	申照日期	签照日期及护照号码	签证日期	抵澳日期及船名	父亲（监护人）姓名	来澳地点/学校	离粤/备注
陈瑞麟 Chin Sue Ling	台山杨泾村	1910-06-11	无	1922-09-13 188/S/22	1922-09-18	1923-09-29 Eastern	陈鸿（Chin Hong），洗衣铺	尾利畔 南尾利畔学校State School, South Melbourne	1925-05-12 Arafura回国
伍华暖 Wah Noon	台山朝阳村	1910-07-28	1922-12-19	1923-06-14 289/S/23	1923-06-15	1923-08-25 St. Albans	伍松（Charlie Tong），雪梨埠 伍松铺	雪梨，Public School Crown Street, Sydney	1929-10-12 Tanda回国
参棚 Thomas Pang	台山竹冈村	1910-08-07	1923-08-08	1923-10-26 343/S/23	1923-10-30	1924-11-01 Arafura	针棚（James Pang），品地高（本迪戈，Bendigo）之"恩记"（Yin Kee）药材店	本迪戈，壹玖柒陆学校Central State School, Bendigo	1931-07-22 彰德号回国
邝光 Fong Kwong	台山潮溪村	1910-08-24	1921-10-25	1922-07-07 165/S/22	1922-07-10	1922-08-30	邝甫宸（Fong Frank Fulson），泗盛号See Sing & Co.)	西澳佬畔Melbourne，WA佬畔本省学校 Roebourne State School	1926-12-17 Gascoyne回国
谭礼儒 Coon Yee	台山庇厚村	1910-10-06	1922-12-14	1923-05-23 264/S/23	1923-05-24	1923-09-22 Victoria	祖父谭开令（H. Hoy Ling），新祥 安铺	美利伴加顿埠学校 Carlton, Melbourne	1927-06-11 太平号回国
黄天才 Hing Toy,	台山湾头村	1910-10-10	1923-01	1923-01-30 219/S/23	1923-01-31	1923-07-30 Victoria	黄启（Wong Kai），新昌隆号 Sun Chong Loong	尾利畔Melbourne，圣佐治学校St. Georges Day School	1930-02-11 太平号回国

续表

姓名	所属地	出生日期	申照日期	签照日期及护照号码	签证日期	抵澳日期及船名	父亲（监护人）姓名	来澳地点学校	离澳/备注
雷裕安 Ying Hoon	台山棠棣村	1910-11-10	1923-02-26	1923-05-22 265/8/23	1923-05-24	1923-07-30 Arafura	亚安（Ah Hoon），恒源号Ah Hoon & Co.	品地高Bendigo，中央公学Central State School	1928-05-10 彰德号回国
刘兆利 Low Shew Lee	台山翔龙村	1910-11-17	1921-11-07	1923-01-15 213/8/23	1923-01-17	1923-05-14 Victoria	刘调维（How Way），裕昌号洗衣馆Yee Chong	雪梨委林街皇家学校William Street Public School, Sydney	1930-03-15 Nellore回国
邝锡槐 Fong Sik Wai	台山潮溪村	1910-12-02	1922-01-24	1922-09-07 184/8/22	1922-09-11	1923-01-15 Charon	邝华利（Fong Warley），祝山号Jock Sign & Co.	西澳布林埠，布林皇家学校State School, Broome	1926-06-12 Gascoyne回国
雷新添 Louey Sing Tim	台山毛瓶村	1910-12-29	1922-01-25	1922-05-23 152/8/22	1922-05-23	1922-08-26 Victoria	雷胜（Louy Sing），雷胜果菜店	维省克拉瑞镇公立学校Coleraine State School Coleraine Vic	1925-03-31 Tanda回国
黄龙吉 Loong Gat	新宁湾头村	1911-02-15	1921-12-11	1922-06-22 157/8/22	1922-06-22	1922-10-21 Victoria	黄世能（She Nang）	维省市左埠初等蒙学校State School, Stawell	1933-05-13 彰德号回国
伍在天 Joe Hin	台山同安村	1911-03-24	1922-10-12	1923-01-15 212/8/23	1923-01-17	1923-08-26 Victoria	伍根（Ng Kin），雪梨埠天津大酒楼Tientsin Café	雪梨招陀梨学校Jubilee School, Sydney	1925-12-16 St. Albans回国
刘祯 Lew Ting	台山龙聚村	1911-05-05	1922-11-24	1922-12-19 206/8/22	1922-12-19	1923-06-02 St. Albans	刘齐（Lew Tye），美利滨文理攀埠三兴号衣馆Sam Hing & Co.	美利滨文理攀埠Moonee Ponds, Vic 亚市学校St. James Grammar School	1929-04-04 Tanda回国

续表

姓名	所属地	出生日期	申照日期	签照日期及护照号码	签证日期	抵澳日期及船名	父亲（监护人）姓名	来澳地点学校	离境/备注
雷锦池 Kim Chee	台山锦龙村	1911-06-06	1925-02-16	1926-02-12 432/S/26	1926-02-15	1927-04-10 太平号	雷濮（Louey Young），新广盛号Sun Kwong Sing	美利滨Melbourne，P. W. M. U. School	1932-05-04 南京号回国
伍晓岩 Ung Hue Yen（Willie Kim）	新宁福新里	1911-08-02	1922-05-10	1922-05-11 145/S/21	1922-05-12	1922-06-26 Victoria	伍干根（Yee Kin），广和号木铺Kwong Wah	美利滨Melbourne，Rathlown Street State School若金锡街公学	1930-10-20 太平号回国
邝迪潘 Fong Ate Fan	台山龙观村	1911-08-14	1922-12-12	1923-02-27 232/S/23	1923-02-28	1926-09-28 Gascoyne	邝修给（William Fong），雪梨邝号Sydney Fong & Co.	西澳杰拉屯Geraldton，WA Christian Brothers College基督教兄弟会书院	1932-04-18 Centaur回国
陈汝相 Nee Theng	台山中礼村	1911-08-30	1922-11-09	1923-01-22 216/S/23	1923-01-22	1923-06-02 St. Albans	陈俊崇（Doon Soon），香港酒店Hong Kong Café	美利滨，公立学校，State School. South Melbourne	1929-10-14 太平号回国
陈兆添 Chin Sue Him	台山六村（秀鋆村）香港出生	1911-10-01	1923-07-24	1924-02-04 378/S/24	1928-02-07	1924-06-04 Montoro	陈龙炳（Chin Loong Bing），荣昌盛号Wing Cheong Sing	北澳砵打运埠Darwin据打运 砵打运国家公立学校Public School	1929-12-24 太平号回国
雷嬚 Louey Lim	台山塘面村河木里	1911-10-02	1923-06-19	1923-08-09 315/S/23	1923-08-10	1924-04-24 Arafura	雷维炜（Whay Way），雷维炜菜园	维省任加埠打埠任加据打学校State School, Wangaratta, Vic.	1932-04-20 太平号回国

续表

姓名	所属地	出生日期	申照日期	签照日期及护照号码	签证日期	抵澳日期及船名	父亲（监护人）姓名	来澳地点学校	离离/备注
邝保铨 Fong Boo Quan	台山潮溪村	1911-10-06	1923-07-07	1923-12-28 367/S/23	1924-01-03	1924-06-28 Gorgon	邝基（Fong Kee），邝基铺	西澳布袜Broome，苏姑庵堂学校Convent School	1928-06-22 Gascoyne回国
刘文谌 Lew Mon Jarm	台山名岗村	1911-11-10	1921-09-12	1921-10-25 114/S/21	1921-11-16	1922-06-07 Arafura	祖父刘子Henry Till H. Till Fruiter	Melbourne美利滨若丝砀街公学Rathdown Street State School	1937年加入祖父的上述商行
刘洪义 Hong Gay	台山坑口村	1911-12-02	1923-03-12	1923-06-14 286/S/23	1923-06-14	1923-12-17 Victoria	刘松（Lew Chong），者利顿果栏Geraldton Fruit Co.	尾利佯Melbourne，加顿街木土准土学校（Rathdown State School, Carlton）	1932-05-15 彰德号回国
伍露瑞 Auk Suey	新宁上坪村	1911-12-07	1921-03-17	1921-03-21 31/S/21	1921-03-21	1921-11-07 Arafura	伍燃（Ng Yen），广南利号Quan Nam Lee & Co.	纽省获架埠Wagga Wagga NSW获架校全学校Wagga Wagga Public School	1927-10-15 Tanda回国
赵邦 Chew Bong	台山大塘口村	1912-03-15	1922-06-20	1923-01-09 208/S/23	1923-01-12	1923-12-17 Victoria	赵扶（Chew Foo），枝隆木铺Lung & Co.	美利滨若丝砀街公学Rathdown Street State School, Melbourne	1932-07-01 Tanda回国
邝振勋 Fong Chin Foon	台山潮溪村	1912-04-20	1922-01-24	1922-09-07 185/S/22	1922-09-11	1923-01-15 Charon	邝祝三（Fong Jock Sam），同兴号Hong Hing & Co.)	西省布袜Broome，布袜皇家学校State School, Broome	1929-04-26 太平号回国
刘广祥 Lew Quong Teong	台山汉塘村	1912-05-25	1923-06-29	1923-07-24 308/S/23	1923-07-26	1924-06-27 Victoria	披打润（Peter Goon），三兴号洗衣馆Sam Hing & Co.	尾利扳文珥攀埠Moonee Bonds，圣参亚市学校St. Thomas Grammar School	1928-12-08 太平号回国

续表

姓名	所属地	出生日期	申照日期	签照日期及护照号码	签证日期	抵澳日期及船名	父亲（监护人）姓名	来澳地点/学校	离境/备注
刘孔安 Lew Koong On	台山车荫村	1912-06-06	1928-06-28	1928-09-16 512/S/28	1928-09-25 拒签	无	刘希扬（Lew Hee Young），先利衣裳铺	维省可岑埠Horsham, VIC 圣伯多禄书院St. Peter's School	拒签
陈炳求 Bing Keu（Jack Chinn）	台山广海镇	1912-06-12	1924-05-06	1925-02-19 418/S/25	1925-02-28	1925-12-28 彰德号	叔陈普（Chun Poo）中华酒店 Chung Wah Café	美利滨 佛珠 来 Fitzroy, Melb P. W. M. U. School	1929-01-10 彰德号回国
邝伟扶 Wei Foo Fong	台山龙欢村	1912-08-08	1927-03-10	1927-03-11 437/S/27	1927-03-15	1928-04-16 Tango Maru	邝标德（Peter Fong Ack），草医	美利滨 苏格兰书院, Scotch College, Melbourne	1932-10-22太平号回国
伍均耀 Kwan YOU	台山波罗塘村	1912-09-27	1923-05-12	1923-08-30 325/S/23	1923-08-31	1923-11-23 Charon	伍捷大（Tep Tai），新昌盛号 Sun Chang Shang	西澳布祿埠皇家学校 State School, Broome	1928-01-29 Centaur回国
刘文荣 L Mon Wing	台山新塘村	1912-10-16	1923-03-23	1923-05-28 272/S/23	1923-05-29	1923-12-17 Victoria	和维（Wah Way），和维号木铺Wah Way & Co.	尾利伴加顿埠若丝扬街公学Rathdown Street State School, Melbourne	1926-06-17 太平号回国
雷梅 Louey Moy	台山塘面村河木里	1912-12-08	1923-06-19	1923-08-09 316/S/23	1923-08-10	1924-04-24 Arafura	雷维炜（Whay Way），雷维炜菜园	维省枉加据打埠Wangaratta, Vic., 枉加据打学校State School, Wangaratta	1928-04-14 Tanda回国
彭光好 Pang Kwong Hou	台山甫草村	1912-11-20	1929	1929-10-22 559/S/29	1930-05-16	无	彭绍粱（Shue Leong），绍粱号洗衣馆	美利滨, P. W. M. U. School, Melbourne	获签，但未有赴澳记录

续表

姓名	所属地	出生日期	申照日期	签照日期及护照号码	签证日期	抵澳日期及船名	父亲（监护人）姓名	来澳地点/学校	离境/备注
蔡发 Toy Faurt	台山城内村	1913-02-06	1923-10-23	1923-12-20 364/S/23	1923-06-08	1924-06-27 Victoria	午李兆（Charlie Show），午李兆号茱园	维省硬冷埠王家学校Kerang State School, Victoria	1927-02-10 太平号回国
刘同春 Lew Tung Choon	台山横水村	1913-02-10	1922-01-09	1922-06-05 153/S/22	1922-06-21	1922-09-27 Eastern	刘捷维（Lew Dep Way），永兴隆号 Wing Hing Loong & Co.	美利滨若丝砀街公学，Rathdowne Street State School, Melbourne	1941-09-23 太平号回国
祝道海（雷维森）Jan O'Hoy	台山利乐村	1913-02-24	1922-10-25	1923-03-19 237/S/23	1923-03-22	1923-07-30 Victoria	九道海（Que O'Hoy雷学桑），新德源号 Sun Ack Goon	品地高埠中央公立学校Central State School, Bendigo	1929-05-02 St. Albans回国，后返澳
甄锦 Yum Kum	台山新昌村	1913-03-10	1923-12-14	1923-12-14 N.993	1923-12-14	1924-02-04 Victoria	叔甄兴利（G. C. Henry甄纲遐），显利号G. C. Henry	可拔埠Hobart 公立学校	1926-07-21 彰德号回国
黄新政（黄政）Wong Ching	台山北坑村	1913-06-15	1927-07-20	1927-07-20 483/S/27	1927-08-01	1927-10-3 太平号	祖父黄桂（James A Chuey），农牧场主公司Farmer & Grazier Corp. Ltd., Sydney	雪梨兰域预备学校Randwick Preparatory school, Sydney	1933-01-14 Tanda回国
林炎南 Lim Yim Nau	台山蟹地村	1913-06-16	无	1923-08-06 313/S/23	1923-08-06	约在1923-12-31入境	林立福（Lim Lip Fook），林永利号永铺Lim Wing War & Co.	尾利咩Melbourne，皇家学校State School	1926-08-28 Aki Maru回国

姓名	所属地	出生日期	申照日期	签照日期及护照号码	签证日期	抵澳日期及船名	父亲（监护人）姓名	来澳地点/学校	离境备注
伍晓浓 Ng How Goong	台山福新村	1913-07-03	1929-07-25	1929-09-20 557/S/29	1929-12-10	1930-06-01 Nellore	伍于根（Ng Yee Kin），罗利号洗衣馆 Law Lee Laundry	美利滨埠 Stott's Business College, Melbourne	1930-08-05 St. Albans英文未过，遣返
刘信 Lew Sin	新宁龙塘村	1913-08-01	无	1924-01-25 376/S/24	1924-01-26	1924-11-28 St. Albans	亚意（A h Yee），小博街一九五号铺	美利滨 P. W. M. U. School, Melbourne	1931-05-30 Nellore回国
伍华炎 Wah Yim	台山朝阳村	1913-08-19	1922-12-19	1923-06-14 290/S/23	1923-06-14	1923-08-25 St. Albans	伍松（Charlie Tong），雪梨埠伍松铺	雪梨 Public School Crown Street, Sydney（1925-03~12开始在澳治麻风病，久治未愈，最终回国）	1925-12-16 St. Albans回国
刘荣新 Lew Wing Sun	台山莲塘村	1913-08-28	1927-07-18	1927-07-28 491/S/27	1927-07-27	1927-09-08 彰德号	刘焯（L e w Chuck），利维号木铺 War Way & Co.	尾利伴，山正打学校 St. Peter's School, Melbourne	1932-11-16 彰德号回国
梁南盛 Leung Nam Shing	台山旗荣村	1913-10-14	1928-07-03	1928-07-05 514/S/28	1928-12-10	1929-05-10 彰德号	梁光逢（Leung Kwong Fong），洗衣馆	美利滨圣伯多禄书院 St. Peter's School, Melbourne（因英语不过关被遣返回国）	1929-07-05 Tanda回国
刘永安 Loo Wang On	新宁横水村	1913-10-15	1923-11-26	1924-02-06 377/S/24	1924-02-09	1924-06-22 Victoria	刘亚亚（AhGap），亚亚铺	南澳砵派黎埠 Port Pirie, Solomontown Public School, SA	1936-04-04 Tanda回国

739

续表

姓名	所属地	出生日期	申照日期	签照日期及护照号码	签证日期	抵澳日期及船名	父亲（监护人）姓名	来澳地点/学校	离境/备注
伍炳辉 Ng Wing Way	台山永潮村	1913-10-15	1922-08-28	1923-01-20 215/S/23	1923-01-22	1923-07-23 Victoria	伍时振（Chin Wah），振华号商铺	美利滨、托土滨学校Hawksburn School, Melbourne	1926-05-08 Arafura回国
陈寿朋 Chuy Tzo Pang	台山广海镇	1913-10-20	1927-02-19	1927-03-07 462/S/27	1927-05-09 拒签	无	陈堂（Chun Hong），三记洗衣馆Sam Kee	尾利畔P. W. M. U. School, Melbourne	拒签
刘蔯 Lew Shun	新宁汉塘龙聚村	1914-01-22	1922-11-24	1922-12-19 207/S/22	1922-12-19	1925-06-08 Arafura	刘齐（Lew Tye），美利滨文珥攀三兴号衣馆Sam Hing & Co.	美利滨文珥攀埠Moonee Pond, Vic 参亚市学校St. James Grammar School	1931-09-03 Nellore回国
黄岂章 Wong Kai Ciang	台山东升村	1914-03-15	1927-02-21	1927-03-07 461/S/27	1927-05-03 拒签	无	黄亚堂（Wong Ah Hong），春记洗衣铺Choon Kee	尾利畔P. W. M. U. School, Melbourne	拒签
刘洪昌 Lew Hoong Cheong	台山汉塘村	1914-06-07	1922-03-03	1922-03-28 143/S/22	1922-04-27	1923-01-24 Victoria	刘富生（F. L. Sang）	维省纽炉埠Euroa VIC, Sigher Elementary School（后转到美利滨PW MU School）	1929-07-16 彰德号回国
梅毛 Ernest Moy Mow	台山东陵村	1914-06-29	无	1923-11-27 353/S/23	1923-11-29	1925-11-01 Arafura	梅光龙（Moy Kwong Loong），雪梨埠新兴校Sun Hing Jang	雪梨，Public School Crown Street, Sydney	1930-07-19 Tanda回国

续表

姓名	所属地	出生日期	申照日期	签照日期及护照号码	签证日期	抵澳日期及船名	父亲（监护人）姓名	来澳地点/学校	离境/备注
黄乐之 Wong Lock Chee	台山松树槐村	1914-10-04	1923-10-17	1924-01-25 374/S/24	1924-01-26	1924-09-07 Gorgon	哥黄远藉（Felix Wong），黄兄弟号	西省布箖埠，St. Marist Convent School, Broome	1927-04-18 Gascoyne回国
邝森昌 Sam Chong	台山冲云潮溪里	1914-10-08	1923-05-11	1923-06-29 299/S/23	1923-07-03	1923-10-29 Gorgan	邝森彬（Sam Been），针邝公司James Fong & Co.	西澳布箖埠，布箖皇家学校State School, Broome	1930-10-16 Centaur回国
黄锦裳 Gim Sun	台山永隆村	1914-10	1927-10-10	1928-01-14 491/S/28	1928-02-29	1928-07-06 Tanda	黄璞家（Wong Pock Gar），合盛号Hop Sing & Co.	南澳浣师埠，圣沾市学校 St. James Parish Private School, Findon, Adelaide, SA	1932-02-02 南京号回国
赵宁 Chew Ning	台山大塘口村	1914-10-10	1922-06-20	1923-01-09 209/S/23	1923-01-12	1923-12-17 Victoria	赵扶（Chew Foo），枝隆木铺 Chee Lung & Co.	美利滨若苓砀街公学 Rathdown Street State School, Melbourne	1928-04-12 太平号回国
雷就 Louey Tew	台山大岗村	1915-01-12	1923-02-05	1923-10-26 341/S/23	1923-10-30	1927-05-30 Arafura	（雷）维合（Way Hop），Boort咏埠荣园商铺	维省仪学皇家馆学校Boort S. S. No 1796, Victoria	1928-04-12 太平号回国
刘洪仔 Lew Hoong Ye	台山汉壃村	1915-06-01	1922-03-03	1922-03-28 140/S/22	1922-04-27	1923-01-24 Victoria	刘富生（F. L. Sang）	维省纽炉埠 Euroa VIC., Sigher Elementary School（后转到美利滨 P. W. M. U. School）	1929-07-16 彰德号回国
阮广荣 Lawrence Chan	台山中舟村	1915-08-19	1930-05-15	1930-06-18 护照号码缺	1930-07-08	1930-05-31 Mataram	欧阳南（D Y Narme）	雪梨 St. Joseph's College	1933-12-16 Nellore回国

续表

姓名	所属地	出生日期	申照日期	签照日期及护照号码	签证日期	抵澳日期及船名	父亲（监护人）姓名	来澳地点/学校	离境/备注
朱如璧 Gee Yee Bigg	台山长安村	1915-11-18	1927-03-02	1927-03-25 465/S/27	1927-05-19	1927-12-03 太平号	朱荣光（Wing Quong），永利号果菜店Wing Lee	乌修威省浸舞峰埠 Temosa NSW，浸舞峰学校Public School，Temora	1932-07-01 Tanda回国
江振福 Quong Tsan Fook	台山大洋美村	1916-01-15	1930-01-09	1930-03-05 572/S/30	1930-04-01 拒签	无	叔公江心田（S. Quong），草药铺	美利滨小街长老会学校P. W. M. U. School，Melbourne	拒签
黄子杰 WONG Kai Fong（aka Ng Moon or Wong Tze Geit）	台山广海镇	1916-01-29	1928-02-13	1928-05-01 507/S/28	1928-07-13	1929-03-31 Tanda	黄亚堂Wong Ah Hong黄堂号洗衣店（Wong Hong Laundry）	美利滨St. Peter's School	1961-07-21 加入澳籍
黄耀强 Wong You Kung	台山湾头村	1916-02-20	1930-09-26	1930-12-11 595/S/30	1931-01-21 须提供资料	无	黄才（Wong Choy），天津楼 Tientsin Café	雪梨 Chinese School of English, Sydney	要英语成绩，无下文
陈伦谐 Chin Loon Hee	台山中礼村	1916-03-10	1929-11-14	1929-12-03 565/S/29	1930-02-25	1930-07-07 Tanda	陈亚茂（Ah Mow），Harry Tor 洗衣店	美利滨 P. W. M. U. School, Melbourne	1932-01-13 彰德号回国
朱荣亭 Gee Wing Young	台山山咀村	1916-08-18	1929-08-28	1929-08-30 556/S/29 1929-11-13 563/S/29	1929-12-17	1930-04-10 太平号	朱彦Gee Gin），合利号Hop Lee	维省加伦活 Collingwood，圣匹书馆St. Peters School, Melbourne, Victoria	1936-11-11 彰德号回国

姓名	所属地	出生日期	申照日期	签照日期及护照号号码	签证日期	抵澳日期及船名	父亲（监护人）姓名	来澳地点/学校	离境/备注
雷荣添 Louey Wan Hiem	台山龙安村	1916-08-26	1923-10-11	1923-12-14 361/S/23	1923-12-14	1924-11-01 Arafura	祖父雷维喜（Louey Way Hey）	美利滨 P. W. M. U. School, Melbourne	1929-03-14 彰德号回国
雷连觅 Louey Lan Foon	台山龙安村	1916-09-16	1923-10-11	1923-12-14 362/S/23	1923-12-14	1924-06-27 Victoria	祖父雷维喜（Louey Way Hey）	美利滨 P. W. M. U. School, Melbourne	1929-03-12 彰德号回国
刘汝 Lew Nay	台山上横圳村	1916-11-02	1929-12-23	1930-04-04 576/S/30	1930-05-30 拒签	无	刘壹（Lew Yet），Ballarat Market Garden 铺	维省仔辣埠 Christian Brothers College, Ballarat	拒签
朱亚吉 Gee Ah Kett	台山丰乐村	1916-12-25	1928-07-06	1928-07-27- 515/S/28	1929-09-10	1930-10-16 太平号	朱胜（Gee Sing Lee），胜利号洗衣馆	尾利洋，St. Peter's School, Melbourne	1947-05-10 岳州号回国
邝洪 Fong Hoong	台山竹坑村	1917-07-25	无	1930-04-22 575/S/30	1930-08-01 拒签	无	荣宗（Wing Dong），中华酒店 Chung Wah Café	美尔钵 P. W. M. U. School, Melbourne	拒签
林国和 Lum Jock Wah	台山大巷村	1917-09-01	1927-03-28	1927-04-12 469/S/27	1927-06-24	1927-11-10 彰德号	林楠（Lim Nam），林永和木铺 Lim Wing War	美尔滨 St. peter's school. Eastern hill, Melbourne	1929-11-14 彰德号回国
雷有 Thomas You	新宁月朗村	1917-9-19	无	1928-02-16 492/S/28	1928-12-21	1929-06-25 Tanda	雷有（Thomas L. You），雷有号	都各利Albury, NSW, Christian Brothers College	1930-08-31 病逝
雷文达 Louey Mon Dark	台山龙安村	1917-10-05	1930-11-25	1930-11-27 591/S/30	1930-12-04 拒签	无	祖父雷廷（Louey Hing），广东阁 Canton Tower Café	美利滨 P. W. M. U. School, Melbourne	拒签

续表

姓名	所属地	出生日期	申照日期	签照日期及护照号码	签证日期	抵澳日期及船名	父亲（监护人）姓名	来澳地点/学校	离境/备注
朱亚干 Gee Ah Ten	台山丰乐村	1918-02-02	1928-07-06	1928-07-27 516/S/28	1929-09-10	1929-04-07 太平号	朱胜（Gee Sing Lee），胜利号号洗衣馆	尾利佯，St. Peter's School, Melbourne	1947-05-10 岳州号回国
伍优大 Ng Yew Di	台山新寨村	1918-02-13	1929-06-20	1929-07-29 548/S/29	1929-09-16 拒签	无	伍兴（Ng Hing），雪梨埠广昌号Kwong Chong & Co.	雪梨，Marist Brothers High School, Sydney	拒签（领养之子）
（伍）缵亮 Dunn Leong	台山五十村	1918-06-18	1927-12-15	1928-11-19 484/S/27	1929-01-29	1929-05-10 彰德号	伍相（Willie Seong），新进记果栏Sun Din Kee	维省市左埠Stawell, Vic., Belmont College, Stawell专校末市必学校	1933-10-04 Tanda回国
朱福庆 Gee Fook Hing	台山清华村	1918-07-13	1927-11-25	1928-11-28 526/S/28	1929-02-04	1931-11-15 Marella	朱焕明（Gee Fong Ming），帝国酒楼Imperial Cafe	打运埠Darwin，公立学校Public School, Darwin	1936-12-12 Marella
邝国平 Fong, Ben	台山潮溪里	1918-08-04	1928-10-09	1928-10-18 520/S/28	1929-11-02 拒签	无	邝森彬（Sam Been），针邝公司James Fong & Co.	西澳大利亚布祿天主教私人学校Convent School, Broome	拒签，因其父病重回国
陈莲鸟 Chin Lin New	台山中礼村	1918-09-11	1930-04-02	1930-05-22 579/S/30	1930-07-01	1930-11-14 彰德号	陈德荣（Chin Ack Wing），新华昌号Sun Wah Chong	美利滨，St. Peter's College, Melbourne	1933-04-01 Tanda回国
邝锦棠 Kam Hong	台山岭背村	1918-12-09	1929-02-04	1929-04-03 533/S/29	1929-06-04	1930-07-24 Minderoo	邝兴利（Fong Henly），邝兴利号杂货铺	西澳大利亚布祿天主教学校Convent School, Broome	1935-05-08 Minderoo回国

附录五　澳大利亚国家档案馆藏新宁（台山县）留学生档案一览（按年龄排序）

姓名	所属地	出生日期	申照日期	签照日期及护照号码	签证日期	抵澳日期及船名	父亲（监护人）姓名	来澳地点学校	离境/备注
彭自谦 Pang Jee Him	台山龙安里	1919-09-09	1930-12-04	1930-12-04 594/S/30	1931-04-21 拒签	无	彭洪湛（Pang Hung Jarm），新兴栈Sun Hing Jang & Co.	雪梨埠，华英学校Chinese School of English, Sydney	拒签
雷国庆 Louey Kuo Hing	台山百猷涌村	1919-12-12	1930-04-07	1930-08-26 587/S/30	1930-09-02 拒签	无	雷宜爵（David Louey Harng），者利顿果栏 Geraldton Fruit Co.	美利滨小博街长老会书馆 P. W. M. U. School, Melbourne	拒签
雷泰 Louey Hie	台山（具体村名未知）	1920-03-02	无	1938-09-15 No.437734	1938-09-27	1938-11-28 Nellore	Louey Kee 雷企 Louey Kee & Co. 雷记号	美利滨Melbourne Christian Brothers' College	作为店员，最终居澳
雷照 Louie Jol	台山兴隆村	1921-10	1933-02-04	1933-03-02 No.122580	1933-03-06 33/1224	1933-05-15 Nellore	雷安（Louie On）雪梨果蔬中介	唐人学英文学校 Chinese School of English, Sydney	1935-12-14 Nellore回国
刘植 Lew Jack	台山凤冈村	1922-09-15	1933-07-24	1933-08-11	1933-08-09	1934-05-10 彰德号	叔公刘捷维（Lew Dep Way），永兴隆号 Wing Hing Loong & Co.	美利滨，St. Joseph's School, Melbourne	1948-07-10 山西号回国
雷育英 Louey York Yen	台山龙安村	1923-02	1936-05-16	1936-08-29 No.223984	1936-09-04	1936-11-08 Changte	Louey You Hing 雷耀廷 Canton Tower Café	尾利畔Melbourne 陈晚先生学校Chan's Private School（St George's）	1948-04-08 Shansil回国

续表

姓名	所属地	出生日期	申照日期	签照日期及护照号码	签证日期	抵澳日期及船名	父亲（监护人）姓名	来澳地点/学校	离澳/备注
彭慧贞 Pang Wai Ching（Nancy Pang）	台山广海镇	1923-10-24	1933-12-19	1934-01-18 No.122795	1934-01-16	1934-03-22 Tanda	彭洪澄（Pang Hung Jarm），新兴栈Sun Hing Jang & Co.	雪梨、华英学校 Chinese School of English（St. Francis Convent），Sydney	1939-12-09 风湿性心脏病死亡
甄德亮 Gen Ack Leong	台山五十龙村	1923-11-06	1941-10-31	1941-11-29 No.1014269	1941-12-10	无	甄永球（Wing Que，雪梨淳泰号杂货铺	私立学校Chinese Mission Hall（Chinese school of English）	因战争爆发无法前来
陈庚垣 Chen Gang Foon	台山	1924	1940	1940-06-28 No.1014091	1940-07-05	1940-10-21 Nankin	Chin Loong, Sun Loong & Co.	Melbourne, St Joseph's School	战后留在丁澳洲
余朝桔 Yee Chew Gut	台山丰乐村	1924-08-08	1939-10-31	1939-12-12 No.1014027	1939-12-19	1940-11-28 Nellore	堂兄余海乐Arthur Yee Yee Bros & Co.余兄弟果栏	雪梨、华英学校 Chinese School of English	战后留澳，加入澳籍
陈申 Chen Tunn	台山古隆村	1925-04-02	1938-12-29	1939-03-07 No.437831	1939-03-15	1939-06-02 太平号	陈镛（George Chun Young），陈镛号草医	美利滨 Christian Brothers College, Melbourne	1948-03-24 云南号回国
朱福源 Gee Kook Noon	台山三合区清华村	1925-04-18	1935-03-26	1935-06-28 No.223868	1935-06-27	无	朱焕明（Gee Fong Ming），朱焕明酒楼Gee Fong Ming Co.	打运埠Darwin、干云学校O.L.S.A. Convent School, Darwin	获签，但无入境记录
刘文相 Lew Mon Sean	台山李凹村	1925-08-30	1937-11-10	1938-06-10 No.384487	1938-06-28	1938-11-28 Nellore	刘灿Lew Ton 种菜园	眠嘟囒Mildura VIC Convent of Mercy	1940-05-31 Nellore回国

姓名	所属地	出生日期	申照日期	签照日期及护照号码	签证日期	抵澳日期及船名	父亲（监护人）姓名	来澳地点/学校	离境/备注
陈松 Chin Toong	台山三合村	1925-11-18	1938-07-27	1938-10-14 No.437747	1938-10-20	无	阿豹（Ah Shock），广生号（Gwong Sang）洗衣馆	美利滨，Essendon Grammar School, Melbourne	因战事延迟一年入学，终无下文
陈相 Chin Tang	台山中礼村	1925-12-28	1939-02-09	1939-04-27	1939-05-08	1939-08-23 Nellore	陈茂（Chin Mow），陈茂洗衣馆Harry Tor	美利滨Christian Brothers College, East Melbourne	1948-04-03 山西号回国
陈灿 Chun Chung	台山古隆村	1926-06-11	1938-12-29	1939-03-07 No.473830	1939-03-15	无	陈镛（George Chun Young），陈镛号草医	美利滨 Christian Brothers College, Melbourne	因故未入境
刘焕 Allen Foon Lew (Lew Gue)	台山石岗村	1926-07-10	1939-08-28	1940-05-13 No.1014082	1940-05-17	入境，但未见档案记录	刘九（Lew Gue），鸿安商行Hong On and Co.	尾利伴，圣占士老教堂日校St. James Old Cathedral Day School, Melbourne	1947-07-06 云南号回国
陈春荣 Choon Wing	台山田美村	1927-04-11	1938-01-24	无	无	无	陈肇文（CD.Mon）草医	品地高埠中央公立学校Central State School, Bendigo	未拒签，亦未再申请
雷振培 Chin Joy Louey	台山（具体村名未知）	1927-09-02	无	1938-09-15 No.437735	1938-09-27	1938-11-28 Nellore	Louey Kee 雷企 Louey Kee & Co. 雷记号	美利滨Melbourne Christian Brothers' College	作为店员，最终居澳
雷英 Louey Yin	台山仁安村	1927-10-06	1940-10-04	1941-02-27 No.1014165	1941-03-04 40/2/3025	无	雷社（Louey Share），胜利隆商行Sing Lee Loong	美尔钵，St. James school, Melbourne	获签，但因战争未入境

续表

姓名	所属地	出生日期	申照日期	签照日期及护照号码	签证日期	抵澳日期及船名	父亲（监护人）姓名	来澳地点/学校	离境/备注
邝国衡 Henry Fong	台山潮溪村	1927–10–07	1939–03–13	1939–06–05 No.437972	1939–07–04	1939–10–16 Charon	邝敬坤James Fong Hop Lee Laundry 合利号洗衣店	西澳者利顿基督兄弟学校 Geraldton, Christian Brothers' College	1941–07–21 Gorgon赴新加坡
陈健 Chin Kin	台山三合村	1927–12–11	1938–07–27	1938–10–14 No.437748	1938–10–20	无	阿灼（Ah Shack），广生号（Gwong Sang）洗衣馆	美利滨，Essendon Grammar School, Melbourne	因战事延迟一年入学，终无下文
刘耀权 Ah Hung	台山松岭村	1929–05–02	1939–10–17	1940–02–20 No.1014045	1940–03–01	无	刘亚同（Lew Ah Hung），永兴隆号Wing Hing Loong	美利滨，St. Georges School, Melbourne	获签，但未赴澳
陈庚辛 Chen Gang Sun	台山	1929–10–28	1938–08	1938–11–15 No.437756	1938–11–21	1940–10–25 Nankin	Chin Loong, Sun Loong & Co.	Melbourne, St Joseph's School	战后留在了澳洲